吴忠市公安志

《吴忠市公安志》编纂委员会　编

方志出版社
Publishing House of Local Records

图书在版编目（CIP）数据

吴忠市公安志 /《吴忠市公安志》编纂委员会编 .—
北京 ：方志出版社，2021.11
ISBN 978-7-5144-5032-3

Ⅰ.①吴… Ⅱ.①吴… Ⅲ.①公安工作—概况—吴忠
Ⅳ.① D631

中国版本图书馆 CIP 数据核字（2021）第 276342 号

责任编辑： 王海荣
责任校对： 刘玉霞
责任印制： 梅中英
出 版 者： 方志出版社
地　　址： 北京市朝阳区潘家园东里 9 号（国家方志馆 4 层）
邮　　编： 100021
网　　址： http://www.zgfzcb.cn
发　　行： 方志出版社图书营销中心（010-67110500）
印　　刷： 银川市昊博彩色印刷有限公司
开　　本： 889 毫米 ×1194 毫米 1/16
印　　张： 29
字　　数： 1075 千字
版　　次： 2021 年 11 月第 1 版
印　　次： 2021 年 11 月第 1 次印刷
定　　价： 360.00 元

《吴忠市公安志》第一届编纂委员会

主　任（主　编）：徐　耀

副主任（副主编）：高学文

委　员：毕顺元　吴国仁　谭卫泽　贺占忠　张本福　高利宁

文俊林　石金山　魏　升　惠兴文　和　涛　姜全飞

丁　峰　魏炳宏　何菊琴　黎　炯　武耀兵　袁保峰

汪红东　王智忠　马学平　戴　铭　陈建民　李荣静

马乐天　顾梅玲　余广德　何兴华　柳军红　徐家华

编辑部主任：高学文

编辑部副主任：丁　峰　马永生

编　　辑：赵永琪

编　　务：马宝珍　马亚军　马振江　马洪祥

摄　　影：张建明　王　玮　赵永琪

照片翻拍：赵永琪

文字录入：石春香

《吴忠市公安志》第二届编纂委员会

主　任（主　编）：章中全

副主任（副主编）：李　亮

委　员：毕顺元　党学武　王　义　惠兴文　徐晓东　拜　杰
高利宁　边有帮　和　涛　田小辉　金寿海　马永生
郭　佳　马宝珍　赵璇忠　柳军红　纪　伟　汪红东
丁振龙　丁　玲　周丽梅　丁朝炜　魏　升　武耀兵
王　保　马生海　锁国艺　杨　文　黎　炯　李　佳
王　涛　毛洪涛　官　雨　杨　平　袁保峰　薛　双
宋继忠　文俊林　戴　铭　赵永琪

编辑部主任：李　亮

编辑部副主任：马永生

编　辑：赵永琪　周其广　周　洁

主　笔：赵永琪

摄　影：王志刚　赵永琪

审　稿：张明鹏　范宗兴　曹立峰　周永清　胡建东　刘传良

2006 年 9 月 1 日，自治区党委常委、公安厅厅长李顺桃（前排右三）在吴忠市委书记肖云刚、市长吴玉才的陪同下，调研吴忠戒毒康复工作

2007 年 8 月 10 日，自治区党委常委、政法委书记、公安厅厅长苏德良（前排右三），自治区人民政府副主席郑小明在吴忠市戒毒康复中心调研

2008年3月11日，吴忠市人大常委会副主任李国志（前排右一）陪同自治区人大常委会副主任张小素（前排右三）一行视察公安工作

2009年7月30日，自治区党委常委、政法委书记、公安厅厅长苏德良（前排中）调研吴忠市公安机关“民安工程”建设情况

2010年8月6日，吴忠市委常委、公安局局长徐耀（前排右二）向自治区党委常委、公安厅厅长苏德良（前排右一）汇报工作

2011年8月28日，公安部特邀监督员，全国政协常委、副秘书长，台盟中央专职副主席黄志贤（前排右二）一行，在公安部监管局副局长赵水芳，自治区公安厅党委委员、纪委书记何筱艾等领导的陪同下，到青铜峡市看守所考察工作

2012年9月27日，吴忠市市长吴玉才（右二）到市公安局指挥中心调研，市委常委、公安局局长徐耀（右三）陪同

2013年2月7日，吴忠市委书记赵永清（前排右一）、市长白尚成(二排右一）等市四套班子领导到市公安局慰问公安民警

2012年9月27日上午，吴忠市委副书记、市长吴玉才（右二）在市委常委、公安局局长徐耀的陪同下，到市公安局指挥中心调研工作

2015年7月7日，自治区党委常委、政法委书记李文章（前排右二）调研吴忠禁毒工作

2016年12月26日，公安部副部长孟庆丰（前排右二）慰问吴忠市公安局基层所队民警

2019 年 2 月 3 日，吴忠市委书记沈左权（前排右二）慰问坚守一线的公安民警

2019 年 2 月 28 日，吴忠市市长喜清江（前排右二）调研扫黑除恶工作

2019年9月10日，公安部副部长杜航伟（前排右四）带领慰问组深入吴忠市慰问基层所队民警

2019年9月27日，自治区人民政府副主席、公安厅厅长杨东（右二）到盐池督导慰问

2020年1月3日，公安部副部长许甘露（左五）慰问吴忠市公安局基层民警

2020 年 5 月 21 日，吴忠市委副书记、政法委书记朱云（前排左三）到市公安局督导市“两会”安保工作

2020 年 8 月 25 日，自治区公安厅副厅长李德胜（左四）督导盐池公安队伍教育整顿工作

2020 年 12 月 8 日，国家禁毒委验收吴忠市禁毒示范城市创建工作

温秀钧，男，汉族，1920年3月出生，陕西延安人，初中学历，1935年4月参加革命，同年加入中国共产党。1973年5月任银南地区公安处处长

陈　宪，男，满族，1933年7月出生，宁夏银川人，中专学历，1949年10月参加工作，1952年12月加入中国共产党。1981年7月任银南地区公安处处长、党组书记，并兼任武警银南支队第一政委、第一书记

黄振诚，男，汉族，1942年11月出生，北京通州人，大学学历，1973年5月1日加入中国共产党。1986年8月任银南地区公安处党委书记、处长，兼银南武警支队第一政委、第一书记

王金荣，男，回族，1949年12月出生，宁夏吴忠人，大学学历，1970年加入中国共产党。1994年6月任银南地区公安处党委书记、处长，1998年9月任吴忠市公安局党委书记、局长（副厅级）

韩胜利，男，汉族，1954年6月出生，陕西华阴人，大学学历，1974年1月参加工作，1974年12月加入中国共产党。2003年5月任吴忠市公安局局长（副厅级）

陈建军，男，汉族，1954年8月出生，河北丰润人，1972年8月参加工作，1974年12月加入中国共产党。2005年3月任吴忠市委常委、政法委书记，公安局党委书记、局长

徐　耀，男，汉族，1970年12月出生，宁夏石嘴山人，研究生学历，1996年9月加入中国共产党。2009年3月任吴忠市委常委、政法委书记，公安局党委书记、局长

章中全，1973 年 7 月出生，宁夏中卫人，大学学历，1996 年 9 月参加工作，2003 年 5 月加入中国共产党。2019 年 1 月任吴忠市副市长、公安局党委书记、局长

吴忠东，男，汉族，1944 年 9 月出生，甘肃山丹人，大专学历，中共党员。1968 年参加工作，1993 年 9 月任银南地区公安处党委书记

马发庆，男，汉族，1944 年 6 月 13 日出生，河南孟州人，大专学历，1976 年加入中国共产党。1998 年 9 月 8 日任吴忠市公安局政委

关玉林，男，汉族，1958 年 10 月出生，宁夏青铜峡人，大专学历，1976 年参加工作，1978 年 4 月加入中国共产党，2001 年 8 月任吴忠市公安局政委

熊　焰，男，回族，1968 年 12 月出生，大学学历，1988 年 7 月参加工作，1994 年 7 月加入中国共产党，2015 年 4 月任吴忠市公安局党委副书记、政委

李　亮，男，汉族，1975 年 1 月出生，大专学历，1996 年 9 月参加工作，1995 年 12 月加入中国共产党。2019 年 11 月任吴忠市公安局党委副书记、政委

2021 年 8 月 4 日，吴忠市公安局召开全市公安队伍教育整顿总结大会

2021 年 4 月 14 日，利通区公安分局教育整顿推进会召开

2021 年 6 月 23 日，红寺堡区公安分局召开 2021 年第 13 次党委会议，传达学习贯彻习近平总书记在青海考察时的重要讲话精神

2021 年 8 月 1 日，青铜峡市公安局 2021 年第 15 次党委（扩大）会议召开

2021 年 7 月 1 日，盐池县公安局党委 2021 年第 25 次党委（扩大）会议召开

2021 年 8 月 2 日，同心县公安队伍教育整顿总结大会召开

2021 年 8 月 4 日，吴忠市公安局太阳山公安分局召开公安工作会议

2021 年 3 月 22 日，吴忠市公安局孙家滩公安分局召开公安工作会议

2003年9月22日，吴忠市公安局参加内地公安机关地（市）公安处（局）长赴香港研修团

2006年10月11日，公安部科技强警示范城市建设方案论证会在吴忠市公安局召开

2007 年 11 月 24 日，自治区公安厅为基层派出所派发警用车辆

2008 年 6 月 30 日，北京奥运会火炬传递到吴忠，全市公安民警、武警、消防官兵全力投入执勤

2010 年 1 月 20 日，宁夏回族自治区公安机关第八十七期警衔晋升培训班合影留念

2011 年 6 月 29 日，为庆祝中国共产党成立 90 周年，吴忠市公安局党委组织 33 名老党员、老干部开展主题党日活动

2011 年 7 月 1 日上午，为庆祝中国共产党成立 90 周年，进一步增强广大民警的爱国、爱党意识，市公安局组织全体民警参加了吴忠市万人升国旗暨重温入党誓词活动，并参加了党内关爱资金捐款仪式

2012年1月17日，吴忠市公安局党委慰问困难民警

2012年2月17日，吴忠市公安局举办全局警体运动会

2012年5月12日，吴忠市公安民警执勤

2014 年 2 月 23 日，吴忠市举行“民安工程”创建活动启动仪式

2014 年 6 月 26 日国际禁毒日当天，吴忠市禁毒委集中焚烧收缴的毒品

2020 年 5 月 19 日，吴忠市公安局举行公安机关全警实战大练兵启动仪式

2020 年 7 月 1 日，吴忠市公安局举行“宣誓”主题党日活动

2007 年 11 月 20 日，自治区公安厅，吴忠市委、市政府对获全国公安系统二级英雄模范的朱玉进行表彰

2009 年 1 月 13 日，获“全国特级优秀人民警察”称号的青铜峡市公安局交警大队民警李卫东从北京载誉归来

2010 年 11 月 4 日，参加全国公安系统第 22 届实战应用射击比赛的宁夏代表合影留念

2011 年 8 月 11 日上午，吴忠市委、市政府召开见义勇为表彰大会暨李潇纳振东英雄事迹报告会，授予李潇、纳振东“见义勇为模范”称号，授予王永刚等四人“人民卫士”称号，并表彰了抢救见义勇为英雄、弘扬见义勇为精神的先进单位和先进个人

2012 年 5 月 20 日，获“全国特级优秀人民警察”称号的同心县公安局张治中，从北京载誉归来

1998 年 3 月，银南地区公安处召开工作会议

1999 年 3 月 18 日，吴忠市公安局局长王金荣在维护政治稳定动员会上作动员报告

2003 年 7 月 2 日，吴忠市委常委、公安局局长韩胜利到利通区公安分局调研

2009 年 5 月 20 日，公安部经侦局领导到吴忠市检查打击假币“09 行动”

2010 年 10 月 7 日，吴忠消防官兵正在火灾现场灭火

2019 年 3 月 7 日，自治区扫黑除恶督导组到吴忠市督导工作

2019 年 7 月 31 日，吴忠市公安局利通区公安分局爱心家园正式启用

2019 年 9 月 26 日，吴忠市副市长、公安局局长章中全调研利通区校园治安情况

2019 年 10 月 24 日，吴忠市副市长、公安局局长章中全调研看守所向新址搬迁工作

2020 年 1 月 24 日，吴忠市副市长、公安局局长章中全与民警一起包饺子

2020 年 5 月 11 日，自治区公安厅领导颁发吴忠市公安局所获的奖牌

2020 年 6 月 18 日，吴忠市公安局扫黑除恶专项斗争新闻发布会召开

2020 年 11 月 11 日，自治区公安厅在吴忠召开企业座谈会

1955年6月7日，盐池县公安局全体干警合影

1964年8月10日，青铜峡县公安局局长孙闻晓与青铜峡县公安检察法院全体干警合影留念

1965年3月，宁夏公安政法干警训练班结业留影

银南地区公安处处长陈宪（1978年）

自治区司法干部学习班全体人员合影（1980年）

1980年，青铜峡县公安局办公大楼竣工，银南地区公安处处长陈宪前来祝贺，并与青铜峡县公安局民警合影

银南公安局刑侦技术学习班合影留念（1982年4月）

自治区公安厅第一期干训班银南组合影留念（1984年7月）

20世纪80年代公安干警下乡办案时的交通工具

银南地区公安战线先进集体、先进工作者合影留念（1982 年 2 月 26 日）

1985 年，银南地区公安处民警讨论分析案情

银南地区公安处新干警培训班合影（1986 年 5 月）

银南地区公安处政治部部分民警合影（1990 年）

银南行署公安处（1992 年）刑警岗位培训班合影（1992 年 8 月 12 日）

中国刑科协第二届刑事技术学术研讨会合影（1998 年 5 月 26 日）

人民满意的政法单位
REN MIN MAN YI DE ZHENG FA DAN WEI
中共吴忠市委员会
吴忠市人民政府
二〇〇一年二月

2001—2002年度
全国优秀公安基层单位
中华人民共和国公安部
二〇〇三年六月

全国公安纪检监察系统
先进集体

青年文明号

科技强警示范城市建设工作
先进集体
中华人民共和国公安部
中华人民共和国科学技术部
二〇〇九年二月

奖状
荣立集体一等功

民族团结进步模范集体
中共吴忠市委员会
吴忠市人民政府

全国优秀公安基层单位
中华人民共和国公安部
二〇一二年五月

全国优秀公安基层单位
中华人民共和国公安部
二〇一二年五月

成绩突出集体

一级看守所
中华人民共和国公安部颁

全区优秀公安局
宁夏回族自治区公安厅
二〇一一年一月

序 言

回顾历史，催人奋进。1949年9月24日，吴忠地区解放；1950年2月3日，吴忠堡市（即吴忠市）公安局成立。从此，吴忠市公安保卫事业进入了全新的历史发展时期。其间虽有跌宕沉浮，但全体公安民警始终牢记全心全意为人民服务的宗旨，认真践行人民公安为人民的理念，以实际行动奏响了一曲曲爱民之歌。

70年来，公安队伍逐渐壮大，从吴忠市（县级）公安局初创时的11名民警发展到如今的全市1260多名民警。特别是1973年5月29日银南地区公安处成立以来，公安队伍建设日新月异，3个基层县级公安局获“全国优秀公安局”称号，4名民警获“全国特级优秀人民警察”称号，19名民警立个人一等功，涌现出朱玉、李卫东、张治中、张广春等在全国、自治区叫得响的先进人物。吴忠市公安局自成立以来，公安职能渐趋优化，屡破大案要案，已成长为一支集打击、管理、服务于一体的综合型、实战型政法公安队伍，确保了全市社会治安持续平稳。吴忠公安工作，始终注重素质强警，打好文化育警、科技强警两张牌，软实力进一步增强，队伍整体素质不断提升。

历史经验需要总结，警队的光荣更要续写。这就要求有一种载体，既能够真实反映吴忠公安人的奋斗史和创业史，达到垂缅前人、激励当代、昭励后人的作用，又能利于在当前及今后错综复杂的历史、社会背景下依法履行职责，努力营造良好的社会治安环境，更好地服务吴忠市经济社会发展。《吴忠市公安志》的问世，很好地回应了这一现实需求，可称得上是一部应世之作、资治之作。

通览《吴忠市公安志》，该志从机构、保卫、刑侦、治安、监管、消防、交通、法治、警务保障、队伍建设、人物、荣誉等方面，以翔实的史料，客观记述其创立、发展历程，严格按照志书体例精心编排，洋洋百余万字，条理清晰，着力在“专”字上做文章，专业特色鲜明，涵盖内容全面，是一部集思想性、科学性、资料性、专业性于一体的精品之作。这将在宁夏市级公安志成书史上占有一席之地，也为吴忠公安文化建设注入一汪“活水”。

“志系信史”。所谓信史，就是必须真实、可靠、可信，离开这一层面，其他的无从谈起，也无从做起。这部志书做到了最不容易但也是比较成功的一方面，就是自始至终坚持了求真务实、将观点寓于史实之中的原则，没有过多的议论，而是让事实“说话”，这一点是难能可贵的。此志总体上立足史料，在选材上认真甄别，做到去伪存真、去粗留精，尤其在大事记部分更是精选细录，以大事、要事、新事为轴，增强了志书的可读性，使大事记成为全志之经脉，全方位地展现了吴忠公安事业的历史风云画卷，真实再现了吴忠公安人不畏挫折、忠诚为民、奋勇争先的战斗历程。

修志是一项符合社会需要、具有强大生命力的重要事业，起着传承文明、资政育人、服务社会的作用，不仅有近期的社会效益，而且有久远的社会效益。我们相信《吴忠市公安志》出版后，定会在社会上引起较大反响，将有助于提升公安文化建设层次，进一步增加亲和力，拉近警民之间距离，集中向社会展示公安队伍良好形象，使群众全方位、多层次了解、理解和支持公安机关。

谨以为序。

吴忠市公安局党委书记、局长　章中全

吴忠市公安局党委副书记、政委　李　亮

2021年7月

凡 例

一、本志以马克思列宁主义、毛泽东思想、邓小平理论、"三个代表"重要思想、科学发展观、习近平新时代中国特色社会主义思想为指导，坚持辩证唯物主义和历史唯物主义的立场、观点和方法，遵循实事求是的原则，力求全面系统地记述吴忠市公安工作的历史与现状。

二、记事年限，按各章、节内容上溯至事物发端，重点记述警察工作演变过程，特别是银南地区公安处建立之后的公安工作。下限至2020年年底。

三、体裁采用述、图（含照片）、志、传、表、录、记等，横排门类，纵述史实。设概述于全志之首，以之为纲。设大事记在各篇章之前，以之为经。全志以章、节、目的层次记述，内容涉及机构、保卫、刑侦、治安、监管、消防、交通管理、法治、警务保障、队伍建设、人物、荣誉各方面。书后有附录、后记。照片列卷首或以插页、辑封、串文等见于志中，表、图随文设置。本志立足当代，略古详今，略远详近，记述吴忠公安机关的演变过程和各警种、各单位的历史沿革和诸项工作。

四、人物传记，按照"生不立传"的原则，对各个历史时期在吴忠警政建设中有重大贡献或有较大社会影响者，按卒年先后排列。人物简介按任职先后或受奖时间先后顺序排列。

五、本志注重反映地方特色、时代特色和警事专业特色。

六、本志行文为现代语体文。文字、标点、名称表述、时间表述、数字书写、计量名称等均按国家有关规定执行。为保证数据准确，并考虑到使用习惯，书中部分地方使用"亩"为单位。数字后有小数点的，均保留到小数点后两位。本志使用的行政名称依各时期称谓书写，各种专用名词在首次出现时用全称（括注简称），以后则用简称，如"银南行署"简称"行署"，"自治区公安厅"简称"公安厅"等。

七、中华民国成立前的纪年，使用朝代年号纪年，括注公元年份；中华民国成立后，一律采用公元纪年。人物和附录部分纪年采用公元纪年。各个时期的机构、官职，均沿用当时的称谓。

八、宁夏解放时间以1949年9月23日为准，吴忠解放时间以1949年9月20日为准。

九、本志资料源于吴忠市公安局档案室，吴忠市委组织部，吴忠市档案局，各县市公安局档案室保存的资料、年鉴、专著、期刊，史志著述，文物考证，及公安战线老同志的回忆录等。存疑的地方，反复与知情人核实后收录。作为部门资料，以备参阅查考。

目 录

第一章　警察机构

第二章　刑事侦办

第三章　治安管理

第四章　监所管理

第五章　公安消防

第六章　交通管理

第七章　法治建设

第八章　警务保障

第九章　队伍管理

第十章　领导名录

第十一章　锦榜荣誉

附　录

后　记

概　述

GAI　　SHU

吴忠市，位于宁夏平原腹地，地理坐标为北纬36° 35′~38° 32′，东经104° 17′~107° 39′。北连银川，南靠固原，东部与陕西榆林地区毗邻，东北、西北与内蒙古自治区的鄂托克前旗和阿拉善左旗相连，东南与甘肃庆阳市接壤，西南和中卫市相邻。总面积2.14万平方千米，位居黄河上游，黄河流经69千米。下辖利通区、红寺堡区、太阳山开发区、青铜峡市、盐池县、同心县。

吴忠历史悠久，山川相济，景色秀丽，素有"塞北江南"之美誉。古老的黄河穿境而过。黄河十里长峡、一百零八塔、牛首山寺庙群、青铜峡鸟岛、黄河坛、罗山自然保护区、哈巴湖国家级自然保护区、庙山湖、古长城遗址、同心清真大寺、董府等名胜景点，融历史文化、人文景观和自然风光于一体。浓郁的回族风情、悠久的古灵州历史、雄浑的大漠风光造就了一个多姿多彩、多种文化交相辉映的塞上之地。吴忠被誉为东方的"千塔之城"，是驰名中外的"中国回族之乡"。包兰、中宝、大古铁路穿境而过，109、211国道，银平、银榆、石营、盐兴公路和京藏、包兰、太中银高速公路在此交会。

随着中国共产党领导的新民主主义革命的胜利和中华人民共和国的成立，人民公安机关也随之建立，吴忠公安机关成立后，在宁夏回族自治区公安厅和当地党政机关的领导下，履行党和国家赋予的保卫新生红色政权，维护社会治安，保障人民群众合法权益和保障人民生产、生活秩序安定的使命。

一

吴忠有着悠久的历史。早在3万年以前的石器时代晚期，就有人类活动。水洞沟遗址的大量文物，证明此地是中华民族远古文明的发祥地之一。秦代在这里设置的富平县是宁夏平原最早设置的县治之一。西汉为加强北方地区的军事防御能力，在富平县神泉障设北部都尉。东汉，北地郡郡治移至富平。北魏所置的薄骨律镇，为北方军事重镇，其辖境相当于今吴忠、银川和石嘴山大部，从此吴忠一带成为河东地区的政治、军事、经济中心。北魏孝昌二年（526年）改置灵州。唐代的灵州，总领黄河中游，是中兴唐朝的基地，是唐朝西北部最重要的军事要冲，也是中原与北方游牧民族的接壤点。唐太宗李世民曾亲临灵州，接受铁勒诸部的归降，并开创了空前的民族大融合局面。唐肃宗李亨在灵州登基称帝，升灵武郡为大都督府。灵州的西面，是中国通往西域的要道——河西走廊，此地主要散居着回鹘部落；灵州的西南面则是吐蕃部落分布地区，灵州因此成为回鹘、吐蕃和党项各势力争夺的焦点。北宋咸平五年（1002年），李继迁广集党项诸部攻取灵州，遂改灵州为西平府，作为西夏的临时都城。李继迁认为西平府"西北北控河朔，南引庆凉，据诸路上游，扼西陲要害，若缮城浚濠，练兵积粟，一旦纵横四出，关中莫知所备"。灵州的攻占，实质上为西夏的建立奠定了基础。

南宋宝庆三年（1227年），西夏被成吉思汗督师所灭之后，元设宁夏府路，开始迁入回族。

明洪武元年（1368年），朱元璋下令农民归耕，承认耕者有其田，垦者享有其地。后来又发诏令，规定宁夏等地的农民垦荒所得的土地任其自有，永不征税。政府还组织军队兴修水利，并把大批回族人以"屯戍"人的身份安置在河东地区。

吴忠，其地名得于明洪武年间（1368—1398年），是当时灵州守御千户所领13个屯堡之一。明永乐二年（1404年）筑吴忠堡，以屯长吴忠命名为吴忠堡。清末民国时期，吴忠堡则已成为陕西、甘肃、内蒙古在宁夏的通商贸易之地。

清设宁夏府，在宁夏地区普遍减轻税赋。到18世纪末，已经发展到宁夏至平凉，逐步变成了全国最大、最集中的回族聚居区。1929年宁夏建省，辖宁夏、宁朔、平罗、灵武、盐池、金积、同心、中卫、阿拉善左旗和额济纳旗。

清末以前，中国一直军警不分，实行警察、司法与行政合一的体制，未能形成单独的警察体系。历代王朝为了维护其统治，曾在吴忠设置不同名称行使警察职能的统治机构。清光绪二十七年(1901年)，清廷推行“新政”，改良司法，举办警务。

二

1949年9月20日，中国人民解放军第64军攻占吴忠，吴忠解放。吴忠公安在党委和政府以及上级公安机关的领导下，坚持专门机关与群众路线相结合的方针，围绕党和国家在各个历史时期的中心工作，做了大量卓有成效的工作，出色地完成了各项工作任务。

中华人民共和国成立初期，新生的红色政权面临着同反革命势力的斗争。人民公安机关始终把维护社会治安稳定、保卫人民生命财产安全作为首要任务，开展肃特反霸、取缔反动会道门的斗争，收缴国民党遗留的枪支弹药，加强特种行业管理，取缔妓院，开展禁烟肃毒人民战争，清除旧社会遗留下来的丑恶现象，维护社会安宁。

1950年11月，开展镇压反革命运动，清查土匪、特务、恶霸、反动党团骨干分子和反动会道门分子。对犯罪分子进行社会改造。建立群众性的治安保卫组织，加强治安管理、经济保卫，同刑事犯罪做斗争，开展防火安全、预防自然灾害宣传工作。

1955年，随着国民经济第一个五年计划的实施和社会主义改造的深入，公安机关全面维护社会生产力的发展，保卫社会主义建设的顺利进行。

1957年，全党开展整风运动，公安机关大力加强侦查破案，依法惩治现行反革命分子，对不法分子的破坏活动进行严厉打击，开展安全大检查，预防、减少各种破坏活动和治安灾害事故的发生。

1959年，国民经济困难时期，小偷小摸扰乱社会治安，公安机关依靠群众，加强治保组织的工作力度，开展反坏人坏事的斗争，使国民经济调整工作顺利进行。

1966年“文化大革命”开始后，公安机关工作受到冲击。1971年，公安工作逐步恢复正常。1973年5月29日，银南地区公安处成立，公安工作步入正轨。

1976年10月以后，中国进入社会主义现代化建设新时期，公安工作进入新的发展阶段。公安机关认真贯彻中共十一届三中全会的路线、方针和政策，加强队伍建设，整顿和恢复公安业务，整顿社会治安秩序，加强侦查破案，严厉打击刑事犯罪活动。1979年2月后，对遵守政府法令、接受劳动改造、不做坏事的地主、富农、反革命分子、坏分子摘掉帽子，恢复其公民权。

进入20世纪80年代，随着国家改革开放政策的实施和经济文化建设事业的发展，社会治安出现一些新情况、新问题，各种犯罪活动出现增多的势头。1983年8月，中共中央和全国人大常委会决定，在全国开展严厉打击严重刑事犯罪活动的斗争(简称“严打”)。打击的重点是流氓团伙、杀人、抢劫、强奸、投毒、贩毒、盗窃等7个方面的犯罪分子。按照依法“从重从快”的方针，经过3年时间、3个战役的斗争，银南地区共摧毁犯罪团伙40个，破获各类刑事案件1351起，抓获各类犯罪嫌疑人1896人。“严打”斗争震慑了犯罪分子，扭转了社会治安的非正常状态，人民群众普遍有了安全感。

“严打”之后，公安机关认真落实社会治安综合治理各项措施，加强公安基层基础工作，抓紧对轻微刑事犯罪人员的教育转化工作，进一步减少违法犯罪。针对不同时期不同犯罪活动相对突出的情况，不失时机地开展专项斗争和专项治理，先后开展“打击盗窃、绺窃、撬盗、流氓犯罪”“打击盗窃自行车犯罪”“百日会战”“打击盗窃工业原材料犯罪”“破案追逃”“严打整治”“打击破坏电力设施犯罪”“打拐专项行动”“打击假币行动”“打击制售假发票犯罪专项行动”等专项斗争，把打击、防范、治理、建设等各项措施有机地结合起来，维护社会治安秩序稳定。

三

1990年，银南地区公安机关围绕服务经济建设这个中心和“稳定压倒一切”的方针，解放思想，更新观念，积极探索市场经济条件下社会长治久安之策，提高动态环境下社会治安管理能力，促进社会治安综合治理。为加强基层基础建设和安全防范工作，公安机关开展创“达标”（规范化）派出所活动。交警队、消防队、看守所、治安拘留所等所队的规范化建设也同时全面推进。开展创建“三优”（优秀治保会、优秀治安联防队、优秀治安调解室）、“三安全”（安全楼院、安全旅社、安全公共场所）系列活动，开展企事业单位“创安”等活动，加强治安防范。各地依法改革和加强治安行政管理工作，严管枪支爆炸物品，强化特种行业和公共场所管理；推行农村户口城市化管理，出台暂住人口管理办法；改革交通勤务管理制度，开展军警民共建文明路活动，整治交通、治安秩序；开展“三合一”场所消防监督，推行消防安全责任制。

1991年，银南地区公安处提出要坚持“一个中心、三项建设”，即以维护社会稳定、保障经济发展为中心，加强公安业务建设、基层基础建设和干警队伍建设。为使改革开放、经济建设有一个良好的社会治安环境，公安机关坚持依法从重从快打击严重刑事犯罪和严重经济犯罪活动，开展专项斗争和专项治理，强化侦查破案，遏制刑事案件大幅度上升的势头；进一步严格治安管理，坚持“整治、管理、服务”相结合的方针，严查、严治、严管，开展“禁毒、禁娼、扫黄”等专项治理，加强对公共场所、特种行业和外来人口的管理；构筑以110报警服务为中心的指挥系统，以交警管“点”、巡警管“线”、特警机动和派出所民警管“面”的治安控制体系。

1992年，银南地区公安处贯彻落实中共中央《关于加强公安工作的决定》及第十八次全国公安会议精神，加强反渗透、反破坏活动，妥善处置群体性治安事件，维护社会政治稳定。坚持依法从重从快严厉打击严重刑事犯罪活动的方针，采取组织“严打”战役、专项整治和加强侦查破案、追捕在逃人员等措施，持续不断地打击犯罪，稳定社会治安。通过对重点地区、乡村的治安整治，铲除称霸一方的流氓恶势力，整顿加强基层组织、群防群治队伍，改变治安面貌。各地经常性地开展打击和查禁取缔卖淫嫖娼等社会丑恶现象的工作，组建专职扫黄队，查办黄丑大案，遏制其发展蔓延。

1993年，公安机关把建立城市民警巡逻体制作为适应新形势的重要改革措施，巡警队伍和快速反应机制建立，这对增强动态环境下社会治安的控制能力、遏制街面违法犯罪活动发挥了重要作用。刑侦工作围绕落实破案责任，提高工作效能，建立责任区刑警队，承担起大部分刑事案件的侦破任务。公安派出所重心从围绕案件狠抓打击处理转移到以治安管理为主上来，疏于防范的状况逐步扭转。

四

随着国家“九五”计划的实施，公安机关把维护社会政治稳定作为首要任务，开展专项行动，依法制止邪教组织活动。在打击刑事犯罪活动的同时，根据各个时期突出的犯罪问题，先后开展“打暴除恶”“追捕在逃人员”“打击拐卖妇女儿童”“禁毒”“禁赌”“打击盗抢机动车”等专项斗争。1996—1998年连续3年开展破案会战，打击涉枪犯罪、“车匪路霸”犯罪，开展以缉枪治爆、禁毒、扫黄、打流窜、缴黑枪、查隐患、保安全为重点的严打整治行动，集中整治治安情况不好的重点地区、部位和路段。与有关部门协同配合，打击制贩假币、涉税违法犯罪和制售假冒伪劣商品违法犯罪活动；组织开展专项斗争，解救被拐妇女儿童。

1997年，银南地区公安局建立110接处警指挥系统、110报警服务台和快速反应机制，方便群众报警和危难求助。各县（市）公安局以110指挥中心为龙头，以巡警、派出所民警为骨干，各警种配合、快速反应的警务机制不断发展、完善。

1998年3月，公安机关对刑侦工作进行改革，各县（市、区）公安局设刑警大队，建立责任区（探组）刑警队，实行侦审一体化。以“破大案、打团伙、追逃犯”为主线，打击涉枪、爆炸、投毒、杀人、强奸等暴力犯罪，打击有组织犯罪、严重侵财犯罪、金融财税领域的犯罪、毒品犯罪、严重影响人民群众生命安全的多发性抢劫、盗窃犯罪、拐卖妇女儿童犯罪等。探索110报警服务台与派出所之间的衔接方式,建立科学、有效的工作机制,布局建立多层次、多渠道、触角广、信息灵、遍布社会面的网络。强化刑事科技意识,改善装备,引进新技术。重视现场勘验工作,利用警犬搜毒、搜爆。运用计算机和先进的传输手段,加快人员信息资料的共享。

1998年9月,吴忠市公安局组织开展"创建人民满意派出所"活动,把创建活动与派出所工作改革、侦防机制改革等有机结合,相互促进,提高保一方平安能力。其间,各县(市)公安局实行治安、户籍、出入境管理制度改革,加强流动人口和特种行业、公共场所管理,服务经济发展大局。公安交通管理部门以实施"畅通工程"、创建"平安大道"为载体,整顿道路交通秩序,保障城乡道路交通安全畅通。公安消防部门贯彻《宁夏回族自治区消防条例》,推进消防工作社会化。相继出台实施为国企改革和发展服务、加强农村公安工作等措施,着力改善治安环境,促进经济发展。重视法治建设,制定出台执法责任、办案程序规范和执法质量考评等规范性文件。治安、户政、出入境、交通、消防等部门和基层派出所实行警务公开制度,提高公安行政执法的透明度。公安机关内部建立案件审核、行政复议、执法检查、个案督办、执法过错追究等执法监督机制。

五

"十五"期间,吴忠市公安局围绕创建"平安地区"和发展西部经济战略部署要求,突出重点,统筹兼顾,整体推进,推动全地区公安工作的发展。各县(市)公安局抓住各地突出的治安问题,以打开路,整治跟进,始终保持对严重刑事犯罪的主动进攻和严打高压态势,开展"打黑除恶"、缉枪治爆、打击经济犯罪并进的严打整治斗争,开展侦破命案、禁毒、网上追逃等专项斗争,强化侦查破案工作,提高攻坚克难能力。2001年起,先后组织开展严打整治斗争7个战役,认真落实社会治安综合治理各项措施,大力推进社会治安防控体系建设,有效维护社会治安的稳定,为自治区成立40周年庆祝活动创造平安和谐的安定局面。建立、完善以110报警服务中心为龙头的快速反应机制和人民警察巡逻体制,推进派出所和刑侦工作改革。加快公安管理信息化建设,深入开展"安全文明小区(村、镇)"建设,积极实施社区警务战略,充分发挥群防群治队伍在维护社会治安中的重要作用。不断改进和加强公安行政管理工作,从与经济发展、群众生活密切相关的户政、交通、消防等治安行政管理工作入手,出台为民、便民、利民新措施。

实施"金盾工程",是一项全面推进公安基层基础建设的重要举措,也是一项落实公安机关"科技强警"战略决策,在公安机关已有的信息化基础设施和装备基础上,充分利用先进的技术手段,建设和不断完善全国公安通信网络和全国公安综合应用信息系统,提高公安机关各业务部门的计算机应用水平,与全国信息化发展水平相适应。实现以各项公安业务为基础,以全国犯罪信息中心为核心,以全国公安工作信息为目标的信息共享和综合应用。

吴忠市公安局按照治安防控体系建设的总体部署,将管理、防范和控制工作置于突出的位置,推动公安工作重心下移、警力下沉、保障下倾,建立、完善以派出所民警和巡警为骨干,以社会辅助力量为补充,人防、物防、技防相结合的治安防控体系。城市社区普遍建立社区警务室,保安队伍和治保会等群防群治队伍。全面推进治安防控网络建设,加强公安基层基础工作。全市实现110、119、122三台合一,统一接警,统一指挥,构建起高效的指挥系统。

2003年,是吴忠公安奋起腾飞的一年。新一届领导班子团结协作、务实创新,广大民警恪尽职守、无私奉献,全市公安工作取得了明显进步,队伍建设得到了长足的发展,服务意识明显增强,执法质量全面提升。市局党委领导班子重组优化、团结务实,实现了领导干部的年轻化、知识化,为队伍建设增添了无限的活力;理顺体制、整合资源,把久拖未决的利通分局体制全面上划,对警力资源进行了科学配置,对警务运行机制进行了全面优化,年内组建了防暴巡逻支队、金盾押运中心和华盾公安网络应用技术研究所,增强了驾驭全市社会治安的能力；狠抓队伍建设，积极开展了学习贯彻“五条禁令”、集中教育整顿、创建学习型公安机关、学习“三个代表”重要思想和立警为公、执法为民等学教活动，队伍思想政治工作深入开展，队伍整体素质明显提高；破大案、抓现行，全力维护全市社会稳定。适时开展了春季破案、秋季破案、冬季破案和指纹会战等专项斗争，严厉打击各类刑事犯罪活动。刑事破案实现了全区“三个第一”，即全年立案3282起，同比下降13.6%，位居自治区第一；全年抓获网上逃犯53人，名列自治区第一；全年侦破毒品犯罪案件1264起，缴获毒品3894克，名列自治区第一。尤其是“8·29”特大投毒案的成功侦破，充分展现了吴忠公安民警坚强的战斗力。以“大讨论”为主线，以派出所等窗口单位为重点，抓典型、树标杆、塑形象，建立警务大厅，出台创新吴忠经济发展环境措施十二条，积极改革户籍管理制度，实行人口信息化管理，实现了人口信息百城联网。全面解决了吴忠市区“城中村”的难题，加快了城市化进程；规范管理，争创“七强”，基层党建工作迈上新台阶。新建改选基层党支部12个，新纳党员26名，制定各项党建工作制度13项、工作台账5种，举办“庆七一，党在我心中”文艺会演，对党建工作实行目标责任制管理；夯实基础，多措并举，基层基础建设健康发展。派出所基础工作全面实现了规范化建设，公安信息实行了网络化管理，执法质量稳步提高；有的放矢，强势推进，公安管理体制改革全面展开。年内有重点、有步骤、有计划地对派出所、内设机构进行了认真的调查研究和广泛讨论，并制定了科学有效的改革方案，付诸实施，力度之大，势头之强前所未有；强化培训，全力提高，积极的教育培训机制逐步形成。2003年首次轮训了全市7个县、市、区公安机关251名干部和700多名在编民警，成效显著；全力以赴抗击“非典”疫情，有力保障了吴忠市人民安居乐业。

2004年，吴忠市公安局认真贯彻自治区第十三次公安会议精神，对新世纪、新阶段的公安工作和队伍建设做全面部署。明确指出，当前和今后一个时期，公安机关的指导思想是：紧紧围绕全面建设小康社会的总目标，牢牢把握维护好重要战略机遇和社会稳定的总要求，不断增强大局意识、政治意识、忧患意识、群众意识和责任意识，运用“三个代表”重要思想指导公安工作实践，落实科学发展观，坚持与时俱进，坚持执法为民，大力推进公安队伍正规化建设，全面提高公安工作的整体水平和公安队伍的整体战斗力，切实担负起巩固共产党执政地位、维护国家长治久安、保障人民安居乐业的重大政治和社会责任。

2004年被吴忠市公安局确定为基础工作年，全局上下打破常规，大胆创新，坚持与时俱进、实事求是的精神，倾全力改革弊端，求实效创新警务运行机制，努力把吴忠市公安工作推向前进。全体民警维护国家安全和社会稳定的能力进一步提高；适应社会主义市场经济的工作机制不断完善，控制和处置能力明显增强；社会治安防控体系更加严密，社会治安秩序持续平稳；公安机关创新经济发展环境作风明显改善，队伍的整体素质和战斗力显著增强；警务保障更加有力，公安科技含量明显提高。

六

遵循公安部提出的“抓班子，带队伍，促业务，保平安”的工作思路，吴忠市公安局始终把队伍建设放在重要位置，坚持从严治党，从严治警，使公安队伍在政治上同党中央保持一致；着重加强领导班子和干部队伍建设，实行多层次、多渠道、多形式的干部交流，大胆提拔、使用优秀中青年干部；重视对干警的文化、法治、业务教育培训，提高干警的政治、业务素质；开展廉洁为民和立功创模活动，加强人民警察职业道德建设和纪律作风整顿，针对不同时期队伍中出现的不正之风和不良倾向，集中开展专项教育治理；坚持反腐倡廉，严肃查处少数干警违法违纪案件，按照革命化、正规化、现代化的要求，努力建设一支指挥灵敏、反应迅速、装备精良、训练有素、统一协调、忠诚可靠的公安队伍。

2005年，吴忠市公安局始终把队伍建设作为重中之重，贯穿于整个公安工作之中，坚持一手抓业务工作，一手抓队伍建设。各县(市)公安局以“尽快把公安队伍建设成一支忠诚可靠、训练有素、业务精通、纪律严明、作风过硬，能够统一指挥、快速反应、秉公执法，能够应付重大政治和治安事件的有坚强战斗力的队伍”为目标，紧紧抓住加强公安队伍正规化建设这条主线，先后开展共产主义理想信念、全心全意为人民服务、“人民公安为人民”、“立警为公、执法为民”、实事求是的思想路线、严格公正文明执法和反腐倡廉等一系列教育活动，强化队伍的思想政治工作；深入开展整治刑讯逼供等工作，执行“五条禁令”，加大督察力度；加强业务技能培训，开展大练兵，抓基层、打基础、苦练基本功，提高民警综合素质。同时，注重选好配强各级公安机关领导班子，发扬为民、务实、清廉作风，严肃法纪，坚决清除“害群之马”，提升队伍的整体形象。各级公安机关坚持开展争先创优、立功创模活动，弘扬正气，凝聚警心，忠诚履职，涌现出受到国务院表彰的基层公安局、基层所队和优秀警察、先进个人以及以消防战士为代表的大批先进个人。事实证明，吴忠市公安队伍是一支党和人民可以信赖的有坚强战斗力的队伍。

在新的形势下，吴忠市公安局坚持以中国特色社会主义理论为指导，在中国共产党的领导下，坚持加强专门工作和依靠广大群众相结合，坚持社会主义法治，坚持“一个中心、三项建设”的指导思想，不断深化公安改革，争创一流的公安工作、一流的公安队伍、一流的社会治安环境，为吴忠的改革、发展、稳定做出新贡献。

2010年，宁夏大情报系统建设实现部、省、市三级联动运行，市公安局从组织领导、平台建设、夯实基础、重点突破、实战应用等方面入手，采取一系列行之有效的措施，强制入轨，使基础信息数据能够全面准确及时录入预警签收研判处置反馈及运行管理和考核的工作机制已初步建立信息主导警务初显成效。

吴忠市公安局抓住队伍考核的关键环节，创新理念，积极探索，在全市公安机关和全体民警中全力推行以工作量化为基础、以信息技术为依托、以同步考核为主要方法的全员绩效考核机制，实现对部门和民警的动态、量化、实时考核。

市公安局在自治区公安厅的指导下，认真学习贯彻落实自治区公安教育训练工作会议精神，进一步构建和完善“大教育、大培训”体系，继续推广“轮训轮值、战训合一”训练模式，不断加大业务培训工作力度，改进训练方式和方法，全市公安队伍整体战斗力明显提升。

2013年，吴忠市公安局紧紧围绕抓好“三大建设”、提升“五种能力”总要求，以开展党的群众路线教育实践活动为契机，着力提升群众工作能力。构建平安吴忠建设、执法规范化建设、公安队伍建设成果喜人，全市公安机关维护社会稳定、打击违法犯罪、驾驭社会治安管理服务和保障民生等能力水平得到全面提升，勠力消除不安定因素，维稳安保能力进一步提升、聚焦征地拆迁、涉法涉诉、拖欠农民工工资等重点，及时消除不稳定因素。依托社区警务和“七进九讲”活动，不断延伸工作触角，创新信访工作新模式，着力化解社会突出矛盾。实施“文明交通行动工程”，加强人、车、路、环境的安全管理，推进道路交通安全工作社会化进程，深化“交巡合一”警务模式，把信息化建设作为牵引公安工作跨越发展的引擎，从基层数据信息、创新社会管理和服务公安实战三个方面出发，打牢“三个基础”，强化“五项工作”。成功摧毁涉黑团伙，破获了一批有影响的大案要案。命案破案率和百名民警提请逮捕数位居自治区第一。整合社会资源和公安业务数据为案件预防和侦破提供丰富的数据支撑和信息研判，深入推进家谱化信息采集录入工作。圆满完成了全国、自治区、市两会及牛首山庙会、第三届感恩母亲河活动、第六届中国(宁夏)回商大会、国际马拉松赛等重大活动安全保卫任务。

2015年，吴忠市公安局以自治区公安厅34项重点工作和5个重点整治行动为牵引，以深入开展党的群众路线教育实践活动为主线，扎实推进服务型窗口单位建设，形成大事大抓的强劲势头，全年破各类刑事案件2013起，破侵财案件2397起，抓获网上逃犯187人，着力整治毒品问题，以禁毒人民战争为抓手，着力打好堵源截流战役，深入推进禁毒人民战争，破获涉毒治安案件1582起，查获吸毒人员1573人，强制隔离1082人。开展“大收戒”、重点整治、社区康复、集中安置、社会宣传等“六大战役”，开展打击“涉黄涉赌”专项行动，在全市禁毒工作实现“七化”运作，严打整治趋于常态，综合治理成效显著，社会大局持续稳定，便民服务深得人心。打击违法犯罪，化解社会矛盾，消除安全隐患，以标本兼治、协同作战为抓手，敢于下重手、出重拳、用重典，始终保持对暴力恐怖活动的凌厉攻势，切实形成反恐怖工作的强大合力。严打邪教、宗教违法犯活动，维护正常宗教活动秩序。加大对非法宗教活动、非法宗教宣传品、非法宗教网络的排查力度，着力铲除滋生暴恐活动的思想土壤；紧紧抓住群众反映强烈的治安突出问题，大力加强公共安全管理，着力解决群众反映强烈的突出问题。启动24小时常态化武装巡逻机制，深入重点区域开展武装巡逻。广开言路、开门纳谏，利用设立征求意见箱、公布12389举报电话和公安微博、微信、百度贴吧、吴忠论坛等多平台多渠道征求群众意见建议，开好惠民清单，把服务清单做大，把流程清单做短。破解治理难题，创新社会管理，规范执法行为，提升执法公信力。完成投资7895万元的市公安局业务用房项目建设和智能图控系统项目建设，完善信息实战应用系统。依法从严治警，落实从优待警。全市社会大局持续稳定，群众安全感和对公安工作满意率稳步提升，先后有11个单位、4名个人受到公安部、自治区表彰奖励。

2018年，全市公安机关高举习近平新时代中国特色社会主义思想伟大旗帜，忠实践行“四句话、十六字”总要求，紧盯自治区公安厅“七大战役”，以“两大工程”“九项重点工作”为抓手，大力实施改革强警战略、公安大数据战略，深入推进平安吴忠、法治公安建设。

扎实推进反恐“铁桶工程”建设，提升预警和风险防控能力。建成环宁“三合一”公安检查站3个，在13个汽车站、火车站安装电子闸机。依法查处非法宣教活动20起，圆满完成自治区成立60周年大庆和吴忠国际马拉松赛等85项活动安保维稳任务，做到了“四个防止”“三个确保”。

推动警力下沉，新分配、新招录的民警、事业编警务人员全部充实到派出所，开展“一标三实”信息采集专项行动，基础信息采集率、准确率均达到95%以上，不断完善“互联网+社区警务+群众路线”工作模式，建立社区警务工作微信群，组建群防群治队伍。

以扫黑除恶专项斗争为牵引，收集涉黑涉恶线索373条，打掉利通区、青铜峡市恶势力犯罪团伙12个，成功侦破“国好百分百”网络传销案。强力推进禁毒示范市创建，破获毒品案件72起，缴获制毒物品羟亚胺113.44公斤，缴获毒品海洛因25.5公斤、冰毒3公斤。破获食品药品环境领域刑事案件12起，破获特大制售假烟假酒案件，涉案价值800余万元。侦破4起侵犯公民个人信息刑事案件，不断推进交通秩序整治和安全隐患治理，持续开展涉牌涉证、酒驾醉驾等交通违法专项整治，管理持续向规范化、精细化迈进。

2020年，以“11156”发展计划为抓手，守责担当，忠诚履职，统筹做好疫情防控和维护安全稳定工作，全力服务保障“六稳”“六保”大局，累计研判推送数据16万余条，精准管理入境到吴忠人员。加强公安监所疫情防控和安全管理，经受住了重大考验，展示出了强大战斗力，扎实开展教育整顿，精心组织全警政治大轮训，深入开展执纪问责“开道”、顽瘴痼疾整治、执法服务整改、政治督察巩固、英模精神激励“五大行动”，构建“大督查”新格局。精准运用监督执纪“四种形态”，持续整治顽瘴痼疾，持之以恒正风肃纪，推动队伍纪律作风持续转变。实施精准巡防安民工程，实施大数据赋能智慧工程，实施“平安细胞”强基工程，实施执法服务惠民工程，全面提升执法主体依法履职能力。

盘活警力资源，制定完善警官管理办法等制度，明确干部竞聘10项程序，着力建设一支结构优化、搭配合理、梯次补充的干部队伍，为建设美丽和谐富裕新吴忠创造安全稳定的社会环境。

忆往昔，沧桑巨变，业绩辉煌；展未来，任重道远，催人奋进。半个多世纪以来，全市公安机关逐步建立健全政治工作机构和工作制度，不断加强公安队伍的思想建设、组织建设和作风建设，培养出一大批优秀公安民警。公安民警始终牢记全心全意为人民服务的宗旨，奉公守法，忘我工作，英勇战斗，满腔热忱保卫社会主义建设和人民生命财产的安全，努力完成各项任务。公安民警创立的光辉业绩和英雄模范事迹，将铭刻青史。实践证明，吴忠市公安队伍是一支忠于党，忠于人民，忠于祖国，经得起考验的队伍，在党和政府的正确领导和人民群众的大力支持下，必将为保卫社会主义事业和人民生命财产做出更大的贡献。

大事记

DA SHI JI

大事记

清朝

光绪二十七年(1901年)

清廷推行“新政”,在全国创办警察,令各省办理业务。

董府(宫保府)始建,3年成。

光绪二十八年(1902年)

董福祥由固原带家眷亲丁数千人定居金积堡,驻董府,屯田于马家滩。

光绪三十一年(1905年)

九月,清政府首设专门警察机关巡警部督饬办理各省巡警。十一月,陕甘总督升允饬令甘肃全省各司道试办巡警,通令各府、厅、州、县一律举办巡警,建立巡警机制。

光绪三十四年(1908年)

宁夏县设巡警总局;宁朔县设巡警总局,分局11处;灵州设巡警总局,分局1处;中卫县设巡警总局,分局2处;宁灵厅设巡警总局;吴忠堡设巡警局和统捐分局。

宣统二年(1910年)

九月,宁灵厅设警察训练所。

宣统三年(1911年)

一月二十五日,清政府颁布《大清新刑律》。

中华民国

1912年

中华民国成立,裁府设道,又以此地古为朔方地,遂又改设朔方道。金积县设巡警总局。花马池分州设警佐1名,下设警备队。

1914年

5月,依照北洋政府(又称北京政府)公布的《道官制令》规定,宁夏道尹公署分设四科,由内务科掌理宁夏道内务行政及监督(司法)事项,宁夏、宁朔、中卫、平罗四县分设四科,灵武、金积、盐池、镇戎四县分设两科,后一律设两科,由第一科掌理内外事件,兼管司法事件。

1917年

7月,吴忠堡设警察分所。

是年,金积县改巡警总局为警察所,所长由县知事兼任。盐池县改警备队为警察所。

1919年

甘肃省府通知各县警备队改为警察所。

1929年

在乡下设闾、邻,五家为邻,五邻为闾。

1932年

吴忠堡设吴东、吴西两镇,实行保甲制,十户为甲,十甲为保。同时将吴忠堡内以迎门渠为界的渠东、渠西各二保,改设吴东镇、吴西镇,吴东镇隶属灵武县第三区,吴西镇隶属灵武县第四区。

1933年

9月1日,宁夏省开始办理居民身份证、居留证、外侨身份证。

1934年

3月,宁夏省民政厅撤销灵武、平罗、中宁等县警察局局长职务,磴口、金积、宁朔、同心等县警察局局长均予以调动。

9月,河东保安司令部设立,驻吴忠镇。

1935年

9月,宁夏全省警察局(所)改为公安局。各县公安局在辖区内街道、主要市镇设置分驻所。各县公安局依照所在县的等级分为三等。

是年,全省统筹制发警察制服,警服为中山装样式,夏季为黄色,春、秋、冬季为黑色,由省会公安局缝制。省会公安局从北平购置救火机两架及水龙带、水枪等,又制作太平水桶、消防水桶、救火钩等多种器具,县公安局也购置了水枪、水桶、救火钩器具。吴东、吴西两镇合并设吴忠镇,直接归灵武县管辖。

1936年

4月1日晚,宁朔县公安局局长香生藻在王宏堡捕获惯匪杨子文、马成山2人,缴获手枪2支、子弹20发。

6月26日,盐池县城市革命委员会成立,下设肃反委员会,负责革命政权的保卫任务。

7月,中共盐池县委正式成立,曹广英任县保卫局局长。

是年,中国工农红军解放盐池县、预旺县城。国民政府的盐池县治迁至惠安堡,新县治所在地仍设县公安局。

1937年

1月1日，宁夏省政府通令各县公安局一律改为警察局。

3月，宁夏全省划分为3个保甲区，灵武、金积为第二保甲区。

7月12日，盐池县保卫局改为保安科。

1938年

9月，盐池县保卫科清剿窜扰盐池五区的股匪施彦芳，俘虏10人，缴获长短枪9支、子弹150发

是年，宁夏省政府决定在吴忠镇设立军警联合督察处，下设古城湾稽查所。

1939年

金积县成立防护团。

1940年

宁夏省城及平罗、宁朔、中卫、中宁、灵武县设戒烟医院，为烟民免费戒烟，以中药试戒。

1941年

春，当地实行新县改革，实行县、乡、保、甲四级制。划宁朔县东北部及宁夏县东南部设置永宁县，驻杨和堡；同时将宁夏县更名为贺兰县，驻地由李岗堡迁至谢岗堡(今称习岗)。

是年，以平罗县北部地区设置惠农县，驻宝丰镇(后移驻黄渠桥)；陶乐设治局升格为陶乐县，驻高仁镇(后移驻马太沟)；将中卫县香山地区划出，设香山设治局。

1942年

2月，盐池县政府设司法处，看守所并入县保安科。

1949年

3月9日，中共盐池县委在堡头召开会议，决定恢复警卫队。

5月，宁夏省保安司令部在吴忠镇组建便衣队特务组织，共40人。

是月，盐池县五区的7个乡和里山区的一、二乡建立治安委员会，开展群众性治安工作。

9月底，中宁县、金积县、吴忠市、灵武县、中卫县相继成立公安局。宁夏解放前已成立盐池县公安局。

中华人民共和国

1949年

10月14日，宁朔县公安局成立。

是月，同心县公安局成立。

11月26日，吴忠堡市成立生产救济所，收容乞丐、烟瘾者，对其进行教育改造。

12月，吴忠堡市(灵武管辖)各区、乡陆续建立民兵组织。

1950年

2月3日，吴忠堡市改为吴忠镇(县级)，吴忠镇、金积县公安局成立。

2月6日，金积县公安局抓获匪23名反革命匪徒。

3月12日，吴忠镇摧毁“反苏讨共义勇军”反革命集团。首犯被正法。

3月26日，吴忠镇查处贩卖罂粟籽及种植罂粟者。

5月1日，宁夏各级公安机关的人民警察统一着装。

5月，吴忠镇开展镇压反革命运动。

8月1日，盐池县保卫科改为县公安局。

8月24日，中卫县公安战士焦生和在香山一带剿匪中，一弹命中二匪，击毙1人、击伤1人，并活捉1人，省主席潘自力为其授奖。

10月14日，根据中央人民政府政务院决定，吴忠镇改为省直辖吴忠市。

10月23日，《宁夏日报》报道，全省除盐池、宁朔两县实行土改外，同心、陶乐两县条件不具备，不进行减租；磴口县也不再进行减租，其他各县都将开始减租。中卫、永宁、平罗三县已进行减租试办。

10月，牛口蹄疫首先在盐池、海原两县发生，之后波及全省17个县(市)。

12月1日，宁夏第一个国营农场——灵武机械化农场建立。次年4月改为国营灵武农场。

12月，吴忠市戒烟所成立。

1951年

5月30日，吴忠市清理反革命案件委员会成立。

6月28日，全省公安民警和公安部队捐款捐献“公安号”飞机支援抗美援朝。

10月27日，省公安厅组织6个工作组深入中卫、灵武、吴忠等6个县市协助开展镇压反革命工作。

是月，各级公安机关开展禁烟肃毒、取缔妓院、查禁赌博活动。

1952年

8月16日，全市开展群众性肃毒运动。

1954年

1月，贯彻执行《中华人民共和国逮捕条例》，从此逮捕拘留和预审工作，有章可循，走上了正轨。

6月19日，中央人民政府委员会第32次会议决定撤销宁夏省建制，与甘肃省合并为新的甘肃省；设立银川专属和河东回族自治区；原宁夏省公安厅撤销，在银川专属和吴忠回族自治区分别成立公安处。银川专属辖银川市及贺兰、平罗、惠农、陶乐、永宁、宁朔、中卫、中宁8个县，专署驻银川市；盐池县因远离省会，委托河东回族自治区代管。

1955年

4月21—23日，河东回族自治区改为吴忠回族自治州，马腾霭(回族)为州长。随之，河东回族自治区公安处改为吴忠回族自治州公安处。

1956年

1月5日，全国公安机关实行警察制。

5月，干警改着“56式”警服。

8月3日，甘肃省公检法工作组赴吴忠地区检查镇反工作，并根据公安部部长罗瑞卿的指示对宁朔县该捕未捕的7起案件进行了复查，并对错判案件分别做了纠正。

10月29日，公安民警工资实行改革，由包干制改为工资制。

1957年

4月，开展镇压反革命运动检查。积极开展自查，准备迎接民主人士对镇压反革命运动的情况进行检查。1955年1月至1956年年底的案件全部复查，1954年年底以前的案件重点复查。

5月，公安民警开展党内整风运动，党员和非党员均参加。

是月，宁夏全省各级公安机关开展整风反右运动。

1958年

4月7日，金积县开展“扫残”（扫除封建残余势力）工作，取缔反动会道门。

12月，吴忠市公安局、检察院、法院合并为市政法部。翌年9月撤销。

1959年

3月27日，宁夏回族自治区第一次公、检、法先进集体、先进工作者代表大会召开。推选王明轩、芦建章、王丽泉、勉伟、李忠5人出席全国公、检、法系统先进工作者代表大会。

8月13日，自治区党委批转自治区党委政法小组《关于合并的县级政法机关重新分开的请示报告》，将已合并的各基层公安、检察、法院机关分开。

9月27日，自治区高级人民法院、检察院、公安厅分别在自治区监狱、各劳改农场和各市、县看守所召开大会，宣布第一批特赦罪犯62人。10月28日，宣布第二批特赦罪犯345人。11月29日，宣布第三批特赦罪犯241人。

1960年

9月8日，根据自治区党委决定，开展“双反”（反坏人坏事）运动。

1962年

4月，全市开始纠正“双反”运动中错误处理案件。

1963年

6月29日，国务院第133次会议决定，将吴忠市和青铜峡市撤市改县，青铜峡县驻地由青铜峡镇迁至小坝。吴忠市公安局更名为吴忠县公安局。

11月，吴忠县对嗜毒成瘾者进行强制戒毒。

1964年

10月8日，自治区党委派出10人工作组，进入吴忠县公、检、法机关开展社会主义教育运动。

1965年

4月5日，自治区公安厅消防处成立，负责指导自治区消防工作。

5月24日，自治区党委批准，从9月起停止适用拘役。

1966年

5月，自治区各级政法机关受到“文化大革命”运动的冲击，陷入瘫痪状态。

1967年

8月中旬，中国人民解放军派军代表进驻法院、检察院、公安机关，成立军事管制委员会，对公检法实行军事管制。

1968年

2月25日，吴忠县革命委员会成立，取代县人民委员会。军队代表辛崇岫任主任。下设“三处一室”（政治处、生产处、保卫处、办公室）。

4月10日，自治区革命委员会成立。内设保卫部，履行公、检、法机关职责。

1970年

1月17日，自治区革命委员会政法组撤销。

2月2日，自治区革命委员会保卫部下发《关于依法逮捕判刑的罪犯交群众监督执行有关问题的通知》。

2月3日，自治区开展“一打三反”（指打击反革命，反贪污、反浪费、反官僚主义）运动，历时半年。

1971年

5月1日，实行中华人民共和国边境管理区通行证制度。对前往边境探亲访友和洽谈贸易的公民和工作人员，经市治安部门严格审查后，发给边境通行证，有效期3个月，因故不能按期返回的，由当地公安机关酌情延长。返回后将通行证收回。9月，吴忠全县开展“批林整风”运动。

1972年

5月1日，人民警察改穿藏蓝色服装，交通警察穿上白下蓝服装，套白帽罩，冬服戴白袖套，帽徽改为国徽图案，领章不变。

7、8月，全地区共清理拘留人员102名。其中转捕、判刑44名（含监外执行10名），释放51名，转外地处理7名。另外，还清理了一些“扣留”人员，审结了一些新案和积案。

7月28—29日，自治区保卫部清案小组召开清理拘留人员工作汇报会，到会的有固原地区和银川、石嘴山、中卫、吴忠、阿拉善左旗等保卫部、处清案负责人。会议期间，学习国务院和区革委会关于清理工作的文件，各地汇报贯彻清理拘留人员指示的情况，安排今后工作，银川、中卫、吴忠介绍清理工作经验。自治区保卫部副部长姚持讲话。

9月8日，自治区召开纠正处理叛乱案件扩大化工作座谈会。银南、银北有关县的保卫处和银川市保卫处的人员31人到会，自治区保卫部和地区革命委员会筹备小组的部分领导也参加了会议，并做指示。

10月20日，地区公安保卫部门加强对党委的请示报告，密切上下级公安机关之间的联系。各市、县保卫处送来计划、总结、简报等有关文件290件。

1973年

3月13日，经统计，银南地区各县在1972年发生各种诈骗案件60余起，共被犯罪分子骗去3.1万余元，以及粮食约700公斤、手表6块、自行车3辆等物。至3月13日，已侦破案53起，占发案的88.3%。

5月29日，银南地区公安处成立，指导银南七县公安业务工作。公安处处长为温秀钧，副处长为张佐卿、张玉明。

6月9日，吴忠县保卫处在审讯王某林盗窃自行车案的过程中，查破王某林盗窃自行车作案30起，盗窃木材、人力车案3起，其他盗窃作案20起。追回被盗的自行车24辆。

6月23日，吴忠县新华书店因停电未关电门引起火灾，烧毁各种书籍3万余册、库房5间，损失达2.4万余元。

11月26日，自治区消防总队成立，之后，又增设银北地区、中卫县消防队。

11月，宁夏各级司法机关军事管制委员会相继撤销。

12月15日，银南地区公安处召开会议，历时6天，各县公安局局长、各业务股干部和厂矿、企事业单位的保卫干部共81人参加。地区核心小组成员满洪顺出席会议，作重要指示并传达国务院、中央军委关于转发《上海市民兵情况调查》的通知。银南地区公安处处长温秀钧做公安工作报告。

1974年

4月18日，银南地区公安处改为银南地区公安局，局长为温秀钧，副局长为张佐卿、张玉明、陈宪、谢生虎。

10月25—31日，自治区党委书记处书记张桂金主持召开自治区公安工作座谈会，确定今后在对敌斗争中要贯彻执行“少捕、少杀”的政策和严禁“逼、供、信”。

是年，吴忠县全年共发生各种刑事案件188起，破获158起，发生车辆肇事26起，死亡8人，发生火灾16起。青铜峡县全年共发生各种治安灾害事故40起，发生各种刑事案件159起，破获各类案件98起。盐池县共发生各种刑事案件82起，破获68起，赌博案件12起。同心县共发生各种刑事案件87起，破获31起。

1975年

1月15日，吴忠县公安局摧毁两个长期以来以照相、看戏为名大肆奸污妇女而被群众称作“裴多菲俱乐部”的两个黑据点。在侦破吴忠县照相馆流氓集团彭某光、汤某发案件中，地区公安局抽出4名干部，组成专案小组，紧密配合县公安局工作，地区公安处处长温秀钧专门督办，专案小组深入实际、深入群众、深入基层，顺藤摸瓜，挖出吴忠县文化馆的流氓犯刘某义和青铜峡县文教局流氓陈某林。

1月，根据新修订的《中华人民共和国宪法》，检察机关的职权由各级公安机关行使。

2月，为贯彻《宁夏回族自治区自行车管理试行办法》，在全市城乡开展自行车发执照和打钢印工作，由各派出所承办。此后成为制度，长期执行。

3月15—16日，银南地区革委会召开由各县公安、工商、财税等部门负责人和治安股长参加的自行车管理会议。研究和部署银南地区如何贯彻执行《宁夏回族自治区自行车管理试行办法》的实施意见。具体行动办法：第一步，抓自行车登记工作。时间从3月19日开始，到3月30日前登记结束。第二步，抓宣传工作。从3月30日登记结束后开始，到发放车牌、执照、砸钢印为止。第三步，抓发放车牌、执照、打钢印工作。从4月中旬开始，到4月底结束。从5月1日起，对全县骑用的自行车实行统一管理。5月5日、10日，对骑用自行车进行普查。第四步，抓重点审查工作。

9月8日，自治区拨款22.8万元，新建吴忠看守所。

9月27—28日，召开银南七县公安局局长座谈会，集中汇报与研究当前清查打击流窜犯工作方面的问题。地委副书记郝青参加会议并做指示。

1976年

1月1日，自治区公安局接收宁夏军区各军分区和市、县、旗人民武装部管辖的部队，改为人民武装警察。在自治区公安局设立人民武装警察处，地市公安局设立人民武装警察科，对武装部队实施领导和管理。

9月9日，公安民警保卫悼念毛泽东主席逝世的活动。

9月18日，吴忠举行毛泽东主席逝世追悼大会。

1977年

4月16日，自治区革委会、宁夏军区张贴布告，积极收缴散落在社会上和机关内部的枪支弹药，全面落实枪支佩带与管理制度。

4月26日，自治区革命委员会召开电话会议，部署收缴私存枪支、弹药工作。

6月4日，银南地区公安局召开由各县整序办公室主任和公安局治安股长参加的整序工作会议，地委副书记郝青到会并讲话。会议以整顿铁路治安秩序为重点，带动城乡治安秩序的全面铺开为主要任务。狠抓大案要案的侦破工作；加大力度做好收缴枪支弹药工作；清理整顿自流人员。

11月24日，组建自治区公安局直属武装民警中队，担负逮捕、押解和守护自治区民用物资储备仓库任务。

12月25日，自治区公安局组织自治区公安机关开展破案战役和清查流窜犯统一行动。

1978年

1月3日，宁夏公安简报1978年第2期刊登《吴忠县公安局依靠群众抓获重大流窜犯》，吴忠县公安局在破案战役中依靠群众，抓获重大流窜嫌疑人金某林和杨某军，破获盗窃案件19起。

1月6日，自治区公安局召开全区地、市公安局和银铁公安分处负责人汇报会，自治区公安局代局长陈静波和副局长彭柏林参加会议并讲话，全区开展破案攻势统一行动，结合“两打”斗争，依靠群众，清查流窜作案人员确保节日安全。

1月19日，自治区公安局在青铜峡县召开破案战役现场会，青铜峡县公安局和吴忠县公安局做经验交流发言。自治区党委常委、革委会副主任马思忠到会做重要指示，银南地委副书记刘治平和青铜峡县委副书记王文才到会讲话，自治区公安局代局长陈静波做重要讲话，要求全区各级公安机关要抓纲治国，大治宁夏，全面部署，制定措施，指挥灵活，及时破案，夺取破案战役的更大胜利。

5月28日，自治区最大的扬水工程——同心扬水工程胜利建成并开机扬水。公安机关对启动仪式做安保工作。

8月28日，联合国环境规划署治沙考察讲习班一行16人，到中卫县考察沙坡头治沙工程，银南地区公安局精心指导，中卫县公安局全力以赴，圆满完成外宾警卫任务。

9月22日，自治区公安局向全区地、市、县、旗公安局及各单位发出通知，仿照吴忠县公安局的做法《关于开展学习革命烈士李良同志活动的安排》，联系实际，发动干警，振奋精神，狠抓治安管理、侦查破案，加快办案速度。

10月16日零时，自治区统一行动，集中搜捕长期流窜、抢劫、盗窃、诈骗、流氓犯罪的刑事犯罪分子，此次行动共逮捕58名刑事犯罪人员，拘留45名违法人员，收审33人，破获了一批刑事案件。

1979年

1月，根据中共中央批转《全国第三次治安工作会议纪要》以及中共中央《关于地富分子摘帽问题和地富子女成分问题的决定》两个文件精神，到1983年年底，全部摘掉了四类分子的帽子，对地富子女的成分问题也得到解决，原来定的其他成分，也全部改定为社员成分。

2月3日，吴忠县公安局全面清理专政对象底数，对古城公社的7个大队42个生产队的四类分子，通过调查清理与落实政策，对错定成分、错戴“帽子”和错管的宣布纠正，并张榜公布，给予妥善安置。

2月14日，中共宁夏回族自治区委员会根据中共十一届三中全会精神，召开全区有线广播大会，宣布经中共中央批准，撤销1967年12月27日《关于宁夏问题的决定》，对由此造成的一切冤假错案予以彻底平反；其次是对“文化大革命”以前历次政治运动中的遗留问题做了全面复查处理。

2月14日，银南地区公安处召开七县公安局局长会议，传达自治区召开的地市县旗公安局局长会议精神，贯彻落实中共中央《关于地主、富农分子摘帽问题和地、富子女成分问题的决定》，调动一切积极因素，为四个现代化服务。

2月16日，银南地区公安处号召各县公安局在春节期间积极开展爱民月活动，开展法治教育、政策教育和公安工作优良传统作风教育，慰问军烈属，为五保户打扫卫生，办好事，办实事，改善与密切警民关系。

3月6日，同心县公安局认真贯彻落实中央决定，在摘、纠“帽子”时，对地富第二代定成分、第三代改出身的问题，张榜公布，既注意造成声势，又注意做思想工作。

6月26日，银南地区公安处召开会议，传达自治区召开的全区公安保卫战线先进工作和治保积极分子代表会精神，向受到自治区表彰奖励的地区公安处、8名公安民警、3名厂矿企业保卫干部、5名公社治安员、13名治保积极分子代颁发奖状、奖品，并号召全体干警和各行各业向他们学习。

7月13日，银南地区公安处召开会议，研究部署“三夏”保卫工作，做好消防工作和治安工作。组织力量，狠抓落实；发动群众，深入宣传；安全检查，积极行动；安全保卫，狠抓破案。

8月3日，银南地区公安处召开七县公安局政保、内保股长座谈会，自治区公安局一处副处长陈敏等3名领导参加了座谈会，会上，学习了全国侦破现行反革命案件工作座谈会精神。

8月9日，银南地区公安处号召各县公安局或各城镇派出所会同法院、检察院、文化馆等单位联合举办以违法犯罪的典型案例和贯彻通告中收缴凶器为主要内容的展览，组织职工、学生和居民参观。

10月6日，银南地区公安处发文，要求各县公安局采取妥善措施，坚决制止封建迷信活动的蔓延，向广大群众进行无神论的宣传教育。

1980年

6月24日，银南地区公安处召开各县防火委员会主任、公安局治安股长、消防股长、消防中队长及行署有关单位负责人参加的夏收防火工作座谈会。地委防火安全委员会主任刘如刚在座谈会上做重要讲话。

7月10日，银南地区公安处召开银南七县公安政治工作座谈会。参加会议的有银南七县公安局政治教导员（或局长）及部分县公安局的政工干部，自治区公安局政治部处长琚风庭、副处长吴景浦参加了座谈会，旨在弘扬先进，发现人才，激励竞赛活动，促使公安保卫工作有效开展。

7月10日至8月8日，银南地区公安处在地委党校举办第二期刑侦技术训练班，这期训练班有县局刑警队干部15人，内保干部3人，厂矿保卫干部19人，地局刑侦干部2人，共39人，如期结业。

7月14日，青铜峡县公安局由治安股、刑警队、河东派出所联合对河东地区进行调查摸排，查处有违法行为的团伙3个，涉及青少年49人，查破各类案件30余起，为了挽救青少年，县局举办由家长参加的帮教学习班，制定帮教措施，收效甚好。

8月1日，自治区公安局改为自治区公安厅。

8月18日，银南地区公安处委派陈宪、王全胜、丁占录、巫占有为组长，组成4个工作组，分别到青铜峡、吴忠等县进行调查研究。

9月2日，宁夏人民警察学校成立，隶属自治区公安厅。

9月，青铜峡县公安局侦破3个犯罪团伙，即盗窃牲畜犯罪团伙，盗窃铝锭、铝母线犯罪团伙和私刻公章、伪造票证犯罪团伙。

12月25日，银南地区公安处召开干警大会，总结1980年工作，肯定成绩，找出差距，提出1981年工作设想。评选出6名先进工作者并进行表彰，对7名干警提出表扬。

1981年

3月23日，银南地区公安处举办全地区第一期刑事技术训练班，历时35天。来自各县公安局民警28人，各厂、矿保卫科18人，共46人参加训练班。

3月28日，自治区党委政法小组、区公、检、法领导到银南地区召开地区公、检、法负责人及吴忠县、中卫县公、检、法"三长"参加的座谈会，认真贯彻公安部电话会议精神，分析当前形势，采取积极有效措施，把城乡治安工作抓好。自治区党委副书记申效曾到会做重要讲话。

4月1日，银南地区公安处召开灵武、中宁、青铜峡、同心、盐池五县公安局局长会议，传达公安部电话会议精神，分析当前社会治安形势，研究制定落实综合治理措施，集中力量侦破大案要案。

4月15日，银南地委常委刘如刚带领地区公检法负责人到青铜峡、中宁、中卫三县召开座谈会，听取汇报，分析形势，研究打击刑事犯罪，整顿社会治安措施。

6月17日，银南地区公安处召开座谈会，研究如何加强对隐蔽力量的建设，更有效地同刑事犯罪活动进行斗争。银南七县公安局局长、刑警队队长、治安股股长参加了会议，自治区公安厅三处副处长黄静、自治区公安厅办公室副主任胡叙明到会作指导，主管公安、政法工作的地委常委刘如刚做重要讲话。

10月，自治区公安厅部署各级公安机关对全区城乡户口进行清理整顿，换发统一簿册。

11月26日，根据中央政法委相关文件精神和区党委政法小组的要求，银南各县由人大常委会组织部分代表和县政府领导，前往看守所和行政拘留所视察和指导工作。

12月20日，组建银南地区人民武装警察支队。

1982年

12月21—25日，银南地区公安处组织打击流窜犯统一行动，共出动公安民警1430人次，治安积极分子575人次，县、社、企事业单位工作人员580人次，设卡12处，收容流窜犯和重大嫌疑人30人次。

12月25—29日，银南地区公安处为迅速把全国、自治区关于制止少数干警违法乱纪问题的会议精神传达下去，迅即在干警中把"整纪刹风"的教育开展起来。

1983年

1月4日，银南地区公安处为把1983年公安工作做得更加扎实和富有成效，适应开创工作新局面的需要，召开全处干部大会，对1982年工作进行全面总结。

1月5日，自治区党委办公厅召开各县政法委员会书记和各县政法办主任参加的会议。会上对坚决查禁赌博活动这一违法犯罪行为做了研究部署，各县公安部门在党委和政府的统一部署和领导下，结合落实冬春治安工作和春节安全保卫工作措施，侧重对败坏社会风气的赌博活动和巫婆神汉活动，进行比较全面的调查，并采取了一些措施。

2月2日，银南地区公安处召开各县公安局教导员会议，传达了全国公安厅局长会议关于制止少数干警违法乱纪问题的文件，各县局先后召开局党委扩大会议，安排部署以"制止少数干警违法乱纪"为中心内容的整纪刹风教育。

3月7日，银南地区公安处先后召开了党组会、处务会，对开展第二次“全民文明礼貌月”活动做专题研究部署。各县、市公安局进行认真的思想发动和组织安排，积极投入“全民文明礼貌月”的活动中。

4月16日，银南地区公安处第二个“全民文明礼貌月”活动开展以来，各级公安机关认真贯彻公安部召开的《十省市深入开展“五讲四美”活动座谈会纪要》精神，以加强共产主义思想教育为核心，引导干警学雷锋、树新风、创“三优”使1983年的“五讲四美”和“三热爱”活动在深度和广度上又前进了一步，取得了良好的效果。

5月16日，银南地区公安处召开七县公安局局长会议，主要传达学习国务院《关于加强防止劫机的安全保卫工作的命令》，研究贯彻落实的具体措施，进一步抓好治安工作做了部署。

8月13日，根据中共中央的决定和自治区党委的部署，在全区开展为期三年的“严打”斗争。

1984年

1月11日，撤销吴忠县行政建制，设立吴忠市（县级）。成立吴忠市公安局（科级）。

2月14日，进行“严打”斗争第二次集中统一行动。

2月27日，公安部授予吴忠市公安局吴忠镇派出所“公安战线文明单位”称号。

3月21日，银南地区公安处经上级批准发文增设“刑事技术科”即四科，原刑侦科为五科。

4月10日，中共银南地区行政公署公安处党组发文启用“中共银南地区行政公署公安处党组纪律检查组”印章。

5月，吴忠市（县级）公安局侦破首例特大贩毒团伙案，缴获大烟（鸦片）5.3公斤，逮捕主犯6人。

7月6—7日，银南地区公安处召开各县市公安局局长会议，着重研究部署第一战役的总结和第二战役如何开展深挖工作的问题，使与会者进一步统一了思想，坚定了信心。

7月24日，中共宁夏回族自治区委员会作出《关于改正马震武同志错划右派问题的决定》，该文“报经中央同意，对马震武同志错划右派分子的问题予以改正”。

9月28日，银南地区公安处成立银南地区前卫体协。

11月12日，银南地区公安处在中卫县召开公安政治工作座谈会，历时2天，参加会议的有银南各县市局教导员、政工科科长、公安处、政治处、纪检组的负责人，还邀请了中卫县局正、副局长，城关派出所指导员，共26人参加了会议。

12月17日，青铜峡县行政建制撤销，恢复青铜峡市（县处级）。成立青铜峡市公安局。

1985年

3月10日，吴忠市公安局局长杨文林被授予“全国公安局的好带头人”称号。

4月9日，地委副书记、政法委员会书记马成义主持召开了地直机关公安、检察、法院、司法、民政部门全体人员参加的会议。

4月23日，自治区政法工作会议和公安处、局长会议召开，银南地区各级公安机关以各种形式认真组织传达贯彻会议精神，研究部署第二战役第三仗和开展破案战役的实施方法，立即开展工作。

5月1日，自治区公安民警警服颜色由上白下蓝改为橄榄绿颜色。

5月13—14日，为及时总结交流开展破案战役情况，银南地区公安处召开了各县、市公安局局长座谈会，地委副书记、政法委员会书记马成义和综治办、公安处领导、部分科室的负责人参加了会议。自治区公安厅厅长胡叙明和自治区公安厅办公室副主任刘宗信从固原赶到银南，参加第二天的会议，并做具体指示。副处长黄振诚做小结发言。会议结束时，副书记马成义、处长陈宪讲话。最后胡叙明传达公安部有关文件精神。

7月2日，银南地区公安处召开全体干警大会，传达学习胡耀邦总书记在省、自治区、直辖市负责同志座谈会上的重要讲话和中央政法委《关于学习和讨论胡耀邦等同志在省、自治区、直辖市负责同志座谈会上的讲话的情况报告》，3名处领导和1名处党组成员与干警一起参加学习和讨论。

7月8—10日，银南地区公安处紧密联系斗争实际，认真地进行了上半年的工作总结，在肯定成绩的基础上，找出了存在的问题，研究部署了下半年工作任务，进一步调动了积极因素，明确了努力方向。这次总结是以公安处和各科室工作为主，个人总结为辅的方法进行的。马思珍代表处党组作上半年工作总结发言。

8月2—24日，根据自治区公安厅指示精神，银南地区公安处召开各县、市公安局局长座谈会，就如何打好第二战役第四仗的问题进行了专题研究，明确了指导思想和主攻方向。自治区公安厅副厅长薛俊明和行署副专员张万葆出席会议并讲了话。4名处级领导和各科室(处)负责人参加了会议。最后，黄振诚代表处党组做了小结发言，部署了贯彻实施意见，提出具体要求。

8月12—14日，遵照自治区公安厅部署精神，银南地区公安处结合传达贯彻全国、全区公安纪检工作会议精神，认真进行了队伍整训，使全体干警受到了一次纪律作风再教育，收到了明显效果。这次整训的方法是大集体、小分散、学习文件、领会精神，联系实际、展开讨论、找出问题、明确方向。整训结束后，银南地区公安处处长黄振诚代表处党组作了小结发言。

8月20日，为了互通情况，密切配合，切实有效地加强市县接合部地区的治安联防，以实现社会治安的根本好转，在灵武县公安局的积极倡议下，在新华桥乡召开了三县市公安局治安联防会议。灵武、吴忠、青铜峡三县市公安局的主要领导和接合部地区的10个派出所所长参加了会议。会议主要内容：商讨、制定搞好接合部地区治安联防工作的任务、具体办法、措施及配合项目和组织领导等。

8月22日，青铜峡市公安局城关派出所坚持夜间巡逻制度收效好。1—7月，通过夜查夜巡共查获各类违法犯罪分子23人，破积案9起，同时在夜查夜巡中，还及时处理较大的治安案件12起。

8月22日，银南地区公安处为了进一步加强城市交通管理，适应经济形势发展的需要，地区公安处最近派员到七县、市就如何加强城市交通管理等问题，进行调查，掌握基本情况，分析事故原因，提出改进意见。

10月16—17日，银南地区公安处召开各县市公安局局长会议，着重围绕第四仗如何深入、重点人口调查管理和怎样部署第三战役三个中心议题，认真进行研究讨论，自治区公安厅副厅长王荫泽和行署主管政法工作的副专员周树鸿出席会议并作具体指示。会后，各县市公安局先后召开党委会、局务会、科所队长会和全体干警会，认真传达贯彻会议精神，进一步研究部署加强反盗窃斗争和以重点人口调查管理为中心的基层基础工作，并迅速付诸实际行动。

12月2—3日，银南地区公安处召开七县市公安局局长会议，汇报交流反盗窃斗争进展情况和主要经验，研究部署年前应抓紧进行的几项主要工作。会议由陈宪处长主持，副处长黄振诚、马思珍及自治区公安厅办公室主任张耀和银南地区公安处各科室负责人参加了会议。自10月开展反盗窃斗争以来，全地区共抽调351名干警。共破获各类刑事案件279起，其中重大案件25起，盗窃案件215起。

1986年

1月6日，银南地区公安处总结信访工作，分析发展趋势，进一步把新时期的公安信访工作抓好。1985年地区公安处共接收群众来信118件。

1月29—30日，银南地区公安处召开各县市公安局主管刑侦的局长、刑警队长工作会议，总结1985年工作，安排部署1986年工作任务。

2月17日，银南地区公安处召开党组会议，决定抽调17名干警到基层工作，由1名公安处领导主抓，分赴吴忠市公安局吴忠城镇派出所和青铜峡市公安局河东派出所协助工作，时间为半年。

3月1日，银南地区公安处召集七县市公安局主管刑侦的局长，专题进行座谈，部署“经打”工作。会议由副处长黄振诚主持，办公室、刑侦、治安、保卫、技术等科室的负责人参加了会议。

3月10日，银南地区新干警培训班正式开学。44名学员，来自地区公安处和吴忠、青铜峡、中宁、盐池、同心等市、县公安局以及304厂公安分局。

3月15日上午，银南地区公安处组织在地区礼堂召开“全国公安战线功模汇报团报告会”。地区、吴忠市政法各部门、武警、消防全体干警以及企业单位保卫科、部分地直机关干部和各县公安局代表共700余人参加了会议。

5月8—14日，地委副书记、政法委书记马成义，政法委副书记韩在春以及公安处处长黄振诚带领有关人员深入中卫、中宁、灵武、吴忠四县、市督促、检查、指导工作。

5月23—29日，自治区公安厅一处会同银南公安处，在银南地区举办政保干部训练班。对19名政保干部进行培训。

5月24日，银南地区公安处召开各市、县公安局局长会议，就再次在全地区范围内集中开展反盗窃斗争工作作专题部署。地委副书记、政法委书记马成义，政法委副书记韩在春和自治区公安厅副厅长薛俊明等领导出席会议并讲话。

5月29日，银南地区公安处组织吴忠市商业、供销、粮食三大系统所属的101个商业网点、库区进行治安联防，以防盗窃案件发生。

6月16日，银南地区公安处召开全体干警大会，学习自治区公安厅、地市主要领导干部会上的讲话，重温《关于公安机关端正党风、警风的十二条规定》。

7月3日，银南地区公安处召集七县市公安局局长，就进一步把反盗窃斗争引向深入的问题做专题研究和部署。会议由处长陈宪主持。

7月21日，银南地区公安处新干警培训班结业典礼在九公里培训基地举行。出席结业典礼的有地委副书记马成义，自治区公安厅政治部副主任张书孔，公安处处长陈宪，副处长黄振诚、张有林等领导。

8月7日，银南武警支队组织在地区礼堂召开“中国人民武装警察部队英模事迹报告会”。地区、吴忠市政法各部门、武警、消防全体干警和各县市公安局代表共700百余人参加了会议。地委书记杨福亭等党政领导接见全体英模代表。

8月8日，银南地区公安处第一次党员代表大会召开，出席会议的党员代表有38人，特邀代表有9人。大会选举产生了中共银南地区公安处第一届委员会和纪律检查委员会。黄振诚任局党委书记，马思珍任局党委副书记；纪检委副书记为刘维清。

8月19日，公安部部长阮崇武到宁夏考察。

8月25日至10月18日，银南地区公安处分两期对所属77名基层公安派出所所长、政治指导员在九公里干警培训基地进行培训。考试平均成绩为94.3分。

8月29日，银南地区公安处决定将首批下基层干警于8月23日全部撤回，再抽调干警21名，由副处长黄振诚带领，继续深入基层派出所协助工作。

11月10日，吴忠、中卫、盐池3个市、县先后举办了消防安全常识竞赛。共33个单位192名个人参加竞赛，对取得名次的5个单位和19名个人给予奖励。

10月下旬至11月中旬，银南地区公安处预审部门对吴忠市公安局1—10月办案中的执法情况进行检查。

12月15日上午，银南地区公安处召开全体干警大会，就年终工作总结进行思想动员，公安处党组书记陈宪主持会议，处长黄振诚作安排动员。

1987年

1月,《中华人民共和国治安管理处罚条例》开始实施。

1月2日,银南地区公安处从内保、治安、消防科抽调人员,组成两个检查组,由党组书记陈宪和副处长杨文林带领,对银南七县市的部分基层派出所及重点要害部位进行检查。

1月3日,银南地区公安处为开创新时期政治思想工作的新局面,采取生动活泼的形式做好政治思想工作,召开了干警家属迎新座谈会,30余名干警家属应邀出席座谈会,处领导以及政治处、部分科室的负责人到会倾听了家属的意见。政治处副主任巫占有向干警家属介绍了全体干警在1986年工作情况,并向家属们致以节日慰问。

3月20日,银南地区公安处召开全体干警会议,认真传达贯彻全区公安处局长会议精神,然后宣布调整后的科室领导名单。公安处处长黄振诚首先传达这次会议的基本情况和自治区领导的讲话精神,组织学习自治区公安厅厅长胡叙明的讲话和自治区公安厅1987年公安工作要点,提出当前的工作重心。

3月24—25日,银南地区公安处召开七个县(市)公安局、四个企业公安分局主管刑侦工作的局长、刑侦队长(股长)会议,副处长杨文林主持了会议,会议总结交流1986年刑侦工作经验,分析、预测当前和今后一个时期刑事犯罪趋势,研究部署了1987年刑侦工作,公安处处长黄振诚讲话。

4月8日至5月8日,吴忠市公安局以吴忠城镇为重点,在全市范围内开展以加强整体防范和侦破自行车被盗为中心的反盗窃专项斗争。截至4月14日查获各类自行车20多辆。

5月15日,吴忠、青铜峡两市颁发居民身份证工作全面铺开。

6月3日,银南地区公安处党组书记陈宪先后到银南七县市公安局检查了解贯彻全国公安基层政治工作会议精神,推行目标管理试点工作进展情况。

7月24—25日,银南地区公安处在吴忠市城镇派出所召开目标管理座谈会。七县市公安局教导员、主管局长、政工科长及各试点派出所负责人30多人参加了会议。吴忠、同心、中卫、中宁四县市公安局的城镇派出所介绍了推行目标管理试点的经验,参观了吴忠市城镇派出所推行目标管理试点中形成的一整套制度化、规范化的具体做法。公安处处长黄振诚、政治处主任郭天明参加了会议,自治区公安厅政治部宣教科科长李宗跃到会并发言。

9月8日,司法部部长邹瑜在银川做法治报告,并到吴忠市、青铜峡市、中卫县开展调查研究。

9月25—26日,自治区公安厅信访科在银南地区公安处召开银南各市、县公安局秘书科长和专、兼职信访干部会议,传达上级会议精神,汇报工作情况,部署以保卫中共十三大为中心的第四季度信访工作任务。

10月7日,为了进一步强化刑侦内勤工作,更好地为侦查破案服务,银南地区公安处召开了银南七县市公安局刑侦内勤工作座谈会。

1988年

1月28日晚,银南地区召集各有关部门、军分区和驻吴忠区属企业共28个单位的50余名负责人,在公安处会议室收听自治区人民政府召开的部署春运交通安全和春节安全保卫工作的电话会议,行署副专员周树鸿出席会议并讲话。

2月22日,银南地区公安处从政保、内保、刑侦技术、预审、办公室等部门抽调12名干警分赴吴忠城镇、青铜峡河东两个重点地区派出所和青铜峡大坝电厂建设工地帮助工作。其中吴忠所5人,由黄席有负责,河东所5人,由马义忠负责,大坝电厂2人,由内保科具体负责。上述三个点上的工作分别由陈宪和马思珍具体负责联络指导。下点人员于2月底到岗,3月1日正式开始工作(大坝电厂稍后),工作时间1年。

3月15日,银南地区公安处从内保、治安、刑侦、技术、政治处、办公室和交警、消防支队聘请9人,成立公安处信息、通讯报道小组，由办公室主任刘维清和政治处副主任刘富贵分任正、副组长。

3月16—17日，银南地区公安处召开刑侦座谈会，七县市公安局和各企业公安分局主管刑侦工作的局长和刑侦队长及有关科室的负责人参加了座谈会。副处长杨文林主持座谈会。黄振诚处长和马思珍副处长讲话。

4月11日，银南地区公安处为了切实提高企业、事业单位保卫干部的政治、业务素质，适应新形势的需要，根据各自处工作安排，在吴忠市九公里干警培训基地开办为期35天的企事业单位保卫干部训练班。处领导参加入学动员并讲话。

4月19日，银南地区公安处根据自治区公安厅的安排部署，刑事犯罪情报资料的试点工作在吴忠、青铜峡、中卫、中宁四县市全面展开。

5月21日，吴忠市积极开展为期一个月的整顿城镇治安、打击流氓滋扰的专项斗争。吴忠市委、市政府、人大、政协、政法委非常重视，市长马金虎主持召开会议。此项专项斗争取得初步成效。

5月31日，银南地区公安处处长黄振诚和副处长马思珍分别带领人员对七县市的自治区成立30周年安全保卫工作的进展情况进行检查。第一阶段工作已完成，第二阶段工作已全面展开，并在不断深入。

6月23日，自治区公安厅居民身份证办公室的领导与银南行署公安处的领导到盐池、灵武、中卫、中宁、同心五县对颁发居民身份证工作进行检查了解。

11月27日，银南地区公安处抽调10名干警在治安科科长的带领下，深入客运市场，进行反扒窃、打流氓、抓赌博、整顿客运市场的专项治理。半个月共抓获各类违法犯罪人员81人，其中绺窃分子60人，赌博分子20人，流氓1人，并依法给予治安罚款、治安警告、收容审查和批评教育等处理，同时缴获赃款1437元，罚款3473元。

1989年

3月1日，自治区党委、人民政府授予吴忠市公安局“全区政法系统先进单位”称号。

7月13日，自治区公安机关开展集中打击流窜犯罪统一行动。

11月中旬，自治区开展扫除“六害”集中统一行动，打击卖淫嫖娼、传播淫秽物品、拐卖妇女儿童、贩毒吸毒、聚赌、利用迷信害人等六类社会丑恶现象。

1990年

5月，宣传部、司法部授予吴忠市公安局局长丁富民“全国普法宣传教育先进个人”称号。

10月10日，银南地区公安处党委下发《关于民主评议党员和处置不合格党员的实施方案》，民主评议党员和教育整顿自10月20日至11月10日，集中人员、集中时间、集中精力，有步骤地进行。

1991年

2月28日，吴忠市公安局破获“1·11”特大抢劫杀人案。

6月24日，同心县委、县政府在下马关镇召开宣传禁毒通告，敦促犯罪分子投案自首大会。县委、县政府、县人大领导及各乡镇、县直有关科局负责人到会，下马关镇各机关的全体职工和北关、南关、西沟村1200余名干部群众参加大会。

1992年

3月，银南地区公安处共有96名民警，有33名民警无住房，经处长办公会议决定，解决20户住房困难，个人集资14万元，行署财贸处划拨15万元，自治区公安厅解决15万元，解决了部分干警的住房困难问题。

1993年

2月3日，银南地区公安处批准银南地区外贸公司成立保卫科，编制5人。

3月17日，银南地区公安处在银南地区行署招待所召开公安民警授衔大会。

6月24日，银南地区公安处为全地区内保单位的经济民警统一颁发银南行署公安处经济民警（保卫干部）工作证。

9月25日，银南地区公安处派往西吉17名办案人员，由副队长杨文林带队，工作历时95天。

1994年

12月8日，银南地区公安处召开全地区公安保卫工作会议，各县公安局局长和政保科科长参加，自治区公安厅一处处长卢炳章到会对加强政保工作提出具体意见。

12月28日，自治区内部保卫系统先进集体、先进个人电话表彰会在自治区公安厅召开，银南地区公安处设分会场，各县公安局主管局长、内保科长和全地区内保系统13个先进集体所在单位的领导以及43名先进个人等百余人参加会议。地委副书记丁荣华和公安处处长王金荣到会并为受奖单位和个人颁奖。

1995年

8月，全区企事业单位67个公安分局、派出所进行体制改革，撤销52个企事业单位公安机构，15个事业单位公安机构列入地方公安序列。

是年，全地区共有2个集体、26名个人立功受奖，其中立二等功4个，三等功23个。有4个县（市）受到地级嘉奖，有1个县公安局获评全国优秀县（市）公安局，2名干警获全国优秀人民警察称号，7名干警被评为全区优秀侦查员。

1996年

2月9日，银南地区公安处召开全地区有人行、工行、建行、农行、中行等金融系统和邮电部门的保卫科科长会议，会议通报了当前的治安情况，部署了节日期间的安全保卫工作，进一步落实“谁主管，谁负责”的原则。

2月14日，银南地区行署副专员马占和到吴忠市公安局和青铜峡市公安局抽查春节防火工作。对吴忠市液化气供应站、吴忠卷烟厂、石油公司和青铜峡市液化气供应站、烟草公司、市歌舞厅等防火重点单位进行防火安全检查。

3月7日，银南地区公安处召开座谈会，讨论“九五”期间全区公安工作远景规划。参加座谈的有吴忠市、青铜峡市、灵武县、中卫县和地区公安处机关刑侦、技术、内保、预审、法制、办公室、纪检、政工部门的负责人，银南地区公安处处长王金荣、局党委书记吴忠东参加座谈，自治区公安厅办公室主任汪敬到会广泛征求意见和建议。

5月7日，银南地区公安处召开七县市公安局秘书科长会议，银南地区公安处处长王金荣主持会议并作重要讲话。会议主要议题是传达自治区公安厅召开的两地两市公安处局办公室主任会议精神和加强“严打”信息工作。

5月9日上午，银南地区公安处处长王金荣主持召开“严打”工作会议，听取七县市公安局“严打”工作情况汇报，研究下一步“严打”工作重点和措施。

5月14日，银南地区公安处召开党委扩大会议部署第二、第三阶段“严打”工作，处机关副科级以上干部和自治区公安厅驻银南“严打”工作组的人员参加会议，会议由局长王金荣主持。

6月14日，银南地区公安处在青铜峡市公安局召开“百日严打”表彰会。地市党政领导丁荣华、马占和、范存德、李庆林和地委政法委、地区公安处、自治区公安厅工作组的领导参加了大会，给青铜峡市公安局河东派出所记集体三等功1次，给青铜峡市公安局技术科记集体嘉奖1次，给陈甫朴等9名干警各记个人三等功1次。大会向受表彰的先进集体和个人颁授锦旗、戴红花、颁发证书。

7月4日，自治区公安厅党组书记、副厅长庞明元与自治区公安厅办公室主任汪敬、政治部副主任李祥熙等领导前往银南地区公安处慰问全体干警。

是年，全地区共有23个集体122名个人立功受奖，青铜峡河东派出所立集体三等功，公安处技术科获集体嘉奖，有9名干警记个人三等功。

1997年

2月21日，县、市公安局教导员改称政治委员。

8月15日，青铜峡市公安局110报警服务台开通，本着有警必接、有求必应、有难必帮、有险必救的处警机制，以巡警、刑警、交警、派出所为依托，快速反应，处理各类案件。

9月9日6时，来自世界各地的94辆老式汽车从银川国际饭店出发，6时30分进入银南地段境内，青铜峡市、中宁县、中卫县公安局执勤民警认真履行职责，确保车队安全行驶，没有发生交通阻塞、事故等。

11月12日，自治区公安厅副厅长杜文辉带领自治区公安厅办公室和治安处负责人到银南地区公安处检查指导“破大案抓防范百日会战”工作。还到吴忠市公安局朝阳派出所、古城派出所和东塔派出所进行调研，并看望一线民警。

12月31日，银南地区公安处召开年终总结表彰大会，政委马发庆主持大会，处长王金荣做全年工作总结发言，会上对评选出的纪检委、治安科、技术科、车管科4个先进集体和28名先进个人进行表彰。

1998年

1月1日，宁夏回族自治区财政厅和公安厅联合颁发《宁夏回族自治区公安机关财务管理实施细则》，对公安机关的财务管理实行一支笔审批制度，接受同级财政部门的监督。

1月12日，银南地区公安处召开七县、市公安局主管政保工作的局长、政保科长以及局办公室、政保科、治安科、刑侦科负责人会议，公安处党委书记、处长王金荣参加会议并讲话。会议传达自治区公安厅“1·8”会议精神，从提高认识、加强领导、工作范围、协调配合、纪律要求、警力部署、报告制度等七个方面提出了具体的工作意见。成立由处长王金荣任组长、政保、治安、刑侦等部门的负责人为副组长的工作领导小组。

1月19日，银南地区公安处召开警风警纪义务监督员座谈会，公安处党委书记、处长王金荣向8名警风警纪义务监督员颁发聘书并作重要讲话。

1月23日，银南地区公安处改为银南地区公安局。成立以副局长李仁为组长、纪检委书记刘维清、政治处副主任庞自林、预审科长马福全为副组长的看守所等级评定领导小组，对申报二级看守所的灵武看守所和申报三级的吴忠、同心、盐池、中卫、中宁看守所进行实地查看考核。

2月9日，银南地区公安局批复，同意成立银南地区机动车驾驶员协会。

2月25日，银南地区公安局召开地、县(市)公安局局长、政委、纪委书记、政治处(部)主任(政工科长)、地局机关副科级以上干部参加会议。会议由银南地区公安局副局长赵秉强主持，自治区公安厅党组书记、副厅长庞明元，自治区公安厅办公室主任汪敬，自治区公安厅政治部宣传处处长佴勇，地委副书记丁荣华，地区人大、政协联络处副主任霍秉成、王国祥，地委政法委副书记李伯岐出席会议，王金荣作《振奋精神，增强信心，努力推进我地公安工作再上新台阶》报告。

2月26日，灵武市公安局磁窑堡公安分局成立。

3月2日，银南地区公安局召开会议，传达贯彻自治区集中教育整顿会议文件精神，印发《全地区公安队伍进行集中教育整顿的安排意见》和《地局机关集中教育整顿具体意见》,成立由局党委书记、局长王金荣任组长,政委马发庆为副组长的督查指导小组,副局长赵秉强、纪检委书记刘维清为正、副组长的执法执纪检查组。

3月4日,全区禁毒工作暨表彰大会召开,自治区政府副主席、禁毒工作领导小组组长马文学和自治区禁毒办主任、公安厅副厅长周建军发表讲话。银南地区受表彰的有吴忠市强制戒毒所,先进个人有王金荣、马振福、刘宁弟、丁玉明、郭军、黄若谷、马成、周玉海。

3月12日,银南地区公安局召开集中教育整顿工作动员大会并安排部署相关工作。公安局党委书记、局长王金荣进行动员讲话。地委政法委副书记马少英代表地委政法委作指示。会后,各支部、各科室结合违法违纪案例及纪律作风问题讨论,保证教育整顿的内容、时间、人员、效果"四落实"。

3月18日,银南地区公安局召开机关各科室、所队副科级以上干部会议,狠抓自治区成立40周年大庆活动的安全保卫工作。成立以王金荣为组长、马发庆、李仁、赵秉强和有关科室负责人为副组长的领导小组,下设7个职能工作组,制定工作措施,确保40周年庆祝活动顺利进行。

3月18日,银南地区公安局党委书记、局长王金荣再次主持执法执纪检查组成员会议。决定:检查先从地局机关开始,再对各县市公安局进行检查。

3月18日,银南地区公安局召开局机关各科、室、所、队副科以上干部会议,认真讨论制定各安全职能组和各科、室维护稳定,确保40周年庆祝活动顺利举行的工作职责,进一步明确各自的工作目标、责任、任务,层层抓好落实工作,以40周年庆祝活动安全保卫工作为主线全面推进各项公安业务工作。

3月24—25日,自治区公安厅党组书记、副厅长庞明元带领自治区公安厅政治部、办公室负责人到银南地区公安局、吴忠市公安局、银南地区公安局交警支队、吴忠市公安局交警队检查指导40周年庆祝活动安全保卫工作和正在开展的队伍教育整顿工作。

3月31日,银南地区公安局召开银南七县市公安队伍集中教育整顿工作汇报会。局党委书记、局长王金荣主持会议,行署副专员马占和、地委政法委副书记兼教育整顿领导小组办公室主任马少英到会讲话。提出:围绕"四大重点"进行;采取多种形式,深入开展揭、摆、查;敢于动真碰硬,严肃认真对待;加强情况报告,及时反馈信息。行署副专员马占和做总结讲话。

3月31日,银南地区禁毒工作(暨)表彰会议召开。总结1997年全地区禁毒工作,表彰奖励在禁毒斗争中取得显著成绩的先进集体,安排部署1998年全地区的禁毒工作。银南地区领导与各县长市长签订1998年度禁毒工作目标管理责任书。

4月10日,灵武磁窑堡、马家滩及盐池县冯记沟乡岔岱村交界的部分群众因草场归属问题发生纠纷,并扬言要准备器具进行械斗。灵武市主管副市长带领相关部门深入磁窑堡、马家滩等地,盐池县公安局一名副局长带领治安科深入冯记沟乡岔岱村分别做群众工作。事态平息,收缴长矛9件。

5月7日,银南地区公安局召开座谈会,邀请政协委员、人大代表、厂矿企业、居委会、警风警纪监督员、饮食服务行业等各界代表,就公安队伍集中教育整顿诸方面,广泛征求意见和建议。党委书记、局长王金荣主持会议,党委全体成员到会,倾听各界代表意见。

5月11日,国务院文件批准:撤销银南地区和县级吴忠市,设立地级吴忠市,原县级吴忠市更名为利通区。银南地区公安局更名为吴忠市公安局。

是日,原吴忠市(县级)公安局更名为利通区公安局。2003年改为利通区公安分局。

5月14日,自治区公安厅召开全区刑事技术工作业务考核表彰电话会议,吴忠市公安局(县级)获三等奖,并在会上做了题为《锐意改革、创新求真》的经验介绍。

5月22日,银南地区公安局召开全体民警大会。局领导与各科室、所、队负责人签订1998年度公安工作目标管理责任书,做到细化目标,责任明确,努力使公安业务工作和队伍建设再上新台阶。党委成员、副局长赵秉强主持大会。

6月15日，银南地区公安局召开全市公安机关进一步加强40周年大庆安全保卫工作会议。各县市公安局局长、大庆安全保卫办公室主任、内保科长、局属各科室负责人参加了会议。局政委马发庆主持会议。局党委书记、局长王金荣作题为《深化认识强化工作增强紧迫感扎扎实实做好自治区40大庆安全保卫工作》的讲话。

6月17日，银南地区禁毒工作领导小组为认真贯彻"禁吸、禁种、禁贩"三禁并举的禁毒工作方针，落实区、地禁毒工作会议精神，决定在全地区范围内开展铲除罂粟活动。

6月22日，银南地区公安局召开全体民警大会，就队伍集中教育整顿工作进行总结交流。目的是通过对前段工作进行回顾，总结交流经验，进一步促使队伍教育整顿工作向纵深发展。局党委各成员参加会议，党委成员、政治处主任巫占有主持会议。

6月23—25日，为了认真贯彻落实自治区公安厅"6·8"会议和地区公安局"6·15"会议精神，根据自治区公安厅警卫局的部署，地区公安局副局长赵秉强率领地局警卫、内保、交警、消防、办公室等有关部门的负责人，深入利通区、灵武、青铜峡、中宁、同心五县、市、区局，对40周年大庆活动的警卫工作进行认真部署，并会同各县、市、局、区领导对拟定的警卫现场、路线进行了翔实勘验，提出具体要求，以确保大庆活动安全。

6月26日，由银南地区禁毒工作领导小组牵头，地区政法委协调组织，地区中级人民法院和利通区人民法院联合在利通区影剧院门口召开打击毒品犯罪公捕公判大会。对贩、运毒品犯罪嫌疑人进行了公开宣判和逮捕；当众销毁15公斤海洛因；市、县公安机关共投入警力242名(其中武警消防40名)，出动车21辆，确保大会警卫安全。

7月29日，全地区范围内开展反盗抢机动车专项斗争，时间从8月1日至10日，对辖区内各种车辆进行全面细致的摸排清理，对无证、无照、无手续的车辆，严格审查，一追到底。

8月11日，银南地区严打整治领导小组召开"夏季严打整治攻势"进展情况汇报交流会暨40周年大庆战前动员会。各县市主管政法工作的副书记、副县市长、政法委专职副书记、公安局局长，地区直属机关公、检、法、司、安全局的主要负责人参加了会议。地区政法委副书记、严打整治领导小组副组长李伯岐主持了汇报交流会。地区副书记、政法委书记、地区严打整治领导小组组长王文善到会并讲话。

8月11日，为贯彻落实公安部在武汉召开的全国公安机关加强境外人员管理工作会议和自治区公安厅出入境管理工作会谈会议精神，地区公安局召开全市外管工作会议，加强和推动全市外管工作全面深入发展。参加会议的人员有区厅出入境管理处卢炳章处长、各县市主管出入境管理工作的副局长、政保(外管)科长、治安科长、局领导及有关科室负责人，共30人。

8月29日，自治区公安厅厅长李顺桃、副厅长杜文辉检查吴忠市40周年大庆安全保卫工作。银南地区公安局局长王金荣，政委马发庆，副局长李仁、赵秉强及党委成员、消防支队及有关科室主要负责人参加了会议。

9月8日，银南地区撤地设市庆祝大会在吴忠街心广场举行，吴忠市正式挂牌。全市各级公安机关圆满完成了各项安全保卫工作，受到了自治区、市领导和广大群众的高度赞扬。

9月22日，福建省党政代表团一行39人在自治区领导陪同下参观考察同心县医院、清真大寺，并对两户贫困农户进行慰问。吴忠市公安机关圆满完成福建代表团的安全警卫任务。

9月22日，青铜峡看守所为在押人员创办了图书室，青铜峡市职业中学闻讯后，踊跃为看守所捐赠各种书籍杂志524册，解决了看守所图书不足的问题。

9月27日，吴忠市公安局组织七县市看守所长对中卫、中宁、青铜峡、灵武、吴忠市看守所实施等级化管理创建活动情况进行工作学习、交流，并对国庆节前看守所安全检查。

9月30日，吴忠市公安局《禁毒工作》创刊第一期，与广大民警读者见面。

10月12日，吴忠市公安局召开全市刑侦工作座谈会，参加会议的有七县(市、区)公安局局长、主管刑侦工作的副局长和刑侦科(队)长,市局副局长李仁主持会议,政治处主任巫占有,纪检委书记刘维清到会并讲话。

10月15日,吴忠市公安局发文,七县(市)、区公安局交通警察队更名为县(市、区)公安局交通警察大队。

11月4日,吴忠市公安局组织七县(市、区)看守所长由副局长李仁带领到银川市看守所和自治区看守所进行参观学习和工作交流。

11月23日,自治区公安厅刑警总队工程师陈红(硕士研究生)等科技人员在吴忠市局举办为期一天的DNA新技术应用讲座学习班,市公安局及六县市区公安局27名技术员参加了学习班。市局政委兼法医马发庆、副局长赵秉强到会听讲座。

12月17日,吴忠市公安局发文,将"银南地区机动车辆检测中心"更名为"吴忠市机动车辆检测中心"。

1999年

1月26日,吴忠市公安局召开1998年度公安工作总结及先进集体和先进个人表彰大会。副市长徐永富到会并做重要讲话,会议由市公安局副局长赵秉强主持。会上,党委书记、局长王金荣对1998年度工作做总结报告。党委成员、政治处主任巫占有宣读表彰决定和记功命令,对1998年度局机关完成工作目标管理责任书前两名的科室和成绩突出的4个集体和17名先进个人进行表彰奖励和记功。

2月3日,中卫县公安局交警大队结合全市的爱民月活动,立足春运安全,开展各种形式的利民、便民、爱民活动,密切了警民关系,得到了广大人民群众的普遍称赞。

2月4日,吴忠市公安局召开刑侦工作会议,县(市、区)公安局主管刑侦工作的副局长、刑警队队长参加了会议,自治区公安厅刑警总队副总队长高虹宁应邀出席会议并讲话,会议由市公安局局长王金荣主持,市公安局副局长李仁代表局党委做题为《总结经验,寻找差距,深化改革,增强打击犯罪的能力》的讲话。

3月9日,吴忠市公安局召开经侦工作会议。来自辖属七县市区公安局主管经侦工作的局领导和从事经侦工作的科队长及市公安局有关科室负责人参加了会议。会议部署了"11·2"虚开增值税发票案协查工作,听取了各县市区关于经侦工作现状的情况汇报。市公安局副局长赵秉强主持会议并讲话。

3月10日上午,吴忠市公安局召开七县市区主管治安工作的局长、治安科(大队)长参加的会议。会议主要就如何贯彻公安部、自治区公安厅《关于加强自行车治安管理和启用分合式牌照工作的通知》精神,做好吴忠市自行车启用分合式牌照工作进行讨论研究,并就1999年和当前的治安工作做安排部署。市公安局党委书记、局长王金荣参加会议并作重要讲话。

3月18日,吴忠市公安局信息工作会议召开。辖属七县市区公安局局长、办公室主任、秘书科长、指挥室主任和市局有关科室负责人及自治区公安厅业务部门的负责人参加了会议。市公安局局长王金荣、副局长李仁、赵秉强及局党委成员参加会议并讲话。

3月18日,吴忠市公安局召开维护政治稳定工作会议,有关县市区公安局局长和政保科(队)长及局机关有关科室负责人参加了会议。局党委书记、局长王金荣,副局长李仁、赵秉强参加了会议。

3月23日,吴忠市公安局召开七县市区公安局政工科长会议,安排部署全市公安机关人民警察基本素质考试考核及新警培训工作。

4月14日,吴忠市禁毒工作领导小组召开全市禁毒工作会议,七县市区主管禁毒工作的党、政领导、公安局局长,缉毒队队长和禁毒领导小组各成员单位负责人以及自治区公安厅业务部门的负责人参加了会议。会议总结了1998年度缉毒工作情况,表彰奖励禁毒工作成绩突出的县市、区并签订1999年度禁毒工作目标管理责任书。自治区公安厅副厅长杜文辉、市委副书记王随有、副市长徐永富及市人大、政协领导参加会议并分别讲话。

5月1日,吴忠市公安局根据自治区公安厅"关于开展集中统一行动的通知"精神,全市各县市区公安局成立由局长任组长的统一行动领导小组,研究制定行动方案,明确清查的重点部位、行业和要追捕的逃犯。实行划分地域，分片包干，领导带队，责任到人等措施，重点对公共复杂娱乐场所，涉爆涉枪单位，现租房屋，流动人口等进行全面集中清查。

5月6—18日，为进一步加大监督力度，吴忠市公安局纪委会同交警支队等科室，深入各县市区，在人大、政协、党政机关、社会团体及新闻单位中聘请了第一批68名特邀监督员。

7月14日，吴忠市公安局“三所”开展百日安全无事故活动。

9月7日，吴忠市公安局组织交警支队、各县市区的交警大队负责人及支队各科负责人一行15人，由市公安局局长王金荣带队前往自治区交警部门唯一的“双创”工作先进单位银川交警支队郊区一大队学习取经。

9月20日，公安部追逃办组织中央电视台、《人民日报》、中央人民广播电台、《法治日报》、《人民公安报》5家新闻单位的记者一行8人，到吴忠市公安局采访全国“追逃”专项斗争第二次集中统一行动。市公安局局长王金荣等领导与采访团成员见面，并简要介绍吴忠市的概貌和经济发展情况，以及市公安局开展“追逃”工作第二次集中统一行动情况。

9月23—25日，自治区公安厅副厅长杜文辉率市公安局局长王金荣前往同心县韦州镇、下马关镇、预旺乡检查指导毒品问题整治工作，听取县整治办及三乡镇党委、政府工作汇报，并看望慰问参加一线整治的工作队员。

11月22日，市公安局受到公安部的表彰奖励，获全国“追逃”专项斗争先进集体称号。

11月26日，吴忠市公安局、市纠风办召开吴忠市公安系统民主评议警风工作总结表彰会，区纠风办、公安厅、吴忠市政府、人大、政协、纪检、检查部门的领导和市公安局聘请的警风评议代表以及各县(市、区)公安局主要领导、市公安局副科级以上干部出席会议，会议总结民主评议警风的工作情况，对警风评议工作中涌现出来的先进集体利通区公安局、青铜峡市公安局和马子英等16名先进个人进行表彰。

2000年

1月11—15日，吴忠市公安局举办第一期刑警指挥员培训班。来自全市七县市区的40名刑警大队、中队领导及业务骨干参加了市公安局举办的刑警执法办案培训。

1月27日，吴忠市公安局召开年终工作总结暨表彰大会。会议总结1999年度公安工作，表彰年度岗位目标责任制优胜单位和先进集体及个人。市委副书记王随有、副市长徐永富到会并讲话。大会由市局政委马发庆主持。

3月23日，吴忠市人民政府召开七县市区主管领导、公安局、劳动局和经贸委负责人参加的会议，副市长马志强结合吴忠市实际就进一步贯彻落实江泽民总书记“3·12”“3·14”(江西萍乡和河南洛阳发生烟花爆竹作坊特大爆炸和小学生惨死游戏厅事件)的指示作具体安排。

3月25日，自治区政法委书记、公安厅厅长李顺桃带领自治区公安厅办公室主任汪敬、治安总队长乔炳成等到吴忠市利通区就贯彻江泽民总书记“3·12”“3·14”重要批示及自治区公安厅“3·18”电话会议精神情况进行暗访调查和检查。

4月3日，吴忠市公安局看守所等级评定领导小组对灵武市看守所2000年第一季度等级评定检查考核的同时，代表市公安局党委为该所举行“文明窗口示范单位”挂牌仪式。

4月5日，吴忠市公安局在全市开展整治电子游戏场所，共检查电子游戏厅234家，其中停业整顿229家，取缔5家，查扣麻将机36台、微机2台，没收赌具电路板87块、光盘8盘。对59名在游戏厅玩耍的中、小学生进行批评教育并通知家长、学校领回。

7月13日，吴忠市公安机关“夏季严打攻势”有成效。全市共破获各类刑事案件94起，其中重特大案件28起，协助外省(市区)破案1起，抓获各类犯罪嫌疑人78名。追捕逃犯7名，其中抓获网上逃犯3名(公安部督捕逃犯1名)，越狱逃犯1名，收缴赌资3.6万元。

7月20日，吴忠市公安局召开各县(市、区)公安局主管刑侦工作的副局长和刑警大队长会议，会议由市局副局长赵秉强主持。区“严打”督导组长张福一行4人，市委副书记王随有、市公安局局长王金荣、市委政法委副书记关玉林参加了会议。

8月30日，吴忠市公安局加强娱乐场所管理，严打卖淫嫖娼赌博吸毒贩毒等社会丑恶现象“专项行动”取得阶段性成果。抓获负案、批捕在逃人员7名，追回被盗摩托车8辆，缴获毒品海洛因32.6克，查获治安案件56起，处罚违法人员110人。

10月10日，中卫县公安局召开动员大会，安排部署县“三项教育”工作，县公安局党委认真扎实做好了“三项教育”前期准备工作，做到了四个到位：一认识到位，二组织到位，三部署到位，四宣传发动到位。

10月18日，吴忠市公安局召开刑侦、缉毒、经侦、法制等科室负责人参加的专门会议，就“两保”检查提出的问题落实整改措施。会议由副局长李仁主持。

11月23日，吴忠市公安局召开由局保密办成员、机要通讯科、办公室及各科室内勤和近年来进入公安队伍的新警30多人参加的保密安全教育会议。

12月22日，自治区公安厅办公室副主任曹立峰带领有关部门负责人到吴忠市公安局检查机要密码、保密、信息等方面的工作。

2001年

2月7日，吴忠市公安局警务督察队对“枪、车、酒”问题进行现场督察。市公安局督察队先后深入辖区刑侦队、交警队、派出所等25个基层单位和公共娱乐场所进行现场督察。各级公安机关以此为契机，认真吸取过去在“枪、车、酒”问题上的深刻教训，警钟长鸣，深入教育，常抓不懈，形成一个唱响安全主旋律的良好氛围。

2月9日，吴忠市公安局召开2000年度工作总结暨表彰大会。副市长徐永富、政法委副书记宋保会应邀出席会议并讲话。局长王金荣传达全区政法工作会议和全区公安处局长会议的主要精神，总结2000年度的工作，对新一年的公安工作进行部署。对2000年岗位目标责任书和党风廉政建设责任书考核前两名和3个先进单位、41名先进个人、8名立三等功者进行表彰奖励。

3月28日，市公安局党委书记、局长王金荣带领办公室、治安科、刑侦支队等部门的负责人深入辖区各县(市、区)公安局开展调查研究，与基层民警共同分析当前社会治安形势，商讨“打黑除恶”民用爆炸物品管理、打击现行犯罪、维护社会稳定及队伍建设等方面的意见和措施。

3月29日，吴忠市公安局举行特邀监督员座谈会，广泛征求社会各界对2000年公安工作的意见和建议。来自政协、纪检、教育、工会等系统的特邀监督员和市局领导及各科室负责人20多人畅所欲言，共同探讨吴忠市的公安工作。

4月13日，市委、市政府在市政府礼堂召开加强社会治安工作动员大会。会议传达了全国、全区社会治安工作会议精神，要求全市各级党政组织和政府机关积极行动，迅速在全市范围内掀起一场声势浩大的“严打”整治斗争，以打黑除恶为重点，依法从重从快打击各种严重刑事和经济犯罪活动，争取两年内使全市社会治安工作取得明显进步，切实维护和促进吴忠市改革、发展、稳定的大局，为全市各族人民创造一个良好的治安环境。市公安局机关民警参加了会议。

5月17日，吴忠市公安局举办出入境管理民警培训班。来自七县(市、区)公安局主管领导、安保大队长和从事出入境管理工作的民警参加了学习，邀请自治区公安厅出入境管理局马笑雷和叶晓涛授课。

5月25日，吴忠市消防开展消防安全专项治理行动和落实消防安全责任制，同时对全市2001年确定的174个消防重点单位逐个进行安全检查，并建立健全了防火档案；对5个存有隐患的单位进行限期整改；并会同经贸、文教等部门对全市生产、储存、运输、销售易燃易爆物品的单位(场所)进行全面检查。

6月1日，吴忠市公安局召开挂牌案件和大要案件破案会诊会，对自治区公安厅和市公安局挂牌督阵的未破案件和全市发生的现行大要案件进行会诊，七县（市、区）公安局主管刑侦的局长、刑警大队长和市局办公室主任、刑警支队长参加了会议，市公安局主管刑侦工作的副局长赵秉强主持会议并对打击盗抢机动车专项统一行动和吴忠市区厅挂牌督侦的案件、3起未破的重特大现行案的侦破工作进行部署。

6月6日，吴忠市公安局局长王金荣陪同自治区公安厅副厅长魏兆庆前往同心县检查指导严打整治斗争及毒品整治专项行动的准备工作情况。

7月6日，吴忠市公安局召开了“全市公安机关严打整治斗争再动员再部署工作会议”。各县市区公安局局长、主管刑侦工作的副局长、刑侦大队长、治安大队长和市局各科室负责人共59人参加了会议。市委副书记马占光、副市长徐永富、自治区公安厅副厅长魏兆庆、市政法副书记关玉林等领导出席会议并讲话。

8月6日，吴忠市公安局局长王金荣同区公安厅禁毒处处长俞立新带领市局缉毒大队负责人深入同心县毒品问题整治工作的重点乡、镇和县公安局检查、督导毒品问题整治工作。

11月13日，自治区禁毒委员会办公室主任、自治区公安厅副厅长魏兆庆、吴忠市公安局局长王金荣、自治区公安厅禁毒处处长俞立新、市公安局副局长高学文等一行前往同心县检查指导毒品问题整治工作。

12月24日，自治区党委常委、政法委书记、公安厅厅长李顺桃率自治区公安厅副厅长魏兆庆深入同心县就毒品问题整治工作进行调研。

2002年

4月2日，吴忠市公安机关严打整治破案攻坚会议召开。

4月3—4日，吴忠市公安局局长王金荣、副局长高学文陪同市委副书记马三保、副市长马英杰、自治区公安厅禁毒处处长俞立新一行，深入同心县同心镇、韦州镇、下马关镇，对毒品整治工作进行检查、督导。

4月25日，市公安局局长王金荣分别到利通区、青铜峡市公安局交警大队对当前开展的集中整治摩托车交通违章专项行动前期准备工作进展情况进行检查指导。

4月28日，自治区公安厅厅长李顺桃一行在市公安局局长王金荣的陪同下，对吴忠市利通区马莲渠乡马莲渠炸药制造厂、九公里液化气罐装厂、利通区看守所、戒毒所五一前安全保卫防范措施落实等情况进行安全检查。

4月28日，公安厅副厅长张帼文一行3人到吴忠市公安局检查指导五一安全保卫工作，并传达了“4·16”公安部召开的工作会议精神和“4·27”自治区公安厅党委扩大会议精神。

5月17—19日，灵武市公安局开展为期三天的集中统一行动，共出动警力290余人次，车辆48台次，首次运用爆破手段对重新安装的土炼油炉、油罐逐一进行爆破，共炸毁土炼油炉36座，取缔2座，对顶风作案，涉嫌生产，销售伪劣产品的犯罪嫌疑人进行刑事拘留。

7月30日至8月9日，市公安局政委关玉林带领户政、治安支队负责人对中卫、中宁、青铜峡、灵武、利通、盐池县（市、区）公安局开展社区警务建设活动进行检查，进一步加强公安基层基础工作，推动全市社区警务建设不断深化。

8月1日至11月30日，吴忠市公安局根据公安部在全国范围内开展打击“两抢”专项斗争的总体部署和区公安厅的统一安排，精心组织，周密部署，全警动员，严厉打击盗窃、抢劫犯罪活动，极大地震慑各类违法犯罪活动。

8月23日，市委、市政府在中卫县召开吴忠市社区警务建设现场会。市委、市政府、市委政法委、市公安局领导及各县（市、区）分管领导、政法委、城镇（城关）、公安局主要负责人参加了会议。市委副书记马三保、副市长马英杰到会并做了重要讲话。

8月27日，自治区禁毒委办公室主任、自治区公安厅副厅长魏兆庆一行在吴忠市禁毒委副主任、市公安局局长王金荣的陪同下，检查督导同心县毒品整治工作；听取吴忠市委常委、同心县委书记蒋元德和同心县委副书记杨兴华关于同心县毒品整治工作的汇报，副厅长魏兆庆作重要讲话。

10月25日，自治区党委决定，将灵武市公安局移交银川市公安局代管。

12月27日，市公安局召开学习中共十六大精神心得体会交流会，全体民警参加学习交流。会议邀请市党校校长张国义作"全面建设小康社会"的辅导。辅导结束后，副局长赵秉强和11名民警紧密联系自己的思想工作实际从不同侧面、不同角度交流学习体会。交流会主题明确，内容丰富，鼓舞士气，催人奋进。

2003年

2月24日，市公安局申请建设指挥中心大楼和开元公安分局办公楼的建筑用地报告，计划所需土地约3.33公顷。工程造价为1600万元。

3月10日，市公安局申请建设戒毒实验中心立项报告。

6月19日，吴忠市委书记刘语平、副市长赵紫霞等领导到市公安局慰问奋战在抗击"非典"一线的共产党员。

6月30日，吴忠市公安局庆祝建党82周年表彰大会暨文艺会在吴忠市影剧院举行。来自市区两级公安系统的600余名公安民警和武警、消防官兵及吴忠市各界群众千余人到场观看。

7月29日，市公安局召开全体民警"立警为公、执法为民"学习教育动员大会，局党委班子成员及武警、消防支队领导参加了大会，市委副书记马三保、市委常委蒋元德应邀出席大会，并做了重要的讲话。

8月8日，吴忠市公安局副局长高学文主持召开局属有关职能单位及分县局领导参加的会议，部署"破案会战"工作。市局党委书记、局长韩胜利参加了会议并做了重要讲话。确保第七届全国少数民族运动会在自治区顺利召开和吴忠市"商品交易会"及中国"宁夏(吴忠)清真美食节"在吴忠市顺利举办。

9月27—30日，全市公安机关在辖区范围内组织开展了打击盗窃摩托车和攀爬阳台入室盗窃犯罪集中统一行动。市公安局成立统一行动领导小组，制定下发了关于开展打击盗窃摩托车和攀爬阳台犯罪集中统一行动的方案，明确工作任务，提出工作措施和要求，并派出三个检查、督导组分赴各县、市、区公安(分)局进行督检。

10月13日，吴忠市公安机关首期科所队长培训班开班典礼仪式在吴忠党校举行。党委书记、局长韩胜利到会做了动员讲话，政委关玉林主持开班典礼，副局长赵秉强、高学文、杨学林，政治部主任庞自林，纪检委书记许文昌到会，来自全市公安机关参加首期培训班的60名科所队长参加了典礼。

10月29日，吴忠市公安局邀请自治区保密局的两位负责人到市局进行保密知识讲座。讲座从保密的国家安全意义、秘密等级、秘密的期限以及今后怎样做好公安保密工作几个方面深入浅出地进行了阐述。有关保密工作失职失误所造成的损害的事例触目惊心，对大家震动很大。

11月12—13日，市公安局政委关玉林带领消防支队有关负责人，先后到青铜峡市和利通区对市场、商场、宾馆、酒店、网吧、歌舞厅等公共场所，还有学校、企业、机关等人员集中的单位，综合性的商住楼，各种易燃、易爆、有毒化学物等危险物品的生产、存放、经营场所进行了认真的核查，对存在问题的一一列出安全隐患清单，限令在规定的时间内将这些隐患一一清除。

12月9日，市公安局党委书记、局长韩胜利，政委关玉林，副局长刘宁弟到市医院看望勇斗歹徒的师学敏，并送去了鲜花和慰问品。

12月15日，吴忠市公安派出所等级考核评定工作在盐池县公安局召开。抽调市公安局政工、纪检、治安、刑侦等部门11名业务骨干组成吴忠市公安派出所等级达标考评工作组。由市公安局主要领导负责，治安支队长王义具体带队，对全市七县(市、区)84个派出所进行了为期七天的等级达标考评。

12月22日，吴忠市公安局召开征求意见座谈会，邀请市委、人大、政协、政法委、工青妇等部分市直机关单位的10多名领导及代表，就如何"更好地做好公安工作、服务吴忠城市发展"为主题广泛征求意见和建议。市人大常委会主任王随有、副主任马彦生，政协副主席曹宁安、张冠军，政法委副书记李贵章等领导应邀参加了座谈会。市公安局政委关玉林，副局长高学文、杨学林参加了座谈会，会议由市公安局党委书记、局长韩胜利主持。

12月24日上午9时30分，对全市公安机关的1700多名民警分7个考场同时进行办理行政案件程序规定知识考试。副市长马英杰，市公安局党委书记、局长韩胜利，政委关玉林，副局长赵秉强、高学文等领导分别到各县考场考察考试情况。

12月31日，撤销中卫县，设立地级中卫市。中卫市辖从吴忠市划入的中宁县、从固原市划入的海原县和新设立的沙坡头区。吴忠市公安局代管的中卫县公安局和中宁县公安局移交给新建中卫市公安局。

2004年

1月9日，吴忠市公安局召开2003年度公安工作总结及表彰大会。市公安局政委关玉林主持会议，市委副书记马三保，市委常委、政法委书记蒋元德到会做了重要讲话。局长韩胜利代表局党委对市、区两级公安机关2003年公安工作和队伍建设进行全面的总结，大会对2003年度涌现出的5个先进集体和65名优秀公务员、50名人民满意民警、32名先进工作者进行表彰奖励。

1月15日，市公安局党委召开了吴忠市公安局离退休老干部春节团拜会。局长韩胜利作重要讲话，政委关玉林代表局党委向老干部做新年致辞。

1月18日晚7时许，市委副书记马三保、副市长马英杰以及市委政法委书记蒋元德、副书记李贵章一行深入青铜峡市公安局峡口派出所、利通区公安分局上桥派出所、消防支队、吴忠市公安局交警支队利通大队路查点、利通区公安分局总值班室和110、119报警服务台、市公安局机关等一线部门，对节日前夕值班备勤情况进行检查。

1月23日，市委书记肖云刚，市长吴玉才，市政协主席、市委副书记马三保，市人大常委会副主任王世才，副市长马英杰等领导，看望正在街心岗亭值勤的交警和巡警。

2月4日，市长吴玉才在百忙中带着党和政府对全市公安民警的关心和新年祝福在市公安局局长韩胜利的陪同下看望慰问公安民警。

4月29日，吴忠市公安局举办执法为民演讲比赛。来自全市公安机关的11名选手经过紧张激烈的角逐，同心县公安局的杨洁和利通分局的和涛获得一等奖；市公安局纪委的苏忠、刑侦支队的杨军、红寺堡公安局的黄磊分获二等奖；市公安局出入境管理处吴生君、交警支队李佳、缉毒支队拜杰、经侦支队尹学保和巡逻防暴支队张峰分获三等奖。

5月19日，吴忠市公安局召开大练兵活动动员大会，市公安局、利通区公安分局全体民警参加动员会，市公安局局长韩胜利发表讲话，就全面启动《吴忠市公安机关大练兵活动实施意见》进行了动员和部署，掀起了吴忠市公安局“知识大学习、业务大培训、岗位大练兵”的热潮。

6月25日，吴忠市委常委、政法委书记蒋元德，副市长马英杰，市公安局局长韩胜利、政委关玉林、副局长刘宁弟、政治部主任庞自林走上街头，向市民散发禁毒宣传单，讲解毒品的危害。政委关玉林还接受吴忠电视台专访。

7月6日，同心县侦破“4·13”特大毒品案件表彰暨毒品重点整治现场观摩会在同心县政府礼堂举行，自治区政法委副书记马立廷、自治区公安厅副厅长魏兆庆和吴忠市领导参加会议并为立功集体和个人颁发奖牌、奖金及证书。会议由自治区公安厅缉毒总队总队长陈凤龙主持。

9月16日，吴忠市公安机关首届警体运动会开幕。市委副书记马三保、自治区公安厅政治部主任李志荣、市委政法委书记蒋元德、副市长马英杰、市文体局局长刘汉民应邀出席运动会开幕式。

9月30日，市公安局局长韩胜利、政委关玉林、副局长高学文到利通区公安分局看望了“9·12”案件全体参战民警，对他们的辛勤努力表示慰问，并为专案组送去5000元奖金。

10月19日，市公安局华盾公安网络应用技术研究所承担的“西部中小城市移动警务查询系统应用研究”课题被列入“2004年度公安部科研项目计划”。

10月27日上午，首届全区公安派出所民警大练兵比武活动在宁夏人民警察学校举行，吴忠市代表队经过奋勇拼搏，取得即兴演讲第一名，案卷评比第二名，体能比赛团体第二名和计算机考核团体第三名。其中王国权取得体能比赛个人第一名、马光锋取得体能比赛个人第二名和射击比赛个人第二名。

11月2日，《吴忠日报》第二版“新闻在线”栏目报道了吴忠市公安局在科研开发方面获得的成果，吴忠市公安局华盾公安网络应用技术研究所开发的“公安行政案件辅助办案系统”软件顺利通过自治区科技成果鉴定。

2005年

1月15日，自治区党委常委、政法委书记、公安厅厅长李顺桃在公安厅常务副厅长余进军、政治部主任李志荣、副厅级侦察员陈建军及有关工作人员的陪同下，到利通区公安分局慰问了“12·24”绑架案参战民警。吴忠市委书记肖云刚、市长吴玉才同市委副书记郑歌平、副市长杨树青、市委政法委书记蒋元德等领导一同参加慰问活动。余进军、肖云刚还分别代表自治区公安厅和市委各奖励破案有功人员1万元。

2月1日，自治区公安厅副厅长王杰代表厅长李顺桃和厅党委到吴忠市公安局慰问奋战在公安一线的广大公安民警，祝民警们节日愉快。

3月25日，市公安局110指挥中心获评全国“巾帼文明岗”和自治区“巾帼文明岗”。

4月25日，吴忠市由公安和武警共同组建的武装巡逻队正式亮相街头。

5月14日，自治区公安厅厅长苏德良、副厅长汪敬一行到吴忠市公安局信息指挥中心、戒毒试验中心、利通区公安分局朝阳、金积派出所以及青铜峡市公安局大坝、城关派出所开展调研活动。

5月23日，召开全市公安机关集中整治交通安全违法行为专项行动工作会议，部署在全市公安机关开展为期40天的集中整治交通安全违法行为专项行动。市委常委、政法委书记、公安局局长陈建军出席会议并做重要讲话，会议由政委关玉林主持。

7月12日，市公安局共青团委成立，市公安局指挥中心朱宝军当选为共青团委书记。

7月19日，市公安局第一届妇女大会召开，选举产生第一届妇女委员会7名成员，市公安局经侦支队教导员顾梅玲当选为第一届妇女委员会主任。

9月4日，自治区、市、县三级公安机关联合在盐池举办追忆魏斌座谈会，魏斌战友、群众代表及亲人共同悼念和追忆优秀共产党员、好民警魏斌。

是日，在自治区首届政法系统体育运动会射击比赛中，吴忠市公安局射击队取得了步枪50米精度射击女子第一名，5名参赛选手全部进前八名，获得团体总分第二名的历史最好成绩。

9月11日，自治区公安厅厅长苏德良到吴忠市调研公安工作。

10月14日，市公安局由政委关玉林、副局长刘宁弟、政治部主任许文昌、纪委书记周兴堂带队，分赴各县（市、区）公安局（分局）及局属各单位对贯彻落实全市公安机关队伍建设工作会议情况进行专项检查进行检查。

10月25—26日，全市公安机关1000余名在职民警参加由自治区公安厅组织的“规范执法行为、促进执法公正”专项整改活动培训统一考试。

11月9日，《人民公安报》刊登了公安部评选的市公安局和利通区公安分局获评全国公安机关集中接待处理群众来信来访先进集体。

11月25日，追授宁夏回族自治区盐池县公安局纪检督察室副主任魏斌为全国公安系统二级英雄模范称号。决定在全国公安纪检监督系统开展向魏斌学习的活动。

11月29日，在全区公安机关“青年文明号文化节”文艺会演中，吴忠市公安局选送的3个节目分别获1个二等奖和2个优秀奖。

12月5日，自治区总工会追授魏斌“五一劳动奖章”大会在银南宾馆召开，自治区总工会副主席鲁国会宣布魏斌为自治区“五一劳动奖章”获得者。魏斌妻子李艳萍代表魏斌出席大会并接受奖章、获奖证书和2000元奖金。

2006年

1月10日，是吴忠市公安机关110报警服务台开通9周年纪念日，也是市公安局110、119、122接报警系统三台合一建成开通之时。市公安局在街心广场和市区主要街道举办大型宣传活动。

1月12日，市公安局2005年度工作总结暨表彰大会在市政府礼堂召开。市公安局、利通区公安分局领导班子全体成员，市公安局、利通区公安分局全体民警参加了会议。市委副书记郑歌平、市人大常委会副主任李国志、市委政法委副书记李贵章应邀出席，郑歌平发表重要讲话。

1月18日，公安部第二批预防重大治安灾害事故督导组顿珠扎西、石中林、王勇一行3人结束了在中卫市的督导检查活动，抵达吴忠，20时，公安部预防重大治安灾害事故保障春节前后公共安全电视电话会议召开，公安部副部长刘金国就安全工作发表重要讲话。

1月19日，自治区公安厅党委委员、副厅长汪敬和公安厅政治部领导一行冒雪到市公安局，带着公安厅党委给自治区公安民警及家属、因公牺牲公安民警家属的慰问信和公安厅党委的关怀及慰问金，慰问全市公安民警及英烈家属。

1月19日，市公安局第一届迎新春警察文体活动开幕。活动共设置乒乓球、跳绳、象棋、跳棋、牌类（拖拉机）和拔河六个项目的比赛。市公安局赵秉强、杨志刚、刘宁弟、李艳琴、张志敏、杨生银、郝振、侯云霞，利通公安分局马明朗、马学成、王学平、梁晓菊获得名次；拔河比赛被利通保安分公司、市公安局机关和交警支队代表队获得。

1月26日，吴忠市公安局代表队获自治区公安机关“治安管理处罚法”知识竞赛一等奖。

2月28日，自治区公安厅副厅长乔恩成到吴忠市公安局调研基层基础工作建设情况，并参观新落成的110指挥中心及利通区公安分局朝阳、古城、民生等部分新建成的标准化派出所。

3月6日，自治区政法委书记、公安厅党委书记李顺桃在副厅长高虹宁及自治区维稳办、信访局有关负责人的陪同下，到吴忠市，对吴忠市在全国两会期间的维稳工作进行督促检查并听取汇报。市委书记肖云刚，副书记郑歌平，市委常委、政法委书记、公安局局长、维稳办主任陈建军，副市长杨树青等领导与会。

3月8日，市公安局通过政府采购方式购买的首批40台办公用电脑设备全部发放至基层30个所队和一线部门使用。

3月14日22时，随着市电信局信令正式下放，试运行3个多月的吴忠市公安局指挥中心110报警台正式投入使用。

3月27—28日，公安部赴宁夏督导组组长、反恐局助理巡视员徐松一行3人对吴忠市公安局“三基”建设进展情况、“大接访”长效机制落实情况和“打黑除恶”专项斗争工作情况进行督导。

4月4日，自治区公安厅厅长苏德良、副厅长汪敬在厅党委委员、政治部主任李志荣、信通处处长胡银萍等陪同下，对吴忠市公安局信息化建设的发展和应用情况进行了调研考察，并观看科技强警成果演示汇报。

是日8时10分，红寺堡开发区公安局局长汤生平与4名干警共乘一辆警车前往太阳山镇执行任务途中，不幸发生车祸，汤生平以身殉职。

5月18日，市委副书记、市禁毒委主任郑歌平与市禁毒委副主任陈建军、沈左权、同心县委书记叶旭等领导专程到同心县公安局、下马关派出所、韦州派出所看望慰问“春雷行动”工作组全体参战民警。

5月22日，吴忠市委作出决定，追授因公牺牲的红寺堡开发区公安局局长汤生平为优秀共产党员，并号召全市广大共产党员、公安民警和各族干部群众向汤生平学习。

6月22日，吴忠市公安局被最高人民检察院、公安部联合评授为全国“追捕职务犯罪在逃嫌疑人专项行动”先进集体。

6月26日，是第19个“国际禁毒日”。吴忠市禁毒委与自治区禁毒委、自治区公安厅联合在同心县一中举行“6·26”国际禁毒日暨焚烧毒品大会。自治区领导李顺桃、陈守信、苏德良，市领导肖云刚、吴玉才、郑歌平、陈建军、李国志、沈左权、郭宝林，自治区禁毒委和市禁毒委各成员单位的有关领导出席。

6月27日，公安部、科技部联合发文，确定以中西部地区为主的15个城市以及江苏、浙江、山东、广东四省的23个城市为第二批开展科技强警示范建设的城市，吴忠市与近邻内蒙古乌海市同时跻身第二批科技强警示范城市行列。

7月12日，自治区公安厅副厅长、自治区打黑除恶领导小组办公室主任佘进军与公安厅刑警总队总队长李俊章、公安厅指挥中心主任马少林、自治区“打黑办”工作人员吴克刚一行，到吴忠市公安局督导检查上半年打黑除恶专项斗争开展情况，并召开会议专门听取汇报。

7月27日，自治区公安机关“三基”工程建设现场观摩会在吴忠市举行。自治区、五市、各县(市、区)三级公安机关领导班子成员及“三基”办负责人共100多人参加了现场会。

7月29日，公安部派出的以中国人民公安大学警训部副主任尹伟教授为团长的警务技能战术教官团一行5人抵达吴忠市，于7月30日对全市公安机关基层所队及一线实战部门270名民警进行为一天的集中培训。

8月1日，市公安局副局长毕顺元代表市局党委将一批电视机、影碟机等电教设备交到市公安局看守所、拘留所、戒毒所。

8月11日，市委常委、政法委书记、公安局局长陈建军带领刑侦支队长高利宁等一行3人到青铜峡市公安局检查督导“打黑除恶”工作，代表市公安局党委慰问“7·18”劫车杀人案参战民警。

8月19日，公安部监管局局长张卫航一行在自治区公安厅副厅长佘进军、监管处处长董国庆及市公安局副局长毕顺元的陪同下，到吴忠市看守所、戒毒所、拘留所检查指导工作。

8月21日，公安部科技强警示范城市建设工作宣讲交流会在吴忠市召开，自治区各市、县、区公安局局长及有关负责人参加了会议，市委副书记郑歌平，市委常委、政法委书记、市公安局局长陈建军，副市长沈左权出席会议。会议由自治区公安厅副厅长汪敬主持，吴忠市副市长沈左权为交流会致辞。公安部科技局副局长谭晓准、自治区公安厅厅长苏德良分别讲话。

8月26日，自治区公安厅厅长苏德良在副厅长汪敬、乔恩成，副厅级侦查员杨少华及市委常委、政法委书记、公安局局长陈建军，市公安局政委关玉林，副局长杨学林、毕顺元的陪同下，带领公安厅政治部、办公室、禁毒、治安、监管、装财等部门负责人，到吴忠市戒毒康复实验中心，对其建设情况进行调研。

8月31日，市公安局交警支队与吴忠电视台联合录制专题片《像红绿灯一样闪烁》。这部电视节目从不同层面集中反映青铜峡市李卫东在平凡的工作岗位上工作、学习、生活经历，展现一名交通宣传民警常年扎根基层、不畏艰苦、任劳任怨无私奉献、心系群众的崇高思想境界，具有鲜明的时代特征。

9月1日，自治区党委常委、政法委书记、禁毒委主任李顺桃带领自治区禁毒委成员单位禁毒办、发改委、经贸委、财政厅、教育厅、林业厅、农牧厅、卫生厅、民政厅等负责人与邀请的国土资源厅、科技厅、扶贫办、农业项目综合开发办负责人到吴忠市戒毒康复中心考察中心基础建设、教育管理、生产项目的发展等工作，并现场办公。

10月12日，出租车义务110启动仪式在利通公安分局举行，首批100名出租车司机当天拿到公安机关向他们颁发的聘书，并与公安机关签订责任书。

10月12日，宁夏首家“海洛因成瘾者社区维持治疗门诊”在吴忠市疾控中心挂牌。由自治区禁毒委、市卫生局、市公安局等联合对门诊运行情况进行检查。

11月1日，自治区党委常委、政法委书记、公安厅党委书记、全区政法队伍集中教育整顿活动领导小组组长李顺桃与自治区政法委副书记、秘书长冀晓军，对吴忠市公安局第一阶段队伍集中教育整顿活动动员学习情况进行检查。

11月8日，自治区禁毒委在吴忠市召开全区戒毒康复场所建设工作会议。自治区禁毒委宣布对市局戒毒康复中心主任朱玉表彰，并号召全区禁毒工作者向朱玉学习。

11月10日，市公安局党委在办公楼前举行局机关工作人员捐款仪式，局领导带头向困难群众捐款。全局参加捐款民警达400多人，捐助善款15000元。

2007年

1月15日，吴忠市公安局交警支队被公安部评为先进集体。

1月24日，全市公安机关2006年度工作总结暨表彰大会在市行政中心吴忠会堂召开。会上，对2006年涌现出的先进集体和个人进行表彰奖励。

2月8日，市公安局出入境管理处清理“三非”外国人专项整治工作成绩突出，被公安部评为专项行动成绩突出先进集体，民警张锋被公安部评为先进个人。

是日，公安部监管局副巡视员李遂芳一行3人在自治区公安厅办公室副主任曹立峰、监管处副处长刘源等陪同下，到市公安局督导检查“三基”工作和春节、两会期间安全保卫工作部署情况。

2月12日，自治区党委政法委书记、公安厅厅长苏德良在副厅长乔恩成陪同下，带领自治区禁毒办、公安厅政治部等部门负责人一行到同心县公安局，对“铁流行动”工作组予以慰问。

3月27—28日，公安部信息通信局信息网络安全处孙文波处长带领山东、江西两省公安厅及北京万里红公司有关工程技术人员，对吴忠市公安局、利通公安分局及青铜峡市公安局信息网络安全保密大检查落实情况进行检查和调研。

4月6日，吴忠市警用地理信息系统数据采集大会战培训班在市公安局开班。市公安局治安支队、信息中心及各县(市、区)公安(分)局主管局领导、各派出所领导及社区民警、技术人员共110余人参加了培训。

4月29日，公安部禁毒局两禁处副处长王宏儒在自治区公安厅禁毒总队总队长陈凤龙的陪同下，带领北京、广东、海南、云南、湖北、陕西、甘肃、宁夏等八省区禁毒办和戒毒康复场所负责人参观团，到吴忠戒毒康复中心参观考察。

5月7日，自治区政法委书记、公安厅厅长苏德良获悉吴忠市公安局民警缴获毒品海洛因5718克，专程赶至吴忠市公安局对缉毒民警粉碎贩毒分子罪恶的正义之举表示祝贺。

5月16日，吴忠市公安局经济犯罪举报中心受案室建成并投入使用。

6月8日，吴忠市第一所“少年警校”成立。在利通二小校园举行“少年警校”授牌仪式。交警支队向“少年警校”60名小学生赠送了“警服”。

6月18日，市公安局执法大厅建成，并投入使用。

6月24日，吴忠市公安局及县、市、区公安局800余名在职在编民警在市区朝阳小学参加吴忠考场的统一考试。

6月30日，市公安局22个党支部书记由政委关玉林带队，乘车到固原市六盘山，参观红军长征纪念馆，缅怀革命先烈，重温入党誓词，表达对党的第86个生日的深情祝福。

7月5日，国家禁毒委副主任、公安部副部长张新枫一行对吴忠市禁毒工作进行考察，参观了解青铜峡看守所科技强警和信息化应用情况、吴忠市戒毒康复中心建设情况和同心县禁毒人民战争开展情况。

7月11日，市公安局防暴巡警支队被共青团中央、公安部授予全国公安系统青年文明号称号。

7月14日晚，吴忠市公安局选送的音乐短剧《爱心撑起一片蓝天》在全区公安机关广场文化暨廉政文化建设文艺会演中获一等奖，市公安局获优秀组织奖。

7月19日，吴忠、银川两地警方反恐警力联合反恐训练在吴忠市利通区开元公园进行。市公安局副局长毕顺元担任总指挥，巡警支队支队长丁峰、刑警支队副支队长马玉贵协同指挥。吴忠市公安局反恐应急一分队30名警力参加。

7月20日，自治区公安厅副厅长李振国带领刑警总队总队长李俊章、副总队长俞馨吾、一支队队长刘树军及法医、痕迹专家一行6人到吴忠市局指导侦查工作。

8月7—8日，吴忠市公安局召开全市公安机关“三基”工程建设观摩交流会，先后观摩同心、红寺堡、盐池、青铜峡、利通等局指挥中心、刑警大队、派出所和警务室。

8月10日，加快推进吴忠市公安局戒毒康复中心建设现场会在吴忠市公安局戒毒康复中心举行，主要研究解决戒毒康复中心在发展建设过程中亟须解决的紧迫问题。自治区公安厅厅长苏德良，自治区政府副主席郑小明参加了会议。

9月6日，公安部督导组一行到市公安局督导公安信访工作，并召开座谈会。市公安局党委副书记、副局长高学文，纪委书记周兴堂，青铜峡市公安局、同心县公安局有关领导及信访工作人员参加了座谈会。

11月20日，自治区公安厅和吴忠市委、市政府联合在吴忠会堂召开授予朱玉全国公安系统二级英雄模范荣誉称号命名表彰大会。自治区公安厅副厅长李振国、王正升、朱明君为朱玉颁发奖章和证书。

11月24日，市公安局交警支队在街心广场举行“以人为本，安全行驶”启动仪式。市交通局、运管所领导、市区各乡镇、运输企业、驾协工作站负责人、驾驶员代表、新闻媒体记者以及支队机关科室、车管所民警共200余人参加了启动仪式。

11月29—30日，由公安部科技局示范办主任杨玉波、浙江省台州市公安局副局长朱希望、浙江省宁波市公安局江东分局政委余承嗣一行3人组成的公安部检查组，到吴忠市局督导检查科技强警示范城市建设工作。

12月1日，公安部宣传局副巡视员王英斌、公安部政治部宣传局副处长陈清代表公安部政治部专程到吴忠市，看望患病住院的全国公安系统二级英雄模范、吴忠市戒毒康复中心主任朱玉，并实地参观了戒毒康复中心建设情况。

2008年

2月4日，由市公安、武警联合开展的震慑性城市武装巡逻仪式在武警支队正式启动，市公安局局长陈建军，市政协副主席贺彩霞，市中级人民法院院长陈大威，市公安局领导关玉林、吴国仁，巡警支队长丁峰，武警支队长梁恒及150余名公安民警、武警官兵参加当天的启动仪式。

3月4日，全市禁毒工作会议召开，市领导陈建军、刘玉岐、李国志、贺彩霞、魏建荣和五县市区禁毒委、26个市禁毒成员单位和13个市区乡镇及派出所禁毒工作负责人参加了会议。

3月11日，自治区人大常委会副主任张小素带领自治区人大常委会委员、内司委主任刘语平，自治区人大常委会委员张帼文、陈恕、徐云萍，自治区人大常委会内司委副主任禹广赋等一行，赴吴忠市考察公安工作。

4月25日，公安部“两化”达标验收组一行10人，对市公安局行动技术支队申报“两化”二级达标单位进行达标验收。支队“两化”达标总得分308.6分，通过考核。

4月29日，吴忠市反恐怖工作协调小组办公室组织对吴忠市反恐专业力量进行紧急集结拉动演练。市公安、武警、保安、消防、卫生、城建、电力、通信等部门的5个反恐怖应急处置分队、6个专业队伍根据命令紧急集结，共出动车辆40余台，各种武器、装备100余件，专业、专门人员200余名。

5月2日，自治区党委常委、政法委书记、公安厅厅长苏德良到盐池县公安局青山、大水坑、麻黄山、冯记沟、王乐井派出所和县公安局指挥中心，看望、慰问工作在一线的民警，并就公安工作进行座谈。

6月30日，奥运火炬接力宁夏段吴忠市传递结束。在各级党委、政府的周密部署和安保人员的共同努力下，奥运火炬接力吴忠传递活动顺利进行。

8月7日，吴忠市召开第四次反恐怖工作会议，并组织市公安局反恐专业力量进行紧急集结拉动演练。市委常委陈建军到演练现场指导演练，并对演练情况进行讲评。

10月9日，市公安局局长陈建军、副市长刘玉岐与自治区公安厅禁毒总队、市禁毒委、市公安局等部门负责人到同心县韦州镇、下马关镇等地，对同心县禁毒工作进行督导检查。

10月10日，市公安局党委召开机关党员代表大会，选举产生局机关第一届党委委员。选举产生机关党委书记、副书记。局机关98名党员代表参加了党代会。

10月18日，由国家禁毒委毒品问题重点整治工作检查组组长、公安部禁毒局二处处长李宪辉一行3人，对吴忠市同心县毒品问题重点整治工作进行考核检查，并对同心县“毒品问题重点整治地区”“摘帽”申请进行验收考核。

11月22—26日，自治区公安厅“三基”工作考核验收组董国庆一行4人到吴忠，先后对青铜峡市公安局、盐池县公安局、利通区公安分局、同心县公安局、红寺堡开发区公安局及市公安局开展三基工程建设工作情况进行全面考核验收。

11月28日，市公安局政委关玉林、刑警支队政委王智忠与市科技局、市司法局有关领导组成扶贫工作组，冒着严寒到同心县窑山工委石羊圈村扶贫送温暖。

12月11日，内蒙古乌海市公安局局长孙毅与吴忠市公安局局长陈建军签字仪式上互换《宁夏吴忠市与内蒙古乌海市禁毒协作协议书》文本。

12月25日，吴忠市与陕西省延安市警方之间开展警务协作，双方主要领导在协议书上签名。

2009年

1月1日，吴忠市公安局爱民亲民“大走访”活动在吴忠市区明珠广场启动，由副市长陈设育主持，市公安局局长陈建军做重要讲话。

1月10日，青铜峡市公安局交警大队宣传民警李卫东入围由公安部和中央电视台联合举办的第三届“我最喜爱的十大人民警察”60名候选人，被授予“全国特级优秀人民警察”称号。

1月20—21日，市委常委、政法委书记、公安局局长陈建军，市公安局领导关玉林、高学文等分别带队深入武警、消防支队及离退休老干部、因公牺牲民警家中走访慰问。

1月23日，市公安局、利通区公安局、太阳山公安局领导班子成员及民警、武警、消防支队领导、离退休老干部及部分民警家属200余人欢聚一堂，共庆新春佳节。

3月2日，吴忠市公安局“布天罗地网、保平安家园”民安工程创建活动启动仪式在开源广场举行。启动仪式由市公安局领导关玉林主持。

4月15日，市公安局举办“我与吴忠科学发展同行”主题演讲比赛，来自市公安局及利通区公安局8个基层单位的15名民警各显身手，利通区公安局韩奕、刑警支队武耀兵和利通区公安局周立梅分获前三名。

4月23日，自治区党委常委、政法委书记、自治区禁毒委主任、公安厅厅长苏德良与自治区政府副秘书长李清贵、公安厅副厅长乔恩成在副市长刘玉岐、市公安局局长徐耀等领导陪同下，到吴忠戒毒康复中心，主持召开推进戒毒康复工作现场会。

4月30日，市公安局局长徐耀与副局长毕顺元，深入市公安局看守所、戒毒所、拘留所各监区，实地检查监管场所节前安全措施落实情况。

5月1日，市公安局局长徐耀与副局长吴国仁、治安支队支队长蒋义平以及武警消防支队支队长郭金忠，先后深入市西郊黄河公园，市中心新华百货连锁超市、新世纪商厦、361度网吧等商业场所，太阳山庆华集团等大型企业，进行交通、消防、人口管理等安全检查。

5月4日，市公安局成立由副局长吴国仁任组长的甲型H1N1流感应急防控工作领导小组。5月6日召开会议，对甲型H1N1流感应急防控工作进行了动员和安排部署，由吴国仁担任应急预备队总指挥，丁峰任副总指挥。

5月6日至10月30日，市公安局集中力量，对社会治安开展整治行动，重点打击涉黑、涉枪、涉爆、涉毒以及抢劫、抢夺、重大伤害等严重暴力、侵财等犯罪活动。

5月20日，市公安局局长徐耀，与自治区公安厅监管处处长孟留甫、市公安局副局长毕顺元，深入同心县“三所”考察指导正在开展的监所“阳光工程”试点工作。

5月26日，自治区禁毒委在银川市举办全区“依法禁毒、构建和谐、共创民安”禁毒法知识竞赛，全区有6支代表队参赛，吴忠市禁毒委代表队获第二名。

6月1日，全国禁毒重点整治工作会议召开，国家禁毒委正式宣布不再将同心县列为全国毒品问题重点整治地区。

6月13日，国家禁毒办副主任、公安部禁毒局副局长、中国禁毒基金会秘书长陈绪富，中国人民武装警察部队廊坊学院院长、中国禁毒基金会常务理事张世瑗少将，浙江金渡文化创意策划有限公司副董事长、深圳阳光文化传播有限公司董事长、慈善家李瑛，《中国社会报·禁毒周刊》记者李燕娇，公安部禁毒局工作人员战兴祥等一行5人，到吴忠市公安局戒毒康复中心视察戒毒康复项目建设情况。

7月1日，市公安局于当天下午组织各党支部负责人及受表彰人员，召开“五个好”党支部、优秀党务工作者、优秀共产党员和党员示范岗命名、表彰大会，并进行新老党员重温入党誓词和入党宣誓活动，市委组织部组织党员管理科科长马久麟应邀出席。

7月5日，市公安局、利通区公安分局联合在市区盛元广场东侧体育馆召开“民安工程”创建活动公开处理暨发还赃物大会，对近期抓获的18名犯罪嫌疑人公开宣布逮捕，举行百万涉案赃物公开发还活动和“民安工程”创建宣传活动。

7月9日，市公安局通过经费划拨和民警捐助等方式共筹资20万元，在同心县马高庄乡三山井移民新村举行“情系移民、奉献爱心”捐助物品发放仪式。

7月10日，吴忠市公安、国税、地税三家联合在吴忠市国税局会议室召开打击发票违法犯罪工作推进会。各县市公安、国税、地税、公安三部门联合检查组成员共30多人参加了会议。

7月23日，吴忠市公安局召开新闻发布会，通报市公安局最新出台的服务发展、服务民生的“26条措施”。《宁夏日报》、《法治新报》、《华兴时报》、《新消息报》、《吴忠日报》、吴忠电视台、吴忠人民广播电台等自治区、市七家媒体记者及特邀行风监督员、各界群众代表50余人受邀参加，市公安局领导回答记者提问。

8月26日，市公安局组织利通区公安分局、市局交警支队、禁毒支队、治安支队、经侦支队、法治处等部门民警，在街心广场开展“平安吴忠”建设集中宣传咨询活动。并展出宣传展板41块，散发宣传资料6000余份。

9月10日，由自治区公安厅发起，吴忠市公安局承办的滇川陕甘蒙宁六省区禁毒工作协作会议在吴忠红宝宾馆召开。来自公安部禁毒局和云南、四川、陕西、甘肃、内蒙古五省区公安禁毒部门领导、市公安局领导和民警150多人齐聚吴忠，就禁毒工作协作机制，打击跨地区毒品犯罪进行交流研讨。

11月9日，市公安局戒毒康复中心主任朱玉被评为“60位中华人民共和国成立以来感动宁夏人物”，青铜峡市公安局交警大队民警李卫东被评为“100位为宁夏建设做出突出贡献英雄模范人物”。

11月14日，来自市公安局和市属各县区公安局的220余名公安民警在吴忠市第四中学参加了全区公安机关2009年度民警法律知识考试。

11月24日，自治区公安机关“祖国在我心中”巡回演讲团到吴忠市演讲。

12月15日，吴忠市公安机关“布天罗地网、保平安家园”民安工程创建活动大型成果展在市区开源广场举行。全市六县市区公安机关经过精心准备，集中向广大群众展示“民安工程”创建活动取得的丰硕成果。

12月25—26日，自治区公安厅“民安工程”创建活动领导小组一行14人在组长李志荣的带领下到吴忠市，对全市公安机关开展“民安工程”创建工作进行考核验收。

2010年

1月29日，全市公安机关通过公务员考试招录的56名民警完成了30天岗前集训，即将进入临时岗位进行阶段性见习锻炼。市公安局局长徐耀、政委关玉林与市公安局其他领导出席结业典礼并观看新警们的汇报表演。

2月5日，公安部公布2009年度全国公安机关刑事技术实验室鉴定质量能力验证评测结果，吴忠市公安局刑警支队刑事科学技术研究所与包括自治区公安厅鉴定中心在内的全区五家验证机构共同参与测评，市公安局刑事技术民警参评的六项技能测评成绩总和位列四市刑检机构第一名。

2月10日，青铜峡市局交警李卫东、同心县局缉毒警张治中获评首届“宁夏十佳人民警察”，盐池县公安局社区民警赵志刚、红寺堡公安分局刑警杨军军获首届“宁夏十佳人民警察提名奖”。获奖民警受到陈建国、王正伟、崔波、苏德良等自治区领导的接见。

2月12日，自治区公安厅厅长苏德良，副厅长李振国、乔恩成及相关部门负责人一行10余人到吴忠，在市长吴玉才、市公安局局长徐耀等领导陪同下，看望慰问仍然坚守值勤岗位的广大基层公安民警和武警消防官兵。

2月22日，全市公安工作会议在吴忠会堂召开，市公安局局长徐耀做重要讲话，市领导李国志、马和清、贺彩霞等出席会议。会议由政委关玉林主持。市公安局拿出187000元，重奖优秀基层单位和优秀基层民警。

3月13日早晨7时，年仅24岁的同心县公安局预旺镇派出所民警海小平，因连续工作4天，过度劳累，突发心脏病，经全力抢救无效不幸牺牲。

3月31日，宁夏回族自治区公安厅党委印发《关于在全区公安机关开展向海小平同志学习活动的决定》，号召全区公安机关和广大民警迅速掀起向海小平学习的热潮。

4月2日，宁夏回族自治区党委常委会研究决定，追认因劳累过度引发心肌梗死去世的同心县预旺镇派出所民警海小平为中国共产党党员。

4月9日，共青团宁夏回族自治区委员会决定追授海小平为“全区优秀共青团员”。

4月16日，自治区人民政府决定，追授海小平为模范公务员，享受省部级劳模待遇。

4月29日，海小平先进事迹全区首场报告会在自治区党委报告厅举行。自治区直各部门及各市、县负责人共600多人参加了报告会。报告会上，由海小平的父亲海晶、同心县公安局副局长文俊林、海小平的同事杨洁、《新消息报》记者柳文涛和群众虎月萍共5人组成的报告团，分别讲述海小平的先进事迹。

4月29日，自治区党委作出决定，号召全区各地、各部门、各级党组织认真开展向海小平学习活动。

5月4日，市公安局举办全市公安机关信息系统建设及应用电视电话会议，在全市公安机关全面推动“大情报”信息系统建设工作。市公安局局长徐耀对开展信息系统建设及应用工作提出新的更高的要求。

5月5日，吴忠市公安局红寺堡区分局举行挂牌仪式，原红寺堡开发区公安局正式更名为吴忠市公安局红寺堡区分局。

5月18日，公安部副部长刘金国在第223期工作简报《宁夏吴忠、银川市利用特情连破两案缴获假发票15万余份》上批示：“宁夏很有特点。通过专项行动，要物建一批高质量特情。”对宁夏公安机关打击发票违法犯罪工作寄予厚望。

5月20日，由吴忠市及利通区人大、政法委、检察院、法院等机构和金融、工商、税务等部门领导组成的调研检查组在市人大常委会副主任李国志的率领下，对吴忠市公安经侦工作进行调研考察。市公安局局长徐耀做专题汇报。

5月21日，自治区文明委追授海小平为“自治区敬业奉献道德模范”。

6月26日，吴忠市委、市政府在市区开源广场举行大会，宣布吴忠市正式成立以消防为主力的应急救援支队，作为灾难应急救援的常备力量。市委领导、宁夏消防总队总队长刘赋德为应急救援支队揭牌。市委常委、政法委书记、市公安局局长徐耀向吴忠市消防支队授旗。

7月5日，吴忠市公安局警务培训基地和战训基地正式挂牌成立。

7月12日，海小平先进事迹报告会在北京人民大会堂举行。

8月11日凌晨，同心县河西镇建新村突遭山洪袭击，500多名群众受困，几十间房屋倒塌，千余头牛羊被洪水卷走。市公安局副局长吴国仁带领市公安局74名民警到达灾区一线，与青铜峡市局抽调的50名民警共同协助同心县救灾抢险。

8月15日，市公安局机关全体民警积极响应市委、市政府号召，发扬“一方有难，八方支援”的传统美德，纷纷慷慨解囊，踊跃向同心灾区捐款，仅半天时间，就募集捐款9000余元。

8月19日，投资4000万元，占地5.67公顷，建筑面积8000平方米，历时2年建设的吴忠市公安局交通管理局办公楼正式投入使用，市公安局局长徐耀与政治部主任许文昌，到市公安局交管局办公大楼、办证大厅、车管所科目一考场、各业务处室，机动车检测中心等办公场所，实地查看了解办公环境。

8月24日，由市政协主席丁兰玉，副主席贺彩霞、尹金生、冯德胜、买霞等领导和部分政协委员组成的市政协视察组一行15人，到青铜峡市公安局、同心县公安局、利通区公安分局视察公安信息化建设、执法规范化建设、监所阳光工程建设、治安防范和社会管理工作以及窗口单位服务工作开展情况。

9月19日，2010宁夏“黄河金岸”国际马拉松赛顺利开赛，在吴忠市公安局的精心组织下，投入1100余名安保力量开展大赛安保工作。

10月25—31日，全国公安系统实战应用射击比赛在湖北省武汉市公安局警察培训基地举办，代表宁夏前卫体协射击队的吴忠市利通区公安分局政委汪红东、民警赵小琴，分获局长(政委)组全国第三名和运动后快速射击女子组第七名。此次比赛宁夏共有4人个人总成绩和单项成绩进入全国前八名。

11月2日，在市委组织部、宣传部联合举办的全市“创先争优、科学发展”暨弘扬海小平精神演讲比赛中，市公安局获优秀组织奖，同心县公安局豫海派出所苏玉萍和市局交管局李佳分别获个人一等奖和优秀奖。

12月16日，公安部“亮剑”行动西北督导组贾源一行3人到吴忠市公安局，就开展打击侵犯知识产权与制售伪劣商品犯罪“亮剑”专项行动进行督导。

12月23日，公安部派驻西北地区督导专员赵炜一行，经过为期9天的基层所队督导检查，在市公安局召开督导反馈会议，对在吴忠期间督导检查“三项建设”工作情况进行反馈。

12月31日，吴忠市反恐办组织公安民警、武警、消防官兵及建设、卫生、交通、电力、电信等反恐成员单位，出动300名反恐力量，40多辆警用、灭火、救援、后勤车辆，在利通区主要街道开展步行巡逻和大规模武装拉动演练。

12月31日，市公安局第一届运动会开幕。该届运动会共设篮球、乒乓球、羽毛球、拔河、跳绳5个比赛项目，有24名民警获得个人单项奖。

2011年

1月27日，市公安局召开离退休老民警及民警家属座谈会，市公安局领导关玉林、高学文、毕顺元、吴国仁、许文昌、周兴堂、周福德等出席座谈会，与受邀参加座谈会的23名离退休老民警及80多名民警家属欢聚一堂。

3月6日，原同心县公安局豫旺镇派出所民警海小平获2010年度"感动宁夏"人物荣誉。

4月6日，市公安局召开全市公安机关纪律作风百日整顿活动动员会。会议由局长徐耀主持，市局党委班子成员、各县(市、区)公安局局长、政委、市公安局各部门负责人参加了会议。

4月11—19日，吴忠市公安局537名在编民警先后走进位于青铜峡市公安局能够一次容纳30人的网络教室，通过网络学院参加一项以法律素质、信息化应用水平、公文写作及分析能力为主要内容的综合素质考试。市公安局局长徐耀到考场考察。

5月31日，市公安局召开干警大会，就科级干部竞聘上岗工作进行动员部署。市公安局和利通、红寺堡、太阳山三个分局的70个正科级职位和125个副科级职位将被列入竞聘范围。

6月16日，市公安局举行仪式，欢迎"5·2"公安部毒品目标案专案组归来，4名犯罪嫌疑人从云南押解回吴忠。自治区公安厅副厅长乔恩成、禁毒总队总队长朱文国，吴忠市公安局局长徐耀、副市长马和清等领导向专案组成员表示祝贺。

6月20日，吴忠市公安局利通区分局交巡警大队揭牌暨交巡合一警务模式启动仪式在开源广场举行。市领导徐耀、李国志、贺彩霞出席揭牌仪式。

6月26日晚，吴忠市公安局在开源广场举办主题为"向人民汇报、向祖国致敬——向党的90华诞献礼"的文艺演出。市领导孔平、张锋、徐耀、贺彩霞出席演出活动，并为评选为市公安局优秀共产党员的民警颁奖。

7月13日，自治区公安厅厅长苏德良一行专程到吴忠在市人民医院看望见义勇为受伤的李潇、纳正东，并慰问他们的家属。

7月16日，市公安局在吴忠会堂召开民警双向选择动员大会，全面启动民警双向选择工作。这是市公安局在圆满完成科级领导干部竞聘上岗工作后，实行的又一项人事制度改革。

8月5日，市公安局党委召开机关党员代表大会，选举产生局机关第二届党委委员。张本福、何菊琴、丁峰、王智忠、余广德、魏升6人当选为局机关党委委员。

8月8日，吴忠市公安局将青铜峡市看守所并入吴忠市公安局看守所，所址设在原青铜峡市新建看守所内。吴忠市公安局看守所内的在押人员全部安全搬入新所。

8月10日，市公安局指挥部情报科副科长马忠仁撰写的《情报追逃十大战法》一文，获公安部第二届全国基层技术革新奖三等奖、2010年度全国优秀刑侦调研文章三等奖。

8月16日，公安部"送教西部行"教官团一行8人在福建警察学院党委副书记刘忠良带领下到吴忠市，先后在市公安局、青铜峡市公安局举办专题讲座6场，为吴忠市公安民警"传经送宝"。

8月30日，市公安局局长徐耀等领导参加民警子女考入高校助学金发放仪式。向考上高校的民警子女及民警表示祝贺，并向考取高校的5名民警子女送上助学金11000元。

9月17日，"神华宁煤杯"第二届宁夏黄河金岸国际半程马拉松赛暨全国半程马拉松积分赛在吴忠市举行。市公安局投入2700余名公安民警、消防、武警官兵、保安开展大赛安保工作，常委徐耀靠前指挥，全体参战人员攻坚克难、无私奉献，完成安保任务。

9月20日，第八届宁蒙陕甘毗邻地区警务协作会议在陕西省榆林市召开。来自陕西、甘肃、宁夏和内蒙古四省区16个警务协作成员单位的80余名代表参加了会议。副局长毕顺元代表市公安局参加了会议，并与各协作成员单位签订第八届《陕甘宁蒙毗邻地区警务协作框架协议》。

9月20—21日，全国公安监管部门戒毒康复工作推进会在吴忠市公安局召开。

9月20日，在甘肃省兰州市召开的公安部“太原会议”精神贯彻落实推进会上，市公安局警务科技处柳军红撰写的《浅析大情报运行模式下的警务机制变革》一文获公安部“大情报”系统建设征文三等奖。

9月22日，吴忠市城市报警联网监控系统工程验收会议在吴忠市公安局召开，由公安部和自治区有关专家对“吴忠市城市监控报警联网系统工程”项目进行最终验收。

9月27日，吴忠市公安局顺利完成人民警察警员职务套改工作。参加套改的261名民警中，3名民警套改为一级警长，5名民警套改为二级警长，75名民警套改为三级警长，9名民警套改为四级警长，28名民警套改为一级警员，141名民警套改为二级警员。

10月9—14日，举行的第三届全区政法运动会上，市公安局代表市委政法委参加篮球、田径、五公里武装越野、拔河、射击等项目的比赛。经过激烈角逐，在全市政法系统所获得的15个奖项中，市公安局获11个奖项。

10月13日，全市“打四黑除四害”专项行动协调推进会在市行政中心召开。

11月4日，第四届中国（宁夏）回商大会和第二届宁夏黄河金岸国际马拉松赛总结表彰大会召开，市公安局获评警卫安保工作先进集体，尹保江等30名公安民警获评先进个人。

11月18日，自治区公安机关第一家心理咨询工作室在吴忠市公安局正式成立。

12月13日，自治区“蓝剑行动”总结表彰暨2012年禁毒执法工作部署会议在吴忠市召开。

12月20日，公安部涉案财物管理和涉案人员非正常死亡问题专项治理（简称“两个专项治理”）省际检查组组长、广西梧州市公安局纪委副书记王明华一行3人，在自治区公安厅纪委副书记孙党卫的陪同下到吴忠市督导检查。

2012年

1月10日，吴忠市公安局开展第16个“110宣传日”广场宣传活动，抽调指挥部、经侦、禁毒、刑侦、治安、消防、交管局、出入境管理处、利通分局民警，在街心广场开展以“110开门评警，解民忧保平安”为主题的宣传日活动。

1月11日，中国共产党吴忠市公安局第三届委员会和中国共产党吴忠市公安局纪律检查委员会召开，参加大会的党员代表117名，选举产生书记徐耀，副书记高学文，纪检委书记谭卫泽，副书记魏炳宏、岳毅。

1月13日，全市公安机关2011年度总结表彰大会在吴忠会堂召开，表彰年度先进单位14个和先进个人171名。

2月9日，全市政法工作会议在吴忠会堂召开。会议传达贯彻落实全国、全区政法暨维稳工作会议精神，市委副书记、政法委书记、常务副市长赵永清在会上做2011年政法综治工作报告。市公安局局长徐耀主持会议。市领导李国志、马和清、贺彩霞出席会议。

3月20日，吴忠市公安局经侦支队获公安部全国公安机关打击侵犯知识产权和制售伪劣商品犯罪“亮剑”行动成绩突出集体称号。

2月22—23日，自治区公安厅厅长苏德良带领王劲松、王海刚、周彦宁等深入吴忠市调研公安工作。市公安局局长徐耀、青铜峡市委书记桂福田，副市长马和清等领导陪同调研。

3月6日，公安部装备财务局副局长蒋苏林、物资储备调运处处长薛小玲、警用装备物资储备中心干部邢志刚一行到吴忠市，对市公安机关警务保障工作和贯彻落实“210工程”工作情况进行调研检查。

3月13日，吴忠市公安局禁毒支队两名民警喜获殊荣，支队常务副支队长拜杰被评为“吸毒人员排查登记和管控”工作先进个人，金鑫被评为全国禁毒部门信息化情报研判能手。

5月7日，吴忠市公安局举行全市道路交通安全大教育、大排查、大整治行动启动仪式。市领导徐耀、马耀宗、马和清、刘占保到活动现场，市公安局领导吴国仁、谢国旺及市政相关部门负责人和工作人员参加启动仪式。

5月13日，第四届中国(宁夏)国际文化艺术旅游博览会暨感恩母亲河在青铜峡市金沙湾中华黄河坛举行，自治区公安厅副厅长刘德中与吴忠市公安局局长徐耀一线指挥，有431名民警、武警、消防官兵参加安保。

5月20日，市公安局参加全国公安系统英模表彰会代表载誉归来。市公安局交管局被评为“全国优秀公安基层单位”，市公安局副局长、利通区公安分局局长贺占忠获“任长霞式公安局长”称号，同心县公安局禁毒大队大队长张治中获“全国特级优秀人民警察”称号。

5月22日，市公安局组织科级领导干部竞聘上岗竞职演讲大会，市公安局领导徐耀、高学文、毕顺元、贺占忠、谭卫泽、高利宁到会，市公安局科级领导干部竞聘上岗工作领导小组成员、局属各单位负责人利通区公安分局正科级实职领导干部及太阳山分局全体民警参加大会。

5月25日，吴忠市政府举行《全民消防安全宣传教育纲要》宣传周活动启动仪式。市领导徐耀、郭祥、马和清、贺彩霞以及市委宣传部、市公安局、市教育局、市宗教局、市民政局、市人力资源和市社会保障局、市文广局、市卫生局和安全生产监督管理局、消防支队相关领导出席活动。共1200人参加启动仪式。

6月26日晚，市公安局举办庆祝建党91周年暨“6·26”国际禁毒日专场文艺演出。市领导贾红邦、张峰、徐耀、郭祥、马和清、贺彩霞以及5000余名市民一同观看演出。晚会以歌舞、音乐快板、情景剧、独唱、音诗舞等14个节目，表演形式多姿多彩。

7月4日，自治区公安厅厅长苏德良及班子成员陈建军、高振宇、何筱艾、赵建勋、麻船锁到市公安局调研公安基层基础工作。市委常委、市公安局局长徐耀主持会议，市公安局领导和各县公安局、公安分局基层派出所及社区民警参加会议。

7月11日，市公安局交管局交警杨兴海、孙斌、苏泽青勇救跳入黄河轻生女子的感人事迹在社会上引起的强烈反响。交管局为见义勇为的三名交警颁发荣誉证书，各奖励人民币1000元。

8月14日，第一届宁滇粤陕川五省区技侦涉毒情报交流暨侦查工作协作会议在吴忠市召开。自治区公安厅副厅长赵建勋，吴忠市委常委、市公安局局长徐耀出席会议并讲话，来自云南、广东、陕西、四川和宁夏的38名技侦、禁毒部门领导和市公安局副局长高学文、毕顺元出席会议。

8月31日，市公安局召开吴忠市公安民警救助协会成立暨第一次会员代表大会，庆祝吴忠市公安民警救助协会成立。市委常委、市公安局局长徐耀出席大会并讲话，市审计局、市民政局、市财政局有关领导应邀出席会议，市局党委委员，各分县局、保安服务总公司、车辆检测中心负责人，全市公安机关、保安服务总公司、车辆检测中心共160余名会员代表参加了大会。

9月16日，“神华宁煤杯”第三届宁夏黄河金岸国际马拉松赛暨全国积分赛在吴忠市举行，90名国际专业男女马拉松选手和约680名国内马拉松专业选手、路跑爱好者及吴忠市23400名业余运动员参赛，总参赛人数约24170人。吴忠市投入2497名安保力量投入大赛安保工作，圆满完成安保任务。

10月26日，自治区公安厅厅长苏德良与副厅长赵建勋和监管总队、网安总队领导，到吴忠市调研公安工作，看望慰问节日期间坚守岗位的基层一线民警。市委常委、市公安局局长徐耀，市公安局副局长高学文、吴国仁和红寺堡区、太阳山开发区有关领导陪同调研。

11月27日，自治区公安厅在同心县举行“全国一级看守所”揭牌仪式。公安部监管局一处处长游蓉，自治区公安厅副厅长赵建勋，自治区公安厅监管总队总队长孟留甫，吴忠市委常委、市公安局局长徐耀出席揭牌仪式。

12月4日，市委常委、市公安局局长徐耀在红宝宾馆会见英国监狱议会监察长奈吉尔(Niger)、荷兰马斯特里赫特大学羁押法教授吉拉德(Gerard)、英中协会高级项目经理欧泊怀(Orlando)等一行。

12月12日，市公安局按照全国公安机关“铲赌患·正风气”专项行动，在利通区郭桥乡集中销毁了全市公安机关收缴的174台赌博游戏机。市公安局副局长毕顺元下达销毁指令。

12月14日，自治区公安厅“DQB”绩效考核工作通报，吴忠市局接收红色预警指令数80人次，抓获逃犯49

人，抓获率为61.49%，全年预警指令签收、反馈率达到98%以上，在控率达到90%以上，获得满分2分的优异成绩，与银川市公安局并列全区“DQB”考核第一名。

12月19日，全市公安机关文化周活动在吴忠市体育馆正式拉开帷幕，全市共8支代表队分别在篮球、乒乓球、羽毛球项目进行角逐，30余名民警创作了50余件书法、美术、摄影作品参展。

12月25日，青铜峡市公安局廉政教育基地被命名为全区公安廉政文化教育基地，市公安局交通管理局被列为宁夏公安系统廉政文化建设示范单位。

12月26日，公安部“123”“124”号令交叉检查组组长徐贵忠一行到市公安局交通管理局，对全市公安交管部门贯彻落实公安部“123”“124”号令贯彻落实情况进行督导检查。

2013年

2月7日，市委书记赵永清、市长白尚成、市政协主席马文娟等市四套班子领导到市公安局慰问公安民警。

3月7日，市公安局组织开展“庆三八”为主题的趣味运动会。本着“我参与、我快乐”的原则，选取仰卧起坐、单人跳绳、双人肢体猜词等一些民警们喜闻乐见及具有趣味性的文体娱乐项目。市公安局机关70余名女民警、女协勤参加了活动。

3月9日，公安部监管局局长赵春光带领看守所管理机制创新与新刑事诉讼法暨投诉处理机制与羁押巡视制度研讨会与会代表80余人，分别到吴忠市看守所和青铜峡市看守所观摩调研。自治区公安厅副厅长李德胜、监管总队总队长孟留甫和市局副局长王义陪同调研。

3月18日，吴忠市公安局交管局获评全国文明交通示范单位。

3月26日，市公安局召开全市公安机关保密工作视频培训会，邀请自治区保密局副局长兼总工程师雍宁生为全市公安机关参训人员上了一堂生动的以保密教育为主题的法治教育课。

3月29日，吴忠市看守所被公安部命名为2012年度全国一级看守所。

4月22日，盐池县看守所被公安部授予集体一等功；同心县看守所被公安部评为工作成绩突出集体；吴忠市看守所长杨平被评为工作成绩突出个人。

5月9日，自治区公安厅厅长苏德良到吴忠市公安局看望一线民警，并实地查看市公安局综合办公楼和利通区公安局技术楼的建设情况。

5月20日，吴忠市公安局抽调警力，将吴忠市公安局看守所在押人员安全顺利地转移到青铜峡市的新监所。

6月8日晚上9时，全市公安机关组织开展娱乐场所大清查整治行动，清查重点为歌舞厅、宾馆、网吧等各类人员密集场所。自治区公安厅治安总队副总队长王维勇在市局副局长毕顺元的陪同下，同督导小组一行深入吴忠市进行督察。

6月19日，自治区党委常委、政法委书记、公安厅厅长王雁飞到吴忠市公安局调研公安信息化应用及基层基础工作。

7月4日，市公安局人口“家谱化”管理工作先后被国家级媒体人民网、新华网、中国广播电视网、《人民公安报》2013年6月25日第二版刊登及天津网、宁夏电视台网刊发、转载。

8月21日，受吴忠市委书记赵永清，市长白尚成，市委副书记、政法委书记贾红邦及市委常委、市公安局局长徐耀等领导委托，副市长马和清在市公安局领导的陪同下，专程前往吴忠市医院看望慰问因公负伤的红寺堡区公安分局民警张一定和协勤李明，并送去了慰问金。

8月28日，“第四届宁、蒙、陕、甘、滇、川区域禁毒协作会”在吴忠市召开，来自内蒙古、陕西、甘肃、云南、四川5个省、自治区及宁夏各市县22个禁毒协作单位共120余名代表参加了会议。吴忠市委副书记、政法委书记贾红邦出席会议，副市长马和清致辞，自治区公安厅禁毒总队副总队长刘国强应邀出席会议。市公安局党委副书记、副局长高学文主持会议。

是日，在自治区公安厅、市公安局等部门的大力协助下，同心县公安局经过连续8个多月的缜密侦查，成功破获一起特大贩卖运输毒品案，抓获毒品犯罪嫌疑人3名，缴获毒品海洛因30.92公斤，依法扣押涉案车辆2辆，成功打掉了一个由云南籍和同心籍人员组成的跨区域特大贩毒团伙，再次给毒品犯罪分子以沉重打击和有力震慑。这起案件也是同心县乃至吴忠市禁毒历史上缴获毒品最多的第一大案。

9月8日，“神华宁煤杯”第四届宁夏黄河金岸国际马拉松赛在吴忠市举行，并取得圆满成功。自治区公安厅副厅长李德胜、治安总队总队长李云峰指导安保工作，市公安局政委、安保总指挥吴海波一线指挥，全体参战人员听从命令、服从指挥、协同配合、全力以赴，圆满完成了安保工作任务。

9月9日，吴忠市公安局刑侦支队张君获公安部优秀专业技术人才奖金三等奖，入选公安部青年人才库人才。

10月25日，市公安局参加全区公安机关民警技术技能大比武的参赛队员们载誉归来。吴忠市公安局25名参加技术技能比武的教官队员们在7个参赛项目中夺得了2个团体奖项，3个单项集体奖项，10人次个人奖项的好成绩。

12月31日，吴忠市公安局被公安部表彰为“全国公安机关取保候审突出问题专项督察行动成绩突出单位”。

2014年

1月15日，市公安局召开民警救助协会常务理事工作会议，市公安局领导高学文、吴国仁、王义、张本福、谭卫泽及市交通管理局，各分局、县公安局相关负责人参加会议。

1月17日，自治区公安厅副厅长刘德中慰问组一行3人，在市公安局领导吴国仁、张本福的陪同下，对吴忠市的公安英模、特困民警、因公牺牲民警家属和基层一线公安民警进行了慰问。

1月23日，公安部维稳办副主任陆志谦、政治处主任孙芃一行在自治区公安厅政治部和市公安局的领导陪同下，慰问了基层民警、公模代表和因公牺牲民警家属。

1月26—27日，市委常委、市公安局局长徐耀和市公安局党委班子成员，先后到武警支队、消防支队、各分局、各县局以及离退休老干部、英模、因公牺牲民警家属、困难民警家中慰问。

1月29日，市委常委、市公安局局长徐耀，在副局长王义的陪同下，到市强制隔离戒毒所慰问全体民警。

1月30日，自治区禁毒办主任陈建军、公安厅禁毒总队总队长贺占忠在市公安局和利通区公安局领导的陪同下到分局看望慰问侦办“1·27”专案组的民警。

1月30日，吴忠市领导赵永请、贾红邦、李学文、徐耀、陈克安到市公安局慰问公安民警。

2月18—20日，市委常委、市公安局局长徐耀先后深入盐池县和同心县，调研盐池县油区社会治安工作和同心县禁毒工作。

2月25—28日，市公安局联合市工商局、市文体局在全市范围内组织开展了为期三天的打击“黄赌毒”等突出治安问题集中统一行动。

2月27日，市公安局召开党的群众路线教育实践活动动员大会，正式启动全市公安机关党的群众路线教育实践活动。市委常委、市公安局党委书记、局长徐耀，市政协副主席、教育实践活动第七督导组组长陈克安出席会议并做重要讲话。

3月2日，公安部、自治区公安厅紧急视频会议后，市委常委、市公安局局长徐耀于当日下午派出由局领导带队的七个督导组，分赴各县区督导街面防控、人员聚集场巡逻、重点防范单位检查以及全市反恐联动工作机制的启动和落实等工作，全力确保全市社会面稳定。

3月5日，市公安局党的群众路线教育实践活动专题学习班开班。市委常委、市公安局党委书记、局长、市局党的群众路线教育实践活动领导小组组长徐耀，市局党委班子部分成员、市公安局除值班执勤外全体民警参加开班仪式。

3月12日，自治区党委常委、政法委书记、公安厅厅长王雁飞在自治区党委政法委副书记于霆，政法委副秘书长利爱国，自治区禁毒办副主任的陪同下，到吴忠市利通区调研禁毒工作。吴忠市领导赵永清、贾红邦、徐耀、康国明及市公安局领导陪同调研。

3月20日，市公安局组织开展六四式手枪和转轮式手枪立姿无依托15米精度射击训练考核工作，市公安局领导和局属各单位近200名民警前往青铜峡高炮团靶场参加训练考核。

3月27日，市公安局举办了"为了谁、依靠谁、我是谁——我的群众观"的主题演讲比赛。市纪委第六纪工委书记、市委第七督导组副组长王智成应邀与市局党委班子在家成员、100余名机关民警一起聆听了演讲比赛。

4月2日，市公安局组织市公安局机关、利通公安分局、市交管局民警协警共350人前往青铜峡市嘉宝工业园建设项目区参加义务植树活动。

4月18日，市公安局召开党的群众路线教育实践活动推进会暨民主评议会。市委常委、市公安局党委书记、局长徐耀主持会议并讲话。市政协副主席、市委第七督导组组长陈克安，市纪委第六纪工委书记、市委第七督导组副组长王智成应邀出席会议。市公安局党委班子部分成员，市公安局机关正科以上实职领导干部、服务对象代表、离退休老同志代表、老干部代表90余人参加会议。

5月7—8日，公安部"送教西部行"教官团一行4人到吴忠市为民警开展送教活动。市公安局党委班子成员及局机关全体民警，各分局、各县公安局班子成员及民警分别参加不同场次的授课活动。

5月16日，市委第七督导组在市公安局召开第二次党的群众路线教育实践活动推进会。市委常委、市公安局局长徐耀，市政协副主席、市委第七督导组组长陈克安，市中级人民法院院长陈大威出席，八个参学单位的领导班子成员、各单位活动办公室负责人、各单位所属支部书记共120余人参加了会议，会议由市委第七督导组副组长王智成主持。

5月28日，公安部信访办副主任陈如海一行在自治区公安厅纪检委书记钟光伟的陪同下，对吴忠市公安信访工作进行调研指导，市委常委、市公安局局长徐耀，市公安局纪委书记谭卫泽及利通区公安分局、市公安局相关单位负责人参加调研座谈会议。

6月9日，市公安局警务督察支队获全国公安机关警务督察工作成绩突出集体荣誉称号，受到公安部的通报表扬，也是全区公安机关唯一获此殊荣的市公安局警务督察支队。

6月12日，全区公安机关统一开展销毁非法枪爆物品主会场活动在吴忠市举行。自治区党委常委、政法委书记、公安厅厅长王雁飞，自治区政法委副书记冀晓军出席主会场活动，自治区公安厅、安监局、吴忠市相关领导及民警参加了销毁仪式。

6月24—25日，市公安局召开党委班子群众路线教育实践活动专题民主生活会。市委第七督导组组长、市政协副主席陈克安，市委第七督导组副组长王智成，市纪委副书记金国、市委组织部科长毛笑非，市公安局离退休老干部代表、民警代表及非党员代表应邀参加会议。会议由市委常委、市公安局党委书记、局长徐耀主持。

6月26日，吴忠市在开源广场举行毒品焚烧大会，集中销毁自治区2012年至2014年收缴的各类毒品共456.66公斤。

7月16日，受自治区党委常委、政法委书记、禁毒委主任王雁飞的委托，自治区人大法工委主任陈建军一行到吴忠市督导检查吴忠市社会化医院及利通区、同心县禁毒办实体化、禁毒工作社会化、就业安置工作多元化、吸毒人员管控信息化建设工作。市委常委、市禁毒委副主任、市公安局局长徐耀及禁毒试点工作相关责任单位负责人参加了利通区禁毒试点工作座谈会议。

7月22日，公安部调研组一行在中国人民公安大学警务信息工程学院副院长黄鸿志的带领下到市公安局调研视频技术综合应用工作。自治区公安厅信通处及市公安局警务科技处的相关负责人参加了调研。

7月31日，市公安局副局长高学文、吴国仁、王义，政治部主任张本福代表局党委到吴忠市武警支队，消防支队，吴忠市看守所，青铜峡高炮团看望慰问武警、消防及驻吴忠部队官兵。

8月4日，市委常委、禁毒委副主任、公安局局长徐耀主持召开吴忠市禁毒委会议，专题研究推进禁毒重点工作。市委副书记、禁毒委主任贾红邦出席会议并做重要讲话。市人大常委会副主任、市禁毒委副主任郭祥，市委副秘书长乔宁伟、季文科，各县区禁毒委副主任，市禁毒委六个专项工作组及相关成员单位负责人参加了会议。

8月7日，市委常委、市公安局局长徐耀，局党委委员、政治部主任张本福代表市公安局党委为2014年高考中榜民警子女发放了助学金，向他们致以祝贺，勉励他们继续努力，学业有成。

8月13日，市公安局召开落实全区公安机关开展五个重点整治行动工作推进会议，市委常委、市公安局局长徐耀，市公安局副局长高学文、王义，市公安局指挥部、国保、刑侦、治安、经侦、技侦、网安相关责任部门负责人参加会议。

8月18日，吴忠市首个收戒病残吸毒人员的戒毒治疗机构——吴忠市关爱医院在吴忠市强制隔离戒毒所内正式投入运行。

8月19日，市委常委、市禁毒委副主任、市公安局局长徐耀在青铜峡市公安局局长惠兴文的陪同下，深入青铜峡市社区戒毒康复人员安置基地和城关镇南苑社区戒毒康复站调研督导社区戒毒康复人员就业安置和社区戒毒康复工作。

8月26日，自治区加强政法机关服务型窗口单位建设推进会在吴忠市召开，自治区党委常委、政法委书记、公安厅厅长王雁飞，自治区公安厅、吴忠市领导王正升、赵永清、贾红邦、徐耀、康国明及自治区各地政法机关主要负责人参加了会议。

8月26日，市区两级公安机关破获公安部挂牌“4·3”破坏易燃易爆设备案。

9月3日，市长白尚成，常务副市长李学文，副市长康国明，利通区、孙家滩开发区及市国土局、规划局的主要负责人一行，深入市戒毒康复中心调研指导戒毒康复工作。

9月3日，市公安局成功捣毁一处聚众赌博窝点，抓获涉及陕西、甘肃、内蒙古和宁夏赌博公司的参赌人员52人，收缴赌资35万余元，查扣用于赌博的进口高科技设备1套、轿车28辆及其他大量赌具。

9月24日，吴忠市公安机关通过召开赃物返还大会、主动联系受害人送还等形式，向群众返还追回“攻命案打侵财”专项行动中追回的被盗皮卡车1辆，电动车辆、摩托车21辆，电脑、照相机30台，手机22部，原油11.6吨，现金24万余元，为群众挽回经济损失55万余元，受到广大人民群众的广泛称赞。

9月29日，市反恐办组织市公安局、武警支队、消防支队、卫生局、供电局、利通区公安分局等反恐应急队伍在市区金龙商业广场开展了处置恐怖袭击事件综合演练。

9月30日，市委常委、市公安局局长徐耀轻车简从，深入红寺堡区公安分局、太阳山公安分局、同心县公安局和盐池县公安局，督导检查“两节一会”期间安全保卫工作，并对节日期间坚守岗位的全体民警和协勤致以节日的问候。

10月10日，市委在市公安局召开领导干部大会，宣布自治区党委关于王小平、徐耀职务任免决定。自治区防邪办主任、公安厅副厅长高振宇出席会议并做重要讲话。会议由市委副书记、市委政法委书记贾红邦主持，市委组织部常务副部长孙亚东出席会议。

10月17日，市公安局举办“端正服务思想、转变服务态度”主题演讲比赛，进一步推动全市公安派出所“端正服务思想、转变服务态度”大讨论活动深入开展。来自各分局、各县局基层派出所的11名选手参加了比赛。

10月21日，市公安局召开党的群众路线教育实践活动总结大会，认真学习贯彻中央、自治区和市委党的群众路线教育实践活动总结大会精神，总结和评议市公安局党的群众路线教育实践活动，对巩固教育实践活动成果、建立长效机制进行部署。市委第七督导组副组长、第六纪工委书记王智成到会指导。

11月15日，公安部监管局与红十字国际委员会东亚地区代表处的代表一行40余人，到吴忠市公安局强制隔离戒毒所参观考察戒毒工作。公安部监管局处长赵亚许，自治区公安厅监所管理总队长张荣，市公安局副局长高学文陪同参观考察。

12月2日，自治区公安厅副厅长高振宇在自治区禁毒办副主任、公安厅禁毒总队总队长贺占忠和副总队长刘怀峰的陪同下，专程到市强制隔离戒毒所调研指导关爱医院建设、运行情况。在市公安局副局长王义陪同调研。

12月16日，公安部物证鉴定中心彭建雄处长一行在自治区公安厅刑事技术中心张继东副主任、DNA实验室李敏主任的陪同下，对市公安局DNA实验室数据库联网进行了现场考核。

12月19—20日，中国铁路总公司公安局副局长李永江、国家禁毒办副主任邓明一行4人，在自治区人大常委会内司委委员陈建军及自治区禁毒办有关人员的陪同下，代表国家禁毒委对吴忠市贯彻落实中央6号文件精神、全国禁毒工作会议精神及禁毒工作开展情况进行督导检查。

12月25—27日，自治区公安厅纪委副书记、副督察长、现役纪检监察室主任李文超一行，深入吴忠消防支队开展支队领导班子和团职领导干部党风廉政责任制检查考核巡视工作。

12月26日，市公安局邀请宁夏质检院、自治区公安厅、吴忠市发改委、市财政局、利通区公安分局相关专家，会同市公安局督察部、警务保障处人员组成验收专家组，对自治区公安厅下达的吴忠市2014年智能图控系统项目建设任务进行了验收。

2015年

2月5日，自治区公安厅副厅长高振宇一行在市公安局副局长高学文、政治部主任张本福的陪同下，深入青铜峡市、利通区和盐池县，看望因公牺牲民警家属、英烈家属代表和困难民警代表，慰问基层一线民警。

2月12—13日，市公安局党委班子成员分赴各县(市、区)，慰问公安英模、英烈家属，因公伤残、困难民警，老干部和基层一线民警、协警。

3月17日，市公安局召开全市公安机关党风廉政建设暨“守纪律讲规矩”主题教育部署视频会议。市委第六纪工委书记王智成到会指导，市公安局党委班子成员、局属各部门负责人在主会场参加会议，各县(市、区)公安局(分局)领导班子成员，各部门负责人、科所队长在各分会场参加了会议。

3月23日，自治区党委常委、政法委书记、禁毒委主任、公安厅厅长王雁飞到吴忠市调研禁毒工作。市委书记赵永清参加调研座谈会，汇报了全市禁毒工作。自治区党委政法委副书记、综治办主任、禁毒委副主任田云鹏，政法委副秘书长、综治办专职副主任利爱国，公安厅副厅长高振宇，自治区禁毒办副主任、公安厅禁毒总队长贺占忠等领导陪同调研。

6月19日，市公安局在全市范围内组织开展了打击整治涉黄涉赌违法犯罪集中统一行动。

6月26日，市禁毒委在开源广场举办了禁毒志愿者支队成立仪式，万人受书、宣誓、签名和禁毒集中宣传等活动。市领导康国明、郭祥、张广文及市禁毒办主任、公安局领导参加了活动。

6月26日，市禁毒委在开源广场举办以“远离毒品健康生活拥抱美好人生”为主题的“6·26国际禁毒日”专场文艺晚会。市政协副主席叶铁强，市政府副秘书长傅合春，市禁毒委成员单位负责人、市禁毒办全体工作人员、市公安局部分民警以及社会各界群众共2000余人观看了演出。

7月1日，在建党94周年纪念日之际，市公安局党委副书记、副局长高学文代表市公安局党委，走访慰问了困难党员及退休老党员。

7月7日，全区禁毒工作推进会在吴忠市召开。自治区党委常委、政法委书记李文章出席会议并作重要讲话。自治区领导李锐、袁进琳、张学武出席会议，国家禁毒办副主任邓明到会指导，自治区公安厅党委书记、第一副厅长王正升，副厅长高振宇，吴忠市领导赵永清、喜清江、郭祥、陈克安及全区各市、县（区）禁毒委、禁毒委成员单位代表参加会议。

7月14—15日，国家禁毒委在宁夏召开全国部分省（自治区、直辖市）社区戒毒社区康复工作座谈会。国家禁毒委办公室副主任、公安部禁毒局副局长韩旭光一行及自治区各大媒体记者共50余名代表在自治区公安厅副厅长高振宇，市委常委、副市长康国明及市局政委熊焰的陪同下，实地考察了市强制隔离戒毒所"关爱医院"、利通区金星镇金星花园戒毒康复社区、青铜峡市戒毒就业培训安置基地和市第六中学。

7月27日，市公安局召开领导干部任命大会，市委组织部部务委员杨东宣读市委领导干部任职决定。市公安局全体党委成员及副科级以上领导干部参加会议。

8月19日，市公安局召开部分科级领导干部任职大会。市局纪委、政治部、指挥部、警务保障处、禁毒分局、特警支队主要负责人及全体民警参加了会议。

11月11日，自治区公安厅副厅长赵建勋带领国保总队、网安总队、华西研究所负责人等一行6人到市公安局调研指导全市社会安全和维稳工作。市公安局副局长高学文和市局指挥部、国保、反恐、技侦、网安、治安主要负责人，以及各县（市）局、分局分管领导，国保、网安大队负责人，部分基层派出所所长、民警代表参加了调研座谈。

11月17日，市公安局邀请自治区党校副校长、宁夏行政学院副院长郝彤教授为市公安局部分局领导、各党支部书记、利通分局、市局机关全体民警作中共十八届五中全会精神专题辅导。市局党委副书记、副局长高学文聆听了讲座。市公安局党委委员、纪委书记谭卫泽主持讲座。

12月1日，吴忠市公安局和利通区公安分局两级公安机关成功破获一起公安部毒品目标案件，抓获犯罪嫌疑人6名，缴获毒品海洛因疑似物毛重21公斤，查扣涉案大货车1辆。

12月9日，吴忠市举行"无毒家庭"创建活动启动仪式。

12月14日，市委书记赵永清，市长喜清江，市委副书记、政法委书记桂福田等到市公安局，看望慰问侦破公安部"2015—178"特大运输贩卖毒品目标案件专案组。

12月17日，根据自治区公安厅统一部署安排，吴忠市各级公安机关经侦部门组织开展了第四次打击传销集中统一行动。

12月17日，自治区公安厅组织专家对吴忠市"网络运营商出资建设，政府承租，公安机关管理使用"以租代建模式建设的智能图控项目进行考核验收，经过全方位实地考核，吴忠市项目率先通过了验收。

2016年

2月3日，市公安局召开科级领导干部任职大会。市公安局领导谭卫泽、谢彦林、和涛及市局有关部门负责人、新提拔调整任职科级领导干部参加了会议。

2月16日，全市公安工作会议召开。会议总结了2015年全市公安工作，表彰先进，部署2016年全市公安工作。

2月18—19日，自治区公安厅党委书记、厅长许尔锋在副厅长高振宇等领导的陪同下，深入吴忠市调研指导公安工作。市委书记赵永清，市委副书记、政法委书记桂福田等领导陪同调研。

2月25日，市公安局召开第四届妇委会换届选举大会。市公安局党委委员、纪委书记谭卫泽主持并参加了会议。

3月30日，市公安局组织机关、利通区公安分局、市交管局民警协警300人参加义务植树活动。

4月1日，市公安局组织民警到利通区涝河桥烈士陵园开展清明祭扫活动。

4月6日，吴忠市禁毒办举办全市禁毒工作技能提升培训班，市禁毒委成员单位联络员及全市社区戒毒康复骨干工作人员共80余人参加了培训。

4月11日，青铜峡市库区湿地保护区发生一起火灾事故，过火面积10余万平方米。

4月16—17日，国家禁毒办副主任、中国禁毒基金会秘书长李宪辉一行，到吴忠市指导校园毒品预防教育工作。

4月21日，市公安局召开领导干部大会，宣布市公安局4名副处级干部调整任用决定。市委组织部副部长赵永红出席会议。市公安局党委和利通公安分局党委班子成员，市公安局机关副科以上领导干部参加会议。

4月24日，吴忠市公安局禁毒分局破获公安部"2·8"毒品目标案件，抓获犯罪嫌疑人6人，缴获毒品海洛因疑似物35公斤。

5月11日，市委副书记、政法委书记桂福田，副市长王天军等到市公安局，看望慰问侦破"2·8""4·6"特大毒品目标案件专案组。

5月19日，市公安局召开"两学一做"学习教育暨作风整顿活动办公会，专题研究推进此项活动整改措施。市公安局党委委员、纪委书记谭卫泽，市公安局"两学一做"学习教育暨作风整顿活动领导小组办公室及各工作组成员参加会议。

6月25日，吴忠市举行反恐怖武装拉动演练，各警种、武警消防、卫生局、供电局等反恐应急力量共210余人参与演练。

6月26日，全市禁毒警示教育基地开馆暨千名禁毒志愿者进万家活动启动，市领导桂福田、郭祥、王慧仙、张广文，市公安局领导谭卫泽、和涛及禁毒志愿者参加启动仪式。

6月26日，市公安局、市禁毒办在市区开源广场举办以"众志成城·誓保净土"为主题的"6·26国际禁毒日"专场文艺晚会。市公安局领导惠兴文、和涛，市禁毒委成员单位负责人，市公安局、各分局民警以及社会各界群众2000余人观看了演出。

6月30日，市公安局召开庆祝建党95周年暨"七一"表彰大会，8个先进基层党组织、20名优秀共产党员、8名优秀党务工作者受到表彰。

7月1日，全国校园禁毒图书角项目现场会在青铜峡市召开。国家禁毒办副主任、中国禁毒基金会秘书长李宪辉，教育部基础教育司德育处何佳，自治区禁毒委委员、公安厅副厅长高振宇，市公安局领导，全国32个省、市、自治区及全区各市、县(区)的150名代表参加会议。会议由公安部禁毒局预防教育处副处长刘春梅主持。

7月2日，在庆祝中国共产党成立95周年之际，市公安局领导谭卫泽、和涛分别带队深入27名困难党员家中走访慰问。

7月28日，市公安局召开领导干部大会，宣布市公安局6名副处级干部调整任用决定。市委非公党工委专职副书记马久麟出席会议。市公安局党委和利通区公安分局党委班子成员，市公安局机关副科以上领导干部参加会议。

8月30日，市反恐办组织市公安局、武警支队、消防支队、卫生和计生局、利通区公安分局等反恐应急力量共120余人在利通区恒昌未来城西大门公交车站台开展处置"公交车遇袭"恐怖事件综合演练。市反恐办副主任、公安局副局长毕顺元担任现场总指挥，市公安局特警(反恐)支队支队长何兴华担任现场指挥。

9月3日，全市公安机关圆满完成第五届宁夏黄河金岸(吴忠)国际马拉松赛安保任务。

9月18日，市禁毒办举办全市禁毒师资骨干培训班，市公安局党委委员、禁毒分局政委和涛出席开班仪式。来自全市各县(市、区)禁毒办、教育系统分管领导以及全市500人以上学校的禁毒师资骨干、分管副校长共200余人参加培训。

9月18—24日，市公安局在清华大学人文学院举办了吴忠市公安机关第一期领导干部素质能力提升班，清华大学人文学院副院长蔡文鹏出席了开班。市公安局副局长王义、惠兴文，市公安局机关各部门负责人、各分局及县局班子成员等45名中层以上领导干部参加了培训。

9月19日，市反恐办组织市公安局、吴忠监狱、武警支队、消防支队、卫生和计生局、利通区公安分局等反恐应急力量共200余人在利通区新民路上桥派出所向西50米处开展处置“押解涉恐罪犯脱逃”事件综合演练，通过实战演练提高吴忠市反恐应急队伍处置突发事件能力。市反恐办副主任、市公安局副局长毕顺元担任总指挥，市公安局反恐（特警）支队支队长何兴华担任现场指挥。

9月22日，市公安局组织网安、法制、经侦、交管、禁毒、警务科技等部门举办以“网络安全为人民，网络安全靠人民”为主题的2016年全市网络安全宣传周活动。市公安局副局长毕顺元参加活动，并向广大市民宣传网络安全知识。

9月25—29日，市公安局在清华大学人文学院举办了吴忠市公安机关第二期领导干部素质能力提升班，市公安局副局长毕顺元，清华大学人文学院副院长周茂林出席了开班。局领导张本福、谭卫泽、高利宁、和涛和市局机关各部门负责人、各分局及县局班子成员等中层以上领导干部参加了培训。

10月17日，市公安局副局长惠兴文，市公安局党委委员、刑侦支队支队长高利宁一行赶赴同心县公安局，看望慰问“9·11”抢劫杀人案专案组。

10月25日，市公安局召开中国共产党吴忠市公安局委员会党员大会，选举出席中国共产党吴忠市第五次代表大会代表候选人及市直机关党代表会议代表。

11月1日，吴忠市举行反电信网络诈骗犯罪中心成立暨启动仪式。市公安局副局长惠兴文，市公安局党委委员、刑侦支队支队长高利宁同市委宣传部、市工信局、电信公司、移动公司、联通公司、银监局、人民银行、建设银行、工商银行、农业银行、中国银行单位负责人等参加了启动仪式。

11月1日，市公安局召开领导干部大会，宣布市公安局3名副处级干部调整任用决定。市委组织部部务委员杨东出席会议。市公安局党委和利通公安分局党委班子成员，市公安局机关副科以上领导干部参加会议。

11月28日，吴忠市公安局和利通区公安分局两级公安机关联合，成功捣毁一处位于利通区祥和大厦的香港远东控股集团特大非法吸收公众存款犯罪窝点，抓获犯罪嫌疑人7名，查扣涉案资金达1.9亿余元。

2017年

1月5日，自治区“打黑办”主任、公安厅副厅长朱明带领自治区高级人民法院、自治区高级人民检察院、自治区公安厅刑侦总队等领导在市公安局召开专题会议，听取利通区“4·30”涉黑专案工作情况，协调解决案件起诉有关事宜。市公安局领导惠兴文、高利宁、谢彦林，市区两级法院、检察院负责人等参加会议。

1月10日，市公安局召开中国共产党吴忠市公安局第四次代表大会，通过了第三届吴忠市公安局委员会工作报告和第三届吴忠市公安局纪律检查委员会工作报告，选举产生了吴忠市公安局第四届委员会和吴忠市公安局第四届纪律检查委员会。

1月20日，市公安局党委召开2016年度民主生活会。市公安局部分党委成员参加。自治区公安厅政治部副主任兼人训处处长陈少宣、市纪委第六纪工委书记王智成、市委机关工委副书记蒲建平应邀到会指导。

1月24—25日，市公安局领导毕顺元、王义、惠兴文、谭卫泽、马学平带领慰问小组，先后深入基层所队及英模、因公伤残民警、烈士、因公牺牲民警家属和退休民警家属开展节前走访慰问。

1月26日，市长喜清江，市委常委、常务副市长张学慧，市委常委、统战部部长、宣传部部长兰德明，市人大常委会副主任郝明，市政协副主席曹玉华等领导一行到市公安局110指挥大厅向春节值班、执勤的公安民警、辅警致以节日问候。

2月15日，自治区公安厅警务督察总队政委马守鹏、调研员邢建华、副调研员朱磊一行到市公安局督导检查中央政法工作、全国公安厅局长会议、“岳阳会议”精神以及公安机关内部人员泄露公民个人信息问题专项治理等工作落实情况。市局党委委员、纪委书记谭卫泽陪同检查。

3月29日，市公安局组织民警、协勤，在局领导王义、谭卫泽、高利宁、和涛等领导的带领下，到青铜峡市树新林场大坝梁参加全市春季义务植树活动。

3月29日，市公安局党委委员、政治部主任马学平，专程到宁医科大附院急救中心看望慰问患病民警马勇及其家属。

3月31日，市反恐办组织开展处置“公交车遇袭”恐怖事件综合演练。市反恐办副主任、公安局党委副书记、副局长毕顺元担任现场总指挥，市公安局特警（反恐）支队支队长何兴华担任现场指挥。

4月8—11日，圆满完成2017年牛首山庙会和第四届登山徒步大会安全保卫任务。活动期间，共出动警力720人次，指挥疏导各类车辆8000余辆。

4月11日，吴忠市举行侯金知先进事迹巡回报告会，市委副书记、政法委书记刘军，市委常委、组织部部长金万宏，市中级人民法院院长黄金柱、市检察院检察长马国武，市公安局政委熊焰以及全市400多名政法系统干部聆听了报告会。

5月9日，市公安局离退休老干部党支部30余名老党员赴盐池爱国主义教育基地——革命纪念馆，开展以“缅怀革命先烈、不忘初心”为主题的红色教育活动。

5月10日，市公安委书记、市人大常委会主任沈左权，在同心县委书记马洪海，市人大常委会副主任季文科，副市长马玉龙等市领导的陪同下，看望慰问同心县公安局缉毒专案组全体民警，并送上慰问金。

6月1日，市公安局举行“不忘初心忠诚奉献保平安”主题教育演讲比赛。市公安局党委委员、纪委书记谭卫泽，市公安局党委委员、禁毒分局政委和涛及全市公安机关民警代表共170余人观看了比赛。

6月3—9日，市公安局在浙江大学举办了吴忠市公安机关领导干部决策能力提升培训班，浙江大学传媒与国际文化学院助长助理、博士金立安出席了开班。副局长王义、惠兴文，市公安局机关各部门负责人、各分局及县局班子成员等45名中层以上领导干部参加了培训。

6月15日，全市创建全国禁毒示范市推进会召开。会议总结了2016年禁毒工作，安排部署当前和今后一个时期的禁毒和创建全国禁毒示范市工作，进一步总结经验，鼓舞士气，狠抓落实，坚决打赢新一轮禁毒人民战争。市委书记沈左权，市长喜清江，市领导季文科、王天军、何本源和各分局及县局禁毒委、禁毒委成员单位负责人参加会议。

6月30日，市局召开庆祝建党96周年暨七一表彰大会，市公安局领导毕顺元、王义、惠兴文、张本福、谭卫泽、高利宁、和涛、马学平与机关全体党员民警和受表彰的优秀个人、先进集体参加了会议。

7月23日，全区公安机关民警实战基本功考核组到达吴忠，对市公安局机关、红寺堡公安分局、同心县公安局符合条件的45名民警基本法律知识、单警装备与警务急救、武器使用、基本体能进行考核。

7月26日，市委书记、市人大常委会主任沈左权，在市委常委、常务副市长张学慧，市人大常委会副主任季文科等领导的陪同下，到吴忠市公安局反恐特警支队特警大队调研安保维稳队伍建设工作。市局党委副书记、副局长毕顺元，市公安局党委委员、利通区公安分局局长谢彦林等参加调研。

8月1日，市公安局召开民警大会，宣布市公安局4名处级领导干部调整任免决定。市委组织部常务副部长马廷云出席会议。市公安局党委班子成员和各分局局长、政委，市公安局机关全体民警参加会议。

8月10日，全区禁毒民警实战技能考核工作在盐池县考点圆满收官。吴忠市抽调的6名禁毒民警发挥出色，以优异的成绩夺得此次考核桂冠。

8月16—17日，自治区公安厅督察组深入吴忠市公安机关督导检查学习贯彻习近平总书记“5·19”重要讲话精神、公安改革工作落实以及中共十九大安保维稳工作落实情况。市公安局领导毕顺元、谭卫泽、高利宁、马学平陪同督导。

9月6日，全市公安机关抽调400多名警力集中对公共娱乐场所、宾馆、饭店、商场、酒吧、KTV等夜间营业的大型人员密集场所、极易滋生“黄赌毒”丑恶现象的歌舞娱乐、洗浴和小美容院、棋牌室、黑电子游戏机室等重点场所以及流动人口和出租房屋，开展清查整治集中统一行动。

9月9日，第六届宁夏黄河金岸（吴忠）国际马拉松赛正式开始，市公安局副局长毕顺元坐镇指挥，3080名参与安保工作人员尽职尽责全力奋战安保一线，圆满完成第六届宁夏黄河金岸（吴忠）国际马拉松赛安保任务。

9月12日，自治区公安厅党委委员、政治部主任李云峰一行，市公安局党委委员、政治部主任马学平的陪同下，到吴忠市人民医院看望慰问值班期间突发脑淤血的辅警徐文龚，送去组织的温暖和关怀。

9月19日，市公安局召开基层基础工作和警务实战化建设现场会，交流经验，总结成绩，查找问题，认真思考，用实实在在的举措，推动两项重点工作全面开展。市公安局各部门负责人，各分局及县局局长，分管指挥中心和治安工作的局领导、指挥中心主任、治安大队大队长和派出所所长参加会议。自治区公安厅治安总队政委杨万斌，自治区公安厅指挥部副主任高军应邀参加会议。

9月27日，公安部验收组召开验收情况反馈会。自治区公安厅技侦总队政委朱涌涛，市公安局副局长毕顺元、惠兴文等领导参加验收反馈会，吴忠市公安局“信息技侦”建设工作顺利通过公安部验收。

9月28日，市公安局及县公安局在押人员顺利押解至吴忠市看守所，为实现全市看守所统一整合画上了圆满的句号。

10月11日，自治区政府副主席、公安厅厅长许尔锋带领公安厅指挥部、办公室、警务保障部、治安总队、禁毒总队、交警总队负责人，实地督导检查吴忠市中共十九大安保维稳工作。吴忠市委常委、青铜峡市委书记石瑞林，市政府副市长王天军等领导陪同督导。

10月13—16日，全市公安机关集中开展了娱乐服务场所整治检查统一行动。此次行动以群众反映存在突出问题的20家娱乐场所为重点，严厉查处打击“黄赌毒”等违法犯罪活动，全市共摸排检查娱乐场所523家，发现安全隐患107家，其中督促当场整改26家、责令限期整改81家，停业整顿18家。

10月17日，在第4个国家扶贫日之际，吴忠市公安局联合红十字会赴红寺堡镇弘德村和朝阳村开展了扶贫捐赠活动，市公安局党委委员、政治部主任马学平参加活动。

11月20日，全区公安英模宣讲报告团在吴忠市文化艺术馆开展“学习贯彻中共十九大，公安英模基层行”公安英模事迹报告宣讲活动，市委副书记朱云、副市长王慧仙等领导集体会见了报告团成员，自治区公安厅政治部副主任、宣传处处长赵含宁，市公安局副局长毕顺元，局领导谭卫泽、和涛、马学平及市公安局及各分局、各县局民警代表350余名聆听了报告会，将全市公安机关学习宣传贯彻中共十九大精神推向高潮。

11月22日，市公安局举办全市公安机关学习宣传贯彻中共十九大精神培训研讨班，邀请自治区党委党史研究室主任宋建钢教授作中共十九大精神专题辅导讲座，并组织分组研讨和交流发言，市局党委班子在家成员，各县（市、区）公安局（分局）局长、政委及基层所队代表和市公安局机关全体民警在主会场参加了专题讲座。各分局及各县局班子成员、全体民警通过电视电话的形式在分会场聆听了讲座。

12月8日，自治区公安厅指挥部副主任兼反恐总队总队长金少荣和反恐总队支队长胡鹏为吴忠市做“反恐知识”专题讲座及“宁夏反恐实战平台”应用培训。市公安局党委副书记、副局长毕顺元，局属各部门负责人，应急分队1分队全体民警及各县区分管反恐工作的局领导、反恐专干和各派出所所长聆听讲座。

12月14日，自治区公安厅警务督察总队政委马守鹏一行深入同心县公安局、利通公安分局及基层所队等地对吴忠市公安机关学习贯彻中共十九大精神、公安部“11·23”全国公安机关视频调度会议精神的传达和落实情况进行督导检查，并在市公安局听取汇报。市公安局党委副书记、副局长毕顺元，党委委员、纪委书记谭卫泽以及相关部门负责人参加会议。

12月15日，公安部召开全国公安机关规范执法视频会议，公安部党委书记、部长赵克志出席会议并做重要讲话。部分局领导、局属各部门负责人、孙家滩分局、森林公安分局主要负责人在市公安局会场参加会议，各分局及县局主要负责人、领导班子成员、基层科、所、队领导成员及法制大队全体民警在分会场参加会议。

12月19日，自治区政府副主席、公安厅厅长许尔锋在自治区政府副秘书长黄明旭及政府办公厅、公安厅禁毒总队、办公室、宣传处等相关部门负责人的陪同下调研同心禁毒工作。市委常委、同心县委书记马洪海，市公安局相关部门负责人陪同调研。

12月21日，全市公安机关抽调300多名警力集中对553家人员密集场所和重点场所、369间出租屋开展社会治安清查整治行动，为即将到来两节营造风清气正的社会治安环境。

2018年

1月29日，吴忠市公安局、青铜峡市公安局两级公安机关历时一个多月，在河北、广西、福建三省分别抓获涉嫌系列网络电信诈骗的犯罪嫌疑人5名，收缴作案用的POS机18台、电脑3台、银行卡上百余张，扣押团伙成员用非法所得购买的苹果手机及iPad平板共200余部，冻结涉案资金50余万元，成功侦破了自治区公安厅挂牌督办的青铜峡特大电信网络诈骗案。

5月22日，公安部警务实战武汉训练基地部级实战教官团到市公安局开展送教活动。

7月5日，市公安局组织开展全区“互联网+公安政务服务”平台应用培训工作。市公安局及各分局及各县局相关部门负责人、业务审批人员及相关工作人员参加培训。

9月2日，吴忠公安机关圆满完成第七届宁夏黄河金岸（吴忠）国际马拉松赛安保任务。

9月5日，自治区公安厅召开全区公安机关扫黑除恶专项斗争视频会。市公安局部分局领导，局属各部门负责人及各县（市、区）公安局（分局）扫黑除恶专项斗争领导小组组长、副组长、各成员单位主要负责人及领导小组办公室主任在本级会场参会。

9月12日，自治区公安厅举办宁夏“互联网+公安政务服务”平台正式上线运行启动仪式暨新闻通气会。市公安局部分局领导，局属相关部门负责人及各县（市、区）公安局（分局）班子成员、相关部门负责人在本级会场参会。

9月21日，吴忠市公安机关抽调全市1600名警力，精心组织、周密部署，高标准、高质量，圆满完成了自治区成立60周年庆祝活动安保任务。

9月28日，公安部召开全国公安机关国庆期间维护国家政治安全和社会稳定工作视频会议。国务委员、公安部党委书记、部长赵克志出席会议并讲话。市公安局部分局领导，局属各部门负责人及各县（市、区）公安局（分局）班子成员、各部门负责人在本级会场参会。

11月7日，自治区公安厅召开全区公安机关人民警察职务序列改革培训动员电视电话会议，市公安局部分局领导、市委组织部和市财政、人社部门相关负责人及局属各部门主要负责人在本级会场参会。

12月10—13日，自治区禁毒办考核组一行在自治区禁毒办常务副主任、公安厅禁毒总队总队长贺占忠的带领下，对吴忠市“双百工程”建设情况进行了考核验收。

2019年

1月3日，市公安局合成作战中心充分应用大数据，发挥利用合成作战优势，经缜密侦查，主导配合青铜峡市公安局成功抓获5名犯罪嫌疑人，打掉了一个流窜全区以盗窃货车电瓶为主的犯罪团伙，已破获系列盗窃案件40余起。

1月25日，市委在市公安局召开领导干部大会，宣布市公安局主要领导职务调整的决定。市委常委、组织部部长解峰，市委组织部部务委员苏忠出席会议，章中全做表态发言，市公安局党委副书记、副局长毕顺元主持会议。

1月26日，市政府党组成员、市委政法委副书记、市公安局党委书记章中全在市公安局党委委员、政治部主任马学平的陪同下，分赴利通区、盐池县，突击检查自治区两会和春节安保工作。

1月28日，市公安局党委召开2018年度民主生活会会前集中学习和专题讨论会。市政府党组成员、市委政法委副书记、市公安局党委书记章中全主持会议，市公安局部分党委委员、禁毒办、太阳山公安分局、孙家滩公安分局、森林公安分局及局属各党支部(总支)书记参加。

1月30日，市公安局召开市公安机关扫黑除恶专项斗争专题会议。市政府党组成员、市委政法委副书记、市公安局党委书记章中全主持会议并讲话。市公安局部分局领导，局属有关部门、各分局及各县局负责人及扫黑办专干参会。

2月2日，市公安局党委召开2018年度民主生活会。市政府党组成员、市委政法委副书记、市公安局党委书记章中全主持会议并讲话。市委第二督导组成员鲁中胜、丁富春到会指导，市公安局部分局领导参会，退休民警和党员民警代表列席会议。

2月2日，市公安局党委召开从严整改市委巡察反馈问题专题民主生活会。市政府党组成员、市委政法委副书记、市公安局党委书记章中全主持会议并讲话。市公安局部分局领导参会，有关部门负责人列席。

2月15日，自治区公安厅召开全区公安局处长会议。自治区副主席、公安厅厅长杨东出席会议并讲话。市政府党组成员、市委政法委副书记、市公安局党委书记章中全、各公安分局及县公安局局长、指挥中心负责人在公安厅主会场参会，市局和各分局及县局其他领导班子成员、所属部门主要负责人及科所队长在本级分会场参会。

2月25日，市公安局召开2019年全市公安工作会议，市局党委副书记、副局长毕顺元主持会议，市政府副市长、市委政法委副书记、市公安局局长章中全作工作报告。市公安局领导班子成员，各分局及县局局长、指挥中心负责人，市公安局全体民警在市公安局主会场参会；各分局及各县局领导及民警在各分会场参会。

是日，副市长、市委政法委副书记、市公安局党委书记、局长章中全主持召开全市公安机关党建工作专题汇报视频会，研究解决全市公安机关基层党建工作存在的问题，安排部署下一步工作，同时，以《深化实施“三强九严”工程，全面提升全市公安机关党的建设规范化水平》为题，给全市公安机关民警讲党课。市公安局党委班子成员，各分局及县局党委书记，市公安局机关全体党员在主会场参会，各分县局领导班子成员、支部书记及全体党员在本级视频会议室参会。

3月11—12日，受副市长章中全委托，市公安局党委副书记、副局长毕顺元带领反恐、治安部门负责人深入盐池307国道王圈梁、青银高速和青铜峡青新治安检查站实地督导检查全国两会安保工作，看望慰问坚守岗位民警、辅警和武警官兵。

3月28日，市公安局组织局机关民警辅警100多人前往利通区扁担沟镇五里坡开展春季义务植树活动。

4月5日，市公安局组织开展“缅怀革命先烈”祭扫革命烈士纪念碑活动，局领导毕顺元、高利宁、和涛、马学平，各支部书记、全体民警和辅警参加活动。

5月12日，副市长、市公安局局长章中全主持召开全市公安局扫黑除恶专项斗争工作调度会，并就相关工作进行了安排部署。各分局及各县局局长、主管刑侦副局长、主管治安副局长、刑侦大队长、治安大队长、市县两级公安局扫黑办工作人员参加了会议。

5月14日，吴忠市公安局召开服务民营企业保障经济发展新闻发布会，向社会发布了13条服务民营企业保障经济发展工作措施，涉及深化涉企审批服务改革、营造安全有序的营商环境、建立涉企服务长效机制、建立服务民营企业长效机制等方面，努力为民营企业发展营造优质高效、公平公正、安全有序的营商环境。市公安局党委副书记、副局长毕顺元参加发布会。

5月15日，副市长、市公安局局长章中全深入同心县公安局督导检查同心县公安局扫黑除恶专项斗争工作进展情况，并看望慰问“5·14特大贩卖运输毒品案”专案组民警。

5月19日，副市长、市公安局局长章中全主持召开全市公安机关扫黑除恶专项斗争工作调度会，对七项重点工作进行专题调度。局公安领导惠兴文、谭卫泽、高利宁，各分局及县局局长、主管刑侦副局长、刑侦大队长，市县两级公安局扫黑办工作人员参加了会议。

7月1日，副市长、市公安局局长章中全深入盐池县公安局和红寺堡公安分局督导调研扫黑除恶工作，同时调研红寺堡区红寺堡镇脱贫攻坚工作。

7月10日，副市长、市公安局局长章中全主持召开市局党委第25次（扩大）会议，传达学习自治区党委第18次常委会会议、自治区扫黑除恶专项斗争领导小组第5次会议和市委常委会会议精神，通报中央督导组督办线索核查情况及存在问题，听取各分局及各县局中央督导边督边改和督办线索核查情况汇报，安排部署扫黑除恶专项斗争下步工作。市局党委班子成员，各分局及各县局和局属各部门负责人参加会议。

7月11日，副市长、市公安局局长章中全到太阳山调研宁夏庆华集团、太阳镁业两家市级领导包抓对接企业。

7月22日，副市长、市公安局局长章中全，市公安局党委副书记、副局长毕顺元深入一线，对市区创城交通秩序整治工作进行调研督导。

7月19日，市公安局召开全市公安机关上半年重点工作小结会。副市长、市公安局局长章中全出席会议并讲话。市局党委班子成员、各县（市、区）公安局（分局）、局属各部门负责人参加会议。

7月23日，市公安局党委召开下半年全市公安机关扫黑除恶专项斗争部署会。副市长、市公安局局长章中全出席会议并讲话。市公安局党委班子成员，局属各部门主要负责人、市公安局扫黑除恶专项斗争“百日会战”集中攻坚行动各职能组组长、副组长，各分局及县局局长、主管刑侦副局长、刑侦大队长参加会议。

8月1日，市公安局工会第四届会员代表大会第二次全体会议召开，对市公安局工会委员会相关职务进行补选。局领导谭卫泽、官雨，工会第四届委员会委员和工会会员代表参加会议。

8月4日，全国公安检查站查控工作及科技信息化建设应用培训班开班仪式在吴忠市红宝宾馆举行，公安部治安管理局副局长钱熊飞，自治区公安厅副厅长李德胜、治安总队总队长张天喜，市公安局党委副书记、副局长毕顺元出席了会议。各省（区、市）公安厅（局）指挥部、治安、交警、特巡警总队分管负责，公安部公安检查站专家库和撰写《公路公安检查站查控勤务工作规范》专家，各省（区、市）重点地市公安机关分管检查站工作领导和部分革命老区、定点扶贫、国家新区分管治安工作领导以及部分公安院校治安专业教师参加培训。

8月7日，副市长、市公安局局长章中全在政治部主任官雨的陪同下，到特警大队和城区交巡警大队各执勤点进行慰问，对广大民警、辅警顶烈日、战高温，不畏酷暑，坚持奋战一线表示肯定。

8月8日，市公安局召开推进缉毒执法工作座谈会，副市长、市禁毒委副主任、公安局局长章中全，局领导惠兴文、和涛，市禁毒办，市公安局相关部门负责人，利通区公安分局、青铜峡市公安局主要负责领导和负责人参加了座谈会。

8月9日，市公安局召开全市公安机关古尔邦节安保维稳工作视频会议，传达全区公安机关上半年重点工作小结会和全区公安机关中华人民共和国成立70周年大庆暨第四届中阿博览会安保维稳工作视频会议精神，安排部署全市两项重大安保活动和古尔邦节期间的安保工作。副市长、市公安局局长章中全参加会议并作讲话，市公安局部分局领导，孙家滩分局、森林分局、局属各部门主要负责人在市公安局主会场参会，各分局及县局班子成员、机关及科所队长在各分会场参会。

8月22日，自治区人大常委会禁毒执法检查组深入同心县下马关镇检查《中华人民共和国禁毒法》《宁夏回族自治区禁毒条例》宣传贯彻及社会化禁毒工作开展情况。自治区禁毒委副主任、公安厅副厅长朱明，市人大常委会副主任季文科等领导陪同检查。

8月27日，市公安局召开全市公安机关扫黑除恶百日会战表彰奖励暨中央扫黑除恶督导组反馈问题整改会议。副市长、市公安局局长章中全出席并讲话，局党委班子成员，各县(市、区)公安局(分局)局长，局属各部门全体民警，全市受表彰的先进个人代表在主会场参会，各县(市、区)公安局(分局)班子成员及全体民警在分会场参会。市公安局党委副书记、副局长毕顺元主持会议。

8月29日，市公安局召开全市公安机关社区警务暨枫桥式派出所创建工作座谈会，副市长、市公安局局长章中全面对面与各分局及县局主管派出所工作副局长、治安大队长，利通区、青铜峡派出所、社区民警代表就如何做好社区警务工作交流工作经验和工作体会。市公安局党委副书记、副局长毕顺元主持座谈会。

9月4日，市扫黑办督导组对市公安局落实中央扫黑除恶第20督导组督导反馈问题整改工作进行督导检查。局领导惠兴文、高利宁及市公安局扫黑办各职能组负责人参加会议。

9月5日，副市长、市公安局局长章中全深入盐池青银高速、307国道王圈梁治安检查站，实地检查治安检查站工作运行情况，看望慰问坚守一线执勤民警、武警官兵。

9月6日，副市长、市公安局局长章中全主持召开全市公安机关中华人民共和国成立70周年大庆安保维稳工作视频会，学习贯彻落实全区公安机关视频调度会议精神，对做好中华人民共和国成立70周年大庆暨中阿博览会安保工作进行再安排、再部署。

9月9日，副市长、市公安局局长章中全，市公安局党委副书记、副局长毕顺元召集武警支队、利通区公安分局、市公安局交管局、高铁吴忠站、高铁站派出所、市交投公司负责人，现场办公协调解决即将投入运营高铁吴忠站治安防范工作有关问题。

9月10日，公安部副部长杜航伟带领公安部慰问组一行到吴忠市，深入基层所队、走访慰问广大基层公安民警、辅警，倾听一线声音，为广大公安民警、辅警送去温暖和问候。

9月10日，市公安局组织领导干部开展武器警械实战练兵活动，这拉开了全警实战大练兵序幕，57名来自两级公安机关党委班子成员和局属各部门主要负责人在警务实战教官现场讲解下，对手枪构造、故障排除以及枪械使用要领进行了领会练习。

9月11日，市公安局党委举办"不忘初心、牢记使命"微党课大赛，深入学习贯彻习近平新时代中国特色社会主义思想，深入推进"两学一做"学习教育常态化、制度化，进一步引导广大党员干部加强党性锻炼，坚定理想信念，始终保持党的先进性和纯洁性。来自各分局和局属各部门22个党支部23名党支部书记或党员民警参赛。

9月17日，市局召开"不忘初心、牢记使命"主题教育部署会，深入学习贯彻习近平总书记在"不忘初心、牢记使命"主题教育工作会议上的重要讲话和自治区、吴忠市主题教育工作会议精神，对市公安局深入开展"不忘初心、牢记使命"主题教育进行部署。副市长、市公安局党委书记、局长章中全做动员讲话，市委第六指导组组长金国到会指导并讲话。

9月18日，市反恐办在吴忠高铁站举行处置恐怖袭击事件现场综合演练，全面检验吴忠市反恐怖袭击应急队伍在组织指挥、应急处置、现场救援、协调配合等方面的实战水平，展示公安机关做好中华人民共和国成立70周年大庆和2019宁夏黄河金岸(吴忠)国际马拉松安保工作的坚定决心。副市长、市公安局党委书记、局长章中全对演练进行现场指导。

9月19日，副市长、市公安局党委书记、局长章中全率市教育局、利通区公安分局，市公安局治安支队、交通管理局负责人，深入市区中小学和幼儿园调研校园安全工作，切实筑牢校园安全防范"防火墙"。

9月24日，副市长、市公安局党委书记、局长章中全带领市信访局、市局治安支队负责人，深入青铜峡市、孙家滩开发区基层单位暗访督导调研安保维稳工作。

10月1日，副市长、市公安局党委书记、局长章中全主持召开全市公安机关中华人民共和国成立70周年大庆安保维稳视频调度会，通过视频会议系统听取各地公安机关安保维稳工作情况，对全市公安机关进一步做好中华人民共和国成立70周年大庆安保维稳工作进行部署。

10月12日，市委书记沈左权调研市公安局"不忘初心、牢记使命"主题教育开展情况及机关党建工作。市委常委、组织部部长解峰，副市长、市公安局党委书记、局长章中全，局领导毕顺元、张本福、官雨等陪同调研。

10月17日，市公安局党委组织召开"不忘初心、牢记使命"主题教育专题理论集中学习研讨会，市局党委班子成员、局属各部门负责人参加会议，市委第六指导组组长金国到会指导。市公安局党委副书记、副局长毕顺元主持学习研讨会。

10月24日，吴忠市看守所圆满完成搬迁工作。搬迁过程中，自治区公安厅副厅长李德胜，副市长、市公安局党委书记、局长章中全坐镇指挥，对押解路线、任务分工、途中保卫、后勤保障、工作纪律、应急处置等关键环节现场调度指挥。

10月30日，副市长、市公安局党委书记、局长章中全以"不忘初心、牢记使命，切实把政治建警作为公安队伍建设的灵魂"为题，给全体民警讲了一堂生动的党课。

10月29日，市公安局党委召开对照党章党规找差距专题研讨会，党委班子成员围绕主题教育"守初心、担使命，找差距、抓落实"的总要求，以正视问题的自觉和刀刃向内的勇气，对照党章党规找差距，全面查找问题，明确努力方向和整改措施，为推动公安工作高质量发展凝聚力量。副市长、市公安局党委书记、局长章中全主持会议，市委第六指导组吴天有到会指导。

11月13日，市委常委、常务副市长张学慧，副市长、市公安局党委书记、局长章中全带领市发改、财政、生态环境、卫健委、供电、水投等部门，深入新建吴忠市看守所、拘留所，现场办公解决监所运行存在的困难。

11月14日，副市长、市公安局党委书记、局长章中全主持召开市局党委"不忘初心、牢记使命"主题教育调研成果交流会，党委班子成员围绕11个调研专题提出破解问题的实招、硬招，推动主题教育往深里走、往心里走、往实里走。市委第六指导组副组长杨玉平、成员常丽应邀到会指导。局属各部门负责人列席会议。

11月18日，副市长、市公安局党委书记、局长章中全主持召开第一次精准巡防调度会，听取各分局、县局近期社会治安动态情况，并对各地治安防范效能进行调度。局领导毕顺元、惠兴文、高利宁，局属相关部门负责人在主会场参会，各分局及县局局长及相关部门主要负责人在各地分会场参会。

11月19日，副市长、市公安局党委书记、局长章中全主持召开全市公安机关扫黑除恶百日追逃行动部署会。局党委部分班子成员，局属相关部门负责人，各分局及县局局长及相关部门主要负责人参会。

11月28日，市公安局党委召开"不忘初心、牢记使命"主题教育第二十四次集中学习暨学习中共十九届四中全会精神专题研讨会。受副市长、市公安局党委书记、局长章中全委托，市公安局党委副书记、副局长毕顺元主持会议，市局党委委员，局属部门负责人参加会议。

12月2日，市公安局党委副书记、政委李亮参加市局合成作战大厅启用后的首次情报会商会，指挥、国保、经侦、治安、技侦、刑侦、网安、反恐等有关部门负责人及合成作战中心全体民警参会。

12月4日，2019年国家宪法日主题宣传活动在吴忠市开源广场举行，结合2019年国家宪法日宣传主题"弘扬宪法精神、推进国家治理体系和治理能力现代化"，市公安局组织交管、治安、禁毒、法治、网安、经侦等部门民警参加活动，现场答疑解惑，为广大群众送去法治宣传大餐。

12月5日，市公安局党委召开"不忘初心、牢记使命"主题教育专题民主生活会。会议由市公安局党委副书记、政委李亮主持，市公安局党委班子部分成员，局属各部门主要负责人，利通分局、太阳山分局、孙家滩分局主要负责人，党员代表、民警代表、离退休老干部代表参会；邀请市委主题教育第六指导组副组长杨玉平、成员常丽到会指导。

12月11日，自治区政府副主席、公安厅党委书记、厅长杨东，公安厅副厅长李德胜一行深入利通区、青铜峡市社区警务室，专题调研公安基层基础工作和社区警务建设。

12月22日，副市长、市公安局党委书记、局长章中全到青铜峡市公安局大坝派出所利民警务室调研，对警务室三项创新工作给予肯定，点名向全市推广。

12月10日，副市长、市公安局党委书记、局长章中全以普通党员身份参加指挥部党支部“不忘初心、牢记使命”主题教育专题组织生活会。

2020年

1月3日，公安部党委委员、副部长、国家移民管理局党组书记、局长许甘露带领公安部慰问组一行到吴忠，与自治区政府副主席、公安厅党委书记、厅长杨东一道，看望慰问奋战在一线的基层所队和基层民警。

1月10日，自治区公安厅党委委员、驻厅纪检监察组组长谢永春带领公安厅慰问组，深入吴忠市基层所队和民警家中，开展春节前慰问，转达了公安厅党委对公安基层单位和广大民警及家属的亲切关怀和问候。副市长、市公安局党委书记、局长章中全，市公安局党委委员、政治部主任官雨陪同慰问。

1月10日，市公安局召开新任干部集体谈话会，市公安局党委副书记、政委李亮，市公安局党委委员、政治部主任官雨，市公安局机关提拔调整所有人员及所在单位主要负责人、利通区公安分局提拔调整所有人员参加会议。

1月14日，市公安局党委召开2019年度基层党组织书记述职评议会。副市长、市公安局党委书记、局长章中全主持会议，市纪委监委第六纪检监察组组长王智成应邀参加会议，市公安局党委班子成员、利通区公安分局、太阳山公安分局、孙家滩公安分局，局属各党支部(总支)书记参加会议，3名人大代表、党代表、群众代表列席会议。

1月15日，市公安局召开第二次精准巡防调度会，总结2019年12月份全市精准巡防工作，分析问题和形势，部署下阶段精准巡防重点工作。副市长、市公安局党委书记、局长章中全主持会议并讲话，市公安局政委李亮，局领导毕顺元、惠兴文，各分局及县局局长，局属相关部门负责人，各分局及各县局指挥中心主任参加会议。

1月16日，副市长、市公安局党委书记、局长章中全送奖上门，走访慰问立功受奖民警辅警和基层单位，开展春节前慰问，向他们致以节日的问候和美好的祝愿，市公安局副局长王义陪同慰问。

1月22日，吴忠市公安局举行“不忘初心、薪火相传”人民警察荣誉仪式。市人大常委会副主任季文科，副市长、市公安局党委书记、局长章中全，市政协副主席何本源，市公安局党委副书记、政委李亮，自治区公安厅宣传处副处长张立，市直有关单位领导出席荣誉仪式。

1月23日，市委常委、宣传部部长高建博，市人大常委会副主任郝明，副市长、市公安局党委书记、局长章中全，市政协副主席曹玉华带领慰问组到市公安局110接警台，看望慰问节日期间坚守工作岗位的公安民警、辅警，并向春节期间奋战在工作一线的全市公安民警辅警致以节日的问候和新春的祝福。

1月24日，副市长、市公安局党委书记、局长章中全到市局110指挥大厅、市公安局机关值班室和利通分局朝阳街派出所，看望慰问节日期间坚守岗位的公安民警、辅警，现场督导检查安保工作，并向他们致以节日的问候和崇高的敬意，副局长王义等陪同。

1月25日，副市长、市公安局党委书记、局长章中全深入吴忠汽车站执勤点、市街心广场执勤点、利通区公安分局上桥派出所等一线慰问坚守岗位的值班执勤民警、辅警，向他们送去新春的祝福，传递市公安局党委的亲切关怀。市公安局党委副书记、副局长毕顺元，局属相关部门负责人陪同慰问。

1月27日，副市长、市公安局党委书记、局长章中全主持召开新冠肺炎疫情防控部署会议，对应对疫情防控工作进行再动员、再研究、再部署，市公安局党委班子成员、局属各部门负责人参加会议。

1月31日，副市长、市局党委书记、局长章中全到红寺堡区城北、大河高速公路出口检查站，集中隔离点，以及红关村和红海村，督查指导疫情防控工作。

2月5日，副市长、市公安局党委书记、局长章中全带队前往利通区公安分局看望慰问奋战在抗疫一线民警辅警。

2月14日，受副市长、市公安局党委书记、局长章中全委托，市公安局党委副书记、政委李亮带队深入同心县，实地对各疫情防控执勤点进行督导慰问。

2月15日，副市长、市公安局党委书记、局长章中全到红寺堡、孙家滩检查点，看望慰问战斗在疫情防控一线值勤民辅警、职工及卫生部门工作人员，市公安局相关部门负责人陪同慰问。

2月21日，市委副书记、政法委书记朱云一行赴吴忠市看守所督导检查疫情防控工作，并看望慰问监所疫情防控一线民警辅警。

2月25日，市委书记、市委应对新冠肺炎疫情工作领导小组组长沈左权深入吴忠市拘留所、吴忠市看守所，调研督导疫情防控工作。副市长、市公安局党委书记、局长章中全，副局长王义等陪同督导。

3月5日，副市长、市公安局党委书记、局长章中全看望慰问技侦、网安等部门，向坚守在疫情防控幕后默默奉献的民警、辅警表示感谢。同时，看望慰问疫情防控工作中表现突出的民警。

3月26日，副市长、市公安局党委书记、局长章中全陪同市长喜清江深入利通区黎明街、利宁街、利通街等市区重点路口路段开展实地调研，现场指导城区道路交通拥堵治理工作。

4月9日，全市公安机关深化新时代社区警务改革推进会召开，副市长、市公安局党委书记、局长章中全出席会议并讲话。自治区公安厅治安总队政委杨万斌，市公安局领导班子成员，局属各部门负责人在主会场参加会议，各分县局班子成员，各部门负责人，派出所除值班备勤外的全体民警在分会场参会。会议由市公安局党委副书记、政委李亮主持。

4月10日，吴忠市召开反恐怖工作领导小组会议，市委副书记、政法委书记、反恐怖工作领导小组组长朱云出席并讲话，各副组长、成员单位负责人及各县（市、区）反恐怖工作领导小组组长参加会议。副市长、反恐怖工作领导小组副组长、市公安局党委书记、局长章中全主持会议。

4月15日，市公安局召开“创城”工作部署会，对做好2020年创城工作进行再动员、再部署。市公安局党委副书记、政委李亮主持会议，市公安局党委副书记、副局长毕顺元，市公安局党委委员、政治部主任官雨和利通区公安分局、红寺堡区公安分局、青铜峡市局主要负责人及局属有关部门负责人参加会议。

4月21日，全市公安工作会议召开。会议深入学习贯彻中央、自治区党委政法工作会议、全国公安厅局长会议、全区公安局处长会议和市委政法工作会议等一系列重要会议精神，总结2019年工作，分析当前形势，研究部署2020年工作。副市长、市公安局党委书记、局长章中全出席会议并讲话。市公安局党委副书记、政委李亮主持会议。

4月27日，市公安局召开机关党建工作推进会，邀请市直机关工委副书记王友成作党建业务专题辅导。市公安局党委副书记、政委、机关党委书记李亮，市公安局党委委员、刑侦支队支队长高利宁，市公安局党委委员、政治部主任官雨，市公安局机关党委委员，利通区公安分局分管党建工作领导、党务干部，太阳山公安分局党支部、孙家滩公安分局党支部、局属各党支部（总支）书记（负责人）和党务干部参加了会议。

4月28日，市公安局召开全市公安机关五一期间安保维稳暨四月份精准巡防工作调度视频会，副市长、市公安局党委书记、局长章中全出席会议并讲话，市公安局党委副书记、政委李亮主持会议，局领导毕顺元、党学武、官雨，局属相关部门负责人在主会场参会，各分局、各县局有关人员在分会场参会。

4月30日，吴忠市举行反恐怖武装拉动演练，展示全警实战大练兵成果，彰显人民公安维护社会稳定的决心和信心。副市长、市公安局党委书记、局长章中全参加活动并讲话。

5月8日，副市长、市公安局党委书记、局长章中全主持召开全市公安机关扫黑除恶专项斗争推进会，深入贯彻中央、自治区和市委、市政府有关扫黑除恶专项斗争的系列会议精神，高标准做好督导迎检工作，安排部署“六清”行动，动员全市公安机关迅速掀起决战决胜强大攻势，坚决打赢扫黑除恶专项斗争收官战。市公安局党委班子部分成员，局属各部门负责人，各分局及各县局负责人、主管副局长及扫黑办主要负责人参加会议。

5月12日，市公安局党委副书记、政委李亮深入市区创城主要交通堵点、关键点，现场察看整治效果，观看交通秩序，询问整治成果，探讨解决办法，对创城交通秩序整治工作进行调研督导。

5月19日，市公安局举行吴忠市公安机关2020年全警实战大练兵启动仪式。副市长、市公安局党委书记、局长章中全出席并宣布全警实战大练兵启动，市局党委副书记、政委李亮讲话，市局部分局领导，局属各部门全体民警，交管局参加演练人员和警务实战教官代表参加启动仪式。

5月28日，副市长、市公安局党委书记、局长章中全，市公安局党委副书记、副局长毕顺元，深入利通区公安分局4个基层社区警务室（区），专题调研公安基层基础工作和社区警务工作。

6月3日，副市长、市公安局党委书记、局长章中全调研同心县公安局社区警务工作。

6月3日，在吴忠市利通区裕民东路和利通南街交会处，吴忠市公安局将交警街头执法搬上网络直播平台，与网友实时互动交流，答疑解惑。此次直播活动有近30万名网友在线观看，超1万人次点赞。

6月5日，市公安局召开市公安局正风肃纪警示教育大会，组织全体民警观看警示教育片《染黑的权力》。局领导李亮、毕顺元、党学武、惠兴文参加大会，并与全体民警辅警一同观看了警示教育片。

6月12日，市公安局党委副书记、副局长毕顺元主持召开吴忠市公安机关深化新时代社区警务改革大讲堂，为持续深化新时代社区警务改革，市公安局决定每两周以视频会议的形式组织召开一次深化新时代社区警务改革大讲堂，由各分县局主要领导、社区警务工作成效突出的派出所所长和优秀社区民警授课，营造比学赶超的良好工作氛围，促进全市社区警务改革整体提升。

6月15日，市公安局会同市检察院召开全市公安检察机关2020年第一次联席会议。副市长、市公安局党委书记、局长章中全，市检察院党委书记、检察长马国武出席会议，市县两级公安、检察机关相关领导和部门负责人参加会议。市公安局党委副书记、副局长毕顺元主持会议。

6月18日，市公安局召开全市公安机关扫黑除恶新闻发布会，向自治区、市主流新闻媒体通报扫黑除恶专项斗争工作情况。市公安局党委委员、副局长惠兴文，市局扫黑办、治安支队负责人参加，市局党委委员、政治部主任官雨主持新闻发布会。

6月15—19日，市公安局党委委员、市纪委监委派驻第十二纪检监察组组长党学武深入各分局、县局，对党风廉政建设、精准巡防、社区警务改革、正风肃纪大整治等重点工作开展落实情况进行了督导检查。

6月15—24日，自治区公安厅党委委员、驻厅纪检监察组组长谢永春，公安厅二级警务专员李元效，带领厅组织处、宣传处、老干部处、警务督察等部门负责人深入吴忠，围绕公安厅部署的重点工作开展督导调研。

6月23日，全国禁毒工作先进集体和先进个人表彰会召开后，副市长、市禁毒委主任、市公安局党委书记、局长章中全主持召开全市禁毒工作会议，认真贯彻落实全国禁毒工作会议和全国禁毒工作先进集体和先进个人表彰会精神以及市委常委会第21次会议关于禁毒工作的具体要求，认真总结2019年以来工作，安排部署2020年禁毒工作。

6月28日，市公安局召开创城迎检工作推进会，对做好创城终期测评工作进行再动员、再部署。市公安局党委副书记、副局长毕顺元主持会议，市公安局党委委员、政治部主任官雨出席会议。

6月30日，在建党99周年来临之际，市公安局党委班子走访慰问了34名疫情防控一线党员民警、困难党员民警及因公牺牲党员民警家属，送去了党的温暖和组织的关怀，并送上了慰问金。

7月1日，市公安局举行了庆七一升国旗仪式，进一步激励市公安局各级党组织和广大党员民警不忘初心、牢记使命，砥砺奋进、锐意进取，为经济社会发展营造安全稳定的政治社会环境。副市长、市公安局党委书记、局长章中全和市公安局党委班子部分领导和局属各部门全体党员民警、辅警参加了活动。

7月10日，市公安局召开全市公安机关上半年重点工作小结会，7个分局、县局和7个牵头局属部门围绕“11156”发展计划，亮进度、晒实绩、找差距、定措施，汇报重点工作进展情况和下一步工作思路，23个局属部门书面提交了上半年工作小结。副市长、市公安局党委书记、局长章中全出席会议并讲话。

7月23日，市公安局召开2020年保密委员会全体会议暨密码工作领导小组（扩大）会议，传达学习自治区公安厅会议精神，总结保密和机要密码工作，部署保密和机要密码工作。市公安局党委副书记、副局长毕顺元参加会议。

7月27日，全国人大监察和司法委员会调研组到吴忠就市公安机关执法规范化建设等工作开展调研。全国人大监察和司法委员会副主任委员李伟，全国人大常委会委员、监察和司法委员会副主任委员高友东，全国人大监察和司法委员会王峰，第十三届全国人大代表、山西省太原市公安局杏花岭分局三桥派出所副所长兼金刚里社区民警、太原市妇联副主席杨蓉，公安部法制局局长孙茂利等参加调研。自治区人大常委会副主任左军，自治区人大监察和司法委员会主任委员陶进，公安厅党委委员、副厅长陈加先，副市长、市公安局局长章中全及市人大有关领导陪同调研。

7月30日，市公安局召开疫情防控和安保维稳工作会议，市公安局党委副书记、副局长毕顺元主持召开调度会。局属相关部门负责人参加会议。

8月6日，市公安局召开全市公安机关七月份精准巡防调度会。副市长、市公安局党委书记、局长章中全出席会议并讲话。

8月10日，全市公安机关集中政治轮训培训班在宁夏区委党校盐池分校举行了开班仪式。副市长、市公安局党委书记、局长章中全做动员讲话。副市长、盐池县县长、宁夏行政学院盐池分院院长戴培吉出席开班仪式。

8月10日，市公安局在宁夏区委党校盐池分校举行全市公安机关教育培训基地揭牌仪式。副市长、市公安局党委书记、局长章中全，副市长、盐池县县长、宁夏行政学院盐池分院院长戴培吉出席揭牌仪式。全市公安机关集中政治轮训学员参加了揭牌仪式。

8月14日，市公安局召开全市公安机关“坚持政治建警全面从严治警”教育整顿动员部署会议。副市长、市公安局党委书记、局长章中全出席会议并讲话。市委政法委办公室主任何光斌应邀出席，会议由市公安局党委副书记、政委李亮主持。会上，李亮对全市公安机关“坚持政治建警全面从严治警”教育整顿进行安排部署。

8月19日，副市长、市公安局党委书记、局长章中全深入市区，督导检查创城工作推进情况，看望慰问一线执勤民警、辅警和志愿者。市公安局党委委员、政治部主任官雨陪同。

8月24日，市公安局召开专题会议，听取“4·7”公安部特大贩卖运输毒品目标案件侦办情况汇报，研究打击治理外流贩毒问题。市禁毒委主任、副市长、市公安局局长章中全参加会议并讲话。市禁毒办副主任、市公安局副局长惠兴文、禁毒局主要负责人和同心县公安局专案组负责人参加了会议。

8月25日，自治区公安厅党委委员、副厅长李德胜带领公安厅治安管理总队、交通管理局、森林公安局等部门负责人赴吴忠市盐池县公安局督导调研“坚持政治建警全面从严治警”教育整顿工作，看望慰问高温下坚守岗位、奋战在维护安全稳定一线的公安民警辅警。副市长、市公安局党委书记、局长章中全陪同调研。

8月28日，自治区财政厅副厅长杨冬梅一行深入吴忠市基层所队调研基层基础建设情况。副市长、市公安局党委书记、局长章中全，市财政局局长拜萍，市局党委委员、副局长王义等领导陪同调研。

8月30日，副市长、市公安局党委书记、局长章中全主持召开市公安局党委专题（扩大）会议，传达学习习近平总书记在中国人民警察警旗授旗仪式上的重要训词，传达学习了公安部、公安厅党委（扩大）会议精神，传达学习了陈润儿调研全区政法队伍和公安教育整顿工作座谈会精神。市公安局党委班子成员，局属各部门负责人参加会议。

9月4日，市公安局召开创建“让党中央放心让人民群众满意”模范机关动员会。副市长、市公安局党委书记、局长章中全出席会议并讲话。会议由市公安局党委副书记、政委李亮主持。

9月11日，市公安局党委副书记、政委李亮专程到盐池县公安局调研社区警务工作。市公安局治安支队负责人参加调研。

9月11日，市公安局召开提拔调整科级领导干部任前集体谈话会，对提拔调整的39名任免领导干部作集体谈话。市公安局党委副书记、政委李亮，市局党委委员、政治部主任官雨，督察部副主任张银福，利通区、红寺堡区、太阳山、孙家滩分局主要负责人，局属相关部门负责人，市公安局及各公安分局任免调整干部参加会议。

9月16日，2020宁警通上线两周年主题宣传暨第二届“粉丝”见面会警民互动活动在吴忠万达广场举行，此次活动以“宁警通走进千万家”主题，现场开展与粉丝互动宣传活动。自治区公安厅党委委员、副厅长陈加先出席活动并致辞。宁警通粉丝代表共1000余人参与活动。

9月27日，市反恐办组织开展全市跨区域处置恐怖袭击事件演练。副市长、市反恐工作领导小组副组长、市公安局党委书记、局长章中全出席演练并讲话。市公安局党委副书记、政委李亮，市公安局党委委员、副局长王义，武警吴忠市支队参谋长周治国指挥演练。

9月29日，副市长、市公安局党委书记、局长章中全带队深入青铜峡、利通区重点单位和人员密集场所，实地检查安全责任制落实情况，并对疫情防控、节前安全措施落实情况进行督导。

9月，红寺堡区公安分局破获宁夏首起开设淫秽色情网站、贩卖淫秽物品案，红寺堡警方在市公安局网安部门的协助下，辗转17个省市、历时3个多月的缜密侦查，成功侦破宁夏首起开设淫秽色情网站、贩卖淫秽物品案，摧毁涉案窝点3个、淫秽色情网站1个，抓获犯罪嫌疑人15人，查扣各类淫秽视频20余万条，手机、电脑、硬盘等涉案工具101部、轿车1辆，冻结资金500余万元，彻底摧毁了一个涉及上海、广东等17个省市，涉案人员百余人的网上贩卖、传播淫秽物品牟利的违法犯罪团伙，为“扫黄打非”和“净网2020”行动增添了重大战果。

10月9日，市公安局党委副书记、政委李亮，市公安局党委副书记、副局长毕顺元深入青铜峡市、利通区调研社区警务工作。市局指挥部、治安支队负责人陪同调研。

10月10日，市公安局党委副书记、政委李亮，市公安局党委副书记、副局长毕顺元先后深入红寺堡区、同心县调研社区警务工作。市局指挥部、治安支队负责人陪同调研。

10月13日，自治区政府副主席、公安厅厅长杨东带领自治区公安厅相关总队负责人一行，在副市长、市公安局党委书记、局长章中全，市公安局党委副书记、政委李亮，市公安局党委副书记、副局长毕顺元等陪同下，深入利通区基层派出所，专题调研派出所改革和社区警务工作。

10月13日，市委政法委检查组一行到市公安局检查验收正风肃纪大整治活动。市公安局党委副书记、政委李亮，市局党委委员、市纪委监委派驻第十二纪检监察组组长党学武及局属各部门负责人陪同督导检查。

10月14日，副市长、市公安局党委书记、局长章中全，市公安局党委副书记、副局长毕顺元带领教育整顿第二督察组到青铜峡市公安局，对“坚持政治建警全面从严治警”教育整顿工作开展第一轮政治督察。青铜峡市副市长、公安局局长尹保江，公安局党委副书记、政委杨金和陪同。

10月23日，吴忠市公安局召开全市公安机关加强新时代公安派出所工作暨深化社区警务改革现场会，对今后一体推进派出所工作和深化社区警务改革进行再安排、再部署。自治区公安厅党委委员、副厅长李德胜出席现场会，副市长、市公安局党委书记、局长章中全出席会议并讲话。公安厅治安总队总队长张天喜，公安厅相关部门负责人，市公安局党委班子成员，局属各部门负责人，各分局、县局局长，分管治安副局长，治安大队大队长，派出所所长参加现场会。会议由市公安局党委副书记、政委李亮主持。

11月2日，自治区执法监督检查组组长樊百安一行到市公安局开展执法监督检查并召开工作会议。副市长、市公安局党委书记、局长章中全主持会议并就落实好此次监督检查做了表态。市公安局党委副书记、政委李亮，局领导毕顺元、党学武、惠兴文等出席会议。

11月4日，自治区公安厅出入境管理总队总队长俞馨吾一行到市公安局督导调研吴忠市秋冬季疫情防控和打击非法出入境违法犯罪工作。市公安局党委副书记、政委李亮，市局党委副书记、副局长毕顺元陪同。

11月11日，自治区公安厅党委委员、副厅长李德胜，治安总队总队长张天喜，交通管理局副局长顾玉芳一行，代表公安厅在吴忠市召开公安机关与民营企业和群众座谈会，与企业负责人和群众代表面对面座谈交流，广泛听取并征求民营企业家和群众对公安机关"放管服"改革、优化营商环境、服务群众等工作的意见建议。市公安局党委副书记、政委李亮主持座谈会。座谈会邀请了伊利乳业有限责任公司、宁夏怡安保安服务有限公司、红宝宾馆等10名民营企业家代表，和10名各行各业群众代表参加座谈。市公安局党委副书记、副局长毕顺元，利通区公安分局、青铜峡市公安局负责人，市公安局督察、经侦、治安、刑侦、禁毒、出入境、网安、交管、法治部门负责人参加座谈会。

11月12日，"向人民报告受人民监督"自治区公安厅党风政风警风监督员进警营监督调研活动走进吴忠市公安局。50余名监督员代表走进基层单位，和一线民警直接对话，监督民警纪律作风、执法规范、工作流程、服务群众意识等方面，感受吴忠市公安局教育整顿成果、平安建设新成效、民警履职尽责的务实举措。自治区公安厅二级巡视员赵含宁，公安厅督察总队政委车建农参加调研活动，市公安局党委副书记、政委李亮，市局党委委员、市纪委监委派驻第十二纪检监察组组长党学武陪同调研。

11月26日，吴忠市禁毒委组织召开全国禁毒示范城市创建迎检工作部署会，就迎检工作进行动员部署。市禁毒委主任、副市长、市公安局局长章中全出席会议并讲话。市禁毒委副主任、市政府办副主任马学海主持会议。市禁毒委相关领导，市禁毒委各成员单位分管领导，市禁毒办主任、副主任及各县（市、区）禁毒委主任，各县（市、区）公安（分）局局长、分管副局长，各县（市、区）禁毒办专职副主任、公安禁毒部门负责人参加会议。

12月3日，市公安局召开全市公安机关十一月份精准巡防调度会。副市长、市公安局党委书记、局长章中全出席会议并讲话。他强调，全市公安机关从数据找规律，从规律找重点，找源头压发案，精准巡防取得显著成绩。

12月8—9日，国家禁毒办副主任、公安部禁毒局副局长赵仲忱一行6人组成检查组，对吴忠市创建全国禁毒示范城市工作进行检查验收。公安厅党委委员、副厅长陈加先，自治区禁毒办专职副主任马旭东；市委书记、市人大常委会主任沈左权，市委副书记、市长喜清江，市委副书记、政法委书记朱云，市委常委、同心县委书记马洪海，副市长、市公安局党委书记、局长章中全等领导陪同检查。

12月16日，市直机关工委到市公安局开展模范机关、星级基层党组织创建考核验收工作。市公安局党委副书记、政委李亮，市公安局党委委员、政治部主任官雨陪同考核。

第一章

警察机构

JING CHA JI GOU

第一章　警察机构

吴忠地处边疆要塞，吴忠的地名，也是古代边疆设立的军营名称或守将名称而来的。吴忠有着悠久的历史，是中华文明的发祥地之一，是河套文化的重要组成部分。早在三万年前的旧石器时代，就有人类在此生息，羌、戎和匈奴等古代游牧民族在这里逐水草、牧牛羊。秦始皇统一中国后在此兴修水利，开垦农田，吴忠就有了引黄灌溉。

警察的产生，由来已久，自国家出现以来，就有行使不同职能不同名称的官吏。周朝的“司徒”“司马”“司寇”，春秋战国时期的“司民”“司稽”，秦朝的“中尉”和“亭”，汉朝的“执金吾”，唐朝的“左右执金吾”，宋朝的“巡检司”，元朝的“警巡院”，明朝的“兵马指挥司”“厂卫”，清朝的“步兵统领衙门”“五城兵马司指挥”“工巡总局”等都是行使警察之职的。近代警察是在清朝末年推行“新政”过程中出现的，到了民国时期沿袭下来，并不断发展。

第一节　历代警察机构

秦统一中国后，在各郡设郡尉（都尉）、贼捕掾，县设县尉、游徼，“主盗贼”“察奸宄”，协助郡守、县令管理地方军事与治安。县、乡分设都亭和亭，视民多寡划定范围。“大率十里一亭，亭有长，十亭一乡，乡有三老、有序、啬夫、游徼”，“亭长主求捕盗贼”。汉及魏晋，多沿袭秦制。

东汉末年，三国鼎立，中原战乱。宁夏成为羌族、匈奴、鲜卑各族游牧、逐鹿之地。北魏天赐四年（407年）至神䴥四年（431年），匈奴人赫连勃勃兴起，建立大夏，成为十六国之一。现在宁夏的固原、灵武、银川等地区属其管辖。唐朝建立后，分全国为十五道。宁夏属关内道。在灵州（今灵武县南）设都督府和朔方节度使，驻军6万多人，使其成为西北的一个政治、军事、经济、交通中心。

唐代的盛世，引来中华大融合，政府在此设立富平县，唐太宗到此地接受少数民族归附；“安史之乱”，唐肃宗李亨在灵州登基，灵州成了全国政治军事中心，当时的吴忠已相当富庶。后党项族首领、西夏皇帝李元昊统治的腹地也在吴忠一带；成吉思汗灭西夏，设宁夏路。

富平是宁夏北部设置最早的一个县，已有两千多年的历史了，比“灵州”（也是设置在吴忠的古城）的历史还早。

唐、宋两代，道有推官、巡官、衙推；府有户曹参军、兵曹参军、法曹参军；州有司户参军、司法参军；县有司户、司兵、司法；关有关令；乡有里正，分别兼管户籍、治安、捕盗贼等事。至宋代，各路、州（府、军、监）、县还遍设巡治甲兵，巡逻州邑擒捕盗贼的巡检司、县尉司。元代，诸路总管府中的隶事司，设隶事、司侯、判官各一员，“掌城中户民之事”，“判官兼捕盗之事”。诸州亦设判官，县设尉、典吏及巡检、弓手，分掌捕盗、狱囚、巡察治安之事。

明代，省设都指挥使、布政使、按察使。“遇有报到贼情，即行都、布、按三司分巡分守。”府有月知、通判，县有主簿，职司督捕、巡捕。各府、州、县的关津要害处俱设巡检司，专事“盘诘往来奸细及贩卖私盐犯人、逃军、逃囚、无引面生可疑之人”。明廷亦视乡约、保甲二法为“治万世之要诀”“县令奏绩之最”，多次榜谕申明保甲之法。明嘉靖年间，各地豪绅为镇压农民起义而纷纷兴办团练，实为武装之保甲组织。

南宋宝庆三年（1227年），西夏被成吉思汗督师所灭之后，元在此设宁夏府路，开始迁入回族。朱元璋建立明朝后宁夏地区为边防要塞。

清设宁夏府,在宁夏地区普遍减轻税赋。到18世纪末,已经发展到宁夏至平凉,逐步变成了全国最大、最集中的回族聚居区。

清雍正三年(1725年),清政府撤销明时的卫所,改宁夏卫为宁夏府,属甘肃省管辖,辖宁夏、宁朔、平罗、中卫四县,并以灵州直隶州隶之。

清光绪二十七年(1901年),朝廷推行“新政”,在全国创办警察,令各省办理警务。县衙内由主簿分管户籍巡捕,典史分管监察、狱囚,巡检官分管捕缉盗贼等。刑房管理狱讼,兵房管理缉捕、马政、邮传、递解等。快班专管缉盗、维护治安;壮班专司值堂站班兼缉捕。

清光绪三十一年(1905年)九月,甘肃省所属宁夏地区各厅、州、县陆续设置专门地方巡警(警察)机构。

清光绪三十二年(1906年)二月,在灵州城和吴忠堡各设巡警局1处,灵州城有警务长1名,区长、区官、巡长各2名,巡士14名,巡丁80名;吴忠堡有巡丁8名,巡长由署吏目典吏、武生、营游击等人兼之,计有正办2名、副办4名。是年十一月,宁灵厅(在今利通区金积镇)设巡警总局,有警长1名、巡长1名、巡士8名。

清光绪三十三年(1907年)三月,吴忠堡撤巡警局为巡警署,由警务长、分区区官和巡官、警长组成。在花马池分州城内中街设总局,有警务长1名,巡长1名,巡士6名。

清宣统元年(1909年)十月,在宁朔县城内(县治在今银川兴庆区)设1总局,南关设1分局,要隘之处设分局10处,由典吏、候补守备分任巡长,另由镇标拨防勇110名充当巡丁。在中卫县城衙神庙设总局1处,有警务长、区长、区官各1名,巡长2名,巡丁30名。东西两关设中路分局,宁安堡设东路总局,长流水设西路总局,香山堡设西路分局。巡长有10名,其中知县总理警务,都司会办,典吏为裁判员。有巡丁76名(招募壮丁8名,营派68名)。

清宣统二年(1910年)八月,设盐捕厅1处,有巡官1名、巡士8名。

清末的巡警局以“保卫地方,查清奸宄”为宗旨,负有查户、设灯、巡查、除秽、侦缉命案等警务。

第二节　中华民国时期的警察机构

1912年,北洋政府实行行政制度改革,在全国范围内废府存道,并统改厅、州为县。撤销宁夏府,原属地隶属甘肃省管辖。甘肃省巡警总局改为警察厅。下属各县仍沿用清末警制:宁朔县设总局1所、分局5处,有警官1名、巡兵120名;中卫县设总局1所、分局2处,有警官1名、巡兵120名;灵武县设总局1所、分局2处,有警官2名、巡兵120名;金积县设总局1所,有警官1名、巡兵80名;镇戎县设总局1所、分局3处,有警官3名、巡兵60名。

1913年,原宁夏辖区宁夏府改为朔方道(驻地今银川市兴庆区,当时为宁朔县驻地)。宁朔县址移至满城(今银川市新城即金凤区),设巡警局1处、分局5处,有警官1名、巡兵120名。

1914年,朔方道将各县巡警局改为警备队。吴忠警务由金积县知事领导下的内务科管理治安,另有县佐分管指挥警务。后县政府下设一、二、三、四科。一科分管警务、教育、地方自治、保卫、禁烟、风俗宗教。外设政务警察。其他各科分管政务及其他业务。

1917年7月,甘肃省在朔方道设警务处,宁朔县、金积县始设旧制警察机构,由巡警总局改为警察所,县知事兼任所长。实行“政警合一”的领导体制。以县大小定警额,大县30名,中县20名,小县14名。宁朔县当时设警佐1名、巡官1名、步警30名、马警10名。吴忠堡设警察分所,有步警18名、马警9名。并设立警察传习所,凡各县警察职员皆以传习所毕业学员派充各县警察所。

1927年11月,宁朔县警察所有警佐1名、巡官1名、巡长3名、马巡长1名、步警60名、马警14名;李俊堡派出所有警兵10名,瞿靖堡派出所有警兵10名;灵武县警察所有警佐1名、巡官2名、稽查3名、步警50名、马警12

名;吴忠堡分所有步警18名、马警9名;盐池警察所有警佐1名、巡官1名、步警20名、马警20名;惠安堡警察分所有教练1名、步警6名、马警12名;中卫警察所有巡官1名,教练1名,巡长3名,马巡长1名,马警、步警72名;金积县警察所有警佐1名、巡官1名、步警40名、马警40名;镇戎县警察所有警佐1名、巡官1名、警兵51名。各县警察所所长由县知事兼任。

1929年1月1日,经国民政府批准,在甘肃省宁夏行政区的基础上设立宁夏省,宁夏建省伊始,辖八县(宁夏、宁朔、平罗、灵武、盐池、金积、同心、中卫)、两旗(阿拉善左旗和额济纳旗)。宁夏省由国民军第七军军长门致中任主席,依照国民政府各级公安局编制大纲规定,设省会公安局1处,各县设立公安局,隶属宁夏省民政厅。县知事改称县长,废除"三班""六房",改警察所为公安局,吴忠堡、金积堡均设公安局,隶属省民政厅。吴忠堡公安局编制为58名,设主任1名(代行副局长职权),有巡官4名、督察官1名、户籍生2名、书记官1名、警长1名、副警长1名、警士40名。

1932年,宁朔县政府迁至望洪堡。宁朔县公安局定为一等局,有局长1名(县助理员兼任)、主任1名、巡官2名、书记1名、警官6名、警士40名。

1933年,马鸿逵统治宁夏,将中卫县划分为中卫、中宁两县,原宁安镇公安局改为中宁县公安局。将各县镇公安局按等级划分为三等,宁夏、宁朔、平罗和吴忠镇公安局为一等局,各有警官5名、警长6名、警士48名、夫役4名。

1934年4月,孙殿英第41军第4师师长、骑兵挺进司令杨耀峰(外号杨猴小子),绕攻宁朔县李俊、瞿靖、靖益等堡,5月9日撤退。12月,宁夏省政府会议决议"各县公安局从翌年1月一律改为警察所,由各县县长兼任所长",下设警佐1名,掌理警务。

1935年1月,马鸿逵下令将各县公安局改为警察所,由县长兼任所长,下设警佐1名,掌管警务,并确定等级。吴忠镇公安局为一等警察所,由灵武县县长兼任所长。后因地方不安定,9月,"为增厚保卫力量,适合现行警察法制",省政府第88次会议决定,复改警察所为公安局,并由各县公安局在辖境重要市镇设置分驻所。

1936年,又改公安局为警察局。吴忠镇警察局编制与一等局相同,设局长1名、主任1名、巡官2名、书记官1名,有警官5名、警长6名、警兵42名、夫役3名。马鸿逵为整顿全省警政,统一警察职权,将各县的保安队、护路队等按照地方情形实行改编,除不堪服务者予以遣散外,其余员丁均拨归县公安局,以充实警力。各县警察局,系依照所在县之等级,宁夏、宁朔、平罗为一等局,设局长1名、主任1名(由县助理员兼任),有巡官2名、书记1名、警长6名、警兵48名、夫役3名。灵武、中卫、中宁、金积为二等局,有警官5名、警长6名、警士42名、夫役3名。盐池、豫旺、惠安和同心为三等局,有警官5名、警长6名、警士36名、夫役2名。各县警察局在所辖境内之重要市镇设置分驻所1处,其他市镇设派出所。为求警服整齐统一,省政府开始统一发放服装,依照部颁警察制服条例规定,采用中山装式,颜色除夏季用黄色外,春、秋、冬三季均用黑色,由省政府按季发放。4月1日,宁朔县公安局局长香生藻率警在王宏堡捕获开枪拒捕惯匪杨子文、马成山,缴获手枪2支、子弹20发、自行车2辆。

1937年3月,马鸿逵将全省划分为3个保甲指导区,宁夏、宁朔、平罗为第一区,灵武、金积、中卫、中宁为第二区,盐池、预旺、惠安、同心为第三区,分别委派保甲指导员,专办保甲工作。警察局对警官、警长的委任依考核而定,凡委任警官以上职务,均需填写资格审查表,连同证明文件一并呈送省民政厅,由民政厅审核委任。其条件是"具有内政部警官学校毕业或具有同等学力,在警界服务三年以上者为合格。警长由警察局长录用,年龄在18岁以上30岁以下,具有高小文化程度,体格强健,确无不良嗜好,自愿投入警界服务者为合格"。

1938年,宁夏省民政厅派员到各县考核,对沾染嗜好(吸食鸦片)及年龄较大者予以淘汰,另选有普通警察常识者补充。在吴忠镇设军警联合督察处。由国民党马鸿逵部上校处长王金饶,副处长周占元、狄林芳、稽查3人,书记官和勤务各1人组成。配合警察局活动,有限制集会、结社、检查书报、邮电、违禁物品,以及传讯、拘禁嫌疑人等特权,并设有化装侦探、巡视侦探、坐地侦探等特务组织。

1939年，省民政厅规定，各级警察局长任用的警官，不论其为何人保荐和保升，在委任前先到民政厅考核，合格者方准委任。

1941年春，调整宁夏、宁朔两县区划，宁朔县南移，宁朔县县治从王宏堡迁至瞿靖堡。辖9个乡、48个保、650个甲。李林钧任警察局局长，人员增到70名，有巡官4名，警士分7个班，每班9人。9月，宁夏实施国民兵团训练，全省分为6个自卫总队，宁朔、中宁为第二总队，总队长为马敦厚。金积、灵武为第四总队，总队长为芦仲良。

1942年，宁朔县县治从瞿靖堡迁至小坝堡北街。设宁夏军警联合稽察处金灵分处青铜峡稽察所、贺宁分处大坝稽察所。

1944年1月14日，宁朔县参议会成立，由胡兴庭等11人组成。是年，宁夏各县组织农会，宁朔县10个乡，每乡都建农会，全县共有会员5669人。

1945年，马鸿逵扩大稽查机构，在吴忠镇设立宁夏稽查总处金灵分处，负责金积、灵武两县稽查业务，之下设横城、仁村渡、峡口、宝塔、石沟驿、滚泉6个稽查所。各所设少校或上尉主任1人，稽查、司书各1人，士兵1~2人。

1948年，国民政府制定《战乱期间各省警务处设置方案》，令各省一律设置警务处，实行警保分治。

民国后期，警察机构日趋严密化、系统化，其职能涉及缉奸、清共、捕共、防暴、止乱、治安、正俗、交通、禁烟、禁赌、禁娼、警卫、监狱、卫生等。

第三节　中华人民共和国成立初的人民公安

中华人民共和国成立后，建立新的人民民主专政机构，公安机关是打击敌人、保护人民、保卫社会主义现代化建设的坚强后盾。

1951年1月4日，撤销吴忠堡市，正式成立县级吴忠市，直属宁夏省领导，吴忠市公安局成立。从此，吴忠开始了历史发展的新纪元。

1953年1月，宁夏省第二届各族各界人民代表会议召开，根据政务院颁布的纲要精神和宁夏少数民族分布的情况，讨论制定了推行民族区域自治的工作计划，作出了实施民族区域自治的决议。经西北局报请中央批准，决定在回族人口集中的金积、灵武、同心和吴忠（回族人口占总人口的63.8%）设立专区级的回族自治区，初拟名为“宁夏省河东回族自治区”。同年4月经宁夏省申报，中央批准设立河东回族自治区。

1954年4月22日，河东回族自治区成立，辖吴忠、金积、灵武、盐池、同心县；在现在的利通区朝阳东街地区大院建设自治州行政办公区，将吴忠市区向东延伸，拉开了吴忠最初的城市框架，在中共宁夏省委和省政府的领导下，成立了“金、灵、吴、同”回族自治区筹委会（后更名为“河东回族自治区筹委会”），马腾霭（回族）任主任委员，洪清国（回族）、何义江（回族）、王洪魁（回族）等六人任副主任委员。5月，成立了“金、灵、吴、同”回族自治区临时工委（后更名为“中共河东回族自治区临时工委”），韩效忠、李波任临时工委正、副书记，具体指导筹委会的工作及各县市普选工作。

1955年4月28日，河东回族自治区一届二次人代会议通过决议，改“河东回族自治区”为“吴忠回族自治州”，并选举马腾霭（回族）为州长，粟荣祥、金三寿为副州长。

1958年宁夏回族自治区成立，河东回族自治州改为银南地区行署，从根本上制定了以工业建设带动吴忠经济社会和城市建设发展的蓝图。次年，随着吴忠仪表厂、吴忠五金厂（后为吴忠水泵阀门厂）的建成，吴忠开始兴建楼房，建起局部供水和排水设施，吴忠最长的繁华街道朝阳东街逐步形成，

1959年4月15—20日，河东回族自治区首届人民代表大会在吴忠市召开，正式宣告河东回族自治区成立，大会选出马腾霭（回族）为政府主席；薛池云、金三寿（回族）为副主席；韩效忠等22人为委员。9月，宁夏省建制

撤销并入甘肃省，“中共河东回族自治区临时工委”改为“中共河东地委”，与河东回族自治区政府同受甘肃省委和省政府的直接领导，并代管了盐池县。

1963年，吴忠市改名为吴忠县，属宁夏银南地区，1966年在朝阳街铺设了吴忠第一条沥青路面，街道两旁栽植了沙枣树和白杨树。吴忠自此透射出现代城市的曙光。

第四节　银南地区公安处

1972年4月9日，宁夏回族自治区银南地区行政公署在吴忠县城区成立，辖吴忠、灵武、盐池、同心、青铜峡、中卫、中宁七县，地区行署驻吴忠县。

1973年5月29日，成立银南地区行政公署公安处。内设刑侦科、治安科、预审科、办公室，后陆续增设科室。

1974年1月，银南地区属各县保卫处撤销，银南七县均设公安局。4月18日，改银南地区行政公署公安处为银南地区公安局。

1979年11月，改银南地区公安局为银南地区公安处。

1983年11月10日，国务院撤销吴忠县，恢复吴忠市（县级），仍属银南地区，以吴忠县的行政区域为吴忠市的行政区域，吴忠县公安局改为吴忠市公安局（县级）。

1984年12月17日，撤销青铜峡县，恢复青铜峡市（县级），同时恢复青铜峡市公安局。

20世纪90年代，银南地区公安处内部设政保科、内保科、治安科、技术科、刑侦科、预审科、户政科、办公室、交警队、机要通信科。

1998年1月23日，银南地区公安处更名为银南地区公安局。其他不变。

第五节　吴忠市公安局

1998年5月11日，经国务院批准，撤销原宁夏回族自治区银南地区，设立地级吴忠市，辖利通区、中卫县、中宁县、同心县、盐池县，代管青铜峡市、灵武市。

1998年9月8日，地级吴忠市正式挂牌成立，将原县级吴忠市更名为利通区。利通区是吴忠市政府所在地，是全市政治、经济、文化中心。同时，吴忠市公安局成立。

2000年12月22日，红寺堡开发区公安局举行挂牌仪式。设置办公室、治安科、刑警队和交警队4个队室，共有民警11人。

2000年，吴忠市总人口1973573人。其中：利通区306379人，中卫县335374人，中宁县315900人，盐池县152117人，同心县363630人，青铜峡市245021人，灵武市255152人。

2002年10月25日，宁夏回族自治区人民政府将灵武市由吴忠市代管变更为银川市代管，将红寺堡开发区划归吴忠市管辖。

2003年12月31日，经国务院批准，撤销中卫县，设立地级中卫市；中卫县、中宁县划归新成立的中卫地级市管辖。

2004年8月，设立太阳山移民开发区管委会；2006年8月，成立中共吴忠市太阳山移民开发区工作委员会和太阳山移民开发区管委会。

2005年，吴忠市辖利通区、青铜峡市、盐池县、同心县和红寺堡开发区，全市共有41个乡镇。年末总人口为124.13万人，其中：回族人口60.19万人，非农业人口38.58万人。人口出生率为17.3‰，死亡率为4.78‰，人口自然增长率为12.52‰。有汉族、回族、满族、蒙古族、壮族、朝鲜族、土家族、侗族、苗族、布依族、维吾尔族、东乡族等26个民族，是全国回族主要聚居区之一。

2006年8月，成立中共吴忠市红寺堡移民开发区工作委员会和太阳山移民开发区。2006年11月15日，吴忠市公安局太阳山移民开发区分局（简称太阳山分局）经自治区公安厅和吴忠市编办批准成立（正科级单位），为吴忠市公安局派出机构，行使县级公安机关职权，下设政办室、纪检督察信访法制室、国保大队、治安大队、刑事侦查大队5个内设机构和1个太阳山镇派出所。

2009年10月，自治区下文设立吴忠市红寺堡区，下辖2个镇2个乡，分别为红寺堡镇、太阳山镇、大河乡、南川乡，区人民政府驻红寺堡镇。

2012年12月，吴忠市辖利通区、红寺堡区、青铜峡市、盐池县、同心县和太阳山移民开发区。

吴忠市公安局辖6个县（区）公安局（分局），在职民警1273人，其中在编民警903人，占总人口的6.7%，远低于全国水平，警力严重不足，吴忠市辖区重新调整和规划之后，区域结构发生很大变化，山区人口和面积增大，给公安工作带来巨大压力。

吴忠国家农业科技园区暨孙家滩管委会于2012年11月成立，位于红寺堡区、利通区和灵武市三区市交界地带，面积576平方千米，管辖6个行政村和2个农场（站）及48家牛场，有天然草原80666.67公顷（含扁担沟草原），总人口15800人。

2016年7月27日，经吴忠市委、市政府和自治区公安厅批准设立孙家滩公安分局，系专业分局，为市公安局正科级派出机构。2016年年底，吴忠市有1422830人，其中利通区406142人，红寺堡区175754人，青铜峡市283842人，盐池县171783人，同心县376652人，太阳山8657人。

2018年12月，吴忠市公安局辖利通区分局、红寺堡区分局、太阳山开发区分局、孙家滩开发区分局、青铜峡市公安局、同心县公安局、盐池县公安局；全市公安机关共核定政法专项编制警力1374名（占全市人口总数的9.7%），实有在编民警1310名（占全市人口总数的9.2%）。

2020年12月，吴忠市公安局辖利通区公安分局、红寺堡区公安分局、太阳山分局、孙家滩分局、森林分局、青铜峡市公安局、同心县公安局、盐池县公安局。全市公安机关共核定政法专项编制警力1360人，实有在编民警1261人。市公安局机关共有民警383人，其中政法专项编制326人、事业编及工勤57人；利通区公安分局共有民警309人，其中政法专项编241人、事业编65人、工勤3人；红寺堡区公安分局共有民警165人，其中政法专项编110人、事业编及工勤55人；青铜峡市公安局实有民警338人，其中事业编100人、工勤5人、政法专项编制233人；盐池县公安局共有民警数196人，其中政法专项编158人、事业编29人、工勤9人；同心县公安局共有民警数259人，其中政法专项编219人、事业编37人、工勤3人；太阳山公安分局共有23人，其中政法专项编23人；孙家滩分局共有政法专项编制12人。

一、吴忠市公安局内设机构

1998年9月8日，吴忠市公安局成立。辖利通区公安分局、中卫县公安局、中宁县公安局、同心县公安局、盐池县公安局、青铜峡市公安局、灵武市公安局。

吴忠市公安局内设政治处、纪检委、办公室、国保支队、经侦支队、治安支队、刑警支队、技术科、缉毒支队、法制科、监所管理处、交通警察支队。

2002年9月，吴忠市政府重新核定吴忠市公安局内设机构为16个：政治部、纪检委、指挥中心、刑事侦查支队、防暴巡逻警察支队、办公室、国内安全保卫支队、经济犯罪侦查支队、治安管理支队、缉毒支队、法制处、监所管理处、出入境管理处、警卫处、交通警察支队、强制戒毒所，1个派出所即吴忠市区北片区治安派出所。

2010年1月，市政府重新核定吴忠市公安局19个内设机构和4个派出机构：1.政治部；2.督察部；3.指挥部；4.后勤保障部；5.国内安全保卫支队；6.经济犯罪侦查支队；7.治安管理支队；8.技术侦查支队；9.刑事侦查支队；10.监所管理支队（包含看守所、拘留所、戒毒所）；11.警卫处；12.消防支队；13.出入境管理处；14.网络安全保卫支队；15.禁毒支队；16.交通管理局；17.特警支队；18.警务科技处；19.法制支队。4个派出机构为利通区公安分局、红寺堡区公安分局、太阳山移民开发区公安分局、森林公安分局。

吴忠市公安局辖利通区公安分局、红寺堡区公安分局、青铜峡市公安局、盐池县公安局、同心县公安局、太阳山移民开发区公安分局、森林分局。

2015年吴忠市公安局内设机构有政治部、督察部（纪检委）、指挥部（办公室）、警务保障处、国内安全保卫支队、经济犯罪侦查支队、治安管理支队、行动技术支队、刑事侦查支队、监所管理支队、看守所、拘留所、强制隔离戒毒所、警卫处、出入境管理处、禁毒分局、网络安全保卫支队、警务科技处、特警支队（反恐支队）、法制支队（直属分局）、交通管理局，直属管理利通区公安分局、太阳山公安分局、红寺堡区公安分局。

2018年年底，吴忠市公安局内设机构有政治部、督察部（纪检委）、指挥部（办公室）、警务保障处、国内安全保卫支队、经济犯罪侦查支队、治安管理支队、行动技术支队、刑事侦查支队、监所管理支队、看守所、拘留所、强制隔离戒毒所、警卫处、出入境管理处、禁毒分局、网络安全保卫支队、警务科技处、特警支队（反恐支队）、法制支队（直属分局）、交通管理局，直属管理利通区公安分局、红寺堡区公安分局、太阳山公安分局、孙家滩公安分局。

至2020年，吴忠市公安局内设机构：

（一）政治部：1.综合科（机关党委），2.组织人事科（2015年12月将原教育训练科更名为组织人事科），3.教育训练科（2015年12月增设），4.宣传科（2019年7月增设）；（二）督察部：1.警务督察支队（监察室），2.信访督办室，3.审计室；（三）指挥部（办公室）；1.指挥调度科，2.情报科（情报信息中心），3.机要文秘科（保密办）；（四）警务保障处；（五）国内安全保卫支队（加挂境外非政府组织管理办公室牌子）：机动侦察队；（六）治安管理支队（加挂爆炸危险物品监管大队、食品药品和环境污染犯罪侦查支队牌子）：1.治安行动队，2.基层基础大队（2019年7月设立），3.治安大队；（七）刑事侦查局：1.刑事侦查支队［内设有组织犯罪侦查大队（一大队）、技术情报大队（二大队）、大要案侦查大队］，2.经济犯罪侦查支队；（八）禁毒局：1.综合科，2.毒品案件侦查大队，3.禁吸禁种大队。（九）侦查保障局：1.技术侦查支队（2015年12月将原行动技术支队更名为技术侦查支队，内设指挥中心、技术保障大队、2019年7月增设案审大队、青铜峡市技术侦查大队、盐池县技术侦查大队），2.网络安全保卫支队（加挂吴忠市网络与信息安全通报中心牌子），网络特侦大队（2020年8月增设）3.警务科技处；（十）监所管理支队：1.看守所［内设综合科、管教一大队、管教二大队、管教三大队（女子大队）、管教四大队、管教五大队、看守勤务大队］，监察留置大队（2020年8月增设）2.拘留所（内设综合科、管教大队），3.强制隔离戒毒所；（十一）警卫处；（十二）出入境管理处；（十三）交通管理局：1.政办室，2.警务保障室，3.法制宣传大队，4.秩序管理大队，5.车辆管理所，6.交通管理一大队，7.交通管理二大队；（十四）反恐支队（特警支队、民警培训中心）：1.反恐大队，2.特警大队；（十五）法制支队（行政审批办公室）；（十六）森林公安局［森林警察支队，食品药品和环境污染犯罪侦查支队（2020年8月调查机构），法制室］。

二、市（县、区）公安局

（一）利通区公安分局

利通区公安分局前身为金积县公安局，始建于1949年9月。中华人民共和国成立后，金积县公安局先后历经了吴忠回族自治州公安处、吴忠市公安局、吴忠县公安局、吴忠县保卫处、吴忠市公安局、利通区公安分局等六个时期，在对敌斗争、保卫政权建设、维护社会稳定、保护国家和人民利益、保卫社会主义建设、捍卫国家安全诸多方面做出了重大贡献。特别是2004年以来，分局大力倡导和弘扬“开拓创新、团结实干、争创一流”的利通公安精神，在改革中求进步、在创新中谋发展，创造了瞩目的成绩，经过两届领导班子的励精图治，到2013年，分局有民警196人，内设三室四大队（政工纪检室、办公室、法制督察室，治安、刑警、国保、禁毒大队），辖9个治安派出所和2个专业派出所（草原所和公交所）。分局先后获全国集中处理群众信访问题先进集体、全国追逃先进基层单位、全国治理自行车被盗问题先进集体、全区优秀公安局、全区优秀执法单位、全市政法先进集体等二十余项称号。

1949年9月24日，金积县公安局成立。

1950年2月3日，吴忠镇（县级）公安局成立。

1954年9月，河东回族自治州公安处成立。1957年2月，吴忠市公安局（县级）设预审科。

1958年成立吴忠市公安局（县级）和金积县公安局。1960年，金积县公安局随县建制撤销，设立吴忠市金积堡派出所。1961年5月，吴忠市公安局设吴忠镇派出所。1961年6月，设马莲渠派出所，1961年11月，设金积派出所。1963年5月更名为吴忠县公安局。

1967年9月3日，吴忠县公支局实行军事管制，成立吴忠县革命委员会保卫处，1970年3月，设金银滩派出所，原名为九公里派出所。1973年结束军事管制，随之撤销军事管制委员会和保卫处称谓，恢复公安局名称。1973年10月，设巴浪湖派出所，原名为巴浪湖农场派出所。1980年3月，设刑事侦查大队。1980年12月，设行政拘留所。1982年3月，设东塔寺派出所。1982年3月，设陈袁滩派出所，1983年3月，设政工监督室，原名为政工科，设国内安全保卫大队。

1984年1月，吴忠县公安局随县改市恢复为吴忠市公安局（县级）。1984年4月，吴忠市公安局（县级）设交通警察大队。1985年3月，设高闸派出所。1985年5月，设早元派出所。1985年6月，设办公室。1985年6月，设杨马湖派出所。1985年7月，设市场派出所。1985年8月，设板桥派出所。1986年10月，设治安管理大队。1986年12月预审科并入刑警队。1987年7月设看守所。1990年，设扁担沟派出所。1997年1月，设朝阳街派出所。1997年1月，设民生街派出所。

1998年4月更名为利通公安局，2003年4月更名为利通区公安分局。辖8个镇4个乡，95个村民委员会17个居委会。总人口为373580人，其中非农业人口179688人，回族人口213642人。

2002年7月，设强制戒毒所、戒毒实验中心、道路交通派出所。2002年8月，成立监管大队、110巡警大队、警务督察大队，撤销吴忠镇派出所，办公室更名为行政管理科，设消防大队、禁毒大队，成立法制大队，设指挥中心。

2003年5月撤销马莲渠派出所、巴浪湖派出所、杨马湖派出所、扁担沟派出所，看守所并入监管大队，戒毒实验中心与强制戒毒所合并，道路交通派出所并入交通警察大队。

2004年6月，划归青铜峡市公安局管辖。1982年9月，设马家湖派出所，2003年5月撤销。1982年9月，设古城派出所。1982年9月，设高糜子湾派出所，2003年5月撤并。1982年10月，设上桥派出所，原名为东风派出所。1982年10月，设秦渠派出所。2003年1月，设草原治安派出所。2003年5月，设黄沙窝派出所。2003年5月撤销。1982年10月，设汉渠派出所，2003年5月撤销。

2010年1月，设滨河派出所；同时设道路交通派出所，后更名为公交派出所。

2011年6月办公室更名为指挥中心，设立督察大队，设经济犯罪侦查大队、交巡警大队、警务保障室。

2020年12月底，利通区公安分局内设机构：1.政工监督室（挂督察大队牌子）；2.指挥中心（办公室）；3.警务保障室；4.国内安全保卫大队（境外非政府组织管理办公室）；5.经济犯罪侦查大队；6.治安管理大队（挂爆炸危险物品监管大队和出入境管理大队牌子）；7.刑事侦查大队；8.禁毒大队（挂禁毒办牌子）；9.网络安全保卫大队（2019年7月设立）；10.法制大队。

（二）红寺堡区公安分局

红寺堡区位于宁夏中部，是国家大型水利枢纽工程——宁夏扶贫扬黄灌溉工程（“1236”工程）的主战场，是全国最大的生态扶贫移民集中区，1998年开发建设，2009年9月经国务院批复设立吴忠市红寺堡区，行政区域面积2767平方千米，辖2个镇3个乡、1个街道办事处、61个行政村、2个城镇社区。历经十余年艰苦创业，累计开发整理水浇地50万亩，易地搬迁安置宁南山区8个县移民20万人（其中农业人口17.5万人，回族人口11.1万人。回族人口占总人口的61%），谱写了“沙丘起高楼，荒漠变绿洲”的生态建设壮歌，从根本上解决了宁南山区贫困群众温饱问题。

1999年9月2日，自治区编委批准成立吴忠市公安局红寺堡开发区公安分局，为吴忠市公安局的派出机构，正科级，接受管委会和吴忠市公安局的领导。科级领导职数一正二副。

2000年12月22日，红寺堡开发区公安局举行挂牌仪式。同日设置办公室、治安科、刑警队和交警队4个队室，共有民警11人。

2002年5月1日，红寺堡区看守所和行政拘留所开工建设。

2002年8月8日，红寺堡派出所、大河派出所、买河派出所三个派出所正式挂牌成立。

2002年9月19日，红寺堡开发区公安局接管同心县新庄集派出所，红寺堡开发区公安局新庄集派出所挂牌成立。

2003年3月11日，红寺堡开发区公安局接管原同心县石碳沟派出所。

2003年3月23日，挂牌成立草原派出所。

2004年6月1日，设立法制科。

2004年6月1日，红寺堡开发区公安局巡警大队挂牌成立。

2005年5月1日，设立红寺堡开发区消防大队。

2005年8月1日，设立指挥中心、国保大队和缉毒大队。

2010年5月5日，经批准，红寺堡开发区公安局变更为吴忠市公安局红寺堡区分局，设政工监督室、指挥中心、警务保障室、法制大队、国保大队、治安大队、刑侦大队、禁毒大队、交管大队、消防大队、红寺堡派出所、南川派出所、沙泉派出所、大河派出所、草原派出所、看守所及拘留所。吴忠市委常委、政法委书记、市公安局局长徐耀，自治区公安厅办公室主任张荣、红寺堡区委书记南武征，区委副书记、区长徐军，区委副书记、区政协主席马鑫，自治区公安厅铁路、森林、石油公安局，自治区劳教所主要领导，市公安局副局长毕顺元、何泽祥，市公安局政治部主任许文昌，各县(市、区)公安(分)局的主要领导，红寺堡区委、区人大、区政府、区政协有关部门领导，红寺堡区委政法委、检察院、法院、司法局领导和全体政法干警以及武警消防官兵共400余人参加了挂牌仪式。

至2012年年底，红寺堡区公安分局有民警83人，设政工监督室、指挥中心、警务保障室、法制大队、治安大队、国保大队、禁毒大队、刑侦大队、交管大队、消防大队、红寺堡派出所、南川派出所、沙泉派出所、大河派出所、草原派出所、看守所、拘留所17个室、队、所。

2013年2月1日，《关于吴忠市公安局红寺堡区分局南川派出所和沙泉派出所更名的批复》(吴公发〔2013〕10号)将原吴忠市公安局红寺堡区分局南川派出所更名为吴忠市公安局红寺堡区分局新庄集派出所，原吴忠市公安局红寺堡区分局沙泉派出所更名为吴忠市公安局红寺堡区分局柳泉派出所。新设红寺堡区公安分局弘德派出所。

2020年12月底，红寺堡分局内设机构：1.政工监督室(加挂督察大队牌子)；2.指挥中心(挂办公室牌子)；3.警务保障室；4.国内安全保卫大队(2019年7月挂境外非政府组织管理办公室牌子)；5.治安管理大队(挂爆炸危险物品监管大队的牌子，2016年加挂出入境管理大队牌子)；6.刑事侦查大队；7.禁毒大队(挂禁毒办牌子)；8.交通管理大队；9.法制大队；10.经济犯罪侦查大队(2019年7月设立)。

(三)青铜峡市公安局

青铜峡市位于宁夏平原中部，总面积2525平方千米。辖8个镇，1个办事处，3个农(林)场，82个村委会，452个村民小组。总人口27.76万人。

青铜峡，历史悠久。清雍正二年(1724年)，清朝政府颁发信印，置宁朔县(今名为青铜峡市)治，属甘肃省宁夏卫，县署在宁夏卫(今银川市西夏区)，知县兼掌司法。清光绪三十一年(1905年)九月，宁朔县设巡警局。光绪三十三年(1907年)春，撤巡警局为巡警署，由警务长、分区区官和巡官、警长组成。清宣统元年(1909年)十月，宁朔县设巡警总局1处，南关设分局1处，其他要隘之处设分局10处，共12局，由典吏、候补守备分任巡长，另由镇标拨防勇110名充当巡丁。

民国时期宁朔县所设的警察机关，维护的是封建统治阶级少数人的利益，不能有效地保护广大人民群众。

1913年，原宁夏辖区宁夏府改为朔方道，辖宁朔县。宁朔县址移至满城（今银川市新城即金凤区），设巡警局1所、分局5处，有警官1人、巡兵120人。

1914年，改各县巡警为警备队。1917年7月，设甘肃省警务处，宁朔县始设旧制警察机构，由巡警总局改为警察所，县知事兼任所长。设瞿靖派出所一处。1917年12月，设宁朔县警察局。

1919年，宁朔县警察局改为警察所，所长由县知事兼任，增设李俊派出所。

1932年，宁朔县政府迁址王宏堡（今望洪镇）。宁朔县公安局定为一等局，有局长1人（县助理员兼任）、主任1人、巡官2人、书记1人、警官6人、警士40人。

1941年春，调整宁夏、宁朔两县区划，宁朔县南移，宁朔县县治从王宏堡迁至瞿靖堡（今瞿靖镇）。辖9个乡、48个保、650个甲。

1942年，宁朔县县治从瞿靖堡迁驻小坝堡北街（今青铜峡市市区裕民街道办事处）。设宁夏军警联合稽察处金灵分处青铜峡稽察所，贺宁分处大坝稽察所。

1946年，宁朔县警察局，为维护旧统治体系，警察人数增至63人，其中局长1人、主任1人、巡官2人、书记1人、警长6人、警士48人。

1949年9月24日，中国人民解放军63军189师565团进驻小坝，宁朔县解放。

1949年10月14日，宁朔县公安局成立，设秘书室、一股（政保股）、三股（治安股）、四股（预审股）；有专职干部8人，下设1个警卫队。1950年2月，设看守所隶属预审股；1954年2月，设经保股，1955年撤销；1956年5月，设仁存渡口派出所，1958年撤销；1960年3月，设消防队。

1953年，宁朔县公安局设政治协理员。

1954年8月，宁夏省建制撤销。原宁夏划归甘肃省的地方分别设立银川专区和吴忠回族自治州，同时成立银川专区公安处、吴忠回族自治州公安处。宁朔县公安局归吴忠回族自治州公安处领导。

1958年10月，成立宁夏回族自治区，辖宁朔县。

1960年8月15日，撤宁朔县，设立青铜峡市（县级），市人民委员会驻地青铜峡镇，设立青铜峡市筹委会公安处。设政治处、秘书科、政保科、预审科、看守所、拘留所、小坝分局、瞿靖派出所、青铜峡派出所。1961年青铜峡市公安局编制人数43人（拟编75人），辖分局、派出所5个，即小坝分局（6人）、瞿靖派出所（4人）、叶盛派出所（4人）、城市派出所（6人）、峡口派出所（4人）。1963年6月29日青铜峡市撤销，设立青铜峡县，成立青铜峡县公安局，县人民政府迁址小坝。改为青铜峡分局；1961年，青铜峡派出所更名为城市派出所；1961年9月，设叶盛派出所；1961年9月，设峡口派出所，1963年6月29日，青铜峡市公安局更名为青铜峡县公安局，设政治教导员。小坝分局改为小坝派出所；1964年7月，设立青铜峡镇公安分局，设立城关派出所。1966年5月“文化大革命”开始，县公安局工作停止办公。1972年12月恢复。

1968年3月，县革委会保卫处成立，下设办公室、政保组、治安组、审判组、看守所。

1969年，增设“打击投机倒把办公室”、“深挖办公室”（即深挖叛徒、特务、反革命分子和走资派办公室）。

1972年12月，公安工作恢复，仍由县革委会保卫处管辖。下设秘书股、政保股、治安股、预审股、政治协理室。1974年1月14日，撤销县保卫处，恢复县公安局。1974年5月，恢复河东派出所。

1976年，恢复消防中队，1980年改为消防科，1982年1月更名为消防股，1983年4月更名为消防科。1997年1月，成立消防大队，隶属于吴忠消防支队（正营级）。

1979年9月，成立刑侦队，1980年1月更名为刑警队，1983年4月改为刑侦队。

1980年1月，成立内保股，1983年4月更名为内保科，1999年4月撤销，部分职责归国保大队，部分职责归治安大队管辖。

1982年3月22日，进行机构改革，一乡一所，青铜峡县公安局设峡口派出所、城关派出所（原小坝公安派出所更名为城关派出所）、河西派出所（2003年7月撤销新成立河西派出所、驻地搬入铝厂生活区内）、大坝派出所（1984年3月28日并入城关派出所）、中滩派出所（2003年7月撤销部分并入小坝派出所、大坝派出所和陈袁滩派出所）、叶盛派出所（2002年8月更名为叶升派出所、2013年8月1日更名为叶盛派出所）、邵岗派出所（2002年8月更名为邵刚派出所）、蒋顶派出所（2003年7月撤销并入瞿靖派出所）、小坝派出所（1984年3月28日并入至城关派出所）、广武派出所（2003年7月撤销并入河西派出所）、立新派出所（2003年7月并入大坝派出所）。

1983年4月，根据全国政法工作会议精神，县公安局将秘书股改为秘书科，政保股改为政保科，治安股改为治安科，预审股改为预审科（1999年4月归刑侦大队），政治协理室改为政工科。

1984年12月17日，撤销青铜峡县，恢复青铜峡市。成立青铜峡市公安局。1989年，市公安局共有民警133名，设正副局长3名、教导员1名。

1986年12月，成立交通警察队，1996年5月更名为交警大队，2009年更名为青铜峡市公安局交通管理大队；1992年9月，成立法制科，1999年4月更名为法制室；1992年10月，成立技术科，1999年4月并入刑侦大队为技术中队；1993年5月，成立户政科，1999年4月并入治安大队；1993年5月，成立巡逻警察队，2003年7月撤销；1995年，成立市场派出所，2003年7月撤销；1996年5月，成立刑侦大队、广武派出所（2003年7月撤销并入河西派出所）、甘城子派出所（2003年7月撤销并入邵刚派出所）、连湖派出所（2003年7月撤销并入邵刚派出所）；1997年5月，成立强制戒毒所，与行政拘留所合署，一套人马、两块牌子；1997年8月，成立110报警服务指挥中心，1999年4月归办公室管辖；1999年4月，成立国内安全保卫大队、治安大队（承担原内保科部分职责）、经济侦查大队、监管大队（辖看守所和拘留所）、纪检监察室、政工室（2009年9月更名为政工监督室、加挂督察大队牌子）、办公室（2002年8月更名为指挥室、2009年9月更名为指挥中心、加挂办公室牌子）、法制室、铝城分局（2002年8月撤销，并入河西派出所，驻地搬至青铜峡铝厂生活区域内）；2002年8月，成立北苑派出所，2006年并入城关派出所；2002年8月，成立朔光派出所，2006年合并于大坝派出所，2008年5月恢复；2002年8月，成立警务督察大队，2009年9月并入政工室；2004年6月吴忠市公安局利通区公安分局陈袁滩派出所划归青铜峡市公安局管理。

1996年5月，市委批准成立公安局纪检室，设正科级主任1名。

1999年，青铜峡市公安局实行机构改革，各项工作发生了质的突破，工作成绩突出，被公安部授予“全国优秀公安局”称号，公安局领导干部的职级也相应地提高，局级领导全部为正科级，设局长1名、政委1名、副政委1名、副局长3名。下设正科级机构10个，副科级机构9个，正科级大队、派出所及铝城分局设大队长（所长、分局长）1名、副职1~2名、教导员1名。副科级派出所设所长1名、指导员1名，并给部分股级派出所所长以副科级侦察员待遇。

2000年10月，经市编制委员会决定，将政工室、警务督察队组建为政工纪检警务督察室。同时决定市公安局领导职数为6名，即局长1名、副局长3名，政委、副政委各1名，均为正科级。内设机构领导职数为23名，其中正科级5名，副科级18名。公安局办公条件大为改观，警务装备逐步适应新形势的需要，各项工作井然有序，各项工作都走在先进行列。被公安部授予“全国优秀公安局”称号，被自治区公安厅授予“人民满意公安局”称号。

2007年警务改革，按照“警力跟着警情走，警力适应警务”的原则，青铜峡市公安局将经侦大队、缉毒大队划归刑侦大队管理。

2009年9月，成立警务保障室；2009年9月，治安大队加挂爆炸危险物品监管大队牌子；2009年9月，禁毒大队加挂青铜峡市禁毒委员会办公室牌子；2009年9月，成立黄河库区派出所，在原广武派出所驻地办公。

2011年8月8日，吴忠市公安局将青铜峡市看守所并入吴忠市公安局看守所，所址设在原青铜峡市新建看守所内；将青铜峡市行政拘留所并入吴忠市公安局行政拘留所，所址设在青铜峡市新建拘留所内；2011年10月8日，成立特巡队，隶属交通管理大队。

2020年12月底，青铜峡市公安局内设机构：1.指挥中心；2.政工监督室；3.法制室；4.警务保障室；5.国内安全保卫大队；6.治安管理大队；7.刑侦大队；8.交通管理大队；9.经济犯罪侦查大队；10.禁毒大队。

（四）盐池县公安局

夏、商、周时，为少数民族游牧地，史称"戎狄居地"。战国时秦在今盐池县置昫衍县，与乌氏县同为宁夏地区有行政设置之始。秦始皇统一中国后，实行郡县制，昫衍属北地郡，汉同秦制。三国时，盐池曾先后属前赵、后赵、前秦、后秦。北燕正始元年（407年）匈奴铁费部赫连勃勃建立夏国，盐池为其腹地。北魏统一北方后，置西安州，盐池属其管辖。西魏改西安州为盐州。北周时，盐池大部属盐州五原郡。隋废五原郡，改置盐川郡，盐池属其管辖。唐代，改盐川郡为盐州，唐神龙年间在今盐池县西南部惠安堡置温池县，先后属灵州、威州。今盐池县大部分属盐州五原县，北宋及西夏建立后，盐州属其管辖。元代，盐州并入环州。明正统八年（1443年）在今盐池置花马池营，明成化年间再筑花马池城（今盐池县城），明弘治六年（1493年）改置为花马池守御千户所，明正德二年（1507年）又改为宁夏后卫。清雍正时，废卫所改称州县，宁夏后卫改为灵州花马池分州，属甘肃省朔方道（亦称宁夏道）。

中华民国成立后，于1913年将花马池分州改置为盐池县。此时亦将原属灵州管辖的惠安、盐积、隰宁、萌城四堡划归盐池县管辖，县行政公署官员中设警佐1人，管理警务，下设警备队。1917年改警备队为警察所。1928年改为公安局，惠安堡设分局，1929年宁夏省建立，盐池县属其管辖。1935年年初又改为警察所，县长兼任所长，下设警佐1人，办理警务，9月，复改为公安局，设在惠安堡。1936年中国工农红军解放了盐池，建立了工农政权（亦称苏维埃）保卫部，不久，改为抗日民主政权，属陕甘宁边区三边分区。6月，曹广英任县保卫部部长，开展侦察、治安、审讯等项公安业务，并有警卫队员20多人，武器装备简陋。1937年改为保安科，配干部5人，此时国民党宁夏省在惠安堡建立盐池县政府，管辖当时已被红军解放不久后撤退放弃的惠安堡、萌城堡等地，形成两个盐池县并存的局面。1941年保安科配干部8人，直辖一个警卫队，40人左右，并设有看守所，设有所长、看守员。1947年，国民党军队进攻陕甘宁边区，宁夏马鸿逵部出兵配合，侵占了盐池县的大部分地区。因此，陕甘宁边区盐池县政府迁至县境南部山区李塬畔时，警卫队并入县游击队。国民党宁夏省盐池县政府迁至盐池县城。

1949年8月，陕甘宁边区收复盐池（此前在1947年7月曾恢复过一次，时仅月余又撤退）。盐池县政府由山区返回县城。9月，宁夏全省解放。中华人民共和国成立后，陕甘宁边区撤销，两个盐池县并存13年之久的局面结束。

盐池县位于宁夏回族自治区东部，为吴忠市辖县，是宁夏滩羊集中产区。历史上为中国农耕民族与游牧民族的交界地带。县政府驻城关镇。县境由东南至西北为广阔的干草原和荒漠草原，以盛产咸盐、滩羊皮毛、甜甘草著称。驰名中外的宁夏滩羊是盐池主要经济来源。县城北、东、西南分布着大小20余个天然盐湖，因此得名"盐池"。总面积8661.3平方千米，是宁夏版图面积最大的县。辖4个镇4个乡，98个村委会，11个居委会，675个村民小组。

1949年9月24日，宁夏全境解放，盐池县人民政府公安机关仍沿称保安科。

1950年8月，保安科改为公安局，设立秘书、治安、政保、预审4个股，并建立惠安堡派出所。县警卫队改称保安队。1951年又改称公安队。

1951年，宁夏省撤销并入甘肃省，盐池县属甘肃省河东回族自治区。

1955年，河东回族自治区改为吴忠回族自治州，盐池县属该州。

1955年8月，公安队改为人民武装警察，直属县公安局领导。

1958年，宁夏回族自治区成立，盐池县直属自治区。

1964年，增设大水坑派出所。

1966年6月，县委第十一次行政会议研究决定在大水坑设立公安派出所。

1968年2月，实行军管，成立盐池县革命委员会保卫处（设办公室、保卫组、法庭组、接待室、专案办公室），行使公、检、法权力。秋季公安民警大多数进了干校。

1969年，增设城关派出所。

1972年，银南地区成立，盐池县属银南地区。

1972年，增设冯记沟派出所。

1974年，盐池县革命委员会设公安局。

1975年，成立了盐池县公安局党委，以加强党对公安工作的领导。

1981年，盐池县人民政府恢复，盐池县公安局属盐池县人民政府的职能部门。

1981年，公安局辖设五股一队、二所，即秘书股、政保股、治安股、预审股、消防股、刑侦队、看守所、行政拘留所，以及城关、大水坑、惠安堡、麻黄山、冯记沟、高沙窝6个派出所。领导设书记、教导员1人，局长1人，副局长2人。同年12月新建王乐井派出所。

1981年7月，公安局党委重新划分党支部：刑警队、消防股为一支部，治安股、政内保股为二支部，预审股、看守所、秘书股为三支部。

1982年，公安局干警增加50多名，下设秘书股、政保股、内保股、治安股、预审股、消防股、刑警队、武警队。

1983年4月，设立城郊派出所、高沙窝派出所、青山派出所、王乐井派出所、麻黄山派出所。

1984年3月，股、队改为科，为副级单位。全局设有秘书、治安、预审、刑侦、政保、消防、政工7个科。

1984年，在大水坑采油三厂设立企业公安派出所，对内是保卫科，对外是公安派出所。编制由企业内部调剂解决，经费由企业开支。装备、服装由公安机关价拨。派出所受企业党委和公安机关双重领导；公安业务工作以公安机关领导为主。

1985年，成立盐池县机械化林场派出所，编制3人。派出所实行双重领导，党政、财政由林业部门负责。业务上属于县公安局领导。武器、装备由自治区公安厅价拨。1991年10月，“盐池县林业公安派出所”移交给县林业局，业务仍由县公安局管理。林业派出所编制5人。

1986年，新增纪检组（副科级）。

1987年，实行公务员制，盐池县公安局定编67人。

1988年，县交通监理站归口公安局管辖，对内称交通科，对外称交警队，定编8人。同年，看守所、拘留所统称为监管大队，管理编制7人，其中所长1人，教导员1人，均系民警序列。

1989年，县公安局机构设置有刑侦科、治安科、预审科、政内保科、交通管理科、消防科、秘书科、政工科、纪检组、看守所、行政拘留所和8个基层派出所。

1990年2月，城关、大水坑派出所由股级单位升格为副科级单位。

1990年3月，经县政府批准增设户政科，负责户口管理和居民身份证的发放工作。

1991年，成立盐池县公安局滩羊场派出所，管辖盐池县4个乡镇16个放牧站，业务由县公安局领导，人员、经费由滩羊场负担。

1991年6月，经自治区公安厅批准成立盐池县草原经济民警队，经济民警队的行政管理及经费由县畜牧局负责，业务指导由县公安局负责，所需服装由公安厅价拨。

1994年，经自治区公安厅批准，新设了后洼、萌城、红井子、马儿庄、鸦儿沟、王乐井、柳杨堡、苏步井8个派出所，其中城关、大水坑派出所为副科级所。

1997年，盐池县公安局政治教导员改名为政治委员。

1997年，根据公安部关于公安机关机构改革的意见，公安厅机构改革“三定”方案已经自治区人民政府批准。县公安局内部机构设置为三室六大队，即指挥室、政治工作室、法制室；政内保大队、治安大队、刑事侦查大队、预审监管大队、交警管理大队、消防大队。

1998年9月，银南地区改为吴忠市（地级），辖盐池县。

1998年，根据《盐池县党政机构改革方案》，按照“转变职能、理顺关系、精兵简政、提高效率”的原则，确定公安局职能配置、内设机构和人员编制方案。县公安局内设4个室、8个大队，即办公室、政工室、纪检督查室、法制室、政保大队、治安大队、刑警大队、缉毒大队、监管大队、交警大队、110处警大队、消防大队，以及16个乡镇派出所，人员编制126人，其中公安行政编制91人，地方行政编制35人。有后勤服务人员4人，定为事业编制。

1999年6月，经县人民政府批准成立盐池县公安局草原派出所。

2002年，县公安局内设机构有指挥室、政治工作室、法制室、国内安全保卫大队、经济犯罪侦查大队、治安管理大队、刑事侦查大队、监管大队、交通警察大队、消防大队、巡逻警察大队、缉毒大队。

2004年，县公安局内设1个中心，即指挥中心（内辖调度中心、巡逻警察队、网络中心）；3个室，即政治工作及办公室（简称政办室）、纪检督查室、法制室；8个大队，即国内安全保卫大队、经济犯罪侦查大队、治安管理大队、刑事侦查大队（内辖情报技术中队）、监管大队（内辖看守所、治安拘留所）、交通警察大队（内辖事故处理中队、五小车辆办证中心）、消防大队（现役编制）、缉毒大队；辖9个公安派出所，其中，中心公安派出所4个（花马池所、大水坑所、惠安堡所、高沙窝所），普通公安派出所4个（青山所、王乐井所、冯记沟所、麻黄山所），专业公安派出所1个（草原所）。

2010年6月，成立巡防大队。

2011年6月2日，城区治安巡防大队正式挂牌成立。

2011年10月，成立女子交警中队。

2020年12月底，盐池县内设机构：1.指挥中心（挂办公室牌子）；2.政工监督室（挂督察大队牌子）；3.法制室；4.警务保障室；5.国内安全保卫大队；6.治安管理大队（挂爆炸危险物品监管大队牌子、出入境管理大队牌子）；7.刑事侦查大队；8.交通管理大队；9.禁毒大队（挂禁毒委员会办公室牌子）；10.经济犯罪侦查大队。

（五）同心县公安局

同心县位于宁夏中南部，全县总面积4662.16平方千米。辖7个镇4个乡，2个管委会，196个村委会，6个居委会。总人口38.16万人，其中回族人口32.73万人。

1949年11月，同心县公安局成立，设立秘书科。

1954年，同心县公安局设立政治助理室。

1982年1月，同心县公安局设立政工科。

1984年3月2日，政工科与秘书科合并，改为政秘科。

2007年，政办室分为政工室和办公室，有政工民警3人。

1992年8月，增设羊路乡、下流水乡、喊叫水乡、纪家乡、张家塬乡、马高庄乡、窑山乡、新庄集乡、田老庄乡、石炭沟开发区、同心市场等11个派出所。

1999年6月，同心县公安局政保大队更名为国内安全保卫大队，同时，撤销同心县公安内保大队，成立经济犯罪侦查大队。

2002年3月，设指挥室、政治工作室、法制室、警务督察大队、国内安全保卫大队、经济犯罪侦查大队、治安管理大队、刑事侦查大队、监管大队、交通警察大队、消防大队、巡逻警察大队、缉毒大队。

2003年1月，成立同心县公安局草原治安派出所。

2003年7月，成立同心县公安局税侦分队。

2003年2月，成立同心县公安局防暴巡逻警察大队。

2003年7月，成立同心县公安局保安服务公司。

2003年10月，撤销羊路乡、下流水乡、纪家乡、张家塬乡、马高庄乡、窑山乡、田老庄乡、城关等8个派出所。

2005年1月，县编办核定同心县公安局内设机构为办公室、纪检组、政治工作办公室、法制室、户政室、国内安全保卫室、刑事侦查大队、治安大队、交通警察大队、经济侦查大队、缉毒大队、巡警大队、监管大队、消防大队，同时，设置豫海、河西、丁塘、王团、韦州、预旺、下马关、石狮、市政、草原10个派出所。

2005年4月，同心县林业派出所更名为同心县公安局森林派出所。

2008年9月，设置指挥中心（加挂办公室牌子）、政工监督室（加挂督察大队牌子）、法制室、警务保障室、禁毒大队、国内安全保卫室、刑事侦查大队、治安管理大队、交通管理大队、经济侦查大队、看守所、拘留所、戒毒所；设置豫海、河西、丁塘、王团、韦州、预旺、下马关、石狮、兴隆、市政、草原11个派出所。

2009年6月，增设同心县公安局交警大队所属农用三轮车辆管理站。

2020年12月底，同心县公安局内设机构：1.政工监督室（挂督察大队牌子）；2.指挥中心（挂办公室牌子）；3.警务保障室；4.法制大队（2013年7月由法制室更名为法制大队）；5.国内安全保卫大队（2019年11月加挂境外非政府组织管理办公室牌子）；6.治安管理大队（挂爆炸危险物品监管大队牌子）；7.刑事侦查大队；8.交通管理大队；9.禁毒大队（挂禁毒委员会办公室牌子）；10.经济犯罪侦查大队；11.出入境管理大队（成立于2014年4月）。

（六）太阳山移民开发区公安分局

太阳山移民开发区地处盐池、同心、红寺堡三县（区）交界处。

2004年8月，设立太阳山移民开发区管委会；2006年8月成立中共吴忠市太阳山移民开发区工作委员会和太阳山移民开发区管委会。

2006年11月15日，吴忠市公安局太阳山移民开发区分局（简称太阳山分局）经自治区公安厅和吴忠市编办批准成立（正科级单位），为吴忠市公安局派出机构，行使县级公安机关职权，下设政办室、纪检督察信访法制室、国保大队、治安大队、刑事侦查大队5个内设机构和1个太阳山镇派出所。核定局长、政委各1名（正科级）、副局长2名（副科级）；核定公安专项编制12名，编制在吴忠市公安局。由王义任吴忠市公安局太阳山移民开发区公安分局筹建小组组长。

治安大队2007年列管8家旅馆，2008年列管14家旅馆，2009年列管29家旅馆，2010年列管43家旅馆，2011年列管44家旅馆，2012年列管34家旅馆。

2007年3月5日，自治区公安厅下文，将太阳山镇派出所更名为暖泉派出所。

2007年4月17日，设立太阳山移民开发区公安分局交通警察大队。

2007年6月，太阳山消防大队成立。消防站于2009年5月开始施工建设，同年12月竣工并投入使用。消防中队成立于2010年11月。营区占地44.7亩，营房总建筑面积3050平方米（综合楼2900平方米，训练塔150平方米）。大队编制干部5人，中队编制干部3人，战士21人。大队有消防车3辆，其中抢险救援车1辆、水罐车1辆、22米高喷消防车1辆；行政执法车2辆，生活保障车1辆。有防护类装备504件（套），灭火类747件（套），抢险救援类99件套。2007年6月至2012年，大队共开展消防安全培训22次，约4400人次接受培训教育。消防中队共发生火灾22起，无人员伤亡，火灾共造成直接财产损失523036元。2011年6月17日，通过竞聘上岗，李守亮任太阳山分局国保大队大队长，任国雄任治安大队大队长，强生明任暖泉派出所所长（副科级）。

2011年6月27日，因警力不足，分局决定治安大队、国保大队、暖泉派出所合并办公，由治安大队大队长负责全面工作。

2012年12月，分局内设机构有6个（政办室、法制大队、治安大队、刑侦大队、交警大队、国保大队），派出机构1个（暖泉派出所），有在编在职民警18名，协警32名。

2020年12月底，太阳山分局内设机构：1.政办室；2.法制大队；3.治安管理大队（爆炸危险物品监管大队）；4.刑事侦察大队；5.交通管理大队；6.国内安全保卫大队（境外非政府组织管理办公室）。

（七）孙家滩分局

吴忠国家农业科技园区暨孙家滩管委会于2012年11月成立，位于红寺堡区、利通区和灵武市三区市交界地带，面积576平方千米，管辖6个行政村和2个农场（站）及48家牛场，有天然草原121万亩（含扁担沟草原），总人口15800人。辖区北距吴忠市区30千米，有京藏高速公路、定武高速公路、101省道、罗山大道、立弘慈善大道5条主要道路。

2016年7月27日，经吴忠市委、市政府和自治区公安厅批准设立吴忠市公安局孙家滩分局。孙家滩分局系专业分局，为市公安局正科级派出机构。职能是负责维护园区政治安全和社会治安稳定，负责交通、消防管理和打击违法犯罪。设局长、政委各1名，副局长2名，内设机构副科级领导职数3名，所需人员编制由市公安局内部调剂。分局内设政办室、综合办案大队和交通管理大队3个部门，1个派出机构孙家滩派出所（加挂草原治安派出所牌子），拟定警力15名，协勤18名。

2020年12月底，孙家滩分局内设机构：1.办公室（政工室）；2.综合办案大队；3.交通管理大队。

（八）森林分局

吴忠市公安局森林分局是吴忠市机构编制委员会于2008年10月24日批准设立的吴忠市森林公安机关，于2009年11月26日正式挂牌成立。

吴忠市公安局森林分局为吴忠市公安局的正科级派出机构，行政上受吴忠市园林管理局领导，业务上受吴忠市公安局领导，挂吴忠市公安局森林警察支队和吴忠市森林防火指挥部办公室牌子。

吴忠市公安局森林分局主要职责：1.贯彻执行《中华人民共和国刑法》《中华人民共和国森林法》《野生动物保护法》等法律法规及国务院、自治区颁布的关于保护森林资源和野生动物资源的方针、政策。2.研究部署全市森林公安工作，及时制定工作计划，提出意见，经批准后组织实施。3.指导、协调、监督全市各县（市、区）森林公安派出所的公安业务和执法工作，办理下级森林公安机关查处确有困难的案件。4.受理全市发生的盗伐滥伐林木、森林火灾、猎杀、走私、倒卖野生珍稀动物及其制品等案件。5.负责全市森林刑事案件的调查、立案、侦查，采取强制措施，提请批准逮捕、移送审查起诉等工作。6.负责办理、查处全市森林治安案件和林业行政案件处罚等工作。7.负责全市森林公安民警警衔变动的审核申报工作；负责全市森林公安队伍的管理和森林公安民警的业务培训工作。8.负责全市森林公安的武器弹药、被服装备的配发、管理和使用监督。9.承办市园林、公安及上级森林公安机关交办的其他工作。

1992年11月2日，经自治区林业厅《关于成立青铜峡市、泾源县林业公安派出所的意见》（宁林发〔1992〕183号）上报自治区公安厅，将原青铜峡市树新林场公安派出所改为青铜峡市公安局林业派出所，编制由原有的6人增加到9人，所址设在青铜峡市林业局内。林业公安派出所列入地方公安序列，实行双重领导，党政由林业主管部门领导，业务由公安部门领导。新干警的吸收严格按自治区公安厅、林业厅《关于组建林业公安机构有关问题的通知》精神办理，所需经费列入当地财政计划，由林业主管部门报批，装备、服装由自治区公安厅统一价拨。

2005年4月10日，青铜峡市公安森林派出所变更为副科级机构。

2006年4月17日，青铜峡市林业局林业派出所变更为青铜峡市公安局森林派出所。

2006年8月2日，青铜峡市公安局森林派出所为青铜峡市林业局所属副科级全额预算事业单位，核定事业编制14名，其中：全额预算事业编制4名，定额补助事业编制10名。领导职数：所长1名（副科级），副所长1名。

2007年4月4日，青铜峡市公安局森林派出所增加1名指导员职数（副科级）。

2009年12月30日，青铜峡市公安局森林派出所为市林业局直属副科级机构，核定政法专项编制9名，后勤事业编制1名。

1991年5月22日，根据自治区公安厅《关于成立同心县公安局林业派出所的批复》精神，将原罗山林区公安派出所改为“同心县公安局林业派出所”，为股级事业单位，定编7人（包括原派出所5人）；改名后的林业公安派出所实行县林业局和县公安局双重领导，其行政管理及经费由县林业局负责，公安业务由同心县公安局负责，服装、警械由自治区公安厅价拨。

2005年4月18日，同心县公安局林业派出所更名为“同心县公安局森林派出所”，机构规格为副科级。

2005年11月25日，根据吴忠市编委《关于核定同心县公安局森林派出所领导职数的批复》（吴编发〔2005〕12号）精神，经同心县编委会研究，原“同心县公安局林业派出所”更名为“同心县公安局森林派出所”，继续实行双重领导管理体制，行政上受林业局领导，业务上受县公安局领导，列入县公安序列，机构规格定为副科级事业单位，由财政全额拨款，核定事业编制7名，副科级领导职数2名（所长1名，教导员1名）。

2006年8月4日，同心县公安局森林派出所（挂同心县护林防火指挥部办公室牌子）为县林业局所属财政全额拨款的副科级事业单位，事业编制12名（其中森林公安专项编制7名），副科级领导职数1名，设2个内设机构，设立政工室、护林防火执法队。

2008年1月11日，同心县公安局森林派出所分配公安编制数6个，收回事业编制数6个，分配后公安编制数为6个。

根据自治区机构编制委员会《关于设立林业公安机构的通知》精神，盐池县编制委员会下发文件，于1991年4月20日在县林业局成立林业公安派出所，受县林业局、公安局领导，编制定为5人。

根据宁夏回族自治区公安厅、宁夏回族自治区林业厅《关于组建林业公安机构有关问题的通知》精神，县林业公安派出所受所在林业局和公安局双重领导，业务以公安局领导为主。

2002年6月5日，盐池县林业派出所事业编制7名。

2005年10月20日，将“盐池县公安局林业派出所”更改为“盐池县公安局森林派出所”，继续实行双重领导管理体制，行政上受林业主管部门领导，业务上受公安部门领导，列入地方公安序列，机构规格为副科级编制性质，编制数量维持不变。核定盐池县公安森林派出所所长，指导员领导职数各1名（副科级）。

2006年7月31日，盐池县公安局森林派出所隶属县公安局、环境保护与林业局双重领导，为地方公安派出所，机构规格为副科级，核定事业编制为5名，领导职数核定2名，所长、指导员各1名（副科级）。

2008年1月11日，盐池县公安局森林派出所分配公安编制数6名。

（九）灵武县公安局

灵武，战国时期为秦北地郡辖地，秦统一全国后，置富平县（今灵武市西南），西汉惠帝四年（公元前191年）置灵洲（因其地处河之洲，“随水上下，未尝沦没”，故名），属西汉北地郡管辖的19个县城之一。此乃该地最早的政区设置。北魏太延三年（437年）为薄骨律镇，北魏孝昌二年（526年）又改为灵州。西魏改置灵州普乐郡。北周时改置回乐县。隋大业三年（607年）为灵武郡治，驻回乐县。唐武德元年（618年）再为灵州治，唐太宗李世民为修民族友好曾到此地，朔方节度使驻此，天宝初年改曰灵武郡，后又改为灵州。天宝末年安史之乱，肃宗李亨即位于此，遂升为大都督府。北宋咸平五年（1002年），地入党项，县废，改称西平府。一度为西夏国临时国都。元仍为灵州治，属甘肃省宁夏府路管辖。设置灵州守御千户所，属陕西布政使司所辖。明洪武十七年（1384年），黄河水淹没灵州，“城凡三徙”，明宣德三年（1428年）迁移到今灵武市。明置灵州守御千户所，属陕西省宁夏卫。清雍正二年（1724年）改置灵州，属甘肃省宁夏府。1913年废州置灵武县，属甘肃省朔方道（即宁夏道）。

1929年朔方道改建为宁夏省，宁夏建省后灵武分为区、乡、闾三级，1935年改为区、乡、保、甲制，后来撤销区，实行乡、保、甲制。1945年宁夏省建行政督察专员区，灵武县属第一督察专员区，不久，此区撤销，仍属宁夏省。到1949年解放前，县辖1个镇（吴忠镇）15个乡。

1949年9月23日，灵武解放，全县组建为8个区49个乡，并改吴忠镇为县辖吴忠堡市。

1950年1月，县境西部一市三区组建省辖吴忠市后，县辖5个区23个乡。第一区驻城镇，辖4个乡；第二区驻崇兴寨，辖5个乡；第三区驻郭家桥，辖5个乡；第四区（原为第七区）驻红山堡，辖5个乡；第五区（原为第八区）驻磁窑堡，辖4个乡。

1950年1月，灵武县公安局成立，程希萍任局长。

1954年建立河东回族自治区，灵武即属河东回族自治区。同年秋，宁夏省撤销，并入甘肃省，宁夏省河东回族自治区改为甘肃省河东回族自治区。1955年河东回族自治区改称吴忠回族自治州。1958年宁夏回族自治区成立，吴忠回族自治区随即撤销，灵武县直属于宁夏回族自治区。1972年，宁夏回族自治区银南地区建立，灵武县归其管辖。

1996年5月20日，经国务院批准，撤销灵武县，成立灵武市，仍属银南地区。1996年9月16日，灵武市正式挂牌办公。1998年，灵武市由地级吴忠市代管。

2000年，灵武市辖5个镇、9个乡。总人口为249890人。

灵武市公安局内设机构有政工科、秘书科、政保科、内保科、治安科、预审科、消防科、刑警队、交通科、行政拘留所、看守所、消防中队（隶属消防科）、武警中队；设城镇派出所、城关派出所、崇兴派出所、郝桥派出所、郭桥派出所、新华桥派出所、梧桐树派出所、临河派出所、瓷窑堡派出所、马家滩派出所、白土岗派出所。

2002年10月25日，宁夏回族自治区人民政府发文，将灵武市由吴忠市代管变更为由银川市代管。

（十）中卫县公安局

中卫，位于宁夏回族自治区西部，东临吴忠市，南与固原市及甘肃省靖远县相连，西与甘肃省景泰县接壤，北与内蒙古自治区阿拉善左旗毗邻。地形复杂多变，南部地貌多属黄土丘陵沟壑，是中国水土流失较为严重的地区之一。北部为低山与沙漠。中部黄河冲积平原——卫宁平原得黄河灌溉之利，土地肥沃，物产丰饶，素有“鱼米之乡”的美誉。

中卫，战国时为羌戎杂居地，秦代属北地郡，西汉为安定郡，北魏属灵州鸣沙郡，北周置会州，隋置鸣沙县和丰安县，五代后唐置雄州，后晋改昌化军、昌化镇，西夏置力吉力寨，元设应理州。明建文元年（1399年），明惠帝设宁夏中卫，属陕西都司管辖，中卫之名由此开始。清雍正二年（1724年）裁卫置县，改称中卫县（含今沙坡头区、中宁和青铜峡部分地区），属宁夏府，海原县属平凉府。清宣统三年（1911年）中卫属甘肃朔方道。1933年中卫县分成中卫、中宁两县。1954年宁夏省裁撤并入甘肃省，中卫属银川专区。1958年宁夏回族自治区成立后，中卫隶属之。

1972年设立银南行署，中卫、中宁划归银南管辖。海原县先后划归固原地区、固原市管辖。1998年银南地区撤地设市，中卫隶属吴忠市辖制。

2004年2月，中卫撤县设立地级中卫市，原中卫县辖区改称沙坡头区，直属中卫市管辖，中宁、海原两县划归中卫市管辖。

中卫市公安局辖沙坡头公安分局、中宁县公安局、海原县公安局、工业园区分局。

内设机构有政治部、指挥中心、刑侦支队、交警支队、消防支队、看守所、强制隔离戒毒所。

沙坡头公安分局设政工室、办公室、警务保障室、法制室、国保大队、治安大队、刑警大队、缉毒大队、经侦大队、巡逻大队、消防大队、拘留所；设文昌派出所、滨河派出所、宣和派出所、常乐派出所、镇罗派出所、迎水派出所、兴仁派出所、交通派出所、草原派出所。

（十一）中宁县公安局

中宁县，西汉元鼎三年（公元前114年）设眴卷县。西魏时设鸣沙县。北宋属西夏辖。元改鸣沙县为鸣沙州，属宁夏府路。明、清时属中卫县。

清光绪三十二年（1906年）中卫县设巡警总局时，在宁安堡（今中宁县城）设分局，有警官3人。1929年宁夏建省伊始，省会银川及各县设立公安局，隶属宁夏省民政厅。中卫县公安局在宁安堡设公安派出所，赵坤定任所长。

1933年12月30日，国民政府发布第2435号指令设中宁县，辖区包括宁安、新堡、恩和、鸣沙、彰恩、广武、铁桶、渠口、枣园、张义、石空、永兴等原屯堡和陈麻子井。根据分县时会勘，中宁县面积5750平方千米，人口61318人。宁夏省民政厅任命齐尚仁为中宁县公安局局长。1934年1月成立中宁县，以宁安堡为县治。

1934年12月，宁夏省政府第63次会议决议“各县公安局从翌年1月一律改为警察所，由各县县长兼任所长”，中宁县由县长李中兼任县警察所所长，下设警佐1人，掌管警务。1935年9月“为增厚保卫力量，适合现行警察法制”，宁夏省政府第83次会议决定，改县警察所为县公安局。1936年年底，奉国民政府令，各县公安局一律改为警察局。

1936年，宁夏省政府为整饬全省警务，将各县保安队改编，“除不堪服役者遣散外，其余员丁均属警察局人员，以充实警卫力量”。此时索永甫任县警察局局长，局下设主任1人，巡官2人、书记1人、警长3人，共30多人。1937年张国祯任警察局长，人员增加到40人。1939—1941年徐立芳任警察局局长时，中共宁夏工委及其领导下的中宁党支部遭到破坏，马鸿逵决定将中宁县警察局升为二等局，有警官5人、警长6人、警士42人、夫役3人，共56人。1942年李林钧任局长时，人员增到70人，有巡官4人，警士分7个班，每班9人。1946年茹正宗任局长，人员为60人。1947年徐怀仁任局长，人员减少，下设主任1人、巡官2人、名誉巡官1人、警士分3个班，共38人。1949年6月至中宁解放徐保璋任局长。

1949年9月14日，中国人民解放军19兵团64军解放中宁。国民党中宁县政府及县警察局人员已溃逃。9月16日和18日，中共中宁县委和中宁县人民政府先后成立，同时组建了中宁县人民政府公安局，原人民解放军63军某部保卫股长、时任中共中宁县委委员的刘镛任局长，原在中宁从事党的地下工作的卜自珍(化名张三才)任副局长。初建时有干部10多人，大多为部队转入地方的干部，业务上受宁夏省公安厅领导。1951年7月刘镛调职，卜自珍任局长。1953年11月卜自珍调职，王万元任局长。1954年第一届全国人民代表大会后，根据宪法规定，地方各级人民政府更名为地方各级人民委员会，县人民政府公安局更名为县公安局。同年10月宁夏省撤销划入甘肃省，中宁县公安局业务上受甘肃省公安厅和银川专署公安处领导。1956年3月王万元调职，巫克强任局长。1958年9月全县实现人民公社化，巫克强调职，李奠唐任局长。为适应政社合一的体制，县公安局、县人民法院、县人民检察院合并成立中宁县人民公社联社政法公安部，内部实行合署办公、各自印章、牌子保留，对外仍按公、检、法职能各司其职。此时宁夏回族自治区成立，业务上受自治区公安厅领导。1959年5月三个部门独立(政法公安部仍保留，作为协调公检法的部门，1962年5月撤销)。同年12月李奠唐调职，丁振中任局长。1962年12月根据中共中央批转公安部党组《关于加强公安政治工作的决议》，县公安局设政治教导员，陈宪任教导员。1966年1月丁振中调职，康善积任局长。

1949年9月18日，中宁县人民政府成立。

1949年10月，县公安局初建时设立秘书股、政保股、治安股、预审股，看守所隶属预审股；1950年年初，在彰恩堡、陈麻子井设检查站，1951年5月撤销；1951年，成立劳改队，1956年10月撤销；1953年，设政治协理室，秘书室改为秘书股，侦查股改为政保股，审讯股改为预审股；1954年2月，设经保股，1955年撤销；1954年宁夏并入甘肃省，中宁隶属甘肃省银川专区；1958年9月，县公安局、县人民法院、县人民检察院合并成立中宁县人民公社联社政法公安部，因系合署办公，县公安局机构未变动。

1958年宁夏回族自治区成立后，归属自治区管辖。

1954年，设立经保股，1955年撤销；1965年11月，设立石空派出所，治安管区包括石空公社(今余丁乡)，关帝公社(今石空镇)枣园公社(今枣园乡)及国营渠口堡农场。

1966年5月，“文化大革命”开始。1967年10月人民解放军某部奉命到中宁执行“三支两军”(支工、支农、支左、军管、军训)任务,县公安局接受"支左"小组领导。1968年3月18日中宁县革命委员会成立,下设办公室、政保组、治安组、审判组、看守所。县公安局、县人民法院、县人民检察院撤销,成立中宁县革命委员会保卫处,领导成员由"革命领导干部、军代表、群众代表"组成。县革命委员会保卫处业务上受自治区革命委员会保卫部领导。1969年增设"打击投机倒把办公室""深挖办公室"。1969年11月设城关派出所,治安管区为城关镇、宁安公社(今宁安乡);设鸣沙派出所,治安管区为鸣沙公社(今鸣沙镇)、长滩公社和长鸣地区(今合并为长滩乡)、白马公社(今白马乡)。

1972年2月,银南地区成立,中宁县隶属银南地区。1972年12月,根据自治区革命委员会通知,撤销县革命委员会保卫处,恢复中宁县公安局,康善积任局长。县公安局业务上受银南地区公安处领导。中宁县公安局,下设秘书股、政保股、治安股、预审股、政治协理室、看守所。

1975年9月,经县党委批准成立中共中宁县公安局党委。下设3个支部,党员26人。

1976年10月,粉碎江青反革命集团,经过拨乱反正,公安工作得到恢复,发展和全面加强。县党委按照党的干部"四化"(革命化、专业化、年轻化、知识化)要求,加强领导班子建设。

1977年9月,郭文虎调职,康集中(原新堡公社党委书记)任局长;1980年8月康集中调职,巫克强落实政策后任第一副局长(未设局长)主持工作。1984年1月,凡在职期间年满55周岁(1998年以后为53周岁)的正、副科级领导均退居二线。巫克强退居二线后,唐建华(原工商局局长)任局长;1985年2月唐建华调任县公安局教导员,副局长王建中升任局长;1982年2月唐建华调职,副局长马苏升任教导员;1990年7月马苏调职,王治国(县委政法委员会原副书记)任教导员。1995年根据公安部通知,教导员改称"政治委员"(简称"政委")。1996年4月王治国调职,张世育(原司法局局长)任政委;1997年5月王建中退居二线,张世育任局长;王学军(原县计划生育委员会主任)任政委。2000年6月,公安局局长实行异地交流,张世育调任中卫县公安局局长;原中卫县公安局局长陈永祥调任中宁县公安局局长;2003年3月陈永祥调自治区公安厅,王永杰(原县人民检察院副检察长)任局长,王学军退居二线,郭吉武(原恩和乡党委书记)任政委。2004年5月成立地级中卫市,中宁县划属中卫市管辖,公安业务受中卫市公安局领导。2005年1月王永杰调职,贺占忠(原中卫市城区公安局副局长)调任中宁县公安局局长。

1979年9月,中宁县公安局设刑侦队;1980年1月设内保股;1982年1月设消防股;1982年2月设恩和派出所,治安管区为恩和、东华、新堡3个乡;1983年3月设舟塔派出所,治安管区为舟塔、康滩、古城子3个乡。

1983年4月,根据全国政法工作会议精神,县公安局所属股、室改为科,为副科级建制,设秘书科、政工科、政保科、内保科、治安科、预审科、消防科、刑侦队、看守所。

1984年6月设枣园派出所,治安管区为枣园乡和国营渠口堡农场;1986年12月设交通警察队;1990年8月设新灌区派出所,治安管区为长山头乡和由固原搬迁的马家梁、大战场两个吊庄乡(1999年交中宁县管理);1992年10月设技术科。

1992年以乡(镇)为治安管区,增设宁安、康滩、古城子、东华、新堡、白马、长滩、余丁8个派出所,连同以前设立的共15个派出所。各派出所所长同时担任驻地副乡(镇)长,为副科级干部,由县党委任命,专管治安工作。派出所编制根据治安状况和管区人口确定,一般为2~10人。

1994年6月设鸣沙派出所;1996年5月设法制科,刑侦队、交警队扩编为大队。刑侦大队辖三个中队,一中队负责大要案侦破,二中队负责一般案件侦破,三中队负责缉毒案件。

1998年12月,中宁县公安局设立110报警服务指挥中心。

1999年7月,根据自治区公安厅《关于公安机构改革的意见》,经县党委、县人民政府决定,对公安局内设机构进行了调整、组建和更名。将政保科调整为国内安全保卫大队;治安科调整为治安大队,并承担原内保科部分职责;内保科调整组建为经济犯罪侦查大队;消防科和武警县消防中队调整为消防大队(现役编制);看守所调整为监管大队。充实加强刑事侦查大队、交通警察大队、110报警服务指挥中心。新组建警务督察队。原秘书科、政工科、法制科分别更名为办公室、政工室、法制室。撤销预审科,刑事犯罪案件和经济犯罪案件分别由刑侦大队和经济犯罪侦查大队承担。撤销技术科,业务归刑事侦查大队技术情报中队。

2000年10月经县编制委员会决定,将政工室、警务督察队组建为政工纪检警务督察室。同时决定县公安局领导职数为6名,即局长1名、副局长3名,政委、副政委各1名,均为正科级。内设机构领导职数为23名,其中正科级5名,副科级18名。

2000年11月,各公安派出所所长不再担任驻地副乡(镇)长。城关派出所和宁安派出所合并为城关中心派出所,所长为正科级。

2004年1月,自治区人民政府决定原同心县喊叫水乡划属中宁县管辖。2004年5月全县乡镇设置进行调整;撤销城关镇、宁安乡、古城子乡、东华乡,合并成立宁安镇(城镇设社区工作委员会);撤销康滩乡,并入舟塔乡;新堡乡改为新堡镇;恩和乡改为恩和镇;撤销长滩乡(原长鸣地区划入长滩乡),并入鸣沙镇;撤销枣园乡,并入石空镇;撤销长山头乡、马家梁乡,并入大战场乡;白马乡、余丁乡不变。

调整后全县公安派出所10个,即宁安派出所、舟塔派出所、新堡派出所、恩和派出所、鸣沙派出所、白马派出所、大战场派出所、喊叫水派出所、石空派出所、余丁派出所。县域内自治区农垦局属国营渠口堡农场公安派出所,国营长山头农场公安派出所业务上受县公安局领导,其他受农场领导。

2004年2月,成立中卫市(地级)后,归属中卫市管辖。

三、基层派出所

派出所是县(市、区)级公安局直接领导的派出机构,是公安机关打击违法犯罪、维护社会治安、服务人民群众、保卫一方平安的基层综合性战斗实体。主要职责:1.依照国家治安管理法规,对本辖区特种行业、公共场所、民用危险物品、违禁品、户口、居民身份证、暂住人口、出租房屋等,行使治安行政管理权。2.行使治安管理行政强制权和处罚权。对违反治安管理行为人可以口头传唤,被传唤人无正当理由拒绝接受传唤,经派出所上一级领导批准,可以强制传唤。违反治安管理行为事实清楚,证据确凿,处警告或者二百元以下罚款的,可以当场做出治安管理处罚决定。警告、五百元以下的罚款可以由公安派出所决定。3.当场盘问、检查和留置盘问权。人民警察在执行公务时,对违法犯罪嫌疑人员可以依法进行盘问、检查(检查包括对被盘问人的人身和其携带物品的检查)。经盘问检查被指控有犯罪行为、有现场作案嫌疑、携带物品有可能是赃物的,可带至派出所,经派出所所长批准对其继续盘问,时间不超过24小时;在特殊情况下,经县级公安机关批准,可以延长至48小时。4.依法实施刑事案件调查权、强制措施权和搜查权。5.依法执行社会监督改造、监督考察权。6.按照法律法规,有使用秘密手段和使用武器、警械权。7.在规定的紧急情况下,有优先乘坐权、优先通行权和优先使用权。8.在规定的紧急情况下,有限制通行权、限制停留权和交通管制权。

1953年吴忠市所属各县村镇派出所编制一览表

表1

区域 项目	中卫县		同心县			盐池县	金积县	宁朔县	灵武县	
派出所	香山所	莫家楼所	预旺堡所	下马关所	韦州所	惠安堡所	青铜峡所	仁存渡所	磁窑堡所	石沟驿所
人数(人)	8	6	8	7	8	7	5	10	7	7

1961年吴忠市公安派出所编制一览表

表2

区域 项目	青铜峡市					同心县			灵武县		吴忠市			中卫县					盐池县	中宁县
派出所	小坝分局	瞿靖派出所	叶盛派出所	城市派出所	峡口派出所	城关派出所	韦州派出所	预旺派出所	磁窑堡派出所	石沟驿派出所	金积堡派出所	城镇派出所	马莲渠派出所	城关派出所	甘塘派出所	香山派出所	下河沿派出所	镇罗派出所	惠安堡派出所	石空派出所
人数（人）	6	4	4	6	4	3	5	5	5	5	5	10	5	5	4	6	3	3	7	4

1998年银南地区基层公安派出所一览表

表3

派出所 区域	公安派出所		
	城镇所	治安所	农村所
吴忠市	朝阳、民生、金银滩、金积、巴浪湖	市场	古城、东风、东塔、红旗、板桥、秦渠、高闸、汉渠、陈袁滩、杨马湖、马家湖、马莲渠、扁担沟、黄沙窝
青铜峡市	城关、河东、河西、瞿靖、叶盛、连湖	市场 甘城子	邵岗、蒋顶、大坝、峡口、中滩、小坝、立新、广武
灵武市	城镇、马家滩、磁窑堡、新华桥、崇兴、灵武农场		城关、郝桥、郭桥、梧桐树、临河、杜木桥、白土岗、羊泉墩
中卫县	城关、甘塘、镇罗、宣和、常乐	迎水桥	柔远、永康、西台、东台、红泉、东园、西园、迎水、城郊、新北、景庄、三井
中宁县	城关、石空、鸣沙、渠口农场、长山头农场	新灌河	宁安、白马、长滩、枣园、余丁、东华、恩和、长鸣、新堡、康滩、古城、舟塔、长山头、渠口
盐池县	城关、大水坑、惠安堡		杨堡、青山、后洼、王乐井、鸦儿沟、城郊、麻黄山、高沙窝、冯记沟、柳马儿庄、红井子、苏步井、萌城
同心县	同心镇、下马关、韦州、河西、预旺、王团	市场	城关、新庄集、喊叫水、下流水、羊路、窑山、丁家塘、马高庄、张家塬、田老庄、石炭沟

1985年银南地区企事业单位公安机构一览表

表4

公安分局	公安派出所	
青铜峡铝厂公安分局	灵武农场公安派出所	青铜峡造纸厂公安派出所
大坝电厂公安分局	长山头农场公安派出所	青铜峡水电厂公安派出所
灵武矿务局公安分局	连湖农场公安派出所	中宁电厂公安派出所

2000年吴忠市各县(市、区)派出所一览表

表5

公安局	派出所	人数(人)	公安局	派出所	人数(人)
利通区公安分局	朝阳派出所	18	太阳山区分局	暖泉派出所	6
	民生派出所	18	同心县公安局	豫海镇派出所	37
	古城派出所	24		河西派出所	14
	东塔寺派出所	10		王团派出所	15
	上桥派出所	12		预旺派出所	10
	板桥派出所	11		韦州派出所	9
	金积派出所	11		下马关派出所	12
	金银滩派出所	10		丁塘派出所	12
	高闸派出所	10		石狮派出所	10
	草原治安派出所	4		兴隆派出所	8
红寺堡区公安分局	红寺堡派出所	20		森林派出所	4
	柳泉派出所	9	青铜峡市公安局	城关派出所	28
	新庄集派出所	7		河东派出所	9
	大河派出所	7		河西派出所	12
盐池县公安局	花马池派出所	15		瞿靖派出所	8
	大水坑派出所	7		邵岗派出所	8
	惠安堡派出所	8		大坝派出所	10
	高沙窝派出所	4		峡口派出所	7
	王乐井派出所	3		黄河库区派出所	6
	冯记沟派出所	4		叶盛派出所	7
	青山派出所	3		小坝派出所	12
	麻黄山派出所	3		陈袁滩派出所	8
	草原派出所	7		朔光派出所	5
	森林派出所	4		森林派出所	8

2013年吴忠市企事业单位公安机关一览表

表6

企事业单位公安分局名称	人数(人)	企事业单位公安派出所名称	人数(人)
青铜峡铝厂公安分局	46	青铜峡造纸厂公安派出所	5
大坝发电厂公安分局	19	青铜峡水电厂公安派出所	5
灵武矿务局公安分局	46		

2020年吴忠市各县(市、区)派出所一览表

表7

公安局	派出所	警务人数(人)	公安局	派出所	警务人数(人)
利通区公安分局	朝阳街派出所	21	太阳山区公安分局	暖泉派出所	10
	民生街派出所	23	同心县公安局	豫海派出所	21
	古城派出所	22		河西派出所	13
	东塔派出所	18		丁塘派出所	11
	上桥派出所	17		王团派出所	13
	板桥派出所	20		韦州派出所	8
	金积派出所	15		预旺派出所	8
	金银滩派出所	12		下马关派出所	10
	高闸派出所	11		石狮派出所	12
	金积工业园区派出所	5		兴隆派出所	10
	扁担沟派出所	4		森林派出所	5
	交通派出所		盐池县公安局	花马池派出所	18
青铜峡市公安局	城关派出所	25		大水坑派出所	6
	小坝派出所	17		惠安堡派出所	7
	大坝派出所	15		高沙窝派出所	6
	河东派出所	10		青山派出所	5
	河西派出所	14		王乐井派出所	4
	瞿靖派出所	13		冯记沟派出所	5
	邵刚派出所	14		麻黄山派出所	4
	叶盛派出所	10		草原派出所	3
	峡口派出所	10		森林派出所	6
	陈袁滩派出所	13	红寺堡区	红寺堡派出所	13
	朔光派出所	8		大河派出所	7
	库区派出所	7		新庄集派出所	6
	森林派出所(2020年8月增设)	7		柳泉派出所	7
孙家滩区公安分局	孙家滩派出所	12		弘德派出所	4
	森林和草原派出所	3		森林和草原派出所(2020年8月更名)	3

第二章

刑事侦办

XING SHI ZHEN BAN

第二章　刑事侦办

打击刑事犯罪，是人民公安机关的一项重要任务。刑事犯罪，包括杀人、放火、抢劫、强奸、流氓、盗窃、诈骗、走私、贩毒等。中华人民共和国成立以来，公安机关依照国家法律和上级公安机关对刑事侦查工作的有关规定，根据各个时期刑事犯罪活动的不同情况和特点，采取各种措施，积极开展侦查破案，持续开展严厉打击严重刑事犯罪活动和专项斗争，打击各类刑事犯罪分子的破坏活动，有效地保卫社会主义建设和人民生命财产的安全。

第一节　刑侦历程

侦查破案是同刑事犯罪活动作斗争的一项经常性的进攻措施。中华人民共和国成立以来，吴忠市公安机关侦查部门，坚持贯彻“依靠群众，抓住战机，积极侦查，及时破案”的方针，大力加强破案，严厉打击各种刑事犯罪活动。

1949年10月，中华人民共和国成立，刑事侦查破案工作处于摸索阶段，干警边学习，边提高，边总结。致使刑事发案率较高，侦破工作大多配合政治运动进行。1949—1953年，针对以前遗留的盗匪、流氓、烟毒犯与反革命分子交织在一起猖狂活动的情况，公安机关依靠群众、紧密结合各项社会改革和镇压反革命、禁烟禁毒等运动，通过侦查破案与搜捕，打击了刑事犯罪活动，扫除了以前遗留的社会渣滓和丑恶现象，安定了社会秩序。

1954—1958年，经过剿匪、镇反、土改，社会治安形势基本稳定。城市经济建设加快发展，人口增多，财物集中，刑事犯罪活动较前突出，发案率逐年上升。特别是盗窃公共财物、破坏经济建设的案件突出。因此，公安机关在这一时期侦查破案的重点是打击惯盗、惯窃、倒卖国家财产和扰乱公共秩序的刑事犯罪分子。

1959—1961年，由于自然灾害和经济工作失误，国民经济严重失调，群众生活困难，群众性的偷摸、哄抢国家和集体粮食财物的治安案件，事件大量发生。刑事犯罪分子趁火打劫，社会秩序混乱。盗窃案件占发案总数的90%以上，而且大量属于人民内部矛盾。公安机关针对当时这一复杂情况，严格区分和正确处理两类不同性质的矛盾。一方面对群众的偷摸问题、哄抢事件，按人民内部矛盾对待，依靠群众当地党委、政府进行耐心的宣传教育，并组织群众搞好生产。对极少数煽动哄抢的坏人，予以揭露和处理。另一方面对发生的重大刑事案件，集中力量尽快侦破，及时依法惩处。经过打击处理了一批刑事犯罪分子，使一度混乱的社会秩序得到了好转，出现了社会安定的局面。

1963年9月，公安部制定下发了《刑事侦查工作细则》和《刑事科学技术工作细则》，对立案、勘察、调查、访问、运用侦查措施和手段以及进行刑事科学技术鉴定等都做了具体规定。

1966—1976年，社会主义法治遭到严重破坏，打、砸、抢等事件时有发生，刑事犯罪分子趁机活动，社会治安秩序混乱。由于刑事侦查工作遭到严重破坏，对刑事犯罪活动打击不力，破案率下降。1966—1972年的破案率徘徊在中华人民共和国成立初期的最低时期。1972年6月，银南地区公安处成立，恢复了各县公安机关，刑事侦查工作业务逐步恢复，破案率较前有所提高。

1976年以后，刑侦工作得到恢复和加强。随着国家实行改革开放的方针，在搞活经济的同时，也出现了一些新的诱发犯罪的消极因素，加上对刑事犯罪分子打击不力，以致刑事犯罪活动十分突出，社会治安秩序处于不稳定状态。

1979年，公安部修订完善了《刑事案件现场勘察规则》，对犯罪现场的保护、勘察和现场指挥等做了更详细的规定。《中华人民共和国刑法》和《中华人民共和国刑事诉讼法》的颁布实施，使侦查破案工作有了法律依据，逐步实现制度化、规范化和科学化。

进入20世纪80年代，刑事案件大幅度上升，青少年犯罪和团伙犯罪案件突出，1980—1983年，全地区每年发案均在2000起以上，是中华人民共和国成立以来发案最多的时期。凶杀、伤害、抢劫、强奸、重大盗窃等严重危害治安的犯罪活动相当突出，社会出现了极不正常的状态。

遵照1983年8月25日中共中央《关于严厉打击刑事犯罪活动的决定》和9月2日全国人大常委会《关于严惩严重危害社会治安的犯罪分子的决定》，银南地区公安机关与司法机关共同行动，在银南地区范围内开展声势浩大的严厉打击严重刑事犯罪活动的斗争，并针对不同时期某一类刑事犯罪活动相对突出的情况，开展专项斗争。

“严打”的主要对象：流氓团伙分子；流窜作案分子；杀人犯、放火犯、爆炸犯、投毒犯、强奸犯、抢劫犯和重大盗窃犯；拐卖妇女、儿童的人贩子，强迫、引诱、容留妇女卖淫的犯罪分子；有现行破坏活动的反动会道门头子；通缉在案的逃犯等。

1988年7—9月，开展第二次“严打”斗争，全地区共摧毁犯罪团伙5个，破案140起，其中重特大案件38起58人，均依法判处。1990年4—9月，贯彻中央“稳定压倒一切”的方针，开展第三次“严打”斗争，收捕犯罪嫌疑人和违法人员192人。

1987年4月至1990年11月，还先后开展了反盗抢、反盗车、禁赌、打击流氓滋事和拐卖妇女儿童等专项斗争和专项治理，共破获自行车盗窃案件389起，追回被盗自行车621辆，缉赌87场，教育参赌人员422人，没收赌资1.4万元，罚款3.473万元，打击流氓滋事案件43件。1991年以来，银南地区公安处贯彻“严打”方针，坚持严厉打击各类刑事犯罪活动，以“破大案、挖团伙、打流窜、追逃犯”为中心任务，重点打击杀人、抢劫、强奸、贩毒、重大盗窃等严重危害社会治安的违法犯罪活动。1991—1998年，共发生各类刑事案件3690起，破案2557起，破案率69.3%，其中重特大案件1820起，破案1426起，破案率78.4%，共破获犯罪团伙310个，抓捕犯罪嫌疑人3124人。

2009年3月2日下午，吴忠市公安局“布天罗地网　保平安家园”民安工程创建活动启动仪式在开源广场举行。市委常委、政法委书记、市公安局局长陈建军对创建活动做了重要部署，市委副秘书长邓冀宁，市委政法委副书记周东波，市公安局领导班子全体成员及市公安局、利通区公安分局全体民警，武警、消防支队官兵参加了启动仪式。启动仪式由市公安局政委关玉林主持。

2009年3月2日，吴忠市“布天罗地网　保平安家园”民安工程创建活动启动仪式在利通区开源广场举行

2015年，刑侦工作及时参与发生在吴忠市的所有重特大刑事案件的现场勘查及案件协办工作，全力为基层提供高效、快捷的侦查技术服务；积极与自治区公安厅刑侦总队对接，进一步深化应用在逃人员系统、重大刑事案件系统、跨区域办案协作平台、标准化人员信息采集系统、电信诈骗平台，为基层侦查办案工作提供便利。

全市共发命案17起，全部侦破。建立了完善的“打黑除恶”工作领导小组，对涉黑涉恶线索做到“件件有批示、件件有要求、件件抓落实”，并深入收集涉黑涉恶情报信息，及时报至市公安局“打黑除恶”办公室，确保了信息的及时性、准确性、安全性。组织开展的“春雷行动”，全力以赴破案攻坚，超额完成了自治区公安厅和市公安局制定的侵财案件破案绝对数同比上升的目标任务，共破获侵财案件646起，成功侦破了同心县系列冒充军人承包工程诈骗案件20余起，为受害群众挽回损失38万余元。

2018年通过打团伙、端窝点、打流窜，不断提升打击效率，进一步提升办案质量，提高民警办案能力和水平。会同基层刑侦民警、技术人员，对2018年侦办的典型命案和跨区域新型电信网络诈骗案件进行分析点评，"以案说法"实时培训，总结技战法，借鉴吸收，有效提升了全市刑侦民警办案能力和办案质量；组织刑侦民警参加旁听庭审。先后组织法医、技术人员多次出庭应诉，特别是社会影响较大的马某某案件，支队全员两次参加旁听庭审，痕迹技术人员先后多次出庭应诉，提高了技术人员出庭应诉能力，全体刑侦民警对如何高标准收集固定法庭证据得到了深刻的现场教育培训。

扫黑除恶是刑事侦查一项重要工作。全市共摸排涉黑涉恶线索373条，黑社会性质组织犯罪团伙二审宣判，52名犯罪嫌疑人获刑，破获各类刑事案件27起，13人被以黑社会性质组织罪追刑；打掉涉恶犯罪团伙11个（其中犯罪集团2个），移送审查起诉涉恶团伙5个，提起公诉涉恶团伙6个，抓获犯罪嫌疑人84人，破获各类刑事案件63起，扫黑除恶专项斗争取得明显成效。

聚焦侵财犯罪，打击成效显著。按照"更快地破大案、更多地破小案、更好地控发案、更准地办好案"的总体要求，不断提升打击侵财犯罪的能力和水平，及时侦破了一批有影响的侵财类案件，抓获了一批犯罪嫌疑人，打掉了一批犯罪团伙，成功侦破了自治区公安厅挂牌督办的11起系列性侵财类案件。

2019年，刑侦支队狠抓现行命案预防和侦破工作；继续深入开展扫黑除恶专项斗争；严厉打击多发性侵财类犯罪和新型网络电信诈骗犯罪，打防结合，最大限度地预防犯罪、减少发案；精准比对，科学排查，全力服务"打拐"工作；加强队伍管理，确保队伍"零违纪"。

全市共侦办黑社会性质组织犯罪案件3个，打掉恶势力犯罪团伙26个（其中恶势力犯罪集团6个），抓获犯罪嫌疑人325人，破获各类刑事案件499起。共立九类涉恶案件306起，破案253起，抓获505人，批捕304人，移送起诉386人。中央导督组下发的督办转办线索364条全部办结，办结率100%。发命案12起全破，连续7年破案100%。立刑事案件4961起，破2353起，破案率47.4%。共抓获逃犯199名，其中当地逃犯99名，外地逃犯100名；外省抓获吴忠市逃犯150名。采集违法人员信息12033份，DNA样本33814份，受理案件1107起，出具鉴定书1091份，受理活体损伤鉴定44人次，检验尸体120余具，协助勘查各类案件现场75起，解决疑难伤情鉴定53件。

2020年，刑侦工作坚持以政治建设为统领，打造政治过硬、思想过硬、作风过硬、本领过硬的刑侦队伍；围绕扫黑除恶"长效常治"目标，继续深入推进扫黑除恶专项斗争，攻坚克难，探索建立长效工作机制；坚持"命案必破"不动摇，及时侦破重特大刑事案件，继续开展命案积案攻坚和命案逃犯抓捕工作；严厉打击侵财类犯罪。针对盗抢骗、电信诈骗等高发案件，加大打击力度，增强防范实效，有效预防犯罪、减少发案；继续强化刑事技术工作，提升实验室检验鉴定能力，提高服务基层水平。

第二节 刑事立案

吴忠市公安局在同刑事犯罪活动的长期斗争中，依照上级公安机关在不同时期关于刑事案件立案标准的规定，对发生在吴忠辖区的刑事案件进行立案侦查。

中华人民共和国成立之初，上级公安机关还没有制定统一的立案标准，各县市公安局在同刑事犯罪的斗争中，主要是根据刑事犯罪活动和对人民生命财产的危害等实际情况，对惯盗惯窃、土匪抢劫、故意杀人、强奸、诈骗、制毒贩毒、破坏金融秩序等刑事犯罪活动的案件进行立案侦查。

1955年，自治区公安厅规定，刑事侦查部门应立案侦查的案件有14种：（1）故意杀人；（2）纵火；（3）毒害；（4）抢劫；（5）盗窃；（6）诈骗；（7）投机倒把；（8）制贩毒品；（9）伪造图章证件；（10）破坏交通、公用设施、水利设施、农作物、生产工具；（11）伪造、贩运金银、假钞；（12）猥亵；（13）强奸；（14）贩运军火。

1956年4月，公安部规定刑事侦查立案的案件有18种，除上述14种外，又增加4种：(1)职工利用职权侵吞国家、集体财产，携款潜逃；(2)有意杀害国家、合作社或私人牲畜，进行报复破坏；(3)走私；(4)聚众赌博、抽头。规定一般盗窃案件损失数额，城市为25元，农村为15元以上，同时，还规定重大案件：(1)杀人；(2)放火；(3)投毒；(4)抢劫；(5)强奸；(6)制贩毒品150克以上者。特大案件：(1)盗窃1000元以上；(2)纵火损失1000元以上；(3)犯罪集团；(4)杀害乡干部、劳模、知名人士等。

1965年12月1日，公安部对盗窃粮食案件修改为：一次盗粮50公斤以上列为一般盗窃案件；一次盗粮250公斤以上列为重大盗窃案件。

1979年，公安部印发文件，重新规定刑事案件的立案标准，刑事侦查部门立案侦查的各类案件共有24种：(1)杀人；(2)伤害；(3)抢劫；(4)放火；(5)投毒；(6)爆炸；(7)决水；(8)强奸；(9)流氓；(10)盗窃；(11)诈骗；(12)抢夺；(13)敲诈勒索；(14)伪造贩运国家货币；(15)伪造有价证券；(16)伪造票证；(17)伪造公文、证件、印章；(18)投机倒把；(19)走私；(20)拐卖人口；(21)制造、贩运毒品；(22)非法制造枪支、弹药；(23)破坏生产；(24)其他。

列为重大案件的有13种：(1)杀人致死、重伤的；(2)抢劫公私财物100元以上，持械入室抢劫的，或致人重伤的；(3)爆炸、放火、决水、投毒致人重伤、死亡，或者损失财物1000元以上。毁坏粮食、棉花500公斤以上的；(4)盗窃、诈骗、抢夺公私财物1000元以上的；(5)强奸妇女已遂或者强奸幼女的；(6)故意伤害他人造成死亡的；(7)拐卖人口情节和后果严重的；(8)连续残害妇女的；(9)投机倒把牟利5000元以上的；(10)敲诈勒索1000元以上的；(11)毁坏大型机械、残害耕畜3头以上，破坏生产直接损失1000元以上的；(12)制造贩运鸦片、海洛因、吗啡或者其他毒品的；(13)使华侨、港澳同胞、来华外国人遭受人身伤害或财物损失较大的。

列为特别重大案件的有12种：(1)一次杀死、杀伤数人或者杀人碎尸的；(2)持枪杀人、持枪抢劫、持枪强奸妇女的；(3)抢劫公私财物1000元以上的；(4)爆炸、放火、决水、投毒致死数人，直接损失财物10000元以上，毁坏粮食、棉花5000公斤以上，或者中断交通、生产造成巨大损失的；(5)盗窃、诈骗、抢夺公私财物10000元以上，粮食2500公斤以上，粮票25000公斤、布票50000尺(1尺等于33.33厘米)以上的；(6)盗窃国家珍贵文物，或者盗窃财物中夹有国家机密文件的；(7)盗窃、抢劫、抢夺枪支的；(8)轮奸妇女或者在公共场合结伙侮辱、摧残妇女的；(9)以印制的方法伪造国家货币，或者贩运伪造国家货币的；(10)跨越省、自治区、直辖市的重大犯罪团伙；(11)使外宾遭受人身伤害，或者财物损失较大的；(12)外国人进行犯罪活动，情节严重的。

1984年，公安部将盗窃案件的立案标准修改为：一般盗窃案件，城市为80元以上，农村为40元以上(包括物品折款)；盗窃粮食100公斤以上，盗窃粮票250公斤以上；盗窃自行车，撬保险柜，撬门拧锁，结伙扒窃等均立案侦破。

1988年8月，公安部对毒品案件的立案标准又做具体规定：(1)非法制造、贩卖、运输(含走私，下同)鸦片、海洛因、吗啡、大麻或者其他毒品，容留他人吸食，从中牟利的，以贩卖毒品罪立案；(2)制造、贩卖、运输假毒品的，以制造、贩卖、运输毒品罪立案；(3)明知是毒品，非法携带、邮寄、托运的，以运输毒品罪立案；(4)私种罂粟等毒品原植物250株(相当于生鸦片50克)以上的，以制造毒品罪立案。

列为重大毒品案件的有下列5种：(1)非法制造、贩卖、运输鸦片5000克以上，海洛因50克以上的；(2)武装贩运、走私毒品的；(3)制造、贩卖、运输毒品，并以暴力抗拒检查或拘捕的；(4)组织或参与国际贩毒集团，制造、贩卖、运输毒品的；(5)私种罂粟等毒品原植物25000株(相当于生鸦片5000克)以上的。

第三节　侦查破案

吴忠市公安机关始终把严厉打击刑事犯罪放在首位，认真贯彻执行“依靠群众，抓住战机，积极侦查，及时破案”的方针，坚持“党委领导，依靠群众，实事求是，遵守法制”的原则，侦查破获了大量的刑事犯罪案件，保卫了全市的社会主义建设和改革开放，维护了社会的安定，同时，也壮大了刑侦队伍。

中华人民共和国成立初期，针对遗留的盗匪、流氓、烟毒犯与反革命分子交织在一起猖狂活动的情况，吴忠公安机关依靠群众、紧密结合各项社会改革和镇压反革命、禁烟禁毒等运动，通过侦查破案与搜捕，打击刑事犯罪活动，扫除了遗留的社会渣滓和丑恶现象，安定了社会秩序。

在侦查破案中，公安机关坚决贯彻“依靠群众，抓住战机，积极侦查，及时破案”的方针，对于法律规定的由公安机关管辖的刑事案件，依法进行调查。对重大案件，在一定范围内适时公布案情，发动群众提供线索，辨认、甄别与案件有关的痕迹、物证，监控、追捕、堵截犯罪分子。现场勘查对侦破案件起了关键性的作用。

20世纪60代初，公安机关针对国家国民经济严重失调这一复杂的社会治安问题，采取十分谨慎的态度，严格区分和正确处理两类不同性质的矛盾。一方面对群众的偷摸问题、哄抢事件，按照人民内部矛盾对待，依靠当地党组织进行耐心的宣传教育，并组织群众搞好生产，对少数煽动哄抢的坏人，予以揭露和处理；另一方面对发生的重大刑事案件，集中力量尽快侦破，及时依法惩处犯罪分子。

“文化大革命”期间，社会主义法治遭到严重破坏，打、砸、抢等事件时有发生，刑事犯罪分子趁机活动，社会治安秩序混乱。刑事案件破案率一度下降。

1976年以后，刑侦工作得到恢复和加强。随着国家实行改革开放的方针，在搞活经济的同时，也出现了一些新的诱发犯罪的消极因素，加上对刑事犯罪分子打击不力，以致刑事犯罪活动十分突出，社会治安秩序处于不稳定状态。

1980年，银南地区公安处扭转工作重点，狠抓刑事案件侦破工作。9月，青铜峡县公安局查破3个犯罪团伙。挖出了6人组成的偷盗牲畜犯罪团伙，作案11起，价值2万余元；挖出了11人组成的偷盗铝锭、铝母线犯罪团伙，多次盗窃，价值11985元；查出艾某元（甘肃省环县人）在甘肃伪造票证，并私刻公章制造的同类有价证券3000张，价值3万多元，通过青铜峡镇的李某飞等人出售，涉案5人。

1987年，公安部在《公安机关办理刑事案件程序规定》中将破案规定为犯罪分子和主要犯罪事实已经查明并取得明确证据。公安部1998年1号文件将刑事破案标准改为：1.有证据证明犯罪事实是犯罪嫌疑人实施的；2.主要犯罪事实已经基本查清，基本证据已经获取；3.犯罪嫌疑人或主要犯罪嫌疑人已经抓获。同时具备上述3个条件的，才能称为破案。

2015年，快侦快破现发命案、八类严重暴力案件。牢固树立“命案必破”的坚定信念，严格落实“一岗双责”制，严厉打击严重暴力犯罪。重特大案件发生后，积极组织市、县两级公安机关刑侦部门同步上案，并及时统筹协调技侦、网安、大情报等相关部门，发挥技术资源优势，同步上案，合成作战，快侦快破，有力打击违法犯罪分子嚣张气焰。1—12月，全市共发命案17起，全部侦破。

吴忠市各级公安机关在自治区公安厅组织开展的“春雷行动”中，全力以赴破案攻坚，超额完成了自治区公安厅和市公安局制定的侵财案件破案绝对数同比上升的目标任务。行动期间，全市共破获侵财案件646起，同比上升62.7%，及时侦破了在行动期间自治区公安厅挂牌督办的6串系列案件，共破案240余起。成功侦破了同心县系列冒充军人承包工程诈骗案件20余起，为受害群众挽回损失38万余元。

服务实战，强化刑侦信息化建设。通过“跨区域办案协作平台”发布案件核实协查131条，发布调取户籍前科协查786条，发布查找当事人制作认定破案笔录协查50条；回复案件核实协查104条，回复调取户籍前科协查692条，回复查找当事人制作笔录协查124条，回复率100%。

2016年，发挥信息平台优势，增强打击侵财类犯罪的针对性。提高各系统信息的录入质量，录入的案件信息达到准确、及时、完整。打击治理电信网络新型违法犯罪。紧紧依托“反诈中心”职能，深入开展专项打击行动，实现电信网络诈骗案件破案数抓获数明显上升、发案数明显下降、人民群众财产损失明显下降的“两升两降”

目标。

2017年，坚决严厉打击八类严重暴力性犯罪，破案成果取得历史新高。始终把八类严重暴力性犯罪、黑拐骗犯罪和影响人民群众安全感的多发性侵财类犯罪、新型网络电信诈骗犯罪作为打击的重点紧盯不放，持续不断组织开展各类专项行动，通过打团伙、端窝点、打流窜，不断提升打击效率，切实增强人民群众的安全感。2017年全市共立八类案件68起，其中立放火案件2起，故意杀人案件8起，伤害案件28起，强奸案件21起，抢劫案件9起，破案66起，破案率为97.1%，创造了吴忠市八类案件破案率历史最高纪录。八类严重暴力性犯罪案件发案数占全市刑事案件发案总数的1.4%，远远低于5%的综治工作控制指标。

主攻侵财类犯罪，案件高发势头得到有效遏制。全市刑侦部门按照“更快地破大案、更多地破小案、更好地控发案、更准地办好案”的总要求，不断提升打击各类犯罪的能力和水平，及时侦破了一批有影响的侵财类案件，抓获了一批犯罪嫌疑人，打掉了一批犯罪团伙，成功侦破了自治区公安厅挂牌督办的10串系列性侵财类案件。1—11月，全市共破传统盗抢骗案件2175起，抓获传统盗抢骗犯罪嫌疑人707名，完成全年任务的116%，追缴传统盗抢骗犯罪涉案财物价值1020.6万元，完成全年任务的180%；共破新型电信网络诈骗案件204起，完成全年任务的146%，抓获新型电信网络诈骗犯罪嫌疑人19名，其中2名外籍人员。圆满完成了公安部、自治区公安厅新型网络电信诈骗案件“两降两升”的工作目标。

2018年，全市立刑事案件5371起，同比(5355起)增加16起，上升0.3%；破案3169起，同比(3613起)减少444起，下降12.3%，破案率59%。破案绝对数4240起，同比(4507起)减少267起，下降5.9%。抓获犯罪嫌疑人1867人，同比(1786人)增加81人，上升4.5%。共立八类案件67起，同比(69起)减少2起，下降2.9%；破64起，破案率95.5%；全市共立“两抢”案件26起，破案25起，破案率96.1%，其中，抢劫案件立11起，破10起，破案率90.9%；抢夺案件立15起，破15起，破案率100%。

全市共摸排涉黑涉恶线索373条，黑社会性质组织犯罪团伙二审宣判，52名犯罪嫌疑人获刑，破获各类刑事案件27起，13人被以黑社会性质组织罪追刑；打掉涉恶犯罪团伙11个(其中犯罪集团2个)，移送审查起诉涉恶团伙5个，提起公诉涉恶团伙6个，抓获犯罪嫌疑人84名，破获各类刑事案件63起。2018年，在侦涉恶犯罪团伙3个，抓获犯罪嫌疑人29人，破获刑事案件23起，扫黑除恶专项斗争取得明显成效。共立侵财类案件4584起，同比(4610起)下降0.56%；破案2448起，同比(2908起)下降15.8%；破案率53.4%。1—12月，破获现行侵财类案件2448起，年前案件377起，破外地案件数663起，破案绝对数3488起，较3年平均数3289起上升6.05%。

2019年，全市共立刑事案件4961起，破2353起，破案率47.4%，破案率位居自治区五市第二；抓获犯罪嫌疑人1821人，同比上升16.8%；刑拘1082人，同比上升23.9%；批捕1042人，同比上升93.3%。全市立盗抢骗案件3289起，占刑事案件立案的66%；破传统盗抢骗案件1355起，抓获传统盗抢骗犯罪嫌疑人540人，追赃690.3万元，起诉227人，判决229人，判5年以上22人。各地利用刑事技术比中抓获盗抢骗犯罪嫌疑人120余人，先后成功破获系列跨区域盗窃车辆、砸车玻璃盗窃车内财物案件100余起，抓获犯罪嫌疑人19名，打掉盗窃团伙2个。

2020年，全市公安机关共打掉涉黑涉恶犯罪团伙36个(其中涉黑组织7个、涉恶集团7个、涉恶团伙22个)，抓获犯罪嫌疑人444人，破获各类刑事案件721起，查封、冻结、扣押涉黑涉恶资产6.5亿余元，兑现群众举报线索奖励资金26笔18.6万元。查处涉黄涉赌案件1255起，打击处理4427人，收缴赌资132万余元。全市侦破现发命案7起，实现连续8年命案全破。全市打击电信网络诈骗工作实现发案数和财产损失数同比上升数全区最低，破案数和抓获人数同比全区最高的佳绩，其中破获电信诈骗案件441起，同比上升159.4%，抓获252人，同比上升394.1%，挽回损失620.6万余元，完成公安部侦查指令优秀率达100%，完成跨市以上系列犯罪线索层报116%，全区排名第一。全市多发性侵财案件发案3752起，同比下降16.4%，破案2212起，同比上升18.1%，抓获954人，同比上升36.3%，挽回损失2059.6万元；针对“两抢”犯罪，突出以快制快，集结视频侦查、街面巡防精准打击，15起“两抢”案件全部侦破。

1979—2020年部分年份吴忠市刑事案件情况表

表9

类别 年份	总数			其中(起)			各县(市、区)局破案数(起)						
	发案数(起)	破案数(起)	嫌疑人(名)	特大	杀人	重大	利通区	青铜峡市	盐池县	同心县	红寺堡区	太阳山开发区	孙家滩管委会
1979	804	631				31	184	172	54	70			
1980	1847	1314	1449	3	1	79	379	571	163	112			
1992	425	234	315	15	1	124	234	150					
1993	488	386	429	13	2	223	386	210					
1994	446	346	356	17	6	194	346	238					
1995	415	329	406	26	4	278	329	208					
1996	273	215	295	23	5	171	215	203					
1997	493	364	435	36	10	301	364	209					
1998	552	369	518	22	7	318	369	199					
1999	524	235	447	13	2	354	235	187					
2000	932	236	486	9	8	547	236	332					
2001	1446	424	612	10	5	777	424	343					
2002	1402	464	580	8	6	899	464	328					
2003	1354	532	593		5	868	532	303					
2004	1811	786	845	1	11	875	478	348		206	102		
2005	1808	929	883		12	796	615	489		216	98		
2006	1899	1017	917		13	941	585	286	153	291	97		
2007	1795	1097	892		6	785	743	310	109	255	105	7	
2008	3742	1264	1014	12	22	753	656	362	181	351	108	18	
2009	3473	1438	1037	15	11	885	677	310	212	327	225	15	
2010	3711	1467	1038	14	17	804	715	278	238	368	126	8	
2011	4533	1605	1134	20	10	1008	798	334	302	357	123	19	
2012	4509	1751	1163	12	11	1084	912	396	277	483	108	22	
2013	3948	1858	936	12	5	651	1107	269	191	206	208	19	
2014	5167	3548	1423	12	8	121	1108	429	359	417	231	29	
2015	5567	2677					1125	458	335	431	294	28	
2016	5679	3276					1407	599	435	509	304	17	
2017	5355	3909	1786		8	68	1356	715	597	510	409	18	4
2018	5371	3168	1867	8	5	64	1263	589	599	290	401	13	13
2019	6155	3146	2233		11		1273	519	612	399	324	11	8
2020	5301	3415	2366		3		1406	536	600	480	349	27	17

第四节 大案要案侦查

刑事案件的大案要案，是全社会普遍关注的大事。公安机关是维护社会治安的执法机关，担负着打击犯罪、保护人民的重任。大案要案的侦破，直接关系着公安机关的声誉。及时破案，命案必破，是公安机关的死命令。

2015年，全年17起命案全部侦破。八类案件立案131起，占刑事案件的2.4%。破案率90%。

2016年，全市6起命案全破，发案下降60%。破获同心县某故意杀人抛尸案命案积案（2010年）。全市破获黑恶犯罪案件6起，成功侦破利通区郭某某等人涉黑组织犯罪案，破获各类刑事案件27起，抓获57人，扣押涉案车辆2辆，缴获钢珠枪1支、各类管制刀具72把。成功打掉5个涉恶团伙，破获各类刑事案件25起，移送起诉70人。

2017年，全市共发命案11起全破，现发命案已连续5年保持全破。通过对历年未破命案和命案逃犯进行认真梳理，逐案分析研究，制定方案，强化专班，全力攻坚，先后侦破了1999年利通区金积镇抢劫杀人案和1999年青铜峡市李某某故意杀人案，抓获潜逃10余年漂白身份的命案逃犯2名，协助河南省抓获外逃24年的命案逃犯1名，超额完成了工作任务，命案积案攻坚行动取得重大突破。

持续不断组织开展各类专项行动，通过打团伙、端窝点、打流窜，不断提升打击效率，全市共立八类案件68起，破案66起，破案率为97%。八类严重暴力性犯罪案件发案数占全市刑事案件发案总数的1.4%，远远低于5%的综治工作控制指标。全市共抓获逃犯268名，新增上逃率和撤销率达到100%，追逃工作全区排名前列。

2018年，共发命案8起全破，实现现发命案连续6年全破，发案下降27.3%。全市共摸排涉黑恶线索373条，郭金发黑社会性质组织犯罪团伙52人二审宣判获刑，破获各类刑事案件27起，13人被以黑社会性质组织罪追刑；打掉涉恶犯罪团伙11个（其中，犯罪集团2个），移送审查起诉涉恶团伙5个，提起公诉涉恶团伙6个，抓获嫌疑人84人，破获各类刑事案件63起。至年底，在侦涉恶犯罪团伙3个，抓获犯罪嫌疑人29人，破获刑事案件23起，扫黑除恶专项斗争取得明显成效。

2019年，全市现发命案12起全破，连续7年100%破案，侦破命案积案2起，八类案件立55起破53起，同比立案数下降8.3%，破案率96.4%，上升1.4个百分点，“两抢”案件破案率100%。

2020年，全市现发命案7起，同比下降46.2%，实现连续8年命案全破，八类案件60起同比下降3.2%。扎实开展“云剑—2020”专项行动和命案逃犯攻坚工作，取得历史性突破，先后攻克“1996·5·5”同心县冯某被伤害致死案、“2002·4·2”女出租车司机张某琴被杀案、“2001·12·11”利通区马某兵被伤害致人死案，抓获外省命案逃犯5名。

第五节 缉毒案件侦查

毒品，既毒害人的身体，又麻醉人的灵魂，一旦染上毒瘾，一方面给家庭带来沉重的经济负担，另一方面，败坏社会风气，扰乱社会治安。打击贩毒犯罪，堵截毒源，根除毒害，是公安机关的重大任务。

1990年12月28日，第七届全国人大常委会第十七次会议通过《关于禁毒的决定》后，银南地区公安处加大缉毒力度，全力侦破毒品犯罪案件。

2001年“6·26”国际禁毒日前夕，吴忠市各级公安机关在全市范围内组织开展了收戒吸毒人员集中统一行动。全市各级公安机关共出动警力1400人次、车辆500台次，设卡点28处，清查有关场所700余处，审查各类可疑人员540余人，破获贩毒案件4起（其中重大1起），抓获贩毒嫌疑人8人，缴获海洛因76.8克、三唑仑32片，对吸毒可疑人员尿检535人，收戒吸毒人员146人，治安处罚130人，抓获批捕在逃人员1人、贩毒负案逃犯1人，捣毁吸毒窝点7处。

2002年3月19日，吴忠市禁毒委员会召开会议，会议要求：各县(市、区)人民政府、市直有关部门要坚定信心，增强历史使命感和政治责任感，树立全局观念，围绕改革、发展、稳定，将禁毒严打整治专项斗争作为当前一项政治任务纳入严打整治斗争整体工作中，各司其职、各负其责、密切配合、齐心协力，打一场禁毒的人民战争。会后，各县(市、区)迅速行动，认真开展调查摸底工作，制订行动方案。结合实际，开展清查工作。利通区以清查歌舞厅、美容美发厅为重点，对61家重点场所开展突击清查，对发现的可疑人员进行尿检，查获吸毒人员1人、涉娼人员12人。青铜峡抽调公安、文化、工商等部门人员42人，对辖属15家歌舞厅进行重点清查，查获吸毒人员5人，中卫县对42家歌舞娱乐场所开展清查，查获吸毒人员2人，缴获海洛因6小包。灵武市共清查55家歌舞娱乐场所，与业主签订禁毒责任书55份，在各娱乐场所张贴禁毒宣传画200多份，发放各类禁毒宣传材料6000余份。6个县(市、区)禁毒部门也与娱乐场所业主签订了禁毒目标责任书，发放了宣传材料。

在禁毒严打整治专项斗争中，吴忠市公安机关相继破获一批重特大贩毒案件，共抓获贩毒嫌疑人33人，缴获毒品海洛因439.5克。

2006年，全市共破获毒品犯罪案件109起，抓获毒品犯罪嫌疑人166名，缴获毒品海洛因7700余克；强制收戒吸毒人员961人，劳教复吸人员304人，排查录入吸毒人员信息1459条；全市创建无毒乡镇11个，无毒社区、村(居)委会345个；全市各级财政划拨禁毒经费169万元，增加专职禁毒工作人员15人。

2007年10月，开展“秋季攻势”专项行动以来，市公安局禁毒支队精心组织，缜密部署，放弃节假日休息，连续破获4起贩毒大案，抓获2名特大涉毒案件逃犯，缴获毒品海洛因190.7克、新型毒品K粉11.8克，拘留犯罪嫌疑人12人。

2011年市公安机关禁毒部门以开展禁毒严打整治“蓝剑”行动为主线，以“打团伙、摧网络、破大案、抓毒枭、缴毒资”为目标，突出重点、主动进攻、全力开展破案攻坚。全市共破获毒品犯罪案件117起，抓获毒品犯罪嫌疑人165人，缴获各类毒品25918.427克，其中缴获海洛因23844.8克、冰毒1800.397克、其他毒品273.23克。相继侦破了“5·2”特大贩毒案件，缴获毒品海洛因2060克；“8·3”特大贩毒案，缴获毒品海洛因5533克；“5·13”特殊人群贩毒案件，缴获毒品海洛因2060克；“2010·3·10”公安部毒品目标案件、打掉了窝藏吴忠地区的大毒枭杜某某，缴获毒品23.9公斤，有效遏制了毒品犯罪蔓延势头。

2014年，吴忠市公安机关把禁毒工作列为“一把手”工程来抓，先后开展了“重点地区整治”“大收戒”“打零包”“堵源截流断通道”等专项行动。行动中将收戒和破案两项任务量化分解到各警种，将任务完成量与破案奖励捆绑，有效激发了民警工作积极性，形成了各警种多部门合成作战、全警参与禁毒工作的良好机制。全市共破获毒品刑事案件211起，抓获犯罪嫌疑人253人，缴获各类毒品69.42公斤(其中海洛因57312.91克，冰毒12087.42克，氯胺酮23.55克)。破案完成率为105%；强戒吸毒人员1093人，全市进度为103.4%。对贩毒活动的强力打击和对吸毒人员的大收戒，促使社会总体治安形势趋好。

2015年，认真贯彻落实全国、全区禁毒工作会议和中央6号、自治区46号文件精神，按照新一轮禁毒人民战争三个阶段六大战役的部署和市公安局党委2015年重点工作任务，打造亮点、以点带面、整体推进的工作思路，以大收戒、社区戒毒康复、毒品预防教育和禁毒宣传为突破口，全力推进禁毒人民战争，各项禁毒工作齐头并进、亮点纷呈，破获毒品案件283起，完成自治区公安厅下达年度任务的75.26%；抓获嫌疑人310人，完成自治区公安厅下达年度任务的64%，全年缴毒46.47公斤。

按照“培养典型、重点突破、以点带面、整体推进”的要求，吴忠市精心指导，培育打造了同心县丁塘镇“社区戒毒康复工作网格管理法”、豫海镇禁毒工作“12345”工作法、青铜峡市瞿靖镇社区戒毒康复工作“四色预警”机制帮教模式、利通区金星镇社区戒毒康复工作“四色网格动态管控工作法”、利通区十一小“四讲四必十个一”学校禁毒预防教育工作法、利通区秦桥清真寺及道道渠清真寺“三情三感”禁毒宣传教育工作法、同心县新区清真大寺落实伊斯兰宗教人士禁毒“五项主题活动”等先进工作经验，抓点带面，促进了全市禁毒工作的开展。

在全市48个乡镇建成169个社区戒毒（康复）工作站，配备了268名社区戒毒康复专职工作人员，初步形成了县区禁毒办、乡镇专职人员、村（社区）信息员三级联动的戒毒康复网络。在全市815个小区、1156个清真寺、417所中小学校设立了禁毒宣传橱窗、长廊，深入开展“青少年百场禁毒巡回宣讲”“零计划”“小手拉大手”等各类宣传活动；在2496辆出租车、1000辆公交车和440辆长途客运车内张贴了禁毒标识；在所有临街电子屏录入禁毒宣传字幕和大型禁毒公益广告，向辖区所有手机用户发送禁毒宣传信息。在各大商场、娱乐场所、旅馆业、金融场所等人员密集场所投放禁毒公益广告视频联播机170余台，实时推送禁毒公益广告，创新了禁毒宣传模式。

2016年，以毒品重灾区向禁毒工作示范市转变为总目标，以打好新一轮禁毒人民战争收官之战为主线，按照“攻坚一年，整治三年，五年根本解决”的工作思路，逐步构建侦查、收戒、监管、宣传、培训、督查、考核、领导、保障、推进十大体系，抓点带面，示范引领，吴忠特色的禁毒工作模式日趋成熟，禁毒工作步入了制度化、规范化、法治化运行轨道，全市查获吸毒人员2000余人，强戒吸毒人员1000余人，破获毒品案件400余起，抓获嫌疑人500余人，侦破了“4·23”“4·24”两起公安部、自治区公安厅毒品目标案件，缴获毒品近40公斤，抓获犯罪嫌疑人7人，摧毁了横跨四省的贩毒网络。

在全市48个乡镇建成169个社区戒毒康复工作站，配备专兼职工作人员480余名，形成了县区禁毒办、乡镇专职人员、村（社区）信息员三级联动的戒毒康复网络。全力推进吴忠市“大收戒”和缉毒执法工作，市公安局召开全市禁毒百日攻坚推进会，发起禁毒百日攻坚，要求各级、各部门“一把手”要安排部署，分管领导要亲力亲为，查找和整改薄弱环节，确定主攻方向，全方位展开攻势，确保圆满完成自治区下达的缉毒执法和大收戒任务。在全市各级电视台、广播电台开设专栏刊播禁毒公益广告，先后在中央电视台、人民网等各级主流媒体播报100余篇。在全市主要商业场所广告屏、所有KTV全部设置禁毒广告，在人员密集场所投放禁毒公益广告视频联播机200余台，实时推送禁毒公益广告。

2017年，以“创建全国禁毒示范市”为目标，以禁毒工作“六个十”示范典型创建为抓手，进一步固化党委政府领导、各部门齐抓共管、全社会共同参与的全民禁毒格局，全市共逮捕涉毒犯罪嫌疑人149.5人，破获毒品刑事案件109.5起，缴获毒品700.9公斤，其中毒品海洛因36.6公斤，冰毒4.3公斤，大麻660公斤，破获公斤以上毒品案件6起，自治区公安厅目标案件4起。

市县两级禁毒办配备49名禁毒专干，全市47个乡镇全部建成标准化的“三区一室”社区戒毒康复工作中心，共建立48个社区戒毒康复工作中心、413个社区戒毒康复工作站，配备专兼职工作人员480余名，初步形成了县区禁毒办、乡镇专职人员、村（社区）信息员三级联动的戒毒康复网络。加大禁毒工作宣传力度，在各级媒体发布各类新闻645篇，其中国家级152篇，自治区级90篇，市级68篇，其他类335篇，在宁夏禁毒微信、宁夏禁毒网发布各类禁毒信息148篇。在吴忠禁毒信息网、吴忠禁毒门户网、吴忠禁毒微博、吴忠禁毒微网站、吴忠禁毒微信公众平台发布各类信息3860余条，在全市主要商业场所广告屏、所有KTV全部设置禁毒广告，在人员密集场所投放禁毒公益广告视频联播机100余台，实时推送禁毒公益广告，形成了以信息化为依托的禁毒宣传社会化工作格局。

2018年，紧紧围绕创建全国禁毒示范市、“两打两控”专项行动和毒品问题重点整治等3项重点工作，不断建机制、强措施、抓考核、抓落实，禁毒工作持续保持了良好推进势头，全年共破获毒品犯罪案件72起，抓获犯罪嫌疑人119人，提请逮捕170人，缴获毒品海洛因25514.67克，查获吸毒人员788人，强制戒毒362人。成功破获公安部657号目标案件，摧毁一个跨六省区的特大制毒贩毒犯罪网络。

全市共建成47个规范化乡镇社区戒毒康复中心、47个“禁毒志愿服务驿站”、413个社区戒毒康复工作站、25个戒毒康复示范点、19所示范学校，培训禁毒师资500余人次，发展禁毒志愿者近万人。全面压减吸毒群体，巩固强化戒断成果，全市吸毒人员3年戒断巩固率持续提升至54%，社区戒毒执行率达98.92%，社区康复执行率达99.81%。戒断3年未复吸人员持续增长至4753人，吸毒人员连续下降至3926人。全年新增吸毒人员259人，增幅为2.96%，增速下降至2.87%。

2019年，全市共破获各类毒品刑事案件30起，其中，侦破3起省级目标案件。抓获涉毒犯罪嫌疑人49人，抓获各类涉毒逃犯28人，缴获各类毒品52818.06克，其中海洛因18739.10克，冰毒28.96克，大麻34050克，全市共查获吸毒人员210人，提请批捕82人；强戒吸毒人员94人，全市新增吸毒人员47人，收治病残吸毒人员23人。

全市社区戒毒康复执行率达到100%，吸毒人员3年戒断巩固率达到70.73%，社区戒毒康复执行巩固率达到71.85%。对全市363名社区戒毒人员、726名社区康复人员、183名社会面有吸毒史人员、1010名戒断3年未复吸人员及全市6个污水处理厂开展毛发采集检测和污水抽样检测。共采集吸毒人员毛发样本7343例，自检疑似阳性5例。

2020年，全市共破获毒品案件29起，抓获犯罪嫌疑人51人，缴获各类毒品125.1公斤（其中冰毒23公斤、大麻59.4公斤、海洛因19公斤、麻古23.4公斤、美沙酮0.3公斤），破获部级目标案件2起，破获自治区级目标案件3起。全市共批准逮捕涉毒犯罪嫌疑人76人（加共享案件共107人），完成64人年度任务的118.8%，批捕任务完成率全区第一。全市外流贩毒被抓获人员5人，低于前三年平均水平，连续4年实现稳步下降。按照公安部、自治区公安厅“净边2020”“拔钉追逃”专项行动部署要求，全面动员部署，制定方案，落实责任，紧紧围绕“四个提升、三个减少、一个突破”，深入开展排查清隐、破案攻坚、堵源截流、拔钉追逃、行业整治、毒物管控等六大战役，加大线索梳理和信息研判，强化专案攻坚，严格落实重点地区入境货物、寄递物品抽检及“三个100%”验视制度，严防运输邮寄毒品。

“净边”专项行动共破获毒品案件15起，抓获犯罪嫌疑人29人，缴获各类毒品60.45公斤，排查抓获涉毒人员8人，其他嫌疑人员19人，抓获涉毒逃犯4人。

全市共排查吸毒人员8880人，其中，社区戒毒330人，社区康复526人，社会面有吸毒史556人，戒断3年未复吸人员6700人，强制隔离戒毒172人，看守所羁押62人，服刑92人，参加药物维持治疗49人，死亡365人，查获初次发现吸毒人员36人，排查信息完整率达到100%。依法对1名违反社区戒毒社区协议人员做出强制隔离戒毒决定。市禁毒办对全市吸毒人员管控情况开展了问卷调查，利通区、红寺堡区、青铜峡市、同心县禁毒办结合本地实际创新推广“123456”“4+强管控”“四个紧盯”“六措排查”等吸毒人员排查管理工作法，提高了排查管理效率。

2008年吴忠市公安局处理毒品案件情况表

表10

毒品案件（起）		毒品作案成员（人）		缴获毒品（克）	
合计	922	合计	1029	合计	12162.48
走私贩运毒品	99	走私贩运毒品	171	海洛因	11933.1
其中：重特大	80	其中：重特大	146	大麻	
新型毒品	5	新型毒品	12		
其中：重特大	2	其中：重特大	3		

续表10

毒品案件(起)		毒品作案成员(人)		缴获毒品(克)	
非法持有毒品	7	非法持有毒品案	12	三唑仑	
其中:重特大	4	其中:重特大	8	鸦片	15
吸食注射毒品	811	吸食注射毒品	834	冰毒	214.38

说明:强制戒毒人员608名;劳动教养人员31名;社区戒毒54名;行政拘留109名;逮捕人员138名;刑事拘留人员184名;吸毒可疑人员进行尿液检测1173份,其中阳性835份,阴性338份。经检测共发现新吸毒人员3名,复吸人员835名;取保候审17名,限期戒毒16名,做其他处理59名

2010年吴忠市各县(市、区)公安局毒品案件情况表

表11

	毒品刑事案件数(起)					抓获毒品犯罪人员(名)					打击处理犯罪嫌疑人(名)			治安案件	
	合计	走私贩运毒品		非法持有	其他	合计	贩卖运输运毒品	非法持有毒品	非法种植毒品原植物	其他	刑事拘留	逮捕	取保候审	案件数(起)	违法人员数(名)
		海洛因	新型毒品												
吴忠市	110	87	5	6	9	142	127	6	1	8	125	35	31	3	2
吴忠市公安局禁毒支队	14	12	2			16	16				11	7	6		
利通区公安分局	34	27	1	3		34	31	3			34	3	1		
青铜峡市公安分局	12	9	2	1		14	13	1			21	8	3	1	1
同心县公安分局	27	20			7	45	37		1	7	33	5	13		
红寺堡区公安分局	13	11		1	1	22	21	1			20	9	6	2	1
盐池县公安分局	10	8		1	1	11	9	1		1	6	3	2		

2013年吴忠市公安局各县(市、区)公安局毒品案件情况表

表12

	毒品刑事案件数(起)				抓获毒品犯罪人员(名)				打击处理犯罪嫌疑人(名)				涉毒人员引发非毒品案件		
	合计	海洛因	新型毒品	非法持有	合计	贩卖运输运毒品	非法持有毒品	非法种植毒品原植物	刑事拘留	逮捕	取保候审	其他	犯罪嫌疑人数(名)	刑事案件	
														案件数(起)	违法人员数(人)
吴忠市公安局禁毒支队	4	3		1	9	6	3		2	5		2			

续表12

	毒品刑事案件数(起)				抓获毒品犯罪人员(名)				打击处理犯罪嫌疑人(名)				涉毒人员引发非毒品案件		
	合计	海洛因	新型毒品	非法持有	合计	贩卖运输运毒品	非法持有毒品	非法种植毒品原植物	刑事拘留	逮捕	取保候审	其他	犯罪嫌疑人数(名)	刑事案件	
														案件数(起)	违法人员数(人)
利通区公安分局	85	60	22	3	108	105	3		91		17		305	305	87
红寺堡区公安分局	17	17			21	21			18		3		28	28	4
同心县公安分局	67	61	3	3	76	73	3		63	6	3	4	118	118	13
盐池县公安分局	25	24		1	26	25	1		25		1		20	20	6
青铜峡市公安分局	29	11	18		40	40			3	36	1				
太阳山区公安分局	1		1		1	1			1						

2020年吴忠市各县(市、区)公安局毒品案件情况表

表13

	毒品刑事案件数(起)						抓获毒品犯罪人员(名)			打击处理犯罪嫌疑人(名)					涉毒人员引发非毒品案件	
	冰毒	大麻	海洛因	麻古	美沙酮	合计	贩卖运输运毒品	非法持有毒品	合计	刑事拘留	逮捕	取保候审	其他	犯罪嫌疑人数	刑事案件	
															案件数(起)	违法人员数(名)
吴忠市公安局禁毒支队	6	2	15	1	1	25	61	3	64	58	54	2	3	61	17	11
利通区公安分局	1	0	5	0	0	6	14	0	14	14	13	1	0	14	10	4
红寺堡区公安分局	0	0	2	0	0	2	6	0	6	3	3	0	0	3	0	0
同心县公安局	4	2	6	1	1	16	30	3	33	33	32	0	3	33	0	0
盐池县公安局	1	0	0	0	0	1	4	0	5	5	0	0	0	5	0	0
青铜峡市公安局	1	0	1	0	0	2	6	0	6	3	5	1	0	5	7	7
太阳山区公安分局	0	0	1	0	0	1	1	0	1	1	1	0	0	1	0	0
孙家滩公安分局	0	0	0	0	0	0	0	0	0	0	0	0	0	0	0	0

2008—2020年吴忠市公安局破获毒品案件一览表

表14

年份	案件数(起)	海洛因(克)	冰毒(克)	嫌疑人(名)	治安案件(起)	查获吸毒人员(名)	强制戒毒人员(名)	社区戒毒人员(名)
2008年	110	11925.1	214.38	194	811	834(2825)	608	54
2009年	130	17752.7	404.2	189	1071	1089(3302)	662	214
2010年	110	19127.97	1974.2	142	1024	1030(3633)	685	290
2011年	134	25001.47	218	192	1367	1388(4355)	681	538
2012年	209	51388.37	3134.45	268	2282	2282(5336)	1011	886
2013年	225	67675.61	1672.8	278	3135	3139(6691)	1796	553
2014年	313	69481.42	11823.56	372	2719	2719(7373)	2341	363
2015年	283	64600.63	1991.52	310	2512	2512(7863)	747	636
2016年	258	57101.8	1641.55	309	1197	1997(8517)	1002	484(1636)
2017年	150	47742.91	4302.04	186	1196	1040(8739)	501	435(1297)
2018年	72	25514.67	3007	119	752	788(8939)	362	420(948)
2019年	30	18739.10	28.96	52	210	214(8881)	97	363(611)
2020年	29	19046.37	23021.49	51	191	171(8884)	58	330(474)

备注:查获吸毒人员栏内括号中的数字为在册数,社区戒毒栏内括号中的数字为社区康复人数

第六节　经济案件侦查

经济犯罪,直接危害着国民经济的发展秩序,公安机关严厉打击经济犯罪,保卫经济体制改革的顺利进行,为国民企业保驾护航。

吴忠市公安局于2000年12月召开由人民银行、工商银行、农业银行、建设银行、中国银行吴忠市各分行主管行长及信用卡部主任参加的工作联席会。2001年1月在全市范围内联合开展打击信用卡恶意透支的专项治理活动。2月15日,已有20余万户主动偿还透支本息8万余元,30余名大额透支户写了还款计划,承诺按期归还透支款达50余万元。对恶意透支行为拒不还款者,已报捕3人,移送起诉1人,治安处罚26人,已追缴透支本息达30余万元。

2003年9月27日10时至12时30分,全市公安机关经济犯罪侦查部门和各商业银行在各自辖区的主要街道、城镇、集贸市场及商业银行各网点处设立宣传点进行宣传。此次宣传活动共在全市各县(市、区)的主要城镇街道、集贸市场设立宣传点32处,共出动警力46人、银行工作人员120人、车辆23台,悬挂横幅标语40条,展出展板69块,发放各种宣传材料3万余份,接待现场观看群众6万余人次,咨询群众千余人次,吴忠市公安局经侦

支队当场接到群众举报假币违法犯罪线索2条，同时在21处宣传点现场播放《第五套人民币防伪指南》电视录像片，并邀请新闻媒体进行现场采访报道。

2010年，全市公安机关共受理各类经济犯罪案件199起，抓获犯罪嫌疑人127人，挽回经济损失3283万元。在打击各类经济犯罪方面，两年来，共受理查处涉税案件25起，查处涉税单位60户，为国家追缴税款、滞纳金等1639万元。

2013年3月22日，自治区公安机关经侦专项工作推进会在吴忠市召开

2014年，吴忠市公安机关紧紧围绕吴忠市经济社会发展大局，着力在优化投资发展环境、打击违法犯罪、提供便民利民服务和深化户籍制度改革等方面下功夫、使长劲，呈现出严打整治趋于常态、综合治理成效显著、社会大局持续稳定、便民服务深得人心的生动局面。全市共立经济类案件47起，破案30起，抓获嫌疑人28人，挽回经济损失57万余元，移送起诉14起20人；立信用卡犯罪案件20起，破案16起，抓获犯罪嫌疑13人；侦破传销案件2起，清查遣散79人。

2017年，全市经侦部门共立案70起，破案76起，其中积案21起，破案率108.57%，抓获犯罪嫌疑人107人，其中网上逃犯22人，挽回经济损失2.15亿元。先后到广东、福建、上海等地，查询企业150余家、资金账户800余个，取证1200余人，成功侦破“汝康氨基酸酒行”“同心史瑞”非法吸收公众存款案、丁某某涉嫌职务侵占案、“2·9虚开增值税专用发票专案”以及公安部督导的“善心汇”等典型案件，破获非法吸收公众存款案10起，抓获犯罪嫌疑人37人，涉案人员2400余人，涉案金额1.8亿元，挽回损失约2.065亿元；破获传销案6起，抓获嫌疑人19人，收集上报线索10条，成功捣毁2个传销组织窝点。全市破案数不低于前三年平均数(3起)。共立案3起，破案2起，抓获犯罪嫌疑人3人，涉案金额达1.8亿元。全市公安机关收缴假币25.6145万元，警银收缴比达44.7%。

2018年，吴忠市经侦部门按照“打、防、管、建”的总思路，举全警之力，坚持系统治理、源头治理，联合有关主管部门，主动防范化解金融风险，坚决打击一切违法违规金融活动，全力遏制非法集资、传销等涉众型经济犯罪多发高发势头，严防涉众型经济犯罪与地下钱庄、暴恐分裂、黑恶势力等交织叠加，产生“次生灾害”，严防经济金融风险向社会和政治安全领域传导，坚决守住不发生区域性、系统性金融风险的底线，共立案71起，破案44起，抓获犯罪嫌疑人91人，刑事拘留7人，取保候审57人，逮捕15人，挽回经济损失300余万元。立非法集资案件22起，移送起诉19起，共化解6起风险隐患，对2家公司涉嫌非法集资的公司责令其停业整顿，停止经营活动，并强制拆除宣传标语10余块，收缴宣传资料10万余份；对疑似涉嫌传销活动的予以取缔，立传销案件13起，破案10起，抓获犯罪嫌疑人51人，取保候审37人，逮捕13人，刑拘1人，移送起诉10案53人，移送起诉率达100%，立虚开增值税发票、骗税案件14起，破5起，抓获犯罪嫌疑人6人，取保候审2人，刑拘1人，逮捕1人，移送起诉2案2人。起诉数完成率100%。立保护知识产权类案件12起，破7起，抓获犯罪嫌疑人7人，取保候审4人，刑拘1人，移送起诉2案2人。

2019年，全市公安机关经侦部门共受理各类经济犯罪案件106起，其中立案98起，比2018年上升38%，破案60起，比2018年上升36%，破案率为61%，抓获犯罪嫌疑人88人(其中网上逃犯15人)，移送起诉30案70人，经侦支队共受理案件3起，不予立案1起，立案2起，破积案2起，抓获犯罪嫌疑人4人(其中2名为历年网上逃犯)。破获虚开增值税专用发票3起，打掉虚开骗税团伙一个，抓获犯罪嫌疑人10人，价税合计1.7亿元，税额2200余万元，为国家挽回税款损失2000余万元。

2020年，开展涉众风险排查2次，上报总队涉众型经济犯罪风险情报信息12条，解散集资参与人微信群3个，化解风险隐患4个。疫情防控期间，吴忠市公安局经侦部门投入警力1148人次，排查全市医院、卫生院、诊所、医疗器材批发公司、零售药店等医疗机构1498家次，排查快递行业170次，排查大型超市、零售菜铺68家次。查获哄抬物价违法行为1起，销售三无口罩违法行为3起，共查获54030余个三无口罩，交由市场监督管理部门查办。

第七节　刑事科学技术

刑事科学技术工作是公安工作的重要组成部分，是公安机关不可或缺的基础性工作和重要科技支撑，是维护司法公正、维护社会稳定的重要手段。刑事科技人员以对党、对人民公安事业高度负责的精神，日夜战斗在勘验现场、检验鉴定和科研调查第一线，恪尽职守，忘我工作，为打击犯罪、保护人民、维护社会稳定做出了重要贡献。

随着社会主义民主法治建设的进一步完善，人民群众的法律意识和维护自身合法权益的意识明显增强，社会透明度明显提高，来自各方面的监督力度明显加大，对严格公正文明执法特别是办案程序、诉讼证据的合法性、公正性的要求越来越高，这就迫切需要刑事科学技术工作更加有力的支持。

吴忠市公安局刑事科学技术工作，从1955年6月开始，逐步建立与发展起来。1957年在刑警队正式设刑侦技术组，下设警犬、法医、文检、化验、照相。1966年“文化大革命”开始，1967年9月，刑侦技术工作被迫停止。1972年6月，银南地区公安处成立，恢复刑侦技术组工作。1982年改为刑侦技术中队，下设法医化验室、痕迹、文检室、照相资料室、警犬队（1985年警犬队单列设中队），2000年设刑侦支队。

通过开展刑事科学技术的研究工作，配合侦查破案，在同刑事犯罪活动的斗争中，发挥重要作用。切实肩负检验鉴定、现场勘查和管理指导等职责，具备法医、DNA检验、理化、痕检、声像、文检、警犬鉴别、心理测试、电子证据等专业技术。

自开展刑事科学技术工作以来，利用特殊手段（痕迹、指纹、化验、文检等）破获刑事案件1356起，利用警犬破获2起案件，利用监控录像破获653起案件。

一、痕　迹

痕迹检验技术，是研究与犯罪有关的客体，包括手印、脚印、牙齿、枪弹、工具、车辆等遗留痕迹的形成机理变化规律，以及发现、提取、固定和统一认定的理论和方法。通过对痕迹的检验，与作案嫌疑人及其作案的工具等痕迹进行比对、甄别、鉴定，为侦查破案提供科学的物证和法律依据。痕迹检验工作，始于1957年，初期痕迹检验多为造型客体面积较大、特征比较清楚的痕迹，随着痕迹检验水平的不断提高、仪器设备的更新，对工具擦痕、滑动足迹、牙齿痕迹、整体分离痕迹和枪弹痕迹等反映造型客体面积小、特殊模糊变形的痕迹也可以进行检验。

随着社会的发展，涉枪案件增多，为了配合破案，1987年以来，开展了枪弹建档及枪弹痕迹检验工作。通过枪弹检验，发挥了快速破案、准确打击犯罪的特殊作用。

二、指　纹

根据每个人指纹都不相同、终身不变的特点，应用现代科学技术管理指纹档案，对于迅速查寻犯罪分子具有重要作用。公安刑侦部门，从20世纪50年代起，就开展了对犯罪分子的指纹建档和管理工作，并利用指纹检验破获了一大批刑事案件。1984年5月，在“严打”斗争中，为从指纹档案中提取破案线索，将市区及内部单位收集的现场指纹逐起进行检验，从指纹档案中发现现场指纹，破获了一大批盗窃案件。

三、法医与化验

法医和化验，为研究和解决法律上有关人身伤亡案件及其他刑事案件的有关问题提供科学依据。通过法医技术研究、法医生物物证检验，鉴别和认定罪犯。20世纪50年代初，公安机关的刑侦技术部门即开展了法医与化验工作，初期只是作尸体外表检验和尸体解剖、血型、精斑检验，化验只能作常规化验。1978年开始，银南地区公安处的法医、化验技术业务发展较快，配备了新的医疗设备，法医化验不仅能解决重大疑难命案的损伤形状、损失机制、死亡时间鉴定、凶器伤推断、死因分析、自杀、他杀鉴定，还开展了血迹热解离法、M N血型测定等，取得了成效。

四、照　相

刑事照相技术，包括现场照相、录像和物证检验照相等，是刑事侦查工作中的一个重要环节。20世纪50年代，县级公安局仅有一部普通照相机。刑事照相主要借助于照相器材，使用黑白感光材料，以记录性质为主。随着照相设备的更新，1980年，银南地区公安处配备8部照相机，有专业技术人员3名，照相技术也不断提高。1981—1982年，根据照相业务发展需要，又配发玛米亚120、美能达(700)135、理光100较高级照相设备，并开展刑事现场彩色照相，更形象地再现现场的原始面目。1983年，自治区公安厅配发摄像机，开展摄像工作，除直接记录现场外，还能将现场情况迅速展现出来，便于随时以原始现场为背景研究案情，弥补了照相不足。1988年以后，刑事照相技术有很大进步，照相设备也在不断更新，开展紫外照相，扩大了物证检验照相的范围，提高了取证能力，为侦查破案工作提供了更科学的依据和法律物证。

五、警　犬

警犬工作是侦察破案运用的一种特殊手段。警犬除了进行追踪、鉴别和鉴定外，还执行巡逻、守候、搜毒、捕捉犯罪分子等任务。

1984年，银南地区公安处着手组建警犬训练工作。

2011年9月17日，吴忠市公安局的排爆犬在执行任务

1985年，银南地区公安处建设警犬训练基地。1988年9月4日，地区供电局变电站家属院发生的特大持枪抢劫杀人案，训犬员率警犬及时赶往现场，以犯罪分子受伤的血迹和遗留的拖鞋为嗅源，在道路、住宅纵横交错的复杂条件下，警犬反复嗅认，追踪3千米，终于在吴忠市北门的人行道上发现犯罪分子的血迹，从而指明了犯罪分子逃窜的方向。经过排查，迅速查明犯罪分子潜藏的地方，将罪犯抓获归案。

六、文　检

文字文件检验，是对犯罪现场遗留的纸张、纸屑、信件、烧毁文件的纸灰及犯罪分子伪造的印章、介绍信、合同、发票、假币、恐吓信、匿名信等犯罪物证，运用文字、语言、生理、心理、物理、化学等有关科学知识和技术方法进行检验，从而刻画犯罪分子具备的条件，缩小侦察范围，为侦察活动提供线索和物证。1966年“文化大革命”开始，文检技术工作遭受批判被迫终止。1972年6月恢复和组建刑警大队后，文检工作也得到恢复。20世纪80年代后，随着公安业务工作建设发展需要，文检技术设备更新、业务技术水平不断提高，为侦破一批疑难性案件提供了科学的物证依据。1990年，通过文检技术破获重大疑难案件3起。

2007年8月14日，为不断提高全区犯罪现场特别是命案现场勘查检验和侦查工作能力，强化刑事科学技术工作规范化和正规化建设，自治区公安厅于8月13—16日组织对五市刑侦支队开展模拟现场勘验考核。8月14日，以吴忠市公安局副局长毕顺元为模拟专案总指挥，刑侦支队选调痕检、法医、照相、侦查等专业9名民警组成的参考模拟专案组参加了考核比武。吴忠市公安局全体参赛队员在模拟现场中密切配合、规范操作、紧张有序地投入现场考核。现场考核结束后，参赛民警立即返回单位分别投入紧张的整理装订卷宗等工作中，由于时间紧，任务重，参赛民警连续工作十几小时，凌晨三四点钟，技术民警仍在照相馆洗印相片、赶订卷宗，全体参赛民警任劳任怨，一丝不苟地抓紧工作，并精益求精，确保工作质量。至15日6时，各项工作全面完成后，支队组织召开了案情分析会，市公安局副局长高学文、毕顺元均到现场做了指导评析，局领导对这起(模拟)案件的办理质量给予了充分肯定，对民警吃苦耐劳的精神予以表扬，同时也点评了存在的问题和不足。

2014年，吴忠市公安局痕迹实验室制作痕迹鉴定书31份，其中手印鉴定书12份、车辆痕迹鉴定书15份、枪支检验鉴定书4份。

吴忠市公安局指纹工作站的“指纹自动识别系统”库容十指指纹达到161097万枚、现场指纹入库7529枚，当年新录入十指指纹3379枚、现场指纹194枚。

吴忠市公安局法医实验室受理活体损伤鉴定63人次，出具伤情检验鉴定63份，解剖尸体120余具，出具尸体鉴定95份，出各类现场100余起，帮助基层解决疑难问题30余件。协助青铜峡市公安局、盐池县公安局完成尸体解剖室建设；协助同心县公安局完成尸体解剖室土建工程和设备招标工作；完成了与利通公安分局联合建设的标准化尸体解剖室前期准备工作。

全市利用DNA破案77起，利用指纹破案260起，利用足迹破案182起，利用刑事技术共破案519起，占破案总数的25.78%。全市现场勘验信息系统提交录入现场案件共2381起，占立案总数的60.5%，达到了自治区公安厅标准的50%。全市利用标准化人员信息采集平台完成10782份采集任务，完成率达到107%。

理化实验室共受理各类案件560起(毒品258起、血醇261起、毒物41起)，受理各类检材1371份(毒品932份、血醇286份、毒物153份)，出具鉴定书560份。

DNA实验室受理案件262起，受理检材1900余份，检验检材2100余份，出具鉴定书251份，采集违法犯罪人员DNA样本12671份，录入违法犯罪人员DNA信息12671条，检验入库10443份，完成全年采集任务的126.7%。

吴忠市公安局刑事科学技术全面提升，技术检验鉴定技能和水平大幅度改观。

2014年，吴忠市公安局文检实验室受理文检案件28起，检验印章印文163枚，检验文字2万余字，检验文件、证件83(页)本，制作文检鉴定书21份。

2015年，加强刑事实验室建设，提升检验鉴定能力和水平。1—12月，各实验室共受理案件983起，出具鉴定书1260份，其中DNA实验室436份，理化实验室547份，法医实验室197份，痕迹实验室44份(指纹鉴定16份，车辆痕迹20份，枪支检验鉴定8份)，文检实验室36份。全市现场勘验信息系统提交案件现场共4504起，占立案总数的70.9%，已超出自治区公安厅现场勘查数占立案总数65%的考核目标。

理化实验室共受理案件547起，其中毒品197起、血醇302起、毒物48起；共受理各类检材989份，其中毒品检材496份、血醇检材357份、毒物检材136份。

DNA实验室受理案件436起，受理检材2126份，检验检材2400余份，采集违法犯罪人员DNA样本15398份，录入违法犯罪人员DNA信息15398条，检验入库14869份，完成全年采集任务的128.3%。

法医实验室受理活体损伤鉴定95人次，尸体检验160余具，出现场160余起，帮助基层解决疑难问题50余件。协助同心县公安局完成了尸体解剖室建设工作。

2015年1—12月全市利用DNA破案293起，利用指纹破案171起，利用足迹破案135起，利用刑事技术共破案599起，占破案总数的24.7%，刑事技术工作服务侦查破案的能力日益凸显。支队DNA实验室通过对嫌疑人遗留在犯罪现场的生物痕迹，成功比中了利通区“5·25”持刀入室抢劫案嫌疑人。指纹工作站比中青铜峡市裕民街道办事处紫薇巷“福莱超市”盗窃案犯罪嫌疑人，抓获犯罪嫌疑人4名，成功破获系列入室盗窃商铺案件10起，同时成功比中2起外省重大盗窃案件。

2016年，规范刑事技术实验室建设，不断提高检验鉴定能力和水平，按时完成鉴定任务，争取更新完善技术装备。物证鉴定所顺利通过公安部盲测和自治区检验检测机构资质认定工作。各实验室共受理案件1137起，出具鉴定书1120份。全市标准化人员信息平台人员采集信息15825份，完成率达131%。采集DNA 34754份，完成全年DNA任务的128.2%。利用刑事技术破案642起，占破案总数的24.1%。

2017年，利用刑事技术破案的比例明显提升。全市刑事案件现场勘查率100%，八类案件现场勘查率达到100%。利用指纹、足迹、DNA等刑事技术手段破获各类刑事案件642起，占破案总数的24.1%。

严格落实"一长四必"工作要求，根据公安部、自治区公安厅要求，逐步配齐实验室技术人员，加强现场勘查工作，在提取指纹、足迹、DNA、微量物证等传统痕迹物证的基础上，全面采集基站、视频、电子物证、GPS等新型证据，做到了每案必采、必录，已达到上级要求的现场勘查率；物证鉴定所完成实验室资质认证工作，指导、协调各分县局完成刑事技术实验室达标工作；根据刑事科学技术发展需要，及时提出了更新技术装备的建议，2017年市公安局文件检验实验室购买了近98万元的文件工作站，用于文件检验、辅助理化检验和痕迹检验，进一步为检验鉴定结论的科学性和准确性提供了保障。

2018年，强化刑侦基层工作，为侦查破案助力。一是细化分解指标，提前超额完成各项技术指标。全年采集违法人员信息15530份，完成率达129%；采集DNA人员样本43215份，完成率135%。全市刑事案件现场勘查率100%。利用指纹、足迹、DNA等刑事技术手段破获各类刑事案件497起，占破案总数的15.7%。二是明确目标，责任细化。切实强化全市刑侦民警对部区刑专系统、"三合一平台"等系统的日常应用，实时推送回复各类指令，切实发挥为侦查破案服务的强大功能。三是建设市公安局物证管理系统。充分发挥平台作用，实现全市各分县局物证管理系统并网，进一步规范操作流程，使全市物证管理流转工作实现程序化、规范化、精细化。

全年协助基层勘查各类案件现场75起，检验各类痕迹物证120余件，出具痕迹鉴定25份；出具文件检验鉴定书37份。理化实验室全年共受理各类案件370余起600余份检材，出具鉴定375份；DNA实验室受理案件815起，检材3286份，检验检材4000余份，出具鉴定书820份，利用DNA直接比中案件227起。全市共抓获DNA比中人员53名，完成自治区公安厅目标任务的126.19%。法医实验室受理活体损伤鉴定44人次，尸体检验150余具，出现场160余起，出具各类鉴定书194份，帮助基层解决疑难问题20余件，重新鉴定2起，鉴定结论零差错。在2018年度实验室能力验证(盲测)考核中，市公安局物证鉴定所参与的8个项目全部考出"满意"的好成绩，刑事科学技术整体水平得到国家认可。

2019年，采集违法人员信息12033份、DNA样本33814份，受理案件1107起，出具鉴定书1091份，受理活体损伤鉴定44人次，检验尸体120余具，协助勘查各类案件现场75起，解决疑难伤情鉴定53件。

2020年，进一步强化装备建设，优化设备功能，建设完成DNA自动化工作站并已交付使用，招标采购DNA3500基因测序分析仪软硬件升级项目和气相色谱仪设备，不断提升现场勘查、检验鉴定、服务实战的能力。各实验室共受理案件检材4671份，出具鉴定书1681份，采集违法人员信息16336份、DNA信息36145份。连续4年盲测考核获得8个"满意"好成绩，刑事技术水平获国家认可。

第八节　专项行动

专项斗争是公安机关集中打击突出的刑事犯罪的一项措施和斗争形式。1983—2013年，针对不同时期某一类刑事犯罪活动相对突出的情况，银南地区公安处在全地区组织开展打击绺窃、撬盗、流氓捅刀、盗窃自行车、流窜作案、车匪路霸、打黑除恶等专项斗争。

一、"严打"斗争

严厉打击严重刑事犯罪活动的斗争(以下简称"严打"斗争)，是集中打击刑事犯罪活动的战役行动，是发动和依靠群众同刑事犯罪活动作斗争的一种重要形式，也是综合治理社会治安的有效手段。

"严打"斗争主要对象：流氓团伙分子；流窜作案分子；杀人犯、放火犯、爆炸犯、投毒犯、强奸犯、抢劫犯和重大盗窃犯；拐卖妇女、儿童的人贩子，强迫、引诱、容留妇女卖淫的犯罪分子；通缉在案的逃犯。

1975年8月，西北5省、区公安厅打击流窜犯罪协作会议确定，当年9月15日、10月7—10日、1976年1月

9—14日为5省区打击流窜犯统一行动时间。统一行动以铁路沿线、边境和城市为重点,公路沿线、集镇、工矿区和边缘接合部同时进行。

1982年,自治区公安厅结合元旦、春节的治安保卫工作,于1月15—20日组织集中打击流窜犯的统一行动。全区集中统一行动,有力地打击了流窜犯罪活动的嚣张气焰。

1983年8月13日,中共中央、全国人大常委会根据一些地方严重刑事犯罪猖獗、社会治安秩序不好的实际情况,相继做出严厉打击严重危害社会治安的犯罪分子的决定。根据中共中央的决定和自治区党委的部署,在全区开展为期3年的"严打"斗争。要求依法从重从快重点打击杀人、放火、爆炸、强奸、抢劫和重大盗窃、强迫、引诱容留妇女卖淫等犯罪分子以及重新犯罪的人员。银南地区各级公安机关与有关部门密切配合,在全地区范围内组织开展"严打"斗争,进行了3个战役,先后打了10仗。

第一战役历时1年(1983年8月至1984年7月),共打了3仗。主要是针对当时犯罪活动十分突出的情况,采取集中打击的方法,全面扫荡在面上的刑事犯罪分子及各类犯罪团伙,使社会治安的非正常状态初步有所改观。

第二战役历时1年8个月(1984年8月至1986年3月),连续打了4仗。主要任务是以破大案、挖团伙、抓流窜、扫死角为主,集中打击流窜和隐蔽较深的犯罪分子及犯罪团伙,使"严打"斗争向纵深发展。

第三战役历时11个月(1986年4月至1987年2月),共打了3仗。主要任务是针对社会治安中的突出问题,开展专项斗争,进行专项治理,集中打击数量多、危害大的盗窃、流氓、强奸等犯罪活动。

"严打"斗争中,全地区共逮捕各类犯罪分子1896人,破获各类刑事案件1351起(含积案和协助查破外地案件),摧毁各类犯罪团伙40个,抓获团伙成员283人。共捣毁卖淫嫖娼窝子133处,挖出拐卖人口、赌博、传播淫秽录像的团伙17个,查获违法犯罪人员79人,其中逮捕19人。从而在一定程度上抑制了社会丑恶现象的泛滥,促进了精神文明建设和社会风气的好转。

"严打"斗争中,人民群众向公安机关检举违法犯罪线索2053条,协助公安机关抓获和扭送违法犯罪人员45人。涌现出一大批临危不惧、勇擒犯罪分子的英雄模范人物。同时,在"严打"声势的威慑下,在惩办与宽大相结合政策的感召下,有67名违法犯罪人员向公安机关投案自首。

"严打"斗争中,各级公安机关一手抓侦查破案,一手抓治安防范,把打击、防范、管理、建设等方面紧密地结合起来,推动了社会治安综合治理各项措施的落实。一批有轻微违法犯罪行为的青少年,经过社会各方面力量的共同帮助教育,得到挽救。许多刑满释放人员得到妥善安置和继续教育,其中大多数人改邪归正。同时,在许多地方逐步推行了各种形式的治安责任承包制、企事业单位安全保卫责任制。普遍组织了治安联防和治安巡逻,进一步加强了群众性的治安保卫工作。

二、打击盗窃违法犯罪活动

打击盗窃自行车违法犯罪活动

1987年2月28日,公安部召开新闻发布会,通报全国治理自行车被盗问题专项行动有关情况。1988年5—7月,银南地区公安处在全地区范围内开展严厉打击盗窃自行车犯罪活动,发布《关于严厉打击盗窃自行车等违法犯罪活动的通告》。(一)根据群众举报线索,收缴被盗自行车5辆以上的,视情给予举报有功人员100元以上、500元以下奖励。(二)根据群众举报线索,抓获盗窃、销赃、窝藏自行车违法犯罪人员5人以上、收缴被盗自行车10辆以上的,视情给予举报有功人员500元以上、1000元以下奖励。(三)根据群众举报线索,查破重大盗窃自行车案件,并循线追踪取缔非法销售、窝藏窝点,并且抓获违法犯罪人员10人以上、收缴被盗自行车20辆以上的,视情给予举报有功人员1000元以上2000元以下奖励。(四)根据群众举报线索,破获重大盗窃自行车团伙犯罪案件,抓获违法犯罪人员15人以上、收缴被盗自行车50辆以上的,视情给予举报有功人员2000元以上5000元以下奖励。

在专项行动期间，全地区公安机关共抓获盗窃自行车犯罪人员230人，破获自行车被盗案件896件，追回自行车632辆。

打击流窜作案犯罪活动

1989年7月，根据公安部《关于在全国开展集中打击流窜犯罪统一行动的通知》及自治区公安厅的部署，全区统一行动，集中打击流窜犯罪。银南地区公安处于7月13日晚至15日晚，开展集中打击流窜犯罪统一行动，共抓获流窜犯89人，未决犯和通缉犯等8人，报捕在逃的19人，逃跑后继续犯罪的5人，批准收审后逃跑的1人。侦破了一批严重刑事案件，有效地遏制了刑事案件大幅度上升的势头，刑事发案逐月下降。

三、打击车匪路霸

1990年4月1日，根据公安部、交通部、铁道部及自治区公安厅、自治区交通厅、兰州铁路局银川分局关于打击车匪路霸的电话会议精神，银南地区公安处决定从4月1至5月31日，在全地区范围内开展打击车匪路霸的专项斗争。各级公安机关协同有关部门，迅速行动，采取集中打击、重点治理、侦查破案与防范控制等措施，全地区共破获车匪路霸案件35起，抓获违法犯罪人员65人，查破犯罪团伙35个，涉及成员42人。依法处理违法犯罪人员32人，其中逮捕25人，治安处罚16人。追缴赃款赃物价值10.2万元。

四、反盗抢斗争

打击盗窃、抢劫犯罪案件

1991年9月，在中央和自治区社会治安综合治理委员会的部署下，各级公安机关在有关部门的支持配合下，充分发动和依靠群众，紧密结合实际，积极开展反盗窃斗争，并以反盗窃斗争为突破口，推动综合治理各项措施的落实。截至1992年8月底，全地区共破获各类刑事案件463起。其中，盗窃案件434起，重大刑事案件115起，抓获犯罪嫌疑人649人，缴获赃款赃物折款48.4万元。

百日严打整治行动

1996年5月16日，银南地区公安处开展“百日严打整治行动”，以打现行、挖团伙、破大案、追逃犯为主攻方向，攻坚打硬，查破现行、隐积案54起，摧毁盗窃犯罪团伙2个，查破毒品案件17起，摧毁毒品犯罪团伙1个3人，共抓获毒品犯罪分子22人，缴获毒品海洛因110.5克，抓获吸毒人员24人。

打击走私、盗窃、抢劫机动车犯罪专项行动

1997年3—6月，银南地区公安机关将禁毒作为主攻方向，组织开展春季严打整治行动。1997年11—1998年2月底，全地区公安机关开展严打整治冬季行动。各县市公安局对自治区挂牌督办的重特大案件及其他危害严重影响恶劣的案件全力攻坚，重点放在追逃和整治方面。

1998年6月23日，自治区党委、政府做出在全区开展“夏季严打整治攻势”的部署，全区公安机关把“破大案、追逃犯”定为主攻目标，明确要求自治区挂牌督捕案件要破获50%以上，督捕逃犯要追回30%以上。7月12日零时—4时30分，银南地区公安局在全地区城镇开展区域性的集中严打整治统一行动。7月12—30日，全地区破获各类刑事案件52起，其中大案18起；抓获犯罪嫌疑人74名，其中逃犯8名；查处治安案件100起259人；强制戒毒50名。清查出租房屋2015间，整治重点地区20处，重点路段18处。查获团伙14个57人。缴获民用枪51支、子弹27发、炸药25公斤、雷管296枚；缴获毒品海洛因291.7克，非法出版物20件。缴获赃款及赃物车款10万余元。8月1—10日，地区公安局在全地区范围内组织开展了为期10天的反盗抢机动车专项整治统一行动。破获摩托车被盗案件16起24辆，抓获犯罪嫌疑人11名。8月18日晚至8月21日24时，银南地区各级公安机关集中组织开展“夏季严打整治攻势”第二次统一行动。各县市公安局共投入警力1933人次、车320台次，设卡点39处，内部单位和金融单位查岗325个，清查出租私房2408间，歌舞厅、录像厅、游戏厅784家，旅店、饭店、招待所513家，发廊、桑拿浴室164家，施工点、砖瓦厂307家，其他场所82处；查验车辆856辆。共抓获各类违法犯罪嫌疑人245人，其中卖淫嫖娼人员50人，参与赌博120人，抓获吸毒人员48人；投案自首1人；收缴非法出版物50

本，收缴枪支3支、气枪子弹150发；暂扣无牌无证车10辆，取缔无证经营歌舞厅2家，收缴黄色光盘101盘、录像带15盘、影碟机2台。11月9日20时至11日晚8时，吴忠市公安局在全市范围内进行一次大规模的打击走私、盗窃、抢劫机动车犯罪集中统一行动。以交警为主，其他警种密切配合，开展路检路查工作。全市共出动警力774人、警车85辆，设卡31处，查验各类机动车3380辆，查扣嫌疑小轿车11辆，扣留无牌、无证摩托车67辆，查破被盗摩托车13辆，抓获犯罪嫌疑人6名。

打盗抢抓逃犯专项斗争

公安部、自治区公安厅相继召开"打盗抢抓逃犯"专项斗争动员部署电视电话会议后，2008年1月24日市公安局迅速召开动员会，成立专项斗争领导小组，制定了方案，随后于2月初召开了电视电话会议，再次进行动员部署。各分县局根据安排，迅速贯彻落实方案精神，多措并举，突出重点，大力开展专项斗争。

在专项行动中，各级刑侦部门和派出所充分利用科技强警成果，加强信息导侦，科学研判，大力开展"网上作战"。市公安局也适时采取积极措施，对全市2007年以来未破的12起重大案件及历年来未抓获归案的12名重大逃犯进行挂牌督侦、督捕，实行奖惩制，有力调动了各地侦查破案的积极性。

1月24日至2月25日，全市各级公安机关在专项行动中共破各类刑事案件100起，抓获犯罪嫌疑人91人。故意杀人、抢劫、强奸等八类恶性案件共破21起，其中破获命案2起，破获"两抢一盗"案件78起。另外，各县公安局还利用专项行动，破获各类串案47起，抓获上网逃犯43名。

五、禁娼、禁毒、禁赌专项行动

1999年9月5日21时至6日24时，市公安局组织在全市开展禁娼、禁毒、禁赌集中统一行动，共出动警力1447人、车辆154台，共清查歌舞厅262家，桑拿按摩、浴室等37家，电子游戏厅144家，旅店招待所320家，出租房屋561家，录像厅61家，查处赌博案件37起165人，卖淫、嫖娼案件9起17人，传播淫秽录像案件5起，查获吸毒人员2人，敲诈勒索犯罪团伙1个5人，盗窃摩托车犯罪嫌疑人1人，治安处罚247人，刑事拘留20人，扣留摩托车和夏利轿车各1辆，没收赌资62366元、淫秽光盘15盘、电子游戏机赌博电路板22块。11月26日，吴忠市公安局开展"一打两整治"专项行动，分三个阶段进行，11月26日至12月6日为宣传发动、自行取缔阶段，12月7—16日为强制取缔阶段；12月17—26日为检查验收阶段。通过宣传，群众自行取缔土炼油炉829座；对盐池县和定边县交界处的土炼油泛滥集中的小风子村和红井子与定边县交界处的魏圈村进行了强制取缔，一举拔除摧毁了111座土炼油炉，没收各类油罐131个，收回各类油品69.16吨。

2000年4月1日0时至4月10日0时吴忠市公安局开展打击拐卖妇女儿童集中统一行动。共解救被拐妇女4人（其中上网2人，外地上网1人），抓获贩子6人（其中上网3人）。其中，中卫解救被拐妇女2人，中宁解救被拐妇女1人，市公安局刑警支队解救被拐妇女1人。

六、严打整治斗争

2001年3月19日，全市公安机关开展清缴爆炸物品枪支弹药、管制刀具专项行动，共收缴炸药797.5公斤、雷管514枚、导火索2080米、管制刀具468件、自制土枪40支，查获涉爆案件4起，治安拘留6人。到4月19日，全市公安机关共破各类刑事案件24起，打掉犯罪团伙1个3人，共抓获犯罪嫌疑人31名，毒品违法犯罪7案10人，缴获毒品海洛因226.65克。4月23日，开展严打整治集中统一行动，全市共投入警力3771人次，盘查可疑车辆6262辆，查处卖淫嫖娼10起37人、聚众赌博36起170人、流氓滋事5起11人，抓获吸贩毒人员174人，破获刑事案件36起，抓获犯罪嫌疑人93人，抓获逃犯30人，收缴雷管87枚、土枪9支、"40"火箭发射管8个、子弹5发、管制刀具124把、走私盐1吨，追回被盗摩托车41辆。5月1—11日，吴忠市"严打"整治斗争进展势头良好。破获各类刑事案件60起，抓获犯罪嫌疑人42人。5月17—24日，破获各类刑事案件45起，抓获犯罪嫌疑人31人。5月25—31日，破获各类刑事案件39起，抓获犯罪嫌疑人52人。6月16—22日，破各类刑事案件65起，抓获违法犯罪人员113人，查破治安案件186起371人。6月20—22日，全市集中开展了收戒吸毒人员统一行动。

破贩毒案件4起，缴获毒品76.8克，抓获涉嫌贩毒人员8人，收戒吸毒人员146人，治安处罚130人。6月27日下午，吴忠市公安机关"治爆缉枪"专项行动中收缴的544支非法枪支被集中销毁。7月27日至8月2日，破获各类刑事案件16起，抓获犯罪嫌疑人29人，缴获海洛因200克，查破治安案件6起。8月15日22时至17日22时，吴忠市公安机关在全市范围内开展集中清查统一行动。查破治安案件23起，处理违法人员34人，抓获涉毒人员44人，缴获海洛因8.9克，清查暂住人员19309人，补办暂住证3539人，取缔非法出租户19家，签订治安责任书871份。7月1日至8月20日，吴忠市公安局在治爆缉枪专项行动中共收缴枪支50支、子弹602发、炸药3448.6公斤、雷管16731枚、黑火药3600公斤、导火线20米。

2002年1月17日至2月5日，吴忠市公安局在全市范围内组织开展打击盗窃、抢劫犯罪专项行动。行动中，全市共出动警力1130人，共破获各类刑事案件83起，抓获犯罪嫌疑人85人；抢劫团伙2个7人，破抢劫案件2起。抓获逃犯3名。8月27—29日，吴忠市公安局为推动严打整治第六战役的深入开展，深化以打"双抢、反盗窃"为主要内容的专项斗争，在全市范围内开展清理清查清剿集中统一行动。行动中，共出动警力3100人次，抓获"上网"逃犯3人，抓获涉毒人员92人，缴获毒品海洛因3.25克又53小包，破获刑事案件35起，抓获犯罪嫌疑人25名，查破各类治安案件51起。9月24日零时至26日零时，吴忠市公安局在全市范围内组织开展严打整治集中统一行动。全市公安机关共出动警力3836人次，设卡点17处，检查过往车辆8012辆；清查公共娱乐及治安复杂场所2570处，出租房屋2747间，抓获逃犯5人，收戒吸毒人员32人，查扣手续不全摩托车39辆，查破各类治安案件38起，处理112人。通过对重点、复杂场所的清理整治，净化了社会治安环境，强化了对社会治安面的控制能力。

七、打击盗窃电信、电力设备专项斗争

2000年5月18日上午，吴忠市公安局召开关于"吴、灵、青"公用电信设施和电力设备被盗案件专案会，利通区、灵武市、青铜峡市主管刑侦的局长、刑警大队大队长参加了会议，吴忠市电信局和利通区、灵武市、青铜峡市电信局的局长及市公安局有关科室负责人出席了会议。截至7月20日，全市共破获各类刑事案件151起，抓获犯罪嫌疑人152名。

2004年，为认真贯彻落实区"1·26"全区打击盗窃破坏电力通信设施案件联席会议精神，严厉打击盗窃破坏电力、电信设施违法犯罪活动，吴忠市公安机关于3月20日至5月20日，在全市范围内组织开展打击整治盗窃破坏电力通信设施违法犯罪专项行动。行动中，共破获盗窃破坏电力通信设施案件60起，抓获作案人员31人，其中刑拘27人、治安拘留4人。

2007年3月23日，市公安局在全市范围开展为期两个月的打击盗窃破坏电力通信设施违法犯罪专项行动。市公安局副局长高学文及电力、通信部门负责人出席会议。

八、追逃专项行动

1999年2月10日，吴忠市公安局组织开展追逃第一次集中统一行动。抓获市公安局督捕逃犯3名。抓获了现行犯罪嫌疑人4人，查处聚众赌博案件2起，收缴淫秽、色情、盗版VCD光盘142盘。3月10日，吴忠市公安局为确保全市春节期间社会治安稳定，从2月10日到28日全市出动警力1500人次，共抓获各类在逃人员26人，督捕逃犯6人。8月30日零时至9月1日24时，按照自治区公安厅部署，开展追逃专项斗争第二次集中统一行动，全市各公安局共出动警力3775人次、车辆660台，设立卡点13处，查验过往车辆7975辆，从中破获刑事案件7起9人，治安案件24起78人。抓获各类逃犯22人，未上网逃犯4人，抓获外省区上网逃犯2人，外省区未上网逃犯4人。9月10日零时至9月20日24时，吴忠市公安局在全市开展了第三次追逃统一行动，共出动警力6192人次、车辆1360台，对6116处重点地区、工棚、建筑工地、出租房屋、雇用临时工的厂矿单位及所有娱乐场所进行了全面清查，在交通要道设立堵截卡点87处(次)，检查各种车辆14206辆，盘查人员16574人。行动中，共抓获各类逃犯40人，查处治安案件52起，破获刑事案件15起。

2001年9月25日晚10时，吴忠市公安机关在全市范围内组织开展了“追逃”工作集中统一行动。抓获逃犯48人，破刑事案件4起，查扣机动车辆15辆，查破治安案件27起73人。10月25—31日，吴忠市各级公安机关根据自治区公安厅、市公安局的具体部署，开展“追逃”集中统一行动，共抓获逃犯18人。同心县公安局破各类毒品案件26起，缴获海洛因2098.5克。11月26日8时至30日8时，吴忠市公安机关在全市范围内组织开展全国统一组织的第二次追逃专项集中统一行动。全市各级公安机关共出动警力7425人次、车947台次，设卡点57处，行动中，查破治安案件39起102人，破获刑事案件44起，抓获犯罪嫌疑人27人，追回被盗摩托车27辆。抓获逃犯15名。

1999年2月10日至2001年12月，全地区开展的追逃专项行动中，共追回各类逃犯64人，追逃工作名列全区公安机关首位。

九“利剑”专项行动

2006年9月7日下午，全市公安机关扫毒统一行动在市公安局召开，会议认真传达学习了自治区公安厅厅长苏德良、副厅长佘进军在“8·31”全区扫毒专项行动电视电话会议上的讲话精神，对吴忠市开展扫毒专项行动进行了动员，市委常委、政法委书记、市公安局局长陈建军做了重要讲话。市公安局政委关玉林，副局长高学文、毕顺元以及政治部主任许文昌、纪检委书记周兴堂到会，各县、市（区）公安局局长、市公安局各部门及利通公安分局派出所主要负责人参加了会议。9月26日22时至28日20时，在全市范围内组织开展代号为“利剑”的集中统一清查行动。市委常委、政法委书记、市公安局局长陈建军，市公安局政委关玉林，副局长赵秉强、高学文、毕顺元等领导在清查行动开展期间分赴各市、县、区，参与清查行动，鼓舞士气，督导检查行动开展情况。

天网行动

2007年9月10日在全市部署开展以破案追逃为主要任务的“天网2号”行动。“天网2号”行动，以“攻命案、除黑恶、打两抢、反盗窃、追逃犯、促防范”为主要内容，采取多策并举、重点突破的方法。截至9月27日，全市共破获各类刑事案件119起（协外18起），抓获犯罪嫌疑人69人，其中上网逃犯8人，10月1日，利通公安分局刑警大队充分调动广大民警的积极性和主观能动性，主动出击、连续奋战，先后成功侦破了发生在吴忠市3起影响较大的案件，破获自治区公安厅督办的“8·12”奸淫幼女案，查破“9·10”故意伤害致人死亡案。有力地打击了刑事犯罪分子的嚣张气焰。

“猎鹰2号”行动

“猎鹰2号”行动，是公安机关于2008年10月开展的打击毒品犯罪活动的一项专项斗争。吴忠市开展打击毒品违法犯罪“猎鹰2号”专项行动，在近一个月时间内连续破获重特大毒品犯罪案件6起，缴获毒品超过1000克。

十、打击传销集中行动

2007年7月26日，市公安局部署开展为期一个月的打击传销集中行动。

十一、“清网行动”

2008年8月14日，市公安局组织召开全市公安机关深化命案追逃工作会议，安排部署“追逃”专项行动。市局刑侦、行动技术、网侦支队负责人和各县市区公安局主管刑侦的副局长、刑警大队长、技侦、网侦联络员参加了会议。

2009年10月20日至12月20日，吴忠市公安局在全市范围内组织开展以“攻命案、打现行、追逃犯”为主要内容的“破案会战”专项行动。

2011年，吴忠市公安局认真贯彻落实公安部副部长刘金国的重要讲话和公安部河南推进会议精神，切实增强使命感和紧迫感，树立“逃犯必抓、质量必保、奋力争先、清网安民”思路，以钢铁般的信心和意志，毫不松懈地发起新一轮强大攻势，全力打好攻坚战、信息战和基础战。7月13日20时至24时，全市公安机关在“清网行动”领导小组组长、市公安局局长徐耀和领导小组副组长、副局长高学文的统一指挥下，投入警力1100余人次，动用警用车辆320余台次，采取入户检查、“拉网式”搜查、设卡排查、网上核查等多种方式，对辖区内重点场所开展集中清查。抓获网上在逃人员5人，查处违法违纪人员21人。8月8日，自治区公安厅在全区公安禁毒部门部署以打击毒品违法犯罪活动为内容的“蓝剑2号”专项行动展开，市公安局精心组织，迅速行动，破获涉毒刑事案件17起，治安案件103起，抓获涉毒违法犯罪人员192人，上网逃犯4名；缴获毒品海洛因1020.7克、冰毒5.56克、麻古0.63克。10月31日，市公安局在同心县公安局召开11月份月度例会暨“清网行动”现场推进会，重点通报了决战“清网行动”以来的工作情况，对下一步工作进行了再动员、再部署。

“清网行动”开展5个多月，全市公安机关先后抓获网上在逃人员258人，其中，行动前网上在逃人员151人，行动前本地网上在逃人员下降率达70%以上，率先完成自治区公安厅党委确定的决战“清网行动”年度目标任务，吴忠市公安局“清网”率居全区第一。

2013年1月1日至12月31日，吴忠市公安局当期在逃人员总数123人，故意杀人在逃人员总数10人，上网数311人，上网抓获数246人。2013年度抓获在逃人员累计306人，抓获外省在逃数65人，抓获区内外地市在逃数33人，抓获当地在逃人员数241人，2013年度抓获在逃人员累计302人。其中外省抓获数82人，区内外地市抓获数12人，抓获历年数4人，抓获故意杀人数3人。

十二、打黑除恶

2001年1月16日起在全国范围内组织开展打击黑恶势力犯罪集中统一行动。行动中全市共成立行动组60余个，共出动警力2754人次，设立卡点17个，清查公共复杂场所3275处，检查过往嫌疑车辆397台次，审查各类嫌疑人员1765人。截至3月29日，全市共挖出黑恶势力犯罪团伙31个219人，已打击处理犯罪团伙27个164人。

2006年3月23日，市公安局召开全市公安机关打黑除恶专项斗争动员大会，动员部署吴忠市公安机关打黑除恶专项斗争。会议由市公安局政委关玉林主持，宣布了全市公安机关打黑除恶专项斗争工作方案，副局长刘宁弟传达了全区公安机关打黑除恶工作责任制(试行)。市委常委、政法委书记、市公安局局长陈建军出席会议并发表重要讲话。

吴忠市公安局先后打掉涉黑涉恶团伙20余个，抓获犯罪嫌疑人100余名，成功铲除了多股黑恶势力，为吴忠经济发展、社会稳定、人民群众安居乐业创造了良好的环境。

十三、“破案会战”

2012年5月，吴忠市公安局开展“破案会战”专项行动，经过一个月的不懈努力，破获了一批刑事案件，取得了重大战果。10月24日上午，吴忠市公安局召开党委会，专题听取了全市公安机关开展“破案会战”工作情况的汇报，并对下一步工作提出要求。专项行动以来，全市公安机关共出动警力11809人次，检查各类重点部位6478处，排查村(居委会)794个、集贸市场165处、娱乐场所715家、宾馆486家、出租房屋5253家、废旧金属收购站点858家、网吧119家，获得线索518条(移交其他行政机关8条)。破获刑事案件72起、治安案件546起，打击处理528人，其中治安拘留119人，刑事拘留81人，捣毁黑作坊、黑工厂、黑市场、黑窝点223处，收缴各类假证章27个，缴获假发票5000余本，涉案金额达1202.8万元。缴获毒品海洛因36.7公斤，依法移交其他行政机关4起。其间，市公安局专项办共编发报送信息简报122期，自治区公安厅采纳51期，下发专门工作通报3期。

第三章

治安管理

ZHI AN GUAN LI

第三章 治安管理

治安行政管理是国家行政管理的重要组成部分。其职能是运用行政手段和法律手段，维护公共秩序，保障公共安全，保护人民的合法权益，维护正常的社会秩序，保卫社会主义现代化建设的顺利进行。

第一节 治安防范

治安防范指在公路、车站、广场、市场、商店、公园、影剧院、展览会、运动场以及居民庭院等安全防范。加强治安防范，是社会治安管理的重要内容。

随着城乡各项建设事业的发展，刑事案件、治安案件不断发生，这就要求公安机关的基层单位派出所有专人管理，各有关单位建立健全治保组织，制定必要的规章制度，并广泛向群众宣传，减少和防止治安案事件的发生。

一、民国时期的治安防范

清末设巡警，主要担负设灯、巡查、除秽等任务。巡警所辖地段，设立路灯，“以便行人而弭盗贼”。上岗巡警穿号衣，佩枪棍，遇暴拿获，遇急吹哨。

民国时期主要是以保甲制度作为治安防范的主要方法。

保甲制度 1934年11月16日，宁夏省先以平罗县为试验区，开始实行保甲，次年在全省普遍推行。宁夏省保甲组织大体依照国民党豫、鄂、皖三省剿匪总司令部颁布的《剿匪区域内各县编查保甲户口条例》建立起来的，均以户为单位，户设户长，十户为甲；甲设甲长，十甲为保，保设保长。甲属于保，保属于区（后裁撤区署，保属于乡或镇）。以后虽经多次整顿，但其组织形式大同小异。民国时期宁夏省保甲制度的建立，对人口的管理、维护当地治安起了很重要作用。保甲制度从建立到废除，历时15年。保甲组织，一直受宁夏省地方政府的严密控制，同时又与军队、警察、保安队等密切配合，共同维持地方治安。1949年宁夏解放后，保甲制度随即彻底废除。

保甲规约 1936年，宁夏省即规定厉行保甲规约。1938年起，宁夏省政府令各县，督令各保甲人员，自行协定保甲规约，共同遵行。1940年保甲规约在全省各县保甲人员中普遍实行。保甲规约通常由各保保长召集保内各甲长，通过保甲会议，依照保甲条例有关规定，公开议决保甲规约若干条，要求保内所有人员必须共同遵守。保甲规约的有关内容：各保人员办理编订门牌事项之责；户口异动报告；匪患防御；修筑防御工事等劳役分配；违反政府禁令的处置等。其中，对匪患的防御规定：凡遇匪患，经区乡长通令警戒，或保长认为必要时，于各保辖境出入要道，设卡盘查行人，并设哨守望，派人侦谍。凡遇股匪攻窜保境，临时由保长或哨丁鸣锣报警，保内壮丁闻警，立即各携武器，齐集指定地点，服从保长指挥，协办抵御。若邻保有警，各保壮丁闻警，或经保长通知，也一致出力协助。

联保连坐 1936年，宁夏全省复查户口时，令各县实行联保连坐，以此相劝相纠，旨在“消弭盗匪，铲除奸人，安宁地方”。1938年，进一步制定了户民联保连坐办法，督促各县认真执行，以“防范奸宄，安靖地方”。每年调查户口时，对联保连坐实施情况进行考查。户民联保连坐，提倡互相劝勉，互相监察，并随时密报，倘若发现不法行为，而不密报的联保人，要受连坐处分。

户民轮流值日巡查 1941年，全省清查编组保甲之后，宁夏省拟定了《户民轮流值日巡查办法》，实行普遍巡查。值日户民以甲为单位，按照甲内户数多寡，依次轮流值日，除老弱孤寡及毫无行为能力者外，每户均须出15岁以上60岁以下之男子，受保长、甲长的督导，担任值日巡查工作。为了明确责任及便于稽查，每甲制值日巡查牌1块，值日巡查的户民在巡查时，必须随身持携，以利巡查，并于每日查毕后，将巡查牌依次递交接替的巡查户。值日巡查的户民在巡查时，必须逐门挨户确实详查，不得遗漏一户、拖懒敷衍了事。巡查对象：无身份证、居留证、通行证及人证不符之人；盗窃及形迹可疑之人；汉奸及奸党分子；无户籍漂流游荡之人；来历不明之军人；其他有嫌疑之人。值日巡查的户民在逐户巡查时，需注意每户内人员来往及寄宿情况，如发现上述人员，应速报主管保甲长。必要时，可先作紧急逮捕，然后禀报究办。凡一户内窝藏上述所列各种人员之一，而邻居知悉又不予检举报告的，被值日巡查户民查出，窝藏人与该邻居一同论罪。

二、中华人民共和国成立后的治安防范

公共场所秩序管理　宁夏回族自治区公安厅成立后，不断探索公共场所治安管理问题，根据《中华人民共和国治安管理处罚条例》规定，结合宁夏的实际情况，制定了《公共娱乐场所管理规则》，对影剧院、茶园、歌社、舞厅、酒吧等公共娱乐场所，均依规则办理登记手续，补领营业许可证。要求营业单位、营业人员保证场内秩序、营业时间、座位数量、消防设备和公共卫生等均符合要求。公安机关经常整顿检查公共场所治安方面存在的问题，促使各种公共娱乐活动有序进行，保证公共娱乐场所治安秩序稳定。

20世纪80年代以后，各种文化娱乐场所大量增加。为了进一步维护好公共场所的治安秩序，公安机关按照“谁主管，谁负责”的原则，督促各主管单位建立健全安全制度，认真落实治安管理责任制。公安机关协助各有关单位和部门，检查安全措施，及时发现隐患，督促整改，防止治安案件和灾害事故的发生。

集会游行示威管理　中华人民共和国成立后，人民群众的集会、游行、示威权利受宪法和法律保护，这些活动一般均由政府和有关单位组织进行。对一些重大集会、庆典活动，由公安机关及有关部门发布临时性通令，并派出警力维持秩序，保证安全，防止意外事故发生。

1989年10月31日，全国人大常委会通过并公布实施了《中华人民共和国集会游行示威法》，规定举行集会、游行、示威必须依法向公安机关申请并获得许可。凡依法举行的集会、游行、示威，主管机关应派出人民警察维护交通和社会秩序，保障其顺利进行，任何人不得以暴力、胁迫或其他非法手段进行扰乱、冲击和破坏。为了维护机关单位、特定地区的工作、生产、生活秩序，这些地区可设临时警戒线。依法进行游行示威者，必须遵守宪法和法律，不得损害国家的、社会的、集体的利益与其他公民的合法权利，不得破坏民族团结。如有违法行为，人民警察有权当场采取强制手段处置，并根据违法情况给予治安管理处罚，直至依法追究刑事责任。

制止封建迷信活动　中华人民共和国成立后，封建迷信活动在宁夏仍有一定的社会基础。一些巫婆、神汉和不法迷信职业者，利用群众患病或遭受自然灾害之际散布谣言邪说，装神弄鬼，骗财害人，蛊惑人心，扰乱秩序。20世纪50年代时，大多是小范围地烧香请神，装神弄鬼。60年代，一些不法巫婆、神汉利用自然灾害造成的困难，欺骗群众敬神庙，敬神树，求神水，取仙药。巫婆、神汉装神弄鬼，造谣惑众，盘剥群众，反动会道门也混在其中。

对于封建迷信活动人民政府一直采取禁止的政策。早在中华人民共和国成立初就明令禁止和取缔巫婆、神汉等，对他们实行教育改造的政策，让他们从事正当的劳动生产，自食其力。宁夏回族自治区成立以后，各级公安机关把制止封建迷信活动作为一项长期的工作来抓，经常密切注意掌握情况。发现封建迷信活动，及时采取措施加以制止，严防封建迷信活动蔓延。同时配合宗教、民政等部门，广泛开展法治教育和各种形式的反对封建迷信活动的宣传教育，普及科技文化知识，选择一些利用封建迷信进行违法犯罪活动的典型案例，公开揭露封建迷信活动的欺骗性和危害性，提高人民群众抵制封建迷信活动的自觉性。当地政府和公安机关对群众进行破除迷信的宣传教育，举办破除迷信学习班，促使一些知情人自觉起来揭露他们策划这场封建迷信活动的内幕，然后向人民群众进行现身说法。不少人还在群众大会上当场表演了巫婆、神汉装神弄鬼、骗钱害人的把戏。

在打击取缔封建迷信活动中，吴忠公安机关严格区分一般封建迷信思想和利用封建迷信思想进行违法犯罪活动的界限。对于请神降仙、驱病赶鬼、算命占卦、测字相面和风水阴阳等迷信职业者，随时予以取缔。对于利用封建迷信诈骗钱财、残害人命，造成严重后果的犯罪分子，依法予以惩处。

第二节　危险物品管理

危险物品指对人体有直接性伤害的工具和物品，比如枪支弹药、爆炸物品、刀具等物品。

严格枪支弹药、爆炸物品及刀具管理，是治安管理的重要内容，对于防止犯罪活动、预防发生治安案事件和维护社会治安秩序，有着重要作用。

一、枪支弹药管理

对枪支弹药的管理，历代政权机构均极为重视。吴忠解放初，国民党军政机关遗留下来的枪支弹药，除部分流散民间外，大部分为地方上的匪霸势力所掌握。为安定社会秩序，保障人民财产的安全，公安机关进行枪支弹药登记与收缴工作。

吴忠解放初期，由于国民党散兵游勇携枪逃窜，社会上流散枪支剧增。1949年9月26日，银川市军事管制委员会公布了非法武器及市民枪支登记处理办法，办法规定凡流散隐藏在银川的敌伪人员所持的武器，与市民在敌军溃退时拾取的武器、弹药及敌伪寄藏的枪弹，均为非法武器，一律自动报告登记，缴归公安机关处理。市民及各机关学校工厂原有的自卫枪支，均应携带原有身份证及其他证件等，申明登记，听候处理，吴忠地区各界均积极响应。1950年，省政府发布登记管制公用枪支弹药的命令，要求将现存与佩带的各种枪支弹药详细登记，呈报公安机关统一管制，并对佩带范围、审批程序以及保管佩带枪支等做了明确规定。1950年9月16日，省政府颁布《佩带自卫公用枪支规定》，对符合条件经批准佩带枪支者实行"自卫枪证"和"临时枪证"制度。同年6月，吴忠公安对应佩带枪支人员造册登记，经审查签发持枪证。1951年6月9日，省政府颁发《关于处理民间枪支弹药的决定》，根据不同对象，分别采取没收、征用、登记的办法。同月，公安部制定《枪支管理暂行办法》，规定任何单位和个人未经国家主管机关批准，不准制造、买卖、持有枪支弹药；未经批准持有的枪支弹药，必须移交公安机关；对国民党残余分子持有的枪支，应经宣传教育，使其解除顾虑，自动交出。吴忠市（县级）公安局在区、乡政府的配合下，收缴长枪105支、短枪26支、冲锋枪1支、子弹4821发。其后，根据国家有关规定，枪支弹药由市公安局治安股专管。

1954年9月24日，省政府鉴于政务院公布了《枪支管理暂行办法》，宣布此前发布的"登记管制公用枪支弹药"命令、《佩带自卫公用枪支规定》等文件作废，全省换发、使用新的公用枪支"持枪证"。

1958年4月，吴忠市公安局破获贩卖子弹案1起，查获手枪子弹108发。同年还收缴各种枪支22支、子弹300发、手榴弹8枚。

1959年开始，公安机关对猎枪、射击运动枪支进行统一管理。继续登记、收缴流散在社会上的枪支弹药。

20世纪60年代初，枪支管理一度出现混乱现象，枪支被盗和人身伤亡事故屡有发生。为此，自治区公安厅提出清查整顿国家机关内部枪支的意见，调整佩带枪支范围，重新登记所有枪支，审核、颁发持枪证。1973年12月18日，自治区革委会、宁夏军区联合发出彻底清查、收缴散存在社会上的武器、弹药及其装备品的通知，规定收缴的武器、弹药和装备品，由公安机关办理手续，统一由县、市、旗人民武装部负责保管。自治区公安厅重新印制了"持枪证"和"猎枪证"。新枪证自1975年3月1日起正式使用，旧证同时销毁。

1981年4月25日，公安部公布施行《中华人民共和国枪支管理办法》，缩小枪支配发范围，扩大枪支管理范围，规定任何单位、个人，未经法定手续批准，不得私自保存枪支、弹药。全区公安机关普遍开展了清理登记枪支和发证工作。银南地区公安处对全地区各种枪支进行检查登记，重新签发持枪证，收缴流失各种枪支109支、子弹1689发、手榴弹2枚。8月20日，自治区人民政府《关于收缴凶器的通告》发布后，全地区各县公安局积极行动，广泛宣传，截至8月26日，全地区共收缴子弹123发、雷管25枚、炸药6公斤、导火索4米、火药枪1支、匕首12把、刀子9把、钢鞭1条。

1984年5月23—31日，中卫县公安局为了有效预防和控制凶杀、爆炸等突发性案件，切实加强对枪支、弹药、刀具和爆炸物品的管理，县公安局抽调了65名干警组成11个工作组，由2名局领导和7名正副科长带领分别深入川区九乡（镇）和迎水、甘塘地区，集中收缴散失在社会上的枪支、弹药、爆炸物品和各种凶器，全县共收缴枪支14支（其中自制火药枪9支、猎枪3支、气枪1支、小口径枪1支）、各种子弹1991发、手榴弹10枚、炸药260公斤、雷管1205支、导火索714米、击云炮弹2426个、各类凶器59件。

1984年，银南全地区相继落实民兵武器装备集中保管、分库存放的管理制度，建立了枪弹痕迹档案。

1986年，自治区公安厅转发公安部通知，严格党政干部枪支的佩带范围，清理收缴超标佩枪。对公安干警的枪支管理和使用问题，公安部、自治区公安厅亦多次发出通知、通报，做到严格管理，防患于未然。

1987年11月，自治区公安厅发出紧急通知，要求各地集中进行清理整顿枪支弹药，进一步完善武器仓库保管条件，严格管理制度。在清理整顿的基础上，进一步建立健全了枪支管理档案。

1998年，银南全地区再次进行全面清理收缴流散枪械，个人不准持有、配备。通过清理，共收缴各种枪支234支，其中猎枪195支、气枪26支、其他13支，同时对政法干警和专职保卫干部所持枪弹也进行清理整顿。

2006年6月自治区部署开展缉枪治爆专项行动，吴忠市公安机关缉枪治爆专项行动共收缴各类枪支961支、枪管5支、子弹3460发、弹壳249个、冲锋枪弹夹1个、管制刀具2836把、炸药172.1公斤、雷管263枚、导爆索300米、黑火药1.8公斤、手雷4枚、炮弹弹头57枚、钢珠1.5公斤。

2008年7月28日，吴忠市公安局治安部门开展治爆缉枪集中宣传活动

2006年9月15日，按照自治区公安厅的统一部署，吴忠市公安局在牛首山新工业园区附近集中销毁了一批爆炸物品、枪支、弹药及管制刀具。

2013年破获非法贩卖枪支刑事案件2起，抓获犯罪嫌疑人4名；查处非法携带管制刀具行政案件18起，处理违法犯罪人员18名。共收缴各类枪支403支（其中双管猎枪4支、小口径枪3支、土枪82支、气枪12支、仿真枪302支）、子弹5396发、炸药11540公斤、炸药770.1公斤、雷管6554枚、管制刀具1024把、烟花爆竹31箱、炮弹11枚、手榴弹5枚、弹夹5个、索类爆炸物品12米、地雷1枚、弓弩4架。由于收缴数量大、成绩突出，2013年8月30日，自治区统一销毁非法枪爆物品主会场设在吴忠市举行。

2014年，公安、武警联合采取徒步与机动相结合的方式，在人员聚集高峰时段深入城市广场、繁华街区、车站、重点学校等重点区域开展武装巡逻，24小时不间断对过往车辆进行查控，严查过境的暴恐重点和武器弹药、管制刀具、危险物品等。加强重点单位、目标的安全防范工作。共出动警力2000余人次，其中民警1000余人次、武警400余人次、协警600余人次。围绕“不打响、不炸响、不流失”工作目标，深入开展缉枪治爆专项行动，全市共破获涉枪刑事案件2起，抓获犯罪嫌疑人2名，收缴各类枪支71支、子弹3589发、仿真枪2095支、雷管5003枚、炸药3037.2公斤、索类爆炸物品20米、烟花爆竹6021箱，有力震慑了暴恐犯罪活动，提升了人民群众的安全感。

2015年，开展“枪爆物品大清查行动”。缴枪支89支，其中气枪3支、猎枪1支、其他枪支85支；子弹2024发；管制刀具590把；仿真枪726支；雷管80枚。查办涉黄案件94起，捣毁涉黄“窝点”8处，抓获违法嫌疑人189人；查处涉赌案件122起，抓获违法犯罪嫌疑人624人，其中行政拘留259人，罚款365人。收缴赌具32套（副）、赌资

675000元。查破违法犯罪案件7起，打击处理11人，捣毁窝点8个，收缴查扣烟花爆竹3827箱，侦破了自治区公安厅挂牌督办的盐池县"1·4"非法经营烟花爆竹案件。

2016年，收缴枪支106支、仿真枪58支、子弹3470发、管制刀具536把、烟花爆竹2787箱，破获刑事案件10起、行政案件14起。

2017年，收缴各类枪支230支、子弹2222发、管制刀具836把、烟花爆竹1515箱。王圈梁、萌城和大河3个检查站建设完成并投入使用。

2018年，收缴各类枪支110支、子弹334发、钢珠1435粒、管制刀具312把、弩9把、烟花爆竹148箱，查破涉枪案件2起。

2019年，收缴各类枪支149支、子弹1244发、管制刀具449把、烟花爆竹281箱。

二、危险物品管理

中华人民共和国成立后，随着工农业生产的发展，采石、筑路、农田水利建设等对爆炸物品需求日益增多，公安机关把储存、销售和使用单位作为重点，加强管理，节假日严格检查。按照国务院1957年批准公布的《爆炸物品管理细则》，市公安局对爆炸物品生产、销售、储存、运输、使用等环节进行严格管理，年年进行安全大检查，发现问题，及时解决。1959年，化工部、一机部、公安部等八部下发《关于爆炸物品管理规则的补充规定》，对爆炸物品的管理更加制度化。1972年，马莲渠公社开办炸药厂，从选建厂址、施工、生产到销售，公安机关逐一进行严格审查，并根据规定建立严格规章制度。

1984年1月，《中华人民共和国民用爆炸物品管理条例》颁布，银南地区公安处贯彻"积极预防、从严管理、服务生产、保障安全"的方针，不定期进行检查，跟踪管理，消除隐患，确保辖区内唯一的一所民用爆炸物品工厂马莲渠炸药厂的生产、销售等安全，以防意外事故的发生。

2014年，吴忠市公安局推进危爆物品储存库可视化监控系统建设，加大了对各储存库值守情况的实地和视频抽查力度，分类建立了安全员、保管员、押运员、爆破员考试题库，实现了涉爆从业人员网上考试和发证。共抽查暗访涉枪涉爆单位21家次，下发治安隐患整改通知书12份，责令民爆储存库停止使用6家。实行定期检查和不定期暗访相结合的管控模式，强化安全管理。

2015年，加强社会治安防控体系建设。一是强化危爆物品安全监管。继续推进危爆物品储存库可视化监控系统建设，加大了对各储存库值守情况的实地和视频抽查力度，共抽查暗访涉枪涉爆单位42家次，下发通报3期，发现安全隐患58起。二是严格落实旅馆业实名登记和散装汽油实名销售。积极协调区自治公安厅和有关单位支持开展了旅馆业系统的升级改造，建立了暗访抽查、季度考核机制，定期开展抽查考评工作。共处罚宾旅馆209家，占旅馆业总数的33.3%；顶格处罚67家，占受处罚旅馆业的32.1%。其中：依法取缔无证经营2家、罚款144家；共检查加油企业、加油站789家次。查破烟花爆竹违法犯罪案件7起，打击处理11人，捣毁窝点8个，查扣烟花爆竹3827箱。

2017年，推进易制爆危险化学品和寄递物流专项整治"铁帚行动"，摸清易制爆危险化学品单位底数，组织对54家零担物流企业安装实名制登记系统。

2018年，查处食药环案件37起，打击处理44人。抽调支队2人配合开展环保整治，依法拆除黄河内28处违规建筑、14只采砂船，封堵排污口27处。配合办结中央环保督察组转办线索案件3起。

2019年，查处食药环类案件24起，其中刑事案件12起、行政案件12起，打击处理25人。

三、管制刀具管理

中华人民共和国成立后，公安机关依照国家有关规定，对生产、销售、使用危险性刀具进行管理。

20世纪70年代末期，少数青少年私自制造、携带匕首、弹簧刀等刀具，在公共场所打架斗殴，捅伤、致死人命的情况不断发生。1980年，全区公安机关在打击刑事犯罪活动中缴获的凶器就有千余件。1981年9月7

日，自治区公安厅发布集中收缴犯罪凶器的通告。1983年8月30日，公安部公布实施《对部分刀具实行管制的暂行规定》，全区各级公安机关结合严打斗争，对管制刀具进行了收缴，许多持刀人主动向公安机关交出刀具。银南地区公安处将部分刀具纳入危险物品管理，对匕首、三棱刀(包括机械加工用的三棱刮刀)、带有自锁装置的弹簧刀(跳刀)，以及其他类似的单刃、双刃、三棱尖刀实行管制。凡制造、销售、使用管制范围内的刀具，均须经过公安机关批准。严禁任何单位和个人非法制造、销售、贩卖和保存，严禁非法携带进入公共场所和乘坐公共交通工具。收缴散失在社会上的部分应予管制的刀具，并发布了严禁非法制造、销售、贩卖、携带和使用管理范围内各种刀具的通告，对非法制造、销售、私藏应管制刀具的，予以取缔或没收。并处以治安处罚。在开展“严打”期间，共收缴匕首等各种凶器34种172件。1991—1998年，共收缴各种刀具498件。2014年收缴管制刀具436把。

四、爆炸物品管理

中华人民共和国成立后，随着工农业生产的发展，对民用炸药、火药、雷管、导火索及烟花爆竹的管理，已列入重要议事日程。1957年12月9日，公安部下发经国务院批准的《爆炸物品管理规则》，统一规定了爆炸物品的管理范围和要求，即结合当地特点进行宣传贯彻，对生产和仓储单位进行部署，定期检查消除隐患，保障人民生命和财产的安全。1959年1月23日，自治区公安厅转发劳动部、公安部关于山西省文水县火药爆炸事故的通报，要求各地公安机关汲取教训，贯彻执行爆炸物品管理规则，防止爆炸事故的发生。1月31日，自治区公安厅通知各地切实加强生产、使用、储存和运输爆炸物品的管理，经常检查，消除隐患。9月10日，自治区公安厅举办为期一个月的火药安全训练班，各地派出的40名公安干警、保卫干部学习火药安全技术，硝铵炸药生产、黑色火药和导火索、雷管的生产，爆破工程、建筑工程的火药储存、保管、运输、使用、销毁等知识，使他们成为全区首批爆炸物品管理的骨干力量。1961年1月，国家经委、化工部、铁道部、公安部联合制定《关于违反爆炸、易燃危险物品管理规则的处罚办法》。各地公安等部门依照这一办法，协助有关单位建立安全管理制度。

20世纪70年代，一些有效的安全管理制度一度废除，恶性爆炸事故又复多见。1979年11月6日，自治区公安厅转发公安部《关于加强爆炸物品管理的通知》。12月，自治区政府转发国家经委、公安部等9个部门《关于严格控制生产出售和严禁携带易燃易爆危险品乘坐车船飞机的紧急通知》。自治区经委召开铁路、公安、交通、民航等9个单位参加的会议，研究贯彻执行，将爆炸物品的管理重新纳入法治的轨道。

20世纪80年代，一些严重刑事犯罪分子盗窃爆炸物品，或利用爆炸物品进行行凶报复和破坏。犯罪分子使用的爆炸物大多窃自农田基本建设工地和矿山。自治区公安厅转发公安部紧急通报，严防犯罪分子阴谋得逞。在“严打”中，各地收缴了一批散失的爆炸物品，打击处理了一批非法制造、贩卖和偷盗爆炸物品的违法犯罪分子。1984年1月6日，国务院发布《中华人民共和国民用爆炸物品管理条例》。全区各级公安机关贯彻“积极预防，从严管理，服务生产，保障安全”的方针，对爆炸物品的生产、储存、销售、购买、运输和使用等重要环节实行安全许可证制度。1985年春节期间，银南地区公安处与有关部门联合成立爆炸物品整顿小组，通过对107个单位的检查，发现不安全因素96个，提出整改意见113条。收缴违法收存的炸药60.5公斤、雷管278枚、导火索116米，封存雷管2万枚。1987年国庆节前后，银南地区公安处对全地区生产、储存、销售、使用爆炸物品的107个单位进行检查整顿，发现不安全因素45个，提出整改意见62条。查封了2个违反规定的单位，收缴了一批违法收存的爆炸物品。

1990年7月，国务院及自治区政府相继召开爆炸物品和枪支弹药安全管理电话会议，部署收缴散失在社会上的爆炸物品、枪支弹药。经两个月集中清查，全地区收缴炸药200公斤、雷管100枚、导火索500余米、手榴弹1枚、各种子弹100发、管制刀具80把。

烟花爆竹的管理，一直为公安机关所重视。1973年6月，自治区革委会保卫部、银川铁路局联合发出通知，严禁旅客携带烟花爆竹危险物品乘车。

1980年2月9日，自治区公安厅强调对烟花爆竹生产的管理。1984年8月10日，自治区供销合作联社、自治区公安厅等联合发出加强烟花爆竹安全管理的通知。在当年春运期间，严禁游客携带易燃、易爆、剧毒等危险物品进站上车。1986年，不少地方非法储存、运输、销售烟花爆竹，特别在一些农村，问题相当严重。为此自治区公安厅两次发出通报，要求各级公安机关采取措施消除隐患。1990年2月12日，针对各地烟花爆竹盲目采购，多头进货，多渠道流通，进货数量失控，劣质产品流入市场等问题，自治区公安厅与自治区供销合作社联合发出通知，规定烟花爆竹由供销社系统的日杂公司（农副公司）归口经营，自治区供销联社统一管理，自治区公安厅负责审批。

五、其他危险物品管理

列入危险物品管理的有烟花爆竹、剧毒药品、化学危险品和放射性物品。20世纪50年代末，农药等剧毒物品用量渐增，因管理不善，中毒事故屡有发生。1959年9月19日，自治区人民委员会转发自治区农业、化工、卫生、公安等部门《关于加强农药安全管理的规定（草稿）》，要求各地加强对农药、剧毒物品的管理。1980年11月26日，卫生部、公安部、国家科委联合发出《关于进一步做好放射性同位素卫生防护管理工作的通知》。为此，自治区卫生厅、公安厅、科委发布《宁夏回族自治区放射性同位素管理工作实施细则（试行）》，规定各地区、各单位应将放射性同位素卫生防护管理工作情况，于每年11月底向自治区卫生厅报告一次。放射性同位素应用单位在开展工作前，除向卫生部门申请许可，由自治区工业卫生所填发"放射性同位素工作许可登记证"外，银南地区管辖的县市还要在银南地区公安处登记。各地、市要在自治区公安厅登记。1989年12月，自治区卫生厅通知各地，各级放射性药品的使用单位，必须向自治区卫生厅提出书面申请，经自治区卫生厅会同公安、环境保护部门联合验收合格者，发给"放射性药品使用许可证"，各使用单位凭许可证申请办理订货手续。

1985年7月19日，自治区公安厅等单位制定《宁夏回族自治区化学试剂危险品经营管理试行办法》，规定经营化学危险品的企业，必须经同级公安部门同意。购买剧毒品经公安部门审批。购买爆炸物品须持县以上公安部门核发的爆炸物品购买证。1990年11月20日，自治区人民政府同意自治区商业厅等六部门贯彻执行商业部等六部委局颁发的化学危险品经营许可证发放办法的通知，要求各地各单位进一步完善化学危险物品经营许可证的发放管理。

1991年以来，地区公安处对马莲渠化工厂、巴浪湖电石厂、金牛化工集团、上桥乡碳化硅厂使用的炸药、雷管，仪表厂、锅炉厂的放射性物品，东塔电镀厂、医药公司的剧毒物品，供销社烟花爆竹的购、销、储、用环节监督管理，落实安全制度。

第三节 特种行业管理

特种行业是指旅店、旧货、修理和印刷刻字等易被犯罪分子利用和进行非法活动的行业。公安机关对旅店、印铸刻字、无线电器材、复印、旧货、修理等行业实行治安管理。

一、旅店业管理

民国年间，吴忠有客栈10余家、车马店4家、小客店20余家，马鸿逵对旅店日夜巡查，控制极严。

吴忠解放初，有中小旅店26家、住宿旅店及商栈14家、车马店37家、刻字3家、印刷厂1家、寄卖店8家。有些反革命分子藏匿在客栈中，或借客栈为掩护，以店主、从业人员的身份，暗中进行破坏活动。盗匪、小偷、流氓及其他不法分子，也以客栈为集聚地，从事非法活动。有的店主与不法者相勾结，进行违法犯罪活动。人民公安机关为预防和减少犯罪，维护公共秩序，进行重点整顿，纳入特种行业管理。

1949年10月，银川市军事管制委员会发布布告规定，旅社、客栈、会馆、公寓等，留客住宿时，应逐日登记，并将留客登记簿送交各区人民公安分局或分驻所、派出所备查。1951年8月15日，公安部公布《城市旅栈业暂行管理规则》。由于私营工商业的社会主义改造，私营旅店全行业公私合营。1958年解除对无线电器材、复印的管理。公安部于1958年12月12日废止《城市旅栈业暂行管理规则》。1963年，自治区公安厅组织各级公安机关，对全区旅店业进行了全面的整顿，建立了日常管理的规章制度，严格了旅客登记、财物保管、分房留客和服务人员值班交接等制度。1979年6月4日，工商行政管理总局、公安部等联合发出特种行业企业登记管理的通知，登记范围为旅店业、旧货业、印铸刻字业、修理业等。银南地区公安处对这些行业主要由国家（包括供销合作社）开设，开业前要先报请主管部门同意，然后向所在县、市工商行政管理部门申请核准登记，同时报公安部门备案。同年10月17日，公安部规定，除古玩、刻公章、拍摄文件资料以外的其他特种行业企业，允许城镇或街道组织集体开设。国家政策的放宽，使特种行业企业增多。1983年6月3日，自治区人民政府颁发农村个体工商业若干问题的暂行规定，规定开办特种行业企业须经公安部门审查签注意见，符合条件者，由当地工商行政管理部门审查批准，发给“个体工商业营业执照”，按照核准的经营范围开业经营。1984年，全地区公安机关协同有关部门，对宾馆、饭店、旅社和个体旅店进行检查、整顿，落实各项治安管理制度和安全防范措施。饭店、招待所坚持把好“三关”（门卫关、登记关、服务关），严格管理，积极防范，配合公安部门预防和打击刑事犯罪活动。1985年3月，公安部通知对外取消特种行业的称谓，只将旅馆业、刻字业和收购生产性废旧金属、信托寄卖业纳入公安机关管理范围。1987年4月，银南地区公安处对旅馆从业人员重点进行了培训。11月10日，公安部发布《旅馆业治安管理办法》，自治区公安厅拟定《宁夏回族自治区旅馆业治安管理办法实施细则》，把旅店业的管理纳入法治化管理的轨道。

20世纪90年代后，国民经济飞速发展，市场经济逐步活跃，人员流动大幅度增长，旅馆业从量和质都有很大提高，公安管理更加科学化。

2015年，严格落实旅馆业实名制登记和散装汽油实名销售，处罚不落实实名登记宾旅馆130家。

2018年，吴忠市公安局对娱乐场所、寄递行业、旅馆业进行了多次治安检查，组织开展3次集中清查行动，查处涉赌案件23起、涉黄案件5起，打击处理违法人员76名。

2019年，全市公安机关组织开展集中清查38次，清查行业场所22296家次、出租房屋1396间。成功侦破了“4·4”利通区网络招嫖案，打击处理31人，打掉了全市第一个以微信招嫖、出租车司机充当“皮条客”的卖淫团伙。

二、印铸刻字业管理

1950年3月24日，宁夏省公安厅发布《管理铸造刻字印刷业暂行办法》。1951年8月15日，经政务院批准，公安部公布《印铸刻字业暂行管理规则》，将印铸刻字业统一纳入国家治安行政管理范围。

1956年，随着国家对私营工商业的社会主义改造，特种行业绝大部分由个体变为国营、集体企业。公安机关通过组织，在特种行业内部建立群众性的治保组织，落实防范措施，定期检查汇报，实行严格管理。1978年后，随着改革开放的深入发展，特种行业数量剧增，公安机关缩小管理范围，主要对旅店、刻字、废旧物资回收实行严格审批，建立规章制度。对见利忘义、为卖淫嫖娼、赌博等违法犯罪活动提供方便的店主，为犯罪分子提供便利的废旧物资回收的单位和个人，依法查处。1994年，逐步将印刷业、打字复印业、书刊出租发行业、音像制品出租发行业、录像放映、歌舞娱乐场所、按摩服务场所、电子游戏纳入管理，统一制发特种行业治安管理许可证。

三、废旧物品收购业管理

1963年，公安部确定旧货业为特种行业管理范围。各地普遍建立收货登记、查验证明、问明来历等制度。

20世纪80年代，个体旧货业剧增。为此公安部规定，公安机关只对收购生产性废旧金属、信托寄卖业实行治安管理。1985年4月，自治区供销合作联社、公安厅、工商行政管理局联合转发中央供销、公安、工商三部、局《关于城乡个体商业经营废旧物资的暂行规定》，要求个体废旧物资收购户必须遵章守法，严格按核准的经营范围经营，对属于生产性的设备、零配件以及废金属（包括灰、渣、末）一律不准经营。10月14日，铁道部、公安部等发布严禁拆卸、偷盗和收购铁路器材的通告，对非法收购铁路器材的单位和个人，除没收其收购的物资外，对有关责任者和单位领导人分别情节轻重，给予警告、罚款、拘留的处罚，直至追究刑事责任。

20世纪90年代，废旧金属收购行业违法、乱收滥购的现象时有发生，有些收购站、点甚至成为犯罪分子的销赃场所。1991年年初，自治区公安厅对全区废旧金属收购行业管理情况进行调查研究，于当年4月10日向自治区人民政府做了专题报告，提出对废旧金属收购行业必须大力整顿，严格依法管理，坚决堵塞各种非法收购和收赃销赃的渠道，制止破坏、盗窃国家生产设施和工业原材料的违法犯罪活动。10月，全区开展了一次以整顿废旧金属收购为重点的反盗窃战役。至年底，破获盗窃案件4187起，查获盗窃分子3051名，缴获赃款赃物总值195万余元。

1991年，银南地区公安处对全地区废旧金属收购行业管理情况进行调查研究，并对废旧金属收购业必须大力整顿，严格依法管理，坚决堵塞各种非法收购和收赃销赃渠道，制止破坏盗窃国家生产设施和工业原材料的违法犯罪活动。10月，全市开展一次以整顿废旧金属收购为重点的反盗窃战役。

2006—2020年吴忠市辖区特种行业情况表

表15　　单位:家

年份	宾馆	娱乐场所	洗浴中心	废旧收购点	刻字印刷店
2006年	502	498	21	131	95
2007年	533	562	29	162	105
2008年	543	503	35	159	102
2009年	598	587	37	147	129
2010年	607	610	45	171	120
2011年	662	621	40	161	139
2012年	675	659	39	158	141
2013年	681	666	32	152	144
2014年	512	431	19	132	77
2015年	509	464	21	133	84
2016年	526	544	24	127	100
2017年	530	580	28	128	102
2018年	557	562	36	132	107
2019年	533	512	32	152	16
2020年	511	440	34	134	13

第四节　公共场所管理

中华人民共和国成立后，国家和各级人民政府多次明令颁布禁毒、禁烟、取缔娼妓的布告，并广泛开展宣传教育，同时采取强制措施，逐渐禁止了吸食鸦片、贩卖毒品，取缔了娼妓活动。主要依靠各单位向广大群众进行四防(防特、防盗、防火、防治安灾害事故)教育，公安机关制定维护公共场所安全管理制度，落实安全防范措施，帮助消除不安定因素。重大节日，组织干警巡逻执勤，对治安秩序混乱的场所，重点进行整顿，打击扰乱公共秩序的违法犯罪分子。

一、禁烟、禁赌

禁烟

鸦片烟毒危害之烈，人所共知，故被历代官方所禁。早在清道光十九年(1839年)六月三日，林则徐在虎门一举烧毁鸦片2283箱(118.8万公斤)。因清政府腐败，故屡禁不绝，罂粟种植呈蔓延趋势，以致流入西北。清咸丰年间大量种植，至20世纪20年代，吴忠境内大片沃土上罂花遍野。

1937年，抗日战争全面爆发，宁夏物资飞涨，货币贬值，烟价则与日俱增。是年夏，马鸿逵成立由他任主任委员的禁烟委员会，由该会出面在全省各县成立分会，派专人在烟土奶浆上市之际，布告全省严禁商民及客户收购，而由马完全垄断，并派宪兵、特务缉查私购，以官价抢收农民所有的大烟，全部归马鸿逵所控制的宁夏银行出售，大发横财。当年全省共收购软烟404.92万两，其中金积县30.84万两，灵武县38.76万两。这种既禁又贩，官倒官卖，禁种而不禁吸的卑劣行径，助长了烟毒的泛滥和蔓延，至吴忠解放前夕，烟、赌、娼猖獗。统治者为了牟取暴利，不择手段，名为查禁，实为独揽专横，广大百姓深受其害。

中华人民共和国成立后，吴忠地区仍有一部分人种植罂粟。1950年2月24日，中央人民政府政务院发布《关于严禁鸦片烟毒的通知》，同年3月，吴忠市(县级)公安局召开群众大会，对种植贩卖罂粟种子的不法分子宣布逮捕，没收查获的罂粟种子7公斤。同年7月始，吴忠市开展大规模禁烟运动，当年破获种植烟毒案429起。1951年4月，登记烟民416人，成立戒烟所。1952年，吴忠市成立肃毒办公室，抽调公安干警和机关干部90余人，开展统一行动，至同年8月抓获烟毒犯33人，收缴烟土188950克、吗啡1000克、毒具137件。经大规模的禁毒、肃毒斗争，至1952年年底，吴忠市境内贩毒、吸毒者基本绝迹。20世纪60年代初，毒品犯罪活动悄然而起，吴忠境内少数不法分子以经商为名，与云南、广东等地毒贩相勾结，贩卖毒品，从中渔利。1985年，吴忠市公安局(县级)成立缉毒大队，加大毒品案件的侦破力度，缴获毒品21.9公斤，没收毒品交易现金3.9万元。1998年，破获贩毒案39起，抓获犯罪嫌疑人67人，缴获毒品3110.77克，强制戒毒465人。

禁赌

赌博是旧社会遗留下来的一种恶习，历代流传甚广。它败坏社会风气，腐蚀人的思想，影响生产，危害治安，是诱发犯罪之源。历代官府都有禁赌之令，但往往当局与赌徒赌棍同流合污而屡禁不止。

民国年间，马鸿逵的外甥在吴忠开设赌场，警察当局亦无可奈何。吴忠城乡赌风泛滥，尤为街头赌博猖獗，民众深恶痛绝。

中华人民共和国成立后，吴忠公安开展禁赌，打击了一批抽头聚赌者。1957年，《中华人民共和国治安管理处罚条例》颁布，查禁赌博纳入人民公安机关经常性的治安管理工作中，境内很少发生赌博活动。20世纪70年代末，赌风再起，造成家庭不睦，进而诱发犯罪。1980年后，随着人员交流的增多，群众中赌博行为日渐蔓延，成了危害社会治安的一个突出问题，诱发犯罪发生，败坏社会风气。银南地区公安处开展禁赌专项斗争，惩处了一批聚赌违法人员。

1991—1998年，查获赌博案658起，处罚2857人，其中拘留75人、罚款2523人、警告259人。

2004年6月4日下午，吴忠市公安局治安支队经过缜密侦查、周密部署，与市公安局巡逻防暴支队紧密配合，在青铜峡滚泉一微波站院内查处一起由银川市人赵某某、陈某某和吴忠市利通区人杨某等20余人参与的特大赌博案件，现场抓获涉赌人员20人，收缴赌资5万余元。自5月份以来，利通区社会闲散人员杨某纠集利通区、银川、青铜峡、灵武等地无业人员，利用现场“放板”“摇单双”等形式在吴忠市境内进行赌博，该赌博团伙组织严密并随时变换赌博场地，赌博时外围有人站岗放哨。市公安局治安支队经过多方调查，掌握了这个赌博团伙的行踪，根据群众举报，于6月4日下午出动警力30余人，将这一团伙成员当场抓获。

2012年，全市公安机关在打击赌博专项行动中共查处各类赌博案件30余起，治安处罚179人，刑事拘留9人，收缴罚没款15万余元，销毁赌博机35台，收缴摇奖吹球机2台套。在行动中有7家涉赌游戏厅被勒令关停。

2013年集中开展了打击整治电子游戏机赌博和“铲赌患·正风气”等专项行动。共查处赌博案件126起，抓获参与赌博违法人员562人，行政处罚561人，追究刑事责任1人；取缔“黑”赌博游戏厅19家，现场扣押具有赌博功能的游戏机173台，收缴罚没赌资127万元。

2014年，吴忠市公安局出台了《严厉打击“黄赌毒”违法犯罪活动举报奖励办法》。2月25日至5月31日在全市开展了专项整治，年内共查处涉赌案件136起、涉黄案件71起，打击处理827人，罚没赌资153.54万元，查处20人以上聚众赌博案件3起98人，查处国家公职人员涉赌案件3起7人。取缔“黑”游戏厅9家，关停3家，收缴赌博机297台、主板180块。9月初，吴忠市公安局治安支队联合盐池县公安局成功破获聚众赌博案件1起，抓获52人，收缴赌资35万元。

2015年，开展“扫黄赌·铲源头”专项整治。共查办涉黄案件94起，捣毁涉黄“窝点”8处，抓获违法嫌疑人189人；查处涉赌案件122起，抓获违法犯罪嫌疑人624人，其中行政拘留259人，罚款365人。收缴赌具32套（副）、赌资675000元。

2016年，查处黄赌刑事案件9起23人、行政案件145起205人，捣毁窝点15处，收缴赌资20余万元。

2017年，办理涉黄案件118起处理234人，涉赌案件138起处理607人，收缴赌资29.8万余元，销毁赌博游戏机11台。

2018年，组织开展3次集中清查行动，查处涉赌案件23起、涉黄案件5起，打击处理违法人员76人。

二、取缔卖淫嫖娼

1939年，鸨女杜凤云、陈凤英（北京人）由北京到吴忠开设妓院，吴忠镇内相继出现“美群英”“四喜堂”“美丽群”等妓院10余处，分布在南北马路巷和北湖沿一带，妓女约80人，多系从苏州、杭州、扬州、北京、山东等地招来的。军警头目、权贵恶少出没妓院，作奸犯科。

1930年，警方奉马鸿逵令取缔妓院，但暗娼日渐泛起，警方奉令收“上捐”（暗娼税），使暗娼合法化，至吴忠解放前夕，有暗娼近百人。

中华人民共和国成立后，吴忠市公安局（县级）根据当时治安状况和中心工作多的实际，并考虑到历史原因，对娼妓采取由严管到逐步取缔的政策。具体办法：对妓女进行登记，分清“青冠”（未接客妓女）、“红冠”（已接客妓女）人数，允许妓女从良，对妓院人员进行启发教育，给其从事各种劳动提供方便；对流散在社会上的游妓暗娼，由派出所和街道摸清底数，进行管理。从而在短时期内消除这一旧社会遗留下来的丑恶现象。

1949—1950年，公安机关遵照人民政府令，教育暗娼弃旧图新，有的原地就业，有的择偶婚配，欲回家者发给路费，娼妓绝迹。吴忠地区的公共场所不断得到净化。

中共十一届三中全会以来，随着国民经济的发展，改革开放出现了崭新的局面，也给公安机关对公共场所的管理提出了新问题、新要求。一些不法人员从中投机钻营，违法经营，吴忠地区有的娱乐场所不按规定开办，数量不断增加。1982年由原来的3处增加到26处，让违法犯罪人员有机可乘，治安案件剧增。一些复杂的公共场所和流动人口较多的车站、旅店等处，出现了卖淫嫖娼活动。1982年1月起，吴忠市公安局（县级）先后组建治安巡逻队、民兵巡逻队和警民联防队，在公共场所、交通要道和主要街道执勤巡逻。1983年，先后以区交通运输公司、市工商局、城建局为主，分别组建汽车站、农贸市场和市政治安派出所。吴忠商场等单位相继成立保卫科。认真贯彻“谁主管，谁负责”的原则，由主管部门或单位具体负责日常管理，内保科、派出所民警坚持经常性指导，严格依法管理。1984年公安机关对强迫、唆使、引诱妇女卖淫的违法犯罪分子和容留妇女卖淫、从中牟利的窝主，依法进行惩处；对有卖淫活动的妇女和嫖客，区别情况进行劳动教养、收容遣送、治安处罚等处理。

2013年吴忠市公安局共破获容留卖淫刑事案件3起，强迫卖淫案件2起、贩卖淫秽物品牟利案件1起，查处卖淫嫖娼案件82起，处罚152人，缴获淫秽光碟792张、违法所得现金5800元。

三、查禁淫秽物品

从20世纪50年代起，吴忠市公安局（县级）即进行查禁，制止了淫秽物品在社会上的传播。

80年代，随着对外开放，资本主义腐朽思想和文化趁机而入。1983年，淫秽物品流入吴忠，对青少年危害极大。1985年4月，根据国务院、公安部《关于查禁淫秽物品的通知》精神，银南地区公安处会同文化局、广播电视局、工商局等单位，对全地区的录像放映点进行检查。

2000年9月11日，中宁县公安局组织80余名干警，由局领导带队，分6个小组对全县的娱乐服务场所进行了一次集中突击检查。共清查录像厅19家、啤酒休闲屋13家、电子游戏8家、洗头屋13家、出租私房165户285间。共对289人进行审查，当场抓获卖淫嫖娼8人（4对），同时在录像厅内分别抓获吸毒劳教在逃犯贺某安（男，25岁，中宁县城人），盗窃在逃犯宋某中（男，17岁，新堡乡宋营四队人）。在舟塔上桥四队当场抓获重大诈骗在逃犯王银强（男，45岁，舟塔上桥4队人），并对娱乐服务场所存在的问题提出了整改要求，集中行动取得了良好实效。

2001年10月1日至12月1日，吴忠市公安局整顿和规范歌舞娱乐场所秩序专项行动取得阶段性成效。全市各级公安机关共出动警力1820人次、车辆360台次，清查歌舞娱乐场所165家、桑拿按摩场所120家、录像放映场所60家、宾馆及饭店等场所300家；取缔擅自设立场所20家，吊销证照10家，停业整顿43家，罚款处理40家，限期整顿68家，共查处案件84起，处理违法犯罪人员203人。

2006年1月12日下午，一年一度的全区集中销毁违法书刊、音像制品活动在各市的分会场同时启动，吴忠分会场的销毁活动在乃光湖体育场举行，市委主管领导及文化、工商、公安部门负责人出席了集中销毁活动，副局长赵秉强代表市公安局参加。14时许，市委常委、宣传部部长魏锦一声令下，执行销毁任务的工作人员举起火把将事先喷洒了汽油的违法书刊和音像制品点燃，大火熊熊燃起，在滚滚浓烟中，毒害人们精神世界的违禁文化制品转瞬间化为灰烬，活动现场，公安机关共销毁淫秽光盘1236张、违法书刊4册。此次全区集中销毁活动，极大地震慑了违法书刊及音像制品制售者的嚣张气焰，同时也打响了2006年度整顿文化市场管理秩序的第一枪。

第五节　公共治安秩序管理

2000年1月25日22时至1月26日22时，在全区范围内展开一次以强化治安管理、打击现行犯罪为重点的集中清查行动，获重大战果。共投入警力1180余人、车辆152台。共清查旅馆238家；歌舞厅197家，其中停业整顿13家；电子游戏室、录像厅151家；出租私房1919家；小煤窑、工棚、采矿厂、砖料厂268家；炸药储存库2家；内部单位44家。共查处赌博案件31起140人，缴获赌资21600余元，卖淫嫖娼18人，容留卖淫3人，清理“三无”人员801人，查获吸毒40人，强戒15人，捣毁吸食毒品窝点2处，抓获盗窃犯罪嫌疑人7人，留置盘查42人，上网比对20人，抓获逃犯1人。

2003年，吴忠市公安局治安支队精心组织扫丑禁娼工作，迅速部署，结合110警情分析和群众举报，以打击卖淫嫖娼为工作重点。

2008年2月20日，吴忠市公安局开展为期20天的警服及警用标志专项清理整顿工作，全市各级公安督察、治安部门和派出所密切配合，先后组织警力，对销售、使用仿冒警服及警用标志，非法使用警服及警用标志等违法活动进行集中清理整顿，同时对基层民警警容风纪及着装情况进行规范，净化公安执法环境，有效维护人民警察的良好形象。青铜峡市公安局城关派出所收效明显。清查辖区内8个军用品商店，查获冬春警察制式作训服113套、冬执勤服7套、春秋执勤服5套、警察大檐帽22顶、警察作训帽5顶、警察制式臂章2个、仿制式警服16套，对相关人员进行调查处理。警务督察部门会同交警、派出所等有关部门对协勤人员缀制式警用标志的情况进行清理，共没收各种警用制式标志31套（件）。

2016年，开展电动车物联网项目建设。积极争取将规范电动车管理纳入2016年政府为民办实事之一，在利通区试点开展了以“登记备案+车辆上牌+物联网防盗+保险赔付”为依托的电动车物联网项目。出台了被盗案件处置、破案奖励、监控中心运行等一系列制度，建设卡口基站500个、岗亭基站4个、车载基站10套、登记备案3万多辆。侦破被盗案件1起，抓获1人，追回电动车3辆，保险赔付6人3800元。2016年7月21日至11月20日，市区共发生盗窃电动车案件126起，较2015年同期下降45%。

2017年，立足防范，织密立体化治安防控体系。联合卫计部门对3058名精神障碍患者进行风险等级评估，三级以上481人逐人见面签订责任书并录入系统。推进居民小区安防建设，累计完成规范化小区69个占比97%、老旧小区199个（占比80%），积极争取将市区32个老旧小区安防改造列为2017年市政府为民办实事项目、投资750万元完成建设任务，与综治等四部门联合部署开展居民小区安全防范星级评定工作。建立“警企联动、社会化运作”的技防运行模式，共完成推广应用381家，民爆库、金库和烟花爆竹库安装率均达到100%。市区电动车物联网项目建设全面完成，红寺堡区和青铜峡市电动车物联网项目正在推进。

第六节　治安行政处罚

治安行政处罚是公安工作依法管理社会面上的违法人员的基本手段。依法进行户政管理，对常住人口、暂住人口进行管理，办理居民身份证，准确掌握各项人口信息资料，为制定政策服务；强化对特种行业和公共场所的管理，指导机关企事业单位做好安全防范工作，尤其是对关乎国计民生的供水、供电、电信等企业进行经常性的治安检查，严厉打击涉及“三电”违法犯罪活动；按照“教育为主，处罚为辅”的原则，加大查处治安案件的力度；坚持惩防并举的方针，开展治爆缉枪专项行动，加强对危爆及化学剧毒物品的管控力度；落实校园“八条措施”贯彻实施，依法查处侵害在校师生权益的违法犯罪案件；推进社会综合治理各项工作。

2003年，吴忠市公安局治安支队精心组织扫丑禁娼工作，迅速部署，结合110警情分析和群众举报，以打击卖淫嫖娼为工作重点，根据群众举报，支队民警经过严密蹲守，深挖细查，查出案件，进行治安处理。

2006—2013年，全地区共查处治安案件48496起，治安拘留13008人，治安罚款6899人。

2015年，共查办涉黄案件94起，捣毁涉黄“窝点”8处，抓获违法嫌疑人189人；查处涉赌案件122起，抓获违法犯罪嫌疑人624人，其中行政拘留259人，罚款365人。收缴赌具32套（副）、赌资675000元。查破违法犯罪案件7起，打击处理11人，捣毁窝点8个，收缴查扣烟花爆竹3827箱，侦破了自治区公安厅挂牌督办的盐池县“1·4”非法经营烟花爆竹案件。

2016年，查处涉黄涉赌刑事案件9起23人，行政案件145起205人，捣毁涉赌窝点15处，收缴赌资20余万元。破获利通区“2015.11.26”打孔盗油案和盐池县开井盗油案件，查处油区治安案件4起，取缔非法收油窝点51处，调处矛盾纠纷15起。

2017年，办理涉黄案件118起、处理234人，涉赌案件138起、处理607人，收缴赌资29.8万余元，销毁赌博游戏机11台。配合环保、水务等部门开展为期4个月的联合执法，办理环保案件3起。牵头抽调警力3800余人次，在市区联合开展扬尘污染、燃煤锅炉污染、水污染、工业污染、大气污染秋冬季专项整治。

2018年，查处涉黄涉赌案件340起1237人（刑事案件16起、行政案件324起），其中聚众赌博案件251起1083人，收缴赌资30.2万元。

2019年，查处伪造买卖户口身份证治安案件27起，打击处理35人。

2020年，扎实开展新冠病毒肺炎防控专项工作，持续净化社会治安综合环境，吴忠市公安局先后开展了重点人员大排查、“回头看”、社区防范控制、“三返”和境外到吴忠人员管理等14项具体工作，研究制定部署性文件13份。利用两周时间率先完成了全市144万人的大起底工作，推广的智慧疫控App采集量达到102万人，查处涉疫类案件264起，打击处理441人，提炼总结的社区疫情防控排查“12345”工作法受到市委、市政府主要领导批示肯定,支队获评全区疫情防控阻击战成绩突出集体。

2006—2020年吴忠市公安局处理的治安案件情况表

表16

年份	发现受理(起)	查处数(起)	结案数(起)	抓获违法人员(人)
2006年	5523	3771		5107
2007年	5263	2892		3891
2008年	6232	5932	3025	3994
2009年	5948	5948	3582	4306
2010年	7143	7143	4822	5548
2011年	7751	7758	5092	5821
2012年	9573	9573	6785	8048
2013年	5479	5479	5066	5023
2014年	9523	9523	6928	9179
2015年	9511	9511	6592	7898
2016年	8458	8458	6305	7482
2017年	8005	8001	5940	7540
2018年	7604	7599	5015	7798
2019年	10688	10644	5077	8323
2020年	9522	9521	5333	8621

第七节　户籍管理

户籍管理是公安机关依照国家颁布的户籍管理法规,对住户的人口实施登记的管理工作。

一、户口制度

清代,县有主簿,掌管户籍。民国初年,县政府设户籍员,乡设民政员,专司户口管理。

1928年银南地区各县人口情况表

表17

项目	户数(户)	人口数(人)	其中		性别比	户均人数(人)	各县占地区总人口百分比(%)
			男	女			
宁朔县	5513	50200	23475	26725	87.8	9.1	7.41
灵武县	6416	65026	39752	25274	157.3	10.1	9.60
金积县	5722	29213	15647	13566	115.3	5.1	4.31
盐池县	3313	15863	8447	7416	113.5	4.8	2.34
中卫县	18784	87956	49713	38243	130.0	4.7	12.99
预旺县	5164	33356	16824	16532	101.8	6.5	4.92

1935年,宁夏实行《清查户口编制保甲规程》,即拟定宁夏省编查户口保甲试验办法,并印发给普通住户、公共处所户口、寺庙外人户口调查表及门牌式样,每年必清查户口1次。金积、吴忠地区始进行保甲编制工作。

1936年，马鸿逵当局拟定《宁夏省保甲整顿办法》，强化保甲组织。

1937年3月，全省划为三个保甲指导区，金积、灵武为第三区，委派指导员，专办保甲工作。

1938年，这一制度基本固定下来，即在每年春季，全省进行保甲户日编查，命保甲户籍人员设队编组，分头进行，专负编户查口、挨门编号事宜。各保甲长逐户填发户籍门牌和户口调查表、户存户口调查表，更正以往户口之错误。同时以乡为单位编制门牌数，造统计清册，送交编查组，并装订号数门牌。除年度的编查户口外，各保甲长平时的主要工作便是查报户口异动。户籍员由保长及甲长兼任。保甲长必须按月清查户口，并查报户口异动及制订户籍门牌。查报户口异动项目及报告清册列为出生、死亡、迁入、徙出4种，关于婚姻、继承、收养、逃亡、认领、分居、雇佣、失踪、来往等项，性质分别归入迁入类或徙出类。异动报告期限为，徙出于3日前报告；出生、死亡、迁入于当日报告。如有奸宄发觉，保甲长首先采取搜索、逮捕之紧急措施处置。异动查报采用户、甲、保、乡（镇）、县、省逐级递报办法。制定的户存户口调查表存置每户家中，以便保甲人员随时稽查。如户口徙出时，户主须于3日前向乡（镇）公所领取迁移证，同时向甲长交销户籍门牌，在移动时携带迁移证及户存户口表，经到达地的保甲长查验后，方准其入籍居住。对于临时（1月以内）留客住宿及其离去或家人外出，作经宿之归来者，由甲长登入临时宿客簿内。对于所辖各户的门牌号数和户籍门牌情况，各保甲长每10日须进行1次考查。

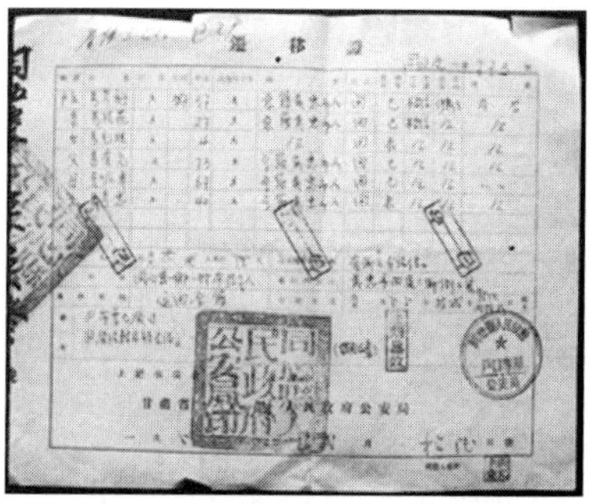

20世纪50年代的户口迁移证

中华人民共和国成立之初，废除了国民党政府的户口制度。吴忠市（县级）的户籍登记管理由民政科负责。1950年7月，公安局设户籍班，接管城镇户口，划分8个户勤区。1951年7月16日，公安部公布了《城市户口管理暂行条例》，推动了户口管理工作。1952年7月，建立户口登记制度，同时建立机关、企事业单位户口登记、申报制度。把户口管理列为经常业务工作之一，专人负责。

第一次人口普查

1953年6月30日零时，进行第一次人口普查。普查项目6项：姓名、与户主关系、性别、年龄、民族、现住址。结合全民选举，进行了户口普查登记，为户口管理打下了基础。

1955年6月，国务院发布了《关于建立经常户口登记制度的指示》。同年又将内务部主管的农村户口登记工作移交公安部管理。1956年5月，对农村户口统一管理，按照《关于农村户口登记管理工作的意见》管理办法，明确了户口管理的范围、目的，规定了常住、出生、死亡、迁入、迁出、暂住、婚嫁、收养等户口申报制度。根据上级规定，县、区、乡各级，都建立了户口簿册，明确各区乡文书负责户口登记工作。1958年1月9日，公布了《中华人民共和国户口登记条例》，从此全国的户口管理工作有了完整的统一的法规。采用统一户口簿和迁移证，建立出生、死亡、迁出、迁入、变更更正等登记制度。

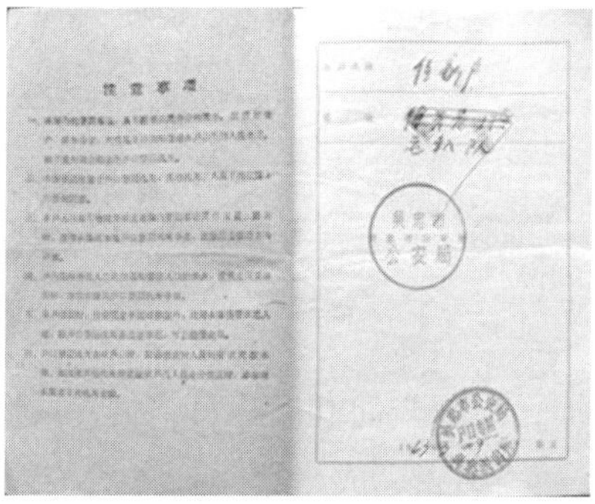

1963年的户口簿

城镇户口登记业务由市县公安局办理，农村户口委托人民公社管理，由文书具体办理，公安机关进行监督检查，建立年报制度，户口管理进入规范化、制度化，户口管理为人口普查、国民经济计划编制和婚姻登记、儿童入学、招工、商品供应、票证发放提供依据。

1960年9月，户口管理由公安局治安股主管，城镇户口以派出所为管辖区。为核实人口，由县公安局、粮食局、劳动局对吴忠进行了一次户口大清查。县直机关查出未办正式手续吸收的劳动力157人。在农村查出地主91人，富农48人，反革命分子18人，坏分子25人，其他100余人。根据清查情况和落实材料，逮捕3名，管制5名，监督9名。公安局对人口严加控制，农转非一律实行严格审批手续。

第二次人口普查

1964年6月30日零时，进行第二次人口普查。普查项目10项：姓名、与户主关系、性别、年龄、出生日期、民族、现住址、文化程度、本人成分、职业。其中成分及职业两项只调查不统计。

1965年12月，组建人口统计办公室。至1966年1月，完成人口统计，为国家制订第三个五年计划提供了准确的人口数据。

“文化大革命”期间，户籍管理工作受到严重干扰。20世纪80年代，出现一些人办假非农业户口安排工作，违纪农转非和有户口的人盲目外流，无户口的人在县常居等现象。

1981年始由自治区公安厅按城镇人口总数1.5‰下达农转非指标。1983年后，农村户口登记管理移交乡镇派出所进行。

第三次人口普查

1982年6月30日零时，进行第三次人口普查。普查项目19项，其中，按人填报的项目13项：姓名、与户主关系、性别、年龄、民族、常住人口登记状况、文化程度、行业、职业、不在业人口状况、婚姻状况、妇女生育的子女数和现在存活的子女数、1981年育龄妇女生育状况；按户填报的项目6项：户的类别（家庭户或集体户）、本户住址编号、本户人数、本户1981年出生人数、本户1981年死亡人数、外出一年以上的人数。

1987年年底，银南地区七县共有人口300938户，1487520人，其中男性762750人，女性724770人；少数民族22个，469784人，其中回族467831人，占少数民族的99.6%，蒙古族144人，东乡族102人，满族1464人，其他少数民族243人；农业人口1241018人。

第四次人口普查

1990年6月30日零时起，银南地区开始进行第四次人口普查工作，至年底结束。普查项目21项，其中，按人填报的项目15项：姓名、与户主关系、性别、年龄、民族、户口状况、1985年7月1日常住地状况、迁来本地的原因、文化程度、在业人口的行业、在业人口的职业、不在业人口状况、婚姻状况、妇女生育的子女数、1989年1月1日以来妇女生育状况；按户填报的项目6项：本户编号、户别、本户人数、本户出生人数、本户死亡人数、本户户籍中离开本地一年以上的人数。银南地区人口统计：总人口330033户，1561377人；有23个少数民族，501457人，回族499245人；农业人口1280373人，占82%，非农业人口281004人，占18%。

第五次人口普查

2000年11月1日，第五次人口普查统计：吴忠市总人口1906041人。其中：利通区303567人、红寺堡区51875人、中卫县320474人、中宁县249270人、盐池县153584人、同心县328741人、青铜峡市248640人、灵武市249890人。

2005年12月9日，吴忠市公安局上报公安部的120万人口信息数据一次性成功通过公安部测试，正式入库，标志着吴忠市公安局人口信息系统建设取得了突破性进展。为此，自治区公安厅人口信息管理系统建设领导小组办公室于12月8日发来贺电，盛赞这一成绩的取得，是局党委高度重视和治安系统民警，特别是基层派出所民警顽强拼搏的结果。

第六次人口普查

2010年11月1日，吴忠市进行第六次人口普查，总人口为1384327人：利通区377941人；青铜峡市267398人；盐池县167244人；同心县398216人；红寺堡区166605人；太阳山移民开发区6923人。

第七次人口普查

为使第七次全国人口普查得到准确、真实的数据，吴忠市公安局治安支队加大力度全面开展户口整顿，注销重复户口247人、暂住人口3134人、死亡未销户口612人，变更更正7168项，在全区率先完成户籍问题线索核查工作，核查线索3批32条。组织召开了全市提高城镇化率工作推进会，部署开展居住证集中办理工作，开展专项督导2次，累计办理居住证3.6万个。

2020年11月1日，吴忠市进行第七次人口普查，总人口为1382713人：利通区460790人，占全市人口的33.33%；红寺堡区197604人，占全市人口的14.24%；青铜峡市244309人，占全市人口的17.67%；盐池县159209人，占全市人口的11.51%；同心县320801人，占全市人口的23.20%。

二、居民身份证

据《宁夏省二十九年度保甲行政实施概况》称，制发身份等证，为保甲之首要工作，其目的是"防范奸宄，杜绝异党"。凡宁夏省籍之人民，年达16岁以上的男子，均得申请领取。居留证制发的目的是为保障客籍人民居留权，并考查奸宄之混迹。凡寄居宁夏省境内之客籍人民，年龄达16岁以上的男子，而有户籍者，均得申请领取。制发通行证的目的是防范汉奸匪类，并考查军警商贾行旅之往来。凡人在宁夏省境内时，无正式机关护照，及证明文件者，均得申请领取。

1940年，马鸿逵当局下令清查户口，实行新县制，扩充保甲组织，乡设民政主任，进一步整理保甲户口册，绘制"户籍图"，以便控制人员流动，巩固兵源。同年，马鸿逵当局又下令制发国民身份证、客籍入境居留证和国民通行证，规定16岁以上男子，均须领身份证，规避不领者，16岁以上、40岁以下罚兵役，行路住店均须带证，对查无证者，即送警察局扣押审查，以控制共产党的地下活动。4月，宁夏省开始办理发证工作，与编整保甲工作同时进行。每县由户口编查第三队负责办理发证事宜，其办理程序是依据第二队交送的16岁以上的男子清册，逐户会同保甲长一一对验，当面填发，非本人亲领及保甲长证明，则不予填发。登记内容为领证人的姓名、年龄、籍贯、职业、住址，所属保甲、身长、面貌特征、箕斗(指纹)等。

为防止人民规避不领及违犯检查证件的行为，还规定了惩戒办法。凡应领身份证、居留证及通行证的人，如查出有违犯关于各证制发与检查的各项法令规定者，依所犯情节轻重，分别处以充兵役、拘禁、服劳役、游行示众。另外规定，若在平时换发新证时领证人确系行动不轨，如有盗匪、汉奸、奸党等嫌疑，而该管甲长及保人不敢作证者，即不发给新证，过去已领证者，并同时将证收回，应立即驱逐出境；情节重大者，立即捕押，呈请法办，以杜混迹，为害地方。对于外来军警商旅人员等入境时，须向检查机关——稽查所、警察局，请领通行证。不请领者，即不许其通行本省境内。凡领有通行证之人，如欲在所到之处居住一个月以上者，得持通行证向该管区保甲长申请，转请县政府，换领居留证。

中华人民共和国成立后，废除了民国时期的户口管理制度，建立了新的户籍管理政策。

1987年3月，根据《中华人民共和国居民身份证条例》，银南地区全地区城乡办理居民身份证，于1988年12月31日前完成签证。

1989年5月1日起，实行居民身份证制度。居民身份证的颁发范围，根据《中华人民共和国居民身份证条例》规定：凡居住在中华人民共和国内的年满16周岁以上的中国公民，都应申请领取中华人民共和国身份证。但是，下列人员不发或缓发居民身份证：一是未满16周岁的公民，不发给身份证；二是正在服役的中国人民解放军军人和人民武装警察，不发给居民身份证，由中央军事委员会和中国人民武装警察部队总部，颁发军人和武装警察身份证；三是被依法判处拘役，有期徒刑以上刑罚和劳动教养的人以及被羁押的人，在服刑、羁押期间，不发给居民身份证；四是居住在中华人民共和国境内的外国和无国籍的，不发给居民身份证；五是曾是常住人口，但出国、出境、失踪、外逃或正在被刑事拘留、收容审查的人，缓发居民身份证，没有领证条件的精神病患者，程度严重的痴呆患者和其他病情严重的人员，可以缓发居民身份证。

居民身份证有三个有效期限：16周岁至25周岁为10年；26周岁至45周岁为20年；46周岁以上为长期。自此，居民身份证成了中国公民工作、学习、外出、办事不可缺少的身份证件。

2003年6月28日第十届全国人民代表大会常务委员会第三次会议通过，2003年6月28日中华人民共和国主席令第四号公布，自2004年1月1日起施行《中华人民共和国居民身份证法》。

统一制作换发新的身份证。为16周岁至25周岁的公民发给有效期10年的居民身份证，26周岁至45周岁公民发给有效期20年的居民身份证，46周岁以上的公民发给长期有效的居民身份证。未满16周岁的公民，自愿申请领取居民身份证的，发给有效期5年的居民身份证。

如果身份证有效期满将不能继续使用，这时居民又没有及时办理二代身份证，将会在住宾馆、银行存取款、买房买车、乘坐飞机、办理护照、结婚登记等方面造成极大不方便。一代身份证的防伪能力差，真实性、可靠性都不如二代身份证高，随着二代身份证的普及，一些重要机关单位，比如航空系统、银行、保险等行业，将更信赖二代身份证，逐渐不接受一代身份证。二代身份证能够破解五大难题：防伪性能大幅度提高；具备机读功能，满足了信息交换的需要；2万多字的字库，使许多人名、地名中的冷僻字得以“正名”；身份证重号现象迎刃而解，确保了每个公民身份证号码的唯一性；身份证照片彩色化，图像更加直观美化，清晰度大大提高。

三、流动人口管理

1999年1月18日，吴忠市公安局为更好加强流动人口管理工作，适应地区经济发展需要，真正做到“底数清、情况明、管得住”，实施如下对策：(1)提高认识，把流动人口管理工作列入重要日程；(2)建立强有力的机构，完善管理体制；(3)认真解决流动人口管理工作中的经费问题。截至6月30日吴忠市七县市区共有流动人口29729人，其中男性20674人，女性9055人，已办证人数为14399人，办证率48.23%。居住一个月以下的为1842人，一个月至一年的为13835人，一年以上的为14052人。居住在居民家中的6144人，居住在旅店的700人，居住在单位内部的1921人，居住在施工工地的8898人，租赁房屋的9551人，其他地方居住的2515人。

2000年6月30日统计：吴忠市流动人口共有30610人，其中男性21972人，女性8638人，已办证人数11173人，未办证人数19437人，办证率36.50%。来自外省区的有16906人，来自宁夏的13704人。务工14431人，务农5040人，经商5866人，服务2904人，其他2369人。居住时间：居住一个月以下的为1207人，一个月至一年的为15183人，一年以上的为14220人。居住在居民家中的有9342人，居住在旅店的有860人，居住在单位内部的有2621人，居住在施工工地的有8766人，租赁房屋的8322人，其他地方居住的699人。

2016年，全市流动人口36381人，通过宁夏流动人口服务平台采集录入流动人口18074人、出租房屋4371套，对全市158个加油站安装散装汽油实名登记系统，安装率达到100%，全市共上传购油信息10511条，核查异常报警信息129条。

2017年，录入流动人口37729人、出租房屋6137套。

2018年，采集流动人口41965人、出租房屋24971间，抓获逃犯25人，提供案件线索114起，找到走失人员123人。

2019年，开展流动人口和出租房屋专项整治，走访检查出租房屋28267间，采集维护信息72287条，核对登记流动人口身份信息45790人。

第八节　出入境管理

一、外国人入境出境

对外国人的管理是涉外工作的一部分，是公安部门以公开形式对外国人进行管理的一项政治性很强的工作。吴忠市公安局本着依法管理、宽严得当、维护主权、保卫安全的精神，根据国家对外国人入出境签证、居留、旅行等项规定，加强对外国人出入境管理。

中华人民共和国成立初期，为了削弱帝国主义在中国的残余势力和社会基础，巩固新生的革命政权，本着“管紧管严”的精神，政务院和公安部发布了《外国侨民出入及居留暂行规则》《外国侨民居留登记及居留签发暂行办法》《外国侨民旅行暂行办法》《外国侨民出境暂行办法》，对外侨进行公开管理。并通过签发居留证、旅行证，管理外侨在华活动。

1964年，国务院公布《外国人入境、出境、过境、居留、旅行管理条例》后，吴忠市(县级)公安局按照条例规定，加强对外国人的签证、居留、旅游等工作的管理。

20世纪90年代前，出入境管理非常严格，一般公民是不允许出国的，外国公民也很难到中国来。90年代后，随着经济发展的趋势，放宽了出入境的条件。吴忠市公安局为了给吴忠经济发展创造良好的投资环境，根据市委、市政府及市公安局关于开展"机关作风建设年"活动的总体要求，市公安局出入境管理处出台十项便民措施：一是进一步公开申请程序，印制出入境服务指南和申请表样张，方便群众申请。二是节假日开通服务电话，为急事急办的申领群众提供预约服务和上门服务。三是接待大厅更新设置座椅、茶水、烟灰缸、钢笔、纸张，尽力提供相关服务，工作日始终保持一日接待受理。四是免费为申领群众提供一份身份证、户口簿的复印和传真收发。五是缩短办证时限，提高办证效率，出国境的受理审批在法定的15个工作日缩短为10个工作日，特殊情况需急事急办的缩短为5个工作日。六是强化业务知识的学习，为申请人一次性解答出国所需提供的相关证明材料，让申领群众少跑冤枉路。七是推行邮政特快专递业务，按申请人自愿原则和公安厅联系，将护照特快专递给申请人。八是定期对涉外单位和宾馆进行上门宣传和培训，为到吴忠的外国人提供良好的涉外环境。九是对到吴忠投资经商的外国人提供优质服务，在5个工作日内，依法办理签证等相关手续。十是悬挂监督意见箱，并定期走访人大代表，聘邀监督员，广泛收集群众意见，做到及时纠正和及时改进。

吴忠市公安出入境管理工作从2000年9月开始起步，工作开展以来，在市公安局党委和自治区公安厅出入境管理局的领导下，健全机构设置，加强基础设施建设，理顺了各级关系，完善各项规章制度，规范申请审批的程序，各项工作已走上正常的运行轨道。

2005年6月21日，出入境管理业务培训班在吴忠市公安局召开。市公安局副局长刘宁弟，自治区公安厅出入境管理局副局长马笑雷、朱丽萍出席了培训班并讲话。各县、市公安局分管局长、国保大队长及专门从事出入境管理工作的民警参加了培训班。7月1日，中国公民出国护照申请审批权由自治区公安厅下放到地市级公安机关，公民出国申请办理方便快捷。市公安局出入境管理处规范公民出国申请条件、统一受理标准、统一受理时间，为各级公安机关业务部门民警尽快熟悉业务工作流程，真正做到依法受理、热情服务。

2007年8月9日，为推进出入境"文明窗口"达标建设进程，进一步维护吴忠市公民办理护照的合法权益，保障出入境秩序正常运转，市公安局出入境管理处在上桥镇举办《中华人民共和国护照法》宣传学习培训班，对全镇100余名宗教人士、群众及领导干部进行了培训。培训中，出入境管理处副处长详细讲解了《中华人民共和国护照法》，并结合出入境工作实际，重点介绍了护照办理的程序和相关条件，以及人民群众办理护照应注意的事项。同时讲解了外国人管理的相关规定和住宿登记等内容。通过采取逐条讲解、以案释法、现场咨询等方式，从不同角度，深入浅出地为广大参训人员进行了培训。通过培训，使所有参加培训的人员了解了《中华人民共和国护照法》相关内容，增强了他们依法维权的意识。上桥镇副镇长马宏民代表参训人员，感谢市公安局出入境管理处给镇领导干部与广大群众举办的这期培训班，使大家充分认识到"护照法"颁布实施的重要意义，有利于群众维护自身利益、学法用法。

2007年8月31日，吴忠市公安局政委关玉林带领政治部、"三基"办相关人员调研出入境管理处创建省级文明窗口建设工作情况，观摩新装修的出入境接待大厅及内务设置情况，详细了解创建省级文明窗口单位中档案装订管理、规章制度建设、提高便民利民服务质量的措施和办法以及业务知识培训情况，虚心听取意见和建议，使出入境管理处内务设置更加标准化、合理化，树立窗口单位民警的良好形象。9月3日上午，是一年一度的穆斯林群众赴麦加朝觐的穆斯林人员领表、填表相对集中的时间，出入境管理处处长刘忠仁带领应急小组4人前往新区市政府政务大厅，向参加2007年度自费朝觐的人员发放中国公民因私出国申请审批表，指导大家认真填写，缓解由于一人发表造成申请人拥堵的压力，并向大家宣传中国出入境管理相关法律、法规和政策，征求大家对出入境管理部门工作意见，以便进一步改进工作。针对朝觐人员中文化水平普遍较低、无家人陪同的情况，出入境管理处民警通过详细讲解填写规范、为申请人填写表样等方式，指导朝觐人员将审批表逐项填写清楚，赢得了申请朝觐人员的一致好评，树立了公安机关出入境管理民警的良好形象。

2015年，强化境外人员信息管理，督导全市基层派出所录入境外人员临时住宿登记信息1149条，出入境巡检核查1149条，同比增长16.6%，境外人员临时住宿登记信息及时率、准确率均为100%。受理审批、签发境外人员签证、居留许可44人次。第七届中国（宁夏）回商大会期间，确保了157名参会境外人员安全及涉外活动有序。

2016年，发现并成功查办了4起涉外案件，对6名违反出入境管理法的外籍人员依法做出行政处罚。涉外案件的查办填补了吴忠市"三非"外国人管理工作史上的空白，标志着全市出入境管理部门全面依法履职的能力和水平迈上了新台阶。

2017年，加强外国人签证证件管理，严格审查境外人员来华申请事由的真实性，加大对相关国家人员的入境巡检筛查工作，严防涉恐涉暴人员骗领签证。当年共受理审批境外人员居留许可35人次、普通签证7人次，审查境外人员居留、签证业务38人次；开展为期百天的"三非"外国人清理整治专项行动，发现并查办5起外国人非法居留、非法就业案件，经与驻缅甸大使馆照会，依法将2名缅甸籍涉案人员由云南瑞丽边境口岸成功遣送出境；强化境外人员住宿登记管理工作，信息登记及时率、准确率均达98%。

2018年，受理审批外国人居留许可、普通签证58人次，录入境外人员临时住宿登记信息5895人次，办理涉外案件5起，依法对5名境外人员做出行政处罚。在落实公安部便民措施上，共受理省外异地申请换（补）发出入境证件33人次，为183名群众提供每周六上午的"非工作日办证"服务，所有业务均在规定时间内办结，未发生错批错签情况。

2019年7月，在2017年7月下调出入境证件收费标准后，再推减税降费利民举措。将普通护照办证费用从160元降为120元，让群众在改革中真正得实惠。全年办理外国人居留许可44人次，临时登记住宿境外人员信息2949人次。

二、中国公民出境管理

在办理签证证件工作中，管理外事干警依法办事，维护国家主权和安全，树立为吴忠的经济建设服务的思想，不断改进工作方法和服务态度。在办理签证、证件及其延期中做到：看是否在护照有效期内，看要签的次数是否符合有关文件规定，对客人提出地点每次要对照国务院文件进行认真查对，坚持一人办理，一人复核制度。发现问题及时请示，不自作主张。重证据，重调查研究，严格依照法律规定妥善处理涉外事（案）件，是一项政治性、政策性、原则性很强的工作。市公安局对历年来涉外事（案）件的处理，都本着维护国家主权与安全、维护社会秩序的基本原则，坚持依法办事，维护中华人民共和国的尊严和声誉。按照《中华人民共和国外国人入境管理办法》及其实施细则的有关规定进行处理，不断加强对外国人的管理。

1956年，国务院下达《中国公民因私出国工作由公安部统一掌管的通知》，规定地方外事部门将掌管的中国公民因私出国管理工作移交给公安机关，从1957年1月1日起，由公安机关办理、签发居民的出国护照。

1980年2月6日公安部颁发了《我国公民因私出境手续和护照、证件签发的内部规定的通知》，对中国公民因私出境需办理各种申报手续、受理审批机关时间、护照的签发、填写以及各种收费标准做出了规定。

1984年11月22日，公安部下发《关于放宽因私出国审批条件的指示》，对中国公民因私出国（境）政策、条件等项重新做了规定。银南地区公安处根据规定，改进审批程序，逐步放宽出国条件。

1985年1月1日，银南地区公安处根据公安部《关于改革现行出入境管理办法若干规定》，规定出境申请一律由县、市公安局受理，改变过去由派出所及内部保卫处、科受理的做法，由地区公安处出入境管理处管理，县、市公安局行使工作职能。同年11月22日，国务院颁发《中华人民共和国公民出入境管理法》，1986年12月3日又颁布了《中国公民出境入境管理法实施细则》，自费出国定居、探亲、访友、结婚、继承遗产、治病、就业、旅游、留学的公民，只要依法提供有关证明文件，又能获得前往国(地区)入境签证的都可以申请。

民警热情为办事群众解答疑问

在依法管理中国公民因私出国(境)工作中，市公安局出入境管理处设立专人接待来信来访，从维护国家利益和保护公民正当权利出发，树立为来访者服务的思想，进行爱国主义教育，并介绍前往国家和地区的情况，出境政策、常识和办理手续程序，以免盲目前往，浪费钱财。同时，严格审批制度，把好材料核实关，堵塞漏洞。

2009年，吴忠市公安局出入境管理处把营造风清气正发展环境活动与“三访三评”、深化“大走访”、社会管理创新、“三优两创一提升”等活动及各地实际情况有机结合，在开展“七进九访”、常规征求意见方式和形式的基础上，在窗口单位安装了警务公开“阳光服务”系统，对工作满意度进行测评，以改进窗口单位工作。以争创市级文明单位为契机，努力做到“三个到位”，即创建文明理念到位、创建文明结合到位、创建文明服务到位。此举也受到市委文明办、宣传部、机关工委等部门组成的考评组好评。5月23日下午，考评组一行实地察看了出入境受理服务设施、警务公开情况，详细了解出入境业务办理流程、便民服务举措等；听取了出入境管理处负责人关于出入境管理2009—2011年度创建文明单位工作情况和创建规划汇报，审核了相关档案材料。考评组一行对出入境近年来以加强队伍正规化建设和改变机关作风为主线，牢固树立“人本、专业、优质”的服务理念，不断提升服务能力、服务水平，认真开展文明行业创建工作给予了充分肯定。

2011年10月8日，吴忠市公安局出入境管理处严格按照自治区《关于做好2011年度朝觐工作的通知》精神，明确受理、审核责任，严把朝觐人员条件关，在朝觐护照受理前期，积极制定并严格落实各项工作制度，严肃民警工作纪律，及时公开受理情况，增加受理透明度，杜绝拉关系、走后门现象。开展了受理民警回族礼仪培训，提升民族礼仪服务水平，做到优质、热情服务。在窗口服务方面，为了方便朝觐人员办理护照，出入境管理处实行了发送号码单排队叫号受理新型工作方法，避免了申请人由于等待太久而发牢骚、排队插队等不良现象的发生。

2011年，吴忠市公安局出入境管理处共为1043名朝觐人员办结申请手续，发现并对3份弄虚作假申请作出不批准决定。在整个受理过程中群众满意率达到100%。

2012年8月26日，吴忠市公安局出入境管理处接待窗口，始终秉持“细心、耐心、热心、专心、贴心”的服务理念，想群众所想、盼群众所盼、急群众所急，先后推出了非工作时间预约、下班后延时等12项服务承诺，最大限度地拓宽了服务的范围和内涵。

“非工作时间预约”服务。在节假日期间，为有出入境申请需求的群众开通服务电话0953-2281767，安排值班民警解答群众业务咨询，预约办理出入境申请手续。2012年为16名申请人办理了预约服务。

“下班后延时”服务。在下班时间，为没有办结出入境业务的申请人提供下班后延时服务。2012年为78名申请人提供延时服务。

“主动上门”服务。为办理出国境证件超过10人的团体，指定专人前往申请人单位或就近地点为申请人提供业务咨询、发送申请表、指导填表等服务。2012年共为3批78名申请人提供上门服务，收到锦旗1面。

“短信留言提醒”服务。为在吴忠市领取证照的申请人短信告知证件办结情况，提醒申请人及时取证。2012年上半年共向114人提供短信告知服务。

“材料五日内办结限时”服务。为出团、开学日期在即，赴外奔丧、探望危重病人的申请人，在申请手续齐全的条件下，在5个工作日内完成证件受理审批程序。

“急事急办、特事特办”服务。对于盐池、同心等边远地区的申请人，在材料审核无误后，优先审批。共提供此项服务128人次；对于已经预定了飞机票的申请人，在提供机票复印件或航空公司售票点相关证明后，优先审批。共提供此项服务68人次。

“自助填表”服务。启用“出国境业务自助填表机”，申请人凭第二代身份证信息即可填写申请表格，方便快捷完成申请表格填写。2012年共有2661名申请人使用自助填表填写出入境申请表。

“老弱病残孕优先办理”服务。为老弱病残孕等特殊出国境申请人员，开通“绿色通道”提供优先办理服务。2012年共为123名年龄超过60岁的申请人优先办理了出国境证件。

“一日办结”服务。为境外人员签证、签注、居留许可申请提供一日内办结服务。2012年共为16名境外人员提供此项服务。

“邮政速递”服务。引入邮政速递(EMS)，提供出证后送证上门服务。2012年共为1263名申请人提供邮政速递服务。

“免费查询出入境记录”服务。为中国公民(含港澳台人员)提供免费查询本人出入境记录信息服务。2012年为5名群众提供查询其出入境记录服务。

实行“朝九晚五”工作作息制度。在4月初开始采用“朝九晚五”工作制，上班族、学生、外县市移送材料申请人等群体可以利用午休时间前去办理相关业务。2012年共为253名申请人提供此项服务。

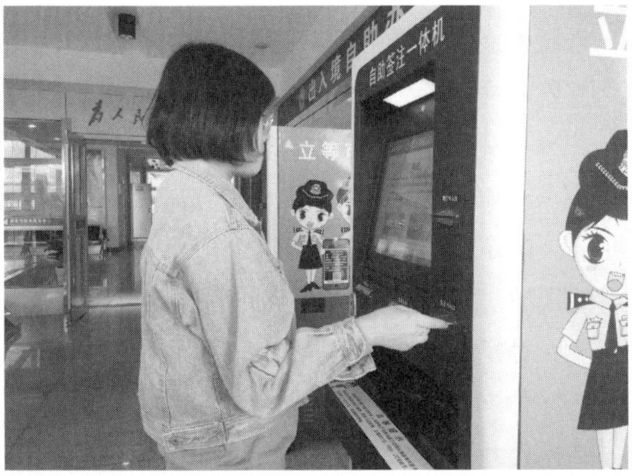

吴忠市公安局出入境管理处设立公民自助申领出国境证件机

2014年，开展提升出入境服务品质争创最美窗口竞赛活动，把做好窗口服务工作作为切实改进和加强出入境管理的中心工作，精心部署，狠抓落实。加大纪律作风整顿和窗口规范建设，把亲民理念切实转化为民警的自觉行动，立足本职岗位，始终保持警容严整、语言文明、有礼有节，严格落实出入境窗口管理服务规范，以接待服务“小礼节”展现公安入境管理工作“最美窗口”形象。加强民警业务知识培训，提高全市出入境管理民警的工作水平，为群众提供优质高效服务。开展出境文明旅游宣传工作，优化服务管理方式，发挥好出入境管理部门的职能作用，通过公安“最美窗口”宣传提升公民文明素质。

出入境部门深化“按需申领”，认真审核签发出国境证件，证件信息实现零差错，群众对出入境业务办理满意率达94%以上。全年共受理出国境业务16255件，全部证件均在承诺时限内办结。办理港澳签注业务825件，为临时到吴忠的外国人办理签证延期25件，外国人居留许可15件，办理一次性出入境通行证3件。依法查处申请人员持有双重户口、冒名顶替、弄虚作假骗领护照73人，其中：不批准29人，其他处理44人，有效地维护了吴忠市辖区出国境人员管理工作秩序。

“两库”数据的信息更新率达到95%。根据市民族宗教局提供的2014年度朝觐人员名单，专门为全市2014年度申请到沙特阿拉伯朝觐的1700多名群众受理电子护照，严格落实一次性办结制度及面见申请人制度，对办理护照的穆斯林群众身份信息进行仔细核查、比对。共受理、审核、审批朝觐申请1492人，最大限度地缩短了受理时间，如期顺利完成了朝觐工作，确保民族关系和谐。

2015年，吴忠市出入境管理处紧紧围绕公安“四项建设”工作，秉承“出入有境，服务无境”理念，深化公安服务型窗口创建，不断创新服务举措，优化办事流程，着力为群众提供优质高效服务，开通微信“绿色直通车”

预约办理出国(境)业务。打造“素质型”窗口,推行窗口服务“三四五六七”和“三四五”工作法,做到来有迎声、问有答声、走有送声,主动接待、主动询问、主动引导、主动解释和主动帮助群众填表、办证。全年共受理中国公民出国出境申请24369件(其中普通护照12617本,往来港澳通行证及签注8706本,往来大陆通行证及签注3046本),同比上升43.8%,实现了办结率100%,无错率100%,期限内出证率100%。强化外籍管理,打造“安全涉外”窗口,坚持每季度对涉外单位和基层派出所开展业务考核,确保外籍人员管理底数清、情况明。

2016年,着眼党员民警政治思想觉悟提升和纪律作风转变,从严抓教育、抓管理,以“做合格共产党员、做合格人民警察”为主题,践行主题实践以及选树党员示范岗等方式,切实增强队伍凝聚力和战斗力,全体民警牢固树立“四个意识”,坚定理想信念,在履职尽责中转作风、讲奉献,全年受理审批各类因私出国、出境申请29673人次,发函核查3187人次。

2017年,出入境管理处组织完成全国统一版出入境管理信息系统启用工作,新旧系统对接、测试以及切换准备工作到位,新系统上线后运行平稳。与全国同步启用电子往来台湾通行证,提高大陆居民往来台湾的自助通关查验效率。全面建成24小时自助服务大厅,电子港澳台旅游签注和出入境证件领取实现24小时全天候自助办理,通过自助设备自助领取护照、港澳台通行证11354本,自助办理港澳签注2082本次,共受理审批各类中国公民出国(境)证件34187本,办理港澳台签注24509次,发函核查9073人次。

加强外国人签证证件管理。组织开展为期百天的“三非”外国人清理整治专项行动,发现并查办5起外国人非法居留、非法就业案件,经与驻缅甸大使馆照会,依法将2名缅甸籍涉案人员由云南瑞丽边境口岸成功遣送出境;信息登记及时率、准确率均达98%,被市公安局评为全市服务型窗口示范单位。

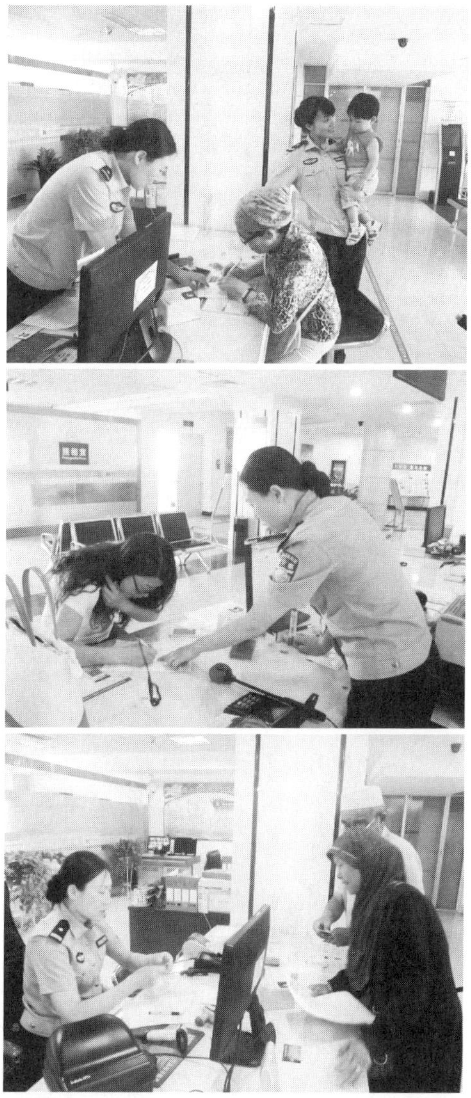

2015年,吴忠市公安局出入境管理处推行“三四五”工作法

2018年,制定了《公安部八项措施及申办护照等出入境证件“只跑一次”工作制度实施方案》,统一标准抓好全市出入境管理部门措施落地工作。利用各种媒体对“放管服”新政进行常态化宣传,组织开展“只跑一次”主题宣传日活动。

全市共受理审批各类中国公民出国(境)申请32352人次,办理港澳台签注21506人次;受理审批外国人居留许可、普通签证58人次,录入境外人员临时住宿登记信息5895人次,办理涉外案件5起,依法对5名境外人员做出行政处罚。共受理省外异地申请换(补)发出入境证件33人次,使用“微信便民通——出入境证件双向寄递和同步寄递到家”服务办理省外异地往来港澳台团队旅游签注19人次,送证上门228人,为183名群众提供每周六上午的“非工作日办证”服务,所有业务均在规定时间内办结,未发生错批错签情况。

积极对接市政务中心,落实市局行政审批办进驻三到位(人员到位,事项到位,网络铺设到位),完善行政审批办理机制,落实“一窗受理”、“一站服务”、“一次告知”和“限时办结”,加快实体窗口与网上平台融合,建立线上线下功能互补、相辅相成的公安政务服务模式,确保全体民警忠实践行“对党忠诚、服务人民、执法公正、纪律严

2012年7月25日，利通区公安分局民警进行治安宣传

明”总要求，在思想上政治上行动上始终同以习近平同志为核心的党中央保持高度一致，强化党员队伍管理，把理想信念、党风党纪、廉洁从警教育作为基础性工作来抓，通过开展多种形式的警示教育活动，使民警廉洁理念、廉政意识入脑入心，努力营造奋发有为、积极向上的警营氛围。

2019年，针对异地居住、就业、经商的人群实行“全国通办”，申请人可不受户籍地、居住地等条件限制，就近在全国各地申办出国出境证件，自4月1日“全国通办”实施起，全市共受理审批中国公民出国境证件申请22600人次、港澳台签注2211人次。

第九节　社区管理

1983年4月24日，银南地区公安处对城镇社区人口管理工作加强管理。为不断提高防止和发现犯罪的能力，使人口管理工作更好地为维护社会治安服务，地区公安处派出检查组赴七县城镇派出所，对人口的管理工作进行一次检查了解。

1986年8月6日，银南地区公安处要求各县公安局城镇派出所，结合第三战役，相对集中三个月的时间，对人口进行调查研究、摸底清理、健全档案材料，进一步加强管理。

1998年7月14日晚10时至16日8时，在全地区范围内组织开展了一次集中统一行动。共投入警力1880人次、车辆295台次，清查出租房屋1933间，歌舞厅、录像厅、游戏厅395间，旅店、饭店、招待所341家，发廊、桑拿浴室100家，施工点、砖瓦厂91处，其他场所95处；查获卖淫嫖娼、吸毒、赌博、传播邪教等违法犯罪嫌疑人员289人，捣毁各类窝点33处；抓获各类逃犯18名，其中批捕在逃犯6名，负案在逃犯11名；灵武市公安局一举破获区、地挂牌督办的“4·5”盗窃大案和“6·17”杀人案，抓获5名犯罪嫌疑人。

2010年，吴忠市公安局在解决了社区民警口袋信息、脑袋信息工作状态的同时，利用派出所基础工作管理系统数据对民警采集及维护工作情况进行实时自动分析统计，生成数据质量和维护总量的排名，全市民警的工作情况平台显示一目了然，为社区民警绩效考核提供了依据。

2010年11月20日，经与自治区公安厅PGIS项目办的技术人员协作，全面完成了技术层面的搭建框架和数据平移。吴忠市公安局警用地理信息系统的220万条数据实现了与自治区公安厅PGIS平台数据的平滑过渡。

按照《吴忠市公安局社区警务系统应用管理考核办法》，市公安局治安支队于2012年6月26—28日组织专人对宁夏社区警务系统数据采集、“三统一”等工作进行网上抽查、实地检查和打分。

（一）社区警务信息系统数据采集。

2012年6月30日，全市录入实有人口总数1184977人。

（二）“三统一”工作。

各地对此项工作都十分重视，均做了大量工作，各地均有因牵扯退耕还林等政府补贴款或其他原因涉及户主自身利益而不愿将其户口迁入现居住地的情况。

（三）建筑物标注工作。

（四）城市楼群单元喷号拍照、农村命名安装门牌工作。

（五）工作对象信息采集。

2016年6月17日，召开全市“一村（社区）一警”现场推进会，推广“一村一警”警务模式。出台《城乡社区警务工作实施办法》,推行社区民警专职化,使社区警务由“单兵行动”变为“合成作战”。探索建立了青铜峡市“1+X”警务运行模式、红寺堡区“1236”乡村警务助理工作机制、盐池县“大综治、政法云”社区警务格局。共新建改造警务室64个,增加社区民警14人、协勤网格员和警务助理279人,社区民警专职化率达到38.4%。

2018年,推动社区警务工程建设,落实警务专干补贴、警务室建设等经费592.8万元。部署开展了社区警务工程建设和基层基础建设攻坚战,细化措施、压实责任,推动工作扎实开展。

深化社区警务“1+X+N”模式。科学划分警务区120个,新建警务室21个、警务站(点)15个,新增社区民警53人、社区辅警11人,事业编人民警察分配社区岗位134人(占招录总数的73%)。选聘农村警务专干530名,占行政村总数105%,超额完成80%的工作目标,按照标准落实经费。

开展“一标三实”基础信息采集,共修改完善实有人口694123人、房屋267230间、单位13231个,采集维护量达到2017年的8.13倍,保安员、押运员、涉枪涉爆人员、开锁人员信息采集率均达到100%。建立微信群455个、公众平台29个、QQ群11个,累计发布预警提示12151条,在线回复群众咨询3113次。

因地制宜打造“一县一品”。青铜峡市持续深化“青铜峡社区警务模式”,延伸掌上警务,开发社区警务考核系列APP;利通区建立“微你寻亲”微信平台,创新“微服务+寻人寻亲”品牌;同心县创新运用新时代“枫桥经验”,推广“3+X”矛盾纠纷调处模式。

2019年,制定了《2019年社区警务工程建设实施方案》,明确4类26项具体任务。出台了《社区警务考核细则》《社区民警考核办法》,落实分县公安局、社区民警月度考核。建立警务专干退出补充机制,全市配备警务专干530人,覆盖率达到100%以上。全市42个派出所进驻人民调解员63人,有效化解各类矛盾纠纷471起,调解针对性和时效性进一步增强,同时减轻了基层民警负担。

第十节 综合治理

科学发展观的核心是以人为本,人民警察肩负着人民的重托,必须坚持人民利益高于一切。各级公安机关要积极适应巩固党的执政基础、提高党的执政能力的要求,着力构建和谐的警民关系,夯实公安工作根基。要大力加强公安队伍思想政治建设,有针对性开展宗旨意识和群众观念、群众路线教育,使广大民警始终把党的事业至上、人民利益至上、宪法法律至上作为永恒的追求,坚定不移地做中国特色社会主义事业的建设者、捍卫者。要积极探索创新新形势下的群众工作,深化城乡社区警务战略,提高广大民警做群众工作的能力,千方百计为群众做好事、解难事、办实事,争做人民群众的贴心人。要按照及时、主动、准确、统筹的原则,切实加强舆论引导工作,着力提高公安机关与新闻媒体和人民群众联系沟通的能力,在公安机关与新闻媒体和人民群众之间架起一座沟通的桥梁,营造一种警民互动、有利于公安工作、有利于社会和谐稳定的良好舆论环境。要进一步规范各类非警务活动,严格界定警务活动和非警务活动的界限,做到有法可依、有章可循、出警有据。

一、群防群治

1980年12月8日,银南地委成立地区整治治安领导小组,银南地区公安处副处长李仁任组长,成员由熊烈、周朝龙、谢生虎、邸方城、刘明春、武存美、王全忠、关学礼、郎万海、刘秀云、李世民11人组成;办公地点设在地区公安处治安科,工作人员有公安局17人,检察院2人,法院3人,民政、工会、妇联、共青团、农机局各1人,公交局4人,车辆监理所5人。制定方案,狠抓各项措施的落实。

2002年3月26—28日,吴忠市公安局精心组织,在全市范围内积极组织开展清查流动人口集中统一行动。中宁县公安局以石中高速公路和固海扩灌工程施工队为重点,由局领导带队,逐人逐项进行认真细致的清查;盐池县公安局确定城关、城郊、养蜂场、私人砖厂和大水坑镇、冯记沟煤矿及公共娱乐场所、车站为重点,实行局领导包片督导、中层领导深入一线参战,全警投入清查的态势,对流动人口严格审查,认真登记，取得明显成效。利通、灵武、中卫、青铜峡、同心各市区县公安局以清查流动人口为重点，以歌舞厅、网吧、车站施工工地和城乡接合部为重点，由派出所片警和流动人口协管员为向导，逐户、逐人地进行拉网式的大清查，对发现的可疑线索和可疑人员认真进行盘查核实，做到了不留死角、不留隐患。利通区公安分局在清查统一行动中，共清查出租房屋581间，清查歌舞厅、桑拿按摩、美容美发场所93家，清查宾馆、旅社80家，清查流动人口1800人次，其中审查“三无”人员505人，抓获吸毒人员25名，收缴民用自制土枪1支、仿真手枪105支、气枪2支、炸药2公斤，破获刑事案件3起。全市公安机关出动警力2476人(次)，车辆187台(次)，清查登记暂住人口11044人，新办理暂住证2182人，清查出租房屋4607户，新办理出租房屋许可证361户，签订治安责任书436份。清查旅社252家(次)、公共娱乐场所716家，发现违法犯罪线索90条，破获各类案件15起，抓获犯罪嫌疑人16名，抓获逃犯2人，抓获吸毒人员30名，摧毁犯罪团伙2个，收缴民用自制土枪1支、仿真手枪105支、炸药2公斤。

吴忠市全市各级公安机关以清查流动人口为重点，进一步整顿规范流动人口、出租房屋和公共娱乐场所的管理。按照“谁出租、谁负责”“谁留宿、谁负责”“谁雇佣、谁负责”的原则，促进对出租房屋、旅店、用工单位的治安管理工作，强化责任意识，做到情况清、底子明、不漏管、管得住，为吴忠市流动人口的规范化管理打下了坚实基础。

2004年8月25—26日，自治区公安厅治安总队、吴忠市公安局治安支队在同心县公安局治安部门及韦州镇派出所的大力配合下，出动20余名民警组成的行动小组在韦州镇、下马关镇、红城水乡及红寺堡买河乡一带沟壑内展开集中搜索行动，对隐蔽在山间的23个非法土炼油生产场地实施强制爆破，共炸毁土高炉23个、储油罐60个，炸毁冷却水箱23个，10处违法生产设备被勒令限期拆除。

2007年9月28日22时，全市公安机关节前安全大检查活动在利通区、青铜峡、盐池、同心、红寺堡、太阳山等六县市区范围内展开。至29日8时结束，各警种圆满完成了对重点场所、重点路段和市区重点街道的集中清理检查。市公安局机关各部门、交警支队全体民警参加了利通公安分局组织的清查活动。此次安全大检查活动为国庆节期间社会治安稳定奠定了良好的基础。共出动警力800余名、警车160余台次，检查重点单位、内部单位317家，宾馆、旅店298家，网吧80家，娱乐场所103家，各类服务场所99家，废旧收购点48家，出租房屋355间(户)，工地10处，活动室12家，游戏室4家，商业网点304家，音像业17家，二手手机店等通信业18家，刻字印刷业11家，典当业10家，发现隐患25处，责令当场整改20处，下发责令限期改正通知书5份；检查车辆1665辆，处罚455人；捣毁游戏厅1家，抓获吸毒人员8名，查处治安案件19起，没收管制刀具2把。

2007年11月24日，中央综治委督导组组长、国家人口计生委政法司副司长方援建在吴忠市督导检查时说：“通过实地查看，吴忠市综治工作开展确实有独到之处，综治部门也发挥了重要作用，效果很好，一些大事不出镇、小事不出村的举措非常好，让群众得到最大的实惠。”

吴忠市把社会治安综合治理和平安建设作为深入实施西部大开发战略、构建和谐社会的大事，摆上突出位置，狠抓落实，做到“五个纳入”：把社会治安综合治理和平安建设作为民生建设的重要内容，纳入《全市国民经济和社会发展第十二个五年规划》，纳入全局工作的重要议事日程，吴忠市委、市政府先后11次专题研究综治和平安建设工作；纳入年度考核目标管理责任范畴，全市上下层层签订综治领导责任书，形成了“纵向到底、横向到边、上下联动”的责任体系；纳入各级领导干部考评的重要依据，健全完善领导联系点、综治例会和联席会议、督查督办、考核奖惩等“四项制度”；将综治工作经费纳入各级财政预算，市委、市政府出台《关于深入推进“平安吴忠”建设的意见》，将社会治安综合治理工作经费列入财政预算，2010年全市用于社会治安综合治理的投入达到8476.5万元，为综治和平安建设工作发展提供了有力保障。

吴忠市利通区综治委针对拆迁工作中的问题，深入实际、深入群众，对重点区域、重点单位和重点群体的矛盾纠纷全面排查，及时制定切实可行的工作措施。对排查出来的矛盾纠纷、治安乱点和突出治安问题，逐一登记造册，逐一分析研究，逐一制定调处，逐一落实牵头部门、责任单位和责任人，逐一明确调处、整治目标、措施和期限。

吴忠市着力构建“大调解”工作体系。共建立各级人民调解组织651个，行业调解组织4个，建立便民诉讼联系点146个，建立个体“人民调解工作室”5个，形成了县、乡（镇）、村、组四级矛盾纠纷化解组织网络。

吴忠市整合工会、共青团、妇联等社会资源，形成依靠基层党政组织、行业管理组织、群众自治组织共同化解社会矛盾的“大调解”工作体系，引导群众依法表达诉求。全市共开展矛盾纠纷排查509次，排查调处矛盾纠纷3105件，调解成功率93.8%。

吴忠市颁布《重大事项社会稳定风险评估暂行办法》，对涉及群众切身利益的重大决策事前进行社会稳定风险评估。在城市东南部拆迁、柴园村城中村改造、“校安工程”建设等方面实施风险评估，有效预防和减少了因决策不当引发的矛盾纠纷。市政府出台了《刑事被害人困难救助实施办法》，在刑事司法领域开展被害人生活困难救助，及时化解不稳定不和谐因素。市委政法委协调政法各部门从教育培训、咨询服务、援助发展、司法保护等各个环节维护妇女儿童合法权益，被评为全国、全区“维护妇女儿童合法权益先进集体”。

吴忠市依托警用地理信息系统，探索人口和出租房屋管理新举措，落实“以证管人、以房管人、以业管人”的动态管理模式，实现了流动人口和出租房屋底数清、情况明。建立旅馆业管理新机制，实行旅馆业信息系统实名登记录入，对辖区旅馆实施积分制治安等级化管理，形成了一整套较为完整的旅馆业等级化管理制度体系，利通区社会管理创新综合示范试点工作有序推进。进一步落实重点单位和公众聚集场所安全监管措施。2007年，检查治安保卫重点单位188家次、涉爆单位27家，娱乐场所108家次、旅店185家、网吧92家，出租房屋200家，发现治安隐患48处，当场整改20处；检查金融网点147个，发现隐患32处，当场整改19处。在城区推行娱乐服务场所治安星级化管理模式5家，大型娱乐场所评星挂牌。积极探索建立特殊人群常态化管控机制，形成政法综治部门、社会和家庭三位一体的帮教机制。全市建立安置帮教工作基地10个，接收刑释解教人员184人，就业安置93人，帮教160人。

吴忠市在全区率先开展“民族团结宣传教育年”活动，广泛开展民族团结宣传教育进机关、进学校、进企业、进社区、进乡村、进宗教场所的“六进”活动。把夯实基础作为综治和平安建设的重点，整合乡镇综治和社会管理资源，把综治办、信访办、司法所、派出所、法庭、民政办等乡镇站所的力量实行“六位一体”，全市乡镇建立综治工作中心，并把中心工作职能向村（社区）延伸；在村（社区）整合综治、信访、警务、调解、治保、民兵、群团等力量，实行“七位一体”，建立综治工作站，提高基层社会治安联合防控、矛盾纠纷联合化解、重点工作联勤联动、突出问题联合治理、基层平安联合创建的水平。

吴忠市全面完成《吴忠市技防建设三年规划》，初步建成以网格化巡逻警务为重点的城镇街面防控网，与构建新型社区管理体制相适应的社区防控网，以健全公共复杂场所、特种行业防范机制为重点的社会面防控网，以落实内保责任制为保障的机关、企事业单位内部防控网，以农村联户互保为重点的农村防控网。投资近2800万元，在以省界和省道为重点的区域内建设集“打、防、管、控”于一体的吴忠市城市监控报警联网系统，扎实开展以“十大行业”创建为特色基层平安创建活动。全面启动平安家庭、平安街巷、平安医药、平安三电、平安校园、平安交通、平安工地、平安企业、平安市场等系列创建活动。全面开展“平安铁路”示范路段创建工作。开展以“普及安全常识，全民共创平安”为主题的“政法综治宣传月”活动，组织政法系统讲师团，深入各县（市、区）开展巡回宣讲和业务培训，组织两级综治成员单位在城区主要街道悬挂宣传标语横幅60多条，设立综治宣传点50多个，发放宣传材料20000余份，接受群众业务咨询1250余人次。

二、专门治理

2012年2月23日，吴忠市公安局在深入开展“三评三访”深化“大走访”活动中全面推进“七进九讲”活动，组织全体民警“进农户”“进社区”“进学校”“进场所”“进企业”“进工地”。通过有效地“进”，向广大人民群众讲防抢、讲防盗、讲防诈骗、讲交通安全、讲消防安全、讲禁毒、讲预防未成年人违法犯罪知识、讲为打架算成本以及讲群众有事拨打110报警。各级公安机关结合实际，印制了各种宣传手册，编写防骗、防抢、防盗顺口溜，在主要场所张贴警示牌，举办宣传讲座，向每一户居民发放安全防范指南，针对不同服务对象发放安全服务卡等，从而有效提高全社会治安防范能力，降低违法犯罪率。

市公安局制定了明确的活动指标，用具体的量化数据对活动进行有效的督导。一是社会各界和群众对“三访三评”“七进九讲”活动的知晓率达到100%。二是“七进九讲”的宣传普及率达90%以上，街头诈骗、电信诈骗等可控案件同比上年有所下降。三是政府、企业、行业场所、学校、社区街道办事处等有关单位的征求意见登记率要达到100%，意见建议反馈率要达到100%，合理化意见建议整改率要达到100%。四是对群众的来信、来电、来访及网络留言回复率要达到100%，对各项便民利民服务承诺兑现率要达到100%。五是及时发现化解群众的矛盾纠纷，杜绝和减少民转刑案件的发生。六是在规范执法的同时更注重人性化，杜绝冤假错案、刑讯逼供、行政败诉案件发生。七是热心接待，耐心倾听，认真处置各种信访案（事）件，信访积案全部化解，做到有理访不出市，进京访为零。八是严重影响群众安全感的杀人、抢劫等“八类”案件同比上年有所下降。九是群众反映突出的社会治安乱点、难点问题得到整治和解决；重大交通、火灾等治安安全事故明显下降。黄赌毒等社会丑恶现象得到有效治理。十是队伍中涌现出一批群众满意民警，实现零违纪。

吴忠市公安局治安支队将重点行业、场所严管严查工作纳入2012年治安重点工作，依据法律、法规推行娱乐场所专业保安配备和监控信息系统安装工作，借助娱乐场所管理信息系统，对全市282家娱乐场所及从业人员进行信息采集，进一步强化对歌舞娱乐场所的管理。同时对废旧物品收购站（点）、典当拍卖、机动车修理等重点特种行业（场所）加强管理，对旅馆业要求实名登记，对旅馆业实行“星级”化管理机制，对全市534家宾旅馆开展评星活动，安装旅馆业信息系统和二代身份证读卡器530家，安装率99%。落实流动人口居住证制度。通过宁夏社区警务系统，对流动人口实时进行登记。全市登记暂住人口数共20129人。通过上述措施，基本实现“以证管人、以房管人、以业管人”的动态服务管理新机制。在危化品管理方面，支队依托民用爆炸物品管理信息系统，逐步推行在危爆物品储存仓库安装远程监控报警系统，专用运输车辆安装卫星定位监控设备等措施，实现购买、储存、运输、爆破、清退“一条龙”监督管理。对全市18辆民爆物品专用运输车辆安装卫星定位监控设备。实行城乡统一的户口登记制度。在城乡实行“以房管人”模式，统一以实际居住地进行户籍地址登记，取消以往以户口性质划分登记地址造成人户分离的错误做法。逐步在全市取消农业户口、非农业户口性质划分，实行城乡一元化户口登记制度，将公民户口统一登记为“居民户口”。对肇事肇祸倾向精神病人动态管控方面，依托社区警务系统，最大限度地将各类刑释解教人员、肇事肇祸精神病人等高危人员动态纳入视线，掌握活动轨迹、落实跟踪管控措施。特别对具有现实危害性和肇事肇祸精神病人等人员依托宁夏社区警务系统建立具有肇事肇祸倾向精神病人病情档案，做到底数清、情况明，列管率达100%，并积极与有关部门，逐一落实精神病人救治服务管理措施，严防其肇事肇祸、危害社会，严防发生个人极端暴力事件。

2014年，全市共有治安联络员42348名，通过短信平台发送各类宣传短信70余万条，有效拓展社区警务系统功能，深入推进“家谱化”信息采集，共采集信息100万余条。对全市76个规范化物业管理住宅小区进行技防改造。全市共完成13个规范化物业管理住宅小区技防改造，加大了老旧小区改造力度，共投入资金1035.7万元，加强了老旧小区物防、技防设施建设。

2016年，完成了60个规范化物业管理住宅小区技防建设。积极推进宁夏流动人口服务平台推广应用，在利通区试点的基础上率先在全市范围推广，共采集录入流动人口18074人、出租房屋4371套。

2018年，联合市综治办加强单位内部治安保卫工作，推动各行业系统和社会单位健全内保机构、落实“三防”措施。完成县级以上687家治安保卫重点单位确定及挂牌工作，督促新增保安192人、安防设备312套、技防设施132套570个监控探头。年内开出大额罚单8张，是2017年的2.7倍，首次对内保重点单位、涉爆单位开出大额罚单。推进保安员考试发证工作。已发证2544人，占全市保安员总数的95.3%，落实持证上岗。推动“城市智能联网报警系统”建设工作。已安装511家，较2017年增加130家，重点加强内保重点单位、消防重点单位、反恐重点单位、医院（卫生院）及学校幼儿园安装应用力度，提升防控能力和水平。

三、整顿校园周边秩序

2001年9月4—6日，吴忠市各级公安机关在全市范围内组织开展了整治校园及周边地区社会治安秩序集中统一行动。共出动警力1124人次，车辆197台次，检查中、小学校425所，出租书屋、音像部163家，出租房屋659间，娱乐场所54家，游戏厅、网吧37家，录像厅3家，清理摊点67家。责令搬迁餐饮业2家、游戏厅6家，查出治安隐患38处，发出整改通知书38份，查处滋扰师生案件1起，治安处罚1人，取缔校园周边200米以内的电子游戏厅、网吧、音像书籍出租社、录像厅13家，没收电子游戏机10台。

2012年，全市公安机关先后对辖区中小学校、幼儿园及周边治安复杂场所、主要交通路段等存在治安、消防、交通等安全隐患进行集中排查整治，做到底数清、情况明、基础实、台账全；开展校园周边出租房屋、小旅店和暂住人口清理整顿。清理登记出租房屋5253处、小旅店346家，并逐户签订治安责任书；会同教育、文化、卫生、工商、城建等部门，对校园周边文化、餐饮、娱乐场所等进行再清理再整治，收缴各种非法出版物1000余份，并对在校园周围200米以内经营的娱乐、网吧场所严格审批，整改隐患87处、整治校园周边治安乱点13处、排查校园周边重点人员61人、化解涉校纠纷33起，破获涉校刑事案件3起、治安案件3起，刑事处罚4人，治安处罚3人。校园周边治安秩序良好，未发生较大的、有影响的涉校案事件，师生安全感明显增强。

2014年，为深入贯彻落实公安部“八条措施”和自治区公安厅关于“护校安园”的工作部署，吴忠市公安局立足学校实际，优化警力配置，规范警务运作，在辖区大、中、小学、幼儿园建立了与学校管理体制相适应的标准化的“校园警务室”，派驻专职民警，通过建立规范统一的外观标识体系、制度管理体系、档案台账体系、教育宣传体系等四大体系，努力实现“警力下沉、警务前移、警校共建、共保平安”的工作目标。

落实“标准型”校园警务，全面推行“一校（园）一室”模式，坚持“四有”（有室、有人、有制度、有监控）标准，校园警务室设在校园出入口，悬挂统一制式的校园防控示意图、社区民警公示栏、值班牌、校园警务室等级评定牌等醒目标识。校园警务室还建立规范统一的台账、制度。主要包括社区民警职责、警务室安全管理制度、校园安保人员中职责、学校安全管理制度、校园巡逻制度以及学校相关工作制度以及进出学校登记簿、值班情况记录表、校园巡逻登记簿、校园警务检查登记簿等制度台账。警务室民警照片、姓名、联系方式、办公时间、监督电话、校园治安状况通报和安全提示等。每月民警进校园开展学生安全防范知识宣传，对校园安保工作进行指导。发挥社区民警在防范中的主导作用。推行社区民警包校园责任制，在校园门口显著位置向社会公布责任民警照片、工作职责及联系方式，接受群众监督，有效促进了校园和复杂区域治安防范工作的稳步提升。打造“平安型”校园警务。民警对所包校园坚持经常走访，熟知校园的基本情况，了解校园的治安状况，查找校园的安全隐患，督促各项防范措施的落实；规定责任民警要与学生交朋友，采取座谈、聊天等方式，摸清学生的思想脉搏，掌握学生思想动向，摸排各类涉稳隐患苗头，并把走访工作与治安管理、侦查办案、调解矛盾纠纷等结合起来，重点强化治安、消防隐患排查，在校园中逐级落实岗位责任制，对校园周边的旅馆、网吧、游戏厅等特种行业和接近于特种行业极易发生案件的场所，逐一落实责任主体，实行重点管控，对发生打架斗殴等扰乱社会治安秩序事故案件的，严厉查处，决不姑息；采取“警校联动、打击从严”的策略，把侵害师生人身财产安全的抢劫、抢夺、盗窃案件作为打击重点，集中优势警力全力攻坚，力争快侦快破，维护广大师生的切身利益，增强广大师生的安全感。对社会人员到校园违法犯罪的坚决从重打击、从重处理，有力维护校园师生安全。开展了“大手拉小手，安全互学岗”活动，在学校大门附近路段，专门安排警力，负责疏通交通，保护学生上学、放学高峰时段的行走安全。每月召开一次“校园工作会”，每季召开一次“治安座谈会”，每半年开展一次“警营开放日”活动，问计于民，问计于校园，征询校园治安管理工作建议，不断改进工作措施，争取校园师生的理解、信任和支持。创新贴近帮扶。民警深入学校、幼儿园赠送书籍、防范宣传手册等物，发放警民联系卡，印制发放安全防范宣传材料，不但密切了警民关系又使学生受到了教育。本着在工作中为校园解难题，为师生送服务的原则，建立了校园安全防范工作指导办法，实行了“五个一工作法”，即每周发布一次案件信息，每半月开展一次安全防范指导，每月召开一次保卫联席会议，每季度对学校保卫干事、校园门卫进行一次培训，年度对校园安全保卫工作进行一次综合考评，在解决校园中存在的突出治安问题，做好安全防范工作的同时，进一步拉近了与校园及广大师生的距离。

2017年，6月16—22日，全市各区公安分局、各县公安局联合教育局、安监局、市场监督局、消防等多部门迅速行动，对各辖区中小学、幼儿园及周边环境开展了全面的安全大检查。开展校园及周边环境安全大检查，切实堵塞安全漏洞，严防类似事件发生。各区公安分局、各县公安局按照市局统一部署，主动联系教育、安监、市场监管、消防等部门组成联合检查组，共同开展工作。工作中，检查组以校园安全防范为重点，辐射周边商店、餐饮、流动摊贩等场所，严密排查重点、高危人员和涉校矛盾纠纷，特别对校园专职保卫人员的配备情况、“三防”措施落实情况和防火、防灾害事故应急处置进行了严格检查。共检查中小学校、幼儿园168所，校园周边商铺摊点283家，发现安全隐患56处，关停2家存在严重安全隐患的烧烤摊点，下发责令整改通知书26份，没有发现学校周边商铺有出售“牙签弩”及管制器具的情况。通过安全检查，为“平安校园”奠定良好基础。

2018年，针对校园周边较为突出的治安问题，采取集中清查、日常检查等方式，加大对校园周边治安行业场所的管控力度，努力为在校师生营造良好的校园周边环境。为确保校园内部安全稳定，社区民警还逐一对辖区刑满释放人员、肇事肇祸精神病人进行梳理，逐人落实管理措施。组织民警在涉校案件多发时段、路段加强巡逻防控，严格盘查、处置校园及周边形迹可疑人员，切实掌握校园安全防范工作情况，有效挤压犯罪空间。

青铜峡市公安局会同教育、综治、消防等部门开展集中排查整治行动，对全市13所中学、43所小学、27所幼儿园内部重点部位全面排查，发现安全隐患17处、共性问题4类，函告市教育局，通过“建立销号台账、倒排进度”的方式，督促限期整改；结合隐患排查工作的开展，督促各学校对防护器材进行自查，补充防护器材22件；协调教育主管部门，加强校园技防建设，安装一键式报警器43套；完善校园外来人员、车辆登记，内部人员、车辆出入证制度以及学生接送等各项安全管理制度，严禁可疑人员进入校园，严防管制刀具、易燃易爆等危险物品带入校园，确保校园内部绝对安全。

2019年9月3日，吴忠市公安局交通管理局城区交巡警大队走进辖区各中小学校，向校方发放并签订创建全国文明城市交通秩序整治告知书。红寺堡区公安分局把加强校方安全责任作为强力提升校园治安综合治理水平的固本之策，组织各派出所对辖区中小学、幼儿园进行全面摸排，并与校方主要负责人签订治安责任书、消防安全责任书，进一步明确校方的安全保卫责任，督促校方切实加大校园内部防范措施投入和制度落实，扎实履行校园安全防范职责。自春季开学以来，共与76所中小学、37所幼儿园签订责任书113份。

为了创造安全、和谐、有序的校园周边道路交通环境，城区交巡警大队增设警力，在学生上下学高峰时段设置“护学岗”，并加大对校园周边的交通秩序整治及治安巡逻力度。城区交巡警大队民警共走进学校15家，签订创建全国文明城市交通秩序整治告知书30份。通过此项举措，进一步扩大了交管部门创城工作的宣传面，确保创城工作深入人心，形成齐抓共管的良好局面。

第十一节　保安服务

保安服务，充分发挥自身优势，不断追求企业发展新目标，不断打造精品保安队伍，实施大企业大发展战略，提高公司核心竞争力和抗击社会风险能力，着力做大做强企业，打造以保障社会治安稳定为核心的保安队伍。

吴忠市保安服务行业创始于1992年。吴忠市保安服务业已经成为拥有人防、技防、押运、物业、原子印章等几大分支机构，人力防范和武装押运服务延伸到青铜峡、盐池、同心、宁东、太阳山等县(市、区)，企业规模不断扩大，企业品牌逐步强大，从业人员逐年增加，业务收入成倍增长的大型国有企业。

为适应形势的发展和改革的需要，吴忠市公安局党委依据国务院《保安服务管理条例》和公安部《公安机关实施保安服务管理条例办法》精神，按照现代企业管理理念和多元化经营思路，积极争取自治区公安厅和市委、市政府的支持，经过财务清算、资源整合、部门重组，对吴忠市保安服务公司和吴忠市金盾保安押运服务中心进行整合，成立吴忠市保安服务总公司这一大型综合性企业。

2011年12月6日，吴忠市保安服务总公司揭牌，自治区公安厅副厅长、宁夏保安协会会长刘德中，吴忠市委副书记、常务副市长赵永清，副市长马和清，市政协副主席贺彩霞及自治区公安厅治安总队、市委政法委等部门领导出席揭牌仪式。揭牌仪式由市公安局副局长毕顺元主持，刘德中、赵永清为保安服务总公司揭牌。

2011年全区保安职业技能竞赛及防范抢劫金融机构营业场所、银行运钞车实战演练比赛上，吴忠市保安服务总公司代表队全体参赛人员奋发向上、锐意进取，以顽强拼搏的职业精神，充分展示了吴忠保安特别能吃苦、特别能战斗、特别能奉献的精神。在八大项赛程共13个具体赛事中，取得了单项赛四个第一名、四个第二名、四个第三名、一个第四名的好成绩。保安员薛军平以651.2分的高分获得全区保安职业技能大赛押运专业个人总成绩第一名。保安员尹志林以652.84分获得全区保安职业技能大赛守巡专业个人总成绩第一名。保安员尹志林以100分的成绩获得全区保安职业技能大赛消防专业竞赛第一名。保安员王少兵以81分的成绩获全区保安职业技能大赛理论科目竞赛第一名。吴忠市保安服务总公司代表队以总分4769.16分的成绩获得团体第一名，以2372.59分的总分获得全区保安职业技能大赛押运技能赛总分第一名。通过此次比赛，扩大了吴忠保安的社会影响力，提升了吴忠市保安服务总公司的企业整体形象，得到了社会各界的认可，为更好地推动吴忠市保安行业又好又快发展奠定坚实的基础。

2013年9月30日，吴忠市公安局完成了吴忠市保安服务总公司脱钩改制工作，将吴忠市保安服务总公司整体移交给吴忠市国资集团公司管理。

2014年，按照“政企分开、管办分离”的原则，吴忠市公安局完成了3家公安机关开办保安公司脱钩改制工作，完成率达100%，4名民警、2名工人返回公安机关工作，1名工人辞职。积极争取市编制部门支持，增设了保安监管大队。以脱钩改制为契机，开展对武装押运工作的专项整治，确保改制后顺利运行。

第四章

监所管理

JIAN SUO GUAN LI

第四章　监所管理

监管是公安工作的重要组成部分，是公安机关揭露和证实犯罪的一项专门工作。监管是公安机关为了保障对案件侦查、审判的顺利进行，依照法律，采取羁押等强制手段，对正在审理的人犯（人犯是指犯了刑律依法应当采取强制措施或已经公安机关或司法机关采取了强制措施的被告人）进行严密警戒和管理。

吴忠公安监管的前身为银南地区公安处预审科。1998年以前，银南地区公安处设预审科对所辖吴忠、青铜峡、中卫、中宁、同心、盐池、灵武各县看守所进行业务指导和监督检查，上述各县公安局又设预审科直接领导看守所工作。1998年1月侦审合一后，各县看守所从预审科独立出来，成为各县局副科级内设机构。地级吴忠市成立后，原银南地区公安处预审科更名为吴忠市公安局监所管理处，负责对所辖利通、红寺堡、青铜峡、同心、盐池、太阳山开发区六市县区看守所、拘留所、戒毒所进行业务指导和监督检查。2004年原吴忠市公安局（县级）三所划归地级吴忠市公安局，成为市公安局正科级内设机构。监所管理处仍为市公安局三所及各县公安局三所上级业务指导部门。2011年吴忠市公安局内设机构改革，监所管理处更名为监所管理支队，支队长高配为副处级，领导市公安局三所并对全市监管场所进行业务指导和监督检查。在吴忠市公安局和上级业务部门的领导下，监所管理支队继续贯彻落实公安部安排部署，充分发挥业务指导和监督检查的职能作用，紧紧围绕监所重点及亮点工作，不断创新管理机制，改进勤务模式，落实各项安全措施，普及监所信息化应用，不断推进全市监管场所等级化管理上台阶。2013年5月20日，在自治区公安厅、市公安局和市委、市政府的正确领导下，在武警吴忠支队的大力支持协助下，青铜峡市公安局精心组织，周密部署，顺利完成吴忠市看守所搬迁至青铜峡市看守所在押人员的押解转移任务。全体参战民警和武警精神饱满、警容严整、服从命令、听从指挥，确保了整个押解转移工作万无一失。

在各级公安机关和领导的重视支持下，吴忠市监所管理水平得到了长足发展，10个监管场所等级化管理取得了可喜成绩。盐池县看守所被评为全国标兵看守所，同心县看守所、吴忠市看守所、红寺堡区拘留所被评定为全国一级所，吴忠市拘留所、同心县强制隔离戒毒所被评为全国二级所，红寺堡区看守所、同心县拘留所、盐池县拘留所、吴忠市强制隔离戒毒所被评为全国三级所。2017年9月28日，将盐池县、同心县看守所整合并入吴忠市看守所。

第一节　预　审

预审是通过讯问刑事被告人和收集证据，查明全部案件事实真相的一项专门工作。它是从逮捕或拘留人犯开始，直至结束预审，将案件移送人民检察院审查决定或免予起诉，构不成犯罪的由公安机关撤销案件做出其他处理为止。

机构设立

中华人民共和国成立后，宁夏各级公安机关普遍成立了预审机构，省公安厅成立了预审组。1958年，自治区公安厅成立后，设立了预审处，市县公安机关均设预审科、预审股，形成了系统的预审机构。“文化大革命”中，各级公安机关被保卫部（处）替代，预审部门被撤销。1973年，保卫部（处）相继撤销，恢复成立了各级公安机关，同时迅速恢复成立了预审机构。1997年8月11日，自治区公安厅决定，将预审机构所有业务移交给刑警总队，取消预审机构建制。从此，公安机关的预审业务合并到了刑侦部门。原预审机构改为监所管理处，专事监所管理工作。

法律文书

中华人民共和国成立之初，公安机关的预审工作处于边工作边探索阶段。1954年12月20日，《中华人民共和国逮捕拘留条例》颁布后，公安机关按照条例执行，实行统一的预审文书格式。主要包括：

1.拘捕部分：拘留证、逮捕证、通知被捕人家属书、呈请逮捕案犯内部审批表；2.搜查部分：搜查证、搜查记录、扣押物品清单、查封物品清单；3.口供：预审记录、亲笔供词、证据、询问证人记录及辨认记录；4.调查材料：调查记录、鉴定报告书；5.结案部分：结案报告、起诉书、免予起诉书、保证书、取保候审决定书、释放通知书、释放证明书、处理扣押物品清单、卷内备考表。

1979年2月23日，新修订的《中华人民共和国逮捕拘留条例》公布施行。同年7月1日，第五届全国人民代表大会第二次会议通过《中华人民共和国刑法》《中华人民共和国刑事诉讼法》后，预审法律文书更加完备。概括为凭证、通知、决定、笔录、报告、表格六大类。常用法律文书有逮捕证、拘留证、搜查证、释放证、释放通知书、审讯笔录、搜查笔录、提审证、呈请拘留报告书、呈请逮捕报告书、起诉意见书、免予起诉意见书、鉴定报告书、扣押物品清单、结案报告等28种。

讯问被告人

讯问被告人，是预审人员为查明案件事实，依法对刑事被告人进行审问，直接取得被告人供述和辩解的一项侦查措施，也是预审工作的基本活动。

1.对被告人进行思想教育，贯穿于预审活动的始终，目的是让被告人实事求是地供述事实真相，配合公安机关尽快地查清案件事实。询问中，主要对被告人进行法治教育、政策教育、道德教育和前途教育。通过耐心教育，消除其思想顾虑，彻底坦白交代罪行，检举、揭发其他犯罪线索，争取受到从宽处理。

2.充分发挥证据的作用。证据是预审人员澄清案件事实的重要依据，也是讯问被告人的有力武器。对于态度顽固的被告人，只靠说服教育不能奏效。为了使他们认罪服法，预审人员注意充分发挥证据的作用，选择有利时机，有计划、有目的地出示证据，揭露其谎言和破除其侥幸心理，迫使他们如实交代犯罪事实。

3.讯问与调查相结合，对讯问中发现的疑点、线索，需要通过调查来核实澄清，调查中发现的问题，需要通过讯问加以印证，把讯问与调查有机地结合起来，及时查明案件事实，加快办案进度。

4.反对刑讯逼供。人民公安机关历来强调在办案中要重证据，重调查研究，不轻信口供，严禁搞刑讯逼供。1958年8月，第九次全国公安会议通过颁布《公安人员八大纪律十项注意》，把“不准刑讯逼供”列为公安人员必须遵守的八大纪律之一。1965年4月召开全国预审工作会议，提出防止刑讯逼供的五条措施。吴忠公安机关组织民警学习和查处纠正了办案中的违法违纪行为。

中共十一届三中全会以来，全地区各级公安机关预审部门针对办案中存在的问题，认真进行总结，进一步加强违法乱纪行为的斗争。地区公安处要求各级预审部门把反对刑讯逼供，作为考核干部、提职提薪、评比先进的一项重要条件。通过不断地开展同刑讯逼供等行为的斗争，广大预审人员增强了法治观念，防止了违法违纪行为的发生。

各级预审部门，在长期办理案件的实践中，始终坚持实事求是的原则，坚持全面客观地收集证据，以事实作为定案的依据。在预审办案中，不轻信犯罪嫌疑人的供述，重视证据的收集，通过讯问被告人、证人，搜查、扣押物证、书证，调查走访等侦查活动来收集与案件有关的证据，准确查明犯罪时间、地点、动机、目的、手段、使用的工具、赃物去向、造成的后果以及其他有关的情节，使证据构成一个完整的锁链，以保证准确定案。同时还关注犯罪嫌疑人的供述和辩解，保护犯罪嫌疑人在刑事诉讼中的合法权利，尤其是认真听取犯罪嫌疑人无罪或者罪轻的辩解。对犯罪嫌疑人的供述情节和提出的反证，认真调查核实，分清罪与非罪、重罪与轻罪、此罪与彼罪的界限，及时发现和纠正办案过程中的错误。

《中华人民共和国刑法》《中华人民共和国刑事诉讼法》颁布后，预审工作纳入了法治化轨道，银南地区公安处严格按照法定程序办案。从刑拘到逮捕以至移送检察机关的整个诉讼过程都按照刑事诉讼法的规定程序进行，自觉接受检察机关的法律监督。在办案中严格遵守法定时限。对于被拘留或逮捕的人员，在24小时内进行第一次讯问，并将拘留或逮捕的原因和关押处所通知犯罪嫌疑人家属或所在单位。对所受理的案件，坚持在两个月内审结完毕，个别复杂疑难案件，期限届满不能审结的，依法办理延长办案期限的批准手续。对人民检察机关退回补充侦查的案件，一般都能在一个月内补充侦查完毕。

各级公安机关在预审工作中，严格做到"不搞逼供信"，不侮辱人格，不打骂体罚，人性对待犯罪嫌疑人，消除其对立情绪，促其交代罪行。对那些态度恶劣、拒不认罪的犯罪嫌疑人，在说服教育的同时，充分发挥证据的作用，消除其侥幸心理，使其如实交代犯罪事实。

1997年8月11日，自治区公安厅决定，将预审机构所有业务移交给刑警总队，取消预审机构建制，县市公安局的预审业务合并到刑侦部门。银南地区公安局原预审机构改为监所管理处，专事监所管理工作。

1998年9月8日，银南地区公安局更名为吴忠市公安局，下属机构监管处不变。

第二节　看　守

看守所是羁押依法被拘留、逮捕处于侦查、起诉、审判阶段的刑事被告人的场所。在人民公安机关领导、管理下，看守工作贯彻"严密警戒看管和教育相结合"的方针，逐步健全管理制度，保障看守所的安全和人犯的合法权益。

盐池县革命根据地的看守工作

1936年11月，西北保卫局颁发的《拘留所(即看守所)规则和条例》规定，拘留所的任务是对人犯做教育感化工作。房舍要设在整洁、空气流通、地面干燥、光线适当、周围坚固的地方。每间纵横10尺，押犯不得超过4人；10尺以上者，酌量增加人数，并应酌情设病室。条例还规定男女犯分别管理。未预审的人犯，酌情分别监押。同案人犯分别监押。提审人犯用提审证。会见人犯时，非经执行部负责人许可，无论何人不得进入监禁室。不准外人送东西给人犯，也不准任何人帮人犯往外带东西。绝对禁止帮人犯递信及口信给外面任何人，同时绝对禁止帮外面任何人带信件及口信给人犯。拘留所须建立检查人犯簿、人犯出所入所簿、人犯财物保管簿、人犯惩罚簿、人犯疾病死亡簿。拘留所每隔3日向负责人口头报告人犯情形。管理人犯，应和平对待，不得勒索、虐待与打骂等。人犯生活应与一般人相同，并使其注意卫生。回族人犯可自备饮食、床铺被褥。人犯生病时，速送诊治。人犯可以看书报。被拘留人必须遵守的事项应详细公开，贴在各禁闭室，由看守员教其认读。禁止人犯互相交谈，禁止吸烟、饮酒及一切不法举动。1942年5月，陕甘宁边区保安处制定的《县保安科组织规程》规定，县保安科拘留所由警卫队副队长负责管理。解放战争时期，盐池县保安科拘留所、监舍多为土坯房，监内3~5人编为一组，5人以上有正副组长。每号设有卫生组、读报组。每天打扫卫生，一月一次大扫除、理发、洗衣服、换铺草。冬季烧火炕，夏季多放风。定期吃肉，改善伙食。对人犯进行政治形势教育，每周读报学习一次，召开一次生活检讨会，表扬表现好的，批评不遵守规定的。

中华人民共和国成立后的看守工作

1949年9月23日，宁夏省政府和银川市军事管制委员会在全省各市县组建看守所，隶属各级人民法院领导。吴忠市羁押、看守工作由人民法院负责。1951年1月，根据公安部和西北军政委员会司法部的联合通知精神，看守所移交公安机关管理，看守所制定了收押、看管、教育、生活卫生、人犯财物保管和探视制度。1958年，自治区公安厅成立后，在全区各市、县成立看守所，羁押依法逮捕、刑事拘留的人犯，以及监管被判处有期徒刑一年以下，或者余刑在一年以下不便送往改造场所执行刑罚的罪犯。1960年，金积县看守所合并到吴忠市看守所。1977年，看守所易地新建。1991年以来，看守所在监管工作中，认真学习贯彻《看守所条例》等法规，依法坚持科学管理和文明管理、教育感化和挽救相结合的方针，提高管教干部的素质，整顿监所内外秩序，使监所管理逐步规范化、标准化，保障了侦查、起诉、审判工作的顺利进行。

教育改造

清代、民国时期看守机构，对付"人犯"靠刑讯逼供，特别是国民党特务机构和秘密拘留所，更加残忍，采取法西斯手段，捆绑、吊打、鞭打、火烫、"老虎凳"等刑罚多达几十种。

中华人民共和国成立后，人民公安一成立就宣布废除肉刑，废除法西斯式的监管方式，把重点放在教育、感化和挽救人犯上，促使其认罪服法。中华人民共和国成立初，关押的人犯大部分是历史反革命分子。这些人思想根深蒂固，被关押后的共同特点是不服气，不认罪，对国民党抱有不同程度的幻想。针对这些特点，看守所民警对其进行政治形势、宽严政策和前途教育，使其认识到只有转变立场，重新做人，才是唯一的出路。

1964年2月，看守所干部向在押人犯宣读中共中央关于社会主义教育运动"双十条"，在押人犯中引起强烈反响。

1980年，根据第三次全国预审工作会议提出的"在看守所工作中要坚持严格管理，实行革命人道主义"的精神，银南地区公安处对看守所进行全面整顿，充实监管力量，健全各项制度，为教育改造人犯创造有利条件。

1983年，严厉打击严重刑事犯罪活动开展后，地区和县市看守所组织在押犯学习全国第五届人大二次会议通过的《关于严惩严重危害社会治安秩序的犯罪分子的决定》《关于迅速审判严重危害社会治安犯罪分子的程序的决定》和最高人民法院、最高人民检察院、公安部《关于严厉打击看守所在押人犯于羁押期间进行犯罪活动的通知》，对在押犯开展强大攻势。

生活卫生管理

改善人犯生活，搞好监所卫生，是人民政府对人犯实行革命人道主义的具体表现，也是教育改造人犯的重要措施。看守所的经费和口粮由国家拨给，不仅让在押犯吃够标准，吃足定量，而且随物价的调整，对在押犯的生活费用也及时给予调整。对于少数民族人犯，尊重其生活习惯，另加照顾。卫生管理方面，人犯一入监，即换洗消毒衣物，定期理发、洗澡，坚持每日整理内务，保持清洁卫生，监房定期消毒。所内设有医务室，配有专职医生，人犯小病不出所即可医治。

监所建设

中华人民共和国成立初期，监所条件很差，系接收国民党时期的旧监狱。20世纪50年代后，为了改善在押犯的居住条件，上级公安机关和地方财政每年都拨给一部分经费，用于监所修缮，保证了看守所正常运行和诉讼活动的开展。

1993年，银南地区迁建了银南地区公安处（吴忠市）看守所，对部分县市看守所进行了维修，设立了牢固的警戒围墙和宽敞的监室、放风场，结构、布局合理，采光良好，空气流通，条件明显改善。

吴忠市看守所安装电话、电教、受虐报警系统、指纹打卡系统、医疗设备、应急照明设备等，并开通了公安三级网络，设有值班室、接待室、会见室、提讯室、医务室、图书室、健身室、洗浴室等，配备了生活用车、公务用车、囚车，功能设施完备，为银南地区公安处正科级内设机构。

在2012年年底监所等级评定考核中，吴忠市看守所获评一级看守所，忠诚、团结、自律、开拓、高效、务实是看守所的精神，建一流班子、带一流队伍、施一流管理、创一流业绩是看守所追求的目标。

2013年1月22日，公安部监管局副处长张金革率领由中国京能集团、北京市发改委能源办等相关部门人员组成的考察组，考察盐池县看守所小型光伏电站建设工作，自治区公安厅监管总队总队长孟留甫等领导陪同考察。

2013年5月20日，吴忠市看守所迁址于青铜峡市，并新建看守所，将青铜峡市看守所并入吴忠市看守所。这座看守所实现了连续17年安全无事故的目标。

市公安局利用监所楼顶及空地建设小型光伏电站是公安部监管局与能源企业的一次创造性合作，项目一旦建成不但能解决监所的用电问题，而且富余电量可以并入国家电网创造利润。宁夏因其地域优势和太阳能资源优势，被公安部确定为首批试点单位，盐池县看守所被列为小型光伏电站试点建设单位。考察组一行实地察看了新看守所可以利用的场地并询问了相关细节问题，随后考察组一行与自治区公安厅监管总队及盐池县公安局相关负责人在县宾馆会议室召开座谈会，就项目的可行性及投资、建设及利益分成等问题进行交流。

2020年，市看守所以"1+2+1"安全形势管理机制为抓手，建立了民警队伍和在押人员双向监督考核机制，后在全区公安监管场所推广，11月18日该机制被公安部监管局以各地动态和经验交流形式进行推广。深化运行各项管理机制，进一步打造了精细化的平安监所，5月6日公安部监管局下发《关于2018至2019年度公安监管场所等级评定情况的通报》，市看守所被评定为"全国标兵看守所"。

监所管理

中华人民共和国成立初期，全省各级看守所凭逮捕证、拘留证以及押解人犯的证明文件收押人犯，对患有严重疾病、急性传染病、怀孕和哺乳婴儿不满一年的妇女及精神病患者一律不收押。1951年10月，省公安厅转发公安部规定，女犯生孩子，一定要移监外去生；女犯小孩不能带入监内。当年省公安厅规定，送人犯应将通知函件、书面材料、案犯证件交预审科存放，并开具送押证后送看守所登记、检查，人犯财物要开具二联收据，交人犯一联，并讲解监所规定后关押。各看守所制定了《看守所规则》或监规。1953年5月，西北军政委员会公安部发出指示：对严重虐待人犯、破坏政策的管教人员，应给予适当的纪律处分。1958年，公安部制定了《看守工作守则》。1959年，自治区公安厅下发使用戒具的规定，人犯在看守所羁押期间，如有打人、破坏场所设施、秩序以及纵火、暴动、劫夺武器、破坏国家物资等危险行为或发现企图进行上述行为，在采取其他措施不能制止和预防时，经县公安局局长批准，可以使用戒具，其危险性消除时应当解除。1962年颁发《看守所工作制度》，健全了依法办理提审、押解、会见、上诉、执行等法律手续，对同案犯、未决犯和拘留犯实行分管分押，对案情重大、有危险的犯罪嫌疑人和涉及内部机密的犯罪嫌疑人实行单独关押。1963年4月，自治区公安厅对全区看守所进行检查整顿。经过整顿，普遍健全了看守所基本制度，规定收押人犯必须要有逮捕证或拘留证，对过去收押人犯无手续或先押后办手续及乱押集训人员等错误做了检查纠正。同时严格出所手续，押犯有登记册，人犯有卡片、思想档案，人犯财物有登记三联单，专人保管，财物随人转送。死亡人犯有详细病历、治疗过程、法院验尸记录。取消了"自由犯"，对人犯通信、接见、押解、开饭、放风、上厕所时间等做了明确规定。

1971年，自治区革委会批转保卫部的有关报告，要求各地检查和整顿看守所。

1973年5月，银南地区公安处成立，对各县看守所集中进行整顿，恢复了一些规章制度。

1979年8月，公安部制定新的《看守所工作制度》。银南地区公安处对看守所普遍进行了两次整顿，恢复犯罪嫌疑人收押、提讯、押解、会见、通信、出所等各项规章制度。1982年9月，银南地区公安处统一使用看守所发生事故报告表。1983年，自治区公安厅根据最高人民法院、最高人民检察院、公安部《关于严厉打击看守所在押人犯于羁押期间进行犯罪活动的通知》，对"牢头"进行打击处理。1984年，各地看守所执行公安部颁发的监规，明确宣布如有违犯者，将分别给予训诫，责令反省，加戴戒具；构成犯罪者，将依法数罪并罚，从严惩处；有立功表现者，酌情依法从宽处理。当年，各看守所与武警中队还联合制定了《防暴、防逃、防外来袭击的紧急处置方案》。

20世纪80年代后，各县市看守所坚决贯彻"教育、感化、挽救"的方针，对人犯坚持抓好监规教育、法治教育、前途教育、文化知识和技能教育，选择典型事例，或请改造好的罪犯现身说法，鼓励犯人安心改造，争取早日成为新人；教育免刑而被释放的人员接受教训，不再重新犯罪；组织犯罪嫌疑人学习法律法规，促其坦白交代罪行，争取立功赎罪。还利用亲属、同事、单位领导接见、探望之机,向他们介绍在押犯罪嫌疑人的表现,以对他们进行规劝工作。

1988年6月9日,自治区高级法院、检察院、公安厅转发最高人民法院、最高人民检察院、公安部《关于坚决取缔"牢头狱霸"维护看守所秩序的通知》,要求对管理混乱、问题突出的看守所进行整顿。自治区公安厅及时向全区各级公安机关发出《关于整顿看守所、收审所的通知》,要求各级公安机关主要负责人挂帅,组织由预审、看守所、收审所、武警看押中队、政工、纪检等部门负责人共同参加的工作组,切实把全区全部看守所整顿好,实现"确保安全,万无一失"的目标。通过整顿,提高看押民警的思想觉悟和"严格执法、文明执法"水平,落实了值班、安全检查、武装警戒和巡逻制度,制定被关押人员的学习制度和一日生活制度。教育人犯遵守监规,服从管理,加强在押人员的生活管理,保证在押人员吃得熟、吃得热、吃得卫生,并做好防疫工作。

90年代,自治区公安厅对全区看守所逐步实行等级化管理。1996年7月19日,青铜峡市公安局预审科发挥预审审查的职能作用,强化消化处理的工作力度,实行"定案件,定人员,定时间和包质量"的三定一包责任制,做到"四快一无",即快报捕、快审查、快结案、快移送,无错案和退侦,确保案件质量。

自治区公安厅根据公安部《看守所等级评定办法》,于1997年先后制定了《看守所工作五年规划》和《看守所等级评定实施细则》。各看守所管教民警转变观念,不仅将看守所视为看押场所,也视为教育改造人的特殊学校,在工作模式上从封闭式管理转向开放型管理,实行教育和管理并重。制定了等级化管理实施方案,实行目标管理责任制,建立竞争激励机制,明确奖罚制度,切实调动民警的工作积极性。重点抓好看守所的安全管理,对重刑犯,所领导亲自检查落实安全管理工作,发现问题及时解决。对已宣判死刑的罪犯实行24小时看管,严防事故发生。及时掌握在押人员在侦查、起诉、审判各阶段的思想变化,消除对抗心理,促其认罪服法。对在押人员坚持依法管理、科学管理、文明管理,积极开展政治教育,引导在押人员主动坦白罪行,揭发犯罪,并将犯罪线索及时转交各办案单位,配合侦查部门侦破案件。对坦白和揭发犯罪有功的犯罪嫌疑人,及时兑现政策,扩大管理和教育改造的社会效果。主动为检察院、法院提供犯罪嫌疑人在所内的思想动态和行为动态,自觉接受检察机关的法律监督。

1998年1月23日,对申报二级看守所的灵武看守所和申报三级的吴忠、同心、盐池、中卫、中宁看守所进行实地查看、考核,逐级上报。灵武市看守所探索出一套符合实际、行之有效的教育管理办法,实现了监所管理的制度化、目标化、科学化、规范化。5月20日,自治区公安厅在灵武市看守所举行一级看守所挂牌仪式。其他看守所也普遍实行严格的岗位责任制,监所管理更加规范有序。

1999年1月4日,青铜峡市看守所总结经验吸取教训走上规范化管理轨道,主要做法如下:(1)整治监内秩序,狠刹歪风邪气;(2)实行"双百分"考核制,规范在押人员的行为举止;(3)实行面对面管理,严格落实管理措施;(4)加大教育改造力度,重铸在押人员灵魂;(5)寻找差距自加压力,造就合格的管教队伍。

2012年2月20日,公安部对2011年全国公安监管场所等级评定情况进行通报,批准了27个看守所为全国标兵看守所,吴忠市盐池县看守所被公安部命为全国标兵看守所。

2012年6月,中国人民大学诉讼制度与司法改革研究中心法学院副教授程雷、博士后赵珊珊等一行4人对吴忠市看守所在押人员投诉处理机制进行实地调研指导;11月,中国人民大学法学院孙浩等3名博士通过实地参观、查阅案卷资料、进行数据分析及专题理论研讨,在进行课题研究与理论实践同时,提出了宝贵的意见和建议;12月,看守所在押人员投诉处理机制试点工作取得初步成效,首次迎来外国专家学者参访交流。英国监狱议会监察长Niger、荷兰马斯特里赫特大学羁押法教授Gerard、英中协会高级项目经理Orlando、英国驻华使馆项目官员刘鸣等一行7人对看守所在押人员投诉处理机制进行考察交流。

中国人民大学通过博士后入站、进行科研教学实践、召开研讨会等方式与吴忠市看守所进行在押人员投诉处理机制课题研究,看守所在押人员自我维权意识不断增强,在押人员人权得到进一步保障,长期潜伏在在押人员心底的各类矛盾和问题得到及时化解，管教民警执勤行为更加文明规范，有力推动了在押人员教育感化工作。2012年12月14日，市公安局看守所被中国人民大学确立为“中国人民大学科研教学实践基地”，使看守所进一步做好在押人员投诉处理机制试点工作提供了理论保障和智力支持。

2012年12月19日，公安部监所管理局局长赵春光在吴忠市看守所《吴忠市看守所在押人员投诉处理机制试点工作情况汇报》上批示：“部监管局去年9月下发《看守所受理在押人员投诉规定》后，各地积极落实，已有2500多个看守所建立了制度开展工作。吴忠市看守所和吴忠市检察院驻所检察室在上级公安、检察机关和中国人民大学诉讼制度与司法改革研究中心的指导下，密切配合，认真研究具体制度设置，做好在押人员权益保障和投诉权益实施的宣传推动，对每一件投诉分类做出负责的处理，试点做法取得了较好成效。看守所建立在押人员投诉处理机制，是看守所履行监管职责，对在押人员合法权益保障的有效制度措施，是看守所管理走向文明的必要选择。对在押人员的投诉要认真审查，依照法律、政策及管理规定及时妥善处理。既要解决有的片面理解在押人员投诉，怕出现投诉影响了看守所形象而不愿或不积极开展工作，又要注意在处理投诉中坚持原则。对投诉无理的及借投诉恶意破坏监管秩序及民警声誉的，要查明情况不予支持。希望继续扎实探索，不断积累经验，为完善看守所在押人员投诉处理机制作出不懈努力。”市看守所在自治区公安厅监管总队、市公安局的领导下，在中国人民大学诉讼制度与司法改革研究中心的具体指导下，与吴忠市检察院驻所检察室密切配合，扎实开展了在押人员投诉处理机制试点工作，取得了初步成效。

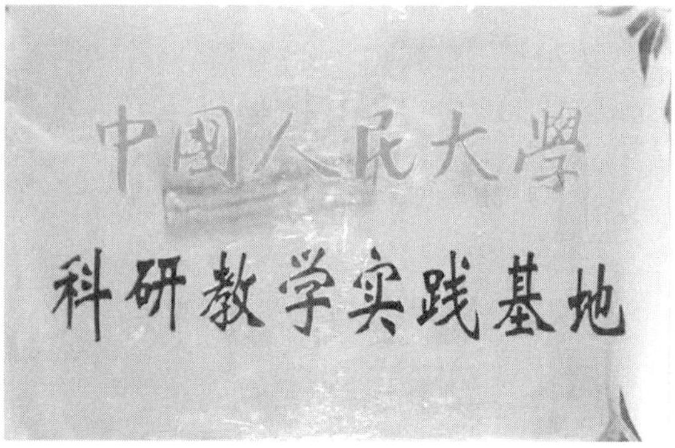

中国人民大学在吴忠市看守所设立科研教学实践基地

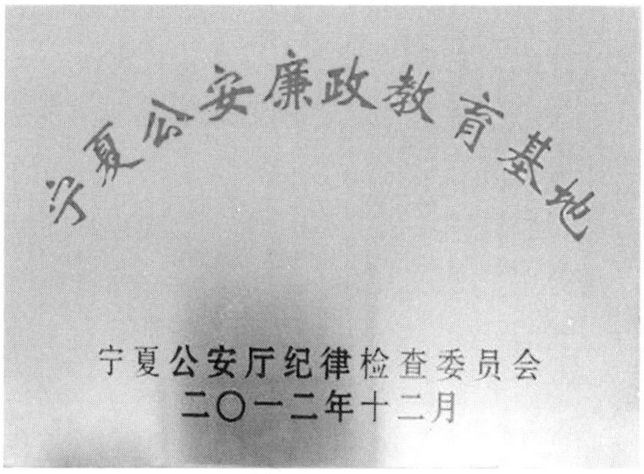

宁夏公安厅纪律检查委员会在吴忠市看守所设立宁夏公安廉政教育基地

2013年5月20日，吴忠市公安局将青铜峡市看守所并入吴忠市公安局看守所，所址设在原青铜峡市新建看守所内。在押人员全部安全搬入新所内。

2015年，看守所在接待大厅公布了看守所民警姓名、电话、警号和特邀监督员照片、姓名和联系方式，公开有关办事程序和监督方式。配备了储物柜、饮水机、纸笔、老花镜、座椅等服务设施，张贴了警务公开内容和预约办事规定，吴忠市看守所更新了监区标语3条和职责制度牌46块，按照分色管理的要求制作了在押人员识别服和留所服刑罪犯囚服，按标准制作了统一的工勤人员工作服。

2017年，打造了全国一级看守所，创新“1+2+1”安全形势评估管控机制，被自治区公安厅专门下发通知在全区监管场所推广应用，公安部、自治区公安厅、公安部监管局及市公安局各级领导分别作出重要批示，对该机制给予了充分肯定，并要求市看守所要全力打造西部地区监所的先进典范。全力推进同心、盐池看守所整合工作，确保了监所整合后各项业务和勤务规范安全平稳运行。

2018年，看守所实现监控室、管教室、讯问室等“五室一房”联网，监控联网率达到100%，确保网络畅通。推广“1+2+1”安全形势评估管控机制，突出监所管理特色，按照制定完善的岗位职责、工作标准和工作要求进行精细化量化考核，形成队伍管理制度化、规范化常态机制，以考核为抓手督促民警抓日常管理安全，通过考核有效检验民警管理成效，推动岗位职责落实。

2019年，深入推进管理机制创新，严格规范提讯会见工作，提请吴忠市公安局联合市检法司机关在全区监管领域率先出台《看守所提讯、会见违规行为巡查通报制度》，被自治区公安厅监管总队以简报形式在全区监管场所推广。进一步完善"1+2+1"安全形势评估管控机制，深化运行规范管理"六项机制"，总结形成"1+2+1"工作法，被自治区公安厅监管总队简报形式全区推广，自治区政府副主席杨东批示："效果不错，继续完善总结提升。"

2020年，制定《市看守所疫情防控期间业务办理临时规定》，建立"临时办案接待区"，对律师会见室进行物理隔离技术改造，在监区建成远程提讯会见室，改建临时简易法庭，全时全程开展提讯会见开庭及文书代签等工作，配合法院保障了涉黑涉恶案件审判，配合市公安局刑侦支队采集犯罪嫌疑人虹膜、声纹等，确保了刑事诉讼顺利进行。

第三节 行政拘留

公安监管场所既是各类违法犯罪嫌疑人的羁押场所，更是面向公检法司各级机关的服务性场所。拘留所，是依法对被决定行政拘留、司法拘留的人员执行拘留处罚的场所。

拘留所根据实际工作需要，加强教育管理，向各办案单位和全体被拘留人员及其家属作出承诺，增强民警的服务意识，切实提高服务水平和管教意识。

吴忠市公安局行政拘留所，2006年之前为吴忠市戒毒所和拘留所两个所合设机构。2006年12月经机构改编为吴忠市公安局行政拘留所，为市公安局的内设机构，科级建制。担负市、区两级公安机关和人民法院的收拘任务，是吴忠市的中心拘留所。设置有值班室、监控室、医务室、电教活动室、阅览室、会见提询及办公区等，配备了警务用车、公务用车。

2007年8月10日，吴忠市拘留所通过采取增强民警服务意识、深化监所管理的方法，双管齐下，不断深化和巩固监所教育管理，始终坚持将依法、严格、科学、文明四个管理融入日常工作中，并紧紧围绕依法、严格、科学、文明八个字做文章，实行高标准、严要求，不仅有力地促进了民警自身工作能力及水平的提高，还使全体被拘留人员在深刻认识法律威严的同时，又切实感受到了人性化的关怀。日常工作中，管教民警还定期组织被拘留人员粉刷所内门厅、墙面以及拘室，美化所容所貌，努力创造洁净、舒适的工作生活环境。为了方便被拘人员购买日常生活用品，拘留所规范带购物品管理制度，制作了商品价格公示牌，保证所售商品不高于市场零售价，实行被拘人员购买物品本人签名制。

2013年7月，吴忠市拘留所和青铜峡市拘留所整合为吴忠市拘留所，担负青铜峡市、利通区公安机关和人民法院的收拘任务。

2020年，制定了《被拘留人教学大纲》、过渡教育课程安排表、集中教育课程安排表和电诈、打架成本、阻碍执行公务、交通安全、老赖、犯罪成本等课件23个，分别建立以3日、14日为一个周期的过渡教育和集中教育教学模式，长期循环开展。对被拘留人一日生活作息实行课时化管理，每日活动分为8个课时，其中队列训练1课时、课堂教育2课时、谈话教育3课时、时事政策教育（晚上新闻联播）1课时、法治教育（晚上社会与法）1课时。坚持广播教育、课堂教育、视频教育、个别谈话教育、队列训练等多种教学方式相结合，实行早晚广播教育，上午下午队列训练、课堂教育和个别谈话教育，周末视频教育，让教育贯穿拘留期的始终。

把好"三关"，推行"五化"

吴忠市公安局拘留所，担负着对市区的治安拘留、司法拘留人员的收、拘、管、教工作。拘留所努力克服、任务重、压力大、警力少等诸多困难，坚持"依法、严格、科学、文明"管理，深入贯彻落实公安部拘留所工作规范和拘留所等级评定办法，并结合实际，把好"三关"，推行"五化"，努力把拘留所建成教育、警示、文明的窗口。一是把好收拘关。严格按照法律、制度规定，坚持"认证（法律手续）不认人（办案人员）"。二是把好人情关。坚持不为人情所动，不为金钱所诱，不为权力所压，不为许诺所惑。三是把好监督关。在大厅设置了警务公开栏，把“拘留所的性质任务”“如何计算拘留期限”“会见制度”“八项承诺”“举报电话”“被拘留人员享有的权利”，以及涉及拘留所的法律法规等，用大型喷绘制版上墙进行公开，增强拘留所透明度。

管理中推行“五化”。一是一日生活军事化。严格按照军事化进行管理，培养被拘留人员遵守纪律，增强自我约束意识，做到令行禁止，净化思想，矫正恶习。二是学习教育系统化。制订切实可行的学习教育计划，民警轮流讲课。三是依法管理规范化。要求民警举止端庄、态度和蔼、谈吐文明，尊重被拘留人员的人格，坚决杜绝执法的盲目性和随意性。四是罚教结合情感化。摆正关与管、罚与教的关系，灵活掌握管教方式，努力在管教实效上下功夫。五是入所出所程序化。坚持严格按照公安部制定的拘留所工作条例规范的要求，做到手续齐全，程序合法，及时建档，管理到位。

“六查六看”

吴忠市公安局拘留所按照自治区纪委《关于认真学习贯彻张毅同志在全区勤政警示教育大会上的重要讲话的通知》和市政府办公室《关于深入开展“六查六看”活动，切实加强勤政廉政建设的通知》的要求，认真开展学习教育和集中教育整顿工作，结合拘留所实际，引导民警解放思想，打消顾虑，放下包袱，自我剖析，自觉主动地搞好集中教育整顿活动。精心组织学习，提高思想认识，切实增强事业意识、责任意识、制度意识和纪律意识，强化学习，把勤政廉政渗透到全体民警的思想深处。在民警中全面开展“六查六看”，即查是否讲政治、讲大局，看维护稳定团结的本领强不强；是否爱岗敬业、恪尽职守，看抓发展的事业心强不强；是否工作作风粗暴、态度生硬，看服务人民的宗旨意识强不强；是否工作预见性差、办事拖拉、效率不高，看抓落实的执行力强不强；是否乱作为、不作为，看依法行政的能力强不强；是否清正廉洁、遵纪守法，看干净干事的品行强不强，通过开展集中排查和教育整顿，切实达到执法为民思想更加牢固、纪律作风更加严明、队伍监督机制更加健全，人民群众更加满意的目标。

拘留所按照方案规定，认真做好摸底调查、集中教育整顿，确保各项工作顺利进行。

四项措施

为保障被拘留人员的身体健康，稳定被拘留人员情绪，切实维护监所安全，市拘留所采取四项措施，做好监所卫生安全工作。

思想上高度重视。所领导通过所务会、交班会多次对隐患排查、防暑降温、医疗保障、饮食安全等工作进行部署，要求全体人员充分认识到夏季监所安全工作的严峻性。要求管教民警加强被拘留人员心理疏导，稳定被拘留人员情绪，要利用大课对被拘留人员进行基本的疾病预防以及卫生常识教育，提高被拘留人员自我防范能力。要求值班人员认真履行岗位职责，加强巡视检查力度，消除安全隐患。

管理上灵活调整。根据气温信息预警，合理安排被拘留人员一日作息，确保被拘留人员足够的休息睡眠时间。减少单室实际容纳数，保持室内良好通风。延长放风时间，下午气温最高时段，将被拘留人员集中到较为凉爽的多功能室上课，努力做好防暑降温工作。

医疗上多措并举。夏季由于气温高，高血压、心脑血管病患者病情易复发或加重，同时也是各类皮肤病高发期。为此，拘留所购买了速效救心丸、人丹、十滴水、藿香正气水、皮炎平等药品，对被拘留人员出现头晕头痛、腹痛腹泻、呕吐、皮肤瘙痒、湿疹等症状的，及时给予治疗。增加拘室及拘留区消毒次数，由医务人员每天巡诊1～2次，不断完善“绿色通道”保障体系，主动加强与吴忠市南门综合医院沟通协调，在出现重大紧急病情时能够及时得到救治，全力做好疾病防治工作。

饮食上确保安全。购买了绿豆、白糖等防暑物品，每天供应两次绿豆茶。指定专人负责食物原材料采购，做到勤采购，确保新鲜，杜绝霉变肉类、粮食、蔬菜流入。对厨师个人卫生也严格要求，定期对厨房用具进行清洗消毒，坚决杜绝发生食物中毒现象，确保饮食安全。

“一进一出”

吴忠市拘留所以教育人、改造人、挽救人为第一位的目的，积极探索，告别原来“关、管、放”式粗放型的管理模式，推行具有人文关怀的教育新模式。

2011年，吴忠市拘留所收拘的被拘留人员大部分纪律性差，法律观念和法律意识淡薄，为了让他们提高法律法治意识，吴忠市公安局拘留所积极借鉴军队管理的经验和方案，推行军事化管理模式，根据《被拘留人员行为规范》的要求，坚持从规范在拘留人员的言行举止做起。在拘人员集中学习《被拘留人员权利义务》《被拘留人员行为规范》《中华人民共和国治安管理处罚法》等法律法规，观看《与法同行》以及重大违法造成的交通事故案例等录像。增强他们的法律观念和法律意识，并进行人生观、价值观、世界观的教育；组织他们唱所纪歌，增强其纪律意识。

坚持以人为本的管理理念，加强人性化管理，体现人文关怀，有针对性地推出人性化关爱措施，尊重和保障被拘留人员的合法权益。

推行被拘留人员权利义务告知制度。对新入所的被拘留人员在首次谈话时告知享有的权益和义务，对被拘留人员提出检举、揭发、控告、申请行政复议或者提起行政诉讼以及申请暂缓执行的情况，拘留所及时转送或处理。

实行被拘留人员请假制度。被拘留人员遇有升学考试、配偶生育或者直系亲属病危、死亡等情形时，依法提出请假出所申请，拘留所根据相关证明材料及时给予办理请假出所手续。

严格执行财务管理制度，防止被拘留人员财物受到侵占。被拘留人员的现金和物品分别由专人负责保管、代收、代管和返还，物品寄存做到认真登记、账目清楚，并由被拘留人员本人签字。

完善被拘留人员的通信、会见制度。拘留所设置专用电话，登记被拘留人员的通信、通话情况，保障被拘留人员的通信权利。安排周一、周四为会见日，保障被拘留人员的会见权，对非会见日有特殊情况需要会见的，拘留所结合工作管理要求给予照顾安排。

自己动手，积极改善被拘留人员伙食。拘留所建设菜园，组织种植十多种蔬菜，使被拘留人员吃上新鲜的绿色蔬菜。根据季节制定每周食谱，粗粮细做，搭配合理，保证饭菜质量和营养平衡，使被拘留人员吃熟、吃热、吃卫生、吃定量，改善被拘留人员伙食，提高被拘留人员伙食标准。

细化管理，关注被拘留人员的身体和思想状况。监所医生对患病的被拘留人员及时检查、用药、治疗，对需出所治疗的及时办理出所就医；对有思想包袱和生活困难的，进行跟进帮教，及时化解被拘留人员的思想负担和生活困难，解决他们的后顾之忧。

完善被拘留人员生活卫生管理制度，尊重被拘留人员民族风俗和饮食习惯。每天组织被拘留人员进行室外活动，进行身体锻炼，保证被拘留人员必要的室外活动时间；组织进行集体就餐，随时供应开水，改善卫生条件，安装太阳能热水器，使被拘留人员能够洗上热水澡；经常对拘室内外进行消毒，保持监区整洁，保障被拘留人员身体健康。

加强监所文化建设，绿化美化监所环境。开设学习园地，在拘室、活动室、阅览室等办公场所布置、张贴警示性、启迪性标语、字画等，营造浓厚的教育矫治氛围，组织被拘留人员学习，开展娱乐活动，种植观赏性树木、花卉，绿化、美化监所环境，营造有利于被拘留人身心健康的监管生活环境。

2014年，市拘留所通过召开专题会议和周例会等形式，组织民警学习上级公安机关有关纪律规定等铁规禁令和党风廉政建设文件精神，进一步提高民警思想认识，充分认清反腐廉政教育形势，积极教育引导党员民警牢固树立正确的人生观、价值观和世界观，做到警钟耳边常响，切实从思想上筑牢防线。

严格落实党风廉政警纪禁令规章制度，坚持从严治警，强化“以制度管人，以流程管事”的工作准则，教育民警常以制度为鉴，洗脸、照镜、正衣冠，严格规范工作、学习、生活行为，自觉管好生活圈和社交圈；同时要求党员领导干部，要以身作则，充分发挥表率作用，切实引领队伍新风尚。

以“为何从警、如何做警、为谁用警”“思想政治网格化”等活动为契机，坚持把党员廉政警示教育贯穿工作始终，切实将教育成果转化落实到具体行动中，要求党员民警立足工作岗位，牢记为民服务宗旨，改进作风和纪律养成，端正警容风貌，切实提升管理和服务形象。

开展民警谈话教育，掌握民警思想动向，切实将苗头问题消灭在萌芽状态；邀请人大代表、政协委员、办案单位、被拘留人家属等，召开执法执纪监督会议、开展警营开放活动，广泛征求意见建议，虚心接受监督评议；设立意见箱、监督电话和警务政务公开栏，畅通监督渠道，自觉接受社会监督，促进执法公正、廉洁。

2017年，积极对接吴忠市综治办，努力将拘留所纳入社会矛盾化解体系，最大限度地化解和消除社会矛盾，促进监所和谐稳定。同时，以市拘留所为试点，面向社会聘请了6名知法、守法的公民担任志愿监督员，通过集中培训，开展拘留所社会志愿监督员制度活动，在全区率先启动了拘留所社会志愿监督员工作。

2020年，以“整治风险隐患、强化安全管理”专项活动为抓手，梳理整改5类62项问题，打牢安全根基。制定工作规范，建立安全检查闭环体系和管教巡控岗位联动机制，倒逼巡视监控岗作用发挥。开展所情分析45次、安全检查52次，发布风险预警5次。通过绿化、种植蔬菜、养殖、完善设施、建设宣传栏，进一步优化院落环境、办公环境、服务基层环境、生活环境和文化环境。完成心理咨询室、图书阅览室、医疗检查室、语音播报室、矛调室、理发室、洗衣房7个功能用房建设。修订制度19项，新增门禁卡管理、女区管理、谈话教育等制度13项，严格内部风险防控。

制定《过渡管理办法》《风险评估和分级管理工作规范》《被拘留人精细化管理考核办法》等制度，推行被拘留人入所即开展风险评估、矛盾梳理和过渡管理，过渡管理结束后根据评估情况实行分级管理。尝试开展被拘留人考核，依据考核等次落实延迟出所、物质奖励等奖惩措施，拘区管理秩序和水平明显提升。

第四节　强制戒毒

强制隔离戒毒所的任务是为戒毒人员提供科学规范的生理脱毒、心理矫治；实施道德、法治、禁毒、卫生教育；开展康复训练和综合矫治，帮助戒毒人员戒除毒瘾、重返社会。

吴忠市公安局强制隔离戒毒所，原名宁夏银南地区行政公署公安处戒毒所，始建于1996年4月，是地方的国家行政机关，依法执行强制戒毒的职能。2002年11月更名为吴忠市公安局强制隔离戒毒所。

一、强制隔离戒毒

1950年11月12日，宁夏省人民政府颁布《宁夏禁烟禁毒暂行办法》，为禁烟禁毒提供了法律武器和惩办烟毒违法犯罪人员的处罚依据。

20世纪80年代，国家实行对外开放，边境贸易频繁，少数不法分子为牟取暴利，偷运毒品在国内销售，吸毒贩毒死灰复燃，吴忠地区吸贩毒违法活动有抬头之势，吴忠市公安局禁毒部门严厉惩治毒品违法活动。对贩毒人员进行严厉打击，对吸毒人员进行强制戒毒。进入90年代，吴忠市吸毒人员呈上升趋势，由吸毒引发的治安、刑事案件增多，一度成为影响吴忠市社会治安稳定的重大隐患。吴忠市公安局要求刑侦、治安、派出所的民警，加大打击力度，狠抓对吸毒人员的强制戒毒工作，竭力净化社会环境。

1995年1月12日中华人民共和国国务院令第170号规定，关于强制戒毒办法，共22条，对强制戒毒有了明确的规定，使强制戒毒工作更加规范化、科学化、制度化。

强制戒毒所在其职能活动中形成的各种文件材料，就其性质和内容，分为文书档案和电子档案两大类：文书是主要业务活动和重要事件的原始记录，如戒毒人员执行法律文书、入所教育等，电子档案分为流程控制、戒毒人员管理、工作人员管理、分析研判、监所管理、系统管理。

2001年，市公安局以“堵源截流”为重点，严厉打击毒品违法犯罪。强化禁吸戒毒工作，对初吸者进行强制戒毒。

2005年，开展禁毒人民战争，严厉打击毒品违法犯罪。坚持“四禁并举、标本兼治”的方针，打零包、断渠道、摧窝点，广辟线索来源，对查处的吸食毒品人员进行强制戒毒。

2007年1月25日上午，国家发改委2004年立项新建的吴忠市公安局戒毒康复中心一期工程学员宿舍楼、综合楼、学员餐厅主体工程和附属工程顺利通过吴忠市发改委、市财政局、审计局、监察局专家评审团验收。3月11日，自治区政法委书记、公安厅厅长苏德良，副厅长李振国、乔恩成专门到吴忠市公安局戒毒康复中心召开现场会，研究解决中心在发展建设过程中亟须解决的紧迫问题。9月8日，为把集中教育整顿活动开展好，在“排查整改”阶段，戒毒所先后多次组织召开全体民警会议，传达了市公安局有关集中教育整顿活动精神，进一步动员和发动民警要充分认识开展集中教育整顿活动的重要意义，明确第二阶段的任务要求，做到严把“四关”：一是严把群众“测评关”，所领导利用会见日主动征求部分学员家属对戒毒所的管理教育工作的意见和建议，群众反映，自己测评；二是严把“互评关”，开展民警评领导，领导评民警，批评与自我批评查找执法方面存在的问题；三是严把领导“审核关”，在前“两关”的基础上，所有民警的剖析材料由所领导审核，梳理存在的问题，找准问题的根源，制定整改措施，切实解决存在的七个方面问题；四是严把征求“承办单位意见关”，制作意见书，主动到各承办单位上门征求对戒毒所工作的意见和建议，改进工作，努力提高执法管理水平。

2009年6月26日，市公安局禁毒宣传活动深入持久，发动广大人民群众积极参与禁毒人民战争，治标兼治本，进一步增强人民群众禁绝毒品的信心和决心，推动禁毒工作向纵深发展，积极开展社区戒毒工作。

二、创办戒毒所

1999年8月，利通区政府正式批复，无偿划拨给市公安局10000亩荒地，用于建设戒毒实验农场。利通区公安局戒毒康复中心在距离市区43千米处的孙家滩开发区成立全国第一个戒毒实验农场。由朱玉担任戒毒实验农场场长，经过八年的艰苦奋斗，康复中心不断创新戒毒理念，进行了一系列大胆有益的探索，走出了一条新路。在远离城区的地方开辟一片净土，一是为政府分忧，解决戒毒费用的不足；二是给戒毒人员提供一个劳动的场所，让他们在劳动中自食其力，在汗水的洗刷中得以恢复良知。

2003年4月，戒毒康复实验农场归吴忠市公安局管理，正式更名为戒毒康复中心；朱玉也从利通区公安局领导岗位上卸任，被任命为戒毒康复中心主任，开始聚精会神地从事戒毒康复工作。

戒毒康复中心的创办，不仅探索出一套符合宁夏实际的戒毒康复新模式，即“学习有安排，生产有计划，康复有效果，就业有场所，生活有保障”的发展思路，以及“以人为本，以劳养戒，劳动康复，心理矫治，留场就业，社会巩固”的总体目标，而且总结出了一套工作方法，即“三一五”工作法。使许多失去自尊和人格、远离人群的吸毒人员唤醒了良知，赢得了亲朋好友的信任，通过劳动重新换来幸福生活。

2013年全区公安机关开展禁毒百日攻坚“大收戒”行动，吴忠市各级公安机关按照自治区公安厅的统一部署，精心组织，周密部署，全警参与，多措并举，认真贯彻落实自治区公安厅厅长王雁飞和吴忠市委书记赵永清、副书记贾红邦重要批示精神，采取超常规措施，全体民警不分警种，不分昼夜，打破常规，连续作战，不断加大收戒力度。

2014年，吴忠市强制隔离戒毒所组织民警及协警学习公安部十项规定、三项纪律、五条禁令等规章制度，并围绕学习内容开展讨论，要求全体民警及协警人员认真领会，深刻反省，严格自律，同时加强督导检查，将管理监督环节落实到8小时内外的全过程，及时掌握思想动态，严密队伍管理，确保队伍不发生任何问题。

戒毒所要求所有民警及协警人员必须保持通信畅通，严格执行相关规定，按照岗位职责要求履行规定动作。按照规范着装，值班民警必须24小时在岗在位，保持值班室内务整齐，所有办公室必须始终保持整洁规范，严禁脏乱差，营造安全有序的工作氛围。

积极与吴忠市人民医院、吴忠市第二门诊部建立医疗协作关系，开辟了“绿色通道”，确保需要救治的戒毒人员能够得到优先接收、优先诊断、优先治疗，优先住院，为戒毒所医疗卫生工作带来了可靠保障。市医院及各卫生院分批选派技术精、临床经验丰富的医护人员到戒毒所轮流值班巡诊，加强医疗卫生工作，市疾控中心医务人员，每季度来所对戒毒人员进行艾滋病、结核、梅毒等传染性疾病检测，介绍传染病的传播途径、预防措施等，消除了戒毒人员对传染性疾病的恐惧心理，对稳定戒毒人员思想情绪起到了积极的作用，促进了监所安全管理工作。严格落实定期消毒制度。由医护人员对强戒区每周消毒1次，病残区3天消毒1次；督促管教民警对所管戒室卫生进行督促检查，整理清洁戒毒人员的个人卫生。建立戒毒人员医疗档案。通过收集、整合入所健康登记、医生巡诊记录、出外就医病例、各项检查检验报告等，为每名在戒人员建立完善的健康医疗信息，载入个人信息档案当中，为及时处置病号，保障监所安全提供信息支撑。严格落实确诊抢救制度。为及时发现危重急症病人，戒毒所实行“三网联动”措施，即医护人员巡查之网、民警管教值班之网、各戒室的情报信息之网，确保危重急症病人能及时得到有效的治疗和处理，避免误时误诊。在病残区建立了相应消毒室、治疗室、卫生处置室等基本功能用房，安装了必备的消毒清洁设施，完善了病残戒毒区的基本功能设置，进一步确保全所医疗卫生和安全保障工作规范有序进行。

2015年，戒毒所根据工作实际情况及时发现问题，不断修改完善戒毒所考核细则；认真严肃地开展“守纪律、讲规矩”“三严三实”主题教育；强化队伍制度建设，加强制度落实。所里在原有各项管理制度的基础上，根据新问题、新情况，不断改进完善了所内会议制度、工作人员请销假制度、安全生产责任书、生产区域管理规定及奖惩办法、“六个严禁”等制度办法，对照工作内容修改民警绩效考核办法；不断完善党建工作制度；继续强化监管文化示范点建设工作。加强软硬件的建设工作，推动监管文化促进监所安全及管理教育水平。年内，建设了小广播站、文化宣传队，开展了多次文化活动；对收押的戒毒人员能够及时、完整录入。为关爱医院购置配备DRX光机、尿十项分析仪、三分类血检测仪、救护车等医疗设备，确保病残吸毒人员及时得到治疗，真正实现关爱医院医疗社会化的长效机制。积极协调吴忠市红十字会和吴忠市人民医院，协助戒毒所开展救护基本技能训练和专业培训工作，逐步完善监管场所突发疾病抢救应急预案，提高公安监管民警现场急救能力。与吴忠市医院签订所院协助协议，明确职责分工，建立戒毒学员紧急救治绿色通道联动机制，为患病学员开通“绿色通道”，确保第一时间得到有效救治。

2016年，戒毒所围绕“执法规范化、医疗卫生专业化、教育康复社会化、禁毒宣传常态化、教育感化深挖犯罪和信息化建设”目标，坚持一手抓安全管理教育，一手抓教育感化深挖犯罪，取得了显著成绩。依托新媒体手段，在微信上创建了“吴忠市戒毒所”微信公众平台，建立了全市禁毒基地，将禁毒宣传工作纳入常态化，发放各类禁毒宣传资料2000余份(册)，发放各种禁毒宣传品1300余份，邀请党政干部群众30批次300余人到所进行禁毒宣传。

落实民警直接管理工作措施。建立完善了管教民警直接对戒毒人员全方位的管理工作制度和所领导每日检查制度，管教民警对分管戒室的戒毒人员做到“四熟知”，对每一位新入所的戒毒人员坚持24小时跟踪谈话教育和七日跟踪谈话教育，落实戒毒人员一日生活制度，坚持每日三进监室，确保戒毒人员一切活动和思想动态均由民警及时监控掌握。主协管实行AB岗工作制度，互相配合，主动协调，尽可能地遏制安全隐患，运用“主协结合、重在教育，立足转化、鼓励自新”的管教理念，加强对戒毒人员的管理引导和政策攻心。

2017年，严格落实“一岗双责”，每月组织开展一次党风廉政学习和警示教育会议，每季度开展一次“党纪党规”知识测试，落实深入推进“两学一做”学习教育常态化制度化，开展“不忘初心忠诚奉献保平安”主题教育实践活动及星级基层服务型党组织创建工作；开展监管业务技能练兵活动，组织全体民辅警参加信息化操作课程培训，按要求在交接班后学习监管业务知识，开展业务知识闭卷考试，达到以考促学、以学促练、以练促战的目的，推进警务实战化建设，提升民警执法规范化水平；邀请120名优秀戒毒人员家属400余人次到所参观接受警示教育及亲情帮教工作；邀请民族宗教、政府单位、学校学生、地方干部等社会团体19批次900余人前来开展警示教育。联合吴忠市宏信职业技术学校在该所组织戒毒学员进行了木工基础技能培训，考试合格的戒毒人员，获得吴忠市人力资源和社会保障局颁发的技能证书；开展篮球、素描、唱歌兴趣小组，丰富学员文化生活，陶冶学员情操，促使戒毒学员安心戒毒；创新推出“1+3”医疗社会化服务工作模式，即“卫生行政部门协调+公立医院负责+社会医疗机构介入服务+监管场所医疗力量”的监管医疗新思路，拓宽戒毒医疗渠道，集合社会医疗力量提升治疗效果，满足收治病残戒毒人员的工作需要，逐步解决监管场所不允许监所设立监所医院，公立医院派驻医务人员有限，戒毒所现行的医疗服务难以满足病残和患病学员专科化的医疗服务需求等问题。

2018年，戒毒所认真开展了全区公安监管场所集中教育整顿专项活动，围绕“六查六禁三严格”整治内容，开展了整治活动。整治了包括悬挂点等问题，形成了日巡查、周通报、月考核的“三个一”长效机制，确保了监所的安全稳定，专项活动取得了明显成效。落实“四级”监控视频巡查制度，实行周通报制，发现监管工作中存在问题及时汇报、沟通处理，做到无缝衔接；实施问题“晾晒”制，在每月月度例会上，将日常监管工作中暴露出的问题进行抓拍晾晒，剖析存在问题的原因，现场纠正错误，让“红红脸，出出汗”成为常态；落实责任，专人负责，开启月所情分析和风险人员防控，实行巡控、管教、医务人员衔接“点醒”制度。

2019年，强化规范管理，确保监所安全。不断强化执法规范化建设，深入开展“除隐患、堵漏洞、保安全”专项活动，推动戒毒所精细化管理教育，以绩效考核为抓手，狠抓制度落实。坚持“四级监控视频巡查”制度，强化“管教、巡控、医务”多岗联动机制和精细化管理工作，落实管教民警面对面管理工作机制，进一步完善“红、黄、绿”三色分级管理落实对戒毒人员的风险评估机制，开展了每月“优秀学员”评选活动，在全所范围开展扫黑除恶专项斗争集体教育，发动戒毒人员积极举报涉黑涉恶线索，确保了监所安全。全力做好吸毒人员收戒工作。进一步完善病残吸毒人员收治场所和医疗资源配备工作，对病残吸毒人员做到“应收尽收、应治尽治”。

2019年9月9日，根据《关于对公安强制隔离戒毒所管理体制改革调研的通知》要求，按照自治区公安厅监管总队《关于全区公安强制隔离戒毒人员集中收戒可行性调研报告》相关对策及建议，依托银川市强制隔离戒毒所集中承担全区公安机关强制隔离戒毒人员的收戒任务，吴忠市公安局发文《关于对全市公安强制隔离戒毒人员集中统一收治的通知》，吴忠市强制隔离戒毒所、同心县强制隔离戒毒所暂不再收戒强制隔离戒毒人员，强制隔离戒毒所暂停使用，保留原强制隔离戒毒所机构编制，市强制隔离戒毒所警力除小部分做好戒毒所场所维护工作以外，大部分警力调配至其他监所工作，场所作为其他监所突发事件备用场所。

第五章

公安消防

GONG AN XIAO FANG

第五章　公安消防

消防，即预防和扑灭火灾的意思。中国已有两千多年的消防历史，历代统治者都设置有不同名称的火官，负责火政管理。到了清末、民国时期，警察机关负责管理消防事务。

中华人民共和国成立后，各级消防组织逐步建立，加强了业务建设，坚持贯彻“预防为主，防消结合”的方针，依法实施消防监督管理；依靠人民群众，开展防火、灭火工作，从而有效地保障了国家建设和人民生命财产的安全。

第一节　消防机构

民国时期，吴忠镇警察局设消防组，有兼职消防警察八九人，负责吴忠镇的灭火，有水桶、火钩和防火帽等简陋灭火工具。

中华人民共和国成立后，消防工作由县级公安局治安股管理，开展群众性的消防工作，在各级党委政府的重视关怀下，经过几代消防人的不懈努力，取得了长足的进步和发展。

公安消防队，是由公安机关直接管理的消防民警队伍，担负着城市、乡镇和农村地区的消防任务，是同火灾作斗争的骨干力量。

吴忠市（县级）公安局于1953年组建一个消防班，有消防民警10人。1954年，公安局治安科内设消防队，有消防民警8人。1959年4月13日，企业消防队与公安消防队合并，改为吴忠市消防队，下属3个中队，有18人。10月，成立吴忠市（县级）公安局消防队。

1960年2月，吴忠县公安局建立消防队，配备消防车1辆，专理全县消防工作。建立群众义务消防队81个，有消防员1601人。

1965年1月，吴忠县消防队扩编为20人，设队长、指导员各1人。

1965年5月1日，宁夏全区消防部队班长以下人员实行义务兵役制。吴忠县消防队下属4个中队，编制26人。

1966年3月，全区公安消防队改为军队建制，消防队员改为义务兵役制。

1968年1月，公安机关实行军事管制后，消防工作由军管会管理。

1969年3月25日，全区消防队交由当地军分区代管，服役期限由5年改为3年。1969年4月，消防工作改由县人民武装部管理，仍由公安机关军管会行使代管职权。

1969年12月，消防民警征退工作恢复。

1973年3月，撤销公安机关军管会后，公安消防工作由公安局、人民武装部共同负责管理。

1973年10月，公安消防队伍改由公安机关统一领导。中卫县成立公安消防队。

1974年1月，成立了银南地区公安处消防队。

1974年1月11日，各县公安消防队党组织受同级公安局党委领导。消防民警的服役年限由3年改为5年。

1976年3月，灵武县、青铜峡县成立公安消防队，均按两辆执勤车配备，各有编制30人。

1976年10月，全区消防部队中队干部实行了现役制，使队伍的正规化建设向前迈进了一步。

1979年，银南地区成立防火安全委员会（办公室设在公安机关的消防部门），负责统一领导和协调各部门的防火安全工作。9月，中宁县公安局建立消防中队、编制定30人，配备2辆消防车。

1980年6月2日，各级公安消防队伍的编制收归自治区公安厅统一管理。

1980年7月1日，自治区公安厅成立消防委员会，全区各级公安消防队伍实行由自治区公安厅为主的集中统一的管理体制。各地的消防队伍编制、干部管理、经费开支均划归自治区公安厅。县公安局设消防股，专理防火与消防监督日常工作，积极改善防火条件。

1981年起，银南地区属县、市公安局设消防科（股）。

1983年1月，公安消防体制改革，消防部队纳入人民武装警察部队序列，实行义务兵与志愿兵相结合的制度，执行中国人民解放军的条令、条例和供给标准，享受解放军的同等待遇。各级消防部队受所在地公安机关和武警部队的双重领导，组织、人事、行政经费由武警部队管理，业务仍受当地公安机关和上级消防机构的领导。

1983年9月，改消防股为消防科，干部列入武警序列。1985年1月，银南消防大队改为消防科（副团级建制）。

1985年11月，成立同心县消防中队，编制28人。

1986年8月，武警银南消防支队成立，下设7个消防中队，消防民警达89人。至10月，全地区以行政村建立防火委员会98个、防火小组209个，有消防员1596人。是年12月，消防工作由县级公安局和城乡派出所两级管理，着重抓88个重点防火单位，贯彻落实消防、防火责任制。

1988年10月，银南消防科改为消防支队（正团级建制）。12月，全区消防部队官兵授予武警警衔。支队机关设政治处、防火科、警务战训科、装备后勤科（均为正营级），县、区公安局设消防科（副营级）。

1990年5月，消防支队对全地区52个消防重点单位进行抽查，全部合格。年底，银南消防支队辖消防中队6个，消防民警达110人。全地区有群众消防组织499个、义务消防员1754人，对预防火灾和扑救发挥了显著作用。

1995年5月，地区消防机构称公安消防支队，为正团级，支队机关各部门升为副团级；各县、市设消防科，又称公安消防大队，升为正营级。

1998年9月8日，银南地区消防支队更名为吴忠市公安局消防支队。

1999年4月5日至5月14日，吴忠市公安局消防支队对全市421个机关、团体、企业、事业单位的465名法定代表人（或负责人）、消防安全管理人员、保卫科（股）长及企业车间主任进行消防业务培训，99%的学员领取了消防安全培训合格证。

1999年7月，全区各县、市、区消防科统一改称为消防大队，仍为正营级建制。

2006年12月25日，吴忠市消防指挥中心落成。

2006年12月28日，盐池县消防中队挂牌成立，定编制8人。

2007年9月21日，红寺堡开发区消防中队挂牌成立，定编制8人。

2018年10月9日，公安消防部队移交应急管理部，消防官兵正式退出现役。消防部队不再列武警部队序列，现役编制全部转为行政编制。应急管理部同时发布了国家综合性消防救援队伍人员标识牌式样及佩戴规则。标识牌由应急管理部统一制作，配发对象为在编在职干部、队员和消防专业院校学员。凡不在配发范围内的人员，一律不得佩戴消防救援队伍人员标识牌。消防救援队伍管理指挥干部、专业技术干部、高等专科学校学员佩戴干部标识牌，消防救援队伍队员、消防员、学员佩戴队员标识牌。

第二节　装备与设施

消防装备指消防车和消防员使用的消防工具。

消防员的消防工具有消防头盔、便携手电、颈套、战斗服、消防靴、手套、纯棉内衣、手斧、安全绳、对讲机、呼救器、空气呼吸器、消防腰带、消防头灯。

消防设施，是指火灾自动报警系统、自动灭火系统、消火栓系统、防烟排烟系统以及应急广播和应急照明、安全疏散设施等。

2012年，吴忠消防支队有各类执勤消防车36辆，其中水罐消防车11辆、泡沫消防车8辆、登高平台消防车2辆、举高喷射消防车4辆、抢险救援消防车6辆、防化洗消消防车1辆、饮食保障车1辆、器材车1辆、消防摩托车2辆。消防员防护装备6210件（套），其中消防员基本防护装备4833件（套）、消防员特种防护装备1377件（套）；各类抢险救援器材839件（套）；灭火器材2175件。

2013年10月25日，吴忠市消防支队进行装备比武竞赛

一、灭火器具

清末民国初，消防设施简陋，灭火器具仅有水桶、水缸、沙袋、火钩之类；消防水源依靠水井、河水等。到了20世纪30年代，消防器具有了轧水机。

中华人民共和国成立后，消防器具逐步得到改善与发展。

1960年2月，吴忠市（县级）消防队购置解放牌水罐消防车1辆，逐车配有水枪、水带、火钩、泡沫灭火器材等，至1980年增加到5辆。1988年8月，消防队由胜利西街迁南环路，兴建五层楼1幢、训练塔1座。配备消防干部3名、消防警48人。不断充实、更新消防器材设备，消防车增至7辆（其中指挥车和泡沫消防车各1辆），随车装备各种灭火器材13种180件，无线电台2部，无线对讲机2部，执勤出动采用先进的滑杆设备。同时，努力改善义务消防队的装备，协助搞好训练。1990年城镇管网有各类消防栓296个，配备火警专线2条，1998年增配对讲机3部，全市基层单位共建消防组织198个，有义务消防员594人。

消防器材

消防器材是指用于灭火、防火以及火灾事故的器材。灭火器按充装的灭火剂可分为五类：1.干粉类的灭火器。2.二氧化碳灭火器。3.泡沫型灭火器。4.水型灭火器。5.卤代烷型灭火器（俗称“1211”灭火器和“1301”灭火器）。灭火器按驱动灭火器的压力形式可分为三类：1.贮气式灭火器。灭火剂由灭火器上的贮气瓶释放的压缩气体的或液化气体的压力驱动的灭火器。2.贮气式灭火器。灭火剂由灭火器同一容器内的压缩气体或灭火蒸气的压力驱动的灭火器。3.化学反应式灭火器。灭火剂由灭火器内化学反应产生的气体压力驱动的灭火器。

消防器材（一）

灭火类：1.灭火器具包含：二氧化碳灭火器、“1211”灭火器、干粉灭火器、酸碱泡沫灭火器、四氯化碳灭火器、灭火器挂具、机械泡沫灭火器、水型灭火器、其他灭火器具等。2.消火栓包括室内消火栓系统和室外消火栓系统。室内消火栓系统包括室内消

火栓、水带、水枪。室外消火栓包括地上和地下两大类,室外消火栓在大型石化消防设施中用得比较广泛,由于地区的安装条件、使用场地不同,石化消防水系统已多数采用稳高压水系统,消火栓也由普通型渐渐转化为可调压型消火栓。3.破拆工具类,包括消防斧、切割工具等。灭火器是一种可由人力移动的轻便灭火器具,它能在其内部压力作用下,将所充装的灭火剂喷出,用来扑救火灾。灭火器在繁多,其适用范围也有所不同,只有正确选择灭火器的类型,才能有效地扑救不同种类的火灾,达到预期的效果。中国现行的国家标准将灭火器分为手提式灭火器和车推式灭火器。

老式的灭火水源——储水箱

消火栓:1.消火栓箱。遇有火警时,根据箱门的开启方式,按下门上的弹簧锁,销子自动退出,拉开箱门后,取下水枪拉转水带盘,拉出水带,同时把水带接口与消火栓接口连接上,按下箱体内的消火栓报警按钮,把室内消火栓手轮顺开启方向旋开,即能进行喷水灭火。2.消防水枪。消防水枪是灭火的射水工具,用其与水带连接会喷射密集充实的水流。具有射程远、水量大等优点。它由管牙接口、枪体和喷嘴等主要零部件组成。直流开关水枪,是直流水枪增加球阀开关等部件组成可以通过开关控制水流。3.水带接扣。水带接扣用于水带、消防车、消火栓、水枪之间的连接。以便输送水和泡沫混合液进行灭火。它由本体、密封圈座、橡胶密封圈和挡圈等到零部件组成,密封圈座上有沟槽,用于扎水带。具有密封性好,连接既快又省力,不易脱落等特点。管牙接口,装在水枪进水口端,内螺纹固定接口装在消火栓。消防水泵等出水口处;它们都由本体和密封圈组成,一端为管螺纹,一端为内扣式。它们都用于连接水带。4.消防水带。消防水带是消防现场输水用的软管。消防水带按材料可分为有衬里消防水带和无衬里消防水带两种。无衬里水带承受压力低、阻力大、容易漏水、易霉腐,寿命短,适合于建筑物内火场铺设。衬里水带承受压力高、耐磨损、耐霉腐、不易渗漏、阻力小,经久耐用,也可任意弯曲折叠,随意搬动,使用方便,适用于外部火场铺设。5.室内消火栓,为固定消防工具。主要作用是控制可燃物、隔绝助燃物、消除着火源。室内消火栓使用方式:打开消火栓门,按下内部火警 按钮(按钮是报警和启动消防泵的)。一人接好枪头和水带奔向起火点。另一人接好水带和阀门口。逆时针打开阀门水喷出即可。6.室外消火栓,一种安装在室外的固定消防连接设备。种类有室外地上式消火栓、室外地下式消火栓、室外直埋伸缩式消火栓。在地上接水,操作方便,但易被碰撞,易受冻;地下式防冻效果好,但需要建较大的地下井室,且使用时消防队员要到井内接水,操作不方便。室外直埋伸缩式消火栓平时消火栓压回地面以下,使用时拉出地面工作。比地上式能避免碰撞,防冻效果好;比地下式操作方便,直埋安装更简单。7.水箱。水箱是连接消防管道的储存水箱主要用于火灾中的供水设备能更好地防止火灾的蔓延和熄灭。

消防器材(二)

器材选择 1.扑救A类火灾即固体燃烧的火灾应选用水型、泡沫、磷酸铵盐干粉、卤代烷型灭火器。A类火灾:指固体物质火灾。这种物质往往具有有机物性质,一般在燃烧时能产生灼热的余烬。如木材、棉、毛、麻、纸张火灾等。2.扑救B类即液体火灾和可熔化的固体物质火灾应选用干粉、泡沫、卤代烷、二氧化碳型灭火器(这里值得注意的是,化学泡沫灭火器不能灭B类极性溶性溶剂火灾，因为化学泡沫与有机溶剂接触，泡沫会迅速被吸收，使泡沫很快消失，这样就不能起到灭火的作用，醇、醛、酮、醚、酯等都属于极性溶剂）。B类火灾：指液体火灾和可熔化的固体物质火灾。如汽油、煤油、原油、甲醇、乙醇、沥青等。3.扑救C类火灾即气体燃烧的火灾应选用干粉、卤代烷、二氧化碳型灭火器。C类火灾：指气体火灾。如煤气、天然气、甲烷、乙烷等。4.扑救D类火灾即金属燃烧的火灾，就中国当前情况来说，还没有定型的灭火器产品。国外灭D类的灭火器主要有粉状石墨灭火器和灭金属火灾专用干粉灭火器。在国内尚未定型生产灭火器和灭火剂珠情况下可采用干砂或铸铁沫灭火。D类火灾：指金属火灾。如钾、钠、镁、钛、铝镁合金等。5.扑救E类火灾应选用磷酸铵盐干粉、卤代烷型灭火器。E类火灾：指带电物体的火灾。如发电机房、变压器室、配电间、仪器仪表间和电子计算机房等在燃烧时不能及时或不宜断电的电气设备带电燃烧的火灾。6.扑救F类火灾，即烹饪器具内的烹饪物（动植物油脂）火灾。灭火时忌用水、泡沫及含水性物质，应使用窒息灭火方式隔绝氧气进行灭火。

手提简易式
水基灭火器

简易式灭火器　简易式灭火器是近几年开发的轻便型灭火器。它的特点是灭火剂充装量在500克以下，压力在0.8兆帕以下，而且是一次性使用，不能再充装的小型灭火器。按充入的灭火剂类型分，简易式灭火器有“1211”灭火器，也称气雾式卤代烷灭火器；简易式干粉灭火器，也称轻便式干粉灭火器；还有简易式空气泡沫灭火器，也称轻便式空气泡沫灭火器。简易式灭火器适用于家庭使用，简易式“1211”灭火器和简易式干粉灭火器可以扑救液化石油气灶及钢瓶上角阀，或煤气灶等处的初起火灾，也能扑救火锅起火和废纸篓等固体可燃物燃烧的火灾。简易式空气泡沫适用于油锅、煤油炉、油灯和蜡烛等引起的初起火灾，也能对固体可燃物燃烧的火进行扑救。

器材管理三勤三定一不准　一是定点摆放，不能随意挪动。二是定期对灭火器进行普查换药，定期巡查消防器材，保证处于完好状态。三是定人管理。经常检查消防器材，发现丢失、损坏应立即上报领导及时补充，做到消防器材管理责任到人。

家庭火灾　①家庭火灾从初起到发展猛烈阶段的过程中，室内温度迅速升高，氧含量越来越少，可燃物逐渐以不完全燃烧为主，燃烧产生大量浓烟和窒息性二氧化碳等化学性毒气。烟气混合物刺激人的眼、鼻、气管和肺等器官，给扑救工作带来了难度。化学性毒气的主要成分是一氧化碳、氰化氢、二氧化氮、二氧化硫、硫化氢，当这些毒气浓度分别达到一定值时，均可能导致人员在短时间内死亡。家庭中各种用具的燃烧是这些毒气的主要来源，如木质家具燃烧产生一氧化碳、氰化氢、氨气；纺织品燃烧产生一氧化碳、氰化氢、二氧化氮、氨气、乙醛；塑料、橡胶、皮质燃烧产生一氧化碳、二氧化硫、硫化氢、氰化氢、二氧化氮。家庭火灾产生的毒气来源广、种类多，若人员疏散不及时，火灾容易使人窒息中毒，尤其是老人、病人、小孩和残疾人。

②现代家庭常用电器品种多，其中存在质量缺陷的占相当大的比例，电线及阻燃管也存在质量伪劣的问题。这些电器在使用过程中会因本身的质量问题和电器通电、断电、接地保护措施不完善而发生漏电、短路等现象，使电器内部电压突然升高、电流突然增大而导致燃烧或爆炸。另外线路老化、裸露、接头松动、私拉乱接等家庭中常见的违章用电，都容易导致线路和电器因短路、接触电阻过大或过负荷引起火灾。

用电不慎引起家庭火灾的形式多样，使用产生高热的电器用具，如电熨斗、电炒锅等，容易因为热量调节部件失灵、可燃物距电器用具太近及电器的隔热保护装置被拆卸或受损导致可燃物着火燃烧；不产生高热的电器用具，如电视、音响、洗衣机等，内部的电子电路中电容器容易发生故障而使变压器过负荷运行，发热起火；常用的发热型照明灯具被安装在可燃物附近或不利于热量散发的部位，也会引起火灾。

③生活用火不慎易引起火灾，家庭生活的许多环节都离不开火的使用。用火不慎引起的火灾主要有以下三个方面：

做饭时用火不慎。厨房一般面积小，物品密集，用火次数频繁，易发生火灾事故。如用油炸食物时，油过多溢出或锅不稳使油溢出，遇明火燃烧；炒菜时，人离开导致食物被烤焦并被引燃；当液化气罐离灶太近且与灶无隔离物时还有可能引燃液化气罐罐口。

吸烟不慎。烟头表面温度为300℃~450℃，中心温度为700℃~800℃，烟头的烟灰被弹落时，有一部分不规则颗粒带有火星，若落在比较干燥、疏松的可燃物上，经一至三个小时的阴燃可引起火灾。躺在床上、沙发上吸烟时，人在烟未灭之前睡着，则容易使烟头落在床上或沙发上，最终导致火灾及人员伤亡。

取暖不慎。火盆长期固定在木架上，导致木架周边及底部被烤焦、炭化而起火，引燃邻近可燃物而造成火灾；另外在冬天有些老年人喜欢将烘笼放进被褥取暖，由于长时间烘烤或烘笼被打翻，被褥被引燃发生火灾，并且往往造成人员伤亡。

④进行室内装饰装修尽量采用不燃、难燃材料。首先是建筑的主体设计要保证符合消防规范要求。住户在进行室内装修时，尽可能地不用可燃和易燃材料，避免增加居室的火灾荷载，降低居室的耐火等级。要妥善处理装修效果与安全之间的矛盾，积极使用不燃、难燃材料，避免使用燃烧后产生大量毒气的建材。

二、通信器材

清末民国初，报告火警，沿用传统的口传、鸣锣、击鼓等方法，报告火警很不及时，发现火警时互为声援。火场指挥，白天以旗为标志，夜晚以灯为记号，以步行或自行车进行通信联络。

中华人民共和国成立后，消防通信器材逐步得到改善。1990年先后安装了通信塔和程控电话交换机，扩大了消防无线电通信覆盖面积，适应了灭火的需要。

火场指挥，20世纪60年代仍沿用旗帜、手势、哨子、口喊等方法。70年代，相继增设小型电台、对讲机等无线电通信器具。1.火灾探测器，火灾探测器具体包括感温火灾探测器、感烟火灾探测器、复合式感烟感温火灾探测器、紫外火焰火灾探测器、可燃气体火灾探测器、红外对射火灾探测器。2.报警按钮，报警按钮包括手动火灾报警按钮、消火栓按钮。3.报警器，报警器包括火灾声报警器、火灾光报警器、火灾声光报警器。4.火灾报警控制器，火灾报警控制器包括报警主机、CRT显示器、直接控制盘、总线控制操作盘、电源盘，消防电话总机、消防应急广播系统。

三、消防服

1953—1957年，人民消防警察战斗服式，上级公安机关未统一规定。1958年，公安部对人民警察战斗服式作了统一规定。指挥员配发草绿色塑胶质盔式帽一顶，黑色油浸牛皮高筒靴1双，草绿色亚麻布、帆布或防雨布大衣式雨衣1件，草绿色亚麻布、帆布或防雨布手套1双，安全带1条，钢质小手斧1把。战斗员配发帽子1顶，草绿色亚麻布、帆布或防雨布质不带口袋的“列宁装”式上衣1件和背带式西式裤1条，黑色油浸牛皮高筒靴1双，安全带1条，手套1双，小手斧1把。帽子、安全带、手套、小手斧的色质、样式与指挥员的相同。直到20世纪80年代战斗服式没有多大变化。

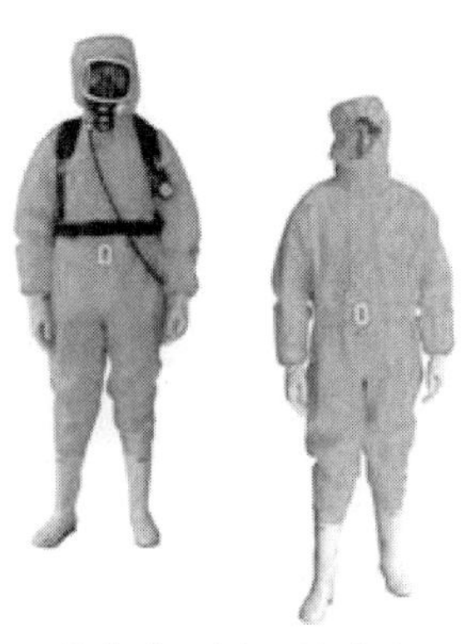
97款战斗阻燃隔热消防服

02款消防阻燃战斗防火服

消防防化服

消防服是保护活跃在消防第一线的消防队员人身安全的重要装备品之一，它不仅是火灾救助现场不可或缺的必备品，也是保护消防队员身体免受伤害的防火用具。因此，适应火灾现场救助活动的消防服就显得尤为重要。消防服是随着时代的变化而发展的。

消防服

消防服是在进行消防活动中，消防队员用来保护身体的重要工具。它必须具备以下特征:①从防护性来考虑,必须具有耐火性、耐热性和隔热性,还要具有强韧性,防止锐利物体的冲击、碰撞等。另外,还要具有能够阻止化学物质对皮肤的伤害的性能。②适应外界的冷暖、风雨等环境的变化,使消防员能够保持体力和旺盛的精力。③从作业效率方面考虑,消防服应在作业中有活动余地,尽量选用伸缩性能良好的材料,还有,衣料的质地和形状、构造等方面也要认真研究。④在安全管理和部队统筹上考虑,上下级之间要行之有效,确保消防服发挥其应有的作用。

上下分身的消防服的优点:安全性高(含下半身防护、全身的防护性高)、容易活动、不易沾湿、防水性好、耐寒性好、功能和外观好。缺点:散热性差,体热不易排出、造价高、衣体重。上下连体型消防服的优点:散热性高,体热容易排出、造价低。缺点:安全性差、活动不便、衣体重。

随着城市构造的变化、建筑物的高层、深层以及大规模化、高度情报化消防服社会的发展、惊人的技术革新的出现,火灾的发生原因也一度呈复杂多样化的趋势。

消防战斗服衣料与特点:由防火表层,隔水层,隔热层和阻燃舒适里料组成。1.消防灭火防护服,消防员在进行灭火战斗时穿着的专用服装,用来对其上下躯干、头颈、手臂、腿进行热防护,但防护服的防护范围不包括头部、手部和脚部。2.防水透气层用于阻止水向隔热层渗透同时又能排出水蒸气的防护服部分。3.隔热层用于提供隔热保护的防护服部分。4.接缝面料的两个边缘的连接,通过缝纫或其他方式牢固地附在防护服上。5.反光性标志带缝纫在外衣上能反射光线作为标志用的面料,有利于提高可见性。

17款消防隔热防火服

款式、号型、规格:1.款式,由防护上衣、防护裤子组成。2.号型按《服装号型　男子》《服装号型　女子》有关规定。3.防护服的结构 防护服是由外层、防水透气层、隔热层、舒适层多层织物复合而成的。这种复合物可允许制成单衣或夹衣。并能满足基本服装制作工艺要求和辅料相对应标准的性能要求。4.防护上衣应对消防员的上部躯干、颈部、手臂和手腕提供保护,但保护的范围不包括头部和手部。防护上衣和防护裤子多层面料之间的重叠部分不应小于200毫米。5.衣领,防护服的衣领高度不应小于102毫米,并应有搭接或扣牢配件。衣领的结构应包括外层、防水透气层、隔热层。6.门襟的结构应包含外层、防水透气层和隔热层。7.袖口能保护消防员的手腕,并防止燃烧的废碎片进入袖子。袖口不得妨碍防护服的穿着,并应与防护手套的佩戴相配合。8.防护裤子应对消防员的下肢和腿提供保护。9.反光标志带在防护服上衣和裤子上,分体式防护服在上衣胸围、下摆、袖口、裤脚处缝合宽度不应小于50毫米的反光标志带。反光标志带的设置,在其360° 方位均能可见。10.防护服的颜色为藏蓝色。

消防员在进行灭火救援靠近火焰区受到强辐射热侵害时穿着的专用防护服,用来对其上下躯干、头部、手部和脚部进行隔热防护,包括消防上衣、消防裤、消防头套、消防手套以及防火脚套。

消防服是由外层、隔热层、舒适层等多层织物复合而成,这种组合部分的材料可允许制成单层或多层。隔热服外层应采用具有反射辐射热的金属铝箔表面材料,并能满足基本服装制作工艺要求和辅料相对应标准的性能要求。

四、消防设施

2010年,青铜峡消防中队配备消防车7辆,总载水量56吨,载泡沫5.5吨,分别为举高喷射车、抢险救援车、水罐车、泡沫水罐车。

进行消防中队营房改造

2012年，青铜峡消防大队有消防监督检查车2台、执勤车辆7台（其中水罐车3台，泡沫车2台，高喷水罐泡沫车1台，抢险救援车1台）。

2014年，吴忠市消防支队共投入2600多万元用于采购车辆装备器材。4辆执勤执法车、2辆21吨水罐消防车和包括八爪鱼地震救援装备在内的价值750余万元的“高、精、尖”装备器材已配发基层部队。3辆城市主战消防车、1辆32米登高平台消防车及部分装备器材配备到位，极大提高了部队装备建设水平。

2015年，全市消防部队共落实地方业务经费预算2000余万元，同比增长26%，争取营房装备建设专项经费1500余万元。争取自治区环保厅160万元危化品救援装备经费，力争通过3~5年的时间，逐步强化危化品处置救援装备建设，实现了部门联动、资源共享的新探索。协调市财政局和人社局联合建立了政府专职消防员经费保障机制，明确了每名政府专职消防员和消防文员每年10万元的保障标准并列入各级财政预算。通过拓宽经费保障渠道，支队经费保障能力显著提升。共投入1500万元用于装备建设，更新配备了10辆消防车、2400余件（套）装备器材，有效提升了部队装备建设水平。装备配备进一步向基层倾斜，将支队300余万元全部库存装备器材配发到各大队。组织开展了装备技术服务下基层活动，累计开展讲解示教30余次，消除各类涉装安全隐患20余处，排除技术故障20余个，为部队战备执勤提供了有力的技术支持，装备技术业务能力显著提高。先后投入200余万元为基层办实事、解难题；为青铜峡、同心、太阳山大队和特勤中队建成了标准化晾衣房，为太阳山大队、特勤中队建造了数字影院，对红寺堡大队旧营房进行了维修改造，为盐池、太阳山大队官兵更换了新式木床，努力创造拴心留人的舒心环境，官兵幸福指数进一步提升。

2016年，盐池大队协调盐池县政府支持的900平方米新增营房已经完成修缮入住工作；太阳山大队新增附属用房建设完成已经投入使用。利通大队协调区委、区政府以及相关职能部门，争取专项资金100余万元对大队营区进行全面改造，完成了营区硬化和市政供暖管网并接，协调自治区文体局投入资金100余万元建成了全区消防部队首个标准七人制足球场。支队投入2600万元（含总队补助）购买了1套远程供水系统、3辆消防车和4364件（套）装备器材（车辆装备正在供货中）。青铜峡大队协调市财政购置的一辆40米登高平台消防车已投入执勤。同心县政府为同心大队采购的一辆40米登高平台消防车已经进入供货程序。利通、青铜峡、同心、盐池等重点县区中队装备配备率达到90%以上，装备配备实战化建设进程逐步加快。

2017年，强化微型消防站建设和区域联防措施，推动建成街道微型站2个、社区微型消防站68个、重点单位微型消防站295个，建成率全部达到100%。大力加强公共消防设施建设，新建市政消火栓82个，建有率、完好率分别达到100%和99.34%。面向社会招聘34名政府专职消防员，有效缓解基层警力不足的压力。积极推广简易消防设施，推动民政、教育等部门安装独立式感烟火灾探测报警器1075个，安装简易喷淋300套，争取市政府补助100万元推进消防物联网远程监控系统建设，有效增强了全市火灾防控能力。共投入1113万元采购了4辆消防车、4355件（套）装备器材，为青铜峡、同心大队各采购的1辆登高平台消防车投入执勤。倾斜偏远单位基础建设，协调市政府为太阳山大队购置了1辆8吨水罐消防车，支队车辆装备结构更加优化。科学编制支队战勤保障大队物资储备库建设方案，推进物资储备库招标等工作，在全区率先完成“两室一站”建设和水暖电气收费标准调整工作，每年累计节约资金80万元，推动基层建设全面进步、全面过硬。

为官兵解决了20套公寓房，投入100万元办好官兵健康体检等十件实事。全覆盖聚焦实战，邀请装备厂商专业技术人员，抽选精干装备技师组成装备维修服务队，不间断全覆盖对执勤中队车辆装备进行巡查巡检，共检修车辆240台（次），器材装备11535件（套），发现整改问题155处，做到“小故障不过夜，大故障不过周”。

2018年，投入1157.2万元购置各类消防车13辆，各类装备器材2855件（套），基层中队车辆配备率达到99%，装备配备实战化建设步伐大幅加快。投入572万元建成支队战勤保障大队物资储备库，并对盐池大队、太阳山大队以及特勤中队营房进行维修改造；协调同心县投入1400万元建设的老城区消防站已完成主体工程；投资860万元的盐池县第三消防站项目顺利建成；利通区河奇路消防站建设项目已立项，报自治区国土资源厅办理土地审批手续。投入7万余元用于购置帐篷、野外就餐桌椅，补充更换临期物资；充分利用"两室一站"，对全市342具空气呼吸器气瓶进行检测，先后完成了"5·12"地震救援、"6·6"跨区域增援拉动以及参与"9·5"银川佳通轮胎厂火灾扑救等实战和演练保障任务。投入27万元修建了支队停车场，投入11万元为基层指战员购置训练器材、训练服（鞋）等常用训练用品；拨付基层伙食专项经费50万元，进一步提升基层一线膳食质量；投入55万元为478名指战员、专职队员以及文员进行健康体检。

第三节　火灾预防

火灾预防是公安消防部门的首要任务。公安消防部门积极贯彻各项防火措施，依法实施消防监督，加强重点单位、建筑防火管理；广泛深入开展防火安全宣传，提高人民群众的防火意识；坚持开展安全检查，及时发现和消除火险隐患，从而最大限度地防止和减少火灾的发生。

2011年1月15日下午，吴忠市委第二考核组对吴忠市公安局消防工作进行考核

一、消防监督

依法管理　1954年，执行国家颁布的《消防监督条例》，1958年，颁布《农村防火暂行规则》。1985年12月18日，国务院颁布《中华人民共和国消防条例》，运用法律手段，依法实施消防监督管理。通过宣传教育、防火检查、督促整改火险隐患等措施，提高各行各业广大干部和人民群众遵守消防法规的自觉性。各行政单位、工厂、企业，根据消防法规和各单位实际情况，分别制定了防火规章制度。

在实施消防监督管理中，对于违反消防法规的单位、集体或个人，贯彻教育与处罚相结合的原则，根据其性质、情节和危害程度，分别依法处理。违反消防法规情节较轻的，由各单位或上级主管部门给予行政处分或经济处罚。情节较重，或者过失引起火灾，尚未造成严重损失的，按照《中华人民共和国治安管理条例》的规定，由公安机关分别给予警告、罚款、拘留等处罚。对于发生的火灾，由消防监督机构及时组织调查起火原因，根据火灾的性质、情节和后果，依法对肇事者和有关责任人提出处理意见。对于故意放火，危害公共安全，以及过失引起火灾，造成人员伤亡或公私财产重大损失的，依法追究其刑事责任。

2011年1月15日，吴忠市委对吴忠市公安局2010年度目标管理考核任务完成情况进行考核验收。市公安局局长徐耀、政委关玉林及其他党委委员出席考核汇报会并陪同考核组深入基层所队实地检查调研。

2015年，全年共开展各类督察30余次，下发督办通知单50余份，以强势督察抓整改、促落实，确保了部队内部安全稳定，提升了部队正规化建设水平。

分级管理　20世纪50年代，吴忠地区的消防监督管理实行县公安局和派出所两级管理制度，做好辖区工厂、企业和居民的防火工作。60年代，根据公安部《关于城市消防管理工作的规定》，城市实行市（县）公安局和公安派出所二级消防监督管理。城市的居民委员会和农村的村民委员会，都有责任在公安派出所的领导下做好居民和村民的防火工作。1980年，银南地区公安处作出关于三级管理加强城市消防监督管理工作的规定：第一，明确管理范围。依据各单位的隶属关系和或者的危险性、重要程度，采取条块结合的办法，实行三级消防监督管理。即地区消防大队负责中央企业和自治区属单位以及重点单位；各县市公安局负责辖区内县市直单位；派出所负责辖区内的街道工业、居民、农村人民公社、生产队、社队企业。第二，分工负责，密切配合。地区和县市两级经常调查研究，分析情况变化，及时调整重点、加强面上工作，做到不漏重点，不留空白。第三，地区公安处加强消防监督管理的领导。

重点单位防火　消防重点单位，是指火灾危险性大、发生火灾后损失大、伤亡大、影响大的单位，包括重要的厂矿企业、基建工地、交通枢纽、大型物资仓库、首脑机关、重要的科研单位、列为国家或地方文物保护的古建筑、图书馆和档案馆、经常聚集大量人员的重要公共场所，以及易燃建筑密集区等。

建筑防火管理　1974年，根据全国统一的《建筑设计防火规范》，恢复对新建项目进行防火审核验收。凡选址、设计、施工及竣工验收等，不符合消防规范的均不予验收和批准使用。1984年，根据国家计委统一制定的《人防工程地下建筑防火规范》，对地下建筑加强消防监督，检查整改隐患，健全消防制度，完善通信报警设备，增设通风排烟、消防、给水、照明等技术设备，提高了防火、灭火能力。1991年，银南地区公安处制定《银南地区公安处消防监督程序规定》，新建、扩建、改建的建筑工程和装修工程，须经地区、县市公安消防部门实施监督。

二、火灾预防

2001年5月25日，吴忠市消防开展消防安全专项治理行动和落实消防安全责任制，同时对全市2001年确定的174个消防重点单位逐个进行安全检查，并建立健全了防火档案；对5个存有隐患的单位进行限期整改；并会同经贸、文教等部门对全市生产、储存、运输、销售易燃易爆物品的单位(场所)进行全面检查。先后检查液压气储备站10个、换气点97个、油库13个、加油站54个，下发责令限期整改通知书16份，责令当场整改的5家，对吴灵顺、长庆、长宁、高闸等8个不符合安全要求的加油站和中宁液化气公司储备站、吴忠市液化气公司北环路供气公司责令停产整改。

2006年6月15日，全区"消防安全进清真寺"现场会在吴忠市召开。自治区公安厅副厅长乔恩成，自治区宗教局副局长苏吉瑞，自治区伊斯兰教协会副会长马成才，消防总队总队长王郭社、政委朱大明、副政委马少林、主任吴永珍，全国部分省市自治区消防部队代表以及吴忠市委、人大、政府、政协四套班子领导应邀出席了会议。6月16日，吴忠市政府举办了全市防震减灾科普示范学校挂牌地震灾害应急救援队成立暨首届地震应急模拟演习大会。会上，消防官兵从宁夏回族自治区人大常委会副主任余今晓手中接过旗帜，标志着吴忠市以消防为主力的首支地震灾害应急救援队正式成立。

2007年2月9日，吴忠市财政局副局长孙元刚带队与吴忠市消防支队官兵在利通中队俱乐部举办了春节"手拉手"联谊会。吴忠支队副支队长张军、后勤处处长刘正录参加了活动。3月20日下午，自治区民政厅副厅长、"双拥"办副主任赵俊新带领由自治区民政厅优抚处处长白德东、优抚处副处长马文婷、宁夏军区秘群处副处长高智，以及五市双拥办主任等人员组成的自治区"双拥"工作考核验收组一行12人，到盐池县消防大、中队对双拥工作进行检查指导。吴忠市委常委、军分区政委杨勇民，吴忠市政府副市长杨树青，盐池县委书记王文宇，县长李卫宁等领导陪同检查。

2010年6月26日上午，吴忠市委、市政府在市区开源广场举行大会，宣布吴忠市正式成立以消防为主的应急救援支队

2008年6月16日，吴忠市公安局消防支队在宁夏金昱元化工有限公司举行由多部门联合参与的液氯泄漏事故应急处置实战演练。吴忠市委常委、副市长刘玉岐，青铜峡市副市长王洋，吴忠市安监局局长周庆辉，市公安局副局长吴国仁，市消防支队副支队长高云等领导到现场进行现场指导，实战演练非常成功。

2009年5月12日下午，吴忠市在利通区开源广场举行了地震应急疏散演练活动和地震灾害紧急救援队伍拉动，吴忠市委副书记孔邵逊，市委常委、副市长赵永清、刘玉岐，政协副主席贺彩霞领导与吴忠市各有关部门、各人民团体、社会各界群众一同观看了应急疏散和救援队拉动演练活动。吴忠消防支队出动4辆消防车、40名官兵参加了拉动演练。

2010年6月26日，吴忠市委、市政府在市区开源广场举行大会，宣布吴忠市正式成立以消防为主的应急救援支队，作为灾难应急救援的常备力量。市委书记白雪山、宁夏消防总队总队长刘赋德为应急救援支队揭牌。市委常委、政法委书记、市公安局局长徐耀向吴忠市消防支队支队长郭金忠授旗。

7月16日，吴忠市政府举行了抗震救灾应急救援拉动演练，吴忠市消防支队指挥中心接到市防震减灾领导小组的指令后，迅速调集机关全体官兵，特勤消防中队、利通区消防中队6车60人，携带消防特勤装备器材迅速赶赴利通区盛元广场集结，并向副市长何旭东报告了应急救援队伍集结待命情况。

8月11日0时40分，吴忠市同心县、盐池县和红寺堡区突降大到暴雨，同心县河西镇境内突降暴雨，降水量达53.5毫米，大雨导致山洪暴发，致使西干渠向北200米处决口，洪水淹没同心县河西镇建新村村庄和部分农田。吴忠支队接到报警后，迅速调集特勤中队，利通中队，红寺堡区中队和同心中队6车56名官兵，赶赴灾区进行抗洪救灾。共营救被困群众58人，疏散群众1000余人，拆除危房100余间，抢救群众财产5000余件，为同心县城以及灾民安置点送水10车120余吨。

2011年6月29日，以民政部优抚安置局副巡视员张俊华为组长，总后勤部政治部副秘书长戴新桥、全国双拥办政策研究组组长朱玉军、民政部优抚安置局退役士兵安置处副处长闫彩霞为成员的全国双拥工作考核验收组一行到吴忠市消防支队，检查考评争创“全国双拥模范城”示范点工作。自治区双拥办副主任、民政厅党组副书记、副厅长赵俊新，吴忠市双拥工作领导小组组长，市长吴玉才等领导以及吴忠支队政委陈国强陪同考核组一行检查工作。

2012年11月6日，吴忠支队正式成立了“吴忠市消防电影放映站”，市人大常委会副主任李焕民为吴忠市影剧院颁发了“吴忠市消防电影放映站”牌匾。“96119”火灾隐患投诉举报热线开通以来共受理2起火灾隐患投诉举报案件。

2014年，按照自治区为民办30件实事要求，为全市29个移民安置点新建消防水源并配备了消防器材，共建成3个消防水池、126个消火栓，实现了移民区消防水源全覆盖的目标，城乡消防基础设施建设进一步夯实。

2015年，组织官兵对311家重点单位内部建筑消防设施的供水能力、作战环境以及远程供水和特种车辆实地占位测试，对全市范围内37家易燃易爆场所、20家社会福利机构、5家文物古建筑逐一进行熟悉、演练，修订完善预案，切实做到灭火作战规范化、程序化。全力推动全市和6个县(区)、29个建制镇全部编制消防专业规划并批转实施，新建3支农村专职消防队，通过建章立制、考核评比等措施，进一步规范了全市16支农村消防队运行管理，探索实施区域联防协防机制，农村火灾防控基础进一步夯实。全市新增消火栓146个，维修消火栓200个，实有率和完好率分别达到93%和97%，消火栓欠账问题得到实质性解决。

2016年，消防支队以夏季消防检查、G20杭州峰会安保、冬春火灾防控工作等重大安保、专项活动为契机，推动教育、民政、文化、旅游局等八部门实施行业系统消防安全标准化管理。督促全市311家重点单位全部实现“户籍化”管理，落实“三项备案”制度。推动民政、教育等部门在福利机构、中小学校、老旧居民住宅等场所安装独立式感烟火灾探测报警器1094个，简易喷淋200套，有效增强了社会面火灾防控能力。圆满完成了全年市政消火栓的建设任务，年内新增市政消火栓101个，实有率和完好率分别达到了96%、98%。全年检查单位11760家次，发现并督促整改火灾隐患或消防违法行为10197处，临时查封场所55处，“三停”单位47家，罚款199.19万元，有效消除一大批突出隐患，全市未发生较大以上火灾。

2017年，支队在全区率先开展“火患清零”行动，按时限实行“清零管理”，切实消除了一批火灾隐患，确保了全市火灾形势的平稳。共检查社会单位14979家，督促整改火灾隐患12720处，办理行政处罚案件508起，临时查封76家，责令三停74家，罚款273.63万元，行政拘留49人，查、改、罚、停、拘五项执法数据同比2016年分别上升22%、25.5%、20%、38.2%和2350%。提请政府挂牌督办的6家重大火灾隐患单位已全部督促整改完毕。

2018年，共检查单位场所16686家次，发现并督促整改火灾隐患14853处，责令“三停”79家，行政处罚489起，临时查封80处，拘留52人，罚款293.7万元。“查、罚、改、封、停、拘”六项指标分别上升12%、17%、19%、7%、10%和6%。

筛查发现重大火灾隐患单位10家，提请市级政府挂牌督办3家，县区级政府挂牌7家，逐一明确整改责任和防范措施，并联合媒体对隐患单位进行集中统一曝光，形成高压态势，倒逼社会单位严格落实责任、限期整改到位。

新建市政消火栓78个，建有率、完好率分别达到98.9%和99.2%。安装独立式感烟火灾探测报警器906个，安装简易喷淋484套。推动全市110个小区安装电动自行车充电设施，新增安装电气火灾监控系统15套。全市46个大网格、575个中网格和2903个小网格全部落实“网格化”管理，472个微型消防站、33个联防小组全部落实区域联防措施，社会消防安全基础更加厚实，有效增强了火灾防控能力。

吴忠市消防支队印制的宣传手册(2014年2月20日)

三、消防宣传

20世纪50年代，吴忠公安即把防火工作列入“四防”内容之一，采取张贴标语、印发宣传材料、召开会议宣讲等形式，广泛深入地开展群众性的防火宣传教育工作。60年代，针对不同情况，因地制宜地开展防火宣传。特别是冬春季和农村夏收期间的防火宣传。编印防火资料、电器设备防火、麦场防火须知等宣传材料，召开会议、制作幻灯片，利用有线广播和图片流动展览等形式进行防火宣传，提高了群众的防火警惕性。

2010年，举办培训班78期，培训8238人；2011年，举办培训班103期，培训10014人；2012年，举办培训班155期，培训43998人。2012年12月10日，吴忠市制作的7块大型广告牌成消防宣传主阵地。2013年，举办培训班122期，培训34864人。

吴忠消防支队不断创新消防宣传方式，大力拓宽消防宣传领域，积极发挥消防公益广告的良好效应，充分营造全市消防宣传教育的浓厚氛围。结合当前消防安全保卫战各项工作，坚持从实际出发，采取多种形式，多种手段，通过电视、广播、报纸、消防宣传车、印发资料、户外视屏、公益广告、宣传栏等广大人民群众喜闻乐见的宣传形式，大力开展消防安全知识宣传教育活动，全面拓宽了群众学习掌握消防安全常识的途径，在全社会掀起了普及消防知识、学习消防知识的热潮，受到了广大群众的一致好评。支队以及各大队纷纷在辖区高速路口和繁华街道新设以“96119”为主题的大型户外消防宣传广告牌，进一步丰富了消防宣传载体，拓宽了宣传覆盖面。多块大型消防宣传广告牌设计新颖，制作精美，均坐落在市区繁华街道和高速路附近，宣传标语醒目了然，画面美观大方，吸引了众多过往群众的眼球，逐渐成为一道引人注目、独特亮丽

2014年1月21日，吴忠市消防支队开展消防安全进社区活动

的风景线，开辟了全市消防宣传的又一新阵地，进一步扩大了消防宣传的覆盖面，极大地提高了人民群众的消防安全意识。其间，支队多次与市委宣传部、市城建局取得联系，多方协调沟通，争取到相关职能部门对消防工作的大力支持。支队将继续在城区主街道、黄河公园等地制作新的消防展板和消防灯箱广告，不断扩大消防宣传覆盖面，努力营造良好的消防安全氛围。

2013年，吴忠消防支队与市教育局、职业技能学校开展学校宣传活动10次、农民工消防技能培训5期；组织全市1200名消防安全管理人员进行了消防职业培训；在吴忠电视台创办了《平安吴忠》119专题栏目，策划开展了"3·15消防宣传""119万人大体验活动"等8次大型宣传活动，营造了"人人关注消防"的浓厚氛围。全年共举办消防各种培训班142期次，参加培训人员5万人次，开展消防宣传"九进"活动186次，接受消防教育群众达到30万人。

2014年，消防支队组织全市28万名学生和50万名家长共同完成消防知识答卷活动，并会同市教育局对校园消防宣传"七个一"活动进行考核验收。联合多部门集中开展了"春节消防进万家""九九平安"消防宣传、"119"消防宣传日等消防宣传专题活动，发放宣传资料和宣传品10万余份。拍摄制作了消防时装秀和5部家庭消防动漫。深入开展了公益性消防安全培训教育工作，举办培训班175期，培训35728人，在中央级、国家级媒体刊发稿件26篇，在其他各级、各类新闻媒体上刊发消防新闻600余条，消防知识更加深入人心。

2015年，支队开展了消防进万家、119宣传月等主题宣传活动，在重要节日、节点全面开展"八进"活动和公益性消防培训工作，印制消防鼠标垫、消防雨伞、消防扑克、消防手提袋等宣传品10万余份。全年，共开展八进宣传活动40余 次，发放宣传资料和宣传品15万份。严格落实每周一训工作，在执法过程中兼顾消防宣传，积极开展公益性消防培训374期，以及"10分钟"小培训830余次，培养"消防安全明白人"12万余人。开展了全市交通运输行业"百千万"消防宣传活动。联合市教育局在所有大、中专院校开展了 "消防进军训"活动，受教育学生1.4万人，实现了四个100%的宣传目标。积极动员学生当一次消防志愿者，与家人共同读一本消防书籍、做一份消防答卷、查一次家庭火患 "三个一"活动，取得了良好的消防宣传教育效果，校园消防宣传常态化机制更加稳固。邀请全国道德模范王兰花等担任"回乡消防宣传大使"，依托远近闻名的"兰花热心公益小组"成立了"回乡兰花消防志愿服务队"，定期开展消防宣传教育活动，进一步提升了宣传教育的广度和深度。分别组建了吴忠市火灾隐患拍客团、利通区拥军妈妈消防宣传队12支特色消防志愿服务团队，进一步构建了"人人参与消防、人人关注消防"的良好局面。

2016年，在吴忠电视台开设"平安119"主题专栏，在黄金时段播出消防专题节目、消防动漫30次，协调吴忠中达、国贸和恒大三大影院影前播出消防公益广告15000余次。利用宣传车开展消防宣传进企业、进乡镇、进社区、进广场130次，利用大屏幕滚动播放家庭火灾警示案例40余部。通过微信微博新媒体推出《小陈说消防》全新微信有奖竞答栏目，组织2000余人参加了答题活动，社会反响强烈。全年累计在中央级媒体刊发稿件19篇，在国家级媒体刊发稿件12条，在省级媒体刊发各类稿件276篇，在各级主流门户网站刊发稿件1215篇。

2018年，支队充分借助和利用广播、电视、网络、报纸等媒体向社会群体开展消防安全常识和逃生自救知识宣传。与吴忠电视台、《吴忠日报》、移动公司、网易新闻、邮政公司等媒体和单位签订全年宣传协议并不间断开展消防宣传，在各级、各类媒体刊播新闻稿件1200余条，在中央电视台播出新闻13条，在中央级报刊《中国应急管理报》刊发新闻2条，在国家级媒体《人民公安报·消防周刊》发稿9篇，全面建强消防宣传阵地，形成宣传工作铺天盖地之势。

积极开展宣传"八进"活动，开展各类消防宣传80余次，举办公益性培训班334期，培训人员5.2万余人，发放宣传资料16万份，向全社会全面普及消防安全常识、消防法律法规以及逃生自救知识。

在全国两会、端午节、国庆等重要节点开展大规模的消防集中宣传活动16次，策划开展了"防灾减灾日""安全生产月"、119消防宣传月、"全民消防我行动"、学校寒暑假消防宣传等大型宣传活动，着力普及群众消防常识。"吴忠兰花消防志愿服务队"作为全区唯一社会公益组织获评"全国第四届119消防奖先进集体",推报的优秀示范课程获评"全国100个优秀课件",支队获"自治区儿童消防绘画作文评选竞赛活动优秀组织奖"。

四、军民共建

军民共建,以增强军民凝聚力,提高部队战斗力,提升部队官兵和地方干部职工全面素质为重点,不断推动军民共建活动向深度和广度发展。

2006年1月21日,吴忠市消防支队青铜峡大(中)队28名官兵捐款700余元为辖区90岁高龄的孤寡老人魏某山和4户军烈属购买了过年食品。当日,盐池大队干部踊跃捐款,深入辖区居委会看望慰问了身患重病的困难户张某霞一家和下岗工人冯某林一家,以实际行动帮助群众排忧解难、欢度新春佳节,得到了人民群众的高度称赞。1月25日,吴忠市消防支队政治处主任孟斌一行3人代表支队党委到利通区板桥乡菜桥三队、秦渠社区罗渠村一队分别看望并慰问了伤残军人家属张某成及孤寡老人李某英,为他们送去了米面油等过节食品,表达了消防官兵对人民群众的关爱之情。3月8日晚,利通区消防中队20多名官兵参加了由吴忠百货大楼、朝阳社区、利通区消防中队及大中电器四家共建单位共同举办的"庆祝'三八'妇女节联谊会"。4月5日,吴忠支队组织官兵先后参加了吴忠市清明节祭扫涝河桥烈士陵园和首条"双拥路"揭牌仪式等大型军民共建活动。4月7日上午,吴忠支队官兵参加了市政府组织的"军民共建滨河生态林"义务植树活动。

2007年3月29日,吴忠市滨河绿化及春季植树造林活动在吴忠市西郊拉开序幕,吴忠消防支队在保证正常值勤灭火任务的情况下,出动支队机关、利通区消防中队、青铜峡市消防中队和新兵集训队官兵共98人参加了此次活动。4月17日,吴忠消防支队与市自来水公司举行警民共建牵手仪式。吴忠消防支队的40余名官兵与市自来水公司近300名职工参加了仪式。11月28日上午,吴忠消防支队组织开展了"送温暖献爱心一日捐"活动,支队党委成员、机关全体官兵共30余人参加了捐款仪式。

2008年6月12日晚,吴忠市广电局等单位在吴忠市体育馆联合举办了"爱让我们共同奋进"大型赈灾公益晚会,吴忠消防支队参加抗震救灾的30名官兵的英雄事迹再次感动了回乡人民。7月15日,吴忠市消防支队受共建单位吴忠市烟草专卖局的邀请,参加了由吴忠市安全生产委员会、吴忠市烟草公司联合举办的2008年"消防、交通安全知识竞赛"活动,吴忠支队政治处主任陆勇代表支队出席了竞赛活动。7月17日,吴忠市民政局双拥办邀请吴忠市老年书法家协会成员走进吴忠消防支队机关,与支队全体官兵举行了座谈,并现场挥毫泼墨,用书法的艺术形式表达了对消防工作的支持和对消防官兵的赞美。7月18日晚,全区公安机关"清凉宁夏"广场文艺演出在银川市光明广场举行。吴忠消防支队选送的作品《烈火铸警魂》凭借真实的故事、生动的形象、精彩的表演、真挚的情感打动了在场评委,取得了二等奖的佳绩。7月31日,吴忠市委常委、政法委书记、市公安局局长陈建军,市人大常委会副主任张广庆,副市长沈左权,市政协副主席等四套班子领导及有关部门负责人到吴忠支队机关,看望慰问了消防官兵,并与支队部分党委成员进行了座谈。8月8日,吴忠支队积极响应市委、市政府的号召,按照市爱卫会的统一部署,组织官兵30余人对利通区寨源路段进行了全面打扫清理。12月4日应支队邀请,吴忠市东大寺回族书法家田金财阿訇体验红门、学习红门,用手中的画笔抒发对消防官兵的赞美,再谱人人关心消防、人人参与消防、人人学习消防新篇章。12月25日,由中央文明办、宁夏回族自治区党委宣传部、自治区文明办等共同主办的"中国好人榜"暨宁夏"孝德之星"颁奖大会在宁夏人民会堂举行。吴忠市消防支队副参谋长李有东、利通区消防中队中队长潘海斌获"孝德之星"称号。

2009年3月5日,吴忠支队组织官兵积极参加了市团委举行的以"弘扬雷锋精神,参与志愿服务,构建和谐社会"为主题的志愿服务活动。4月1日,吴忠支队响应吴忠市委、市政府的号召,组织官兵参加了全市植树造林活动。7月3日晚,由吴忠市委宣传部、市文明办、市文体局主办,吴忠市公安局承办的以"多彩吴忠、警察风采"为主题的广场文艺演出在吴忠市唐风广场隆重举行。自治区、吴忠市的相关领导、社会各界人士、武警消防官兵以及当地群众观看了演出。吴忠消防支队表演的舞蹈《红门尖兵》给现场的观众留下了深刻的影响。7月30日,吴忠市文联主席杨金龙带领市书法协会、舞蹈协会的艺术家一行十几人到吴忠市消防支队特勤中队，以歌舞书画等形式看望慰问了消防官兵。吴忠消防支队支队长郭金忠，政委陈国强，副支队长孟斌、张学海，参谋长姜文武，政治处主任陆勇与艺术家们举行了座谈并参加了慰问活动。7月31日，吴忠消防支队与吴忠宾馆联合举办了“庆祝中国人民解放军建军82周年联谊会”。吴忠市副市长沈左权，总队宣传中心主任何杰等领导到会并向支队全体官兵及家属表示了节日的祝贺和亲切的慰问，吴忠支队官兵、官兵家属以及吴忠宾馆员工等参加了联谊会。8月6日，吴忠支队组织开展了向中部干旱带受灾群众捐赠物资活动。支队党委成员、机关干部、特勤中队全体官兵共50余人参加了捐赠物资仪式。9月26日，吴忠市金积镇因自来水管道出现问题停水一周，导致该镇几条主要街道近千户居民生活用水无法保障。吴忠消防支队了解此事后，立即调派利通中队出动两辆大吨位水罐车前往金积镇帮助居民解决用水问题。11月23日，吴忠市利通区中华社区、古城社区、秦渠社区等多个社区的群众居民自发组织来到利通区消防中队，看望慰问了即将复退的老兵。2009年12月30日晚上，吴忠市消防支队与吴忠市烟草专卖局联合举行了“迎元旦”联谊会，支队政治委员陈国强及部分党委成员带领机关、特勤30余名官兵参加了联谊会。

2010年3月4日，吴忠市团委举办了“共青团组织与困难青年结对帮扶仪式”。利通消防中队参加了活动仪式并签订了帮扶责任书。4月1日，吴忠支队组织官兵到青铜峡市余家桥革命烈士陵园进行了扫墓，重温了入党誓词。4月29日，宁夏军区及驻宁部队向红寺堡区援建学校捐赠计算机仪式在红寺堡中心广场举行。宁夏消防总队和吴忠消防支队共向红寺堡区援建学校捐赠15台计算机。5月10日，吴忠市高级中学由于建筑施工导致自来水管道断裂，1000多名师生的生活用水“告急”。吴忠消防支队接到命令后，及时出动一辆大吨位水罐消防车赶往学校，解决了师生的用水困难。5月21日，吴忠市政府在利通区清真东大寺举办了“科学发展、国策法规、综合服务”进宗教场所活动。吴忠消防支队组织官兵参加了活动，并为群众赠送了消防宣传资料和灭火器。6月2日，自治区民政厅厅长马廷礼一行深入吴忠市利通区清真东大寺和胜利镇秦渠社区，对吴忠市消防部队“警民共建”工作进行了观摩考察，并提出了宝贵的建设性意见和建议。吴忠市委常委张锋、副市长李学文，消防支队张学海副支队长等陪同了调研。8月3日，吴忠市房地产业协会各老总集聚吴忠消防支队，为支队捐助了30万元。吴忠支队为房地产业协会准备了部队军用迷彩服，以表谢意，同时希望多交流，多走进军营体验生活。7月29日，吴忠市召开全市双拥工作表彰大会暨创建双拥模范城攻坚大会。会议由赵永清副市长主持，市委书记白雪山、自治区民政厅副厅长沈克尼、吴忠市副市长李学文以及市双拥工作小组的领导参加了此次会议。会上对53个双拥工作先进集体和67名先进个人予以了表彰奖励，其中，吴忠市消防支队、利通区消防中队、青铜峡市消防中队以及青铜峡市消防中队指导员何玉玺榜上有名。7月29日，副市长杨培君，市政协副主席贺彩霞，市委秘书长周庆辉等领导和有关部门负责人到吴忠市消防支队机关，看望慰问了消防官兵。

2011年1月29日，吴忠支队举办了“2011年新春团拜会”。吴忠支队党委成员，支队机关，各大、中队官兵及家属、子女欢聚一堂、喜迎新春。3月8日晚，宁夏庆华集团公司全体员工带着他们的浓浓拥军情，带着对子弟兵的深情厚谊，与吴忠支队集训队50名新兵及太阳山消防大、中队官兵共同举办了庆“三八”警民共建联谊会。3月15日，石嘴山市民政局李副局长一行在吴忠市民政局、双拥办等领导的陪同下，考察了吴忠市利通区消防中队和清真东大寺“警寺共建”工作。3月2日，利通区消防中队组织官兵到吴忠市敬老院开展了“学雷锋日”主题党团日活动。3月4日，共青团同心县委举办了“心手相牵快乐成长”关爱农民工子女嘉年华活动启动仪式。同心消防大队与同心县河西镇春蕾小学结成帮扶对子并赠送了由同心大队官兵捐赠的价值2000元人民币的学习用品。7月12日，盐池中队官兵与盐池县北关清真寺开展警营共建活动。11月12日，宁夏公安消防总队向红寺堡一中捐赠图书仪式在红寺堡区政府阶梯教室举行。11月21日，太阳山中队与清真寺开展警营共建活动。12月7日，自治区第八次双拥工作命名表彰大会召开，吴忠市消防支队利通中队被命名为“军民共建先进单位”称号。

2012年1月18日晚上，吴忠消防支队全体党委成员，支队机关、各大中队官兵及家属、子女欢聚一堂喜迎新春、畅叙友情、互致祝愿，共迎新春佳节。吴忠市人大常委会副主任李国志、副市长马和清、政协副主席贺彩霞、吴忠市军分区司令员韩福振以及各市县党政军领导应邀参加了支队团拜会。团拜会在青铜峡大队舞蹈《盛世鼓舞》中拉开帷幕，女声独唱《最炫民族风》、印度舞蹈《女友嫁人了 新郎不是我》、相声《通讯员和战斗员》等十个节目一一登台亮相。其间，受邀的市党政军各级领导以及吴忠消防支队党委成员分别向官兵家属长期以来对消防工作的大力支持表示了衷心的感谢和崇高的敬意。晚会在一片欢乐祥和的喜庆氛围中圆满结束。3月27日，吴忠市秦渠社区“拥军妈妈服务队”来到利通中队与官兵共同迎接新兵下队。7月26日，吴忠市人大常委会副主任张卫国、市政协副主席贺彩霞、市委秘书长陈克安、市民政局局长谭兴玲等领导看望慰问了回乡消防官兵。8月2日，同心大队与共青团同心县委、中国移动同心分公司和武警同心中队等单位组织联谊会。9月21日，吴忠支队借助市政府在新区大寺举办“吴忠市综合服务进宗教场所活动”启动仪式有利时机，走进清真寺开展以“警寺共建、共创和谐”为主题的消防宣传活动。9月11日，红寺堡区大队全体官兵与红寺堡区回民中学4名贫困学生开展“一对一”捐资助学活动。11月16日，吴忠市“回乡拥军妈妈服务队”慰问利通区消防中队即将荣归故里的复退老兵。12月19日，吴忠支队邀请中国国画院副院长周玉兰等一行书画家走进警营，举办学习中共十八大精神书法笔会。

2012年，支队主动向社会汇报和介绍消防工作开展情况及部队建设情况，争取社会各界对消防工作的关心和支持，从活动中支队收到民众的建议75条，走访群众200余家，2013年，支队将延续在三访三评工作中的亮点和突出方法。二是开展警民联谊、联欢等活动。正面树立队伍形象，展示消防官兵良好精神风貌、畅通警民沟通渠道，2013年，支队举办“橙色消防、情牵回乡”警地联谊会，进一步促进部队与地方之间的交流。三是开展“开门评警”活动。通过召开警民共建座谈会等形式，广泛听取社会各界对消防工作的意见和建议，深入查摆部队在执勤灭火、消防监督、消防执法、服务态度以及执行“六个严禁”过程中存在的问题和不足，共同探讨消防工作面临的各类问题，为部队下阶段的教育整改工作明确了方向，提供了依据，进一步拓展了部队建设的思路。

2013年4月19日，吴忠市消防支队官兵参加义务植树活动

2013年2月1日，吴忠消防支队政治处主任黄建辉带领慰问组，在金银滩民政办工作人员的陪同下，走访慰问了部分军烈属，向他们送去了新春祝福。先后来到抗日老红军谷育才、复员军人马洪忠和烈士遗孀金玉莲家，并向他们送去米、面、油等慰问品和慰问金。交谈过程中，支队领导详细了解了军烈家属生活情况，叮嘱他们保重身体，坚强面对生活和困难。4月16日，吴忠支队官兵与300余名青年志愿者一起参加当天举办的义务植树活动，以实际行动为驻地再添新绿。5月31日上午，吴忠市妇联、市政府教育督导室、市消防支队联合在利通区八小举办“消防春蕾女童”助学仪式，首批30名“消防春蕾女童”接受吴忠市消防支队捐赠。先后与37个清真寺建立了警民共建关系，为100个清真寺“文化书屋”赠送了消防知识书籍、防火器材和宣传展板，定期组织官兵走进清真寺开展消防宣传、灭火演练等活动。支队组织官兵逢年过节定期看望慰问军烈属和困难群众，利通区秦渠社区还成立“拥军妈妈服务队”，走进消防部队与官兵开展帮扶结对活动，被中央、自治区、吴忠市媒体多次报道。吴忠支队结合当地民族区域文化，为进一步巩固和发展“军民鱼水情”的警政警民关系，回报驻地党委、政府及人民群众对消防部队的关心和厚爱，在积极做好防火灭

火等各项中心工作的基础上，采用多种形式掀起了军爱民、民拥军、军民团结一家亲的浓厚氛围，增强警地警民情谊，加深了警地警民感情。

2014年，吴忠支队和社区单位共同谋划出这一双拥共建新平台，通过留下"小愿望"、收集"小纸签"、凝聚"微力量"、点亮"微心愿"的新形式，进一步践行"全心全意为人民服务"的根本宗旨，努力构建"军爱民、民拥军，军民鱼水一家亲"的新型警政警民关系，使拥政爱民活动取得了良好的成效。

与地方36家单位(包含3座清真寺、4所学校)建立了警民共建关系，开展警民联谊、义务劳动、走访慰问、消防宣传等各类公益活动130余次。

充分听取民声、民意，在社区单位的公告栏等醒目位置设置了"微心愿墙"，社区群众可以将遇到的困难写在小纸签上，公布在心愿墙上，消防官兵定期收集这些心愿；同时公布"微心愿热线电话"，有困难直接找消防官兵。活动开展以来，支队共收集"微心愿"40余条，接听"微心愿热线电话"90余次。

吴忠支队官兵先后走进社区单位开展双拥互助活动110余次，帮助群众420余人次，送出米、面、油等慰问品100多件。

2015年，吴忠市消防支队坚持把双拥工作摆在重要位置，紧紧围绕形势任务需要和部队建设实际，出色地完成了以防火灭火和抢险救援为中心工作的消防安全保卫任务，不断健全双拥工作机制，积极部署爱民实践活动，巩固了同呼吸、共命运、心连心的新型警政警民关系。

以构建"和谐回乡、平安吴忠"为主线，成立了以支队军政首长任组长的双拥工作领导小组，建立"党委统一领导、军政主官亲自抓、政治机关具体抓、各方面齐抓共管"的良好工作格局。把拥政爱民教育作为部队经常性思想教育的重要内容，在元旦、春节、五一、国庆等重大节日期间、在学雷锋日、庆祝建军88周年活动期间，以及在新兵入伍、老兵复退等工作中，集中开展拥政爱民教育。利用地方企事业单位到部队慰问之机，采取召开座谈会、警民联谊会等形式，充分听取共建单位对消防工作和部队建设的意见和建议，加强与共建单位的联系，积极构建和谐的警民关系。

立足岗位实践，满腔热血守护平安。近年来，支队认真履行防火灭火职责，组织开展了夏季消防检查工作、今冬明春火灾防控工作、重大火灾隐患集中整治等专项整治行动，积极整改火灾隐患，确保了社会面火灾形势的持续稳定。

2015年，部队共接警1951起，出动消防车2147辆次，消防官兵14331人次，抢救被困人员237人，抢救财产价值近7亿元。支队依托警寺共建活动平台全面推进清真寺消防宣传教育活动，在利通区东大寺等16个清真寺成立义务消防宣传队，为周围的人民群众传播消防安全知识，编印清真寺消防常识宣讲稿发放到全市1300余座清真寺的阿訇手中，动员阿訇当好"回乡消防宣传员"，引导广大回族同胞积极参与和互动。依托远近闻名的"兰花热心公益小组"成立了"回乡兰花消防志愿服务队"定期开展消防宣传教育活动，组建了利通区拥军妈妈消防宣传队等12支特色消防志愿服务团队，帮助人民群众增强火灾防范意识和火场逃生能力。

注重服务保障，心系群众排忧解难。支队认真落实从优待警政策，2015年，在市教育局的帮助下，解决了5名官兵子女入托问题，联合"兰花热心公益小组"为官兵发放"拥军优惠卡"，真正将从优待警工作做到了实处。与市妇女联合会建立了帮建关系，开展了"消防春蕾生"爱心捐助公益活动，为22名贫困学生捐助了图书和文体用品，自2013年，全支队已累计捐款4余万元，资助困难学生52名。在元旦、春节等节日期间，广泛开展"送温暖、献爱心"活动，积极组织慰问辖区的老革命、革命烈士家属和困难群众，积极开展扶贫帮困活动。

2016年，制订了消防监督业务培训计划，对监督员、消防文员采取"每日一学、每周一训、每月一考、以会代训、集中培训、实践教学"等方式，对全体55名监督员、56名文员分批次进行封闭式培训。对全市47个派出所122名专兼职民警开展了业务培训，进一步提升派出所消防工作水平，全面加强执法队伍建设。每季度开展网上执法质量考评和基层大队执法互查活动，强化监督执法基础，提升了执法规范化水平。创新开展"多规合一"

一体化窗口试点改造工程，将消防窗口与建设、规划窗口合并，施行三部门联审联办措施，简化程序，提升效率，真正兑现“一窗式受理、一站式审批、一条龙服务”的承诺。

2017年，继续推进基层基础建设，对指挥中心及特勤中队营房外墙进行维修改造，盐池县工业园区消防站顺利竣工，同心县老城区消防站已开工建设，部队基础建设多点开花。共投入1113万元采购了4辆消防车、4355件(套)装备器材，为青铜峡、同心大队各采购的1辆登高平台消防车投入执勤。倾斜偏远单位基础建设，协调市政府为太阳山大队购置了1辆8吨水罐消防车，支队车辆装备结构更加优化。

依托社会资源建立保障体系，与利通区新百连锁超市、吴忠市宏泰汽车修理厂等5家地方机构签订遂行保障协议，开展装备技术和生活物资战勤保障实战拉动演练5次，切实加强了支队应急物资保障工作和遂行保障能力建设。接地气爱警惠警，通过集中购置、政府划拨等方式，为官兵解决了20套公寓房，投入100万元办好官兵健康体检等十件实事。全覆盖聚焦实战，邀请装备厂商专业技术人员，抽选精干装备技师组成装备维修服务队，不间断全覆盖对执勤中队车辆装备进行巡查巡检，共检修车辆240台(次)、器材装备11535件(套)，发现整改问题155处，做到“小故障不过夜，大故障不过周”。

2018年，共落实地方业务经费预算4855.8万元(保障性经费3270.2万元，专项经费1585.6万元)。严格改革期间经费管理，通过采取自查与核查的方式开展资产清查工作，定期对资产账和会计账进行核对，投入1157.2万元购置各类消防车13辆，各类装备器材2855件(套)，积极开展灭火救援装备创新发明，发明了移动式外墙供水接口、海底阀应急启动装置等6项“小发明、小创造、小革新”装备成果。加快营房建设和维修改造步伐，力推全市消防队伍基础建设驶入“快车道”。投入572万元建成支队战勤保障大队物资储备库，并对盐池大队、太阳山大队以及特勤中队营房进行维修改造；协调同心县投入1400万元建设的老城区消防站已完成主体工程；投资860万元的盐池县第三消防站项目顺利建成；投入7万余元用于购置帐篷、野外就餐桌椅，补充更换临期物资；充分利用“两室一站”，对全市342个空气呼吸器气瓶进行检测，先后完成了“5·12”地震救援、“6·6”跨区域增援拉动以及参与“9·5”银川佳通轮胎厂火灾扑救等实战和演练保障任务。

第四节　火灾救援

2012年11月2日，宁夏迎来大风降温天气，15时至18时3个小时内，吴忠市利通区、同心县、青铜峡市三地共发生火灾54起，吴忠市消防部门共出动消防车75辆次，出动消防救援人员525人次，挽救财产损失6万元。火灾主要发生在同心县河西镇、丁唐镇；青铜峡市的大坝镇、小坝镇；利通区的金积镇和高闸等偏远农村地区。54起火灾中，46起为农村柴草火灾，8起为房屋火灾。三区、市、县消防中队全部车辆和人员都出动，消防官兵基本上在火场之间奔波，没有休息时间，救援活动一直持续到当日22时。

2014年4月30日，吴忠市消防支队官兵在扑救“4·30”仓库火灾

2014年，吴忠消防支队举办了第二届“打造回乡消防铁军”比武竞赛活动，提升了部队“打大仗、打恶仗、打硬仗”实战能力水平。成功处置了利通区“4·30”左营村村部仓库火灾、盐池县“10·23”仓库火灾等各类急、难、险、重任务。截至年底，部队共接警出动1622次，出动消防车1795辆次，消防官兵11951人次，抢救和疏散被困人员161人，抢救和保护财产价值近6亿元。

2015年，全市发生火灾2048起，出动消防车辆2283车次，出动消防官兵15229人次，抢救被困人员257人，抢救财产价值70000万元。2016年发生火灾2431起，出动消防车辆2368车次，出动消防官兵20010人次，抢救被困人员2800名，抢救财产价值20581.6万元。

2018年1月13日，一辆槽罐车侧翻后，消防员第一时间赶赴现场救援

2016年，全市消防部队共接警出动2324次（火灾410起，抢险救援386起），消防官兵19140人次，抢救疏散被困人员2566人，抢救财产价值20581.6万元。部队先后成功扑救了“4·11”青铜峡库区鸟岛森林火灾和“6·24”吴忠新区清真大寺火灾。圆满完成了“6·2”盐池县醋酸乙烯槽罐车侧翻泄漏、“6·7”嘉华化工液溴泄漏以及“6·13”高速公路丁烷槽罐车侧翻救援等急难险重任务。

2017年，吴忠消防支队坚决贯彻部局、总队和吴忠市委、市政府决策部署，紧扣“严、细、实、准、效”发展主线，团结带领全体官兵，聚焦风险抓防控，服务中心促发展，全市火灾形势平稳，部队安全稳定，圆满完成了中共十九大等重大活动消防安保工作，成功处置了“6·8”利通区伊香园食用油有限公司仓库火灾、“6·9”省道101线异丁烷槽罐车侧翻等各类急难险重任务，消防工作和部队建设呈现形稳势好、稳中趋优的良好发展态势。

2018年，吴忠消防支队坚持以习近平新时代中国特色社会主义思想为统领，牢牢把握以人民为中心的发展思想，紧紧围绕消防改革转制大局，全面贯彻落实总、支队党委（扩大）会议精神，全体指战员牢固树立“四个意识”、坚定“四个自信”，不忘初心、牢记使命，聚焦主业、奋勇担当，实现了队伍管理和火灾形势“双稳定”的既定目标，为吴忠经济社会发展创造了平安和谐美丽的消防安全环境，成功处置青铜峡“11·12”仓库火灾、同心“1·14”油罐车泄漏起火等10余起有影响的灾害事故提供了高效的通信保障。全市全年消防队伍共接警2368起，出动车辆4274辆，出动指战员29870人次，抢救和疏散被困人员6904人，抢救财产价值8825.2万元，全市共发生火灾468起，直接财产损失613万元，连续15年未发生较大以上火灾事故。

2000—2020年吴忠市火灾情况表

表18

年份	火灾起数（起）	出动车辆（辆）	出动人员（人）	死亡人数（人）	受伤人数（人）	抢救被困人数（人）	直接财产损失（万元）	抢救财产价值（万元）
2000年	820	1055	7342	4	7	0	100.6	47.6
2001年	836	1035	7250	0	3	0	68.2	24.6
2002年	977	1012	7750	4	5	55	74.1	178.2
2003年	718	828	6255	1	1	0	70.6	93.1
2004年	1026	1104	6841	0	5	0	90.4	849.3
2005年	933	973	7060	0	0	0	46.2	25095.4
2006年	888	930	6214	2	1	2	158.1	1059.7
2007年	852	950	6131	0	0	7	87.6	22055.4
2008年	774	847	5451	1	0	36	84.8	243.1
2009年	860	948	5900	2	0	59	89.7	613.1

续表18

年份	火灾起数(起)	出动车辆(辆)	出动人员(人)	死亡人数(人)	受伤人数(人)	抢救被困人数(人)	直接财产损失(万元)	抢救财产价值(万元)
2010年	804	876	5392	0	0	26	941.5	573.1
2011年	720	772	4898	0	0	44	61.1	168.5
2012年	1020	1120	7625	0	0	9	174.3	561.2
2013年	930	1082	7194	1	0	5	839.3	12522.7
2014年	733	849	5627	3	3	37	1232.7	2209.6

第六章

交通管理

JIAO TONG GUAN LI

第六章　交通管理

交通法规是国家法律的重要组成部分。交通管理，依照国家的交通法规，对车辆、驾驶人员、行人和道路交通实施统一管理。

交通管理的基本内容是车辆检验，驾驶人员考核，交通违章及交通事故处理，交通秩序的维护，交通信号指挥与控制，交通警卫，人行道、车行道及停车场所的管理，交通标志、道路交通标线、隔离墩、安全岛和护栏等道路交通安全设施的布设，交通的合理组织，交通法规的制定与执行以及交通安全的宣传教育。

第一节　机构沿革

中国早在周朝时就设有司险，即交通监督官管理交通。自古以来，历代的统治者都有类似交通法规的律令。城内道路，九经九纬，天子行中央道，一般官吏及庶民行边道，男行右，女行左，互不相逢。天子行中道，为历代所沿用。

民国时期，北洋政府袁世凯为强化警察统治，颁布交通法规，着重于各种车辆的管理，规定了各种车辆和驾驶人员应遵守的事宜。1934年，国民政府内政部公布《陆上交通管理规则》，规定行人和各种车辆须靠左侧行驶。1946年，国民政府内政部将原规定行人和车辆靠道路左侧行驶改为靠右侧行驶。

中华人民共和国成立后，吴忠公安贯彻执行公安部公布的《城市陆上交通管理暂行规则》和《城市交通规则》。规定：机关、军队、团体、企业、学校等部门的人员、车辆驾驶员、市民以及临时来往吴忠市的一切人员，都必须遵守细则，并听从交通民警指挥；驾驶车辆、赶、骑牲畜，都必须在道路的右边行进；没有经过吴忠市公安局的同意，不得占用人行道、车行道或进行其他妨碍交通的活动；铁路与街道交叉的路口，必须安装护栏等安全设备。规定民警使用指挥棒和信号灯指挥交通及准许通行、禁止通行和转弯的信号。还规定：车辆必须接受车辆检验机关的检验，领取牌照，并安装在指定的位置。机动车的行车执照必须随身携带，不得转借、涂改、损毁；车辆驾驶人员患有妨碍作业疾病或醉酒，不得驾驶车辆。骑自行车的时候不准：双手离把，两人共骑一车扶肩并行，攀扶其他车辆或撑伞，在人行道上乘骑及在人行道上横放，互相追逐或曲折竞驶，在繁华街道超速行驶，手中提携过重或面积过大、过长的物品，抢行快车道。规定行人必须遵守下列规定：必须在人行道行走，无人行道的必须靠右侧沿边行走，通过街道或交叉路口时，必须在划定的人行道线内通行，如无人行道线的地方，应左右瞻顾后在无车辆的空隙处通过，搬运笨重或面积过大的物品时，必须在车行道的右边行走，行人需要乘公共汽车时，必须在站台上候车。规定对违反细则的人，公安机关有权按情节轻重分别给予批评教育、警告、罚款、扣留驾驶执照、拘役处罚；因发生严重事故，需受刑事处分时，移送人民法院或人民检察院处理。从此，把城市交通秩序管理纳入了法治轨道。

1951年1月，吴忠市（县级）公安局成立交通民警班，负责交通管理，处理交通事故。1952年，交通警增至20人，改集日上岗为每日上岗，增设流动岗哨。1953年，取消交通警，交通管理业务移交交通部门管理。

1964年8月28日，公安部颁布《城市交通规则》。

1973年4月，银南地区革命委员会成立，下设一室十组，其中设有保卫组、安全生产组等，安全生产组从保卫组的公安处、交通处抽调3人，招聘10人，开展交通安全宣传，整顿交通秩序。1978年，吴忠市(县级)西环路开通，市内交通拥挤、秩序混乱的局面有所缓解。1982年，在利通街与胜利街、利通街与裕民街交叉路口各建交通岗亭1座，安装信号灯，结束了吴忠市区没有交通岗亭的历史。

1985年12月12日，吴忠市(县级)交通警察队成立，招收交通警察20名。同日，市政府发布《吴忠市城镇交通管理暂行规定》。

1986年10月7日，国务院下发《关于改革道路交通管理体制的通知》。12月，吴忠市交通监理站移交市公安局，并入交通警察队。

1986年12月24日，为适应交通管理任务变化，银南地区公安处设立银南地区公安处交通警察支队，对外称银南地区公安处交警支队，下设9个科、所和中队。

1988年10月18日，国务院颁布《中华人民共和国道路交通管理条例》，银南地区公安处印发了《关于整顿道路交通秩序的通告》，规定：除公安机关外，任何单位或个人不得在道路上设置检查站；任何单位或个人，不经批准，不得随意挖掘道路施工；严禁在公路上堆物、积肥、打场晒粮、搭棚盖房、挖沟排水；新建、改造大型建筑物和公共场所，必须设置相应规模的停车场，经公安机关批准后方准施工等。

1990年，银南地区公安处交通警察支队设秘书科、政工科、纪检组、后勤科、宣传科、交通秩序科、交通设施科、事故处理科、车辆管理所、非机动车管理所、交通控制中心、机动车驾驶员培训中心、特勤队，交通警察增至32人，3个交通岗亭全部安装自动控制信号灯，制路面交通标志线2000米，设置各种交通标志牌55个、隔离墩92个、隔离护栏98米、交通法规宣传栏1处。交警实行挂牌执勤，节假日和上下班高峰期增设流动岗哨，纠正违章。每月举办一期违章驾驶人员学习班，进行遵章守法教育，公民安全意识明显增强。

1991—1998年，交通管理工作针对交通“杂、乱、差”现象，集中整治。严格路检路查，强化交通安全管理。开展向济南交警学习活动，文明执勤，依法办公。加大宣传力度，做好驾驶员的考核考证、车辆审验工作。设交通岗亭6处，施划路面标线1.32万平方米，设各种标志牌114个、隔离墩306个、护栏3320米、宣传栏3处。

2010年，经批准“吴忠市公安局交通警察支队”更名为“吴忠市公安局交通管理局”。下设政办室、警务保障室、车辆管理所、秩序管理大队、法制宣传大队、5个职能科室队和6个县(市、区)交(巡)警大队，5个二级车管所，共有交通民(协)警594人，其中正式民警196人，工勤人员30人，协警368人；交通民警总人数占全市总人口0.043%(加上工勤和协警，比例为万分之四点三，正式民警数占比为万分之一点四)，协警人数占全市交通民警总数的61.95%，交通民警人均管控道路长度为11.24千米(以594人计算)。全市交警体制实行“条块结合、以块为主”的管理模式。其主要工作职责：收集、统计、上报交通安全、交通管理工作信息、数据，分析、研究全市交通安全状况，安排部署并组织实施交通管理工作，为社会各界和人民群众提供交通法律保障和服务；办理各类机动车检验、注册登记、年度检验和驾驶人资格审查、考核、办证；受理各类交通事故的调查、处理；承担各种大型警卫任务、重大庆典活动的交通管制、交通护卫；开展日常道路管控，维持交通秩序，纠正处罚交通安全违法行为，先期处置公路上发生的治安、刑事案件；负责社会各界和人民群众交通安全宣传教育，指导机动车驾驶员协会及其工作站的交通安全活动等。

2011年7月1日，为节省各县区车辆用户办理车管手续的往返成本，吴忠市公安局交管局决定，展开县级车辆管理所业务权限下放工作。根据市交管局《关于推进县级车辆管理部门业务权限下放工作的通知》要求，轻便、普通摩托车，三轮汽车，低速载货汽车的登记、检验合格标志核发及其牌证补发、换发业务，国产小型汽车的注册登记、检验合格标志核发及其机动车牌证补发、换发业务，轻便、普通摩托车、三轮汽车、低速载货汽车类驾驶证的申请、考试、发证、补发、换发业务，汽车类驾驶人科目一考试业务，汽车类驾驶证提交身体条件证明等业务下放至县级车辆管理部门办理。吴忠市公安交管部门相关负责人称，通过前期精心的筹备，并通过新闻媒体对车管业务权限下放工作进行了广泛宣传，切实提高群众的知晓率。同时，为方便车主领取号牌，市交管局已协调邮政速递公司开通号牌速递业务。

2013年，吴忠市公安局交通管理局为扎实做好交通安全管理工作，确保全市道路交通安全、有序、畅通，治安秩序良好，全市交警部门未雨绸缪，科学谋划，精心部署，做好做实各项工作。

市交管局成立督导检查组，强化源头管理。各交警大队安排专人对所有在用的客运车辆定期检验情况和所有客运驾驶人审验情况开展全面清理。对逾期未检验的客运车辆和逾期未审验的客运车辆驾驶人，采取边排查边告知，通过发出书面通知或者手机提示短信等方式，督促客运企业及其驾驶人尽快参加检审。严厉核查客运驾驶人违法记录。交管局已对客运驾驶人进行全面进行排查，要求各交警大队严格按照《国务院关于加强道路交通安全工作的意见》规定，对交通违法记满12分的，以及有酒驾、毒驾、超员20%以上、超速50%以上，或者12个月内有3次以上超速违法记录的客运驾驶人严格依法处罚。各交警大队积极组织各辖区内学校负责人、接送学生车辆驾驶人，所有客运企业驾驶人、危化品运输企业驾驶人及企业安全管理责任人进行一次面对面的交通安全教育。与企业安全管理责任人签订责任状，深入客运、危货企业和“五个一”教育基地开展文明交通安全宣传。抓重点，强化路面整治。市交管局将围绕抓好事故预防和维护良好道路通行秩序全面铺开管理工作，以交通事故预防为中心，以强化路面管控为基础，以严格规范执法为抓手，与整治严重违法行为专项行动，深入创建文明交通示范公路统筹开展，确保辖区道路安全、畅通、有序。

2014年，深入贯彻落实全市农村道路交通安全现场会精神，制定下发《关于加强全市农村道路交通安全工作的通知》，以乡镇、村“两站一室”建设为重点，强化农村交通安全基层组织建设并强化督导检查，使90%的乡镇、村建立了机构，确定了人员；开展生命防护工程建设，在国省道与县乡道路交叉口以及出村路口设立警示标牌，安装减速带，设置率达到95%以上，积极排查客运班线及校车通行的临水临崖、急弯陡坡路段，及时增设提示标牌、安装警示桩和防护栏；针对电动车管理混乱，严重影响交通环境问题，联合工商、质监、市场监管部门深入开展电动车违法专项整治，先后召开4次联席会，制定整治方案，强化联合执法，打击假冒伪劣，严格市场准入，从源头上遏制不合规电动车的生产和销售。市、区两级交管部门充分利用各类媒体、平台和活动载体，动员社会力量积极参与电动车安全宣传教育。加大违法车辆整治力度，先后查扣各类电动车1.5万余辆，同时立足长效，报请市政府研究出台电动车管理办法，规范电动车管理；强化市区拥堵路段违停问题专项治理，协调市创卫办、运管等部门联合建设9处违停自动抓拍电子监控设施，解决了重点路段时段机动车乱停乱放问题。

2015年，全市交管部门进一步加大道路交通安全管控力度，不断深化安全防范措施，严控交通安全四项指标，遏制了交通事故多发势头。

2016年，全市交通管理，采取多方借力，整合资源，推进道路交通安全工作社会化。加强与城建、交通等部门的横向沟通，巩固深化联席协调、督导检查、奖惩激励、长效巩固四项工作机制，建立协作和情况通报机制，强力推进交通安全综合治理工作。调动各级组织和社会力量，齐抓共管，全力压降和预防交通事故，有效遏制了较大以上事故多发态势。配合环保、运管等部门开展放射性物质泄漏和重特大交通事故应急演练，提高突发事故应急处置能力。

贯彻落实公安部139号令精神，新增七项便民服务新举措，开展预约、延时、留置等服务新模式，进一步简政放权，优化“一窗式一站式”服务，提升服务效能。

建立业务练兵长效机制。定期组织开展队列训练、体能训练、交通指挥手势操等业务练兵和比武竞赛活动，有计划组织开展业务培训，全面提高民警的身体素质和警务技能，提高执法执勤和处置各种突发事件的能力。

2018年，交通管理以新状态适应新常态，充分发挥职能作用，围绕“保畅通、保安全、防事故”的工作目标，砥砺奋进、顽强拼搏，做了大量艰苦细致、务实有效的工作，在推进全国文明城市创建中展示了交警风采，突出隐患整治，交通组织再优化，智慧交通再升级。

2019年，交管局内设5个部门，分别为政办室、警务保障室、秩序管理大队、法制宣传大队、车辆管理所。

2020年年底，交管局内设7个部门，分别为政办室、警务保障室、秩序管理大队、法制宣传大队、车辆管理所、交通管理一大队、交通管理二大队。

第二节　交通秩序管理

维护交通秩序，是交通管理工作的一项基本任务。市公安局交通管理部门依靠人民群众，按照交通法规严格实行科学管理。不断更新改善交通设施，加强岗勤管理，改善交通指挥；开展交通安全宣传，整顿交通秩序；调整疏导交通流量，提高道路通行力。

一、交通设施

市公安局交通管理部门依靠人民群众，按照交通法规严格实行科学管理，维护正常的交通秩序。利用工程技术、法治、教育等手段，正确处理道路交通中人、车、道之间的关系，使交通尽可能安全、通畅、公害小和能耗少。

中华人民共和国成立初期，多数路段没有交通指挥设施，主要由民警指挥。1973年5月银南地区公安处成立，在吴忠市区内新建和改建交通岗亭。1979年，对交通指挥的自动控制进行测试，研制交通指挥自动控制器。1981年吴忠市区安装了交通护栏，增设交通标志，进行勤务制度改革，把交通民警从岗亭里解放出来，采取点、线、面相结合的执勤方法，扩大了管理范围。在执勤活动中，坚持和发扬“纠正违章先敬礼”的好作风，做到执法必严、违法必究，文明执勤、礼貌待人。

银南地区公安处要求交通警察，在纠正交通违章做到“九要九不要”：1.要以教育为主，不要进行刁难；2.要坚持原则，不要感情用事；3.要态度和蔼，不要讽刺挖苦；4.要管严管好，不要放任自流；5.要宣传经常，不要时紧时松；6.要严守纪律，不要打人骂人；7.要耐心说服教育，不要激化矛盾；8.要实事求是，不要说假话；9.要谦虚谨慎，不要骄傲自满。

2007年，随着吴忠市区城市框架的逐步拉大、道路的拓展，交通信号灯设施在交通管理中的作用日渐凸显。红绿灯不仅用来传送法定指挥信号，对车流、人流进行指挥分流，还与机动车闯红灯记录仪对接后，对城区道路实行了有效监管，促使一大批交通违法者自觉遵守信号灯指挥，看灯行止，也缓解了交警部门警力不足压力。

2010年起，全银南地区在交通道路上大面积安装电子眼，通过网络记载交通道路上通行的车辆运行情况，有违章驾驶和超速行驶的，被电子眼记录下来的，通知违章者驾驶员在规定期限内主动到规定的银行将罚款清缴，严重的被吊销驾驶证。

2016年，积极协调城建、规划等部门，对市区主要路段、重点场所停车泊位、交通标线、隔离栏等交通设施进行优化，共施划标线1.25万平方米、停车泊位2000个，安装隔离护栏300米、隔离桩180个、各类标牌48套；精细配时，优化城区32个路口信号配时方案，提升市区主干道路通行效率；强化卡口及电警系统24小时维护，有效规范了道路通行秩序，提升了道路通行效率。

投入700多万元，在慈善、罗山大道建成电子警察和卡口系统13处，新建智能信号灯5处，遏制了事故多发势头。开通了23项网上服务业务，注册用户达7万人，办理预约考试业务2.36万笔，网上办牌办证等业务达11.7万笔，占全部窗口业务量的21.25%。

启动市区标志标线施划和黄标车限行标志标牌制作工程；投资25万元开展市区交通设施维护，共维修交通信号灯1400余次，施划标线3.5万平方米，更换安装标牌140块，维修更换隔离护栏450米。充分利用吴忠交警微信服务号、腾讯和新浪官方微博、吴忠交管小喇叭、QQ空间、微社区等自营性媒体平台开设“交通违法曝光台”等专栏，与主流媒体同步发布重大信息，积极回应网民关切。

2018年，新建智能交通电子警察监控设备和抓拍系统30处，精确打击查获违法车辆7674起，处罚7406起，多元精准发力，勤务效能再提升，道路管控再加强。加大违法行为打击力度，集中警力，重点围剿，形成严抓严管、顺势入轨的态势，先后开展酒驾毒驾、蓝天保卫战、机动车不礼让行人、电动车治理、涉牌涉证、百日安全等专项整治行动，通过动态巡逻、静态监管形成对严重交通违法行为常态化治理。

2019年，全市新增停车泊位1.9万余个、交通指示牌100套，施划标线7万余米，喷涂非机动车标志875个；建成电子监控设备40处、智能交通信号灯10处、电子抓拍设备2处、安装区间测速3处；3处共板通行改造有效改善了市区拥堵路段通行条件；主要路口高峰时段机动车交通守法率达到95%以上，非机动车和行人交通守法率达到90%以上，市区交通秩序大幅度改观。

二、交通安全教育

经常进行交通安全教育，提高群众遵守法规的自觉性，是维护城市交通秩序的一项根本措施。

随着市区经济的快速发展和城乡居民生活水平的提高，摩托车以代步工具进入寻常百姓家庭，数量迅猛增加，但事故也不断上升，每年摩托车交通事故都占事故总量的70%以上，已严重危害到了人民群众的生命、财产安全。

2007年8月28日下午，吴忠市公安局交警支队宣传民警将2辆被撞的车轮拧成了麻花、油箱下陷、把手断裂、部分机件已损坏的摩托车和事故现场图片展板一起放在吴忠市区义乌商城门前时，立刻拥来了大批的参观人群。宣传民警讲解事故发生在8月13日市区的宾河大道，2名摩托车驾驶人都因没戴安全头盔被当场撞死。通过特殊形式的教育，广大群众纷纷表示交通事故太可怕了，通过现场参观，真正感受到了“车祸猛于虎”的含义，骑摩托车要戴头盔。

9月26—29日，市公安局交警支队对市区8家客运企业负责人、驾驶员和机关公务车辆驾驶员分批进行安全培训教育，向各公司负责人、驾驶人以及机关公务车辆驾驶员通报了中宁县“9·16”和银川市“9·21”特大道路交通事故情况和吴忠市正在开展的道路交通安全集中整治工作情况，讲授交通安全法律知识、交通事故的危害性和交通安全应注意的事项，教育广大驾驶人在行车过程中要牢固树立自律意识，严格遵守交通法规，坚决杜绝乱停乱放、开特权车、霸王车等现象，坚决纠正开快车、超员乘车和违章驾驶等问题。同时要求各客运企业要深入查摆隐患，严格执行各项规章制度，树立“安全就是效益”的理念，预防群死群伤道路交通事故的发生。各客运企业负责人结合自身安全管理实际和9月全区2起事故的惨痛教训，就如何健全安全保障机制、强化安全管理措施等方面进行了广泛深入的讨论。最后，观看了由交警总队下发的交通安全警示教育片，观看了事故展览。交警支队结合培训，发放《遵章守法，从每一步做起》《请铭记血的教训，拒绝乘坐非客运车辆》等宣传资料近10000份，赠送《学生演讲光盘》21套、《宁夏道路交通安全条例》800本，展出事故展板8场次，每次76块，举办培训班6场次，共培训驾驶人1621人。

10月24日，交警支队联合运管部门在此设立宣传咨询点，摆放宣传展板，民警和执法人员走上街头，对机动车、非机动车及市民交通违法行为进行劝阻教育，提醒他们自觉遵守交通法规，配合交警、运管部门搞好城乡环境综合整治及绿化美化实施工作；向广大市民散发《关于开展城市道路交通秩序整治活动的公告》《致广大市民的一封公开信》等宣传材料，播放交通安全常识录音磁带。活动当日共出警6人次，散放宣传资料5000余份，发放《宁夏道路交通安全条例》500本，摆放宣传展板36块，接受群众咨询500余人次。

2011年10月19日公安部开展集中整治超速超员超载和疲劳驾驶专项行动以来，吴忠市公安局按照自治区公安厅交管局的总体安排部署，及时谋划，深入基层，采取有效措施，“三超一疲劳”专项整治行动全面展开，“三超一疲劳”专项整治活动为期5个月。成立了整治工作领导小组，制定下发《关于吴忠市做好集中整治“三超一疲劳”专项行动的工作方案》，促使这项行动不断地深入和推进。吴忠市公安局交管局于10月28日举行全市交警系统交通事故模拟现场处置业务技能大比武活动，通过公开比武的方式检验了各基层公安交警大队事故处理民警的执法水平和对重特大交通事故的现场处置能力，从而加强了民警规范化执法，推进执法规范化建设。

吴忠市公安局交通管理警察支队制作的交通安全宣传展板

各县(市、区)交(巡)警大队按照主题日的宣传要求,采取了媒体宣传报道、挂横幅、观看展板、发放宣传材料等多种宣传形式,共发放7500余份宣传材料,展出150余块宣传展板,1800余人参加了主题活动;在市、辖区刷写永久性宣传标语30条,悬挂"三超一疲劳"宣传标语35条;完成了市区的70块宣传标牌、24块红绿灯宣传牌的安装工作,对京藏高速公路青铜峡至吴忠段交通安全宣传擎天柱广告牌进行了制作。市交管局从源头抓起,加强对驾驶员的管理,加大对客运公司、货运企业及驾驶员的宣传力度。对956名驾驶员进行考前交通安全培训和对120名累积12分驾驶员进行交通安全行车再教育。同时,在客运公司和货运企业举办"三超一疲劳"教育培训,结合近期全国发生的典型交通事故,讲解安全行车常识、机动车"三超一疲劳"的危害和后果,大力宣传"三超一疲劳"危害性及严重后果,营造了良好社会氛围。

实施路面管控,是全面排查交通事故隐患的有力措施。市公安局交警支队加强各个车辆卡点的检查力度,对"三超一疲劳"严重交通违法行为实行"零容忍",确保过往车辆"零隐患";实行24小时轮班工作制,每天不间断地对路面进行巡查,加大了对重点时段各种车辆的检查。

2016年,贯彻落实公安部139号令精神,新增七项便民服务新举措,开展预约、延时、留置等服务新模式,进一步简政放权,优化"一窗式一站式"服务,提升服务效能。

全年开展各类宣传活动85期,在媒体发布图文及音视频宣传稿件971篇,推送、编发各类微信、微博信息3354条。在微信、微博等自媒体平台同步推送相关曝光视频节目15期,点击率达3万人次,在《吴忠日报》、吴忠电视台发布曝光稿件及节目22期。

联合宁夏电视台开展为期6个月"文明出行平安相伴"大型公益活动,圆满完成"不要随意变更车道、请勿疲劳驾驶、斑马线前请礼让行人、请按规定停放车辆"等6个主题贴标活动,形成服务品牌集群效应。"雷锋车队"荣获首届吴忠市"最佳服务组织"、车队"爱心送考黄丝带"获得"最佳志愿服务项目"称号。

2019年,立足传统媒体、善用新兴媒体,组织开展"文明交通劝导黄丝带"、文明交通"进万家"和文明交通"我参与"等活动;发动1800余名志愿者参与交通安全共治共管公益活动,开展交通安全宣传教育80余次,发放资料13万余份,受众4万余人次;利用广播、抖音、微信、微博平台开展了50余场次直播活动,发送短信17万余条;曝光交通违法人员2000余名,高风险企业8家,营造了声势浩大的宣传氛围。

2020年,初步建成"传统+网络媒体"和"七进宣传+社会氛围营造""四位一体"的大宣传格局,共开展各类主题宣传200余场次,发放宣传资料7万余份,受教育群众达10余万人次,利用"吴忠交警"多媒体平台实时推送信息1090条,曝光重点交通违法行为150余期8000余人次。结合"两个教育"组织志愿服务1.6万人次。

三、交通指挥

民国时期,交通指挥手段比较落后,直到中华人民共和国成立前夕,主要依靠手势指挥。

中华人民共和国成立初期,除沿用手势指挥交通外,还采用红、绿旗指挥,并用自制的铁皮喇叭筒呼喊行人,指挥交通。中华人民共和国成立以后,交通指挥沿用全国的统一规定,1951年公安部颁布的《城市陆上交通管理暂行规则》规定:"交通警指挥交通时,统一使用手势及指挥灯,必要时可兼用口令指挥之。"

1955年进行交通改革,公安部颁布的《城市交通规则》规定:"将手势指挥交通改为使用指挥棒指挥,逐步建立交通指挥信号灯。”1956年8月，吴忠市（县级）公安局制定的《城市交通规则实施细则》规定：“交通民警使用指挥棒指挥。”

1979年，银南地区公安处规定：1.凡使用交通指挥信号灯的岗口，一律用绿、黄、红单色指挥信号，绿黄双色指挥信号。2.绿灯亮时，准许车辆直行；在不妨碍直行车辆行驶的情况下，可左转弯，右转弯和调头；非机动车必须让机动车，行人要走人行道，交叉路口严禁超车。3.红灯亮时，禁止车辆通行；在不妨碍绿灯放行车辆行驶的情况下，准许向右转弯；已超过停车线的车辆可继续行驶。4.黄灯亮时，禁止一切车辆通行；已超过停车线的车辆可继续行驶。5.各种车辆行经交叉路口，遇有停车信号时，必须停在停车线以外。

1982年规定：交通指挥信号有交通信号灯、人行横道信号灯、交通指挥棒信号和辅助手势4种。

1990年，市区的交通岗口，普遍使用交通信号灯指挥，还在主要路口，使用车道信号灯和人行横道信号灯，并实现自动控制，从而为疏导指挥交通创造了安全、便利的条件。

四、车辆管理

车辆管理，是对机动车和非机动车进行安全监督管理。是保证安全行车，提高运输效率，维护社会治安秩序的一项基础工作。

清末、民国时期，吴忠地区没有机动车，警察机关主要管理的是人力车、畜力车。1934年，国民政府内政部颁布《陆上交通管理规则》，规定警察机关为交通管理的主要机关，各种车辆均须向警察机关或其他主管机关登记，经检验合格发给号牌及行车执照后方准行驶。

中华人民共和国成立后，随着经济建设的发展，各种车辆不断增加。公安机关根据各个时期上级颁发的有关规定，会同交通监理等部门，加强车辆管理，发挥了交通运输工具的效能，预防和减少交通事故，保障行车的安全。

1987年，银南地区公安处交通管理处车辆管理所成立。车管所始终坚持以群众满意为工作出发点和落脚点，积极创新工作机制和管理手段，有力地推动车管工作和队伍建设健康发展。

2002年，吴忠市机动车保有量为47924辆，2010年机动车保有量为195523辆，注册登记机动车增长5.3倍。

2011年机动车保有量为227097辆，2012年机动车保有量为255085辆，3年间逐年以每年提高13.7个百分点的速度增长，年增长率分别为16.3%、13.9%、11%，3年来年平均增长率为13.7%。

2012年，吴忠市公安局交通管理局有民警27人、工勤2人、协警48人。内设四个业务办，机动车、驾驶员、科目一驾驶人考试、科目二驾驶人考试、科目三驾驶人考试，担负着全市25.5万辆机动车和22.5万名驾驶人的业务管理工作。车管所业务大厅设9个服务窗口，主要负责办理准驾C3以上驾驶证的申领、考试、办证、换证、转籍、提交体检证明等；办理汽车的注册、转移、变更、报废、年度检验等登记管理；对吴忠市所辖5个县级车管所进行业务指导。

车管所是机动车行驶准入和驾驶人驾驶准入的关口，是预防和减少道路交通事故的首要环节。为不断改进和完善执法、管理与服务能力和水平，有效控制和自觉消除廉政风险，科学设置业务岗位和流程，明确了各办公室分管领导和重点岗位负责人，分解权力、分工协作、监督配合。在业务大厅东西两侧设置了四个业务受理岗，每个岗位两名民警，分别受理机动车和驾驶证业务。资料一律由车管所内部传递，工作全部在后台办公区域完成。减少了中间环节提高了工作效率，极大地方便了群众。机动车管理和驾驶人管理、考试等主要业务实行了计算机、信息化管理，从受理信息录入、业务审核、资料复核到发牌制证实行岗位分离，一环紧扣一环，呈流水线运作，各岗位环节相互监督制约。并推出了业务办理完结后的证件速递上门服务，两天之内送达当事人手中。受到了群众一致好评。

为了体现公平、公正、公开，在机动车选号环节车管所推出选号机选号和互联网选号两种方式供群众选择号牌，从源头上防止选“人情号”现象的发生。

将轻便、普通摩托车、三轮汽车及其他国产小型汽车的登记、检验合格标志核发及其机动车牌证补发、换发业务，轻便、普通摩托车、三轮汽车类驾驶证的申请、考试、发证、补发、换发，汽车类驾驶证提交身体条件证明业务，汽车类驾驶证科目一考试业务全部下放县级车管所，极大地方便了群众办事。

交管局开展严厉打击"黑牛""车虫"等非法中介活动，净化车管业务环境，交管局专门成立了咨询导办、巡逻、宣传、证据、舆论引导等7个职能小组，多措并举，全警动员，全民宣传，开展了声势浩大打击"黑牛"活动。实行实名制办理举措。取消所有代办、中介活动，推行群众实名办理车驾管业务机制和企业实名办理预约机制，从而使所有中介机构失去合法性依据和谋利市场；抽调专职民警加强咨询导办，投入巨额经费加大宣传力度，联合市工商部门对中介公司进行全面清理整顿；建立微博、QQ群。及时发布"车管动态""便民动态""温馨提示"等信息，强化新型监督机制。自主研发了驾校学员指纹身份识别系统，实行机动车驾驶员考试公开、阳光作业。经过努力，多年盘踞在车管所的120余名"黑牛"悄然退市。

加强对驾驶人员培训、考试工作的监督力度，交管局先后采取了多项举措。一是对科目一考场实行视频外挂由学员进行日常监督，并安装了随机抓拍系统和指纹验证系统，同时实行凭学前培训证预约科目一考试制度；研究出台了《驾驶人培训学校等级化管理办法》，将驾驶人培训学校分为五级，最高级为一级，最低为五级。将驾校考试车、训练车、教练、驾驶人培训、考场设置等易于产生利益分配关系的环节全部纳入管理范围，除集中组织检查外，由考试员进行日常监督并根据考核细则进行扣分，每季度进行一次评定；加强对考试员队伍的管理。对科目二、三的考前预考采取按报考总人数3%的比例进行抽考的方式进行，抽考合格率须达到80%以上，方可准予全部预约考试学员统一考试。科目三预考比照科目二预考方法执行。建立了考试社会化监督机制。公开聘请百名人大代表、政协委员、媒体记者和有10年以上驾龄的优秀驾驶员直接作为考试员参与驾驶人考试工作，全程进行监督。

公安交管部门围绕机动车逾期检验、临界报废、强制注销、驾驶人逾期换证、逾期体检、系统注销可恢复、记分满12分等信息，建立详细的台账，安排专人每周通过电话、短信、网上公安局公示等方式告知，法宣大队、秩序大队每周通过电视、报纸、交通音乐台向社会公告。辖区各交警大队通过邮寄的方式书面告知。

对全市机动车临界报废、逾期检验、强制报废信息通过电话、互联网、车管所业务大厅进行公告，并下发至辖区各交警大队，要求配合车管所共同做好书面信息告知工作。各县(市、区)交警大队通过电视台公告、电话通知等方式进行了告知，督促车辆所有人按照公安部《机动车登记规定》尽快到车管所办理相关手续。

各县(市、区)交警大队对全市七座以上客车进行了集中摸排，做到逐车见面，督促逾期检验客车所属单位或个人到车辆管理所进行检验或办理报废等相关手续。

2012年，全市共有大型载客汽车、中型载客汽车、重型载货汽车、中型载货汽车、挂车及出租车等六种车型44059辆，车管所已对上述车辆重新进行排查登记，逐一更新了联系方式，确保了各项工作的开展。

全市车管所对机动车驾驶证体检到期、换证到期、体检逾期、换证逾期、系统注销可恢复等五种情况的2372名驾驶人进行了电话告知，重新核对了12964名驾驶人的联系方式。车辆管理所对机动车和驾驶员的联系电话做到每办理一笔业务核对一次，同时规定，新办理机动车、驾驶证业务的人员必须如实申报联系方式，不如实申报的，不予受理业务。

各县(市、区)交警大队发现机动车逾期未检验、检验到期、驾驶证逾期未审验、换证的，按照法律法规处理，并抄告机动车登记地和发证地车辆管理所。督促辖区大中型客货车驾驶人参加审验、换证、清理交通违法记分，对逾期未审验、换证的，书面告知所属企业，责令暂停营运，通报道路运输管理机构依法处理。

市交管局将每周五定为"流动车管所"活动日。各交警大队车辆管理所积极组织民警和协警深入辖区各乡镇、企业、社区和公共场所，开展机动车和驾驶人信息告知工作，努力提高"涉农"车辆的上牌率和检验率。市交管局车管所主动与全市大型企业、运输公司联系，利用周六、周日，抽调民警先后到盐池、同心、红寺堡、太阳山等偏远地区开展上门服务活动，有效提高了审验率。

通过在车辆管理所不断创新工作机制，将管理寓于服务之中，在服务中体现管理，深入开展“服务型车管所”系列活动，工作取得了初步成效。车管所一些创新措施被中央、区、市等多家媒体予以宣传报道。车管所先后荣获市公安局“先进集体”、“共产党员示范岗”、“五个好”党支部、“优秀公安基层单位”等称号，被市委组织部确定为争先创优活动示范点。

2018年，推进道路交通隐患排查治理工作，累计排查隐患88处，政府挂牌督办57处，整改完成率100%。落实运输企业、重点车辆、重点驾驶人排查制度和黑名单制度，强化常态化管理机制、企业约谈机制和信息通报机制，全市“营转非”大客车、危化品运输车、大型公路客车、校车等重点车辆平均检验率和报废率均超过96%，约谈重点企业15家，督促其落实主体责任。强力实施城市道路交通组织改善工程，新建智能交通电子警察监控设备和抓拍系统30处。精准研判、精密布控、精确打击查获违法车辆7674起，处罚7406起，实时抓获交通事故逃逸车辆6辆，提供刑事治安案件线索15条。

（一）机动车管理

规范用车管理，确保行车安全，不断提高后勤保障能力和服务水平，真正做到安全第一、优质服务、保证重点、节省高效。

1950年3月和7月政务院、交通部先后颁发了《汽车管理暂行办法》《汽车管理暂行办法实施细则》。规定：城市交通秩序由公安机关维持，汽车监理及司机审验、考试、发照，则由交通部门负责。公安机关的交通管理部门，主要是同交通监理部门，检查机动车的技术状况和对驾驶员进行安全教育。

1983年4月，根据国务院《关于公安与交通部门交通管理工作分工问题的通知》，银南地区公安处成立车辆管理所，负责车辆监理事宜。1986年11月15日起，全地区交通监理部门归属公安机关统一领导。

2007年11月12日至12月30日开展摩托车专项整治行动，共出动警力150人次，分成14个组，每周采取2次专项行动，在城区14个路口重点查纠摩托车违法行为。查扣无证无牌摩托车210辆，扣证3本，处罚不系安全带和不戴安全头盔违法行为318起。

2009—2010年，吴忠市共有各种机动车214666辆，驾驶员161315名。全市新车注册登记达58019辆。

2011年11月11日7时许，吴忠市教育局、市交通管理局秩序管理大队、利通区公安分局交巡警大队联合行动，分别在吴忠市伊莎幼儿园、吴忠市金苹果幼儿园检查，在半小时之内，陆续有3辆七座面包车分别开进金苹果幼儿园和伊莎幼儿园，民警迅速出击将司机控制，经过检查发现，驶进金苹果幼儿园的2辆七座面包车每辆车乘载幼儿14人、教师1人、司机1人。驶进伊莎幼儿园1辆七座面包车乘载幼儿19人、教师1人、司机1人。面包车严重超员，且无校车营运资格证，民警依法将面包车暂扣，并将面包车及驾驶人的违法行为及事实及时抄告吴忠市交通运输管理处，将车辆驾驶人交利通区交巡警大队违法处理室处理。

车辆牌照管理城市交通管理规则规定，车辆不行接受检验机关的检验，领取牌照和行驶证后，方准行驶。机动车牌证在全国范围内有效。如发生过户、转籍、停驶、复驶、更新、报废等情况时，必须向发证机关办理异动登记手续，换领新的牌证或在行车证上签注，才能继续有效。

车辆检验分为初次检验、年度检验和临时检验。初次检验，是车辆申请牌证时的检验，依照规定审核车辆生产合格证明、注册商标和有关技术资料，按照安全技术标准，对车辆进行车身丈量和逐项检验，不合格的不发牌证。年度检验是对已领取牌证的车辆，每年进行一次总检验，促使有车单位坚持经常性自检制度，进行维修保养。临时检验是对申领临时牌证、要求复驶或遭受破坏后修复的车辆以及认为有必要进行检验的车辆的检验。检验总的要求是：车容整洁、号牌清晰，所有总成、组合件附件和设备必须装备齐全，连接紧固，技术状况完好，保证行驶安全可靠。

（二）非机动车管理

中华人民共和国成立后，吴忠公安机关负责对非机动车的登记管理。1958年，根据公安部、财政部的联合通知精神，为简化发放牌照的办法，将非机动车的发放牌照工作交由税务部门办理。公安机关负责对非机动车的检验工作。1978年，根据公安部通知精神，税务部门停止征收自行车牌照税，公安机关接管自行车的发照工作，并由自治区公安厅统一规定自行车牌照和行车执照。地市县公安局接管了对自行车的发放牌照工作。

（三）停车场管理

为加强停车场管理，在城市交通规则及有关文告中，对各种车辆的停放问题分别作出明确规定，要求各种车辆应按指定地点依次停放，不得妨碍交通。分别在集贸市场、商场、影剧院等处设立自行车停放点，派人管理，基本上解决了乱停乱放问题。

五、驾驶员安全管理

城市交通规则规定，机动车驾驶员必须经过车辆管理机构考核发给驾驶执照，方准行驶。严禁非司机驾驶机动车辆。为了保证机动车驾驶员的素质，公安交通管理部门不得加强和改进对驾驶员的考核教育工作，严格实行驾驶证制度。并依靠各有车单位的行政领导，对驾驶员进行安全教育。

全国特级优秀人民警察李卫东为驾驶人员讲解交通规则

（一）培训　根据《机动车管理办法》及有关规定，机动车驾驶员的培训工作，都要接受车辆管理机关的监督检查。20世纪50—70年代，机动车辆大多为国家、集体所有，驾驶员基本上都是国家职工和职业驾驶员，对机动车驾驶员的培训，主要是由车辆单位采取“师傅带徒弟”“以运代训”的办法进行的。采取依靠各单位的行政领导，对驾驶员进行教育并实行车辆自检。对车少单位和个体运输户，按所在地区组成联合安全小组，设置专职或兼职的交通安全管理员，负责日常的安全管理工作。这种办法在当时条件下是可行的。但是，随着交通需求的不断增长，已越来越不适应形势的需要。1987年，银南地区公安处交管大队成立了机动车驾驶员培训中心，负责驾驶员培训工作，并逐步建立有一定规模和设施的培训、考核场所。对学员办理驾驶证和考核等都做了具体规定。主要为建立安全学习、检查制度，学习交通法规，交流安全行车经验，开展安全检查，并根据公安交通管理部门的通知，负责处理各单位发生的交通违章肇事问题。

（二）考核　对机动车驾驶员的考试，分为学科和本科两类。学科考试，包括交通规则、车辆机械常识和安全行车知识三方面的内容。本科考试，分场内驾驶和道路驾驶两个方面。考试合格后，再经半年时间的实习驾驶，经鉴定合格者，换发正式驾驶执照，并建档考核。初考不及格者，准予补考。为适应经济体制改革和交通管理现代化建设的需要，根据1985年公安部发布的《城市机动车驾驶考试暂行办法》《交通法规及安全驾驶常识考试大纲》《机械常识考试大纲》和场内驾驶、道路驾驶考试成绩评定标准等，统一了考试标准和办法。

（三）审验　《机动车管理办法》规定：“已领有执照的驾驶员，每年应由车辆管理机关进行一次审验。”主要是对驾驶员的身体状况、驾驶技术、安全行车情况、参加安全组织活动和执行安全制度等方面进行考核审验。一般是由有车单位的安全组织，按照车辆管理机关的统一安排和规定，组织驾驶员学习有关的交通法规，按照审验的内容联系实际进行自我检查，经群众评议后作出遵章守纪、安全行车的自我鉴定。然后由车辆管理机关审核，合格的在驾驶证上予以签注盖章。对于少数经常违章肇事、驾驶作风恶劣等审验不合格的驾驶员，收回驾驶证，按照有关规定处理。

（四）驾驶员安全管理

20世纪50—70年代，机动车辆大多为国家、集体所有，驾驶员基本上都是国家职工和职业驾驶员，采取依靠各单位的行政领导，对驾驶员进行教育并实行车辆自检。对车少单位和个体运输户，按所在地区组成联合安全小组，设置专职或兼职的交通安全管理员，负责日常的安全管理工作。主要工作：建立安全学习、坚持制度，学习交通法规，交流安全行车经验，开展安全检查，并根据公安交通管理部门的通知，负责处理各单位发生的交通违章肇事问题。

80年代以来，随着经济体制改革的开展，针对专业运输单位推行经济承包责任制，在部分驾驶员中一度只顾生产、忽视安全、事故增多的情况，公安交通管理部门及时同有关单位研究，实行了安全承包责任制，把交通安全同个人经济利益挂起钩来，提高了驾驶员的安全责任感。同时，开展职业道德、法治教育和文明驾驶、安全行车评比活动。主要措施：一是不得开展交通安全红旗车队、红旗驾驶员评比竞赛活动，定期评比，交流经验，表彰先进，树立旗帜；二是认真贯彻《机动车驾驶员违章记分考核规定》进行考核；三是举办交通肇事、违章驾驶员训练班，严肃处理交通肇事，从中吸取教训；四是每逢重大节日或交通事故突出时，组织开展安全行车大检查；不定期地举办重大交通肇事图片展览，联系实际，深入进行交通法规的教育。

2000年吴忠市机动车驾驶员为51133人。

2005年8月1日，吴忠市公安局交警支队车管所开展为期一个月的规范礼仪行为训练活动，内容主要以《人民警察内务条令》为主，包括：学习人民警察内务条令、规范文明用语、训练民警良好的仪容仪表、言谈举止、致警礼等。

2007年8月31日下午，当家住吴忠市区裕民小区、读大三的张红颜从吴忠市公安局交警支队车管所领到驾驶证后喜出望外，连声对办事的民警说："谢谢你们，如果不是车管所优先为咱们大学生安排报名考试，也许今天还拿不到驾驶证呢，现在总算可以安心地返校了。"据悉，当日从车管所领到最后一批驾驶证的在校大学生共有72名。

2010年机动车驾驶员为170039人；2011年机动车驾驶员为194592人；2012年机动车驾驶员为225190人，12年间吴忠市机动车驾驶员增长了4.4倍。自2010年起，3年间逐年以每年提高1.5个百分点的速度增长，2010年增长15.49%，2011年增长14.43%，013年增长15.72%。

2015年，开展了10多个交通安全专项整治活动，查处各类交通违法行为近20万起，其中查处无证驾驶659起，饮酒驾驶74起，醉酒驾驶108起，超速行驶21517起，超员20起，吊销驾驶证168本，依法行政拘留525人。

2016年，深入开展公路客运、旅游客运、危化品运输、校车、"营转非"大客车等五类重点车辆违法、未检验、未报废情况的专项清理整治工作。共检查校车单位56家，危货企业30家，危化车辆1650辆，工程车1007辆，查处各类违法行为1257起，清理重点车辆1600辆，清理率63.85%。落实《大气污染防治行动计划》，圆满完成黄标车和老旧车淘汰任务，共淘汰黄标车和老旧车辆5365辆。

全年采集录入交通违法信息18.2万余条，处理交通违法7.3万起。精心组织，周密部署，圆满完成了21项各级交通安保任务，确保了万无一失。

2017年，开通"吴忠交警微发布"微信订阅号等4个宣传平台，累计开展网上网下"六进"宣传900多场次，举办各类驾驶人教育培训875场次，受教育7万人次，推送各类宣教信息5426条，答复网民咨询1024条，直播22次，曝光各类违法和隐患问题43期。

2018年，全面推行"两站两员"工作模式，深度应用农村道路交通安全管理系统，全市62.5%的行政村共建立农村交通安全劝导站575个，聘请交通安全协管员和劝导员1726名，系统录入信息数据3万余条。强化宣传媒体矩阵建设，深度开展交通安全宣传及违法曝光，推送交通违法和安全预警信息257期，阅读和观看总数达83.6万余人次，策划开展36场次直播活动，受教群众达52万人次，处理回复网民留言万余次。

2019年，我们纵深推进46项“放管服”改革落地见效，实现一次通办、简捷快办。全面推行车辆全国通检、驾驶证全国通考和车驾管业务下放工作，累计减免申请材料125万余份，15家企业网点代办交管业务，所有县市可以办理小型汽车登记业务；大力推进12123和“吴E行”服务平台应用，“互联网+公安政务服务”实名认证完成率100%，25项业务实现网上通办，提供各类服务16万次，14万人网上接受“两个教育”，受到社会各界赞誉。

2020年，认真落实365×24小时政务服务措施，在无人警局和迎宾岗亭安放自助办理终端，采取“网上办、预约办、电话办、自助办、延时办”方式，消化创城和疫情防控期间积压业务4.3万笔。建成社会化考场4家。新建违法处理场所3处，缓解了群众办理业务难的问题。结合新出台的12项“放管服”改革措施，扎实做好基础性工作。

第三节　交通勤务与道路巡逻

交通勤务是交通警察对道路交通的直接管理活动，包括在道路上指挥疏导交通，监督车辆、行人各行其道，纠正和取缔交通违章，调查处理交通事故，开展交通安全宣传教育，实施车辆及驾驶员管理等勤务。道路巡逻，是公安机关组织专门人员在道路上进行巡视，配合交警开展交通违法整治行动，建立立体化的道路交通管理体系。

一、交通勤务

道路交通勤务是指交通警察依据交通法律法规和道路执勤执法规范，在道路上执行维护交通秩序、处理交通违法行为、处理交通事故、执行交通警卫等任务的交通执勤执法勤务活动。交通警察在道路上执行维护交通秩序、实施交通管制、执行交通警卫任务、纠正和处理道路交通安全违法行为等任务时，遵守《交通警察道路执勤执法工作规范》，坚持合法、公正、文明、公开、及时，坚持教育与处罚相结合查处违法行为。

2001年6月11日，吴忠市公安局开展打击盗抢机动车犯罪集中统一行动。全市各级公安机关共出动警力4989人次，车辆715台次，设卡28处，清查过往车辆19887辆，其中摩托车8829辆，暂扣嫌疑车辆1657辆（摩托车1039辆），网上查询比对被盗车7辆，追回被盗摩托车28辆，抓获犯罪嫌疑人18名。

2002年4月25日，利通区、青铜峡市公安局交警大队开展集中整治摩托车交通违章专项行动。利通区、青铜峡市公安局在开展专项行动前期工作中精心组织，充分发挥了派出所、治安、刑警等警种的职能作用，大张旗鼓地宣传自治区、市集中整治摩托车交通违章专项行动公告、通告，对辖区摩托车逐村、逐户登记造册，现场办理入户手续，把摩托车管理纳入法治化轨道。

2005年4月25日起，吴忠市由公安和武警共同组建的武装巡逻队正式亮相街头，这支队伍担负市区主要街道的治安巡逻任务，积极预防、打击和减少社会治安面上的违法犯罪活动，为打造平安吴忠，构筑和谐社会营造良好的治安环境。

2007年1月26日，吴忠市公安局交警支队召开全市2006年度交管工作总结表彰暨2007年工作部署大会。市公安局党委委员、支队政委庞自林主持会议，支队全体民警和协勤代表、各市（县）区交警大队大队长、教导员及先进个人参加了会议。市公安局副局长赵秉强出席会议并做了重要讲话。会议对支队评选的4个先进集体和44名先进工作者及先进协勤予以表彰奖励。

8月3日，市公安局交警支队利通大队城区中队根据大队的安排部署，结合辖区特点，科学部警，打破常规，时段设点，联合市运管、城管部门在城区开展了大规模的交通秩序整治突击行动，当天行动中，共出动警力56人次，暂扣非法营运黄包车、三轮车、摩托车86辆。

10月1日起，正式施行公安部修订后的交通警察手势信号。为规范交通警察手势信号，提高交通警察的指挥效能，保障道路交通安全畅通，根据《公安部关于发布交通警察手势信号的通知》精神，市公安局交警支队制定下发了《关于开展交通民警手势信号培训工作的通知》。

修订后的交通指挥手势信号分为停止信号、直行信号、左转弯信号、左转弯待转信号、右转弯信号、变道信号、减速慢行信号、示意车辆靠边停止信号。自开展训练活动以来，支队全体民警、协勤人员不管是年龄大的，还是年轻的，不管是领导，还是一般民警，都能严格要求自己，按时到岗，服从命令，听从指挥，认真做好每一个训练动作，兢兢业业，一丝不苟，确保了训练活动的正常进行。

2012年8月7日，市委常委、公安局局长徐耀就落实区市相关会议精神、做好吴忠市道路交通安全工作进行现场检查，要求相关管理部门和客运企业要时刻绷紧安全弦，增强责任意识，强化源头管理，将道路交通安全工作做实、做细、做好。

在红寺堡区汽车站和客运公司，徐耀查看了GPS车辆运行视频监控平台，了解平台运行情况，他叮嘱客运公司负责人，每天必须要查看客车载员情况是否符合规定，劝告驾驶员行进途中不要超速、超载、疲劳驾驶，发车前要对车辆进行详细检查，决不能带着隐患上路。徐耀还到红寺堡区洪沟大桥施工现场，了解架桥工程建设进度。

在同心汽车站和同心公交公司，徐耀查看了机动车检测站和行李安检运行情况，了解车辆检测流程和行李检测情况，他要求工作人员一定要认真负责地对车辆和乘客行李进行安检，避免危险物品被带上车，把好交通安全第一关。徐耀还慰问工作在一线的红寺堡区和同心县的交警，为他们送去解暑饮料。

8月27日晚12时至28日5时，在全市范围内开展集中整治机动车涉牌涉证违法行为统一行动。此次行动共出动警力320人次，警车40台次，共查处各类交通违法行为820起。其中：查处涉牌涉证23起，暂扣交通违法车辆20辆，对3起2时至5时通行客车采取强制落地休息。

2015年，投资287万余元对车管业务大厅、视频监控中心、车辆外检室、科目三考试中心进行标准化改造，设置自助选号等10多个功能区和服务区，实现群众自助选号。实现“一窗式受理、一站式办结”的便民服务承诺。完成了自治区公安厅下达的建成一个4S店带牌销售点任务，实现向盐池、同心县下放小型车科目三考试业务的既定目标。“流动车管所”连续第三年被市局命名为党建优质服务品牌。

2016年，试点运行互联网自主约考和考务公开服务，实现驾培和约考分离，在全区率先推行合并连考机制，全年自主预约报考2.36万人。全面推行车检机构市场化改革，下放检测权限；加快检验机构布点建设，严格落实新车免检及区内异地检车等车检新政，推行“5+1”便民服务；推行机动车检测机构星级评定改革，强化监管，规范车检业务。成立互联网办理中心，开通了23项网上服务业务，注册用户达7万人，办理预约考试业务2.36万笔，网上办牌办证等业务达11.7万笔，占全部窗口业务量的21.25%。

2017年，全面深化交管五项机制改革，认真贯彻落实宁夏公安机关两个30项便民服务措施，开辟互联网、交管12123App、窗口等多渠道自主预约渠道，实现了驾驶人考试100%自主预约，共办理预约考试22.2万人次。推进互联网交通安全综合服务管理平台等系统应用工作，23项交管业务实现了网上网下同步办理，通过互联网平台办理各类业务72.4万笔，通过交管12123平台推送交通违法、证件审验等信息16万余条。

2018年，以隐患排查、路面管控为重点，全面推行“两站两员”工作模式，深度应用农村道路交通安全管理系统，全市62.5%的行政村共建立农村交通安全劝导站575个，聘请交通安全协管员和劝导员1726名，系统录入信息数据3万余条，扎实抓好农村地区道路交通安全管理工作。进一步强化宣传媒体矩阵建设，突出全媒体融合，壮大“吴忠交警”双微平台、直播平台等新型宣传阵地，努力营造“创城”氛围，深度开展交通安全宣传及违法曝光，推送交通违法和安全预警信息257期，阅读和观看总数达83.6万余人次，策划开展36场次直播活动，受教群众达52万人次，处理回复网民留言万余次。

2020年，共开展统一行动80余次，查处各类交通违法87.3万余起，现场查处25.5万余起。国省道八类重点违法行为查处8738起，同比提升30%，非机动车和行人违法7.1万余起，同比提升3.6%，农村道路交通违法2439起，同比下降53.82%；严查易引发道路交通事故重点违法，查处饮酒醉酒1123起，同比提升7.98%；涉牌涉证2336起，同比提升84.23%；严重超载2460起，同比提升67.57%；查处“百吨王”565起，缉查布控查处重点违法车辆9197起，驾驶证异常2029起，全市道路交通安全形势持续向好。

二、交通巡逻

交通巡逻，是公安机关在交通道路上开展治安防控、交通管理和基础业务建设的一项新型机制。对重点地区治安、交通的管控和相关突发性事件的处置。

2003年，吴忠市公安局巡警支队积极开展“立警为公、执法为民”的学习教育活动，教育民警统一思想，提高认识，转变执法观念，加大巡逻力度，推行步行巡逻，使巡警能够最大限度地接近群众，服务群众，同时也震慑犯罪，降低了发案率；适时采取便装步行巡逻的方式，有力地打击现行违法犯罪；支队民警制作了便民服务卡，印制了“警民联系登记册”，开展“串百家门、知百家情、解百家难、办百家事、保百家安”的“五个百活动”，把亲民爱民的措施落实到行动上，广泛征求群众意见，虚心接受群众监督，以更好地为人民群众服务，不断改进巡警的工作；实行警务公开制度；制作《群众办事指南》，方便群众办事。

2014年，全市交管部门进一步加大道路交通安全管控力度，不断深化安全防范措施，严控交通安全四项指标，遏制了重特大交通事故多发势头，扎实推进专项整治工作，提升交通安全管理水平，充分发挥社会联动机制作用，强化隐患整治和交通治理。协调安监、交通、城建、规划、公路等部门强化辖区公路和城市道路隐患排查治理，确定市、县两级督办隐患点段64处，排查慈善大道、罗山大道交通事故“黑点”14处。全市投入825万余元交通基础设施建设专项资金，治理隐患点段总量达到92.18%。联合运管部门严厉打击利通区、盐池县“黑出租”非法营运活动，查扣非法营运“黑出租”132辆。建立了“六大信息核查”长效管理机制，成立了“96122”吴忠车管信息服务中心，全面开展农村重点路段安全隐患排查整治，坚持定点执勤与流动巡逻相结合，把警力向农村地区延伸，提高农村地区路面见警率和管事率，联合辖区派出所、路政等部门在重点路段、时段开展联合执法，对短途客车、微型面包车、低速货车、摩托车等重点车辆进行逐车检查，及时纠处交通违法行为。

2017年，通过动态巡逻、静态监管形成对严重交通违法行为常态化治理。把脉城市交通症结，强化对改扩建道路围挡施工、占道施工的执法力度，临时调整施工路段信号灯配时方案，规范围挡、标志牌及爆闪灯的设置，确保车辆、人员通行无阻。对乱停乱放等违法行为实施高密度的联合执法。联合交通部门设立13处治超检测站，实行24小时联合整治，查处货运车辆各类交通违法行为10万余起。

2020年，全年全市共投入5157.61万元，强化交通安全基础和科技设施建设，努力打造规范通行秩序的新环境。并积极推动市区交通拥堵治理项目，目前已完成10项。全警全力投入并组建骑警队充实到交通秩序整治一线，其间共查处机动车违停1.2万起，清拖1.7万辆，非机动车交通违法3.9万余起，不礼让行人8500余起，车窗抛物53起，市区显性交通违法行为明显减少。

第四节　交通违章和交通事故

道路交通事故，是指车辆驾驶人员、行人、乘车人以及其他在道路上进行交通有关活动的人员，因违反《中华人民共和国道路交通管理条例》和其他道路交通管理法规、规章的行为，过失造成人身伤亡或财产损失的事故。对发生的交通事故，进行调查处理。并建立统计报告制度，研究事故的特点、原因，为制定措施、加强交通管理提供真实数据。

一、交通事故

道路交通事故，是指车辆在道路上的行驶途中因过错或者意外造成的人身伤亡或者财产损失的事件。其主要包括以下四个要素:(1)在道路上;(2)车辆与人、车辆与车辆;(3)存在过错或意外;(4)造成人身伤亡和财产损失。

(一)事故特点原因

吴忠地区交通事故,从总数据来看,呈上升趋势。20世纪50年代,因车辆少,相应的交通事故少。80年代,车辆数量逐年猛增,年平均增长14%左右。其特点、原因:(一)人口和车辆增多,交通流量剧增。(二)交通条件与管理滞后于形势发展。(三)发生试管直接原因是驾驶员违章开车、机动车性能差和骑自行车人违章。

(二)事故调查处理

中华人民共和国成立初期,机动车辆甚少,发生的交通事故多是马车、人力车、行人违章所造成。在事故处理上,主要是按照地方发生事故习惯进行说服、调解、协商解决。

1956年,公安机关对交通事故的处理规定:驾驶人员驾驶车辆发生事故时,须立即停车,设法抢救被伤害的人,并报告附近交通民警或公安机关,等候处理。对交通事故现场,应保持原状,出击救伤者外,其余有关物体,非经公安人员同意,任何人不得擅自移动。对违章或发生事故后畏罪潜逃或者毁坏现场的人加重处罚。需受刑事处分时,移送人民法院或人民检察院处理。如因事故而造成损失者,其损失的赔偿:①责任者在一方者,一方全部负责;②责任在双方或多方者,双方或有关人员合理分担赔偿。

1980年,对交通事故的处理规定做了进一步修改、完善:明确公安机关交通事故管辖范围是,凡车辆和行人在街道或公路上发生碰、扎、翻、失火、落水、驶出路面或其他过失,造成人、畜伤亡、车辆损坏等均为交通事故。还对事故责任划分为:全部、主要、次要、无责任4种:①违反交通事故规则而发生事故没有其他原因的,应负全部责任。②由于双方或多方违反交通事故规则而发生事故,其中一方是构成事故主要因素的,应负主要责任。③由于双方或多方违反交通事故规则而发生事故,其中构成事故次要因素的,应负次要责任。④没有违反交通规则,遇突然情况无法避免或其他原因无法抗拒而发生事故的,可不负责任。发生事故处理程序规定:①勘查现场、调查访问发生事故的情况;②抢救治疗受伤者和处理死亡尸体;③分析事故原因,并由肇事双方负责人和直系亲属2人参加处理亡者的善后工作。处罚主要:遵照中华人民共和国刑法和交通管理有关规定,对肇事者根据责任大小分别给予批评教育、记录警告、罚款、吊扣、注销驾驶证、拘留直至追究刑事责任。对固原制造交通事故或发生事故后畏罪潜逃的衣服严惩。

1.事故现场、勘查。①交通事故发生后,要保护现场,抢救伤者。技术报告当地公安机关或交通监理机关,听后处理。凡伪造破坏现场、毁灭证据,畏罪潜逃,嫁祸于人或私自处理的,应加重处罚。②事故处理机关接到报案后,应立即派员赶赴事故地点,勘查现场,收集证据,并尽快清理现场疏导交通,除公安或交通主管机关外,任何单位和个人无权处理交通事故。

2.事故分类。①轻微事故:轻伤1~2人;或者直接经济损失:机动车折款200元以下,非机动车折款50元以下者。②一般事故:重伤1~2人或轻伤3人以上;或直接经济损失:机动车折款200~5000元,非机动车折款50元以上者。③重大事故:死亡1~2人或重伤3~10人;或者直接经济损失:5000~10000元;或虽未造成人身伤亡,但危及首长、外宾、知名人士安全,政治影响很坏者。④特大事故:死亡3人以上,或重伤11人以上;死亡1人,重伤8人以上或死亡2人,重伤5人以上;或直接经济损失10000元以上者。

3.责任鉴定与经济处罚。①轻微事故:分别给予警告、罚款5~30元或吊扣驾驶证1~2个月;②一般事故:负全部责任、主要责任的,吊扣驾驶证3~6个月,并处罚款60~100元,情节严重的给予行政拘留;负同等责任、次要责任的,吊扣驾驶证1~3个月,并处罚款10~50元。③重大事故:负全部主要责任的,吊扣驾驶证1年直至吊销驾驶证,并处行政拘留、罚款200~300元,触犯刑律的,追究刑事责任;负同等以下责任的吊扣驾驶证6~12个月,并处行政拘留、罚款100~200元,触犯刑律的,追究刑事责任。④特大事故:负全部责任、主要责任和同等责任的,给予吊销驾驶证,追究刑事责任;负次要责任,给予吊扣驾驶证1年、行政拘留、罚款300~500元,情节严重的吊销驾驶证，追究刑事责任。⑤对事故负一定责任的，根据事故情节，给予适当处分。

4.经济赔偿。事故责任人承担交通事故经济补偿的比例：①负全部责任的承担100%。②负主要责任的承担60%~90%。③负同等责任的各承担50%。④负次要责任的，承担30%~40%。⑤负一定责任的，承担10%~20%。⑥无责任的，不承担。并对因交通事故造成的人员住院、伤残、死亡处理、死亡人生前供养人、缴纳事故处理费等都规定了具体执行标准。同时对军队、武装警察部队在籍车辆发生的交通事故；涉及外国人，华侨和台、港、澳同胞的交通事故的处理也做了规定。

发生交通事故，分别由公安部门的交通管理机关和交通部门的交通监理机关按照国务院规定的各自管辖范围进行处理。

二、交通违章

交通违章是违反交通管理的行为。凡是车辆、行人违反交通管理规章制度和机关、团体、企业、学校及其他组织或个人未经公安机关批准随意占用道路摆摊设点、停放车辆、堆物作业、搭棚盖房，以及进行集市贸易和其他妨碍交通的活动，均属交通违章。

交通违章特性和分类

从定义上分，道路交通违章具有以下4个特性：①行为的危害性。道路交通违章行为对社会、国家和公民的利益具有危害性。②行为的违法性。违反交通管理法规的行为，以交通法规的规定为依据，违反即构成违章。③行为的情节轻微性。交通违章是轻微的违法行为，依照中国刑事法律的规定尚构不成犯罪，不需要进行刑事处罚制裁，其社会危害性小。④行为的应受罚性。由于具有社会危害性和违法性，按照法规规定，违章行为都应受到一定的行政处罚。

按情节轻重可分为轻微违章、一般违章和严重违章：①轻微违章。它指交通行为人在主观上由于旧习惯或过失行为所致，在客观上对交通秩序影响不大，未造成不良后果的违章行为。如行人不走人行横道，机动车停车超过停止线等。②一般违章。它指交通行为人在主观上属于明知故犯，有一般过错，在客观上对交通秩序影响较大，可能造成一定不良后果的违章行为。如自行车行驶机动车道，机动车道停车不靠边、不在指定站点上下人等。③严重违章。它指交通行为人在主观上无视交通法规和交通安全，在客观上导致交通堵塞或导致交通事故，造成严重的违章行为。如骑"飞"车撞伤路人，驾驶机动车违反装载规定、发生人员伤亡等，均属严重违章。

交通违章处理

1991—1998年，发生交通事故1005起，死亡235人，伤707人，经济损失222万元。

2007年8月13日7时至8月19日17时，全市交警部门利用一周的时间采取集中统一行动，专项整治驾乘汽车不系安全带、驾乘摩托车不戴安全头盔交通违法行为，净化道路交通环境。整治的第二天8时，利通大队城区交警中队民警通过对百余辆出租车、80多辆摩托车的检查，发现他们中有30%左右的驾乘者不系安全带、80%以上的乘骑者不戴安全头盔，民警对他们一一进行了安全教育，并按规定做了处罚。

全市交警部门采取集中统一整治行动，是按照自治区公安厅的统一安排部署开展的，整治的重点是机关、企事业单位公用客车不按规定使用安全带和各类摩托车不按规定使用安全头盔交通违法行为。主要以高速公路、干线国、省道和城市道路为主。交警部门表示，驾乘汽车系安全带率、驾乘摩托车戴安全头盔率城市如果达不到95%以上，农村地区和公路达不到80%以上，交警部门将继续开展整治活动，直至达标。

2015年，先后查处各类交通违法44.53万起，其中：无证1417起，酒驾155起，醉驾186起，超速56075起，超员24起，吊销驾驶证231本，依法行政拘留1156人；全年规划投资165万元，建设电子警察5处，充分利用公安专项资金，规划建设高空瞭望系统7处、禁左抓拍系统12处、违停抓拍系统9处、电子诱导系统6处；积极争取市财政投入85.5万元，

2016年，组织开展交通安全专项整治20余批次，全年下发隐患排查治理方案，联合交通、城建等部门全面排

查各等级公路和城市道路安全隐患点段56处，完成治理52处，治理率达到92.85%；全年查处各类交通违法36.9万余起。开展酒驾专项整治集中统一行动53次，查处酒驾101起，醉驾125起，涉牌涉证54起，刑事拘留62人。共查处违法车辆1.8万余辆，处罚1.5万余人，现场教育违章驾驶人3000余名。配合城建、环保部门开展渣土车专项整治130余次，暂扣处罚违法车辆267辆、机动车行驶证、驾驶证341本，处罚企业4家、违法驾驶员89人次。

2017年，组织开展了23项道路交通安全专项整治，全年共查处各类交通违法70.5万起。其中查处酒驾醉驾、涉牌涉证、私改车型等重点违法案件1570余起，抓拍不礼让斑马线279起、不系安全带2.6万起、开车接打电话1768起、随意闯红灯394起。严查市区各类交通违法，强制清拖违停车辆3.3万余辆。查处"渣土车"、散装运料车扬尘污染、随意抛洒及大货车闯禁行等交通违法4000余起，查扣违法车辆600余辆，查拆私装栏板车400余辆。完成智能交通二期建设任务，新增、改造电警19处、违停抓拍系统10套、老旧测速卡口7处，扩大了高清监控覆盖，提升了缉查布控发现率和处置率。

2018年，全市共查处各类交通违法行为86.3万起，现场查处22.6万起，其中饮酒驾驶155起、醉酒驾驶250起、涉牌涉证315起、无证驾驶789起、严重超员超载826起、驾驶报废机动车上路行驶38起、机动车斑马线不礼让行人4813起、非机动车和行人违法3607起，行政拘留476人；全市机动车注册登记1.9万辆，机动车检验12.5万辆，驾驶证审验11.5万个，办理驾驶证5.1万个。

2019年，先后开展统一行动60余次，现场查处21万余起，酒醉驾、涉牌涉证、超员超载、私改车型等重点交通违法查处同比分别上升204.38%、65.48%、118.26%、27.08%，严重交通违法处罚率达到99.7%，青铜峡市国省道交通秩序整治成效明显；依托交通安全防控系统现场查处重点交通违法8000余起，同比上升32.9%。

2020，共发生一般交通事故201起、死亡95人、受伤170人、财产损失20.69万元，同比分别下降44.78%、46.93%、52.65%、50.31%，未发生一次死亡3人以上交通事故，"减量控大"考核成绩暂列全区第一，全市道路交通安全状况明显改善。

2000—2020年吴忠市公安局交通事故案件一览表

表19

年份	发生事故（起）	上报事故（起）	其中重大事故（起）	死亡人数（人）	伤残人数（人）	直接经济损失（万元）	查处情况			
							刑事处罚（起）	治安处罚（起）	交通违章（起）	罚款数（万元）
2000年	198	198	2	70	214	210451	4	10	1145	10458
2001年	198	198	3	70	300	201450	4	4	1123	12346
2002年	200	200	4	76	314	214540	7	10	1001	11260
2003年	400	400	3	85	405	214510	8	10	1123	23460
2004年	406	406	4	86	505	321400	8	10	1245	21450
2005年	600	600	4	90	600	453200	10	28	2364	27056
2006年	638	638	3	126	703	940345	13	30	2074	20045
2007年	719	719	4	198	407	707880	66	160	3102	25000
2008年	685	685	3	185	738	466592	107	302	42590	110000
2009年	834	834	4	79	680	526055	127	300	29298	65000

续表19

年份	发生事故（起）	上报事故（起）	其中重大事故（起）	死亡人数（人）	伤残人数（人）	直接经济损失（万元）	查处情况			
							刑事处罚（起）	治安处罚（起）	交通违章（起）	罚款数（万元）
2010年	885	885	4	67	165	387744	109	201	41102	100000
2011年	253	253	3	59	110	284536	183	337	49725	75500
2012年	165	165	3	76	120	543461	236	412	51552	82000
2013年	6249	6249	55	1483	5361	4961714	882	1814	219113	583575
2014年	167	167	0	77	137	25.8232	49		334	50100
2015年	164	164	0	75	132	16.5888	36		328	49200
2016年	174	174	0	83	136	16.1071	54		348	52200
2017年	169	139	0	76	131	16.4581	45		338	50700
2018年	168	138	0	75	145	12.4618	40		336	50400
2019年	166	166	0	75	143	15.2761	40		332	49800
2020年	201			95	170	20.69				

第五节 交通科技应用

随着养路费的取消、小排量汽车购置税的减免等刺激汽车消费政策的实行，小汽车进入家庭的速度大幅度提高，交通出行需求快速上升，城市交通拥堵现象呈现出由大城市向中小城市延伸、由城市中心城区向城市外围蔓延、由高峰时段向全天候扩展的趋势。科学规划、科学组织、科学管理，探索缓解城市交通拥堵对策措施。

公安交通管理科技在信息系统、城市交通管控、公路交通监控、交警执法装备、交通安全宣传、标准化建设等方面的应用，推动道路交通管理信息化建设。

信息化建设　信息化建设是最为核心的、引领公安交通安全的科技。1999年，公安部交通管理局启动“全国进口机动车计算机核查系统”建设，公安交通管理科技信息化建设经历了起步、发展、整合三个阶段。通过这三个阶段的建设，完成了公安部和各地的计算机网络软硬件的建设，完成了全国统一的各个信息系统的软件建设，同时形成了全国统一的信息平台。①起步阶段：公安部和各地重点建设网络、系统软硬件。②发展阶段：完善网络、硬件建设，全国统一各信息系统软件。③整合阶段：形成全国统一的信息系统综合应用平台。

全国统一的公安交通管理综合应用平台，开展公安交通管理的各项工作，如机动车登记、驾驶证管理、交通违法和交通事故处理等，校车、毒驾等相应管理的升级。该综合平台还有其他一些系统服务，例如机动车缉查布控系统、移动警务系统、柜台业务、社会化服务。

城市交通管控　城市“畅通工程”的实施，对城市交通的智能化、现代化建设与管理起到了重要的推动作用。十几年来，在中国的大中小城市经常会看到混乱的，没有交通秩序的交叉口，如今这样的交叉口已经很少见，大部分已经成为交通信号控制或者采取各种渠化的形式来管理道路交叉口交通状况。这些指挥中心对于城市交通的调度和应急管理、城市的交通信号控制以及交通信息的发布方面，发挥着重要的作用。大部分这样的交通指挥中心都建立了城市公安交通指挥系统。这个系统将交通信息采集技术、交通电视监控技术、交通事件监测技术、警位车辆定位系统等集合在一个统一的平台上，从而实现可视化的决策指挥、控制诱导、信息发布等。

公路交通监控　在公路交通监控方面，公路治安卡口监控、公路机动车超速查处、公路机动车稽查布控、公路区间测速等一系列技术和系统的实施，有效提升了对交通违法取证、肇事逃跑和盗抢车查处、重点车辆管理的能力，打击涉车犯罪行为。

随着监控技术的发展，不仅实现了路况的高清监控，而且实现了交通事件的快速识别及报警，提升了公路交通管理水平。现在在高速公路、城市道路和一些重要的省道上，对道路上发生的交通事故可以及时地进行识别。

通过国家道路交通安全科技行动计划的实施，形成了集路况态势监控、态势评估预警、交通协作指挥、应急指挥联动、路网交通诱导等功能的区域公路网交通应急指挥联动平台，提升了公路交通信息共享应用水平。

交通执法装备　交通事故现场快速勘察系统能快速绘制事故现场图，直观展示事故现场，再现事故发生点的道路安全设施、车辆和动态痕迹等信息。便携式交通执法现场取证设备在执法现场取证的同时实现了全国范围内机动力、驾驶人等关键信息的无线实时查询。

嵌入式一体化交通监控设备在摄像机底层实现了路况监控、违法抓拍、特征识别、流量统计等功能，提升了执法装备水平。

交通安全宣传教育　通过国家道路交通安全科技行动计划的实施，创新道路交通安全宣传教育的思路、方法，实现由传统的标语、展板、光碟为主向互动、体验、高科技为特色的转变。比如像驾驶员的培训和考试、驾驶员的满分再教育，可以通过一些模拟驾驶来实现驾驶员的模拟体验过程中感受交通安全的宣传教育的内容。对于更为关键的青少年交通安全宣传教育跟青少年所感兴趣的游戏（汽车、摩托车模拟驾驶）结合在一起，进行示范应用。建设不同类型的交通安全宣传教育基地。道路交通秩序管理、交通事故处理、车辆及驾驶员管理、交通安全宣传教育、交通信息化等主要业务初步形成了系列的标准。

2004年8月26日，吴忠市政府财政拨款投资兴建的三组交通信号指示灯正式投入使用，大大缓解了市内几处交通路口交通压力，成为吴忠市区内一道新的亮丽风景，过往车辆和行人更加有序和安全。

2006年10月，吴忠市公安局交警支队的18台“电子警察”在城区各十字路口上岗执勤。至2010年年底，共查处超速、闯红灯等交通违法行为2万多起，城区交通秩序明显好转。由于该系统科学严密，不仅能准确显示车辆违法的日期、时间、地点及整个过程。而且在夜间也可清晰地辨明车辆号牌，凡被“电子警察”逮住的违法车辆驾驶员在接受处理时都心悦诚服，没有发生一起行政复议和行政诉讼案件。

2011年9月22日，吴忠市城市报警联网监控系统工程验收会议在吴忠市公安局召开。会议邀请公安部和自治区有关专家对“吴忠市城市监控报警联网系统工程”项目进行最终验收。报警联网监控系统工程包括二级监控中心建设，高清视频监控系统、高清智能卡口系统、视频专网和公安内网千兆网络改造等五大项目工程。建成后的城市监控报警联网系统实现了领导决策、民警接处警、指挥调度警力的“三个迁移”。同时，在已安装监控系统的区域内，治安案件、刑事案件发案率同比下降21%；安装治安卡口路段，道路交通事故同比下降17%。

吴忠市公安局交警支队的交通宣传牌摆放在部队的训练场上

2014年，吴忠市公安局交通管理局以打造平安、和谐、畅通、文明交通为主线，采取有力举措，深入推进平安交通建设，以“全市道路交通安全百日整治行动”“市区交通秩序专项整治”“打四非、查四违”等专项行动为抓手，加大了对人员、车辆、道路、交通运输企业等安全监管力度，加大对重点路段、重点时段的交通管理和安全防范，共施划标线1.18万平方米；对主干道路、市区主要街道红绿灯、交通监控设施进行了集中排查，新增监控设施454处；停车泊位7200个，自行车泊位1.5万个，更换大型交通标志166块，安装停车场标牌368套、禁止停车标志75套。协调建设、交通等部门对全市主干道路临水、临崖、急弯、陡坡路段、事故多发路段和新建、改建路段排查治理27处42.05千米，设置警示牌32块。

开展市区交通秩序专项整治活动，全市共出动警力12728人次，出动警车2631辆次，启动执法服务站127个，设置临时执勤点136个，查处各类交通违法行为11.9万起，其中查处无证驾驶594起，饮酒驾驶62起，醉酒驾驶36起，超速行驶2.7万余起，行政拘留491人。

成立了“96122”吴忠车管信息服务中心，排查车辆逾期未审验26269起、车辆逾期未报废26022起、驾驶人逾期未审验2552人、驾驶人逾期未换证4440人、联系方式不准确28360起。排查记满12分1163起，降级驾驶证502本，注销驾驶证15本，抄告运管、安监部门5次。对四类重点车辆建立“户籍化”管理机制。录入重点车辆3198辆，驾驶人4802人，运输企业128家，通知及下发违法告知单1458份，有效降低重点车辆及驾驶人交通违法。登记预约参加大中型客货运车辆驾驶人培训考试2722人、预约12分驾驶人培训1098人、实习期结束后培训考试3823人。通过在车管大厅增设自助选号区域和互联网选号服务机。开通“2023456”车管24小时服务热线和96122短信综合服务平台，共受理群众电话咨询8976人次、电话投诉16次，完成逾期未检车辆信息发28744条，办理报废车辆35190辆。放宽外地人员考试预约名额限制，简化暂住人员办理车辆注册登记手续，开通网上交管“E”站，推行国产机动车4S品牌销售店代办机动车注册登记服务，推行驾驶证审验和机动车检验属地化服务管理，流动车管所上门服务等举措，进一步破解制约车驾管工作的难题。全市共受理各类交通行政案件139起，其中，吊销机动车驾驶证105起，事故复核复议34起。发放简易处罚决定书108500万份，违停告知单20000份，违法处理通知书5000份，审核道路交通行政处罚案件130起。

交管部门共在各类媒体发稿348篇，发布微博微信信息3124条，编发内部信息简报1037条，编辑各类温馨提示短信136条、彩信37条，制作各类宣传课件10个、制作事故展板22个，联合市气象局编发气象服务279期。印制发放38类交通安全宣传资料32余万份，确定12个文明交通安全示范点，依托“七进九讲”活动，组织宣传1208场次，发放宣传资料25万余份。进一步加强了农村交通宣传。充分发挥驾协职能，举办各类驾驶人培训班1108期，教育培训77565人。组织驾校学员考前交通站岗体验及开展交通文明劝导活动。

2015年，全市交管部门共在各类媒体发布新闻稿件1106条，发布微博1243条、微信信息828条，内部参考信息623条，宣传快讯136篇，编辑各类交警温馨提示短信61条，受教育群众达40万人，交通安全宣传教育工作稳步推进。与气象部门合作，利用85处农村地区LED电子屏开展交通安全宣传；在农村地区开展“五有”建设，在全市所有县(市、区)90%以上的农村“有广播、有宣传栏、有提示牌、有宣传员、有工作台账”目标；利用吴忠交警微信服务号、腾讯和新浪官方微博、吴忠交管小喇叭、QQ空间、微社区等自营性媒体平台开设“交通违法曝光台”等专栏，与主流媒体同步发布重大信息，积极回应网民关切；在吴忠交通广播电台FM91.6开设“路况信息播报”连线和“百味八宝茶”交通栏目，在强档栏目和黄金时段播放交通安全宣传短片、公益广告、电视游走字幕，集中发布通稿；突出新措施、新动态，抓住关键时段，做精做细电视和报纸专题，不断扩大教育深度和广度；聚焦春运、两会、五一等重要节点、重点时段，围绕雨雪冰冻、自然灾害等恶劣天气及特殊事件、重要会议，加强与消防、运管、教育等部门及媒体、社会力量的配合，开展四次震撼性及专项整治活动主题宣传教育，及时发布交通安全便民提示，形成联动，扩大影响力和知名度；完善雷锋志愿服务车队管理制度机制，提升入队标准，建立奖惩机制，不定期组织志愿者辅导培训、宣传、宣讲等活动，提升队伍素质，打造公益品牌形象，促进全社会文明交通风尚的形成；联合教育部门督促指导中小学校结合有关课程和未成年人身心认知特点、出行规律，深入开展“六个一”活动，将交通安全理念传播到家庭，辐射到社会；认真做好机动车驾驶人交通安全法律法规教育培训工作，共举办实习期、机动车审验和记满12分驾驶人教育培训班1211期，培训8000余人。

2016年，积极顺应机动车和驾驶人快速增长的道路交通安全管理形势和群众对改革创新交管服务工作的呼声，贯彻落实公安部139号令精神，新增七项便民服务新举措，开展预约、延时、留置等服务新模式，进一步简政放权，优化“一窗式一站式”服务，提升服务效能。

在吴忠电视台开办《交警直通车》栏目，在吴忠广播电台开展做客直播间和“有奖问答”活动，在《吴忠日报》创办了交通安全半月刊。全年开展各类宣传活动85期，在媒体发布图文及音视频宣传稿件971篇，推送、编发各类微信、微博信息3354条。

结合创城创卫活动，开展“不文明行为”有奖举报活动，在微信、微博等自媒体平台同步推送相关曝光视频节目15期，点击率达3万人次，在《吴忠日报》、吴忠电视台发布曝光稿件及节目22期。

打造雷锋车队志愿服务品牌，深化文明劝导服务活动，联合宁夏电视台开展为期6个月“文明出行平安相伴”大型公益活动，圆满完成“不要随意变更车道、请勿疲劳驾驶、斑马线前请礼让行人、请按规定停放车辆”等6个主题贴标活动，形成服务品牌集群效应。“雷锋车队”评获首届吴忠市“最佳服务组织”，该车队“爱心送考黄丝带”获得“最佳志愿服务项目”称号。

2017年，全市各级交管部门共在各类新闻媒体刊登新闻稿件600余篇，开展交通安全“六进”宣传工作900多场次。编辑推送吴忠交警微信服务号168条，推送吴忠交警微发布服务号248条，累计发送吴忠交警官方新浪微博2560条、腾讯微博2306条、吴忠交管小喇叭微信560条，答复网民在“双微”平台和微社区业务咨询1024条。

2018年，以隐患排查、路面管控为重点，全面推行“两站两员”工作模式，深度应用农村道路交通安全管理系统，全市62.5%的行政村共建立农村交通安全劝导站575个，聘请交通安全协管员和劝导员1726名，系统录入信息数据3万余条，扎实抓好农村地区道路交通安全管理工作。进一步强化宣传媒体矩阵建设，突出全媒体融合，壮大“吴忠交警”双微平台、直播平台等新型宣传阵地，努力营造“创城”氛围，深度开展交通安全宣传及违法曝光，推送交通违法和安全预警信息257期，阅读和观看总数达83.6万余人次，策划开展36场次直播活动，受教群众达52万人次，处理回复网民留言万余次。

2019年，全市公安交管部门负重前行、开拓创新，紧紧围绕中华人民共和国成立70周年交通安保这一主线，严格落实市局党委的决策部署和中全副市长的指示要求，统筹推进除隐患、防风险、压事故、保平安工作任务，确保了全市道路交通安全形势平稳，打赢了国庆安保攻坚战，建成电子监控设备40处、智能交通信号灯10处、电子抓拍设备2处、安装区间测速3处。

2020年，市区共投入1608.61万元，实施指挥中心升级改造和电子警察、区间测速、行人过街人脸识别和违停抓拍系统建设。确保了信号灯、电子警察等设备的正常运行和升级改造，先后施划交通标线1.1万平方米，安装交通标志1000平方米，安装隔离护栏10000余米，完成了40处智能信号控制机建设。

第七章

法治建设

FA ZHI JIAN SHE

第七章 法治建设

发展社会主义民主，加强社会主义法治是中国的基本国策。公安机关为加强法治建设，不仅完善执法制度，实现有法可依、有章可循，还要用法律规范一切警务活动，提高立法质量，加快立法进程，建立科学、完善的公安法规体系，把各项公安工作和队伍建设全面纳入法治轨道。保证公安机关正确地进行职能活动。

第一节 法治机构

吴忠市公安局的法治建设，主要是为全市公安工作提供法律保障，改善公安机关的执法活动，提高广大公安干警的执法水准。

中华人民共和国成立初期，公安机关为维护新生人民政权，加强社会治安管理，警告匪特分子停止作恶，规劝特务分子投案自首，争取宽大处理，除由人民政府制定一批地方性法规规章外，公安机关发布《关于暂住人口和车辆登记的布告》《户口管理暂行规定》，这些公安法规和规范性文件，有力地维护了社会治安秩序，保障了肃清残余反革命势力。

20世纪60年代，公安机关围绕土地改革、抗美援朝、镇压反革命三大运动，为加强城市社会治安，根据1954年9月20日《中华人民共和国宪法》，在贯彻实施国家颁布制定的有关公安工作的法律、法规和规范性文件的同时，制定了《收押人犯的规定》《户口管理暂行规定》《特种行业与公共场所管理意见》等维护地方社会治安规范性文件。

中共十一届三中全会以来，为了加强社会主义法治，适应改革的新形势，会同有关部门，制定了一批地方性行政法规及规范性文件。

1985年前，银南地区公安处的法治工作归各业务部门负责。1986年，设立专职法治机构，成立法律研究室，1989年8月，改为法制室。同年9月，根据公安部和自治区公安厅关于各级公安机关必须设置公安法治机构和认真做好《中华人民共和国行政诉讼法》实施前准备工作的通知精神，各县、市、区公安(分)局相继组建了法制室。

1990年，银南地区公安处配合《中华人民共和国行政诉讼法》《行政复议条例》的实施，为依法行政提供法律依据，对中华人民共和国成立以来发布的规范性文件归类整理。为公安机关严格执法提供了帮助。

2002年，吴忠市公安局成立法制处，设处长(正科)、副处长(副科)各1名。

2011年6月，经机构改编为吴忠市公安局法制支队。

吴忠市公安局法制支队为市公安局的内设机构，正科级建制，是市公安局直接领导的业务部门。职责任务：负责审核、起草有关公安工作的地方性法规、规章草案和其他规范性文件；开展内部执法和执法检查工作；承办劳动教养委员会审批办公室的日常工作；组织指导、承办听证、行政复议、行政诉讼、国家赔偿；负责案件审核把关，组织法制培训工作；担负着组织、协调、推动执法规范化建设的重要职责。

第二节　法治教育

法治教育，是增强干警法治观念，提高执法水平，保证依法办案的有效措施。深入开展扎实的法治宣传教育，通过宪法、基本法律和公安业务专业法律、法规以及社会主义法治理念的宣传教育，广泛传播法律知识，大力弘扬法治精神，进一步牢固树立依法治国、执法为民、公平正义、服务大局、党的领导的社会主义法治理念，进一步增强科学决策、依法管理，服务社会的能力，进一步提升公安民警的法律素养和执法水平，建设一支政治坚定、业务精通、作风优良、执法公正的公安队伍。为保增长、保民生、保稳定，服务经济社会发展，推进法治建设营造良好法治环境。

一、干警学法

1979年，银南地区公安处组织干警认真学习《中华人民共和国刑法》《中华人民共和国刑事诉讼法》，要求办案中把好侦查、拘留、逮捕、起诉四关。1985年，根据公安部、自治区、地区3年普法教育的要求，银南地区公安局制定实施《三年普法的规定》。从各县公安局选派7名民警到自治区公安厅参加普法学习班，全面系统地学习法律法规。

1985年，根据公安部、自治区、银南地区关于3年普法教育的要求，公安处制定了实施《三年普法的规划》。从各县、市公安局、地直单位选派15名民警参加区公安厅普法学习班，全面系统地学习了“九法一条例”，之后，普法教育在全地区公安干警中普遍展开。1985—1987年，市、县公安局举办普法学习班3期，参加干警231人次。在《中华人民共和国刑事诉讼法》的颁布实施过程中，全地区有90%以上的干警参加《中华人民共和国刑事诉讼法》的学习考试。

1986年11月，银南地区公安处组织人员，对部分县市公安局“严打”初期的执法情况进行了抽样调查，发现一些干警在执法上存在以言代法、轻证据、重“口供”，无视被处罚人的申诉权利，法律文书质量不高等问题。为此，公安处要求各单位采取有效措施，针对性地结合实际进行普法教育。

1987年1月，银南地区公安处举办了第一期法纪教育训练班，即《中华人民共和国宪法》《中华人民共和国刑法》《中华人民共和国刑事诉讼法》《中华人民共和国民事诉讼法(试行)》《中华人民共和国婚姻法》《中华人民共和国国籍法》《中华人民共和国文物保护法》《中华人民共和国外国人入境出境管理法》《中华人民共和国公民出境入境管理法》《中华人民共和国治安管理处罚条例》。

1990年3月10日，银南地区公安处组织市、县45名干警到自治区公安厅参加首届《中华人民共和国行政诉讼法》代理人培训班，历时20天，为全地区宣传普及和实施《中华人民共和国行政诉讼法》培训骨干力量。同年7月，在全地区干警中进行《中华人民共和国行政诉讼法》教育，举办法制培训班。对全地区的公安民警进行一次学习《中华人民共和国行政诉讼法》知识考试，参加干警560人，参考率为99%。为从10月1日起施行《中华人民共和国行政诉讼法》打下基础。

“七进九讲”

为深入推进全市公安机关“三评三访”深化“大走访”活动，掌握社情民意，着力解决群众反映强烈的社会治安问题，积极营造风清气正发展环境，提高广大群众守法意识和防范意识，提升广大群众治安防范能力和水平。吴忠市公安局将“七进九讲”作为深入开展“三评三访”深化“大走访”活动的主要形式，在社会上营造浓厚的活动氛围，收到了良好的社会效果。2010年上半年全市侵财类刑事案件立案同比下降4.89%，盗窃、抢夺、诈骗等可防性案件立案同比下降2.14%、60%和17.51%，火灾起数同比下降25.7%，交通事故四项指数稳中有降，群体性事件起数和参与人数分别下降33.33%和51.32%。

2011年3月，吴忠市公安局党委部署开展了“七进九讲”活动。“七进”，主要指“进”的重点部位，即“进农户”

"进社区""进学校""进场所""进企业""进工地""进清真寺";"九讲"指向广大人民群众讲防抢、讲防盗、讲防诈骗、讲交通安全、讲消防安全、讲禁毒、讲预防未成年人违法犯罪知识、讲为打架算成本以及讲群众有事拨打110报警。通过这一活动形式,进一步拉近警民关系,掌握社情民意和违法犯罪线索,化解矛盾纠纷,整治治安隐患,全力维护辖区社会稳定。

吴忠市公安局坚持"应进必进,应讲必讲,不留死角死面"的原则,切实把安全防范常识宣传到全市的各个层面和各类群体中。辖区共进企事业单位3182家,走访群众9106户,走访民警1545人次;慰问群众2319人,解决困难476件,出台便民利民措施192项,为企业提供服务,解决问题241件;排查矛盾纠纷1255起,成功调解和处置836起,整治队伍管理问题47件,整治执法突出问题24件,发现整治突出治安问题36件,研究制定队伍管理执法执勤规范化措施48项,发放各类宣传资料7.8万余份,达到了全面覆盖。在普遍进、普遍讲的基础上,注重结合辖区实际,活化宣传形式,进一步推动"七进九讲"向纵深发展。

进农村。根据农村粮食归仓易发生被盗抢,柴草垛易发生火灾和冬闲时节易发生赌博、酗酒等问题,要逐村、逐户地开展防盗抢、防火灾和赌博、酗酒的危害性教育,要针对春播期间严厉打击制贩假种子、假农药、假化肥等犯罪活动,减少各类案件的发生。

进社区。与社区街道居民委员会联合,借助社区开展的一些文化体育活动,把安全防范宣传融入丰富多彩的社区文化娱乐活动中。结合一些老年活动室、娱乐中心人员较集中的特点,采取发宣传单、以案说法等形式,积极开展安全防范宣传。针对社会治安的发案特点通过在单元门上粘贴、手机短信发布预警信息等形式向群众做安全防范宣传。和街道、社区联合组织一些群众性文艺体育团队,真正和百姓交朋友,拉近警民之间的距离。

进学校。各区公安分局、各县公安局要充分发挥法制副校长、驻校民警的作用,采取集中上法治课、召开法治班会等形式,在学生和教师中开展法治安全宣传活动。利用学校宣传栏、校内广播等阵地,驻校民警要走进学生中间,加强沟通交流,宣传交通安全知识、防火知识、教育学生远离毒品和未成年学生不进网吧。

进场所。结合季节、人员流动和发案特点,印制各类防抢、防盗、防骗、防火等宣传单(册),发到商场、宾馆、洗浴、网吧、茶楼等场所。要利用网吧的屏保和场所的LED显示屏等载体设置安全防范提示内容,增强行业场所从业人员的法律素质,同时减少场所各类案件的发生。

进企业。结合警企共建活动,建立长效机制,定期深入辖区企业单位,讲解安全防范知识,加强安全技能培训,普及法律法规,切实增强企业职工的安全意识和遵纪守法的自觉性。宣传公安改革和工作亮点,与企业加深感情,增进理解,形成互信。

进工地。根据春节过后,外地务工人员和农民工集中返吴忠寻找工作时机,要进入每个工地开展防盗抢和事故安全防范宣传,要针对务工人员和农民工法律意识淡薄的现状,做好劳动合同法与合法维权的宣传工作,减少因劳资纠纷引发的群体性事件。

进清真寺。结合开展"民族团结进步工作提升年"活动,组织警力深入排查民族宗教领域不安定因素,及时预警,广泛开展法治、宗教政策和爱国主义教育,使广大信教群众知法守法,了解宗教政策,分清合法与非法,引导他们在法律、政策允许的范围内活动。

开展专题宣传。各区公安分局、各县公安局结合实际,印制宣传资料,做到户户必有,人人知晓。要将公安文化、文艺有效融入"七进九讲"之中,结合春夏群众户外多的特点,利用参与街道、社区和企事业单位组织的文体活动和文艺演出的机会,开展宣传走访。市公安局刑侦部门要根据案件发生的规律特点,重点开展好防命案、防诈骗、防盗抢等专项宣传活动;市局经侦部门要重点开展好预防非法集资、高息存贷款、传销等涉众型经济犯罪的宣传活动;消防部门要开展好火、油、气、电正确使用及火灾事故处置、火场逃生常识的宣传;禁毒部门要开展好常见毒品识别、吸毒危害教育宣传;治安部门要经常深入行业场所,开展好安全防范常识宣传和为"打架算成本"教育。工作中,要关注困难群众、特殊群体,掌握了解辖区低收入群众家庭、空巢家庭、城镇失业下岗职工、残疾人、孤寡老人、外来务工人员等弱势群体的情况，积极与街道、民政、社会保障等部门沟通联系，提供力所能及的帮助。要结合宣传对象的特点讲、要带着问题访，要有针对性地查问题、治隐患，提升治安防范水平，减少和杜绝安全生产隐患和案件的发生。

“四种机制”：一是建立培训机制。注重在提高民警群众工作水平上下功夫，统一印制《“七进九讲”活动宣讲手册》，作为民警的自学教材，以队为单位，由队长组织学习，熟练掌握宣讲内容。同时，吴忠市公安局领导和法制支队长带领民警开展宣讲工作，让民警在实际宣讲活动中学会宣讲的方法，增长民警的宣讲能力，提高宣讲的效果。如今，民警能够进得去屋、张得开嘴，讲得清楚，使群众能够听得明白，受到教育，得到启发。

二是建立责任机制。结合辖区实际，重新划分了三个实战警种及窗口岗位宣讲对象及范围，分别确定了重点讲、分类讲和普遍讲的重点内容，并制定了相应的职责标准。法制支队不定期对民警宣讲情况进行抽查，分析问题，听取汇报，督促落实。将分管局领导确定为本警种活动第一责任人，把活动具体到每个警种、每个岗位、每项内容、每个方法和每条标准，形成了主要领导全面抓、分管领导亲自抓、各队队长具体抓的工作格局。逐级签订责任状，层层落实了责任。

三是建立联动机制。通过定期召开单元长、居委会干部、物业部门负责人、学校保卫干部、场所业主、工地负责人等会议以及“责任区联席会议”，进行“七进九讲”学习，提高这部分人的宣讲能力，利用人熟、情况熟的优势，随时随地深入单位讲、回到家里讲、遇到邻里讲、教育员工讲、和不放心人员讲，起到了活动义务宣传员的作用。

四是建立倒查机制。将活动情况纳入目标管理，建立了“七进九讲”倒查机制。法制支队成立了检查组，坚持对“七进九讲”活动开展情况每月一检查、一通报。倒查重点是发生的严重影响群众安全感的八类案件、居民区行业场所可控案件、重大火灾和亡人事故、居民区和行业场所发生的系列案件等。对存在的一般问题，按照重点工作考评细则予以扣分，并给予经济处罚；发现重大问题的，组成调查组进行倒查，并视情节后果依照有关规定给予行政处分。同时对活动中的好做法、好经验及时归纳总结，对相关民警进行表彰奖励，并作为评先选优、提职晋级的必要条件。

“突出重点”：一是突出伤害案件控制。2012年吴忠市公安局成立了5个宣讲组，深入辖区行业场所尤其是饭店、网吧和娱乐场所，不限警种，不拘形式，不定时间，反复进、反复讲，召开同类经营行业片会，为业主和员工讲述“为打架算成本”、“有事拨打110”、消防安全和强化内部防盗等。要求这些场所的工作人员，只要发现闹事的苗头，就马上向公安机关报告，及时出警，防止升级，有效防止了服务员与顾客，以及顾客之间发生殴打他人案件。2011年5—7月份发生伤害案件6起，比上三个月的9起下降了33.3%。

二是突出校园秩序整治。结合全市公安机关开展的保护未成年人专项行动，组织编写了“七讲”进校园宣讲讲义，民警通过进校园、进班级，对在校的中小学生展开了生动活泼、喜闻乐见，符合未成年人年龄特点的宣讲活动。辖区6所中小学校，已累计进入38次。5月10日，利通区分局社区民警在利通小学进行“七进九讲”宣传，共有400名学生和200名学生家长参加了宣讲会议，受到了好评。许多学生在会后写出了感想作文。

三是突出居民区案件防范。随着天气转暖，户外活动的人员越来越多，法制支队结合“单元工作法”，集中组织一栋楼或邻近几栋楼的居民，利用晚上下班后时间，集中在楼下开展法制宣讲，重点讲述如何防抢防盗、如何拨打110等方面的知识，增强群众的防范意识。同时，将民警提示单定期张贴在警务公开栏、单元门或发放到居民手中，对单元长进行集中培训，协助民警开展宣传工作。

二、搞好“两个”结合，增进活动实效

2012年，市公安局根据当前形势及任务，积极做好“七进九讲”与马拉松赛安保工作的结合。把开展“七进九讲”活动作为落实奥运安保措施的重要内容，相互支撑、相互促进，全面推进和落实了吴忠经贸洽谈会和马拉松安保工作。民警在全面开展“大巡逻、大盘查、大检查、大摸排、大宣传”行动中，向居民宣传“七讲”知识，提高了群众的守法观念和防范意识。从7月28日起，在全市范围内开展的吴忠经贸洽谈会和马拉松安保治安大检查专项行动中，市公安局从12个方面在辖区开展大检查，并将“七进九讲”融会到每项工作之中，全力确保奥运期间辖区政治安定和社会治安稳定。积极做好“七进九讲”与各项业务工作的结合。做到刑侦、治安民警在办案过程中针对案件起因和后果，对涉案人员（双方当事人外、证人、举报人等人员）具体宣讲；社区民警在开展出租房屋清理整顿、流动人口办证登记、行业场所消防管理上同步宣讲。通过不拘形式、不拘对象、不拘内容的宣讲，切实达到了教育群众，提高安全防范的目的。

“七进九讲”是吴忠市公安机关为深化“大走访”活动，在全市推广做好群众工作、夯实信息工作基础化的有效延伸手段。社区民警以“七进九讲”防范宣传活动为载体，通过走基层、进场所、访民情、解民忧，开展矛盾纠纷化解、治安巡逻防范、进行基础信息采集等活动，实现了群众工作能力的大提升。活动中，全市各级公安机关紧密结合实际，创造了“微博互动”“法制一周网上晒单”等网络“七进九讲”方法，基层民警通过“每月一谈”“每周一讲”“每天两进”“文艺节目巡回演出”等多种形式，不断提高群众的法治观念和治安防范意识。

三、向人民群众宣传法治

1951年2月，吴忠市（县级）公安局组织干警，向群众宣传政府有关反霸的方针、政策和法律、法规。并张贴宣传画，向全市人民群众广泛宣传讲解《中华人民共和国惩治反革命条例》，印发《对反革命分子进一步实行宽大政策宣传提纲》，发动群众检举揭发反革命罪行。造成强大政治攻势，敦促反革命分子投案自首。同年9月17日，印发贯彻国务院《关于劳动教养问题的决定》的宣传提纲，号召全市人民协助政府做好劳动教养工作。同年，还向群众广泛宣传《中华人民共和国治安管理处罚条例》。

20世纪60—70年代，结合贯彻实施治安管理、户政管理、交通管理、消防管理等法规，采取各种形式，不断向群众开展举办图片展览。参观群众2万余人次。

1972年6月，银南地区公安处成立后，处领导非常重视法治工作，多次开展法治宣传活动。在街头设立法治宣传、咨询站，组织干警参加宣传，解答群众提出的各类正常法律问题。同时，出动宣传车、在街头设置播音器、宣传板报、横标、图片以及举办展览等，广泛开展法治宣传。

1981年，银南地区公安处举办赃物罪证展览，1984年在街心公园举办“严打”斗争展览。反映银南地区依法从严从快严厉打击刑事犯罪活动的战斗场面，揭露犯罪分子的罪恶行径，赞扬“严打”斗争中涌现的见义勇为、不徇私情、大义灭亲的先进人物和事迹，展出 “严打”斗争中缴获的罪证。参观群众达2万人次。

为弘扬法治，揭露犯罪，银南地区公安处多次利用板报、有线广播、街头图片展览等方式开展法制宣传，举办赃物罪证展览，展出由反革命、凶杀、抢劫、强奸、走私、盗窃等案例，赃款赃物有现金、银币，粮票、布票、文物、贵重稀有金属、电视机、收音机、自行车等，教育了群众，震慑了犯罪分子。

1998年6月20日，银南地区公安局为落实自治区禁毒工作领导小组《关于“6·26”国际禁毒日在全区广泛深入开展禁毒宣传周活动的通知》，开展声势浩大的禁毒宣传周活动。截至6月28日，全地区各县市播放禁毒宣传片47场次，观看群众达20余万人，全地区108个乡镇派出所，8个禁毒所以及50多个有关单位，挂出“珍爱生命，拒绝毒品”禁毒图片展1050余幅，出动宣传车20余辆次，各乡镇、村刷写永久性标语1327条，发放禁毒宣传材料5万余份，各县市设立禁毒宣传咨询点13处，召开各类座谈会14次。

2000年7月6日，吴忠市公安局“6·26”禁毒宣传成效显著。各县市区充分利用广播、电视播放了主管、分管领导禁毒宣传电视讲话，禁毒宣传标语和全国禁毒展览等禁毒宣教片50余场次，观看群众达20余万人，全市各乡镇挂出“珍爱生命、拒绝毒品”禁毒图片、宣传挂图、展板300余幅（块），参观人数达70000余人，共宣传23场次，涉及16个单位、部门，全市共有18个关押场所对在押人员进行了禁毒宣传，受教育人数达700余人，宣传活动期间，各报刊共登载禁毒文章30余篇，各县市、乡、镇、村张贴刷写标语2000余条，发放禁毒宣传材料20000余份，设立禁毒宣传咨询点10处。

2001年6月29日，吴忠市公安局为深化严打整治斗争，结合国家禁毒委员会《关于结合严打整治斗争掀起

“6·26”禁毒高潮的通知》，在“6·26”国际禁毒日我市各县市区开展了形式多样、内容丰富的禁毒宣传活动，掀起了“6·26”禁毒宣传高潮。

2001年12月4日，中共中央、国务院决定将《中华人民共和国宪法》实施日，作为每年的全国法制宣传日。当年宣传日的主题是“弘扬法治精神，促进社会和谐”。市公安局把法治宣传日作为公民熟悉法律、认知法律、维护权益的有效载体，紧紧围绕深入推进社会矛盾化解、社会管理创新、公正廉洁执法三项重点工作，采取悬挂宣传标语、展示宣传图板、发放宣传单和播放宣传录音等多种形式，大力宣传宪法，宣传国家基本法律，宣传与经济社会发展、维护社会和谐稳定、服务和保障民生相关的法律法规，并集中开展了社会主义法治理念教育和专题法制宣传教育，向群众广泛宣传了法律知识。活动中，广大群众积极参与，在认真观看宣传图版的同时，还主动索取了有关法律法规的宣传资料，宣传活动收到良好效果。通过举办此次活动，进一步传播了法律知识，弘扬了法治精神，有效发挥了法律宣传日作为展示法治建设成就、树立良好法治形象的重要窗口的作用。广大宣传民警现场向群众传授消防、禁毒常识，讲解交通安全和治安防范知识，受到好评。

吴忠市公安局展出宣传展板26块，悬挂宣传横幅5条，散发《市民交通安全手册》《公安宣传年画》《法律法规常识》等宣传资料8000多份。

2002年6月26日，是国际禁毒日，吴忠市禁毒委在全市范围内组织开展了一场声势浩大、内容丰富、形式多样的禁毒宣传活动。全市共设立禁毒咨询点13处，发放禁毒宣传资料10万余份，张贴刷写标语200余，条悬挂横幅70余条，展出禁毒展板50余场次，播放禁毒宣传教育片60余次，开展各类禁毒知识讲座150余场，受教育人数达到140余万人，各地大力开展形式多样，内容丰富的宣传活动，掀起全市禁毒宣传高潮。一是设立禁毒咨询点。“6·26”期间，各县（市、区）禁毒部门在繁华街道、集镇设立咨询点解答群众问题，发放宣传材料，共发放宣传材料10万余份，受理群众咨询1000余人（次）。盐池县禁毒部门将《致全县吸毒者家属一封公开信》《忏悔录》印发群众，收到良好的效果。二是举行禁毒图片展览，各县（市、区）在乡镇、工矿企业共展出禁毒图展50余场次，受教育人数达50余万人。青铜峡市各医院、卫生防疫站围绕“吸毒与艾滋病”这一主题开展了宣传教育活动，共展出图片100余幅，受理群众咨询500余人次，发放宣传材料3000余份，使人们更加认识到毒品的危害、毒品与艾滋病的关系、艾滋病的危害以及如何有效预防艾滋病，通过这些知识的了解，使群众更加认识毒品，拒绝毒品，远离艾滋病。三是在城市街道、乡镇、村悬挂横幅，张贴通告，刷写标语，营造滢大的舆论氛围，全市共悬挂横幅70余条，张贴通告3000余张，刷写禁毒标语200余条。四是利用新闻媒体，大造舆论攻势，“6·26”期间，全市利用电视播放禁毒标语200余条；播出禁毒宣传教育片60余场次，播放禁毒题材录像电影40余场次，报刊登载禁毒文章10余篇，受教育人数达到100余万人吴忠市电视台利用黄金时间，连续8天播出禁毒标语24条，利通区、盐池、中宁连续一周在有线电视台播放《世纪之患——新型毒品》，灵武市在有线电视台播出《林则徐》等有教育意义的禁毒题材电视，中卫县在广场组织群众观看《鸦片战争》等电影，青铜峡在水电厂、铝厂、大坝电厂各分厂、车间组织播放了《中华之剑》《世纪之患——新型毒品》等禁毒宣传录像片，盐池县在“6·26”当天，组织30多家歌舞娱乐场所播放了《世纪之患——新型毒品》录像片，组织中、小学生上街游行，营造声势。五是组织开展禁毒宣传会，禁毒知识讲座，增强群众对毒品的了解，提高了群众抵御毒品的能力。青铜峡市在涉毒人员相对较多的草河村组织了由70余人参加的禁毒宣传会，会上大家结合身边事例痛陈毒品给个人，家庭、社会带来的严重恶果，表示决不沾染毒品，青铜峡市公安局还组织人员深入树脂厂、电石分厂对青年工人进行禁毒知识讲座，“6·26”前后，全市共举行各种宣传讲座150余场，受教育人数达到10万余人。六是加强对青少年的禁毒预防教育工作，各县（市、区）均开展了“禁毒知识一堂课”活动，由公安局组织人员配合学校法制副校长，深入各中小学，以法制讲座形式对中小学生进行毒品预防教育，并组织学生观看《世纪之患——新型毒品》等电视宣传教育片，增强了学生对毒品危害的认识，达到了很好的宣传效果。

2007年12月4日上午，市公安局在利通区街心广场开展了声势浩大的法治宣传咨询活动。为了深入贯彻中共十七大精神，扎实开展全民法治宣传教育工作，弘扬法治精神，形成学法守法的社会氛围，市公安局高度重视，提前准备，精心组织，“12·4”法制宣传日当天，市公安局普法依法治理领导小组办公室（法制处）牵头，交警支队、巡警支队、消防支队、治安支队、缉毒支队、刑侦支队、经侦支队以及利通分局等单位共20余名民警组成的法制宣传队围绕“弘扬法治精神，推进依法治国”这一主题，开展法治宣传服务活动。宣传队在街心广场设立了宣传服务台，前来咨询和领取宣传品的群众络绎不绝。广大宣传民警还现场向群众传授消防、禁毒常识，受到好评。交警支队出动宣传车10台次，不间断播放交通安全知识。当天共展出宣传展板37块，悬挂宣传横幅5条，散发《市民交通安全手册》《致全市人民的一封公开信》《生活奔小康　安全不能忘》《中华人民共和国治安管理处罚法》《中华人民共和国未成年人保护法》《吸毒人员的自我忏悔》《消防常识掌中宝》等宣传资料7000多份，近千名群众接受了普法宣传教育。

2008年1月10日上午，由吴忠市公安局指挥中心牵头，组织市区两级公安机关及消防部门30余人，在街心公园门口开展以“完善110　和谐警民情”为主题的宣传活动。2008年1月10日是公安部确定的第十一个110宣传日。市公安局110报警服务台自1997年成立以来，经历了11个春秋，11年来，110报警服务台由初始的一间工作室发展到现在的近100平方米，各种先进设备齐全，功能完善，集110、119、112“三台合一”的指挥大厅；11年来，110报警服务台从无到有，从小到大，不断发展壮大，在维护吴忠市社会稳定、打击犯罪、抢险救灾、救助群众等方面做出了突出贡献。

2011年10月18日上午，由市局禁毒支队、法制支队、经侦支队、刑侦支队在利通区明珠广场联合举办了“防诈骗、保民安”的专题法治宣传活动。针对以网络、电话为载体的各种新型诈骗手段层出不穷，且呈现出从经济发达地区向西部落后地区蔓延的趋势，2011年上半年，利通区就发生多起短信诈骗、网络诈骗案件，诈骗金额都在万元以上。此次活动以“六五”普法启动宣传为中心，针对吴忠市近期频发的电信诈骗案件，民警将“防诈骗、保民安”及2011年6月26日国务院公布的《戒毒条例》等内容作为宣传主题，走进群众中发放宣传资料，讲解法律法规和安全防范知识，提高群众的防范意识和法律意识，进一步拉近警民距离。宣传活动上，民警们向过往群众分发“防街头诈骗”“反假币”“打击非法传销”等相关知识的传单、卡片，并详细解答群众的现场咨询。此次宣传活动共设立广场群众法律咨询点2处，发放《戒毒条例》宣传单5000余份、防诈骗活页2000余份、反假币宣传单1000余份，滚动播放《戒毒条例》宣传片4个小时，接受群众咨询千余人次，进一步提高广大市民的安全防范意识和识别假币及犯罪分子骗技的能力。通过此次活动，提高了群众预防犯罪和自我保护能力，为构建和谐社会奠定了坚实的基础，使人民群众进一步加深了对公安工作的理解和认识，受到了广大群众的一致好评。

2005年3月16日，吴忠市公安局政委关玉林带领干警上街做法治宣传

2011年12月2日，吴忠市公安局在利通区街心广场开展了法制宣传活动，由法制、交警、治安、禁毒等部门组织民警向广大群众集中宣传了有关法律法规知识。

2013年2月1日，吴忠市禁毒办在市劳务市场设立禁毒“流动课堂”宣传点。为使群众认清毒品对个人、对家庭和社会的危害，提高公民的自我防范意识和能力，市禁毒办把枯燥无味的禁毒知识以问答形式开展宣传，对答对者发送小礼品奖励，既激发了群众的积极参与性，又使公民增强了禁毒方面的日常知识，自觉做到远离毒品，将禁毒拒毒意识普及到自己的家庭，普及到全社会。市禁毒办还进社区、进学校、进乡村、进单位、进场所、进家庭，使毒品基本知识宣传深入人心，使“珍爱生命、拒绝毒品”的意识深入人心，进一步提高人民群众自觉抵御毒品的能力。

四、群众性的法律宣传

2003年，家住中卫县滨河镇涝池村，有20多年驾龄的周延章怎么也不会想到自2001年到2002年短短两年时间内，无情的车祸竟然接连三次与他遭遇，生命虽然侥幸得以保全，但这飞来横祸却让他一下子负债35万元。

“车祸的无情把有着小康之家的我变成了负债累累的穷光蛋。”周延章不止一次痛心疾首地反省自己的过失。然而，事实毕竟已无法挽回，他还要直面眼前的窘境，周延章认识到自己平时自以为技术过硬，过于自信，总不把交通安全放在眼里，甚至不遵守交通法规，交警一次次苦口婆心地提示，他也是左耳听右耳出，以致到如今自食苦果。

扪心自问，一度消沉的周延章反而甩开了积压在心头的思想包袱，逐渐开始坚强起来。经过一段时间的反思，周延章毅然决定投身于交通安全管理的公共事业中，做一名交通安全宣传志愿者。他决定自筹资金，筹办一个大型公共交通安全宣传活动。他要用自己的实际行动现身说法，让别人从他亲历的3次车祸中吸取惨痛教训，让更多的人自觉提高交通安全意识。用周延章自己的话说就是，“用我的宣传活动，提高人民的交通安全意识，预防几起交通事故，挽救几条鲜活生命，这是我的心愿”。

2005年10月28日，周延章带着自己的想法来到了吴忠市公安局交警支队，受到支队领导的热情接待。支队领导很重视周延章的决定，并从他的一言一行中深深感受到了一个历经挫折磨难的普通农民发自内心的强烈呐喊。容不得他们有丝毫迟疑，支队领导很快就召开了专门会议，决定支持和帮助周延章，让他的想法得以实现，让更多的群众从他的经历中受到教育。11月1日，由周延章自筹资金在吴忠明珠广场举办的别开生面的交通安全宣传活动拉开帷幕，宣传活动得到交警支队和运管部门的大力支持和帮助。活动期间，周延章共向群众发放《道路交通管理》杂志800本，发放各种宣传材料500份，展出了周延章自己制作的30米宣传画卷、60块事故展板。宣传活动收到了意想不到的效果，周延章为终于实现了这个小小心愿感到心满意足。

2015年，将公安网门户网站与阳光警务查询系统成功联网，方便群众查询案件情况；在政务中心公安窗口开通了微信受理出入境等行政许可事项，在用传统方式公开执法事项的同时，利用吴忠公安平安微博、交通微博等新媒体向公众发送警情信息、告知，拓展了执法公开的渠道。

2016年，开展市局网上公安局扩版升级改造，完善预约、互动、申请功能模块，通过门户网站、公示电子屏、触摸查询机、手机微信等载体，推行办事指南、执法依据、立案标准、行政许可、案件结果查询服务；落实行政许可和行政处罚“双公示”制度，全年公示各类信息3319条，通过民生警苑APP及各类移动终端，提供执法依据、案件受立案、办案过程及结果查询服务，不断提升执法公信力和群众满意度。

2018年，大力推进“互联网+公安政务服务”平台的应用。9月份宁夏“互联网+公安政务服务”平台正式上线后，群众通过一个网站就可实现288项公安行政审批和公共服务事项的网上便捷办理。

2019年，全市公安机关引导群众在“互联网+公安政务服务”平台进行实名认证460600人，网上办件2092222件，回复群众咨询7582件，群众满意率为99.5%。26项行政许可办结时限缩短了30%~50%，实现了80%的服务事项“只跑一次”的工作目标。落实“双公示”机制，在中国·宁夏门户网站公示行政许可56921项，行政处罚890项。

2020年，全年在“互联网+公安政务服务”平台计注册用户330443人，实名注册率23.2%，超额完成自治区公安厅下达的19.36%的工作任务；实名认证用户257981人，网上办件11054件，回复群众咨询8280件，群众满意度99.96%。注册率、办件量位居全区第一。

在各分县局建成六个“无人警局”，做到了7×24小时服务全天候、不打烊。无人警局开设以来共办理各类公安业务10810余件。在全市偏远地区社区警务室和警务工作站等场所共设立“互联网+公安政务服务”代办点

11处，办理公安业务500余件。

强化媒体宣传力度和广度，积极展现法治公安建设新做法和成效。行政执法“326+N”工作机制、“无人警局”、执法监督等工作亮点先后被《法治日报》《人民公安报》《宁夏法治报》《宁夏日报》等多家媒体宣传报道。

第三节　执法监督

执法监督指的是负有监督职责的国家机关对行政执法主体实施行政执法行为，是否符合行政法律规范进行监察与督促，并且对违法行为予以纠正的活动。特征之一是它是对行政机关各部门尤其是行政执法专门机关和行政执法人员的执法活动的监督。

吴忠市公安局采取各种形式进行法治教育，依法办案，严格执法，认真开展自身执法监督，自觉接受社会各界的监督。全面开展执法监督，转变执法理念，提高执法效能，提升执法形象。

（一）案件审核　20世纪80年代后，为维护社会稳定，公安机关接连不断地组织开展了一系列“严打战役”和“专项斗争”，案件审核任务十分繁重。为了提高办案质量，银南地区公安处将案件的审核把关，归口法制室管理。各级法制部门在人员少、任务重的情况下，克服种种困难，审核、办理了大批案件。在审核把关过程中，地、县公安局法制部门以事实为根据，以法律为准绳，保证了案件质量，提高了办案效率。

（二）行政复议应诉公安机关的行政复议，是随着1986年9月的《中华人民共和国治安管理处罚条例》颁布开展起来的。1989年4月《中华人民共和国行政诉讼法》的颁布又大大拓宽了这项工作的范围，将公安机关具体行政行为都纳入了轨道。公安机关在行政复议应诉中，从维护公安机关的正常执法活动、保障干警依法行使职权、保护公民、法人和其他组织的合法权益出发，认真审案，准确量裁，提高公安机关依法行政水平，造就一批素质较高的诉讼代理人。从而维护公安机关的正常执法活动、保障民警依法行使职权。同时，出动宣传车、在街头设置播音器、宣传板报、横标、图片以及举办展览等，广泛开展法治宣传。银南地区公安处法制室在街头解答群众提出的法律政策问题。

（三）执法手册

执法手册内容包括第一章 110接处警；第二章 巡逻盘查；第三章 执法资格管理；第四章 执法基础台账；第五章 网上执法办案系统应用与管理；第六章 涉案财物管理；第七章 执法监督；第八章 执法质量考核评议；第九章 警务督察；第十章 执法办案场所设置；第十一章 管辖；第十二章 回避；第十三章 受案、立案、破案与销案；第十四章 一般刑事案件侦查；第十五章 涉外犯罪案件侦查；第十六章 毒品犯罪案件侦查；第十七章 经济犯罪案件侦查；第十八章 刑事强制措施；第十九章 刑事案件法律文书制作；第二十章 部分刑事案件参考证据规格；第二十一章 预审；第二十二章 案件审核；第二十三章 看守所管理；第二十四章 社会服刑罪犯监管；第二十五章 律师参与刑事诉讼；第二十六章 办理行政案件；第二十七章 行政案件证据规格；第二十八章 违反治安管理行为情节认定及法律适用；第二十九章 办理收容教育案件；第三十章 办理劳动教养案件；第三十一章 道路交通安全管理；第三十二章 公安派出所消防监督检查；第三十三章 边防管理；第三十四章 出入境管理；第三十五章 户政管理；第三十六章 治安管理；第三十七章 经济和文化单位保卫管理；第三十八章 计算机网络安全管理；第三十九章 行政许可和行政审批；第四十章 收教所管理；第四十一章 强制治疗和强制隔离戒毒；第四十二章 行政复议、诉讼和国家赔偿。

（四）执法监督

1986年以来，银南地区公安处为了正确地执行法律法规，采取不同形式，开展执法检查。1989年，地区公安处对治安大队、防暴大队、刑警大队、行政拘留所进行了抽查，对于自查和检查中发现的问题，坚持实事求是的原则,不隐瞒、不回避、不袒护,边整边改。采取与办案单位面对面解决问题的方式,对照卷宗材料逐案提出处理意见,收到了良好效果。同时,针对检查中发现打击不力、降格处理和使用强制措施不规范等问题,建立健全了各项审批制度,统一归口法制室审核把关。

1990年,银南地区公安处制定了《关于自觉接受人大及其常委会法律监督的暂行规定》,并采取以下措施:1.全局干警实行挂牌执勤;2.设立局长公开电话;3.交通岗、治安岗亭设立执勤牌和意见簿;4.向辖区群众、单位发公开信,让群众评选优秀干警,及时征求群众意见;5.定期召开座谈会,主动听取和征求地区人大代表、政协委员对公安工作的意见。

2014年,全市共配备到位的执法记录仪总数为1167部。其中,市公安局98部;利通区公安分局140部;红寺堡区公安分局209部;青铜峡市公安局260部;盐池县公安局135部;同心县公安局298部;太阳山区公安分局27部。全部达到了自治区公安厅要求的二人三部的标准。起草制定了《轻微刑事案件快速办理规定》和《轻微刑事案件证据指引》,指导执法办案部门规范办案。

2015年,评查刑事案件230余起、交通违法案件1500余起,发现并整改了6个方面22项执法突出问题;与人民法院联合开展了集中打击拒不执行判决裁定等犯罪行为专项行动。全市法院系统移交的40起案件全部做出了处理并及时回复,其中立案侦查10起,协助法院抓获在逃嫌疑人6人,追回执行款400余万元,工作成绩突出,受到了自治区公安厅通报表扬。

2016年,全市公安机关投入1200多万元,高标准地建设完成了6个县级公安机关案管中心和35个案管室建设,实现了案件统一受理、统一进口、统一出口、统一保管。借助案管中心建设,整合接警室、讯问室音视频,充分利用警务督察系统,发挥远程监督和指导职能,及时发现并纠正办案不规范等突出问题,实现执法监督可视化、执法服务零距离的目标。打造"执法信息进平台、审讯人员进场所、涉案财物进系统、审核审批进流程"工作机制,实现案件录入率、涉案财物入库率、视频上传率三个100%的目标。

2017年,全面开展积案排查工作,分阶段地对全市近三年来所有的行政、刑事案件进行全面清理,排查梳理出各类案件12038起,全市公安机关刑事、行政积案清理率全区领先,实现双满分的目标。全面推行智能办案区系统建设,全市改建智能办案区27个(其中青铜峡市公安局14个、同心县公安局4个、利通区公安分局4个、盐池县公安局3个、红寺堡公安分局2个),建成涉案财物管理中心7个,采购无线激光条码扫描枪等设备39套,涉案资金均开设专用账户。通过"每日巡查,每周晾晒,每月通报"的巡查晾晒机制,有效提升了民警的执法水平与办案质量。全市共发布巡查晾晒单1300余件,发现问题及时下发督办通知,全年共发通报9期,整改各类执法问题2800余件,整改率达到100%,实现了全市案件录入率、涉案财物入库率、视频上传率三个100%的目标。

2018年,推进案件管理中心与案管室建成并发挥实效,实现了市公安局、县公安局、基层单位三级巡查"封闭圈"。积极打造智能化执法办案区,完成了53所执法办案场所的升级改造任务,实现了智能跟踪定位、同步录音录像、规范信息采集等功能,确保执法安全,年内未发生因刑讯逼供、监管不严导致嫌疑人自杀自残的安全事故。全面落实执法全过程记录制度,对接处警、检查、查封、扣押、送达、执行等现场执法环节进行全过程视音频记录,做到执法全程留痕。

2019年,依托市级执法管理中心常态化开展执法巡查工作。将有案不受、有案不立、立案不实等受案立案问题纳入重点巡查范围,每日提醒,每周通报,每月总结,每季度分析研判,及时纠正执法问题。全年,市局执法管理中心共巡查警情95235起,发现问题2067起,监督整改1985起,下发通报59期。较2018年相比,不及时受案下降了89.61%,不及时立案下降了62.07%,绝对不起诉下降了54.54%,存疑不起诉下降了41.79%,纠正违法数下降了45.16%。在全市公安机关推行执法办案积分制,以积分量化的方式对民警执法办案能力进行综合评估,每月分析晾晒单位和民警积分情况,通过通报积分排名情况营造出"多办案多积分,办好案积高分,办差案倒扣分"的工作导向,形成执法质量和执法效率齐头并进的局面。

2020年，市局执法管理中心共巡查警情99428起，行政案件8477起，刑事案件5760起。下发月通报11期，日巡查提示单139期，发现问题1721个（其中监督受立案113起、案件考评12起、涉案财物处置不规范33起，视频不及时上传953个，取保候审案件超期69起，补传文书案件414起，纠正执法公开行政复议单位填写不正确43起、警情处置不规范36起），整改1705个，整改率99.07%。全市行政不及时受案2起、刑事不及时立案0起，较2019年相比分别下降96.97%和100%。共下发督办通知8期，督办案件2898起，已结1429起。执法质量在全区名列前茅，执法满意度排名全区第一。

第四节　法治建设

中华人民共和国成立初期，公安机关围绕土地改革、抗美援朝、镇压反革命三大运动，大力宣传党的政策和国家法律法规，加强城乡社会治安，保障经济发展。根据《中华人民共和国宪法》贯彻实施，自治区公安厅会同有关部门制定了《户口管理暂行办法（草案）》《消防管理暂行办法》《交通民警执勤条例》《关于改进特种行业与公共场所管理工作的初步意见》《关于密切结合社会主义教育运动收容劳动教养分子的方案（草案）》《关于剧院（场）演出时间规定的联合通知》《关于收押犯人的几项规定》《关于收容审查工作的几项规定》《关于严格掌握去边境地区人员的几个问题的通知》《关于对瓜果饮食食品卫生管理的联合通告》等维护地方社会治安规范性文件。

1976年10月，为了加强社会主义法治，适应改革开放的新形势，银南地区公安处会同有关部门，根据国家有关法律法规，制定地方性行政法规及规范性文件。

1990年，银南地区公安处配合《中华人民共和国行政诉讼法》《行政复议条例》的实施，依法行政提供法律依据，对中华人民共和国成立以来发布的规范性文件进行了清理。

吴忠市公安局的法治建设，主要是为全市公安工作提供法律保障，改善公安机关的执法活动，提高广大公安民警的执法水准。

2009年4月30日，公安部提出坚持严格、公正、文明执法，是公安工作的生命线，也是公安机关和公安民警最基本的履职要求和价值所在。各级公安机关要积极适应社会主义民主政治的要求，大力加强执法规范化建设，进一步提高公安机关的执法公信力。要深入开展社会主义法治理念教育，使广大民警牢固树立正确执法理念，从源头上解决执法不规范问题。要健全完善各项执法制度，从基层民警日常执法活动最急需的方面入手，针对交警纠正违章、治安盘查巡控、武器警械使用等容易发生问题的执法活动、执法环节，抓紧健全完善相关程序规定和标准规范。要主动适应全面开放、高度透明的社会环境，进一步改进执法方式，提高执法效果。在维护社会秩序、加强社会管理过程中，遇到挑衅、面临复杂情况时，不冲动、不感情用事，不说过头的话、不做过激的事。要规范民警在执法中的语言和动作，区分不同执法环境，统一执法语言，统一动作规范，切实做到言行文明、举止得当。要准确把握当前社会心理的变化和执法对象的感受，讲究执法艺术，尽可能融法、理、情于一体，最大限度地追求法律效果和社会效果的有机统一。要进一步加强执法监督，坚持以公开促公正，扩大警务公开的范围和层次，提高执法工作透明度，努力使公平正义以群众看得见的方式得以实现。要充分借助信息化手段，加强执法监督信息系统建设，努力从网上录入、审批、办理到结案等各个环节实现对民警执法办案的全程监督，要以深化执法质量考评工作为载体，健全完善案件法律审核把关和个案监督机制，大力推行执法责任制，严格落实执法过错责任追究制，确保民警严格按照法定权限和程序行使权力、履行职责。

规范公安机关的执法行为，有利于推进法治建设，维护公平正义。当前，公安机关执法中仍存在不严格、不公正、不规范、不到位等问题，由此引发了不少矛盾冲突。这与公安执法中告知义务没有得到充分履行有关，一些执法者替群众着想、为群众服务的意识不强，执法思想存在偏差，简单机械执法的倾向依然存在，也暴露出一些法律程序和执法制度的不足。要解决这些问题，必须按照实体公正与程序公正并重、以程序公正保障实体公正的要求，主动用程序规则保障执法权力在制度约束下规范运行，并具体落实到执法的每个环节、办理的每起案件中。执法告知服务制度规范了公安机关的执法行为，体现了以人为本、执法为民、公平正义、促进和谐的理念，促进了执法公正，约束了执法权力。这一举措为严格公正文明执法、维护社会公平正义提供了制度保障。

贯彻自觉接受监督的要求，有利于保障执法权力阳光运行、正确行使。公安机关的执法活动事关群众切身利益，必须自觉接受群众监督，切实把知情权、监督权、评判权交给老百姓，不断增强执法的透明度和公信力，真正做到有权必有责、用权受监督、违法要追究。执法告知服务制度把警察角色定位、权力责任归位、监督制约到位等统一于一体，使为人民执法、受人民监督成为工作常态。从执法告知服务制度的实施效果看，警方的“告知单”是“权利书”，它使公安民警多了一份告知义务，使人民群众多了一份知情权利，使执法行为多了一份社会监督；“告知单”又是“责任书”，因不告知而产生问题首先要对民警进行倒查和问责，有效解决了执法不主动、不作为、不到位等问题；“告知单”还是“报告书”，它把公安民警向群众报告工作、接受监督融入执法办案环节，向人民群众展示着公安机关严格执行法律、心系百姓安危的爱民情怀与职业精神。应当说，执法告知服务制度之所以得到社会各界的一致好评，归根到底是因为它顺应建设法治政府、责任政府、服务政府、透明政府的时代要求，这也是公安执法工作必须始终坚持的发展方向。

开辟法治宣传教育入户到人的途径，有利于弘扬法治精神、培育文明风尚。深入开展法治宣传教育，既是公安机关肩负的重要任务，也是亟待破解的实践课题。执法告知服务制度的成功实践，为深入开展法治宣传教育提供了有益启示。执法告知服务的过程就是法治宣传教育的过程，通过在告知过程中采用多种方式向当事人阐释或说明具体法律规定，针对特定人群的具体行为开展入户到人、实时便捷、精细准确的法治宣传教育，创设了一条点对点、一对一、面对面的普法宣传途径。这种因人、因事、因案释法的教育方式更具有针对性和实效性，在引导人们学法守法、规范行为、遵守秩序等方面发挥了明显作用。执法告知服务制度实施三年多来，被记12分的驾驶者逐年下降，汽车安全技术检验率提高8%，按时办理汽车报废手续的比例提高10%，电子监控设备记录违法行为提前处理的比例提高43%；网吧信息网络安全管理系统安装率由68%上升到100%，网民上网实名登记率由62%上升到90%以上。只要把法治宣传教育有效地融入执法活动，积极引导群众增强法律意识、主体意识和参与意识，努力使法律的具体规定转化为公民的自觉行动，就一定能够持续改善社会的法治环境和人文环境，为维护社会和谐稳定打牢群众基础。

执法告知服务制度，带动警务机制的改革，有利于完善社会管理格局、共建平安和谐社会。在实施过程中，公安机关注重运用信息化手段整合内外信息资源，依靠各部门和人民群众的大力支持，建立了一系列配套性的制度机制，不仅带动了警务机制的改革创新，而且推动了社会管理格局的健全完善。主要体现在三个更加到位。一是执法管理更加到位。通过建立多种信息查询平台，为路面执勤交巡警提供跨地区、跨警种的信息查询服务，形成了高效便捷的信息警务机制。实践证明，推行执法告知服务制度使执法工作真正做到宽严有据、罚当其过，提高了社会管理的精细度，增强了公安执法的权威性。二是社会协同更加到位。为保障执法告知服务制度的顺利实施，吴忠市公安局建立了与邮政部门、保险部门的合作机制，确保了告知单送达率，开辟了人口信息核查校验的新途径，更加有效地约束和惩戒了违法者。建立了网吧信息网络安全管理相关制度，并广泛动员社会力量参与管理，实现了公安监管、社会监督、行业自律的有机结合。三是公众参与更加到位。实施执法告知服务制度，有效调动了广大人民群众参与维护社会秩序的自觉性，增进了广大群众对公安机关各项工作的信任、理解与支持，不仅提高了公众参与社会管理的广度和深度，也为公安机关做好群众工作、构建和谐警民关系提供了新经验。通过全面推广执法告知服务制度，综合运用法治的力量、群众的力量、科技的力量，进一步改进和加强公安机关的社会管理工作，推动形成共建共享平安和谐社会的生动局面。

2010年3月2日下午，吴忠市公安局组织召开内部执法监督工作会议，组织领导干部学习《宁夏回族自治区公安机关人民警察执法过错责任追究规定》《宁夏回族自治区公安机关内部执法监督工作规定》《吴忠市公安机关内部执法监督工作实施办法》等规章制度；通报了2009年市局执法中存在的问题；签订2010年度执法质量责任书；各参会单位就执法中存在的问题及下一步如何规范执法行为，提高办案质量进行交流发言。

2011年10月11日上午，全市公安机关第1期辅警轮训班在市公安局民警培训中心开班，为进一步提升公安机关辅警队伍形象，规范辅警工作行为，提高辅警参与治安防控、打击违法犯罪、服务人民群众的能力，更好地促进公安工作的开展，市公安局决定开展全市公安机关辅警轮训工作，轮训对象为全市公安机关所有在岗辅警，包括接警员、交通协管员、巡防队员、派遣制保安员等。计划自2011年10月至2012年12月举办全市辅警轮训班12期，每期10天，预计轮训人数将达到600人左右。轮训方式上参照全市公安机关民警“轮值轮训、战训合一”方式开展，课程安排上以提升职业道德及礼仪、加强业务技能、提高队列体能训练为主，培训师资将聘请教学和实践经验丰富的自治区公安厅教育训练总队教官，市委党校、检察院、法院、宗教局、机要局等单位领导、律师事务所律师及市局业务部门骨干授课。市公安局对参训辅警进行体能及业务考核，考核成绩在全市公安机关予以通报。对培训期间违反纪律的，将通报所在单位严肃处理；考核不合格的，通报所在单位予以辞退。

2011年10月15日、16日，按照公安部和自治区公安厅的统一要求，全市公安机关1100余名在编在职人民警察和消防现役官兵，分两批在吴忠回民中学49个考场，参加了全市公安机关民警基本级执法资格考试。考试采用闭卷方式，共分公共、刑事犯罪侦查、经济犯罪侦查、治安管理、出入境管理、交通管理、禁毒7个科目，由参考民警根据工作岗位报考，每个考场均全程录音录像。考试期间，公安部派出2名巡考人员对3个考场进行固定监考，自治区公安厅采取异地督察的方式派出8名督察人员对所有考场进行流动巡考。

推行执法资格等级考试制度，是全面提高公安民警执法素质和执法水平的重要举措，也是深化公安机关执法规范化建设的重要环节。对此次考试市公安局党委高度重视，召开党委会议专题研究，明确要求，落实责任。政治部、督察部、法制支队分工负责，协作配合，共同做好全市执法资格等级考试的组织、规划、协调工作，收集、汇总并向自治区公安厅报送了全市公安机关人民警察执法资格考试工作情况。全市各级公安机关为民警普遍配发或订购了《公安机关人民警察基本级执法资格考试训练题集》等工具书，并组织开展了形式多样的培训和辅导。政治部组织专人制作了公共部分在线学习课件和题库，组织民警开展了在线学习和考试，通过考试奠定基础。交通管理局等单位还组织民警利用晚上、周末时间，组织民警开展以基本级执法资格考试大纲为主要内容的执法培训，不断提高广大民警的基本法律素质。

2011年10月27日，为认真落实公、检、法三部门在市检察院召开的刑事执法联席会议精神，由市公安局禁毒支队牵头举办了为期一天的全市禁毒民警执法培训班。共33人参加了培训，此次培训班开班仪式由禁毒支队支队长顾梅玲主持。培训班邀请了市检察院公诉处处长高剑、中级人民法院刑一庭庭长陈国鸿为全市禁毒民警上了一堂内容翔实、案例精彩的禁毒执法课。讲课人就毒品案件在办理过程当中应当注意的某些细节、面对某些疑难问题如何进行处理、执法过程当中证据的固定、提取，物证的扣押、移送，以及讯问笔录制作当中应当注意的事项等等进行了栩栩如生的讲解。随后，市局技侦支队副支队长郑瑞娟就毒品案件在技侦支队的受理范围和条件技侦资料如何转化为证据资料，刑侦支队闫峰就微量物证的提取等方面与全市禁毒民警进行了沟通与交流。

2011年3月22日，全区公安机关执法规范化建设现场会与会代表到吴忠市公安局法制支队参观

2011年11月11日召开的全区公安教育训练工作会

议上，市公安局政治部人事训练科获“全区公安教育训练工作先进集体”称号，出入境管理处处长李荣静被评为“全区公安机关教育训练工作先进个人”，拘留所常务副所长周丽梅和行动技术支队科员张建文被评为“全区公安机关优秀教官”。

市公安局举办各类培训班37期1876人次，举办培训班期数和参训人数居全区公安机关前列，基本实现了全警参学、人人受训的目标，基层一线民警的参训率达到100%。开辟网上平台，构建远程训练模式。积极调研，克服经费、办公场所等困难，于2010年年初将原强制戒毒所改建为吴忠市公安局民警培训中心，建成了能同时容纳50~100人的封闭式培训场所，解决了长期无训练基地的问题，并全面承担起全市公安机关基层和实战部门民警每年不少于15天的集中训练任务。建立了教官队伍。以培养兼职教官和小教员为目标，从法制、治安、巡警、信通等单位挑选业务能力强、组织表达能力好、有丰富公安工作经验的中层领导为兼职教官，还聘请局领导、宁夏警校教师、党校教师、检法及律师事务所等有关单位专家为特邀教官。截至2011年年底，全市公安机关教官队伍达到100人，其中市级教官队伍20人。

2012年7月29日上午，全区公安机关民警执法资格考试在五市公安机关分别开考，吴忠市公安局以及利通区、青铜峡市、盐池、同心县、红寺堡开发区等县、市、区公安局750名民警，在吴忠回民中学统一参加了考试。按照《宁夏回族自治区公安机关执法资格考核认证工作规定》及《宁夏回族自治区公安机关执法资格考试认证方案》的安排和部署，此次民警执法资格考试由公安厅和吴忠市公安局政治部统一组织完成，按照民警执法岗位不同，考试分执法监督类、行政执法类、刑事执法类及审批资格类四种。各个类别分设考卷，并按照45岁为界，分为闭卷和开卷考试。

市公安局组织执法资格培训2期，考试次数2次，参加人数：初级执法资格人数1226人，中级执法资格考试736人。

2014年，全市公安机关举办各类培训班32期，共培训1491人次。以考代训，增强培训效果。组织市公安局机关民警开展了两次法律知识考试，并将考试成绩记入执法档案。鼓励民警参加高级执法资格考试和司法考试。当年高级执法资格考试全市共报名参考252人，通过69人，通过率为27.38%，高于全区16.14%的通过率；其中市公安局69人，通过15人，通过率21.73%；同心县公安局42人，通过9人，通过率为21.42%；太阳山区公安分局9人，通过2人，通过率为22.22%；青铜峡市公安局43人，通过15人，通过率为34.88%；利通区公安分局61人，通过24人，通过率为39.34%；红寺堡区公安分局28人，通过4人，通过率为14.28%。

2015年，先后制定了《全市公安机关推进依法治市建设法治公安的意见》《2015年全市公安机关执法规范化建设实施方案》《2015年全市公安机关推进执法公开实施方案》《全市公安机关执法规范化建设考核办法》，确定了执法规范化建设22项任务，分别下达给各区公安分局、各县公安局和市公安局各部门，做到项目化管理，重点开路，以重点带一般，有序推进了各项工作。

2017年，开通了“吴忠法制”微信公众号，建立“每日一法”微信群每日推送学习资料数条供全市公安民警日常学习，营造了良好的学习氛围。全面推行执法晾晒机制。通过“每日巡查，每周晾晒，每月通报”的巡查晾晒机制，有效提升了民警的执法水平与办案质量。全市共发布巡查晾晒单1300余件。借助微信及移动互联网发展优势，研发执法资格智考平台。满足民警法律法规、业务技能及党员理论学习等各类学习需求。

2018年，吴忠市公安局紧紧围绕执法规范化建设和执法权力运行机制改革工作，以解决执法突出问题为导向，积极适应以审判为中心的诉讼制度改革，创新打造具有吴忠公安特色的集执法场所建设、执法办案审核、执法执纪监督、执法信息公开“四位一体”执法规范化建设新格局，依托“互联网+公安政务服务”平台，全面公开执法信息。群众通过一个网站就可实现288项公安行政审批和公共服务事项的网上便捷办理，公安服务事项全面公开，办事服务效率不断提升。

2019年，按照市公安局“不忘初心、牢记使命”主题教育统一安排，每周组织全体党员民警集中学习一次，每月开展一次廉政警示教育、主题党日活动，定期开展专题讨论，撰写心得体会，不断提升全体党员民警的政治站位和理想信念，为扎实履行公安法制工作任务提供坚强的政治、思想和组织保证。

2020年，制定《吴忠市公安机关办理涉及新型冠状病毒感染肺炎疫情案件适用法律的意见》《疫情防控期间公安机关执法指导手册》《吴忠市公安局关于进一步规范刑事案件办理工作若干问题的意见》《吴忠市公安机关依法规范适用训诫措施的指导意见(暂行)》《关于提前接入性侵未成年人犯罪案件侦查活动工作办法(试行)》《关于建立道路交通事故损害赔偿纠纷诉调对接工作机制的实施意见》等8项制度，进一步规范民警执法行为；修订完善了《吴忠市公安机关执法过错责任追究办法》，进一步明确追责情形、追责程序和追责方式。

制定《2020年全市公安机关执法突出问题专项整治实施方案》和《关于在"坚持政治建警全面从严治警"教育整顿中强化监督服务规范执法行为的工作意见》，明确具体整治任务、工作措施、整治时限和整治目标，集中攻坚执法中存在的有案不查、有违不处、久拖不决、保而不侦等突出问题；开展取保候审、经济类案件专项清理整治活动，对自治区公安厅推送的59093起疑似立而不侦、未破案件、久拖不裁案件进行全面梳理，已整改结案12875起；梳理2018年5月以来采取取保候审措施的案件2826起，发现执法问题15个，已全部整改；梳理2017年以来全市立案未起诉的143起经济类案件，对符合撤案条件的9起案件，下发各办案单位限期依法办理。

2001—2020年吴忠市公安局法治培训班、审核行政案件、复议案件情况表

表20

年份	培训班次数(次)	审核行政案件数(起)	复议案件数(起)	年份	培训班次数(次)	审核行政案件数(起)	复议案件数(起)
2001年	5	992	3	2011年	5	804	3
2002年	4	1013	5	2012年	6	786	0
2003年	4	1002	4	2013年	3	426	1
2004年	4	981	5	2014年	4	451	13
2005年	4	1001	5	2015年	5	5834	17
2006年	4	1019	4	2016年	4	5899	32
2007年	4	1056	5	2017年	8	5032	27
2008年	4	925	5	2018年	5	5045	46
2009年	4	791	5	2019年	2	5119	33
2010年	4	776	5	2020年	5	2387	19

第八章

警务保障

JING WU BAO ZHANG

第八章　警务保障

公安警务保障工作,以后勤保障为基础,建立一套完整的警务保障体系,本着从实际出发,始终坚持“服务民警、服务基层、服务中心工作”的原则。必须做到“四个保障”:一是经费保障。经费保障是关键,围绕公安业务建设的需要,建立经费保障机制,紧密结合财政状况,建立经费保障和运行机制。二是装备保障。装备落后,工作就被动,打不开局面,而且疲于奔命。由于公安工作的特殊性,在打击犯罪、保护人民的职责中,一要靠物资条件,二要靠民警的政治业务素质,就能打胜仗。三是科技保障。随着科学技术的发展,公安后勤保障工作,要与科技发展的方向同步,不断更新和引进先进的技术设备,为公安民警提供快捷方便的服务。四是服务保障。管理是手段,服务是目的。要从全局的整体利益出发,以“民警满意,基层满意”为出发点,做到两个“一样”,即对公安局各科室一样,对每一位民警一样。真正做到平衡发展,科学有序。

第一节　机　构

吴忠市公安局后勤行政管理机构,是随着公安工作任务发展需要而设置的,1972年,银南地区成立,随之银南地区公安处成立,有了后勤保障机构。

做好后勤保障工作,必须统筹全局警务保障体系。根据财力状况,有规划、有步骤地进行。在已有的基础上,更新观念,学习新技术,掌握新知识,提升后勤保障的素质和能力,求真务实,埋头苦干,以适应新时期公安信息工作的需要。同时,要随时掌握公安业务技术与科技发展动向,不断更新警用器材和设备,配置装备到“一线”,最大限度地减轻一线民警的体力和身体负担。

要进一步落实从优待警的政策,把民警的呼声作为第一信号,把民警的需要作为第一选择,把民警的利益作为第一要务。

1973年5月29日,成立银南地区行政公署公安处。内设办公室。

1998年9月8日,地级吴忠市正式挂牌成立,吴忠市公安局成立,设立办公室。

2002年9月,市政府重新核定吴忠市公安局设置16个内设机构、1个派出所。其中内设机构有指挥中心、办公室。

2005年6月,设立市公安局指挥信息中心。

2009年6月,吴忠市公安局将指挥中心的后勤保障部分职责划分出来,成立了后勤保障部。从保护基层民警的人身安全、财产安全、家庭安全、疾病安全等多方面的安全入手,全方位地抓好各项安全保障工作,以激发全体民警斗志和昂扬向上的精神,保持坚强的战斗力;认真落实基层民警的优待政策,做到钱往基层用,人往基层流。在人、财、物等诸方面重点倾斜,全力保障。把公安后勤保障的各项工作落到实处,促进公安事业的快速发展,以适应公安信息化建设的需要。

2010年1月,市政府重新核定吴忠市公安局设置19个内设机构和4个派出机构,其中有指挥部、后勤保障部。10月,将市公安局指挥信息中心更名为警务科技处。

2012年9月,将市公安局后勤保障处更名为市公安局警务保障处。

2015年，吴忠市公安局内设机构有指挥部(办公室)、警务保障处。

2018年年底，吴忠市公安局内设机构有指挥部(办公室)、警务保障处。

2020年，吴忠市公安局内设机构中警务保障系统有指挥部(办公室)下设指挥调度科、情报科(情报信息中心)、机要文秘科(保密办)；警务保障处下设后勤保障科、财务科、装备科；警务科技处下设信通科、设备维护科。

第二节　指挥调度

一、办公室

市公安局办公室主要职能：1.负责全市公安工作的安排部署，掌握和总结全市公安工作情况，总结推广典型经验，指导全市公安工作的开展；2.起草综合性文件、会议报告、领导讲话，组织协调和安排公安调研工作，指导市公安局机关和各县区公安机关理论研究工作；3.收集掌握和处理各类公安信息，为市公安局领导提供决策依据；4.对重大紧急案、事件进行指挥协调；5.负责公安统计数据的汇总分析；6.负责市局局长办公会的记录和会务工作，负责全市公安工作会议文件的起草和会务组织安排工作；7.负责市局文件收发、打印、编号、印信使用管理工作；8.负责市公安局领导交办的群众来信来访，督促上级交办的重要信访案件的查办工作；9.负责组织协调各业务部门承办市人大、市政协代表、委员的提案和市委、市政府、公安部、自治区公安厅和自治区、市领导决定、批示的转达和督办，负责市公安局机关政务目标的日常管理工作；10.负责市公安局机关的保密工作，对下进行指导；11.负责全市公安名义各类文件、报告等公文格式和内容的审核把关；12.负责管理市公安局综合档案室工作；13.负责全市公安历史资料的收集编纂工作；14.负责市公安局领导交办的其他工作。

改革开放以来，尤其是进入21世纪，办公室对全市公安机关贯彻落实“十二公”“十三公”推进公安队伍正规化建设，规范公安机关内部机构、派出所机构和干部任免权限及经费保障等亟须市委和市政府解决的问题专门进行请示报告，得到了市委、市政府的大力支持。规范了公安机关内设机构、派出所干部任免权限，解决了派出所规格和职数问题，落实了公安机关人员配备的核定职数。解决了县级公安机关经费保障机制的问题，对公安民警的抚恤、保险、体检和解决刑侦、技侦、国保工作所需要的基本设备和基础设施给予了强有力的保障。

办公室强化服务和协调工作，先后组织召开“三基”工程程建设推进会、“三基”工程建设现场观摩会、局务(扩大)会议等，进一步提高了工作效率，提升了公文质量，增强了服务水平，规范了办公室公文办理程序，促进了办公室规范化建设。办公室围绕自治区公安厅确定的重点工作，制定了《民安工程创建活动推进表》，细化项目，确保活动顺利开展。同时加强调查研究，及时发现公安工作中出现的新情况、新问题。探寻对策，为领导决策当参谋。

2010年，市公安局办公室以“平安大庆”为主线，以深入推进“三相建设”和“三项重点”工作为契机，采取有力措施，以项目拉动重点建设工程。

建立健全了办公室工作机制，认真开展调研和信息报送工作，及时撰写，及时报送，做好公安机要保密、批示件办理工作。开展了保密检查等基础性、源头性广作，保障了整个公安工作有效运转。实现了公安一级档案室达标任务，在市公安局党委强有力领导下，在各部门大力支持、配合下，完成了3万余卷档案归档工作，部分档案实现了电子存档。高效完成公安业务工作考核。完成了自治区考核市上目标工作中涉及公安业务的考核任务。完成了市委、市政府对公安个性目标考核和加分项考核的任务，完成了市公安局对各区公安分局、各县公安局、各部门业务考核工作。抓好协调沟通工作，与市四套班子办公室，自治区公安厅办公室、指挥部建立了良好沟通协调关系，提高了工作效率和水平，营造了良好的外部工作环境氛围。培育和树立公安工作亮点。尊重基层的首创精神，帮助基层发现、总结、提炼亮点和创新工作，为全市争先、创新、跨越鼓劲。建设有文化、有纪律、有效率的办公室团队。办公室支部成员分工协作，共同做好中心工作。

2012—2014年，办公室完成公安志基础资料收集编纂工作。在市公安局党委的领导下，历经八年的公安志编纂工作，虽中途沉睡，但在2019—2020年紧锣密鼓，快马加鞭，完成文字80万字、图片800余张的基础收集、整理和编纂工作。

办公室紧密围绕市公安局警务信息化、勤务实战化、执法规范化、队伍正规化、保障标准化的建设目标，按照"公安各项工作在全国有亮点、西部有位置、宁夏敢争先"的工作要求，积极协助市公安局党委强力推进"三基"工程建设和民安工程、三项建设、三项重点工作同纵深发展，为不断提高全市公安工作信息化，专业化和社会化水平，促进公安工作和队伍建设不断取得新的进步做出了积极贡献。

二、指挥部（办公室）

1973年5月29日，成立银南地区行政公署公安处，内设办公室；1998年9月8日，地级吴忠市正式挂牌成立，吴忠市公安局成立，设立办公室；2002年9月，市公安局设指挥中心、办公室；2009年6月，市公安局将指挥中心的后勤保障部分职责划分出来，成立了后勤保障部；2005年6月，设立市公安局指挥信息中心；2015年市公安局内设指挥部（办公室），一套人员、两块牌子。

2018年，指挥部紧紧围绕市公安局党委决策部署，认真服务各项重点工作，制定了2018年全市公安机关50项重点工作任务，以"两大工程、九项重点工作"为抓手推动落实。牵头做好平安建设、创城、市委效能考核等市委、市政府交办任务，高质量办理人大建议、政协提案13件，人大代表、政协委员满意率达到100%。围绕重点课题征集各地各部门优秀调研文章41篇；认真做好各项重要会议和重大活动的统筹协调工作，累计起草各类讲话、工作汇报等综合性材料158份，高效顺畅处理公文2137份，审核下发文件289份。处理各类涉密文件430份、密码电报2142件；认真落实中央八项规定关于精简会议等方面规定，承办月度例会、局长办公会18次，下发督办通知5期，督办事项27件。

牵住合成作战这个龙头，信息引领警务成效显著。围绕自治区成立60周年等重大活动安保工作，常态化开展活动监测和动态研判，不断提升预测预警能力。先后研判活动轨迹220条，并指令落地核查；以跨区域性系列案件、多发性侵财案件等为重点，先后研判并破获案件23串247起，抓获嫌疑人57名，抓获逃犯35名，成功研判并协助石嘴山抓获1名漂白身份脱逃32年越狱罪犯；紧盯每日警情，开展分析研判，先后向基层推送核查线索329条，成功研判利通区盗窃银西高铁吴忠站工地物资案件，打掉恶势力团伙1个，破获案件9起，抓获犯罪嫌疑人9名，为基层破案提供支撑。

抓住警务实战这个关键，指挥调度工作高效顺畅。强化110指挥调度工作，实行扁平化指挥，不断提高接警快速反应能力。2018年共接群众报警29万余起，其中有效报警5.3万起。每日开展350兆对讲、4G执法记录仪点名，实现接报警案件标注率达到100%，自治区公安厅视频调度应答及时率达到100%；严格重大信息报送工作，收集采编各类信息690期，上报自治区公安厅108期，特别是在处置"8·3"事件中，严格按照市公安局党委决策部署，及时向市委、市政府和自治区公安厅上报最新信息，未发生迟报、漏报；向各区公安分局、各县公安局下发公安指令265期，指令签收、反馈率达到100%。不断完善接处警回访工作，不断提高民警出警速度和处置效率，实现群众对110报警服务台"零投诉"。

聚焦宣传基层这个导向，舆情宣传引导迸发活力。以"九个坚持"为根本遵循，坚持讲好警察故事，先后在《人民公安报》《新华每日电讯》等国家级主流媒体刊发各类优秀稿件15篇，在区级媒体刊发62篇，在市级媒体刊发275篇，其中《发动群众依靠群众让社区工作"耳聪目明"》等文章受到社会各界的好评；坚持以宣传基层为导向，创新开展"图说警事"主题宣传，生动展示基层所队亮点工作和先进个人。在"平安吴忠"微信公众号发表安全防范等文章800余条。

把牢政治建警这个方向，队伍监督管理规范到位。把学习中共十九大精神和习近平总书记到宁视察重要讲话精神作为首要政治任务，坚持周例会和集中学习制度，坚定民警理想信念，不断提高履职能力；充分发挥支部战斗堡垒作用，坚持“三会一课”、组织生活会等各项制度，加强民警党规党纪，提高党性修养；发挥考核“指挥棒”作用，把民警、辅警考核成绩和公务员考核、评先评优结合起来，先后有6名民警月度考核不称职，真正实现用制度管人管事；加强纪律作风建设，每天早晚两次签到，实行扣分制和迟到早退民警做检查并用，规范了民警日常行为，实现民警辅警“零违纪”。

2019年，指挥部利用现代化直观工具，网络视频改变群众接受资讯方式，为适应互联网生活对吴忠公安政务新媒体宣传的要求和期待，吴忠市公安局主动适应形势，在今日头条旗下抖音号开通“平安吴忠”账号，将《警察说事》栏目进一步升级改造，编导出更符合群众文化生活需求的作品。“平安吴忠”抖音号共发布内容25期，内容涵盖扫黑除恶、安全防范、警务资讯等，受到了群众的一致点赞。

《警察说事》将不断创新发展思路，也在实践推动下不断丰富新媒体宣传内容，坚持提高宣传传播力、引导力、影响力、公信力，坚持以人民为中心的创作导向，坚持营造风清气正的网络空间，坚持发好公安声音，讲好警察故事，自觉承担起举旗帜、聚民心、育新人、兴文化、展形象的使命任务。

2020年，优化警情派发模式，将以电话派警为主转变为系统派警为主，电话、对讲机、4G执法记录仪等渠道派发警情为辅，全年接报警37.7万起，接派警准确率99.37%，人工电话回访警情2.19万起，回访率17.4%，超出公安部警情回访标准12.4个百分点，接处警质效明显提升。制定《吴忠市公安机关突发紧急敏感信息报送办法》，上报吴忠公安要情208期，办理自治区公安厅指令1193期，下发指令1624期，信息报送、指令办理工作零失误。强化移动警务终端接处警APP和4G图传执法记录仪使用，警务终端处警反馈率92.62%，同比上升12.74%，全市4G图传执法记录仪、对讲机实时在线率排名五市前列，可视化指挥调度有力支撑了“201”警卫任务、全市反恐演练。完成指挥调度三台合一平台软硬件和指挥大厅功能区升级改造，布局调整后被选为自治区政府主席咸辉调研工作观摩点，接待有关单位调研观摩6批次。

三、指挥中心

指挥中心主要职责：1.负责全天候受理报警、求助，指挥调度处警力量赶赴现场处置。2.负责受理群众向110对人民警察违法违纪或者失职行为的投诉，做好登记及时移交相关部门处理。3.协助制定各类重大突发事件、严重暴力犯罪案件和重大治安事件（案件）处置预案。4.指挥调度重大设卡、堵截、协查、通缉等紧急活动；并做好各警种的统一指挥调度工作。5.具体开展110社会服务联合行动工作，确保联动工作有序高效运作。6.负责对接处警情况进行汇总、通报，为情报中队提供预警信息。7.负责对各单位处警工作的检查、指导、通报。8.负责案（事）件、灾害事故等情况的统计工作。9.负责对自治区公安厅短信回访中回复不满意、其他的报警人进行电话回访，每月5日前将回访情况上报市公安局指挥中心。10.负责密码电报工作。11.负责视频监控系统的使用，协助网安部门做好维护工作。

深化系统建设，完善群众报警求助方式，实现多渠道报警，提高接报警效率和人民群众满意度。与深圳位置网科技有限公司达成合作协议，实现对刑事、治安、交通事故警情报警人位置的精确定位，使接派警工作更加高效。努力达到自治区公安厅对指挥调度工作绩效考核保二争一的目标。规范城区交警接处警模式，统一纳入三台合一系统进行派警，和各区公安分局、各县公安局同考核同要求。推动落实专职指挥长制度，解决110报警服务台工作日8小时外无专职民警值守的问题，及时准确地做好重大信息的报送工作。确保重大信息报送工作的“零失误”。建立在重大安保任务期间信访、消防、应急等部门联动值守的工作机制。策划举行2021年110宣传日和第一个警察节宣传活动，全方位展现新时代公安110接处警工作坚持“以人民为中心”的发展思想，高水平展示各单位工作亮点和特色，全方位、多角度展现新时代公安110的独特风采。会同基层公安机关对恶意骚扰110报警服务台的报警人进行依法处罚，降压骚扰警情的发生频次。

2019年，指挥中心针对传统警务模式下基层警力不足、基础防范工作薄弱、辖区盗抢骗案件高发频发等突出问题，吴忠市公安机关创新精准巡防机制，将工作理念由事后“破”向预先“防”转变，将警务模式由“打击侧”向

“防范侧”转变，精确化制导、精准化防范、精细化管理。搭建三级情报研判架构，为打击破案提供精确化制导。市公安局侧重全市有影响的系列、流窜、团伙和电诈类侵财案件的串并研判，研判推送“热力图”，实现对案件高发区域精确制导防范，以研判规律实现市域前瞻性预警。各区公安分局、各县公安局负责县域各类高发案件的研判，形成重防区域任务单。派出所指挥研判室负责各类案件线索收集核查，侧重对辖区高发性案件的规律研判，实时调整巡防打击勤务模式。

加强公安派出所建设，为压降发案提供精准化防范。持续推动警务重心下移、力量下沉，向派出所下沉124名警力。积极争取党委政府支持新招录辅警162人，全部充实到基层一线。厘清派出所与警种部门的职责边界，在全市37个派出所全面推行“两队一室”（即社区警务中队、案件办理中队、综合研判室）警务机制改革，打造出坚强有力的基础综合性战斗实体、快速集约的警力调度机制和扎实稳固的基层基础，实现了改革效益最大化。构建了“1+8”社区警务改革工作体系，推动29名城镇派出所所长和300名社区民警进所在乡镇（社区）班子，促进了警务工作和基层治理有机融合。加强信息化防范，依托全市“天网”“地网”工程建设的成果，17个城区派出所整合辖区公安自建视频和社会视频资源，在接警大厅建设“视频墙”，实行“探头站岗、鼠标巡逻”，有效减少盲目巡逻，大大节约了警力。

坚持小周期调度管理，为常态化推进精准巡防提供精细化管理。坚持把过程管理贯穿精准巡防工作的始终，加强小周期调度，定期交办督办，督促统筹管理全年重点工作、关键指标，实行项目化、清单化管理，常态化推进重点工作、业务指标完成，有效杜绝“年中放任自流，年底突击攻坚”的粗放工作模式。建立《吴忠市公安机关精准巡防工作运行机制》，科学设定预警阈值，明确各区公安分局、各县公安局侵财类案件当月立案数上升幅度同比不得高于10%，派出所根据每月发案总量确定每天的正常阈值，量化发案警戒线。配套制定精准巡防考核办法，将打现行数、挖团伙数、降发案数和群众满意率等关键指标纳入考核，压紧压实精准巡防各级领导责任。推进精准巡防扎实有力，“防范胜于打击，少发案胜于多破案”的理念深入警心，发案明显下降，群众的“满意度”和“安全感”稳步提升。

吴忠市110报警服务台在自治区公安厅及市公安局党委的正确领导下，紧紧围绕公安中心工作和全局重大部署，充分发挥职能作用，开拓进取，扎实工作，规范接处警工作及信息报送工作，提升预警成效。

2020年，充分发挥智能指挥调度平台和“三台合一”系统的实战作用，实行扁平化指挥，将110指令直接下达到街面巡逻警力，实现“点对点”调度，快速反应。每日开展350M对讲、4G执法记录仪点名，实现接报警案件在智能平台上标注率达到100%，自治区公安厅视频调度应答及时率达到100%。截至12月10日，110指挥中心共接报警289700起，处置各类有效警情89894起，其中刑事警情2305起，治安警情10063起，交通事故16740起，矛盾纠纷20364起，公民求助18757起，涉疫类警情1526起，火灾1094起，其他19045起。

改革派发警情模式提升处警时效。找准电话派警工作弊端，积极适应现代警务及智能化指挥调度工作需要，改革派发警情模式。将以电话、对讲机派发警情为主的模式，调整为三台合一系统派发警情，基层所队在电脑端、移动警务终端签收警情的模式（重大、紧急、敏感警情，电话、对讲机同步派发）。全市公安机关所有基层所队值班室电脑均安装了三台合一软件，有接处警任务的民警手机警务终端安装了接处警APP，移动处警APP处警反馈率均达到80%以上，极大地提高了全市公安机关110接处警工作效率。

加强公安指令签收与反馈，要求接警员第一时间签收指令，基层单位按时限要求反馈指令，积极与网安、技侦、治安、国保等部门联动，对发现可能影响社会稳定线索第一时间转化为工作指令，推送给基层公安机关落地核查，截至12月10日，共接收自治区公安厅指令974期，下发公安指令1520期，签收、反馈率达到100%。

在重大信息的收集上报和处置工作中，指挥调度科坚决执行信息报送制度，严格信息把关，勤于请示汇报，及时准确编报要情，未发生信息迟报、漏报，确保重大信息报送“零失误”。为进一步改进和加强全市公安机关突发紧急敏感信息报送工作，切实提高信息报送质量时效，制定并印发《吴忠市公安机关突发紧急敏感信息报送办法(试行)》,要求突发紧急、敏感信息由市公安局指挥部归口掌握,明确了报送的9类71种突发紧急、敏感信息范围,规定了信息报送时限及程序,建立了信息工作月通报机制及责任追究办法。确保市公安局第一时间掌握突发(案)事件信息及动态,充分发挥公安信息辅助决策的作用。截至12月10日从各区公安分局、各县公安局及市公安局属部门收集信息692期,上报自治区公安厅指挥中心公安要情信息204期。

市公安局指挥部每日对精准巡防工作进行扁平化调度,要求各区公安分局、各县公安局督促各所队、便衣行动队结合警情制订合理巡防计划,强化民警无线对讲、4G图传设备的使用率,巡防过程中市公安局指挥中心每日根据各地巡防计划常态化对警组进行指挥调度,精准巡防工作运行有序,得到了有力推动。

建立健全警情研判、精准巡防工作流程。一是紧盯精准巡防各工作环节,制定工作标准,细化流程,巡防过程中遇有现发警情及合成研判战果警情按流程启动专项调度,巡防工作全链条实现闭环。二是每日对可防性侵财案件发案情况进行梳理、研判,为领导决策和基层所队提供数据支撑。建立并运行每周、每月治安动态分析研判与精准巡防周通报机制,通过《每周治安动态研判分析》《每周社会治安状况发案对照表》《每周各地发案热力图》《精准巡防周工作通报》等研判产品强化结果运用,抓实抓细精准巡防工作。

建立健全扁平化指挥调度巡防机制。一是要求各区公安分局、各县公安局结合可防性侵财案件热力图,每日制定并使用手机警务终端移动巡防App向巡防警组派发巡防工作任务,每日向市局报备巡防工作计划,基层所队开展巡防工作时,指挥中心使用对讲机、4G执法仪、微信群对巡防警组进行调度,并对警务终端、4G图传执法仪轨迹信息、使用时长进行检查。移动巡防App任务完成数五市第一,对讲机、4G执法仪在线数五市第一,实现了呼得通、看得见、勤务调度有效的工作目标。二是110报警服务台接报的现发的刑事警情,在派发基层所队的同时,及时通报合成作战中心跟进研判;建立电信诈骗警情与反诈中心同步接警工作机制,接到群众被骗警情第一时间与反诈中心三方通话,由反诈中心及时跟进止付,及时挽损。

建立健全全市精准巡防考核机制。对每周侵财类警情及立案进行同比、环比,对各区公安分局、各县公安局现行违法嫌疑人抓获及破案情况及时跟进,对装备配备使用情况进行督导,形成周工作通报,以数据加考核的方式,更好地推动精准巡防工作的开展。

每日梳理全市公安机关社会面管理、入户排查及交通保障、大数据研判、组织领导五个方面工作情况,即时形成专报323期,向市疫情工作指挥部、社会管理与交通保障组等8个单位报送,并向市公安局领导呈报,确保有关单位及市公安局领导全面掌握全市公安机关疫情防控工作。紧盯接报警情及指令反馈。疫情工作开展以来,通过指令下达、落实、反馈,强化了战时工作纪律,及时掌握了各地公安机关疫情工作情况,强化了密接者核查、重点人员数据、入宁通道到吴忠外省人员数据等高质量信息,为市委、市政府、自治区公安厅科学决策提供有力支撑。对外省市推送的涉疫情重点人员及时指令辖区公安机关开展工作并第一时间复函。精准调度持续发力。使用对讲机、4G图传执法仪、微信群、电话等方式对全市检查站、执勤点、集中隔离宾馆、隔离医院等集中隔离点及封控区754名警力每日定时调度2次,明确站点工作职责,更新并及时掌握站点动态情况,全面掌握警力配置情况,严守疫情防控工作"关口"。围绕社会治安防控、枪爆物品安全监管、监所管理、打击疫情违法犯罪、督导检查、战时党建、宣传、后勤保障等方面对17个局属部门每日调度,确保各警种找准方向,精准发力。

110报警服务台"三台合一"接处警系统已运行8年,超出维护保养期4年。针对当前接处警系统的数据库、CTI(电话控制台)、WEB(查询统计台、处警台)、录音等服务器硬件设备已超过正常使用年限,录音存储空间不足,导致部分历史录音文件频繁丢失,无法备份等问题,积极会同警保、科信等部门上争资金,于9月份完成了对三台合一接处警系统的升级工作,尽早解决系统软硬件升级问题,确保全市接处警工作正常有序。

市公安局对指挥大厅重新布局设置,将会议区三排席位设置在指挥大厅北端,原有摄像及显示系统前移,实现视频会议画面大屏、电视双显示;将接警区6张桌子12个席位设置大厅南端,分为技术支撑区(2个席位)、指挥长调度区(1个席位)、12345警情分流区(1个席位)、接警区(6个席位)、应急席位(2个席位);按公安部相关通知要求,将习近平总书记提出的“政治建警、改革强警、科技兴警、从严治警”要求贴在会议室墙上,更换大厅南侧背景墙,修改后的功能区域符合实战需求,更好地服务接处警和指挥调度工作。

第三节 警务科技

2005年6月,设立市公安局指挥信息中心;2010年10月,将市公安局指挥信息中心更名为警务科技处。

2013年,完成大情报实战应用平台项目建设,完成包含案件研判、重大事件预警、车辆轨迹分析系统、涉案视频图像管理系统等为主要内容的吴忠公安大情报实战研判平台建设。在全区率先完成了大巡防实战勤务平台项目建设,通过GPS执法仪、对讲机、移动警务终端,全面实现了接处警可视化、巡逻防范智能化、重防区域研判化、街面管控盘问实时化、巡逻成效可控化。在全区第一家建成了监所预约会见管理系统,解决了约见人员网上申请、审批,会见安排。完成智能图控和智能交通建设。争取智能图控和智能交通项目资金2040万元。建成特定区域综合监控系统项目。建成全市高清卡口系统,新建和改建完成城区高清电子警察系统建设。建成智能图控民生项目。率先在全区首家建成车载警用数字应急通信指挥系统项目,为公安机关处置各类突发事件提供区域性警用无线信号覆盖及通信服务,被公安部确定为2014年科技创新项目。

以社区警务系统为基础,以实有人口管理为契机,在全区乃至西部第一家建成了家谱化管理系统。全国第一个实有人口“家谱化”管理项目被确定为2013年公安部123项科技创新项目之一,为宁夏2013年唯一获得公安部立项的科技创新项目。完成了违法犯罪人员综合信息采集平台升级改造。将违法犯罪人员基本信息、家庭成员、指掌纹、足迹、DNA、笔迹、随身物品、手机SIM卡等8项基础信息数据全部纳入一个平台采集,数据分别流入相应信息系统。实现了一点登录,全项信息一次录入,全网信息查询。解决了重复录入,实现生物特征的比中报警。

2014年,完成应急指挥中心建设。总面积约1100平方米,由550平方米的应急指挥中心大厅和550平方米应急指挥中心机房组成。整合了PGIS平台、城市监控报警联网系统、三台合一接报警系统、大巡防平台、专网视频会议系统等专业平台,建立集通信、信息、视频图像、指挥调度于一体的综合性应急指挥系统。完成智能图控和智能交通建设。

2015年,警务科技紧紧围绕自治区公安厅和市公安局中心工作,以“四项建设”为龙头,全面推动全市科技信息创新和应用,全力做好全市公安科技和重点项目建设和规划,根据《全区公安机关“四项建设”三年规划》、《2015年全区公安基础信息化建设实施方案》和《2015年吴忠公安工作要点》,在认真分析和总结全市信息化建设实际情况的基础上,制定以5个大项16个小项为主要内容的建设方案。并逐级逐警种部门分解责任,明确实施路线图,使各项内容项目化、各个项目具体化、具体任务责任化。一是充分利用社区警务系统、标准化信息采集系统、监所预约会见系统、网吧和驾校学员指纹系统、物流管理平台、大巡防移动警务终端等,实现数据采集长效化。监所预约会见系统共录入4195条信息,采集率100%、完整率90%。二是强化数据整合和基础数据全警共享共用。以信息实战应用平台为龙头,充分利用数据交换与共享平台,高度整合公安内部警务信息资源和外部社会信息资源,大力推进社会信息资源共享。全面整合接入市医院、市房管局、市天然气公司等7家社会信息资源40万条。

完成新办公大楼弱电设计和机房整体搬迁工作,确保全市的公安网络安全稳定运行。强化督促检查,扎实推进重点项目建设。新办公大楼应急指挥中心、机房弱电建设、网上公安局APP、数字对讲机采购、出入境微信平台项目已完成,加强350兆通信基站和340兆图传基站日常管理建设和维护,确保了全市安保任务和反恐演练的指挥通信畅通。

2016年,智能图控项目共建设高清治安监控点位159处314路。智能交通建设项目分3年建设,包括制高点监控、24处交通信号灯控制系统升级改造、6处交通诱导屏、96处交通流量采集系统和交通平台升级改造子项目，智能图控视频信息采集系统建设方面，视频信息采集平主要采集车辆车牌、人员面部特征等移动目标，分别建成人脸信息库、车辆信息库，为信息应用提供更多的基础数据支撑。

推动视频运维管理和研判应用方面，在指挥部及警务科技处的推动和各区公安分局、各县公安局共同努力下，1—11月智能图控在线率位列五市第一，全市接入自治区公安厅监控平台图像，位列五市第一。全市公安机关通过视频破案1112起，贡献率达到36.75%。

网络机房环境标准化建设方面，市公安局和各区公安分局、各县公安局的中心机房已经按照国家标准完成全部建设任务，完成率达到100%。警务科技处根据自治区公安厅科信局要求又制定了全市所有派出所机房标准化建设方案，正在立项并积极上争资金。

公安“微”应用工作方面，市公安局制定并下发了《吴忠市公安局官方微博管理办法》《吴忠市“网上公安局”(手机APP)管理办法》，局党委对“平安吴忠”微博、微信和App客户端的工作高度重视，专题研究并确定研发新版的网上公安局。

350兆PDT项目建设方面，11月15日进行公开招标，由中国移动通信通信集团宁夏有限公司736.85万元中标。截至12月9日，19个PDT基站已经全部安装完成并开始联网试运行，“吴忠公安微警务智能手机”App通过公安部科技应用创新项目审批并获得部级项目拨款5万元。“吴忠公安微警务智能手机”App通过整合先进的移动互联网多媒体技术，为群众提供极其简单便捷的方式来实现快速报警、上传视频、上传图片、业务咨询等。App具有一键报警、随手拍等创新功能。还可以精准定位、自动身份识别和自动上传现场视频等，解决传统电话报警的弊端。

2017年，深化全市340兆无线图传和350兆警用数字集群(PDT)系统应用，打造便捷、可靠、高效、完备的指挥调度体系，实现与自治区公安厅智能指挥调度平台的对接，为智能指挥提供强有力的技术支撑。

建设可视化指挥(执法管理)平台，为全市所有城区巡逻出警组配发164部4G图传执法仪，除实现传统的执法音视频保存功能外，还可实现执法仪终端实时定位上传、现场图像传输、双向对讲等功能，大大提升了全市公安机关应对各类突发事件、大型活动现场的规范执法能力，实现了指挥调度的扁平化和可视化。创新移动应用模式，向基层交巡警和治安检查站、驻车站民警配发了53部新一代移动警务终端，实现民警移动执法办案、人员身份核查比对、基础信息采集、远程异地办公等功能，初步将公安信息化应用从桌面应用向移动终端拓展，提高民警应急指挥、快速反应、高效服务的能力。

完成2017年度以租代建(设备更换)项目及150处人脸综合卡口项目，全市视频联网推送率、前端点位坐标采集率、卡口数据整合率均达到100%，全市视频图像在线率，以租代建项目完好率、人脸卡口接入量均位列五市第一。在全区率先完成“雪亮工程”(一期项目)建设，多次受到中央综治办、公安部的肯定和表扬，建成全市统一的公共安全视频联网共享服务平台、综治平台、视频图像解析中心和“三合一”人脸综合卡口，实现人脸特征的提取和分析识别，动态比对预警、人员轨迹分析追踪、虚拟身份采集、人员身份鉴别等查询功能，填补了治安人口管理盲点，实现了对犯罪人员的控制和精准打击。

2018年，全市视频监控坐标采集率、“一机一档”建档率、点位编码完成率均达到100%，利用视频破案贡献率达62.5%。

完成了智能图控以租代建购买服务、可视化指挥平台升级、车载高清图像传输系统项目、软件升级改造项目和边界平台升级改造项目的建设管理任务。发挥技术支撑作用，配合看守所拘留所迁建项目、案管中心项目、互联网侦控项目、情报合成研判中心项目和反恐密网项目建设。

将全市家谱数据、社会资源数据、驾校学员信息、“雪亮工程”综治数据、广电数据、电力数据、社会人口数据和虚拟身份电子特征数据共31.42亿条数据汇聚上传至自治区公安厅数据库，每日更新量均在1600万条以上，数据总量和增长量均位列五市第一。

将全市人脸识别监控统一接入自治区公安厅人脸大数据分析平台开展实战应用,市县两级公安机关通过人脸识别直接抓获全国网上在逃人员29名,提供各类涉案人员身份及轨迹线索428条,全市连续6年实现现发命案和交通肇事逃逸案件全破。

通过青铜峡市“天网”监控工程项目、红寺堡区“智慧红寺堡”项目和同心县“禁毒电子防控圈”项目在全市新增“四合一”多功能卡口多处、“三合一”人员卡口多处,指导全市治安检查站信息化建设,做到所有治安检查站公安网、视频网、4G信号、350兆信号和视频监控全覆盖,移动警务终端和4G执法记录仪全配发。

2019年,多项重点工作叠加,警务科技处在克服人员少、任务重的前提下,结合具体工作实际,提高整体工作谋划水平,科学制定工作方案,强化预演方案演练,合理分工分责。全年共保障区市(县)两级各类视频会议264场次,现场会议62场次,全程实现“1901”专项工作、黄河金岸马拉松赛和中华人民共和国成立70周年安保“看得见、呼得通、调得动”实战目标,为大型安保活动提供了安全可靠的技术保障和支撑。

完成了全区公安网络大数据平台的建设,新建改建“四合一”卡口稳步推进,超额完成天网工程新建公安视频、社会资源视频接入和350兆 PDT基站建设任务;组织完成了公安网扩容提速和2批次的通信图像保障项目,有效提升了信息化对公安工作的支撑能力和保障水平。推荐的利通区公安分局涉案未成年人育德APP项目获得公安部应用创新计划资金扶持,申报的2个科技项目通过自治区公安厅2020年重点装备项目复审。

2020年,按照2020年五市公安机关重点工作考核清单,完成新一代公安信息网项目和新一代移动警务数据传输及租赁服务项目,研发上架5个移动警务APP。全面接入吴忠市城市数据运营中心社会数据,向自治区公安厅数据资源服务平台汇集87.58亿条数据。推荐科技创新项目获全国公安基层技术革新二等奖。

科学规划实施,完成全年重点工作。持续加强立体化信息化智能化社会治安防控体系建设,完成智慧监管建设项目、加密视频会议系统和市级通信调度控制室建设。

第四节 警务保障

一、经 费

市公安局经费主要包括行政经费和公安业务经费,行政经费主要由地方财政拨给,公安业务经费由上一级公安机关直接拨给,两项经费是开展各项公安业务所必需的人员供应、机关设施、装备、侦查破案等项资金的主要财源。

1985年3月5日,自治区公安厅、财政厅联合转发公安部、财政部《公安业务费开支范围和管理办法的暂行规定》的通知,规定加强公安业务费管理,严格执行财经纪律,做到专款专用,公安业务费的年度预决算和重大开支由党组(党委)集体审定,实行“一支笔”审批,由上级主管部门监督。开支范围定为侦查破案费,据点费,警卫费,技术建设费,通信费,交通费,武器、警械费,服装费,宣传教育费,治保经费,公安事业单位经费及其他费用等。

(一)行政经费

行政经费,主要是由政府财政部门根据公安编制和核定的预算拨款,包括公用、工资、职工福利经费等。

公用经费 公安机关的公用经费支出分经常费用和临时费用。经常费用有公杂费、公差费、招待费、医药费、草料费;临时费用,是指公安机关编制以外非固定性开支。所需经费,报经政府批准后,先行预借,事后计算报销。

进入20世纪80年代,银南地区对行政经费实行改革,提出行政事业费全面实行“预算包干、超支自理、结余留用”的管理办法。

吴忠市公安局经费收支情况：

2007年收入总计904113.94元，其中自治区公安厅共拨付903000元，利息收入1113.94元。1.给养费803000元；2.达标奖励费5000元；3.取暖费95000元。

2007年支出总计577603.96元。1.人犯给养费支出248986.83元，其中伙食费201297.92元、衣被费5000元、医疗费9494.70元、临时工工资13730元、其他19464.21元；2.公务费225662.30元，其中宣传教育费10821.48元、水电费121944.62元、取暖费87183.40、档案资料费1690元、押解费4022.80元；3.装备购置费22980元，其中警械购置费580元、家具购置费22400元；4.装备消耗费19945.58元，其中交通工具消耗费6831.58元、取证设备消耗费624元、计算机消耗费12490元；5.修缮费24131.20元；6.绿化费564.20元；7.其他支出35333.85元。

2008年收入总计966142.90元，其中自治区公安厅共拨付给养费903000元；利息收入3142.90元；绿化费50000元；看守所等级评定奖励费10000元。

2008年支出总计934630.47元，人犯给养费支出438991.59元；公务费206817.32元；装备购置费116740元；装备消耗费24742.02元；修缮费95835.44元；其他费用51504.10元。

2009年收入总计1795690.60元，自治区公安厅给养费996000元；区厅取暖费210000元；市局划拨取暖费100000元；代管财务469208.50元；奖励费2000元；其他17440元；利息收入1042.10元。

2009年支出总计2399229.52元：1.人犯给养费支出1206666.47元，其中伙食费632003.30元、衣被费66974元、医疗费30765.33元、临时工工资110200元、邮电费3605.73元、人犯食堂煤炭燃料费304545.65元、其他58572.46元；2.公务费293160.70元，其中宣传教育费5991.92元、水电费136461.79元、取暖费97270.58、档案资料费35966元、押解费17470.41元；3.装备购置费76783元；4.装备消耗费45667元；5.修缮费327413.35元；6.其他费用414205.15元；7.其他支出35333.85元。

2010年收入总计2050540.22元，支出总计1995197.54元。支出：1.人犯给养费支出741802.41元，其中伙食费460610.96元、衣被费14670元、医疗费30822.09元、人犯食堂煤炭燃料费142798元、临时工工资45400元、邮电费6022.76元、其他41478.60元；2.公务费302149.23元，其中宣传教育费12800元、水费4997.30元、电费146861.25元、取暖费96130、档案资料费6916元、押解费34444.68元；3.装备购置费32934元，其中车辆购置费850元、通信设备费455元、计算机设备费6210元、警械购置费1562元、家具购置费19446元、其他购置费4411元；4.装备消耗费22710元，其中交通工具消耗费15590元、取证设备消耗费600元、计算机消耗费5810元、其他设备消耗费710元；5.修缮费51671.50元；6.公用经费71064.40元，其中差旅费66989.40元、办公费4075元；7.其他费用712866元。

2011年收入总计2020933.23元，支出总计2023699.30元：1.人犯给养费支出902173.36元，其中伙食费513851.50元、衣被费22849.40元、医疗费41049.96元、人犯食堂煤炭燃料费297735.60元、临时工工资6000元、邮电费6535.90元、其他14151.50元(用于给在押人员购买日常用品)；2.公务费566579.72元，其中宣传教育费78065.92元、水费4138.35元、电费193588.05元、取暖费276990.40元、档案资料费4270元、押解费9527元；3.装备购置费12095元，其中通信设备费1200元、计算机设备460元、家具购置费3000元、其他购置费7435元；4.装备消耗费31059.13元，其中交通工具消耗费22585元、计算机消耗费7644.13元、其他设备消耗费830元；5.修缮费21574.50元；6.其他费用490217.59元，其中绿化费1090元、奖励费65000元、利息支出614.20元，其他支出423513.39元。

2011年行政运行经费支出总计347813.89元：1.差旅费81863元；2.办公费36451.80元；3.交通费44928.58元；4.维修费31667.98元；5.协警工资133935元；6.培训费18064元；7.邮电费903.53元。业务费用75699元，1.招待费28032元；2.警官餐厅伙食费、误餐费2260元；3.奖励在押人员35138元；4.其他7967元；5.停电用餐2302元。

2012年收入总计2457417.89元，支出总计2504919.44元。支出：1.人犯给养费支出1328951.37元，其中伙食费944885.23元、衣被费31100元、医疗费38770.84元、人犯食堂煤炭燃料费241801.90元、临时工工资15700元、邮电费2545元、其他54148.40元(用于给在押人员购买日常用品)；2.公务费482839.17元，其中宣传教育费31217元、水费4596.95元、电费257239.22元、取暖费164300元、档案资料费10068元、押解费15418元；3.装备购置费15128元，其中通信设备费300元、计算机设备760元、警械购置费4170元、家具购置费9519元、其他购置费379元；4.装备消耗费112705.89元，其中交通工具消耗费102618.89元、计算机消耗费5745元、其他设备消耗费4342元；5.修缮费1100元；6.其他费用3650元，其中绿化费3000元、利息支出650元；其他支出560545.01元。结余-47501.55元，上年结余707.73元，总结余-46793.82元。

2012年行政运行经费收入560544.51元，支出总计560544.51元。其中行政经费支出467456.51元，具体如下：1.差旅费122601.90元；2.办公费56666.20元；3.交通费13771.23元；4.维修费42383.28元；5.协警工资206819.30元；6.培训费23385元；7.印刷费1200元；8.被装费630元。业务费用支出93088元：1.招待费64351元；2.警官餐厅伙食费、误餐费12292元；3.奖励在押人员14900元；4.其他1545元。

2013年第一季度支出总计506472.87元：1.人犯给养费支出320413.60元，其中伙食费73937元、衣被费4500元、医疗费235426.60元、公杂费6550元(用于给在押人员购买日常用品)。2.公务费70223.27元，其中宣传教育费7630元、电费61233.27元、押解费1360元。3.装备购置费898元，其中其他购置费898元。4.装备消耗费2580元，其中信息消耗费2580元。5.利息支出55元。第一季度行政运行经费支出总计104733元：1.差旅费22899元；2.办公费53439元；3.维修费7066元；4.协警工资17850元；5.培训费3479元；业务费用7570元：1.招待费4980元；2.警官餐厅伙食费、误餐费2590元。

2017年，根据预算安排以及指标文件共申请拨付预算资金24564.55万元，比2016年增长20.34%。其中转移支付资金2171.68万元(市本级2114.68万元，孙家滩公安分局57万元)，拘押人员寄养费616万元，中央补助禁毒专款115万元，民警加班补贴440.5万元，民警岗位执勤津贴763.3万元，人员基本支出7524.39万元，行政运行公用经费603.15万元，看守所迁建项目资金9278万元，禁毒经费440万元，其他资金2612.53万元，每年保障3.3万元增长至每年保障5.05万元。

支出总额达20086.91万元，比2016年增长34.1%。其中转移支付资金办案经费896万元，装备经费556万元，基建资金660万元，人员基本支出6192.1万元，看守所和拘留所迁建项目资金7922万元，各项活动运行经费足额到位。

2018年，坚持“需求导向、服务导向、效果导向”，进一步提升警务保障科学化、标准化、精细化水平，认真落实“一岗双责”，坚持带头履行职责，将廉政建设与业务工作同部署、同督促。组织签订廉政承诺责任书，配合孙家滩分局建设办公业务用房，积极协调财政局，多方筹措资金，解决建设经费770万元，全年共申请重点装备建设经费1686万余元，年内申请拨付资金1.41亿元，比2017年同期增长5.3%。

2020年，有序推进重点项目建设。明确发展目标环节、抓好重点项目建设，争取重点建设项目21个，经费共计4568万元；严格政府采购流程、依法进行政府采购，完成34个政府采购项目，涉及资金4100万元；完成上争资金6644.8万元，完成率为132.89%；清偿企业债务欠款，护航民营企业发展，争取债务化解资金3212.72万元，目前债务清欠率达到100%。

(二)人员经费

人员经费包括工资、补助工资、职工福利工资等经费，是行政事业经费中占比重最大的一项经费。

1979年8月31日，中共中央组织部、公安部、民政部、国家劳动总局《关于户籍、刑事、治安民警改为干部》的通知，将民警转为干部，工资待遇有了保障。

1983年5月5日，为了搞好公安干警工资调整工作，地区公安处党组根据各县公安局的意见，遵照调资方案的有关规定，对银南地、县公安机关近年来调入的117名新干警统一进行了政治、业务和文化知识考核。考试成绩全部合格。

1992年7月1日，全国人大常委会通过《中华人民共和国人民警察警衔条例》。人民警察，首次授衔，实行警衔制，设5等13级，除总警监外，警监、警督、警司为3个级别，警员为2个级别，警衔工资从二级警员开始，175元为警衔起点工资，每晋升一个级别每月加工资12元。

2011年9月27日，在市委组织部和市人力资源和社会保障局的大力支持下，经过详细查档、严格审核、网上公示、上报审批等环节，并经市人社局审批同意，吴忠市公安局顺利完成了人民警察警员职务套改工作。参加套改的261名民警中，3名民警套改为一级警长，5名民警套改为二级警长，75名民警套改为三级警长，9名民警套改为四级警长，28名民警套改为一级警员，141名民警套改为二级警员。其中警员职务高套人员为69名，约占参加套改民警总数的26%。

对警员职务套改工作，市局党委高度重视，徐耀常委多次过问，多次与市委组织部、市人力资源和社会保障局领导沟通。市公安局党委委员、政治部主任张本福带领政治部民警积极与市委组织部、市人力资源和社会保障局进行协调、督促，赢得了大力支持。市委组织部将警员职务套改工作作为市局警务机制改革的一部分，积极指导。市人力资源和社会保障局就市区公安机关警员职务套改问题召开局长办公会议专题研究，给予了大力的支持。在各部门的通力协助下，于近日顺利完成了人民警察警员职务套改工作。政治部主动与相关部门联系，尽快落实套改人员的警衔、工资待遇。同时，将加强与市委组织部和市人力资源和社会保障局的联系，形成长效机制，全面落实人民警察职务套改政策。

公安机关执法勤务机构人民警察警员职务序列套改工作是推行公务员分类管理的重要尝试，标志着公安民警告别了沿用多年的国家机关工作人员统一的职务序列，开始步入分类管理、专门管理的轨道。也是公安部积极落实从优待警的一项举措，从制度上根本解决了实战单位非领导职务民警特别是工作年限较长民警的职级、工资待遇问题。实行警员职务序列套改后，公安机关将打破参照机关干部执行的行政职务晋升晋级的"单轨制"，人民警察的警衔、工资待遇不再由行政职级决定，而是根据工作年限、工作绩效进行定级评等，解决了公安机关大部分民警因职务级别未提高而警衔、工资待遇始终得不到改变的问题。通过套改后，吴忠市公安局有69名民警的工资待遇得到不同程度提高，有49名副主任科员、20名科员分别"高套"到了相当于正科级、副科级的工资待遇。此次警员职务套改激发了吴忠市公安机关人民警察队伍活力，调动了广大公安民警的积极性，为吴忠市建立一支政治坚定，业务精湛、作风过硬的公安队伍打下了坚实的基础。

2017年，根据预算安排以及指标文件共申请拨付预算资金24564.55万元，比2016年增长20.34%。其中转移支付资金2171.68万元（市本级2114.68万元，孙家滩公安分局57万元），拘押人员寄养费616万元，中央补助禁毒专款115万元，民警加班补贴440.5万元，民警岗位执勤津贴763.3万元，人员基本支出7524.39万元，行政运行公用经费603.15万元，禁毒经费440万元，其他资金2612.53万元，有力保障各项业务正常运转。

积极协调财政按时完成了民警执勤岗位津贴、民警超时补贴的补发工作，并将其列入2018年财政预算。由每年保障3.3万元增长至每年保障5.05万元。截至10月底，支出总额达20086.91万元，比2016年增长34.1%。其中转移支付资金办案经费896万元，装备经费556万元，基建资金660万元，人员基本支出6192.1万元，有力保障各项活动运行经费足额到位。

二、装　备

公安装备，项目较多。基本的装备有交通工具、武器、服装、通信设备等，以此来保障各项公安业务的顺利完成。

（一）交通工具

中华人民共和国成立初期，吴忠公安，没有交通工具，执行任务靠步行。1952年，经当地政府批准，购置自行车，是办案、执行任务的重要交通工具。1972年6月银南地区公安处成立，干警配备自行车共2辆。1979年公用自行车达到12辆。

进入20世纪80年代，地区公安处的车辆装备，除自购部分车辆外，大部分车辆装备开始由自治区公安厅下达指标，逐级配备。地区公安处为政保、内保、警卫、预审、治安、刑警、交通等单位配备了汽车。全处共轿车1辆、吉普车3辆、工具车1辆、宣传车1辆、勘验车1辆、囚车1辆、摩托车4辆。1983年12月，汽车、摩托车数量增加。

1984年，按照公安部《全国公安机关业务用车配备试行标准》配备，车辆装备的数量逐年递增，公安业务专用车辆的种类逐步配齐。30个科、室、队、站，全部配备了专用车辆。1985年，根据上级指示，对公用自行车作价处理，分别以新旧程度作价处理给公安干警个人。1990年12月，全处机动车辆大部分更新。2000年后，吉普车、小面包车、大客车、大货车、囚车、油车全部淘汰，除检测车、画线车、工具车暂时留用外，其他车辆全部更换为专门的警用轿车和警用摩托车。

2011年6月20日，利通区公安分局交巡警大队揭牌暨交巡合一警务模式启动仪式在开源广场举行，图为配备的警用摩托车装备

2011年6月20日，利通区公安分局交巡警大队揭牌暨交巡合一警务模式启动仪式在开源广场举行，图为配备的警用轿车装备

（二）武器

中华人民共和国成立初期，公安干警配发的枪支多数十缴获国民党遗留下来的。从1954年开始，公安系统武器由自治区公安厅配备。到20世纪60年代初期，陆续配发有国产“51式”、“54式”和“59式”手枪。主要是配发处级领导，科以下干警以配发驳壳枪为主。1966年，“文化大革命”开始后，公安机关配发的各种枪支统一收缴归人民武装部管理。1973年6月，地区公安处开始对干警配发武器。处领导及部分科级领导配发“51式”“54式”，干警仍配发驳壳手枪。

20世纪80年代，公安武器装备改革，原配发的驳壳枪逐步改配为“51式”“54式”手枪。处领导配发“64式”手枪。同时，对一线的侦察员也配发了“64式”手枪。到1990年年底，大部分干警均配发“64式”手枪。

（三）警械　刑具

警械、刑具是公安人员用来制服犯罪分子的一种特殊工具。

警械　1980年前，公安机关的警械都是自备的，没有统一规定。1981年，根据公安部制定的《公安警械、刑具使用规定》，开始由自治区公安厅陆续配发电警棍和尼龙绳、警笛等。

刑具　中华人民共和国成立初期，公安机关对犯罪分子使用的主要是麻绳、自制的铁脚镣、铁手铐。1975年开始配有不锈钢指拇铐、不锈钢手铐等刑具。1981年，开始执行公安部关于公安机关警械。刑具使用的统一规定。

（四）通信设备

中华人民共和国成立初期的通信主要是靠通讯员徒步传递。20世纪60年代，使用手摇磁石电话机。70年代，邮电事业的发展，进行了更新换代，手摇磁石电话机更换为自动电话机。80年代，地区公安处租用邮电部门的电话线路，逐步发展为公安专用通信线路。并开通了由自治区公安厅配给政保科文字传真机1部，和内部公安信息专用线。1981年组建了总机房，购买了长途交换机1套共50门，处领导和处直属单位安装了电话。基本实现了地区公安处与辖区内各县、市公安局公安专用通信网络。同时，为加强通信工作管理，成立通信组，归属地区公安处管理。

1983年，“严打”开始，为保障“严打”期间的通信信息的快速传递，公安处投资购买1套“七四”系列无线通信设备。1986年，购置150兆公安专用网络无线通信系列产品1套和200门纵横交换机1部。有的县公安局直接通到派出所。完成了无线移动通信初级网络建设。

1988年，地区公安处开通了与自治区公安厅的有线微波机通信，配备移动电话、车台、手台，可通过微波机直接与区公安厅业务信息传递。1990年县级公安局全部安装上了程控交换机，实现了自治区公安厅、地区公安处和县公安局三级程控电话自动化。

（五）服装

1950年5月，警察服装由灰色粗布军装改为绿色军装，戴大檐帽，缀八一帽徽，佩戴“公安”盾牌臂章、“中国人民解放军”胸章。

1951年，全国统一服装颜色。夏季为米黄色，冬季为墨绿色，戴大檐帽，帽徽为五角星形。消防民警冬、夏均为上绿下蓝，布料由粗布改为平纹布。警服发放范围控制较严，机关干部不着警服，只发消防、交通、户籍外勤等警种。1953年依照公安部规定改为斜纹布。

从1956年5月起，改换“56式”警服。夏服：上衣白色，袖加两条红杠，裙和短裤为藏青色。冬服：上下衣皆为藏青色，大檐帽、红裤线（裤左、右中央夹缝红布条，干部为宽红布条0.5厘米，警察红线条）。圆形帽徽，国旗图案，红旗领章。女服列宁式，无沿软帽，夏穿裙子。武警、消防民警制服为草绿色。1959年4月，财政部、劳动部、公安部联合通知，各级公安机关的武装、外事、户籍、交通、消防民警人员，市镇、水上、飞机场公安派出所和不设派出所的公安人员、工矿企业、森林和铁路、航运、法院民警，均着警察制服。10月1日，取消各种警种佩戴的胸章，改佩戴红色塑料领章，上钉五星盾形符号。1960年，取消上衣袖口红线杠。

陈宪家属提供的报纸剪贴（2014年11月26日）

2010年2月16日，吴忠市公安局全体人民警察身着换发的新服装

1963年，不分警种，每人发2套夏服、1套冬服。1967年5月起，警服改着“65式”警服，同中国人民解放军的干部负责式样。户籍警、交通警、刑警着装，机关干部不着装。1972年开始，为区别部队服装，换着“71式”警服，衣料为涤纶混纺。夏服：上衣白色，裤蓝色，女系裙服；帽子白色，男式大沿，女式无沿。春秋服：衣帽为蓝色，式样同夏服，冬服式样同“65式”，唯颜色全为蓝色，帽徽改为国徽图案。交通民警，戴白色套袖。消防警服，仍为上绿下蓝。

1980年5月起，按照公安部规定，公安机关全体干警普遍开始着装，换着“78式”制服仅改变衣料质量。

夏服为的确良布，冬服为涤纶卡其呢布，同时配发大衣、绒衣、布鞋、棉鞋、腰带、水壶、挎包、雨衣等。警服严禁非警人员穿用。

1985年4月，又改着“83式”警服，全部橄榄色。上装配有软肩绊，金黄色缀边，左肩盾牌标志，由“公安”二字及长城构成，带红领章，袖口处有两条黄色杠，裤缝镶红线，圆盘形帽，帽徽图案是国徽照耀下的长城、松柏。公安民警为了便于执勤，接受群众监督，配发号码胸章1枚。

1990年4月，公安系统民警换着“89式”警服。新式警服仍为橄榄色。春秋服装统一为凡尔丁布料，上衣由中山装式样改为开领小西服式，配发白色衬衣，系枣红色领带，统配松柏枝领花，取消红领章。左臂贴盾形臂章，图案由“中华人民共和国”、“五星”、“公安”、POLICE、长城、麦穗构成。两肩符号为盾牌来区别警种。裙、裤去掉红色线条。警帽原黑色人造革风带，换成金黄色编织带，女警帽改为软圆筒式。冬装布料为涤纶混纺，同中国人民解放军干部服式，男女统一。棉大衣换着涤纶人造毛、太空棉大衣，警帽同“71式”。干警每人配发服装有冬／夏警帽、短袖衬衣、长袖衬衣、春秋装、冬装、棉衣、大衣、雨衣、水壶、腰带、裤带、领带、领带夹、单棉皮鞋。

2005年6月20日，公安部、财政部对人民警察着制式服装衬衣做了统一规定，全警（高级警官以下）统一着浅蓝色衬衣（包括长袖制式衬衣、短袖制式衬衣、内穿衬衣），扎系深蓝色领带，高级警官着白色衬衣（包括长袖制式衬衣、短袖制式衬衣、内穿衬衣）。

2012年4月16日，吴忠市公安局女警察着新式服装

2015年，全年发放民警、协勤服装307人次55个品种，3894件套，警衔56副，无一差错，确保了各项警务活动的顺利开展。

2018年，为99名民警完善服装型号，完成500余名民警、社区警务事业编及辅警服装采购发放工作。

2020年，警务保障工作更为重要，协调到位疫情防控专项资金156万元。采购疫情防护口罩、护目镜、医用手套等物资，截至年底共配备防护口罩74673个、防护眼镜1131副、防毒服9套、防毒面具9个、防护手套29052双、防护服2789套、测温仪107个、消毒酒精350公斤。接受捐赠消毒水19.54吨、米面6500公斤、蔬菜15吨等物资，有力保障战时需求。同时加强市公安局机关公共区域消杀作业，设立体温监测点，及时调整就餐模式，落实食堂工作人员个人消毒、卫生防护措施。

（六）办公设施

2011年7月7日，市公安局投资30余万元购置了60台电脑、2台空调，经过一个星期的紧张施工和网络调试，将交通管理局三楼会议室改建成网络教室。该网络教室能同时容纳60人参加信息化应用培训、考试，解决了市公安局长期没有网络教室的困难。

2006年3月8日，吴忠市公安局为基层发放新购的办公电脑

2006年3月8日，购置40台电脑全部发送到

了基层。

2010年，吴忠市公安局及各县（市、区）公安局全体民警人手一台办公用电脑，市局机关主要领导和县（市、区）部分领导配备了笔记本电脑，还给基层科、队、派出所配备了办案用录音笔、摄像机、照相机等科技设备，对加快办案、提高办案效率起到了不可估量的效果。

2017年，先后建立了洗衣房、篮球场铺设硅PU及塑胶跑道。

2019年，从自治区财政厅、公安厅及市财政局协调增加拨付专项资金3200万元，向自治区公安厅申请调拨防护类装备、警用摩托车等反恐应急装备，价值725.164万元。向自治区公安厅、市财政局申请拨付专项经费共计450万元，为扫黑办配备公务用车辆9辆，调整办公室8间，配备所需硬件。

（七）单警装备

公安部正式颁布《公安单警装备配备标准》（以下简称《标准》），并印发至全国各级公安机关和每个公安派出所。公安部要求各地公安机关结合当地实际，认真贯彻执行，加强一线民警装备配备，提高民警防护能力和战斗力。

《标准》分总则、配备对象、配备项目、配备数量、附则5章，共25条，规定了全国各级公安机关民警个人的基本装备配备。

公安机关民警个人的基本装备配备。配备项目主要包括警服、警棍、手铐、催泪喷射器、强光手电、警用制式刀具、警用水壶、急救包、多功能腰带、防割手套等必配项目和枪支、对讲机、警务通、防刺服和警用装备包等选配项目共15种。

配备项目主要包括警服、警棍、手铐、催泪喷射器、强光手电、警用制式刀具、警用水壶、急救包、多功能腰带、防割手套等必配项目和枪支、对讲机、警务通、防刺服和警用装备包等选配项目共15种。

按不同的工作需求，配备项目分为“必配”和“选配”两种类型，“必配”是指公安单警完成基本工作任务所必须配备的装备，“选配”是指根据实际工作需要有选择配备的装备。上述各项配备标准为指导性标准。

公安部要求各地公安机关在地方党委、政府的领导下，积极争取政府有关部门的支持，按照全警配备、急用先配、选配按需、逐步到位的思路，尽快研究制定实施方案，确保单警必配装备全部配齐到民警个人，并根据当地实际需要购置选配装备。

三、房屋建设

房屋基建是服务于公安工作中的一项重要物质保障。主要有办公用房、干警宿舍，维修基建。

1972年6月，银南地区公安处成立，办公场所在银南地区大院。

2007年11月11日，吴忠市公安局继戒毒康复中心一期续建工程开工建设之后，投资560万元（其中国债投资400万元）建设吴忠市看守所二期扩建工程，该工程2008年5月建成交付使用。另外戒毒康复中心二期扩建项目已经国家发改委批复立项，该工程总投资1260万元，其中中央预算内资金840万元、地方配套资金420万元。2010年建成，交付使用。指挥中心大楼工程通过立项建设。2013年年底主体工程完工。

全市公安机关围绕中心、服务大局，全力保障全市重点项目建设，同时，积极争取项目资金，加快公安硬件工程建设进度。

2011年，吴忠市公安局争取到办公业务用房和利通分局办公业务用房项目，2012年完成招标，2013年动工建设。不断加快项目执行进度，年底完成主体建设，2014年进行内装和电暖施工。市公安局业务用房项目投资7000万元，利通区公安分局业务用房项目投资4200万元，2014年，争取到智能图控系统建设项目，投入资金1725万元，项目进入施工阶段，积极争取中央转移支付资金。上争项目资金3733万元，2014年第一批转移支付资金868万元。自治区第二批转移支付资金下达前，市公安局提前准备项目，积极汇报争取，全市公安机关共争取到1135万元（全区共3800万元），其中，市公安局777万元。2015年5月1日投入使用。

2015年5月1日,新建的办公大楼投入使用

2017年,先后建立了洗衣房、篮球场铺设硅PU及塑胶跑道。洗衣房建成投入使用以来,已为我局民警清洗各类警服1060套,篮球场及塑胶跑道已正常投入使用。从财务管理、接待管理、公务用车管理、会议管理等多方面入手,结合市公安局工作实际,严格按照中央八项规定、《吴忠市公安局公务接待规定》经过审批执行,为进一步推进局机关厉行节约反对浪费和建设节约型机关奠定有力的基础。

2018年,全面落实保安员、兼职安全员、食品安全监督员岗位责任制,对水、电、暖、气、电梯、消防等设备及时维护保养,制定安全巡查制度,加大重大节点安全检查力度,车辆年检率、保险率均达到100%,全年派车960余次,实现市公安局安全行驶"零事故"、安全生产无事故、食品安全无事故的目标。

配合监管支队完成监管中心项目搬迁招标工作,完成新所搬迁供热设备、办公家具、厨具、电子设备、被褥等相关物品采购,有力保障了项目建设。配合孙家滩分局建设办公业务用房,积极协调财政局,多方筹措资金,解决建设经费770万元,项目已建设完成。

加强调研,主动作为,积极规划装备建设。根据各部门业务需求,全年共申请重点装备建设经费1686万余元,比上年增长72%,有力保障各业务警种需求。

四、档案管理

机关档案是指国家机关在从事多种社会活动中直接形成的对国家和社会有保存价值的文字、图表、声像等不同形式的历史记录。公安档案工作是公安工作的组成部分,是提高机关工作效率和工作质量的必要条件。

档案管理就其基本性质和主要作用来说,是一项管理性的工作、服务性的工作、政治性的工作。档案管理工作不生产物质财富,档案主要也不由档案管理机构和档案工作人员产生和利用,它是专门负责管理各部门形成的历史文件的一种专业,所以是管理性的工作。但是档案管理系统不是孤立的,而是各项社会管理系统中不可缺少的组成部分。通过提供档案信息为社会实践服务,是档案管理工作区别于其他工作的特点之一。

(一)档案管理制度

中华人民共和国成立初期,档案没有专职人员管理,大多是文秘或者财会人员兼管。1958年根据自治区公安厅《关于文书处理工作和档案工作暂行办法》,执行"文书部门立卷"和"档案集中统一管理"制度。本着便于立卷、提高工作效率的原则,公安机关将各科室的卷宗集中起来,统一交由档案室管理。

"文化大革命"期间,公安档案"文书处理部门立卷制度"和"档案保管制度"受到不同程度破坏,档案工作处于有章不循和无章可循的混乱状态,文件缺损很多。

1973年5月,银南地区公安处成立,档案工作逐渐受到重视。1979年,成立了档案管理机构,建立起了自己的档案室。公安档案工作开始恢复、整顿。地区公安处制定了《文书、业务档案资料归档制度》《文件材料保管期限规定》《档案员责任制》等。文书处理部门立卷制度重新得到加强,鉴于各科室文书处理人员新人多、业务不熟,要求各单位根据历年来的实际情况和当年可能形成的文件,按照文件之间的联系,每年初制定年度现行文书处理类目,并在次年的第一季度把上一年的文件按照立卷的六个特征(年代、作者、问题、地区、名称、发文机关)和立卷的方法步骤进行整理立卷,移交档案室。档案工作步入规范化、科学化轨道。

1989年，认真贯彻《中华人民共和国档案法》和全国档案工作会议精神，使档案工作在借鉴历史经验、指导现实斗争、服务各项公安工作中发挥了重大作用。

1.档案管理人员职责

(1)负责各单位文件材料的形成、积累、保管和整理归档工作，保证归档文件材料完整、准确、系统。(2)坚持平时整理。根据各单位不同种类文件材料的形成特征，制定案卷类目，合理分类存放，便于利用和归档。(3)归档案卷做到页号编写准确，案卷目录清楚，案卷标题简明扼要。(4)保管好各单位归档的案卷，注意文件材料的安全和保密。(5)按要求对档案进行分类、整理、编目，并编制检索工具，能应要求快速、准确地查询所需档案。

2.收集归档范围

各单位在各项工作中形成的具有保存价值的，或者相关政府部门送来的与本单位关系密切的各类文件材料(包括公文、书信、会议、案件、图纸、登记表、报表、名册、奖品、影像录音资料等都属收集归档范围)。

(1)局党委会、局长办公会议记录、会议纪要、决议。(2)各种工作会议、专业会议的会议记录、会议纪要。(3)各单位发出的各类工作计划、方案、安排、总结、汇报、简报、通知等文件。(4)各项规章制度。(5)向上级请示的文件，以及上级批复的各类文件。(6)各种综合的或专题的可行性研究、考察等报告。(7)各种报表、名册、登记表、簿册、数据、凭证。(8)各局各部门的案件事件卷宗。(9)各局各部门的案件事件提取的证物。(10)各单位重要活动的影像录音资料。(11)本单位获得的奖状、奖证、奖章、奖旗、奖品。(12)各项财产权利证明、凭证，各种证明存根。(13)各单位编辑、出版的刊物。(14)各单位招聘、试用转正、晋升、加薪等各类人事资料。

3.归档要求

(1)凡市公安局制发的文件，由有关人员收集，交由档案专管员归档。(2)一项工作已完成时，由经办人员将进行该项工作形成的全部文件材料系统整理后，主动送交专管员归档。(3)编制交接表，一项资料由经办人交专管员归档时，应登记并双方签名。(4)每年进行一次全面、彻底的清查整理。(5)正文与底稿(签发稿)主件或附件、请示与批复、来文与复文一起归档。(6)归档的文件材料应是原稿原件，一般不用复制件。应注意：检查应盖公章是否已盖，文件没有标题应加上标题，内容、摘要、文件没有标明日期的要标上日期。(7)归档的影像录音资料要写上文字说明。(8)归档的文件材料必须经过初步整理，把同一具体问题的文件材料集中在一起，按文件的先后形成排列好。(9)财务凭证、报表由主办会计负责保管。

4.档案的借阅与复印

(1)编制借阅表，当借出和还回时都必须填写，并经使用人和保管人双方共同签名。(2)查阅各类档案应在单位内进行，查阅应不划道、涂改、折卷、裁剪、拍照、撕毁等。特殊情况需借出单位使用的，需填写借出申请并经部门负责人批准。(3)外单位来人查阅档案，须持单位介绍信并经单位领导签字批准，方可查阅或复制。

5.档案的保密管理

(1)档案专管员和单位工作人员均应遵守保密制度，严格遵守保密原则，确保档案的安全。(2)凡是调用档案，必须经档案人员提供，任何人不得直接查找。(3)借阅档案必须严格按照档案借阅制度办理手续，限期使用，按期返还，返还档案要认真检查核对，发现问题及时追查。(4)相关人员查阅与本部门相关的资料，确实需查阅其他资料的须主管领导同意。

(二)档案立卷管理

档案的主要类型有文书档案、业务档案、会计档案、人事档案、科技档案和诉讼档案等。

1965年，国家档案局《机关文书档案保管期限参考表(试行草案)》颁布后，公安机关开始对库存档案进行鉴定。1977年，对库存档案进行整理。按卷号、卷皮号、全宗目录号及存放柜号四对照逐卷进行检查，发现丢失等问题档案，采取措施弥补。

1981年，贯彻落实全国公安档案座谈会议精神，开始清理1976—1980年积存的文书档案，立文书档案12874

卷，其中永久9835卷，长期2145卷，定期894卷。1983年，按照公安部相关文件规定的公安业务档案分18类进行立卷的要求，对所有档案进行清理接收。共接收档案7356卷，预审档案5821卷，内部保卫69卷，治安处罚1466卷。1984年根据自治区档案局和财政厅的联合通知，接收财会档案246卷。1985年整理接收重大交通事故档案1136卷，行政拘留档案259卷，收容审查档案72卷。

存入档案管理系统，提高了档案管理的科技化水平，促使公安档案管理工作走上了信息化发展之路，为各项公安工作提供了有力支撑。

2011年9月28日，同心县公安局严格按照区、市、县各级档案管理部门以及自治区公安厅、市公安局的总体部署要求，始终把档案管理工作作为一项重要工作来抓，健全组织领导，强化工作措施，细化工作任务，注重引入信息化手段推进档案管理工作，以档案正规化建设为契机，以信息化管理为依托，坚持“统一、标准，全面、客观、真实、可靠”的原则，狠抓公安基础档案建设，取得了明显成效。截至2013年，吴忠市公安局档案室共装订文书档案15868卷，公安档案管理工作走上了规范化、标准化、信息化发展步伐，为各项公安工作跨越式发展提供了有力支撑。

2011年10月19日上午，吴忠市档案局对市公安局档案工作进行检查，检查组听取了市公安局档案工作汇报，查看了相关台账，实地检查了法制支队执法档案、后勤保障部会计档案、交管局车管所档案和市局综合档案室，对市公安局档案室建设给予了充分肯定，认为吴忠市公安局档案室建设起点高、标准严，硬件设施配备齐全，管理使用规范高效，各类入库档案资料内容齐全、规范严谨，案卷资料翔实、完整，分类标准、规范、有序，检查组给予市公安局档案工作99.5分的好成绩。

2011年9月28日，同心县公安局档案室以94.6分的优异成绩获评“自治区一级档案室”

2012年，市公安局严格按照区、市各级档案管理部门的工作要求，始终把档案管理工作作为一项重要工作来抓，健全组织领导，强化工作措施，加大投入力度，建立了市局综合档案室，确定专职档案管理员，规范市局档案管理工作，努力实现档案管理工作的规范化、标准化和科学化。截至2012年年底，已将1972—2000年档案进行规范整理，并交市档案局统一管理。2001—2013年档案全部纳入市公安局档案室管理。

2013年根据国家档案局6号令、8号令、9号令、公安部《公安专业档案管理办法》《公安机关档案类别划分与档号编写办法》的通知，自治区档案局达标细则及吴忠市档案局《关于印发吴忠市档案馆接收档案标准的通知》精神，吴忠市公安局指挥中心档案室抽调人员进行整理、登记、造册。6个类别分别为专业档案、文书档案、会计档案、音像档案、印章档案、实物档案。

专业档案：警务科技处、督察部、交管局、国保支队、经侦支队，合计1220盒、23007本案卷。文书档案：共366盒5315份。其中永久档案90盒1661份，长期和30年档案103盒2281份，短期档案173盒1373份。会计档案：凭据116盒949本，账簿83盒220本。音像档案：共54个，其中唱片46张，光盘1张，微型录像带1盘，录音带1盘，常规录像带5盒。印章档案：共68枚，其中圆章50枚，方章15枚，姓名印章3枚。实物档案：共28个，其中奖牌24个，奖杯4个。

2018年6月公安机关档案机构基础信息备案情况表

表21

机构名称	人数（人）		档案库房面积（平方米）	库藏档案数量（卷、件、盒、张）						
	民警	文辅人员		文书		专业（卷）	科技（盒）	会计（盒）	声像（盒）	实物（件）
				卷	件					
吴忠市公安局	1	1	101		16676	23216		1358	711	96
利通区公安分局	1	2	115	640	3602	40517				
红寺堡公安分局	1	1	90		1333	12010		395		
青铜峡市公安局	1		80		7584	24011		375		
盐池县公安局	1		142	986	5483	23621		313	3	
同心县公安局	2	1	92	894	29314	16980		1220	147	60
太阳山区公安分局	2	1	20		753	1617	1	278	1	30
总 计	9	6	640	2520	64745	141972	1	3939	862	186

（三）档案设施

1980年前，银南地区公安处没有专门档案室，档案在各业务科室保存。1987年，随着档案的增多，地区公安处有了专门的档案室，配置了铁皮柜。

2013年，有专职档案员1名，另配有1名协警进行整理档案，使吴忠市公安局的档案管理逐步迈向正规化、标准化、科学化的管理轨道。

2014年，加强档案规范化建设，提高公安档案的存储价值和查阅职能。完成了档案室整体搬迁和档案上架工作，规范了档案管理制度，派员外出学习，全年共整理文书档案565盒4156份，档案室共保存档案23518件（卷）、资料4000份。

2013年12月2日，吴忠市公安局档案室工作人员在整理档案资料

（四）档案利用

充分发挥档案资料为现实斗争服务的作用，是档案工作的根本目的。1956年，公安档案逐年增多，档案工作密切配合各个时期公安中心工作，积极提供利用，为加强对敌斗争和开展各项业务工作服务。1959年，认真贯彻执行中央“关于进一步提高档案工作水平，积极开展档案资料利用工作，为社会主义事业服务”的方针，对打击处理的18种分子，全部建立了档案，并且以姓氏、类别和打击处理编写汇编，澄清了反动社会基础和历年来对各种敌

人的打击情况，挖掘出一批漏网的隐蔽敌人。1960年，紧密围绕户口普查，对档案工作进行安全保密大检查，发动群众，翻阅乡社公安档案材料，对人员摸底排队，为打击犯罪、维护治安发挥了作用。

粉碎江青反革命集团以后，银南地区公安处档案室，在平反冤假错案，落实党的各项政策，以及借鉴各种历史遗留问题工作中，提供了大量有价值的档案资料。

历年来，公安档案发挥了越来越大的作用，为领导决策提供参考依据，为编史修志提供资料，服务了各项业务工作。档案室每年接待外调单位人员约10人次，查阅30卷档案。

2014年，借阅档案为7人次；2015年，借阅档案为7人次；2016年，借阅档案为6人次；2017年，借阅档案为7人次；2018年，借阅档案为34人次；2019年，借阅档案为53人次。

第九章

队伍管理

DUI WU GUAN LI

第九章　队伍管理

人民公安机关的性质和担负的特殊任务，要求在干警队伍中必须开展强有力的政治思想工作。吴忠公安从成立开始，就逐步建立、健全政治工作机构和工作制度，探索、总结适应公安机关需要的政治工作方法和经验，不断加强公安队伍思想建设、组织建设和作风建设，保证各项公安业务的顺利进行。

第一节　政治工作

做好公安政治工作，加强公安队伍建设，是人民公安机关完成各项任务的重要保证。逐步建立健全政治工作机构和工作制度，公安队伍的组织建设、思想建设和作风建设不断加强，保证各个时期公安保卫工作任务的完成。

一、组织建设

公安队伍的组织建设，是公安政治工作的重要任务之一。历年来，吴忠市公安局坚持任人唯贤、德才兼备的干部路线，按照干部队伍革命化、年轻化、知识化、专业化的标准，选好各级领导班子，做好干警录用管理工作。

（一）政工机构

中华人民共和国成立初期，吴忠市（县级）公安局，设专职人事秘书，负责政治工作。1950年，由秘书科负责政治工作，设专职人事干事。1953年，成立政治协理员办公室（简称协理员室）。1955年，协理员室改设为政治处。1965年，公安局设政治教导员，公安派出所设立政治指导员。1968年，公安机关军管会设政工组。1973年5月，银南地区公安处成立，设政治处。1973年11月，政治处设秘书、组干科、宣教科。1980年12月，增设干警训练班、纪律检查科，1983年11月改设纪律检查组，1984年10月，纪律检查组从政治处分出单设。1986年2月，银南地区公安处政治处增设老干部科。1988年6月，政治处设秘书科。到1990年年底，政治处设有秘书科、组干科、宣教科、老干部科。1999年4月以后，吴忠市公安局设政治部。所辖各县、市、区公安（分）局政治教导员改为政治委员，并设政工办公室或政工科。

1. 干警队伍

进入八20世纪80年代，银南地区公安处吸收录用公安干警时，相应地强调了文化素质，1982年公安部发出《关于吸收新干警工作的暂行规定》，1984年公安部、劳动人事部联合发出了《关于吸收人民警察的规定（试行）》，明确提出人民警察的主要来源是公安院校的毕业生。在特殊情况下，经上级公安机关和劳动人事部门批准，按计划公开招收录用的人员，必须具备以下条件：具有中专或高中以上文化程度；身体健康，体形端正，年龄在25岁以下。吸收前认真审查，并经考试、体检、目测，择优录取。凡招收录用的人员，除转业军人或其他单位调入的干部外，一律实

2014年7月27日，吴忠市公安局组队参加全市政法队伍整训活动

行试用1年的制度，试用期间发现不符合条件的，予以辞退，或者商请劳动人事部门另行安排。

1984年1月12日统计，银南地区行署公安处七县一处共有656人，工勤32人，拟编1223人。

在录用干部方面，对于已经录用的公安干警，在加强政治思想教育的同时，经常进行考查，发现政治上、思想上严重不纯的人，随时进行清理。在清理队伍的工作中注意掌握政策界限，根据不同情况，区别对待。坚持教育为主的方针，能够挽救的尽量挽救，对确实不适合做公安工作的人，坚决予以辞退或调离公安机关，保证公安队伍的纯洁性。

2012年，吴忠市公安机关共有警察1253人，其中市公安局265人，利通区公安分局266人，青铜峡市公安局239人，同心县公安局217人，盐池县公安局144人，红寺堡区公安分局103人，太阳山区公安分局19人。

2015年吴忠市公安局警种编制表

表22　　　　单位：人

名称	总数	局领导	政治部	纪检督察	指挥部	警务保障	国内安保	经济侦查	治安管理	行动技术	刑事侦查	监所管理	看守所	拘留所	强制戒毒	警卫处	出入境	禁毒分局	网络安保	警务科技	特警支队	法制支队	交通管理
民警	281	7	9	12	18	7	5	6	11	17	19	5	37	15	14	3	8	9	9	5	10	5	50
其他	17					4		1			2		2		5								3

2020年年底，吴忠市公安局两级公安机关现有核定政法专项编制警力1360名，实有在编民警1261名。

2. 骨干培养选拔

中华人民共和国成立初期，公安局的干警是由中国人民解放军部队中选拔出骨干开展公安工作的。同时，还从地方上招收出身好的青年参加公安工作。20世纪60年代，公安机关的领导干部由地方党委进行考核任命。公安干部主要在实践中，学习经济建设知识，以适应保卫经济建设的需要。

粉碎江青反革命集团后，各级党委对领导干部进行了清理整顿，把经过考验的老公安干部和优秀中青年干部充实到各级公安机关领导班子中来。中共十一届三中全会以后，中共中央逐步改革干部管理体制，下放干部管理权限，但对公安机关的领导干部仍实行由公安机关协助党委下管一级的制度，不断考察、培养和加强各级公安机关领导班子的建设。

1988年，公安工作进行改革，改革用人制度，实行聘任聘用制，把竞争机制引入干部队伍，推动干部的培养选拔。

1990年，银南地区公安处印发了《关于加强基层组织建设的意见》，并不断组织考核组到基层检查督促落实。组织五个考核组，对处直单位进行全面考核，并调整任命16名科级干部和19名股、所、队干部，为6个单位配备了教导员，使一些软、懒、散、差的班子建设明显加强，在完成各项工作任务中发挥了战斗堡垒作用。

随着强调干部队伍要逐步实行革命化、年轻化、知识化、专业化，全地区公安机关在领导班子建设中，进一步注意了干部的文化知识和专业知识水平，并在年龄上形成梯形结构。同时，还注意物色和培养后备干部，使领导班子后继有人。

2011年实行领导竞聘。此次竞聘上岗是吴忠公安史上力度最大、范围最广、涉及干部最多，民警关注度最高的一次干部体制改革。将市区公安机关195个科级岗位（其中正科级职位71个、副科级职位124个）全部拿出，原任科级领导干部全部解任。通过竞争上岗，新提拔聘用了79名科级领导干部。从锻炼干部能力和爱护干部的角度考虑，制定定期交流制度，特别对一些热点岗位进行了交流，共有74名干部平职交流到新的岗位。

2012年年底，吴忠市公安局及县、市、区分局领导班子成员共58人，其中文化程度：硕士研究生学历5人，大学本科50人，占95%；大专3人，占5%；年龄构成：31~40岁10人，占17%；41~50岁42人，占73%；51~55岁6人，占10%。

2013年，先后调整配备科级领导干部43人，其中提拔正科级领导干部5人、副科级领导干部9人，交流正科级领导干部10人、副科级领导干部8人，免职11人（其中一正八副转任非领导职务，二正科降为副科转任非领导职务外调）。对空缺的19个科级领导干部岗位，组织开展5轮竞聘上岗进行提拔、交流配备。对符合交流轮岗条件的29名民警分两轮进行调整交流；根据岗位需要对16名民警进行调整交流。

2014年，结合党的群众路线教育实践活动，从完善理论武装工作机制，强化民警经常性思想教育引导入手，推动理论学习常态化。先后安排市公安局领导干部讲党课6场次，支部书记讲党课20场次，组织集中学习16场次，先后邀请自治区党校、北方民族大学、吴忠市党校的教授、讲师做专题辅导6场次。参加市委、市政府及相关部门组织的学习8场次，通过深入学习贯彻中国特色社会主义理论体系特别是习近平总书记系列讲话精神，引导民警增强政治敏锐性和政治鉴别力，牢固树立忠诚使命思想根基。

围绕创先争优，充分发挥先进典型示范引领作用。完善典型培育机制，开展学习赵峰、张飚、孙波等先进事迹活动。推荐2名民警和2个部门参加"吴忠市五一巾帼标岗""吴忠市五一巾帼标兵""自治区五一劳动奖状""自治区五一劳动奖章"评选。推荐5名民警参加了"2014年全国我喜爱的人民警察"评选，推荐4名民警参加首届"最美吴忠人"推荐评选活动，推荐8名民警参加"老兵故事""军嫂风采"主题宣传活动。交警李卫东被评为首届"最美吴忠人"之"最美交警"，市公安局工会女工委主任范宁春被评为"优秀工会工作者"，工会干事李晓枫被评为"优秀工会积极分子"，进一步激发了荣誉感和责任感。

2015年，坚持高点站位、精心谋划、多措并举，切实将"四项建设"摆上重要议事日程，强化工作保障，采用"四色推进法"，对任务完成情况逐项销号，持续不断地予以推动。局党委立足工作实际，整体设计，统筹规划，扎实推进警务实战化建设。依托公安信息快报、维稳周报、治安动态月报等载体，强化信息搜集研判，为上级领导决策提供了依据，举办执法培训班18次，为基层单位上门指导服务30次；成立合成作战室，加强完善工作机制、运行人员、办公设备、工作制度等各项工作保障，实施"日常研判、重大信息研判、每周综合研判"三级研判机制，建立"指挥长"队伍，实施指挥长"三签到"制度，落实24小时值班制度，开展合成作战信息研判10次，编发研判信息10期，通过分岗位、分专题常态开展轮值轮训、集中培训、跟班学习等方式，加强实战技能训练，有效处置了30余期突发事件；做实"两警联勤"大巡防工作，坚持"大巡防"周通报、月考核，科学安排"大巡防"自主性巡防任务，提高了街面见警率、管事率。

2016年，制定《2016年全市公安教育训练工作实施方案》《吴忠市公安局挂职锻炼干部管理办法》，修订完善民警培训中心管理制度，不断健全训练体系和工作机制。在已有37名教官的基础上，积极组织推荐4名教官申报参评区级教官。对全市104名兼职教官的网上"教历"信息进行更新补充。利用大轮训大考核时机，添置5万元的训练设施，强化训练基础建设。

创新组训方式，深化训练机制，不断拓宽训练覆盖面。共举办全市"轮训轮值"培训班12期，调训480名民警、300名协勤，与石嘴山、固原开展2期基层科所队全"交叉培训"，调训120名民警。落实"领导干部上讲台"授课72场次，提升授课水平。举办2期全市教官警务技能提升培训班。及时落实上级调训任务，组织全市10余批次326名民警参加警衔晋升、新警培训、领导干部培训等各培训。全年共招录21名新警，上报招录、培养公安院校生19名。

2017年，立足全市公安机关培训需求，积极协调在利通区公安分局改造建设全市警务实战训练基地，共投入110余万元，完善了教学、训练、住宿设施。

组织举办全市“轮训轮值”、兼职教官、辅警等培训班8期，调训350名民警，在清华大学和浙江大学分别举办2期素质能力提升班培训85人。调训15期152名民警参加自治区公安厅组织警衔晋升、兼职教官等各类培训班，组织5期10名干部参加区、市党校培训班。协调市公安局相关警种举办公安“大讲堂”等业务培训11期。先后两次在全市系统组织150名民警抽考测试基本技能、体能，调动各地抓日常训练的积极性。协调督促14个警种做好自治区公安厅考核迎考准备。先后2批调训22名兼职教官到武汉、福州开展培训学习，调训38名心理骨干民警参加业务培训班，年内新增加区级教官3名、县级教官18名。

2018年，举办“轮值轮训”培训班6期，培训300名民警辅警，在井冈山举办主题教育培训班2期，培训86名领导干部和党务工作者。配合公安部教官团在吴忠送教3场次。实施“训练日”活动，强化日常早操训练。先后组织全市公安机关317名民警开展体能技能抽考，检验日常训练效果。

2019年，组织40名所队教官参加警务技能提升培训，选派教官参加区级跟班教学和技能培训。新聘56名警务实战教官和14名业务教官，组织开展了3批次武器警械训练和实弹射击训练，开展了4次送教下基层活动，举办了2期全市公安机关基层所队长学习习近平新时代中国特色社会主义思想培训班，共组织16批次239名民警参加了全区业务警种培训、警衔晋升培训、跟班学习、新警入职培训等素质提升学习；配合业务警种开展执法办案、舆情引导、应急演练等培训7批次182人，选派1300名民警参加全区公安民警政治轮训。

2020年，先后举办了5期政治轮训班，培训课程设置了忠诚教育、警示教育及爱国主义教育等13项内容，共组织开展专题讲座、情景教学等67场次，726名民警辅警接受了思想洗礼。疫情防控期间，组织警务实战教官到各疫情执勤点开展警务实战送教和上门培训，结合全市创城验收工作，组织民警开展交管业务培训，提升创城工作效率。以实战需求为导向深化练兵比武，组织开展基本体能、武器警械及实弹射击训练考核；举办了63名区级、市级警务实战教官技能提升培训，开展了新一届区级警务实战教官评聘考核；邀请区级警务实战教官到基层所队开展警情处置考核和送教上门活动，提高基层一线警务实战水平。

二、党团组织

（一）中国共产党的组织

中华人民共和国成立初期，公安机关的中共党员，被编入当地党委下设的机关党支部中，当时党的基层组织和党员的身份尚未公开，但他们严格要求自己，以身作则，在工作中起了带头作用。

1950年后，公安机关逐步建立党支部，开展党建工作和党员活动。加强党的领导，密切党群关系，便于群众监督，召开党员公开大会，宣布党组织公开活动，党员公开身份。建立党组织制度和党员活动制度。

“文化大革命”开始后，党组织及党员的组织生活制度停止。

1973年5月29日，银南地区公安处成立。并召开党员大会，选举产生中共银南地区公安处第一届中国共产党总支部委员会。温秀钧任局党总支书记，陈宪任局党总支副书记。

1979年11月，地区公安处党总支为了改进工作，转变作风，制定了8条措施：(1)召开民主生活会，开展批评与自我批评；(2)登门征求意见；(3)深入基层，抓点促面；(4)订立工作、学习制度；(5)恢复局长接待日；(6)精简会议、文件；(7)做深入细致的政治思想工作；(8)关心干警生活。

1981年，银南地区发文，设立银南地区公安处党组。公安处党组积极开展“创先争优”活动，发挥党支部的战斗堡垒作用和党员的先锋模范作用，每年在七一前进行一次评选。当年公安处直属机关共有党支部3个，被评为先进党支部1个，被评为优秀党员6人。

1986年，银南地区公安处党组在七一召开的创先争优大会上，表彰了先进党支部2个、优秀党员5名，优秀党员的先进经验和模范事迹进一步促进了党风的好转。

1986年8月8日，中国共产党银南地区公安处第一届委员会召开，出席会议的党员代表38人，特邀代表9人。大会选举产生了中共银南地区公安处第一届委员会。黄振诚任局党委书记，马思珍任局党委副书记。

1989年5月10日，根据区、地委关于开展评议党员活动的文件精神，银南地区公安处处直单位党组织开展了评议党员工作。同时还在党员中广泛开展“六带头”（带头破大案、多加班、家访谈心、廉洁执法、做好事、密切警民关系）活动，发挥了党员的模范作用。

2008年党员数550人，发展党员14人，女党员77人；2009年党员数569人，发展党员26人，女党员85人；2010年党员数596人，发展党员20人，女党员88人；2011年党员数627人，发展党员16人，女党员93人；2012年党员数635人，发展党员14人，女党员90人。

2011年8月5日，市公安局党委召开机关党员代表大会，选举产生局机关第二届党委委员。张本福、何菊琴、丁峰、王智忠、余广德、魏升6人当选为局机关党委委员。

2012年1月11日，中国共产党吴忠市公安局第三届委员会和中国共产党吴忠市公安局纪律检查委员会召开，参加大会的党员代表117名，通过选举，徐耀任局党委书记，谭卫泽任纪检书记，魏炳宏、岳毅任副书记。

2017年1月10日，中国共产党吴忠市公安局第四次代表大会召开，通过了第三届吴忠市公安局委员会工作报告和第三届吴忠市公安局纪律检查委员会工作报告，选举产生了吴忠市公安局第四届委员会和吴忠市公安局第四届纪律检查委员会。

2020年，坚持把学习习近平新时代中国特色社会主义思想作为首要政治任务和第一议题。依托党委中心组、专题研讨会、领导干部带头讲党课等多种载体形式，组织党委中心组集中学习18次，专题研讨9次，交流发言42人次，讲党课21人次。召开了动员部署会议，强化了组织领导，制定了1个总方案5个分方案，细化了6个方面23项任务，确立了3个教育整顿试点单位，建立了党委班子成员联系点工作制度，开展2轮政治督察工作。网上开设了宣传专栏，充分利用媒体资源，拓宽宣传渠道，围绕市公安局办公楼建成了教育整顿宣传主阵地，通过网上网下宣传，营造了良好氛围。结合“让党中央放心 让人民群众满意”模范机关创建活动，围绕党建工作要点和考核细则，完成了21个党组织换届选举，整改了2个“0”星级和1个“软弱涣散”党组织，严把党员入口关，发展党员10名，举办了精品党课比赛。

（二）中国共产主义青年团的组织

中华人民共和国成立初期，公安机关在青年集中的警察大队建立了新民主主义青年团支部。随着团组织的发展，1958年1月新民主主义青年团改称共产主义青年团。1973年5月，银南地区公安处召开首次局直机关团员代表大会，产生了共青团银南地区公安处总支委员会，下设团支部3个。截至1989年3月，先后召开了5次团员代表大会，并总结和部署了各个时期共青团的工作。2005年5月12日，共青团吴忠市公安局委员会正式成立，市公安局指挥中心民警拜杰当选为团委书记，马燕、马占斌、尹学保当选为团委委员，团委下设团支部3个，共有团员38人，占局直机关干警总数16%。全市（县、市、区）各级公安机关干警中，共有团员256名，占全市公安干警总数的19%。历年来，全市各级公安机关团组织和广大团员在党组织的领导下，坚持严格的团组织生活制度，学习党的路线、方针、政策和公安业务知识，在各个时期的工作和斗争中较好地发挥了突击队的作用，已成为各级党组织的得力助手。

2005年5月15日是第15个“全国助残日”，吴忠市公安局团委及政治部民警，到利通区金星村开展帮扶助残活动。市公安局团委部分委员及部分青年党团员民警携带米面油等慰问品到利通北街特困残疾家庭马某某家中，看望了他的两个残疾女儿。

2009年4月19日，共青团吴忠市公安局委员会第二届委员会选举结果报经团市委会议研究同意：委员会由书记袁保峰，副书记郝振、苏军，组织委员戴文洁，文体委员马国权，宣传委员海建林，学习委员李少明组成。

2013年7月24日，共青团吴忠市公安局委员会第三届委员会选举结果报经团市委会议研究同意：委员会由书记畅明、副书记郝振、马国权、组织委员赵小花、文体委员徐敏、宣传委员石磊、学习委员李洁组成。

吴忠市公安局团委向全市广大团员青年发出“永远跟党走、青年献祖国”的倡议。号召广大青年坚定信念、锤炼品德；刻苦学习、发奋成才；立足岗位、开拓创新；积极参与，力求提高，用青春和热血铸就吴忠灿烂辉煌的明天。共青团坚持党建带团建，努力做到从思想上带，从组织上带，从作风上带，指导基层团组织开展活动，确保成为党满意、青年称心的基础工程。

（三）其他组织

工会组织 2005年6月17日，吴忠市公安局第一届职工代表大会召开，选举产生了市公安局第一届工会委员会，市公安局法制处副处长李荣静当选工会主席。

2011年以来，市公安局工会在市公安局党委的领导和市总工会的指导下，积极组织工会会员贯彻落实中共十七大和十七届五中、六中精神，践行社会主义核心价值观，充分发挥工会职能，围绕"服务公安业务、服务公安一线、服务社会公共安全"的战略定位，在维护职工合法权益、教育培训，加强精神文明建设，增强凝聚力、创先争优等方面做了大量工作，较好地发挥了局党委联系群众的桥梁和纽带作用，各项工作取得了新的进展和成效。一是强化工会组织建设，推动制度化管理。选举产生了市公安局系统工会第三届委员会。二是实施了以创先争优活动为载体的创优工程，开展了"创双优、十佳企业（事）、百名能手"和"工人先锋号"争创活动。支队长顾梅玲被自治区总工会授予"自治区五一巾帼奖章"称号。三是进一步完善市局工会援助服务体系。完善困难职工档案和健康档案，并实行动态管理。积极开展帮困助学、节日送温暖等活动。四是实施了以精神文明建设为载体的文化强警工程。深入开展县级精神文明机关（单位）创建活动，着力推进社会主义核心价值体系建设，努力提高全体民警道德素质和警营文明程度，成功申报了2个县级文明单位和2个市级文明单位。

2012年2月16日，吴忠市总工会三届二次全委（扩大）会议在市行政中心召开，会上表彰奖励2011年度综合考核先进集体，市公安局系统工会被授予"2011年度工会工作综合考评二等奖"并以资鼓励。

妇女组织 2005年7月19日，市公安局第一届妇女大会召开，选举产生了第一届妇女委员会和7名妇委会成员，市公安局经侦支队教导员顾梅玲当选为第一届妇女委员会主任，钱琳任副主任，李荣静、杨国燕、何菊琴为妇女委员会委员。大会还产生了机关、利通分局、交警检测中心三个妇代小组。从此吴忠市公安局妇女工作走上规范化，109名女民警、女职工有了倾诉心声的"娘家"。11月份开展了"服务他人、奉献爱心"活动，向市公安局扶贫点捐献衣物250余件。

妇委会全体委员团结协作，带头创建学习型妇女组织，通过各种形式，组织带领全体女民警、女职工学习贯彻中共十六届三中、四中全会精神及法律法规和业务知识，以能力建设为主线，以全面提高综合素质为目的，努力增强政治素养和文化、业务素质，以适应斗争形势和业务工作的需要。还针对窗口单位女同志多的状况，组织了"警容风纪、仪容仪表"培训。

2012年5月31日，青铜峡市公安局39名女民警分别与留守儿童结对，成为"代理妈妈"志愿者

2007年3月6日，在市公安局妇委会的组织下，全局100多名女民警女职工与部分局领导及男民警共同举行了联谊活动，迎接三八妇女节的到来。

2008年2月，召开市公安局第二届妇女委员会。对妇委会进行改选，钱琳任妇女委员会主任，马岚、李卫丽任副主任，戴文洁、杨国燕、庄惠敏、周萍为妇女委员会委员。

2005—2008年，先后有39人次受到表彰，15人次获得先进个人、优秀共产党员等称号，2人立个人三等功、1人立个人一等功，1人被自治区公安厅评为严打先进个人，1人获得全国装备系统先进个人称号，1人获得自治区"三八红旗手"等称号。

2011年10月，召开市公安局第三届妇女委员会。对妇委会进行改选，何菊琴任妇女委员会主任，范宁春、周萍任副主任，赵静、王丽娟、陈萍、庄惠敏为妇女委员会委员。

2016年2月，召开市公安局第四届妇女委员会。7月，调整市公安局妇女委员会委员、主任。赵静任妇委会主任，董小乐任副主任，吴文娟、武吉梅、刘雁为妇女委员会委员。

2020年3月，调整李晓红任市公安局妇女委员会主任。

三、政治思想教育

政治思想教育是公安政治工作的重要任务之一，是队伍建设的灵魂。市公安局始终把政治思想建设摆在首位，认真组织全局干警努力学习马克思列宁主义、毛泽东思想和中国特色社会主义理论，树立全心全意为人民服务的思想，自觉维护社会治安，为保卫国家安全和社会主义建设事业而奋斗。

中华人民共和国成立后，公安机关组织干警学习马克思列宁主义著作中有关无产阶级专政的论述；毛泽东主席作的《目前形势和我们的任务》，1949年新年献词《将革命进行到底》和《论人民民主专政》，从而克服麻痹松懈情绪，明确公安机关面临的严重斗争任务，全力投入镇压反革命的伟大斗争。同时，还在全体公安干警中，集中进行反对旧警察作风和特权思想的教育。

1956年，随着社会主义改造的基本完成，阶级关系发生重大变化，国内主要矛盾已不再是工人阶级和资产阶级的矛盾，而是人民对于经济文化迅速发展的需要同当前经济文化不能满足人民需要的状况之间的矛盾。毛泽东主席在1957年2月作了《关于正确处理人民内部矛盾的问题》的讲话，把正确处理人民内部矛盾作为国家政治生活的主题提了出来。面对这一重大历史转折，公安机关组织干警认真学习，弄清专政和民主的关系，正确处理敌我和人民内部两类不同性质的矛盾。因此，尽管后来在国家3年经济困难时期，敌我矛盾和人民内部矛盾交织在一起，社会治安一度出现极为复杂的状况，吴忠公安机关在执行方针政策和处理人民内部矛盾方面认真对待，把握尺度。

20世纪60—70年代，吴忠公安机关采取不同形式和措施，对广大干警坚持进行克服困难、发扬艰苦奋斗的优良传统和英勇奋斗的教育。一是组织干警学习雷锋、王杰、焦裕禄等英雄人物的事迹；二是组织干警学习全国公安系统涌现出来的英雄模范人物事迹，特别是学习他们英勇顽强、临危不惧、不怕牺牲的崇高革命精神；三是学习全区公安系统历年来涌现出来的英雄模范人物和先进工作者的事迹，学习身边的人和事，更加感到学有目标，干有方向。在学习英雄模范人物的活动中，紧密与开展立功创模活动结合起来，采取召开表彰会、通报嘉奖、巡回报告以及事迹展览等形式，对干警进行不怕牺牲、英勇奋斗的教育，涌现出一批与犯罪分子作斗争的英雄模范人物。

中共十一届三中全会以后，银南地区各级公安机关组织广大干警，反复地认真学习中共十一届三中全会以来的重要文件，尤其是邓小平关于坚持四项基本原则的重要论述，使广大干警及时转好思想弯子，迅速把工作重点转移到保卫社会主义现代化建设上来。一方面加强人民民主专政、依法严厉打击反革命分子和其他刑事犯罪分子的破坏活动；一方面通过健全法治和改进工作，主动为改革开放服务，有效地保卫社会主义现代化建设的发展。

1980年，银南地区公安处认真贯彻公安部召开的树立和发扬公安队伍优良作风的工作会议精神，强调每个公安人员，不论职位高低，都是人民的公仆，都要全心全意为人民服务，要密切联系群众，讲究文明礼貌，办事公道，为群众多办好事，做人民的勤务员。1982年以来，全地区公安机关结合各部门的实际，认真开展"五讲、四美、三热爱"（讲文明、讲礼貌、讲道德、讲卫生、讲秩序，心灵美、语言美、行为美、环境美，热爱中国共产党、热爱社会主义、热爱祖国）活动，坚持文明办案、文明执勤、礼貌待人、使用文明用语等活动，纠正了"门难进、脸难看、话难听、事难办"等问题，养成随时随地为人民服务的职业习惯。

随着改革开放在公安队伍中出现的新情况、新问题，采取多种措施对公安干警进行发扬公安队伍优良作风和反腐倡廉教育以及坚持四项基本原则的教育，在政治上、思想上，行动上与党中央保持一致。

1998年3月31日，银南地区公安局召开银南七县市公安队伍集中教育整顿工作汇报会。认真分析各地区队伍现状，统一党委一班人的认识和决心，找准问题，认识研究。把学习教育贯穿教育整顿全过程。突出教育整顿重点，抓好领导班子、科、所、队长的教育整顿，窗口单位的教育整顿，解决好群众反映强烈问题。突出自查自纠重点。案件查处力度要加大。建章立制，完善监督机制。加强报告制度。

2001年3月至12月，吴忠市公安局根据公安部关于在全国公安机关和全体民警中开展“全心全意为人民服务的宗旨教育，实事求是的思想路线教育，严格、公正、文明执法的法治教育”的总体部署，精心组织，周密部署，狠抓落实，开展“三项教育”活动。

“三项教育”的目标：“打牢思想基础，解决突出问题，纯洁民警队伍，取得建设成果”。

——进行全心全意为人民服务的宗旨教育，切实解决少数民警公仆意识淡薄，特权思想严重，形象不佳等问题，重点解决对待群众态度“冷、硬、横、推”和侵犯群众利益问题，使广大民警进一步加强宗旨意识和群众观念，倾听群众呼声，关心群众疾苦，认真维护群众的合法权益，以实际行动树立人民警察的良好形象。

——进行实事求是的思想路线教育，切实纠正公安工作和队伍建设中存在的形式主义、作风不扎实、欺上瞒下、弄虚作假等不正之风，重点解决报喜不报忧、立案不实和警令不畅问题。

——进行严格、公正、文明执法的法治教育，进一步端正执法思想，切实解决执法不严、执法不公、执法不文明、滥用职权甚至执法犯法等问题，重点解决刑讯逼供、滥用枪支、超期羁押、乱收滥罚、插手经济纠纷和为“黄赌毒”等违法犯罪活动甚至黑势力充当“保护伞”以及执法作风粗暴等问题，使广大民警自觉做到严格执法、秉公办事，为警清廉，真正把严格、公正、文明执法作为公安执法工作的准绳。

“三项教育”的指导思想：以“三个代表”重要思想为指针，全面贯彻落实中央思想政治工作会议精神和《中共中央关于进一步加强政法干部队伍建设的决定》《中共中央办公厅关于在农村开展“三个代表”重要思想学习教育活动的意见》以及中央政法委关于加强基层政法队伍建设的要求，坚持政治建警、从严治警、依法治警的方针，坚持真抓、早抓、主动抓的指导思想，立足建设，重在教育提高，紧密结合贯彻落实队伍建设十二项措施，切实解决队伍中普遍存在的、人民反映强烈的突出问题，为实现队伍建设三年奋斗目标，开创新世纪公安工作的新局面奠定牢固的思想基础和组织保障。

“三项教育”的任务：在全心全意为人民服务的宗旨教育方面，要切实解决少数民警公仆意识淡薄、特权思想严重、形象不佳等问题，重点解决对待群众态度“冷、硬、横、推”和侵犯群众利益问题，使广大民警进一步增强宗旨意识和群众观念，倾听群众呼声，关系群众疾苦，认真维护群众合法利益，真心实意地为群众做好事、办实事，以实际行动树立人民警察的良好形象；在实事求是的思想路线教育方面，切实纠正当前公安工作和队伍建设中存在的形式主义、作风不扎实、欺上瞒下、弄虚作假等不正之风，重点解决报喜不报忧、立案不实和警令政令不畅问题，在广大民警特别是各级公安机关领导干部中进一步倡导知实情、说实话、办实事、鼓实劲、求实效的工作作风，形成实事求是、求真务实的良好作风；在严格、公正、文明执法的法治教育方面，要进一步端正执法思想，切实解决执法不严、执法不公、滥用职权甚至执法犯法等问题，重点解决刑讯逼供、滥用枪支、超期羁押和乱收乱罚问题，使广大民警自觉做到严格执法、秉公办事、为警清

2010年5月11—17日，由自治区公安厅驻吴忠督导组组长杨根有率领的自治区公安厅督导组与吴忠市公安局督察部、指挥部、政治部等部门联合组成的督导组分赴全市各县市区公安局，针对“三项建设”和“三项重点工作”等九项内容开展了为期一周的督导检查活动

廉，真正把严格、公正、文明执法作为公安执法工作的准绳。

通过“三项教育”，领导干部抓队伍建设的政治意识和责任意识进一步增强。广大民警的思想得到净化，整体素质明显提高，宗旨意识和敬业精神明显增强。广大民警求知积极进取的精神明显增强。广大民警系统学习相关理论知识，撰写有质量的读书笔记和心得体会，进行深入的探讨和交流。队伍中的突出问题得到集中整治，实事求是的工作作风逐渐形成，执法水平进一步提高。

2010年5月11—17日，由自治区公安厅驻吴忠督导组组长杨根有率领的自治区公安厅督导组与吴忠市公安局督察部、指挥部、政治部等三部门联合组成的督导组分赴全市各县市区公安局，针对“三项建设”和“三项重点工作”等九项内容开展了为期一周的督导检查活动，市公安局分管负责指导各分县局工作的副局长陪同督导检查。

2012年9月27日上午，吴忠市市长吴玉才到市公安局指挥中心调研工作。吴玉才对吴忠公安工作给予充分肯定，对今后公安工作提出了明确要求，对公安机关升级指挥调度系统将给予最大限度地支持，极大地鼓舞了全市公安队伍士气。

2014年，吴忠市公安局开展党的群众路线教育实践活动，开门纳谏，利用设立征求意见箱、公布12389举报电话和公安微博、微信、百度贴吧、吴忠论坛等多平台多渠道征求群众意见建议，组织民主评议37场次，召开座谈会42场次，原汁原味征求意见建议1200余条。出台《吴忠市公安机关加强服务型窗口单位建设实施方案》，细化了建设标准化、服务亲民化、公示常态化、管理规范化4个方面39项工作任务，确保做到公安窗口服务环境优美、服务优质、作风优良、管理优化。颁布《党政领导干部选拔任用条例》，修改完善《吴忠市公安局警官竞聘上岗实施办法》。出台《吴忠市公安局协勤人员绩效考核办法(试行)》，对各地、各级协勤数量、待遇保障、管理机制进行规范，通过核岗定编、淘汰择录，较好地解决了协勤人员规范化管理问题。

2015年，以忠诚教育为主题，组织各党支部精心组织开展重温入党誓词、祭奠英烈、观看教育片、参观纪念展馆以及“七进九讲”宣传和机关干部下基层等活动，强化党性教育、廉政警示教育、爱国主义教育和宗旨意识教育。组织局属各党支部负责人开展第二届党课大赛，选择精品党课在全市各分县局巡回宣讲，参加全市第三届精品党课大赛，取得了2个二等奖、1个三等奖、1个优秀奖的好成绩。举办了庆祝建党94周年系列活动，对8个年度先进基层党组织、28名优秀共产党员和优秀党务工作者进行了表彰嘉奖。进一步坚定民警理想信念和核心价值观，激励了队伍士气，推动了业务工作发展。

2016年，开展“三严三实”专题教育和“两学一做”学习教育及作风整顿，强化精神引领，铸造忠诚警魂。依托党委中心组学习、理论专题集中学习、日常党内政治生活等学习载体，实行“学习预告”和“集中学习”制度，组织全体民警认真学习党章、准则、条例、习近平总书记系列重要讲话和中共十八届四中、五中全会精神。采取全面检查、队建考核等方式，督促民警完成学习笔记和规定环节的心得体会、交流讨论等任务。其间组织全体民警集中学习15场次，各部门开展专题学习交流100余次，发放理论学习书目600余本，人均记学习笔记1万字以上，撰写心得体会3篇。

2017年，以“四个合格”学习讨论为落脚点，在全市公安机关部署开展“两学一做”学习教育常态化制度化和“不忘初心忠诚奉献保平安”主题教育实践活动，在全市广泛组织开展了“我为党徽添光彩”征文讨论和“不忘初心 忠诚奉献保平安”主题教育演讲比赛活动。拉好“标线”，督促落实一岗双责，创新微信群载体，推动队伍教育管理一级抓一级、层层抓落实，强化谈心沟通，排查苗头隐患，了解掌握民警所思所想所需所盼，切实加强对民警在工作时间、“八小时外”全面管理，有针对性进行疏导化解，凝聚警心，鼓舞斗志。

2018年，紧紧抓住理想信念教育这一队伍建设灵魂与核心，不断创新思想教育方式方法，推进思想政治工作常态化建设。一是树牢政治思想理念。全市公安机关通过精心开展“守纪律 讲规矩”“三严三实”“两学一做”等主题教育，创新学习形式，丰富学习内容，组织领导干部和广大民警深入学习中共十八大、十九大及习近平总书记重要讲话精神，打牢全警高举旗帜、听党指挥、忠诚使命的思想根基。市公安局每年集中组织全警专题理论学习10场次以上，引领推进全市公安机关政策理论学习热潮。二是不断夯实党建工作。坚持“抓党建带队建促工作”主线不放松，以创建星级服务型党组织活动为契机，大力开展党支部“六个标准化”建设，推动党建工作规范化管理。突出整改“四风”问题，创建党建优质服务品牌，市局党建“强龙工程”建设在市直机关推进会上做了经验交流，并接受现场观摩学习。三是丰富政治教育活动。组织民警常态开展重温入党誓词、祭奠英烈、观看警示教育片、参观纪念展馆以及机关干部下基层等活动，强化党性教育、警示教育、爱国教育和宗旨意识教育，进一步增强全体民警爱岗敬业意识和工作责任感。

2019年，以学习习近平新时代中国特色社会主义思想为主线，切实加强党员民警的思想政治教育。印发了《关于加强新时代全市公安队伍政治建警的实施意见》，组织举办各类讲座、参加“公安大讲堂”等12场次，协助局党委及时召开党委会议和理论中心组学习，督促各基层党组织开展专题学习300余场次；压实意识形态工作责任，研究制定了《吴忠市公安局党委意识形态工作责任制考核办法》《吴忠市公安机关学习贯彻马克思主义民族观宗教观实施意见》，专题研究意识形态领域问题4次，积极引导党员民警牢固树立马克思主义民族宗教观；先后组织开展了市委巡察整改、自治区党委巡视吴忠工作涉及公安工作问题整改，扎实稳步推进“不忘初心、牢记使命”主题教育和扶贫帮扶工作。组织党员民警开展爱国主义教育、先进典型教育、警示教育，重温入党誓词、升国旗仪式等活动56场次。

2020年，先后举办了5期政治轮训班，培训课程设置了忠诚教育、警示教育及爱国主义教育等13项内容，共组织开展专题讲座、情景教学等67场次，726名民警辅警接受了思想洗礼。疫情防控期间，组织警务实战教官到各疫情执勤点开展警务实战送教和上门培训，结合全市创城验收工作，组织民警开展交管业务培训，提升创城工作效率。

四、业务文化教育

中华人民共和国成立后，党和政府重视对公安干警的训练教育。在训练教育工作中，从举办训练班、岗位培训发展到宁夏人民警察学校和警察培训中心进行培训。加强对公安干警的业务训练和文化教育，培养公安专门人才，提高公安队伍的素质。

吴忠公安为建立一支新型的公安队伍，吸收了一批青年学生和工人参加公安工作之后，根据工作需要，不断从其他部门调入和部队复员、转业到公安机关一批干警；同时，还陆续招收一批新干警。他们有较高的革命热情，具有初中以上文化程度，但对公安机关的性质、任务及其职能了解甚少。因此，抓紧对新干警进行教育极为重要，但由于工作需要和条件所限，不可能抽调大批干警脱离工作岗位，进行专门培训。主要做法：以老带新，以会代训，交流工作经验坚持在工作岗位上边干、边学、边提高。

1953年7月，公安部召开全国公安学校教育工作座谈会，提出：“干警教育的重点由培训新干警转变为轮训业务骨干。”并明确划分训练对象，即“公安部直属院校，负责训练全国公安系统的县公安局局长、科长以上干部和公安科技干部；各省、自治区、直辖市的公安学校，负责训练各自地区的县公安局副局长、副科级以下干部”。

1973年后，银南地区公安处遵照公安部和自治区公安厅关于全面轮训在职干警的规划以及分配的学习人数，选送一部分干警到公安部和自治区公安厅举办的公安院校学习。

1990年，地区公安处根据公安部和自治区公安厅进行干警岗位培训教育的要求，制定了各警种岗位培训的具体目标。选派了8名县、市、区公安（分）局长参加自治区公安厅组织的岗位培训。举办4期派出所所长、指导员岗位培训班，参加培训90名。一般干警由局属各单位进行岗位培训。

2007年，吴忠市公安局为进一步推进全市公安机关思想政治工作网格化建设，深入开展“知警情、构建和谐警营、迎接十七大”活动，总结前一阶段工作情况，研究部署下一步工作，于9月12日召开思想政治工作网格化建设推进会。认真研究制定为民警分忧解困的方案，把工作做细致、做扎实；切实解决民警思想、工作、生活等方面的实际困难；认真抓好思想政治工作网格化建设考核细则的落实，及时总结工作中好的做法和经验；知警情、构建和谐警营、迎接中共十七大活动中典型案例情景模拟再现、所队领导干部演讲比赛要尽快开展；提前谋划，认真抓好下一步的建章立制、检查验收等项工作。

2008年9月24日，国务委员、公安部党委书记、部长孟建柱在全国公安厅局长座谈会上强调，全国公安机关和广大民警要认真学习贯彻胡锦涛总书记在全党深入学习实践科学发展观活动动员大会上的重要讲话精神，坚持以科学发展观为指导，积极适应当前公安工作面临形势的新变化，以推进公安信息化建设为载体，以加强执法规范化建设为重点，以构建和谐的警民关系为支撑，深入推进“三基”工程建设，进一步推动公安工作又好又快发展，做党的忠诚卫士和人民群众的贴心人。

2010年7月5日，吴忠市公安局警务培训基地和战训基地正式挂牌成立。市委常委、政法委书记、市公安局局长徐耀，自治区公安厅政治部副主任、人事训练处处长王劲松，市公安局政委关玉林，市人力资源和社会保障局副局长金荣出席揭牌仪式并为警务培训基地和战训基地揭牌。市公安局党委委员毕顺元、吴国仁、何泽祥、许文昌出席揭牌仪式。

2010年7月5日，吴忠市公安局警务培训基地和战训基地正式挂牌成立

2011年，吴忠市公安局抓住队伍考核的关键环节，创新理念、积极探索，在全局公安机关和全体民警中全力推行以工作量化为基础、以信息技术为依托、以同步考核为主要方法的全员绩效考核机制，实现对部门和民警的动态、量化、实时考核。科学制定考核目标和任务。为实现“精准细实”的科学考核目标，7月，市公安局在全局科级干部竞聘上岗和民警双向选择工作，大胆创新，在局属各部门及全体民警中全面推行“定岗、定人、定责”的全员绩效考核机制；考核过程全部在网上同步运行。全员绩效考核对民警采取“日清、月评、年考”的方式，考核过程全部网上运行。“上班必开机，开机必上(平)台，工作必录人”已成为每名民警每天的工作习惯；考核结果实现了科学化。全员绩效考核依警务平台，使工作与考核得以“同步”进行，民警一边工作、一边考核，及时找差距、迎头赶上，有效避免了年底考核“一锤定音”，实现了考核过程的日常化，考核结果的科学化；四是网上考核激发了队伍活力。绩效考核与公安机关执法办案有机结合起来，按照执法办案的流程跟随每个环节，实现边办案、边考核，考核完全在执法办案中进行，实现对执法办案的全过程覆盖。1—10月，八类主要刑事案件特别是命案持续大幅度下降。全市共立八类刑事案件158起，与2010年同期的175起相比下降9.71%；立命案6起，与2010年同期的14起相比下降57.14%，命案全部破获，破案率为100%，居全区第一。自10月17日全国公安机关“清网行动”百日攻坚会战以来，全市共抓获在逃人员232名，其中行动前133名，本地网上在逃人员下降率达61.3%，暂居全区第一。公安队伍出现了“四个提高四个减少”的可喜局面，即各级公安机关工作效率普遍提高，拖沓习气减少；民警工作主动性普遍提高，推诿塞责减少；执法质量普遍提高，执法办案问题减少；民警整体素质提高，群众意见减少。

2012年，吴忠市公安局政治部在市公安局党委的正确领导和自治区公安厅政治部的指导下，认真学习贯彻落实全区公安教育训练工作会议精神，进一步构建和完善“大教育、大培训”体系，继续推广“轮训轮值、战训合一”训练模式，不断加大业务培训工作力度，改进训练方式和方法，全市公安队伍整体战斗力明显提升。一是在全市组织开展了教育训练问卷调查工作，完善了课程设置，提高培训的针对性；二是建立了教育训练简报、月度通报和月度讲坛机制，编发简报81期，信息采用全区第一，采用量高出了其他四市之和；三是继续推广轮训轮值训练模式，举办民警轮训班10期、协勤轮训班4期，调训700余人；四是加大业务培训力度，举办各类培训班72期 调训5208人次，举办“月度讲坛”6期；五是强化津宁素质强警，深化合作机制，拓宽合作领域，年内被评为“全

吴忠市公安局组织干警进行实弹射击训练

区津宁素质强警合作行动”先进集体；六是建成民警减压室，组织开展民警心理健康维护工作。

2013年，先后调整配备科级领导干部43人，其中提拔正科级领导干部5人、副科级领导干部9人，交流正科级领导干部10人、副科级领导干部8人，免职11人（其中一正八副转任非领导职务，二正科降为副科转任非领导职务外调）。对空缺的19个科级领导干部岗位，组织开展5轮竞聘上岗进行提拔、交流配备。对符合交流轮岗条件的29名民警分2轮进行调整交流；根据岗位需要对16名民警进行调整交流。

2014年，结合党的群众路线教育实践活动，从完善理论武装工作机制，强化民警经常性思想教育引导入手，推动理论学习常态化。先后安排市公安局领导干部讲党课6场次，支部书记讲党课20场次，组织集中学习16场次，先后邀请自治区党校、北方民族大学、吴忠市党校的教授、讲师做专题辅导6场次。参加市委、市政府及相关部门组织的学习8场次，通过深入学习贯彻中国特色社会主义理论体系特别是习近平总书记系列讲话精神，引导民警增强政治敏锐性和政治鉴别力，牢固树立忠诚使命思想根基。

围绕创先争优，充分发挥先进典型示范引领作用。完善典型培育机制，开展学习赵峰、张飚、孙波等先进事迹活动。推荐2名民警和2个部门参加“吴忠市五一巾帼标岗”“吴忠市五一巾帼标兵”“自治区五一劳动奖状”“自治区五一劳动奖章”评选。推荐5名民警参加了2014年全国我喜爱的人民警察评选，推荐4名民警参加首届“最美吴忠人”推荐评选活动，推荐8名民警参加“老兵故事”“军嫂风采”主题宣传活动。交警李卫东被评为首届“最美吴忠人”之“最美交警”，市公安局工会女工委主任范宁春被评为“优秀工会工作者”，工会干事李晓枫被评为“优秀工会积极分子”，进一步激发了荣誉感和责任感。

2015年，坚持高点站位、精心谋划、多措并举，切实将“四项建设”摆上重要议事日程，强化工作保障，采用“四色推进法”，对任务完成情况逐项销号，持续不断地予以推动。局党委立足工作实际，整体设计，统筹规划，扎实推进警务实战化建设。依托公安信息快报、维稳周报、治安动态月报等载体，强化信息搜集研判，为上级领导决策提供了依据，举办执法培训班18次，为基层单位上门指导服务30次；成立合成作战室，加强完善工作机制、运行人员、办公设备、工作制度等各项工作保障，实施“日常研判、重大信息研判、每周综合研判”三级研判机制，建立“指挥长”队伍，实施指挥长“三签到”制度，落实24小时值班制度，开展合成作战信息研判10次，编发研判信息10期，通过分岗位、分专题常态开展轮值轮训、集中培训、跟班学习等方式，加强实战技能训练，有效处置了30余期突发事件；做实“两警联勤”大巡防工作，坚持“大巡防”周通报、月考核，科学安排“大巡防”自主性巡防任务，提高了街面见警率、管事率。

2016年以来，先后联系清华大学、浙江大学、井冈山，为全市公安机关领导干部和业务骨干举办培训班6期，切实有效提升领导干部的综合素质。

2017年，投入110余万元，完善了教学、训练、住宿设施。协调市规划、土地部门办理征用8.8亩训练基地相关手续。组织举办全市“轮训轮值”、兼职教官、辅警等培训班8期，调训350名民警，在清华大学和浙江大学分别举办2期素质能力提升班培训85人。调训15期152名民警参加区厅组织警衔晋升、兼职教官等各类培训班，组织5期10名干部参加区、市党校培训班。协调市局相关警种举办公安“大讲堂”等业务培训11期。在全市系统组织150名民警抽考测试基本技能、体能，先后2批调训22名兼职教官到武汉、福州开展培训学习，调训38名心理骨干民警参加业务培训班，年内新增加区级教官3名、县级教官18名。

2018年，以党的政治建设为统领，以“三强九严”工程为载体，全面加强党的建设，举办习近平新时代中国特色社会主义思想培训班12场次，组织中层领导干部和党务工作者到井冈山参加主题教育培训，进一步坚定全警理想信念，筑牢对党忠诚警魂。扎实开展能力素质提升行动，累计轮训1760人次，经侦等部门在全国公安机关比武竞赛中取得优异成绩。完成两个职务序列套改各项基础工作，招录划转事业编警务人员121名，出台辅警管理办法，有效激发了队伍活力。

打牢教官、基地、经费“三块”基石，强化总体部署，完善长效机制，落实经费保障，不断增强民警队伍综合实战能力。针对性开展“轮值轮训”训练和警种专业性训练，三年多来举办全市“轮值轮训班”21期，培训1090人。落实“领导干部上讲台”等措施，坚持年度体能达标测试，抓实东西合作素质强警，不断提升训练实效性。每季度组织信息化和法制考试，并将考试成绩纳入对民警和单位考核，督促民警立足本职经常性学习。各基层单位建立学习制度，通过以会代训，及骨干民警传、帮、带等方式，大力开展常态化、实战化训练，切实提升全警实战技能和执法水平。

2019年，开展“训练日”训练，组织40名所队教官参加警务技能提升培训，选派教官参加区级跟班教学和技能培训。新聘56名警务实战教官和14名业务教官，组织开展了3批次武器警械训练和实弹射击训练，开展了4次送教下基层活动，圆满完成由吴忠市局承办的全区公安机关第三届警体运动会乒乓球比赛。举办了2期全市公安机关基层所队长学习习近平新时代中国特色社会主义思想培训班，共组织16批239人次民警参加了全区业务警种培训、警衔晋升培训、跟班学习、新警入职培训等素质提升学习；配合业务警种开展执法办案、应急演练等培训7批次182人，选派1300名民警参加全区公安民警政治轮训。

2020年，以实战需求为导向深化练兵比武，组织开展基本体能、武器警械及实弹射击训练考核；举办了63名区级、市级警务实战教官技能提升培训，开展了新一届区级警务实战教官评聘考核；邀请区级警务实战教官到基层所队开展警情处置考核和送教上门活动，提高基层一线警务实战水平。

第二节 精神文明建设

公安机关精神文明建设是社会主义文化建设的重要组成部分，在全面提高民警的整体素质，增强队伍的凝聚力，改善公安队伍的管理和塑造良好的警察形象方面有着不可替代的作用。

一、“双文明”建设

加强警察队伍的精神文明和物质文明建设，是一项警察队伍建设的形象工程。

全面提高队伍的整体素质 文化的功能，从根本上说，是对作为社会活动主体的人的不断塑造，提高他们的素质，完善他们的能力，使他们成为一代新人。提高人的素质，不仅仅是指对文化知识的掌握和应用，更为重要的是要有正确的价值观和对理想的追求。公安文化以一套自成体系的价值观念和规范标准，通过“关心人、理解人、尊重人、提高人、激励人、发展人”的方式，引导广大民警自觉自愿地树立起正确的世界观、人生观、价值观和职业道德，并通过强烈的文化舆论氛围，使民警产生一种自我心理约束和自我行为控制，从而使精神变物质，产生巨大的能量。

增强队伍的凝聚力 文化具有一种极强的凝聚力量，一个国家、一个民族、一个地域的文化是这样，企业文化、军营文化以及公安文化也是这样。公安文化能够沟通全体人民警察的思想，使他们对公安机关的价值取向、职业精神等产生认同感。在公安文化氛围的作用下，正确的警察价值观取得警察群体的认同后，民警会在不知不觉中产生警察职业自豪感和对警察集体的归属感，激发起他们献身公安事业的热情和建功立业的事业心，从而使民警队伍产生一种巨大的向心力和凝聚力。

改善公安队伍的管理 传统的公安机关管理工作偏重物质形态的管理，忽视对人的关心和潜能的调动发挥；传统的公安思想政治工作，则偏重正面的理论灌输和说服教育，忽视民警个体与群体及社会之间利益关系的协调。在现代社会，管理的核心是人。在公安队伍的管理上，价值观和警察群体意识起着一种重要的作用，公安文化在引导管理者尊重人、关心人、信任人、充分发挥人的主观能动性方面，不同于枯燥的说教，而具有较强的亲和力。公安文化既是“以人为目的”的公安机关整体素质建设，又是“以人为中心”的现代管理模式。

塑造良好的警察形象 塑造良好的人民警察形象，不仅是公安机关执法的需要，而且也是体现党和政府紧密联系群众优良作风的需要。良好的警察形象当然主要是靠具有一定文化修养的公安民警严整的警容风纪和文明执勤体现出来的，但是文化的力量也不可忽视。某种类型的文化一旦形成较为稳定的模式，就不仅在各自领域内发挥作用，而且也会通过各种渠道对社会产生影响，公安文化也是一样。公安机关多种多样文化活动的开展，以及许多思想性、艺术性、可读性（观赏性）相统一的文学艺术作品的涌现，都极大地促进了警民之间的社会沟通和相互了解，向社会展现了公安民警的风采。在这方面，公安文化已经成为树立人民警察良好形象、改善执法环境、密切警民关系的重要媒介。公安文化以塑造警察精神为核心，以人民警察职业道德建设和纪律作风建设为主要内容。公安文化建设要具有包容性，继承传统，与时俱进。要坚持重在建设的指导思想，加强基本阵地、基本项目、基本队伍、基本制度建设，积极推动基层文化活动广泛开展。

公安民警对犯罪分子抓捕，是正义与邪恶的斗争，是为保护人民利益而战斗，在斗争中，公安民警坚持信念，不顾个人安危，奋不顾身，是公安民警队伍精神文明建设的体现。

2015年，组队参加了全区公安机关足球、篮球比赛，市直机关第四届“机关文化周”比赛活动，全区公安机关和全市职工书法、美术、摄影大赛，共有10幅作品入选《宁夏公安机关书法美术摄影作品集》。举办了全市球类比赛，市公安局机关趣味运动会、“三八”妇女节联谊活动，组织观看大型史诗话剧《丝路天歌》等多场宣教演出，参加“四个宁夏”主题征文活动，动员各支部开展爬山等野外拓展活动，在陶冶民警情操、增强民警体质，培养团队协作精神的同时，激发队伍的活力。

2016年，坚持经常性管理不放松，用制度规范管人管事。严格落实休假制度，制订民警休假计划，建立年休假管理台账和电子档案，每季度通报落实；按照有关要求，规范管理，严格出入境审核、备案；严格工作纪律，坚持早操训练和不定期点名。认真落实民警休假、体检、保险、慰问以及支持鼓励民警学历教育、抚恤优待等各项从优待警规定，将关爱民警措施落到实处。共对民警、协勤、家属开展各类慰问52人次，送去慰问金5万余元。结合“学习雷锋月”和干部下基层、结对帮扶、社区共建等活动，广泛开展联系群众活动。组织283名党员干部到社区报到，参加社区环境美化、警民联谊、送法上门等活动11场次，慰问困难群众31户。携手春蕾天使爱心会向利通新村20名家境贫寒、品学兼优的学生捐献助学金3万元。协调市公安局投入30万元帮助利通村委会购置一批基础设施。积极动员全体民警向慈善总会和红十字会捐款50439元。民警全年开展“下基层”活动4次，捐献实物或资金3万余元。

2017年，先后举办了趣味运动会、春节联欢会、“三八”联谊会、警体运动会、足球联赛、台球、乒乓球赛等系列文体活动，建设了功模灯箱，培塑民警健康昂扬的精神风貌。开展了祭扫烈士陵园、参观廉政基地，重温入党誓词，参加升国旗仪式等活动，打牢为民服务意识。

2020年，举办了首届人民警察荣誉仪式。年初，举办了吴忠市公安局首届“不忘初心、牢记使命”人民警察荣誉仪式，得到了吴忠市、自治区公安厅有关领导的好评，赢得了广大民警辅警的赞誉。将宁夏区委党校盐池分校确定为全市公安机关教育培训基地，举行了揭牌仪式，利用优质的教学资源，举办了五期政治轮训培训班，700余名民警辅警思想受到了洗礼，忠诚警魂进一步筑牢。开通了“平安吴忠”快手账号和“平安吴忠”抖音账号，持续开展网络直播宣传。“平安吴忠”快手账号获中国警察网2020年8月、9月公安视频榜第一名；获中国长安网、快手长安中国视频榜2020年8月第四名。

二、特殊党费

2008年5月12日中国四川省汶川县发生8.0级强震并造成重大人员伤亡，党中央国务院号召全国人民支援汶川地震灾区。灾情发生后，自治区公安厅在第一时间相继召开全区公安系统抗震救灾电视电话会议，部署捐款救灾工作。5月13日、14日两天，吴忠市公安局召开电视电话会议专门进行部署并立即向全局民警发出通知，要求各级部门和广大公安民警立即行动起来，人人献出一点爱，向地震灾区捐款，支援灾区人民渡过难关。

市公安局党委班子领导纷纷带头捐款，市公安局机关、利通区公安分局及太阳山区公安分局所有民警也积极响应号召，迅速掀起捐款热潮，在短短一天内就捐款5.6万余元。在市公安局看守所，广大在押人员每天都和看守民警一起收看灾区的救援情况，当得知全社会都在捐款救援时，他们也纷纷从个人的伙食费中节省下来一些钱或委托家人代表自己捐款，共筹款6135元，许多在押人员还纷纷要求通过无偿献血支援灾区，来表达他们的心情，看守民警通过联系相关部门，满足了他们的愿望。各县市区公安局广大民警在市局及各县局党委的号召下，捐款热情高涨。青铜峡市委常委、政法委书记、公安局局长郭军带头捐款，全局260余名民警和工作人员纷纷慷慨解囊，共捐款3万余元。盐池县公安局行动迅速，广大民警在极短时间内就捐款达2万余元。同心县公安局民警捐款1.3万余元，红寺堡公安分局民警捐款4860元，全市千余名公安民警和公安机关工作人员共捐款12.3万余元。统一汇到灾区。

5月18日，民警丁学林的妻子马淑梅将1000元现金托人转交给吴忠市公安局政治部，要求全部捐献给灾区。

5月22日上午，身患胃癌、前不久刚做完胃部局部切除手术，正在宁夏医学院附属医院接受化疗的民警杨凡委托妻子李文茹专程赶到吴忠市公安局，向局党委缴纳了1000元"特殊党费"，支援灾区抗震救灾。杨凡妻子李文茹动情地说："得病两个月来，杨凡受到了全区公安机关的战友们和社会各界的大力支持。当得知四川遭遇特大地震灾害的消息后，杨凡心里很着急，因为正在接受化疗一直走不开。今天一大早，他就催促我从他这个月的工资中取出1000元作为'特殊党费'交给组织，希望能为抗震救灾尽一点心意。"

市公安局党委《关于做好部分党员交纳"特殊党费"用于支援抗震救灾工作的通知》发出后，各基层党组织和广大党员民警积极响应，大力发扬"一方有难、八方支援"的精神，迅速掀起自愿缴纳"特殊党费"的热潮。5月23日，在新区广场举行的党员干部重温入党誓词交纳"特殊党费"仪式并现场缴纳了党费。关玉林、高学文、吴国仁等市公安局领导带头缴纳了1000元以上的"特殊党费"，各基层党组织党员民警积极响应，热情高涨，出现了一幕幕感人的场面。市公安局经侦支队党支部有6名党员缴纳了1000元以上的"特殊党费"。交警支队利通大队副大队长王国兴将口袋内的1052元现金全部作为支援抗震救灾的"特殊党费"上交组织。利通区公安分局出差在外的副局长尹保江专门委托他人代为缴纳了2000元"特殊党费"。一些经济条件并不宽裕的党员民警尽其所能，主动向组织缴纳了1000元以上的大额"特殊党费"，而且叮嘱工作人员不要公布他们的名字。5月26日至27日上午不到两天时间，市公安局18个基层党组织464名党员民警缴纳"特殊党费"10.98万元。

青铜峡市公安局入党积极分子梅且菡向党组织缴纳了1000元的"特殊党费"，有部分入党积极分子、非党员民警也通过这种方式向灾区群众奉献了一片爱心。

四川汶川地震后，市公安局广大民警已通过各种方式向灾区捐款近20万元。

三、帮困济贫

在当天的扶贫活动中，局领导还亲切慰问了西沟沿村两户困难群众，为他们送去了粮油等生活用品和慰问金。

2007年9月30日，为落实公安局党委关于开展扶贫帮困活动的要求，市公安局交警支队领导班子成员、正科级以上领导干部共16人于9月29日上午分别深入板桥乡莱桥村、波浪渠村、罗家湖村等16户结对贫困户家中，将每户8公斤食用香油一一递到他们手中，并和他们及家人进行了交谈，了解他们的家庭生活情况，鼓励他们尽快想方设法脱贫致富。

2007年11月12日，市公安局政委关玉林与市科技局、司法局有关领导共同组成的帮扶工作组，在市扶贫办、同心县扶贫办领导陪同下，携慰问金及电脑等捐赠品，到同心县石羊圈村开展扶贫工作，工作组详细查看了该村重点扶贫项目红葱种植产业的发展情况，慰问了几户贫困农民。工作组随后召开了现场会，听取了村委会成员关于扶贫项目发展情况的汇报，讨论了进一步开展项目扶持的计划。市扶贫办有关领导对工作组成功实施扶贫计划并取得良好效果给予充分肯定。

2011年9月28日，市委常委、政法委书记、市公安局局长徐耀与政治部主任张本福一行，深入利通区扁担沟镇西沟沿村开展扶贫工作，通过实实在在的举措支持、帮助该村党员活动室建设，有力地推动了和谐警民关系建设。

市公安局扶贫工作以帮助扶贫点加强基层党建工作为抓手，重点为群众排忧解难、化解矛盾纠纷、解决实际问题。自2010年西沟沿村从灵武市原五里坡乡划归利通区扁担沟镇管辖并被列为市公安局的对口帮扶对象后，市公安局想方设法为当地群众做好事、做实事，尽最大努力帮助扶贫联系村解决生产生活中的困难。

国庆前夕，市公安局扶贫小组再次专程到扁担沟镇西沟沿村，与镇、村相关领导对接工作，了解情况，研究帮扶事宜。西沟沿村有人口2057人，党员67人，为了帮助该村建设一个高标准的党员活动室，市公安局从有限的办公经费中挤出资金，为村支部购置了价值两万元的电脑、电视、DVD等电教设施，及20套办公桌椅。

2011年，市局党委高度重视扶贫工作。马高庄乡郭岔村被确定为市局扶贫点后，局党委多次召开会议对抗旱救灾工作进行专题研究，派员会同其他三家扶贫单位工作人员放弃五一休假，深入扶贫点进行调研。当了解到郭岔村416户1814口人中已有22户109人断粮断水、群众生产生活受到严重威胁的灾情后，局党委深入动员，号召全体民警为灾区群众捐款抗旱，帮助灾区群众渡过难关。先后筹集捐款18900元，捐赠粮食5000公斤、衣服400余件，向郭岔村小学捐赠电脑1台，会同其他三家扶贫单位投资为该村挖深水井1眼。7月份，局党委积极响应自治区党委组织部号召，选派民警马军到郭岔村担任农村工作指导员。指导员到郭岔村工作，克服吃住等方面的不便，走村串户，深入了解民情社情，帮助他们转变思想观念，为群众办实事，解难题，在产业结构调整、劳务输出、法律知识普及等方面做出了积极的贡献。

2012年1月20日下午，冒着飘飞的小雪，市公安局副局长高学文带领政治部两名民警到利通区扁担沟镇，向当地困难群众捐赠了538件御寒衣物和53个学生书包，为困难群众和困难家庭的学生解了燃眉之急。

2012年3月开始，吴忠市开展为期3年的文化、卫生、科技干部三下乡活动，市公安局号召局属各部门在辖区内进行包村结对工作，吴忠市公安局强制戒毒所领导重视，对青铜峡市邵刚镇玉西村进行包扶结对，工作组工作认真、踏实，克服了路远、偏僻，工作行走不便的困难，和当地群众同住同吃同劳动，经过辛勤的努力，当地群众的生活条件和村队干部的工作作风大为改观。

2012年4月26日，同心县马高庄乡郭岔村党支部书记、村委会主任专程到市公安局，表达了他们的感激之情，并向市公安局赠送了“心系灾区、情寄灾区”的牌匾。

2014年3月26日，吴忠市公安局戒毒所干警到市公安局对口扶贫单位青铜峡市邵刚镇玉西村开展工作

2018年，加大投入，强化指导，举办扶贫讲座4场次，投入15万元扶贫资金，为两村1183户建档立卡户购买7万余元劳保用品，为两村部购置1万余元体育用品。下达任务清单10次，组织全体民警在红寺堡朝阳村、弘德村逐月开展精准扶贫工作，民警入户13000余人次。

四、拾金不昧

2005年5月6日下午3时许，失主王某某在位于利通街信邦商场东侧的银川商行吴忠支行取了2.5万元现金，由于疏忽，将钱袋丢在营业厅茶几座下，人已离去，此日下午4时，正在营业厅内值班的保安姬永贤发现放置的钱袋，估计是有人丢失，便妥善保管，等待失主认领，后经核实终于将现金交还了失主王某某。银川商行吴忠支行的领导得知姬永贤不为金钱所动，深为感动，为答谢市公安局保安公司和保安姬永贤，便特意制作了一面锦旗，以表达对姬永贤拾金不昧精神的高度赞扬。

2010年1月22日11时50分许，交警大队城管中队协勤员马万云在县城生海十字路口站岗维护高峰交通秩序，在他来回纠正违法、维护秩序时，发现路边有一个黑色钱包，经过与一同执勤民警清点后，钱包里面有184元人民币、3张银行卡及各种证件等。马万云和其他2名同事开始在附近寻找，当天下午，他们将拾到的钱包上交大队，教导员马化龙在认真检查钱包时，发现一张建行卡背后写有“杨晔”的名字，通过公安网查询系统，找到了失主。杨晔激动地连声道谢，并拿出500元钱表示谢意。被大家当场婉言拒绝。

2012年12月31日19时，马涛在去父亲家停车时，发现车旁边地上有一黑色男式挎包，他四周寻找后均未发现失主。为了能尽快找到失主的联系方式，马涛打开包，发现包中有现金5000余元，包括身份证和各种银行信用卡、票据若干张，还有一串钥匙和一张注明有“唐逸飞”名字的固定电话缴费单。他当即拨打电话，但均无人接听。次日，马涛再次拨打电话，终于和失主取得了联系。验证身份后，马涛将挎包还给唐逸飞，唐逸飞再三感谢，并询问马涛的工作单位和姓名，马涛只说了句：“换了别人也会这么做的。”随后就离开了。

唐逸飞经多方打听和8天的寻找，终于得知拾金不昧者是吴忠市公安局的一名民警，为了表示对马涛做好事不留名的敬意，他特地从银川赶到吴忠送来锦旗和感谢信。

五、从一点一滴做起

古人云：不积跬步，无以至千里；不善小事，何以成大器。从我做起，从小事做起，从现在做起，从一点一滴做起，这就是一个人精神的具体体现。

2008年9月18日14时36分，在青铜峡市小坝镇南市场北门口一名女子被他人用剪刀捅伤，接到110发出的指令后，青铜峡市城关派出所值班民警赶到现场处置。到达现场后，经初步了解得知，嫌疑人李某（男，29岁，住小坝镇紫薇小区，系个体菜贩）因买卖纠纷持剪刀将在该市场卖菜的刘某某夫妇捅伤，出警民警上前制止时，身高体大的嫌疑人李某乘民警不备，掏出一把单刃匕首将一民警左臂捅伤，担心误伤群众的民警遂朝天鸣枪示警，但嫌疑人李某仍负隅顽抗，并乘机夺路而逃。民警虽然受伤却临危不惧，面对身体优势比他好的小贩李某，民警一边追赶李某，一边指示另一民警立即将情况电话报告局里，请求增援。就在李某挥舞匕首乱刺的时候，民警瞅准空当，死死抓住了歹徒握刀的右手，两人最终将李某制服并带回派出所审查。

2009年12月26日，利通区公安分局板桥派出所民警上门为桂金兰家更换了三节已经破损的烟囱，还送去了500公斤燃煤。为了解决他们长期生活问题，所长马林向母女俩承诺：“等天暖和了，一定要替母女俩找份工作。”

2010年2月18日，正值大年初五。回中宁老家休假的利通区公安分局民警苏军驾车在中宁县新南街与西环路红绿灯口发现一辆蓝色比亚迪轿车，此车的车牌号立即引起了苏军的警觉。此前，在中宁县公安局城关派出所工作的同学曾向苏军提及此车系一逃犯驾驶。做事一向机敏的苏军立即驾车与等候红灯的嫌疑车辆并排停下，并亮明身份示意其靠边停车。该车迅速启动加速，并闯过红灯沿新南街向南逃窜，苏军此时判定此车驾驶员很可能就是逃犯，迅即果断展开追击。顷刻间，一场公路狂飙般的警匪飞车追击在中宁南郊公路展开。在追击过程中，犯罪嫌疑人不断地采取危险避让措施，企图逃脱。苏军临危不乱，将嫌疑车辆死死咬住，在一转弯处急速超车将嫌疑车辆逼停。嫌疑车辆驾驶员弃车向公路边农田飞奔而去，苏军立即下车展开徒步追击，经过500余米的奋力追赶，疑犯被苏军在一枸杞园制服，在将疑犯带回途中，苏军通过审讯，疑犯交代了在中宁县唐龙热舞会所寻衅滋事的犯罪事实。

2010年3月17日下午，家住吴忠市红寺堡开发区上垣村的一名操着浓重固原口音的普通农村妇女马玉梅手捧一面绣着“热心为民，救死扶伤”的锦旗来到了吴忠市公安局，将这面锦旗亲手交给了一位曾救过她女儿命的恩人。恩人的名字叫赵倩楠，是公安局指挥部的一名女接警员。

2010年4月20日，吴忠市公安局举行为青海玉树地震灾区捐款活动。市公安局领导关玉林、高学文、吴国仁等率先排起长队，带头为灾区捐款。在局领导的号召下，市公安局及利通公安分局百余名民警踊跃捐款，表达对玉树灾区人民的深情厚谊。短短十分钟内，共筹集捐款4万余元。20日下午，得知市公安局开展捐款活动时，利通区公安分局已退休老民警朱国军从家中赶到市局，捐出1000元，让在场的工作人员十分感动。

2010年7月15日至8月15日深入开展了“警民相约警务室”活动，通过开展“警民相约警务室”活动，进一步推动了吴忠市公安机关贯彻落实社区和农村警务战略工作，增进了广大人民群众对社区和农村警务室的了解，征求了群众对公安工作的意见和建议，为群众解决了一批实际问题，受到社会各界的广泛好评。7月25日，利通分局朝阳所“警民相约警务室”活动全面启动。在上桥警务室召开了“警民相约警务室”专题活动，诚恳听取了居民代表的意见和建议，7月29日，利通区公安分局民生街派出所新华警务室在教导员杨建军的带领下组织社区专干、群众代表开展了“警民相约警务室”活动，并现场进行了警务宣传资料的张贴和答复群众的咨询。

在盐池县花马池镇陵园社区，花马池镇城关街道办事处、文化稽查大队、城关司法所、陵园社区居委会、盐池一中等单位负责人及部分社区居民代表、网吧业主、旅馆业主应邀坐进花马池镇陵园社区三楼会议室，与花马池派出所负责人及社区民警座谈。7月19日，盐池县公安局大水坑派出所结合实际，邀请镇党委、政府领导、人大代表、广大群众等走进大水坑警务室，视察社区警务工作。同时，召开了座谈会，社区民警汇报了社区警务工作，就如何进一步加强社区警务工作、强化社区治安管理工作建言献策。惠安堡派出所于8月19日下午，召集了萌城警务室所辖的各村组干部和部分企业业主召开“警民相约警务室”座谈会，向与会的20余人发放意见建议征求表20余份，共征求到意见建议13条。利用黑板报的形式向群众宣传当前社会治安形势及安全防范措施，公开意见建议征求电话。利用集贸日组织民警发放安全宣传材料1000份，严防在春节来临之际群众的经济财产和人身安全受到损失。

青铜峡市公安局城关派出所以警民相约警务室活动为契机，在社区中向居民大力宣传防火、防盗、防诈骗、办户须知、毒品的危害等知识，宣传受教育人次300余人，发放宣传品500余张。

同心县公安局组织各派出所于7月26—29日，在辖区集中开展了“警民相约警务室”活动。豫海镇派出所在长征东街县政府门口，河西镇、王团镇、预旺镇、韦州镇、下马关镇派出所在各镇农贸市场、丁塘镇派出所在阿伊河市场内等人员集中的地方分别设立了宣传服务台，悬挂横幅，摆放宣传展板，向群众宣传安全防范知识、便民利民服务措施、换发二代身份证工作程序、购买、燃放烟花爆竹安全事项等，发放印有防抢、防盗、防骗知识的传单，为群众提供法律、警务、自我防护等咨询服务。集中活动当天，共发放宣传材料5000余份。

吴忠市各级公安机关在“警民相约警务室”活动中共接待来访咨询群众5830人次，答疑解惑820起，当场解决群众问题49件，征集群众意见建议41条，向群众发放安全防范宣传品10000余份。

2012年3月5日，是49个学雷锋纪念日。红寺堡公安分局南川派出所结合辖区实际，认真践行着“为人民群众当民警，当人民群众满意的民警”的工作理念。群众利益无小事，在“学雷锋”纪念日之际，组织民警深入辖区菊花台残疾人照料中心义务为残疾人理发、对照料中心的卫生进行了大清扫。4月20日17时15分，大河派出所接到群众电话报警称：在红寺堡区大河乡大河村二组有大片柴草着火，请求处警。大河派出所民警到达现场后，见村民在屋旁空地囤积的柴草着火，火势异常凶猛，附近邻居只在场围观，也没有采取有效的灭火措施，大火快要蔓延到旁边的住宅房，情况万分危急，若不及时扑灭火情，势必给群众造成更大的财产损失。于是处置民警立刻将现场群众动员起来，一起加入灭火行动中。一方面组织村民利用农用工具将未着火的柴草与火源隔离开，防止火势再次扩大；一方面利用起软水管，拼接成一根长水管，往火势比较大的地方浇水，争取最快时间将火扑灭。经过民警与群众40分钟的紧急扑救，火势已得到控制，村民的房屋也得以保全，消防人员到达后，大河派出所民警又协助消防人员很快扑灭了大火。

4月23日，红寺堡的天空黄沙漫天，尘土飞扬，一大早，两个年轻人抱着一个两岁的小孩匆匆忙忙走进红寺堡区公安分局一楼禁毒大队办公室，向民警讲述，他们在路经新民小区路口时发现一个两岁左右的小男孩在路边哭得特别厉害，经了解，该小孩独自出来玩耍走失了，可该小孩说不上其家庭住址及家人信息，于是他们把小孩抱到公安局，请民警帮助找回小孩的家人。禁毒大队大队长方海彪了解情况后，经多方查找，终于找到了孩子的妈妈。

5月5日13时55分，群众案称：红寺堡回民小学施工遭人阻挡，工程无法正常作业。接到报警后，红寺堡派出所立即组织警力赶往现场。经了解，新民小区317号住户李某某房前的一堆石子被回民小学施工车辆压散，阻挡工程车辆不让从自家门前的村道上通过，并要求给予赔偿。民警详细了解事情原委后，派出所民警们本着客观公正的原则，摆事实、讲政策、讲法律，耐心劝解，使双方最终达成协议。由工程车主将压散的石子用铁锹铲起来堆放在路边，不许再次碾压，李某某答应不再阻挡工程车辆。

六、见义勇为

1980年12月1日23时许，吴忠县板桥公社公安员马国良骑自行车在回家的路上（家在金积镇），听到路边有人拉锯的声音，便问："谁？深更半夜干啥？"没有回声，他便上前看个究竟，一看是板桥三队的杨某某，正在盗伐集体的树木，令其去公社处理，杨某某说："你已找我几次麻烦了，这次又来了。"接着抡起锯子朝马国良头部猛砍3下，马国良头部鲜血直流，仍然与杨搏斗，一直到来人相助，制服杨某某。

1980年12月31日晚11时45分，曹金华（吴忠师范教员）回宿舍途中，发现物理实验室有暗淡灯光，走近窗子看，有2个人手举蜡烛，往手提大包中装东西，他轻声快步奔向亮灯的孙元刚、李学东宿舍，说明情况，两人二话没说，跟着就出来，3人直奔实验室门前隐蔽在门两侧，里面的人听到脚步声，其中1人手提铁棍突然冲出门外，3人一起冲过去，进行搏斗了10多分钟，将嫌疑人制服，原来是该校理化班的学生同该校1名职工合伙行窃，被盗的物品有测试仪、对讲机、照相机、电子计算机等重要器材，价值1750元。吴忠县公安局和吴忠师范党委决定对曹金华、孙元刚、李学东进行表彰奖励。

2003年12月8日午11时30分，吴忠市供电局发生一起入室抢劫案，一窃贼在行窃时被主人发现，遂持刀威吓企图逃跑，屋主师学敏抄起家中刀具与其搏斗受伤后将窃贼反锁在屋内。犯罪嫌疑人张某某受伤被赶到的民警在屋内抓获。师学敏和犯罪嫌疑人均被送往医院接受治疗。此案当时引起了社会各界广泛关注，新闻媒体也做了报道。案发后，市局党委高度重视，立即责成有关单位组成专案组，积极开展调查取证工作。

2005年2月25日，一名男子因酒后驾驶摩托车摔成重伤，生命垂危，幸而吴忠市公安局2名办案民警路过发现，及时施救，才避免了更大伤亡。事件发生在当日下午5点10分左右，刚从盐池县惠安堡交警大队做完车辆痕迹检验驾车返回途中的吴忠市公安局刑侦支队技术大队教导员张君和技术员赵凌燕，发现九公里跃进桥园艺场路口有许多人在围观一个受伤的男子，男子头缠绷带，生命垂危。出于职业的责任感，2人立即停车前往人群中询问缘由。经了解，原来伤者酒后驾驶摩托车，由于车速过快，不慎摔倒后头部与地面发生剧烈碰撞造成大出血，就近门诊已作简单包扎，医护人员还在打电话求助120。由于伤者很可能是颅脑出血，随时有生命危险。张教导员立即让家属将伤者抬上了警车，毫不犹豫地向吴忠方向冲去。行至1千米左右，受伤男子呕吐，情况比较危险。这时，120急救车赶到，二人不顾伤者身上的血迹和呕吐物，与家属将伤者抬至120车。随后两人又驾驶警车将伤者亲属送到红十字会医院，看到病人脱离危险，才放心地离开。

2011年7月12日23时许，吴忠新百超市下夜班回家的小王、小金途经利通区裕民东街，金星街移动公司营业大厅门口时，两名陌生男子突然出现在她们面前，抓住小王的挎包往外夺，小王下意识地拽住挎包。歹徒见状掏出随身携带的匕首将挎包带割断后夺路而逃。这一幕被沿路经过的90后小伙李潇、纳正东看到，他们毫不犹豫地追了上去，看到有人来帮她，如梦方醒的小王这才大声喊："抢包啦，快抓住他！"经过800多米的追赶，在利通区义乌商贸城北门口拦住歹徒，双方展开搏斗。搏斗中，李潇背部、胸部、手臂等处中13刀，纳正东身中4刀，两人相继倒在了血泊中，歹徒仓皇逃走。此时，已是满身鲜血的李潇、纳正东两人并没有放弃追击劫匪，他们强忍剧痛,互相搀扶着拦下一辆出租车,上车后没有选择去医院,而是让出租车司机继续追赶歹徒。

利通区公安分局交巡警大队一警区巡逻警车例行巡逻至此,李、纳两人看见警车后连忙向警车招手呼救,巡逻民警一边向指挥中心报告请求增援,一边准备将两人抬上警车送往医院抢救。李潇让民警调转车头"先追歹徒,绝不能让他们逃走!",民警立即沿歹徒逃跑的方向进行追击,经过500米的追击,民警发现了逃跑的劫匪。四位民警如离弦之箭向劫匪猛扑过去,当场将一名歹徒制服,继而在吴忠影剧院门口将另一名持刀劫匪擒获。民警随即将李、纳二人送往医院救治。李潇、纳正东送到市人民医院后,院方组织医护人员奋力抢救。利通区公安分局派警车急赴银川附属医院将胸外科专家接至吴忠对李潇病情进行会诊。医院全力抢救。

2012年4月30日当天,强耀武与家人驾车准备到青铜峡市串亲戚。当车行驶到211国道108桩号处(灵武市白土岗十八千米段)时,他发现路边发生车祸。一辆皮卡货车掉头时与一辆油罐车相撞,驾驶皮卡车的女孩头部、腰部和腿部不同程度受伤,且被卡在车内,生命危在旦夕。老强见此情景,立即停车,顾不得满地的泥污,几脚踹开车门,把奄奄一息的女孩急忙抱上自己的车,匆匆向吴忠上桥医院驶去。"快些,快些,再快些。"强耀武急切地在心里面默默念道。但是天不助人,路上风大不说,车流量也大,老强的车像头老牛只能在马路上匍匐爬行。突然,他急中生智,拿起手机拨打了110,求助110能够派来一辆警车给他引路。 吴忠市110报警台值班员说:"请您开好车,注意安全,马上调度警车援助。" 强耀武说:"我原想着警车可能最快都得20分钟,没想到刚过了几分钟就听到了警报声。对于受伤的女孩来说,就不只是迟到医院的问题了,她撞断的肋骨已经顶到内脏了,血也流了很多,稍稍来迟,后果不堪设想。"

2012年7月6日13时35分,利通区公安分局朝阳街派出所接到110指挥中心指令:在利通区利通南街中华桥头有一名男子要跳渠,民警接警后迅速赶赴现场,发现有一中年男子坐在秦渠边,低垂着头,情绪非常沮丧,现场围观了60多名群众。民警立即上前询问,该男子拒不回答任何问题。突然间,其纵身跳入秦渠。协警丁天顾不得多想,翻过栏杆就跳进了湍急的水流中,向落水者游去。当他拼命把落水者向岸边拉的时候,该跳水男子拒不配合,但丁天没有放弃,终于将落水者拖到岸边。并将其交付给赶来的家属。当看到丁天拖着疲惫的身躯、穿着满身湿透的警服时,秦渠两岸响起了围观群众的掌声,纷纷称赞民警是好样的。

2012年7月11日10时40分许,吴忠交管局民警杨兴海正带领协警孙斌、苏泽清巡查到滨河大道时,有一名群众慌慌忙忙地跑过来对杨兴海说道:"警察同志,不好咧,那边有个女人跳黄河了。"凭着职业的敏感,杨兴海他们3人飞快向黄河边跑去。时间就是生命! 他们跑了50多米,看见黄河中央忽闪着一个人影,随时有被河水吞噬的危险。协警苏泽清和孙斌来不及脱下衣服就一个箭步跳入湍急的河水中,游到黄河中央,最终在河水即将淹没落水者的一刹那,两协警靠近到了轻生女子身边,将其紧紧拉住,慢慢地拖到岸边上被杨兴海及围观群众救上岸。

就在大家还未来得及喘气时,轻生女子情绪激动,嘴里面不停地哭喊着:"不活了,不活了……"又要挣脱众人欲跳黄河。杨兴海和两名协警急忙挡在女子前面,一边进行安抚劝说稳定其情绪,一边慢慢地将妇女拉到了安全地段,及时向指挥中心报告了案情。

经过20多分钟的安抚劝说工作,女子的情绪慢慢稳定下来,大家才知道其因为家庭矛盾,产生了跳黄河自杀的念头。为了彻底打消她的轻生念头,杨兴海又会同板桥派出所的民警做好该女子思想工作,联系其家人将其安全送回家。

市委常委、公安局局长徐耀深切地对丁天、孙斌、苏泽青说,你们这种奋不顾身、舍己救人的精神要大力弘扬,特别是在人民群众生命安危的关键时刻,做出这样的选择,为大家树立了榜样,事迹非常突出,除过刚才的嘉奖和现金奖励外,每人每月基本工资再增加100元,对你们的表彰也是精神上的嘉奖和褒扬,充分显示出你们对工作恪尽职守、忠实履职尽任,彰显了公正为民、一心为民的精神。对此,我非常感动,也非常高兴,谢谢你们!

2012年9月4日23时左右,民生街派出所接到群众举报,在国贸大厦南门楼下有人将交易毒品。接到举报后，民生街派出所立即组织民警赶赴现场抓捕。罗亮和战友第一时间赶到现场，分头在瑟瑟的秋风中蹲坑守候，等待时机抓捕。突然，从远处突然驶来一辆轿车，一名男子迅速靠近汽车，两名男子从车上下来，在不到一分钟时间内，双方完成了交易。此时，民警最靠近犯罪嫌疑人，上前将一名嫌疑人抓住，不料嫌疑人突然从身上掏出一把明晃晃的尖刀，朝罗亮臀部连捅两刀，瞬间鲜血从伤口喷涌而出，犯罪嫌疑人一转身，乘着夜色朝前方逃跑。罗亮还没来得及感觉到伤口的疼痛，紧跟嫌疑人逃跑的路线快速追击。犯罪嫌疑人乘着夜色疯狂逃窜，在跑出大约50米后，突然闪进一个居民小区，罗亮强忍着钻心的疼痛，在毒贩后面紧追不舍，血水顺着裤腿滴满了追击的道路，直达追到小区门口。罗亮清楚这个小区只有一道大门，没有其他的出入口，罗亮一屁股坐到门口，他只要堵住这个门口，犯罪嫌疑人就跑不掉。紧接着，其他战友相继赶到现场。很快，走投无路的犯罪嫌疑人被成功擒获。当看到毒贩被抓获，由于大量失血，此时罗亮意识有点模糊。战友立即将罗亮送到医院治疗，躺在治疗室的罗亮，右侧从臀部到裤脚浸满了血水，扎在腰带内的上衣也染红了一大部分。9月5日，当前来采访的记者问起当时他为什么没有先到医院治疗而选择先抓毒贩？躺在病床上的罗亮显得有点腼腆，他说："我当时一门心思就是想，一定要将毒贩绳之以法，不让毒贩脱逃。"

第三节　科技强警

科技强警，是指在公安活动大力推进公安科研投入、科技创新，形成以现代科学技术、高精尖设备、信息化系统支撑公安工作新格局。

牢固树立科技强警理念，加强自主创新，不断提高公安工作科技含量和装备保障能力，为维护国家安全和社会稳定提供有力支撑。

从2000年以来，吴忠市公安局就开始了公安信息化建设，在宁夏最早建成了局域网，自主研发公安应用软件，并在实战中应用，是吴忠市第二批科技强警示范建设城市。

2004年5月24日，市公安局领导在华盾公安网络应用技术研究所现场观摩了由市公安局技术人员自主开发的《公安行政案件辅助办案系统》软件演示，这套系统是华盾公安网络应用技术研究所针对基层公安机关行政执法办案过程中遇到的难点和重点问题，经过充分的调研论证，历经4个月的紧张开发完成的，系统严格按照公安部新颁发的《公安机关办理行政案件程序规定》的要求，采用计算机网络技术、信息处理技术、图像处理技术、数字加密和网络存储、压缩存储等技术设计开发而成。

2006年6月，吴忠市被公安部、科技部确定为全国第二批科技强警示范城市。科技强警示范城市，并且成立了吴忠市科技强警示范城市建设领导小组，率先将市区电子警察、治安卡口、治安监控系统建设列为为民办理的22项实事之一。8月21日，公安部科技强警示范城市建设工作宣讲交流会在吴忠市召开，自治区各市、县、区公安局局长及有关负责人参加了会议，会议交流科技强警示范城市建设活动的经验，为吴忠市开展科技强警建设活动提供了可供借鉴的经验。10月11日上午，吴忠市科技强警示范城市建设实施方案论证会在吴忠市公安局召开，由公安部科技局高级工程师王昕、江苏省公安厅科技处薛宏伟处长、山东淄博市公安局科技处李四海处长、江苏省苏州市公安局科技处闻伟处长、广东佛山市公安局科技处处长肖泳乐，以及自治区财政厅行政处彭惠珍、信息产业办文建国、科技厅社会发展处李学、科技厅高新技术及产业化处高建烨等九人组成的专家组从多个方面对《吴忠市科技强警示范城市建设实施方案》进行分析和论证，在广泛讨论的基础上，专家组一致同意该方案通过论证，并建议修改完善后将正式文本提交公安部、科技部备案。9月吴忠市被公安部、科技部确定为全国第二批创建科技强警示范城市以来，吴忠市公安局努力打造具有吴忠特色的信息化、现代化警务模式。共投入资金2461万元用于科技强警工作，实现了公安科技工作的跨越式发展。

吴忠市公安局在积极完成金盾工程建设项目的基础上，完成了科技强警示范城市22个建设项目，初步形成了“横向到边,纵向到底”的较为完备的信息通信基础设施体系。公安专用信息通信网络接入率达100%,警务综合信息系统覆盖基层所队,实现了跨地区、跨部门、跨警种的关联查询和信息共享。依托吴忠市公安局华盾公安网络应用技术研究所,自主研发了警务综合信息系统、警用地理信息系统等21个应用系统,在西北地区处于领先地位。建设公安内外网数据安全接入平台,依托该平台研发了吴忠市社会阵地动态缉控系统,并搭建了全区第一个公安门户网站,使群众足不出户就可了解出入境、户籍管理等业务的警务公开内容。通过这些系统在全局范围内的广泛应用,真正实现了网上办公、办案,使得吴忠市公安系统信息化水平不断提高,科技强侦成效明显,也有效缓解了警力不足的状况。

吴忠市被确定为全国第二批创建科技强警示范城市以来,吴忠公安局在积极完成金盾工程建设项目的基础上,完成了科技强警示范城市22个建设项目,初步形成了“横向到边,纵向到底”的较为完备的信息通信基础设施体系,公安专用信息通信网络接入率达100%,警务综合信息系统覆盖基层所队,实现了跨地区、跨部门、跨警种的关联查询和信息共享。共采集指纹档案6万多份,是创建科技强警示范城市前的1.8倍。利用指纹自动识别系统直接认定案件140起,带破案件238起,查获犯罪嫌疑人53名,共抓获网上逃犯533名,串并案件729起,网上追逃人数两年来名列自治区第一。其中,2006年该市共利用刑事技术破案528起,占两年来破案总数的15%,比创建前提高了6个百分点。尤其是自主研发警务综合信息系统、警用地理信息系统、情报信息研判系统等21个应用系统,在西北地区处于领先地位。

吴忠市公安局科技强警创建以来,共利用刑事技术破案528起,占两年来破案总数的15%,比创建前提高了六个百分点。吴忠市共采集指纹档案63310份,是创建前的1.8倍。利用指纹自动识别系统直接认定案件140起,带破案件238起,查获犯罪嫌疑人53名,共抓获网上逃犯533名,串并案件729起,网上追逃人数两年来名列宁夏第一。利用各类综合平台抓获嫌疑人员158人,破获案件197起,通过旅馆业治安管理信息系统抓获嫌疑人31名,破获案件71起,通过网吧管理系统抓获逃犯27人,其中命案逃犯4人,通过DNA和提供线索抓获嫌疑人35人,破获案件28起,通过其他现场勘查提取的物证,认定抓获犯罪嫌疑人33人,带破案件92起。

2007年6月16日,自治区党委常委、政法委书记、公安厅厅长苏德良带领自治区公安厅办公室、装财处、科技通信处、网监总队、交警总队、刑警总队、行动技术总队等部门负责人到吴忠市公安局,就科技强警建设工作进行现场办公,当场研究解决了吴忠市科技强警示范城市建设过程中制约发展的六大难题。8月28—29日,市委常委、政法委书记、公安局局长陈建军带领市公安局刑警支队、治安支队、信息中心、“三基”办有关人员到各县(市、区)公安局(分局)督导检查科技强警工作。检查指导各县(市、区)公安局(分局)警用地理信息采集、地图矢量化工作、“3111”工程建设、宁夏警务综合应用平台试点工作、刑事技术室达标、公安公用经费达标情况的汇报,全面了解几项重点工作的进展情况,指出工作中存在的问题和不足。

吴忠市财政局将60万元科技强警经费纳入市公安局预算予以保障,这也是吴忠市乃至全区首次将科技强警工作经费纳入公安部门预算予以保障2007年又将科技强警示范城市建设列为全市38项重点工作之一。市委常委、政法委书记、公安局局长陈建军与各县(区)公安机关一把手、市局各部门负责人签订了责任书,细化了任务,明确了责任。通过一年多的实施,吴忠市公安局的科技强警究竟搞得怎么样呢? 对这一亮点倍感兴趣,道理也许很“简单”:相对于公安工作的那种传统印象,科技强警处处透着新奇,处处透着神秘,正所谓“跳出套路唱新戏”,有如观摩一场现代信息化条件下全过程对抗的军事演练。

吴忠市公安局54个科、所、队全部接入公安网,公安四级网接入率达100%,共有联网计算机1242台,百名民警拥有上网计算机104台;全市50家大型旅店全部安装使用信息管理系统,29家大型娱乐场所全部实现远程视频监控,115家网吧安装了网络监控系统,全市各机关、企事业单位、商业网点、宾馆饭店、居民小区共安装监控419处、2044个摄像头;吴忠市区和红寺堡开发区城市智能监控和电子警察系统初步建成;350兆警用集群系统开通使用。建成指纹比对远程终端自动比对、采集系统,配备痕检、理化、法医人员器材装备及排爆装备；为交警支队配备了证眼雷达、数码相机；为基础科、所、队配备了165部350兆对讲机、239台电脑、100支录音笔、4台服务器、8台投影仪。公安部金盾工程一期建设任务所涉及的23个一类应用系统中，已经建成的有19个，占要求数量的83%；8个资源库已经建成7个，占要求数量的87.5%；“违法犯罪人员信息管理系统”和“警用地理信息系统”稳步推进，已采集录入实有人口信息80万人、实有房屋信息23万间和实有单位信息5100个；购买了全市1:25000、城区1:2000的卫星影像图，卫星影像图的矢量化工作业已完成；自主研发的“社会阵地动态缉控平台”程序进入调试阶段。

2008年3月23日，吴忠市公安局一次性投入55万元购买了目前全国最先进的安徽瑞信警用地理信息系统，投资23万元，购买了全市1:25000、城区1:2000的卫星影像图。通过此系统的建立，实现了对人口、实有单位、实有房屋管理、警车GPS定位、全市视频监控、案件跟踪为实战服务的功能，警用地理信息系统的基础是“以房管人”，民警通过对房屋地理位置的查询，就能得知房屋内居民的详细资料以及体貌特征，真正达到了“基础工作信息化，信息工作基础化”目标。为民警提供了更加可靠和精确的信息，提高了民警办案效率。据了解，吴忠市是西北第一家使用这种警用地理信息系统的单位。5月8—10日，由公安部信通局副巡视员、高级工程师孙丕龙带队的公安部、科技部科技强警示范城市建设现场验收考核专家组一行5人到吴忠，对吴忠市开展科技强警示范城市创建工作进行验收考核。5月9日，专家组听取了市委常委、政法委书记、市公安局局长陈建军关于科技强警示范城市创建工作的汇报，并通过审核科技强警相关材料、现场实地考核考查、抽查项目应用情况等方式，对吴忠市局《科技强警建设实施方案》的完成情况及质量进行了验收、考核、评估，实地抽查了市公安局刑警支队、利通区公安分局领导、分局治安大队、民生街派出所、青铜峡公安局城关派出所等单位的科技强警建设及应用情况，抽查了吴忠市公安局部分党委委员及部分中层、基层领导和55岁以上民警的科技应用情况。5月10日，孙丕龙代表专家组向吴忠市科技强警示范城市建设领导小组和参会全体民警反馈验收考核意见，总评吴忠市科技强警示范城市建设工作。一是党政重视，上下聚力，形成了科技强警示范创建的浓厚氛围。二是各方支持，部门协作，形成了合力创建科技强警示范城市的格局。三是立足当地，自主创新，积极探索形成了低成本、低投入的建设模式。四是不甘落后，苦干实干，努力破解经济欠发达地区科技强警建设经费、人才不足的难题。五是创新发展，亮点凸显，科技强警建设取得了明显成效。专家组成员一致认为，吴忠市提供的验收考核材料内容翔实，较好地完成了实施方案和考核指标所确定的各项要求。

到2009年2月23日采集录入实有人口85万人，占全市人口的72.4%，实有房屋25万间、单位8813个。

2009年4月30日，公安部提出加强公安信息化是提高公安机关整体战斗力的重要途径，是提升基层基础工作水平的重要载体，是牵动警务机制改革的重要纽带。吴忠市公安局把信息化作为改进警务方式、指挥模式和队伍管理方式的强大推动力，创新警务机制，全面提升公安机关的整体效能。紧紧抓住“金盾工程”二期建设这一契机，把公安信息化建设作为“一把手工程”摆上重要位置，坚持统一领导、统一规划、统一标准，注重整合系统资源、整合信息技术资源，力争早日实现公安工作信息化、现代化的目标。

吴忠市公安局通过指纹自动比对系统，对违法犯罪人员进行了指纹档案采集，以及情报资料录入。通过指纹比对直接认定提供线索破获案件262起，其中杀人案件2起；抓获犯罪嫌疑人员54人。到2010年，全市共录入违法犯罪人员48000余人、刑事案件204起、行政案件209起。

2010年7月20日，吴忠市网上公安局正式开通运行。群众坐在家里通过点击www.nxwzga.gov.cn或在百度搜索吴忠市公安局网上公安局即可进入网上公安局，通过网上办事大厅就可以非常便捷地在线咨询和办理治安、出入境、交警、安防、消防、户籍、网安等10个大类50项公安业务。

吴忠市网上公安局在全区率先实现了案件查询和在押人员网上视频探视功能。报案人或案件当事人输入自己的身份证号后便可查询所报案件进展情况。监管场所在押人员通过向管教民警申请或其家属、亲友通过在线申请，只要符合规定，即可安排视频会见。无论是否在吴忠，都可以通过互联网24小时登录吴忠市网上公安局，办理或预约办理相关审批业务。

市公安局开通网上公安局的意义在于最大限度地方便群众、服务群众，尽可能地为群众节约办事时间和办事成本，实现让数据跑腿、让群众少跑腿。网上公安局摆脱了传统警务模式时间和空间的限制，把原先

吴忠市公安局2010年7月20日开通的网上办公大厅首页

限时限地的柜台式服务变成24小时×365天永不下班的网络式服务，让群众少跑腿、少花钱，足不出户就能办成事。

按照吴忠市各级公安机关及所属部门每日接待咨询和办理业务的群众平均为420余人次，每人次咨询和办理业务所需平均费用5元计算，如果通过网上公安局办理，每日可为办事群众节省费用2100元，每月节省63000元，一年可节省75.6万元。

针对信息化应用意识和能力上存在的"不适应、不适用"问题，市公安局实行领导带头、考核推动、以赛促用的方法强行"入轨"。在推进办公自动化的过程中，该局强行规定一律取消非涉密纸质文件，全部上网流转，迫使各地各部门自动"入轨"，上下基本形成了"自觉用、主动用、创新用"的氛围。民警每天上班有5件事：先开机、后查询、公文网上传、证书每天查、U盘随身带。

依托科技强警，一大批便民利民措施惠及百姓。开通公安门户网站，使群众足不出户就可了解机动车、消防、出入境、网络监察、户籍管理、特种行业等警务公开内容和常用表格下载，还可查询机动车辆违章信息；户籍管理业务全部实现了计算机管理和联网办公，市区户口实现网上迁移。

把科技强警理念转化为公安工作实践，不仅需要公安机关的领导者具备超常的胆识和魄力，还需要资金、政策等方面的支撑。10年来，面对资金匮乏的实际，市公安局努力争取市委、市政府和上级公安机关的支持，坚持把钱用在刀刃上，努力探索具有西部地方特色的科技强警之路。

市公安机关先后建设并成功推广了警用地理信息系统，建成了全区第一家四级专网视频会议系统，建成了全高清数字城市监控报警联网系统、警务工作实时督察系统等一批服务群众、服务实战的应用系统，近期顺利开通了吴忠市网上公安局。经过10年的建设，吴忠市公安信息化基础进一步稳固，信息化服务实战的能力明显提升，公安机关对社会面的管控能力、打击违法犯罪的能力和服务群众的能力明显提升，吴忠公安已经进入了科技引领警务的时代，无论硬件装备还是软件建设都走在了西北五省地市级公安机关的前列，以信息化应用为主导的警务工作模式已经形成，基本实现了公安信息工作基础化、基础工作信息化。

2010年8月，市公安局启动了吴忠市城市监控报警联网系统项目建设，总投资2777万元。该系统工程主要包括市、县、乡三级联动监控中心，高清视频监控系统，高清智能卡口系统，视频专网和公安内网千兆网络改造等五大项目工程，建设1个一级监控中心、16个二级监控中心、274个高清视频监控点、46套高清卡口系统，全面构筑起市、县、乡三级，城区中心、主干道路、周边交界三层，点、线、面三类，人防、物防、技防于一体的全天候公共安

全技术防控体系，实现社会面治安监控全覆盖。

项目启动后，市公安局主要领导参与监控点的点位勘测，实行蜂窝式布点，把高清视频监控点全部按辖区接入派出所监控中心，实现了城区所有重要路段、重点场所无盲点、全覆盖。派出所监控中心聘请巡防队员开展视频研判，采取“三班四运转”模式，对辖区街面进行24小时不眨眼、不间断轮流监控录像，全面掌握社会面动向，一旦发现警情，可迅速切入现场视频，对现场周边摄像机进行布控、设卡，视频围追堵截，借助监控系统及时找寻、追踪可疑目标，精确打击违法犯罪。还可直接调取发案现场周边的录像资料，结合现场走访，获取犯罪嫌疑人的体貌特征、驾驶车辆、作案工具、作案手段、行动轨迹等信息，为案件侦破、事件处置提供线索和方向。通过在派出所建设二级监控中心，把接处警环节反应速度从几分钟缩短为几秒钟。在全市已安装了监控系统的区域内，治安案件、刑事案件发案率下降了20.6%。在安装了治安卡口的路段，道路交通事故下降了16.5%。

2011年6月9日，盐池县发生一起绑架案，犯罪嫌疑人绑架一名11岁的小学生后，向其家人勒索100万元。绑架案发生后，市公安机关经过大量工作，初步圈定了一男一女两个主要犯罪嫌疑人。专案组将获取的犯罪嫌疑人信息输入警用地理信息系统进行比对，终于锁定了犯罪嫌疑人和人质可能藏匿的地点。吴忠市两级公安机关周密部署、沉着应战、寻线追踪、果断出击，将犯罪嫌疑人李某抓获，成功解救了人质。历时33小时将5名犯罪嫌疑人全部归案。在案件迅速告破的背后，除了公安民警的辛勤付出，更多的是信息化的成功应用。

2012年4月，为适应信息化建设的快速发展，不断提高全体民警的信息化应用技能，市公安局投资30余万元购置了60台计算机、2台空调，经过一个星期的紧张施工和网络调试，将交通管理局三楼会议室改建成网络教室。该网络教室能同时容纳60人参加信息化应用培训、考试，解决了市公安局长期没有网络教室的困难。

第四节　从优待警

从优待警，从关心爱护民警出发，为解决民警的实际困难着想，把民警的呼声和需要作为第一考虑，大力营造以警为本、关爱民警的良好氛围，将民警的切身利益维护好、实现好、发展好。

从优待警，建立和完善优待基层民警的人事、奖励制度，是充分调动基层民警工作积极性和主动性的一种最有效方法。提拔使用倾斜基层。基层民警接触公安工作面较广，且有一定的工作经验，将思想过硬、业务精通、群众基础好的基层优秀民警提拔到领导岗位，既调动了基层民警的积极性，又能使他们的聪明才智得到更好发挥，明确提拔换岗制度，增强上进心，把奖励重点放在基层。

从优待警，建立基层民警必休假制度。正常的休假得不到保障是困扰基层民警的普遍问题，许多基层民警平时和节假日经常加班加点，很少有时间与家人相聚。所以说，在繁忙的工作之余，安排民警正常休假，缓解工作压力势在必行。完善年休假制度。要将基层民警年休假形成一种制度，科学合理制定基层民警休假计划，强行规定基层民警每年休假必须达到的天数，将其作为一项硬性规定落实下去。保证正常的休息制度。基层民警对每周2天公休日已成为一种奢望，连续超负荷工作，势必会给民警的身体、身心带来诸多不适。保证每周正常的休息日，使基层民警能在繁忙的工作中抽出1~2天时间陪陪家人，享受天伦之乐，在身心有效放松的同时，继续保持旺盛的工作精力。

从优待警，建立向基层民警倾斜的福利制度。适当增加基层民警的补贴，既可以改善基层民警的生活条件，又调动工作热情。

2001年1月28日，盐池县推出从优待警新举措：1.经局党委积极争取，得到政府的大力支持，多方筹措资金，集资建造了48套民警住宅楼，为每位民警节省资金1万余元，改善民警住房条件。2.盐城县公安局决定每年为民警全面体检一次，建立民警健康情况档案，并为民警办理了人身意外伤害保险。3.公安局尽管在经费紧张的情况下，坚持按标准发放民警的风沙费、误餐费，不拖欠民警的差旅费。并为每位民警配发了一台太阳能热水器。4.经多方筹措资金13万元,进行"五小工程"建设,购置了部分办公设施和14台电脑,还购置了警务用车11辆,新建了消防大队营房和高沙窝等3个派出所办公楼,改善了基层派出所交通设备落后和办公条件简陋局面。5.盐池县公安局对破获大案要案实行重奖,破获1起,奖励3000元,2001年兑现2.4万元。年底拿出2万元,对评选出的10名县局先进工作者组织到外地考察学习。盐城县公安局从优待警措施的落实,出实招,暖警心,广大民警的工作积极性明显增强,社会治安防范能力得到了提高,一批大案要案及时侦破,一批社会治安问题突出的地方得到有效整治,民警违纪现象减少了,战斗力明显提高,促进了各项公安工作和队伍建设上台阶。

2007年2月13日上午,市委常委、政法委书记、公安局局长陈建军在市公安局副局长高学文、毕顺元等领导的陪同下,亲切慰问了退休老干部、原银南地区公安处处长陈宪。在陈宪家中,陈建军详细了解了他的身体恢复情况和生活情况,并送上了慰问金。陈宪为党的事业奋斗了一生,2006年患上了脑血栓,住院期间,陈建军代表组织多次进行看望。2月15日,陈建军常委在副局长高学文、政治部副主任钱琳的陪同下,又专程到因公牺牲的红寺堡开发区公安局局长汤生平家中,慰问了汤生平家属。2月12日,市公安局政委关玉林深入离退休干部马发庆、郑凤翔,特困民警宋光先,板桥乡困难群众马登寿、桂金兰家中,给他们送去了慰问品和慰问金,向他们送去新春的祝福。市公安局副局长赵秉强在政治部副主任赵景的陪同下,慰问了离退休干部王廷才、刘毅山,特困民警罗宁和金塔社区困难群众陈林、张体润,给他们带去了慰问品和慰问金。市公安局副局长高学文在局纪委副书记德余广德的陪同下,到退休老干部李仁、张艺和困难民警陈发、绿地园社区特困群众哈桂香、李建禄家中,向他们表示慰问。2月13日下午,市公安局领导慰问了困难民警代永祥和退休干部张有林,深入利通区扁担沟镇看望慰问了优抚对象王进孝和王彦林,为他们送去了慰问品。副局长毕顺元、政治部主任许文昌、纪检委书记周兴堂分赴离退休老干部和困难民警家中,开展慰问活动。2月14日,自治区公安厅治安总队副总队长陈永祥与自治区民政厅福利彩票中心有关负责人,带着8000元慰问金专程到利通区公安分局民警代永祥家中,送上节日的祝福和慰问。

2010年9月21日起,吴忠市公安局和利通区公安分局民警在市区内着警服可免费乘坐公交车,这是吴忠市公安局为进一步落实从优待警措施,方便民警上下班及出行,更好地发挥人民警察震慑犯罪的作用,是交通管理局与吴忠市辖区各公交公司达成的一项协议。

2011年9月27日,市公安局组织所有民警、辅警和离退休老干部开展连续第五年的健康体检。积极同吴忠市人民医院和宁夏医科大学附属医院取得联系,争取医院的支持,并按照民警年龄段和"工作体检两不误"的原则,将参检人员分别组织到吴忠市人民医院和宁夏医科大学附属医院进行体检。通过体检,使民警对身体状况有了更全面的了解,增强了健康意识,做到对一些疾病的早发现、早预防、早治疗,进一步引导民警养成正确的生活、工作习惯,确保全体民警以最佳的身体状态和昂扬的斗志投身到各项公安工作中去。

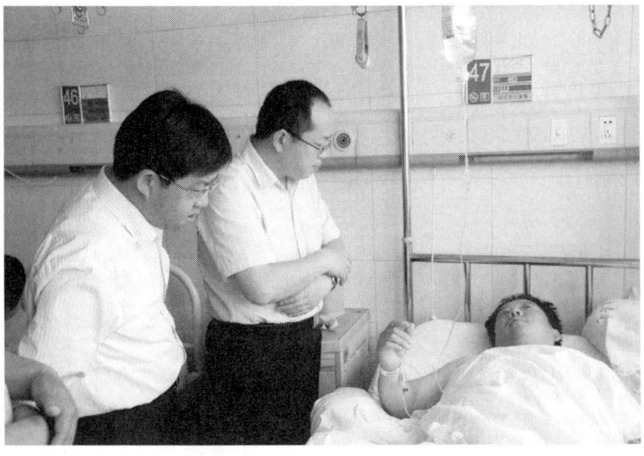

2012年5月19日,吴忠市委常委、公安局局长徐耀,副市长马和清到医院看望受伤的公安民警

2012年,盐池县公安局认真落实从优待警政策,奏响"听警声、暖警心、聚警力"从优待警"三部曲",真正从政治上、工作上、生活上和精神上关心爱护民警,使广大民警快乐工作、幸福生活。先后投入10万元,为民警建起保洁中心,解决了6名民警家属的就业问题;为160名辅警人员购买了五险;积极协调县委、县政府将辅警人员的工资纳入县财政预算;足额发放民警的加班值班补贴。坚持落实英烈家属慰问、民警定期体检、因病致残帮扶、生活困难帮扶、婚丧嫁娶慰问、生日祝福等措施,积极为两名困难民警子女向区厅申报了年度助学金,每

年组织民警体检；认真落实民警年休假制度；每年分批组织基层民警赴内地发达地区考察学习；元旦、春节、古尔邦节等传统节日，局领导积极走访看望退休民警、生活困难民警以及少数民族民警；对生育、患病民警及家属，局领导都专程看望，送去祝福；对考上专科、本科以及研究生的民警子女，建立民警子女高考助学金制度，按照制度分别给予2000元、3000元、5000元的助学奖励。

吴忠市公安局结合主题教育实践活动，组织开展"优秀警属"评选表彰活动。组织举办警体运动会。组织民警打篮球、排球、羽毛球、踢毽子、玩跳绳，陶冶情操，锻炼身体。组织民警用老百姓喜闻乐见的艺术形式，开展"文化惠民、送戏、送平安"下乡活动和警营开放日等活动。举办文艺舞蹈、演讲、书画、摄影、文学作品竞赛等活动。

2012年8月27日，市公安局领导徐耀、贺占忠、张本福一行再次到利通分局患病民警齐旭东家中看望齐旭东同志，为他送去鲜花和战友们的爱心捐款，祝福他早日康复。2008年年初，齐旭东被查出患肝硬化、胆结石、脾肿大、食管静脉曲张、胃溃疡等重病住院治疗。因其母亲年老且无固定收入，妻子患病无法正常工作，儿子年幼，一家人的生活、治疗费用全靠齐旭东一人的工资，生活非常艰难。齐旭东的困境一直牵动着市局、分局领导和全市公安民警的心，市公安局局长徐耀和利通区公安分局领导多次到医院、家中看望齐旭东，千方百计为其解决医疗费用。8月初，市公安局向全市公安民警发出了为齐旭东捐款的倡议书。倡议发出后，全市1000余名公安民警、协勤向齐旭东伸出友爱之手，共捐款12万余元。

2013年，市局先后调整配备科级领导干部43人，其中提拔正科级领导干部5人、副科级领导干部9人，交流正科级领导干部10人、副科级领导干部8人，免职11人（其中一正八副转任非领导职务，二正科降为副科转任非领导职务外调）。对空缺的19个科级领导干部岗位，组织开展5轮竞聘上岗进行提拔、交流配备。对符合交流轮岗条件的29名民警分两轮进行调整交流；根据岗位需要对16名民警进行调整交流。落实慰问、年体检、优秀民警外出休养等制度。对民警过生日、子女考上大学、直系亲属重大变故、生孩子等进行慰问，发放慰问金；慰问离退休老干部、公安英烈、因公牺牲民警家属、困难民警35人次，在春节、建军节期间为武警、消防部队送去慰问金4万元；根据民警体检情况，举办民警健康咨询培训班2期；先后组织4批60余名优秀民警外出考察休养；为每位民警每月发放价值32元干洗票。积极推动实施警员职务套改工作，经与市人力资源和社会保障局积极协商，按照公安机关警员职务套改范围和标准，对符合警员职务套改条件的216名民警报请人社局实施职务套改。同时，主动争取为2008年以来招录新警补发岗位津贴近30万元。

2014年，市公安局注重凝心聚力，认真落实从优待警工作。在元旦、春节、国庆节、古尔邦节等重大节日来临之际，慰问困难民警6人次发放慰问金6000元；慰问有病住院民警50人次慰问金3万元，慰问直系亲属、去世民警15人次慰问金7500元，慰问因公受伤民警8人次慰问金4000元，为17名民警办理重大疾病、困难救助，救助金7.6万元；为机关全体民警、离退休民警、工勤、协勤送生日蛋糕、鲜花，共5万元；向利通区工会帮扶中心申报救助民警3人，年底市公安局机关民警、职工173人参与了利通区职工重特大疾病医疗互助。

2015年，从实际出发制定《从优待警规定》，积极为民警排忧解难，解决一些实际问题。共筹措发放慰问资金10万余元，为5名因公负伤民警申请救助基金1万元，落实警员工资套改工作，套改三级警长12人，四级警长6人，一级警员61人，大幅度提升了科员级民警的工资标准。进一步丰富警营文化生活，组队参加全市职工拔河、跳绳比赛及吴忠公安机关篮球比赛、足球比赛；组织参加新警培训、警衔晋升培训和派出所所长培训，完成规范县级公安机关机构设置工作，完成确定2015年新一轮"三定"方案，机构设置得到进一步规范；结合人员编制实际情况，年终根据考核成绩划定考核等次，与单位评先选优、公务员考核等挂钩，发挥鼓励先进、鞭策后进作用；组织开展星级基层服务型党组织创建活动，进一步提升全局党建工作科学化水平。以落实《宁夏公安机关从优待警十项措施》为重点，深入推进从优待警工作，落实民警协勤体检、休假制度，做好退休民警服务保障，规范全市协勤工资福利标准；以"五必谈""六必访"为载体，关注民警愿望诉求，解决民警实际困难，对生日、结婚、因公负伤、因病住院、家属病故、子女考取大学等民警进行慰问，累计慰问78人次，发放慰问金11万余元。慰问困难党员、老党员27人，支付慰问金2.7万元。

2016年，认真落实民警休假、体检、保险、慰问以及支持鼓励民警学历教育、抚恤优待等各项从优待警规定，将关爱民警措施落到实处。共对民警、协勤、家属开展各类慰问52人次，送去慰问金5万余元。先后慰问26个单位、68名英模伤残困难民警，共计发放慰问金26万余元。向区厅申报17名民警特别抚恤金、专项慰问金、大病医疗救助金15万余元。对通过国家司法考试的3名民警落实奖励。利用“吴忠公安民警救助基金”帮助困难民警协勤43名。为全局民警购买人身意外伤害保险、发放干洗票，组织市公安局机关376名民警、职工、协勤参加年度体检。抓好老干部和妇女工作，召开老干部座谈会3次，慰问老干部57人次。

2017年制定《吴忠公安机关从优待警若干规定》，进一步拓宽优待范围，提高慰问经费标准；以“五必谈”“六必访”为载体，关注民警合理诉求，解决民警实际困难。

树立“快乐工作、幸福生活”理念，各地通过建立健身房、图书室、警营文化墙，组建文体活动兴趣小组，适时开展警体运动会、趣味运动会、演讲比赛、野外拓展拉练等文化活动，着力陶冶民警情操、增强民警体质，激发队伍活力。

2018年，大力加强与人社等部门沟通协调，及时高效地全面落实了派出所民警误餐伙食补助、职务职级并行、提高警衔津贴标准等惠警政策。全市公安机关共181人兑现了职务职级并行政策。切实维护民警执法权益，为一线执法执勤民警全部配齐现场执法记录仪，两年来惩处妨害民警执行公务案件23起处理37人。及时落实意外伤害保险和死亡抚恤等保障。

市、县公安机关充分发挥先进典型的示范、导向、激励和带动作用，对立功受奖人员及时予以表彰奖励。组织媒体深入一线采访挖掘，加强先进典型宣传，扩大宣传效应。近年先后涌现出全国优秀公安局——青铜峡市公安局，全国特级优秀人民警察张广春、全国优秀人民警察郑炜、全国公安国保荣誉证章获得者李正江等一批群众认可的先进典型。

2019年，组织民警职工开展了年度体检、积极协调有关部门开通了民警因伤救治“绿色通道”、先后开展民警因病住院等日常慰问、重大安保维稳专项慰问、扫黑除恶专项斗争专项慰问等千余人次，发放慰问金60余万元。

2020年，注重暖警暖心，体现党组织的关怀。先后推出张美霞等96名个人战疫模范，其中46名被自治区党委宣传部、文明办向社会公开发布评选活动。表彰疫情防控、扫黑除恶等工作先进个人157名、集体38个。完善了《吴忠市公安局请休假管理制度(试行)》，组织全体民警辅警健康体检；及时救助因公负伤、大病特困民警、辅警68人，发放救助金22万余元，慰问生病、婚丧嫁娶等民警辅警50余人，送去慰问金6万余元，申报自治区公安厅落实9名因公负伤民警慰问金2.7万元，申报自治区财政厅大病医疗救助4人、落实慰问金7万余元。对奋战在重大安保任务、专项工作和大要案件一线民警辅警及时进行慰问，切实把市公安局党委的关心关怀带到基层、送到一线、落到实处。

第五节　警察维权

警察是公民权利的“保护神”，是国家法律的执行者和捍卫者。而保护人民警察的权益则是全社会的责任。随着国民经济体制转型的进一步深入，利益调整不断深化，社会矛盾日益凸显，治安形势日趋复杂，警察时常处于社会矛盾的风口浪尖，无形之中成为一些社会成员发泄不满的“替罪羊”。同时缺乏良好的执法环境和宣传舆论导向存在偏颇也导致警民关系紧张。警察在执勤执法和处理群体性治安事件时，依法采取的措施和手段却往往得不到理解和配合，暴力袭警、抗拒执法、诬陷诬告民警等侵害民警正当执法权益的案(事)件日益增多。

1998年11月25日上午，吴忠市公安局在中卫县礼堂召开了追授徐新宁二级英雄模范称号、何全忠荣立一等功表彰大会。自治区人民政府副主席刘仲，自治区公安厅党委书记、厅长李顺桃，厅党委委员、政治部主任乔恩成及市、县四套班子分管政法工作的领导出席会议。

仅2007年1月份，吴忠市公安局110民警就接处酒后滋事报警120余起，占当月总处警量的30%左右，这其中民警遭到辱骂的就有20多起，产生肢体对抗而遭当事人打骂的有5起，110民警成了执法活动中被非法侵害最严重的警种之一。

2011年实行领导竞聘上岗。此次竞聘上岗是吴忠公安史上力度最大、范围最广、涉及干部最多，民警关注度最高的一次干部体制改革。将市区公安机关195个科级岗位（其中正科级职位71个、副科级职位124个）全部拿出，原任科级领导干部全部解任。通过竞争上岗，新提拔聘用了79名科级领导干部。从锻炼干部能力和爱护干部的角度考虑，制定定期交流制度，对热点岗位进行了交流，共有74名干部平职交流到新的岗位。

2011年以来，全市公安机关共核查处理18起民警在执法中被侵犯合法权益案件，29名民警合法权益不同程度受到侵害。公安机关对侵犯民警执法权益人员进行来历打击，刑事处罚41人，行政处罚12人，并为16名民警进行记功嘉奖，有效地维护了民警的合法权益。如盐池县侯某红涉嫌妨害公务案、利通区颉某敬涉嫌妨害公务案、同心县马某浩涉嫌妨害公务案等。

酒后滋事、辱骂殴打民警是众多侵权案件中发生频率最高也最为普遍的一种。然而在处理酒鬼闹事案件上，所有受害民警却无一例外地采取了忍让态度，许多民警的合法权益被侵害后，无法从侵害对象那里得到补偿，民警在自身合法权益受到侵害后，往往采取默默忍受、打不还手、骂不还口的方式。认为自己在履行职责过程中被侵犯是十分“正常”的，受到侵害时，也害怕出现违纪现象，很少会用法律维护自身权益。

保护民警执法权益的法律法规还在逐步完善，这类法律法规主要分散在《中华人民共和国刑法》《中华人民共和国人民警察法》《中华人民共和国治安管理处罚法》中，一般比较笼统，只对一些严重侵害行为做出量刑规定，而对实际工作中大量存在的揪打民警、撕扯衣服和警衔标志，谩骂、侮辱民警的案（事）件没有适用的条款作为处理依据。这导致侵犯民警执法权益案件查处数量少，处罚力度不大，给民警的保护工作带来障碍。

吴忠市公安机关警务督察部门根据自治区公安厅《关于成立维护公安民警正当执法权益委员会的通知》，迅速行动，按照通知要求立即建立了维权工作机构，加强对民警维权工作的组织领导。市公安局成立了维护公安民警正当执法权益委员会，办公室设在纪检委警务督察室，开展各项民警维权工作。各县（市、区）公安机关也根据市公安局的通知要求，成立了维护民警正当执法权益的委员会，为开展此项工作奠定了基础。

为尽快使警察维权工作走上正轨，发挥维权委员会的作用，切实保护民警正当的执法权益，吴忠市公安机关警务督察部门抓紧了维权工作的机制建设，积极探索各项长效机制的建设，建立完善有关的警务督察、维权工作规章制度，明确责任分工，落实职责任务，规范办案和办事程序，细化工作目标，建立各项工作台账。市公安局规范并制定了现场督察记录、举报案件查办督察记录、来信来访登记簿等7项基本台账，使督察和维权工作做到了底数清，便于查询，规范了群众来信来访案件的受理、转办、直接查处等各项办案程序。

第六节 信访接待

信访是办理人民来信、接待人民来访工作的总称。是党和政府倾听群众呼声，解决群众疾苦，保护群众利益，密切警民关系的“桥梁”，是各级公安机关的一项长期的重要工作。

中华人民共和国成立初期，公安机关信访工作由县公安局秘书室办理，妥善处理群众来信来访。公安机关为维护新生人民政权，加强社会治安管理，主要是响应政府号召，揭发地主、土匪、恶霸、反革命分子的破坏活动，积极为公安机关提供线索，经调查核实后，对违法犯罪人员进行依法惩罚。并警告匪特分子停止作恶，规劝特务分子投案自首,争取人民政府宽大处理。

1953年,公安机关根据上级关于《处理人民来信接见人民来访工作指示》,规定接待信访时要填写“人民来信登记册”及“人民来访登记表”。一般问题3日内办妥,较复杂的5日内办妥,问题极为复杂在限期内不能办妥者,声明理由,做到件件有着落,案案有结果,处理结果存档备查。

1955年,公安机关接待群众检举、揭发信件增多。为加强信访力量,确定局、科、所兼职信访干部,负责处理群众信访工作。

2005年6月14日,红寺堡区公安分局在区车站广场开展了公开接访活动,共散发宣传单3000余份,接待并处理信访案件8起,9名上访者均受到了分局党委常委陈建军的热情接待和答复,其中2案2人当场得到答复,另外6起上访案件均由陈常委亲自批复给相关责任单位,限期处理。

2007年12月24日,市委、市政府在市礼堂召开了全市信访工作总结表彰大会,全面总结了2007年度全市信访工作会议,对2007年度信访工作成绩突出的市公安局、市信访局等8个先进单位以及利通区公安分局何泽祥等12名先进个人进行了表彰奖励。

市公安局的信访工作紧紧围绕全力维护吴忠市社会稳定,建设小康社会和构建社会主义和谐社会这一中心,先后组织开展了集中处理群众信访问题工作、重点信访问题治理、公安信访举报积压件治理、涉法上访问题专项治理等多项信访专项行动,真诚面对群众,解决了一大批信访案件,使一些上访老户停访息诉,打造了新时期公安新形象。2005—2013年,市公安局共接访登记各类信访案件近2000件,接待信访群众3000余人次,办结息诉了990件信访案件,办结了55件长期积压的信访件,12件疑难信访件,7件市人大交办的重要信访件,18件自治区公安厅交办的重要信访件,妥善处理了多年来到公安部上访的案件2件,到自治区公安厅上访案件7件。2005年度市公安局被公安部评为全国公安机关集中处理群众信访问题工作先进集体,1人被公安部评为全国公安信访工作先进个人,1人被自治区公安厅评为全区信访工作先进个人。

第七节　纪检监察

严格的纪律,良好的作风,是完成各项公安保卫任务的重要保证。全市各级公安机关,逐步制定行为规范,坚持对干警的纪律作风教育,不断进行纪律作风整顿,从而使公安队伍养成了良好的纪律作风,完成了各个时期的公安工作任务。

中华人民共和国成立后,吴忠公安机关十分重视对干警进行纪律作风教育,要求干警树立优良的作风,针对少数干警中存在的贪污腐化,部分干警对待群众态度生硬、耍特权,以及违反政策打人骂人等不良作风,公安机关以局为单位,结合工作,集中进行整训,改造旧警思想,整顿不良作风。在普遍整顿提高的基础上,有重点地举办整训班,通过学习、检查、纠正旧警思想,划清敌我界限,反对知情不报、包庇匪霸、贪污受贿等违法乱纪,提高了干警的思想,转变了作风。

2003年12月1日至2004年1月10日,吴忠市公安局集中对全市公检法司安系统警用车辆违规问题开始进行专项治理。一是正在使用的警用车辆无牌无证或牌证不全的,套挂、挪用警车或公安专段号牌的,将挂有警车或公安专段号牌的车辆外借、转卖给非公、检、法、司、安系统或个人的;二是使用报废车、非法拼装车、盗抢车和走私车的;三是违反规定使用暂扣车辆的;四是违反规定喷涂警车标志,非警车安装警灯、警报器的;五是驾驶警车、公安专段号牌车辆违反交通法规的;六是非警务人员驾驶警车或驾驶警车从事非警务活动、警车和公安专段号牌车辆停放在餐饮或公共娱乐场所门前的;七是检、法、司、安系统的警用车辆除《警车管理规定》第三条所列任务外,挪作他用的;八是检、法、司、安系统的警用车辆执行开道任务的;九是违反规定滥用警车开道的。专项治理工作从2003年12月1日起至2004年1月10日,分三个阶段进行。成立了吴忠市警用车辆违规问题专项治理领导小组，吴忠市公安局副局长赵秉强任组长，市人民检察院副检察长刘志坚、中级人民法院院长刘国爱、司法局局长马少英、国家安全局局长师广宁任副组长。领导小组在市公安局交警支队设办公室，交警支队政委周兴堂任办公室主任，丁学文、丁峰、何兴华任副主任，刘国卫、杨武、刘明、杨生银为成员。

2010年3月31日至4月1日，由市公安局纪委、督察、交警、巡警人员组成2个督察组，分赴全市6个县市区公安局14个基层所队及吴忠市区街道路面，采取明察暗访、蹲点守候、临时路检等形式，对警车违规驾驶问题进行了督察，共查纠警车18台次，查出民警驾驶警车"三证不齐"、非警务人员驾驶警车等违规行为13人次。

2010年4月21—23日，吴忠市公安局抽调各县市区公安局督察民警组成三个督察组，采取异地交叉检查方式，对各县、市、区及市局机关警车及涉案车辆违规问题专项治理工作进行了再督察，共检查警车297辆，查出证照不全、检审验不合格等违规警车38辆。

2011年1月5日下午，吴忠市委宣传部、市公安局联合召开2011年首场新闻通气会，向区内外各大媒体记者通报市公安局出台"铁规禁令"，严格约束民警执法行为，确保规范执法各项措施得到有效落实的有关规定。人民网、《人民公安报》、《宁夏日报》、《法治新报》、《新消息报》、《吴忠日报》、吴忠电视台等13家媒体记者受邀参加此次新闻通气会，对相关活动进行了集中报道。

2011年11月3日，吴忠市公安机关纪检督察民警培训班暨"两治理一整改"工作推进会在红寺堡区公安分局举行，参加会议的领导有市公安局党委副书记、副局长高学文，市局纪检委副书记魏炳宏，以及局属各市、县(区)公安局主管局领导、纪检、信访、刑侦、经侦、禁毒、治安、后保、法制、交警等部门负责人参加了会议。会议要求：一是各区公安分局及各县公安局局领导及相关部门要高度重视"两个专项治理"工作和"审计整改年"活动；二是切实负起责任，加强组织协调，充分调动各警种、部门的积极性、主动性，形成工作合力，坚决纠正，细化措施，责任到人，逐一落实整改措施；三是认真开展"两治理一整改"工作"回头看"活动，迎接公安部考核组检查验收。会后，与会人员参观、考察了红寺堡区公安分局的"两个专项治理"工作档案，实地参观了红寺堡交警大队涉案财物集中管理和台账建设。

2015年，严格执行"一岗双责"，从严落实"两个责任"，始终坚持"把纪律和规矩挺在前面与把追责问责跟在后面"双管齐下，自觉接受上级纪委监督和群众评议，全面推行"三重一大"集体研究和一把手"五不直接分管"落实，研究出台《吴忠市公安机关内部人员过问案件记录和责任追究规定》，重申19条铁律禁令，切实将执法权力关进制度笼子，推进执纪问责常态化，全力打造忠诚、干净、担当的公安执法队伍。

2016年，以开展"两学一做"学习教育暨作风整顿为契机，坚持从严治警不松劲，全面加强队伍思想政治建设、领导班子建设、纪律作风建设和反腐倡廉建设，实现思想政治工作与业务工作有机融合；采取"走出去"的方式，依托国家公务员培训中心、清华大学等培训资源，集中为中层以上干部"补钙"，以"请进来"的方式，聘请知名专家、教授为全体民警"充电"；积极争取人事部门支持，154名民警享受职务职级并行待遇，新提拔配备科级干部84名，全市均已落实派出所升格政策，车补、住房等补贴逐步发放到位；31名机关民警到基层一线工作，有效解决了基层警力不足的难题；聚焦监督执纪问责主业，践行"四种形态"，健全完善制度机制，压实"两个责任"，坚持抓早抓小、抓细抓常，始终保持执纪审查高压态势，有力推进全面从严治党从严治警向纵深发展，查办民警违法违纪案件16起、给予党政纪处分18人，约谈提醒各级党委班子成员22人次、廉政提醒约谈150人次。

2018年，认真落实队伍定期分析和民警重大事项报告、谈心谈话、家庭联系等制度，建立健全开门评警、纳谏制度，形成内外结合的队伍监督机制；深入组织开展"服务示范窗口"单位评比和党建优质服务品牌创建活动，着力解决民警在执法、服务等方面的苗头性问题，进一步转变工作作风。组织民警观看警示教育片、参观廉政基地、重温入警入党誓词、签订廉政责任书等形式多样的活动，切实筑牢民警思想道德防线。

坚持经常性监督管理不放松，牢固树立"敢抓、敢管、严管"思想，对请示报告、警容风纪、值班备勤、装备管理、窗口礼仪等各项内务制度进行梳理完善，确保内务统一、管理规范、秩序井然。加强制度建设和机制创新，制定《内部人员过问案件记录和责任追究规定》《刑事案件审核工作规范》《请销假制度》《绩效考核制度》等制度，从实体和程序上规范执法办案行为，深入抓好执法流程网上管理和重点部位网上监控，堵塞工作漏洞，确保依法履职。

按照“民警清正、队伍清廉、政治清明”的总体目标，强化党委主体责任和纪委监督责任，落实党风廉政建设责任制和“一岗双责”，全面推行“三重一大”集体研究和一把手“五不直接分管”制度。强化重要节日和重点工作专项督察，强化公安内部审计监督，严格落实绩效考核目标责任，坚持领导干部报告个人有关事项、廉政谈话、诫勉谈话等制度，有效强化监督约束。加大案件查办力度，2015年以来全市公安机关共查处民警违纪案件49起58人，25名科级所队长和33名民警被给予党政务处分，88名领导干部和民警被问责处理，其中20人被诫勉谈话，68人被通报批评，60余名辅警被予以辞退等问责处理。刑事违法受到追究的11名民警、7名辅警。

2020年，吴忠市公安局纪检监察工作坚持把抓党风廉政建设作为应尽之责、分内之事，切实增强政治自觉，提高政治站位，毅然决然落实主体责任和监督责任。监督督促各级党组织负责人要带头落实好“第一责任人”的责任，在常抓长管上下功夫、见实效。班子成员履行好“一岗双责”，管好“责任区”，种好“责任田”。市县两级纪检部门，认真履行职责，督促和推动各级党组织和领导干部强化责任担当，逐级传导压力，拧紧责任螺丝，一体推进不敢腐、不能腐、不想腐。坚持把纪律和规矩挺在前面，紧盯关键领域、环节和对象，不断深化标本兼治，持续释放严管严查的明确信号。注重抓早抓小抓常，对苗头性、倾向性问题或轻微违纪问题主动出击，及时采取谈话提醒、批评教育、函询诫勉等方式“咬耳扯袖”，让党员民警“红脸出汗”，始终绷紧纪律之弦。对顶风违纪、不知止不收手、失职渎职违规办案、权钱交易、损害群众利益等行为，发现一起严查一起，对问题频发的“一案双查”，绝不姑息。贯通运用监督执纪“四种形态”，既严肃处理有纪不依、明知故犯，又区分工作失误和违纪违法行为，既让大多数党员民警受到触动和警示，又让敢于负责担当的民警得到保护。准确把握“三个区分开来”，建立健全公安机关容错纠错工作机制，把监督执纪问责与鼓励担当作为结合起来，客观公正对待干部，对该容的大胆容错，对不该容的坚决问责，让担当作为者放下包袱，让违法违纪者受到惩戒，引导广大党员民警遵规守纪，强化自我管理和约束，形成激浊扬清，干事创业的良好氛围。

第十章

领导名录

LING DAO MING LU

第十章　领导名录

领导是领导者为实现组织的目标而运用权力向其下属施加影响力的一种行为或行为过程。领导工作包括五个必不可少的要素:领导者、被领导者、作用对象(即客观环境)、职权和领导行为。

领导是以实践中心展开的,由居于社会系统中的领导主体根据领导环境和领导客体的实际情况确定各自系统的目标和任务,并通过示范、说服、命令、竞争和合作等途径获取和动用各种资源,引导和规范领导客体、实现既定目标,完成共同事业的强效社会工具和行为互动过程。

第一节　领导简介

吴忠,历史悠久,人杰地灵,名流俊杰辈出。无数风云人物,在人民公安的光荣岗位上,用勤劳和智慧为吴忠地区的社会治安稳定、经济快步发展创造了可歌可泣的英雄业绩。

一、局(处)长简介

温秀钧

温秀钧,男,汉族,1920年3月出生,陕西延安人,初中文化。1935年4月参加革命,同年加入中国共产党。1938年在延安加入公安队伍,长期在边区从事公安工作。1949年,中国人民解放军进军大西北,边区选派一批干部随军接管兰州,温秀钧即在其中。途中因遇战事,该批派往兰州接管的干部受阻,温秀钧等人会同十九兵团辗转来到宁夏。适逢银川解放,温秀钧留在银川参加接管工作。人民解放军接管银川旧警察局后,成立银川市军管会公安处,下辖四个分局,温秀钧任二分局局长。在长期的公安工作中,温秀钧积累了丰富的工作经验,尤其具有较高的预审技能,在宁夏公安系统被誉为"预审专家"。1954年宁夏与甘肃并省,任甘肃省银川市专署公安处银川市公安局局长,为银川市公安局第二任局长。1957年1月,调银川专署公安处任副处长。1958年宁夏回族自治区成立后,先后在自治区公安厅三处、六处任处长。1973年4月,银南地区成立,5月成立银南地区公安处,温秀钧调任银南地区公安处处长。1978年,调任自治区检察院三处处长。1985年离休。

陈　宪

陈　宪,男,满族,1933年7月出生,宁夏银川市人,中专文化,1949年10月参加工作,1952年12月加入中国共产党。1949年10月在宁夏干部学校培训并参加工作,1950年5月在盐池县四区(雷记沟)工作,1950年10月宁朔县参加土改,担任工作队副队长,1954年任盐池县团委副书记,1955年任团县委书记,1956年7月任盐池县办公室主任,并当选为盐池县党的第三次代表大会委员。1956年10月兼任中共盐池县委审干办公室副主任,1958年年末兼任盐池县档案馆馆长,1959年任盐池县副县长,1961年2月任中卫县公安局总支书记,政治教导员,县委委员,1961年10月,任自治区公安厅二处代理处长。1962年9月任中宁县公安局政治教导员,党总书记,县委委员,1964年2—10月在中央政法学校学习,其间受到毛泽东、刘少奇、周恩来、朱德、董必武、彭真、陈毅、贺龙、刘伯承、李先念、谭震林、聂荣臻等领导人的接见。1968年5月任中宁县石空公社革委会主任。1972年7月调入银南地区筹备小组工作。1975年任银南地区公安处副处长,党组副书记,1981年7月任银南地区公安处处长、党组书记并兼任武警银南支队第一政委党委第一书记,1988年任公安处调研员,1991年6月19日受到江泽民总书记接见,1994年年底退休。

黄振诚

黄振诚,男,汉族,1942年11月3日出生,北京通州人,1966年9月1日从北京政法学院(现中国政法大学)毕业,大学本科学历,被分配到宁夏水利厅吴忠秦汉渠管理处工作,当一般干部,1974年4月被调到银南地区公安处政保科,1979年被调整到刑侦科任副科长,1979年下半年到中央政法干校学习一年,1980年下半年到中央警察学院进修一年,1981年任刑侦科科长,1983年任银南地区公安处副处长,1986年8月任银南地区公安处处长、党委书记,兼银南武警支队第一政委、第一书记,1992年10月调银南检察分院任检察长、党组书记,1999年调任吴忠市政协任助理巡视员。2002年退休。

王金荣

王金荣,男,回族,1949年12月15日出生,宁夏吴忠人,大学文化,1970年加入中国共产党,1967年1月至1968年2月,在吴忠市水泵阀门厂工作;1968年2月至1978年9月,在中国人民解放军某部服役;1978年9月转业至吴忠市公安局工作,历任吴忠市公安局预审股副股长、预审科科长、内保科长、副局长;1990年3月至1994年5月任银南行署公安处副处长;1994年6月至1998年8月任银南地区公安处党委书记、处长;1998年9月银南行署撤地建吴忠市。自1998年9月至2003年1月任吴忠市公安局党委书记、局长(副厅级);2003年1月23日调任石嘴山市公安局党委书记、局长。2005年3月1日任自治区公安厅助理巡视员。1988年4月被国务院授予“全国民族团结进步先进个人”称号;1988年9月被自治区党委、政府授予“全区民族团结进步先进个人”称号;1996年9月被自治区党委、政府授予“全区严打整治斗争先进个人”称号;1998年2月被自治区劳动人事厅、公安厅授予“全区优秀人民警察”称号;1998年3月被自治区公安厅授予“全区禁毒工作先进个人”称号。先后立一等功1次、二等功3次,多次被评为优秀公务员,2003年被评为第七届全国少数民族运动会先进个人。

韩胜利

韩胜利,男,汉族,1954年6月14日出生,陕西省华阴市人。1974年1月参加工作,1974年12月加入中国共产党,大学文化。1974年1月在银川郊区大新乡插队,1976年4月任银川市公安局副科级秘书,1984年6月任银川市公安局政策法律研究室主任,1986年4月任银川市公安局办公室主任,1986年6月任银川市公安局副局长,1994年9月任银川市公安局政委,1999年5月任银川市公安局局长,2001年2月任银川市公安局局长(副厅级),2003年5月任吴忠市公安局局长,2005年3月任中共石嘴山市委常委、政法委书记、市公安局党委书记、市公安局局长。二级警监。2000年6月因工作成绩突出被自治区公安厅立个人一等功。

陈建军

陈建军，男，汉族，1954年8月出生，河北丰润人，1972年8月参加工作，在自治区党委办公厅机要处任科员，1974年12月加入中国共产党。1981年9月调到自治区公安厅一处任科员，1984年1月到自治区公安厅一处二科任副科长，1985年5月任自治区公安厅一处二科科长，1991年5月至1998年6月自治区任公安厅政保处副处长、侦察总队副总队长（副处级），1996年5月至2002年12月在职就读于中国人民公安大学治安管理专业（大专），1998年6月任自治区公安厅国保总队总队长（正处级），2000年8月至2003年6月在职就读于中央党校函授学院法律专业（大学），2003年3月任自治区公安厅纪委副书记兼警务督察处处长，2004年3月任公安厅纪委副书记兼警务督察处处长（副厅级），2004年6月任自治区公安厅副厅级侦查员，2005年3月任吴忠市委常委、政法委书记、吴忠市公安局党委书记、局长。2009年4月调自治区公安厅。

徐　耀

徐　耀，男，汉族，1970年12月2日出生，宁夏石嘴山市人，研究生学历，1996年9月加入中国共产党。1988年9月，在西北政法学院法律系学习，1992年7月毕业，在宁夏回族自治区公安厅办公室工作；1998年3月任自治区公安厅一处三支队副支队长；1998年10月任自治区公安厅一处三支队支队长；1999年6月任自治区公安厅国保总队副总队长；2003年8月任国保总队政委；2004年12月任国保总队总队长；2007年7月任自治区公安厅办公室主任；2009年3月任吴忠市委常委、政法委书记、吴忠市公安局党委书记、局长；2011年12月任吴忠市委常委、政法委副书记，市公安局党委书记、局长、督察长，市法学会会长；2014年9月调石嘴山市公安局任职。在职期间，先后立个人一等功1次、二等功2次，1995年3月11日被自治区公安厅评为先进工作者；1997年4月15日被公安部授予“全国优秀人民警察”称号。

章中全

章中全，男，汉族，1973年7月出生，籍贯宁夏中卫，1996年9月参加工作，2003年5月加入中国共产党，大学学历。1992年9月至1996年7月在西安公路交通大学汽车系汽运与贸易专业就读。1996年9月至1997年9月在自治区公安厅交警总队见习，1997年9月至2001年3月任自治区公安厅交警总队科员，2001年3月至2004年2月任自治区公安厅交警总队秩序科副科长，2004年2月至2005年12月任自治区公安厅交警总队高速公路交警支队四大队教导员，2005年12月至2006年9月任自治区公安厅交警总队主任科员，2006年9月至2008年1月任自治区公安厅交警总队秩序科科长，2008年1月至2011年10月任自治区公安厅交警总队高速公路交警支队副支队长（主持工作），2011年10月至2014年9月任自治区公安厅高速公路交警支队支队长（其间：2019年9月至2013年12月在宁夏党校第40期中青年干部专题培训班学习），2014年9月至2015年3月任自治区公安厅高速公路交警支队（高速公路公安局）支队长（局长），2015年3月至2015年9月任自治区公安厅治安管理总队总队长，2015年9月至2018年1月任宁夏银川市公安局政委、党委副书记，2018年1月至2019年1月任自治区公安厅交通管理局（交通警察总队）局长（总队长）（副厅级），2019年1月至2019年2月任宁夏吴忠市人民政府党组成员、市委政法委员会副书记市公安局党委委员、书记，2019年2月21日，吴忠市第五届人民代表大会常务委员会第十七次会议通过，决定任命：章中全为吴忠市人民政府副市长、市公安局局长。吴忠市委常委、政法委副书记、公安局党委书记、督察长。

二、党委书记简介

吴忠东

吴忠东，男，汉族，1944年9月30日出生，甘肃省山丹县人，1964年2月考入西北政法学院法学系，1968年12月毕业，被安排到甘肃省山丹农场劳动锻炼1年，1970年1月被分配到甘肃省公安厅办公室任秘书，1974年加入中国共产党，1975年10月调到宁夏银南地区组织部工作。1983年调到银南地委任政法委综治办主任兼银南地区行署司法处副处长，1987年2月任自治区人民检察院银南检察分院副检察长，1993年9月银南地区公安处党委书记，1996年8月调任银南地区国家安全局局长。工作期间，带领党委一班人，认真抓学习，抓党的组织建设，教育干警为政清廉，不谋私利，任人唯贤，大胆提拔年轻有为的干部，工作兢兢业业，吃苦在先享乐在后，全心全意为人民服务。

三、政委简介

马发庆

马发庆，男，汉族，1944年6月13日出生，河南孟州人，1964年3月毕业于宁夏卫校，在吴忠市防疫站工作，1973年调入银南地区公安处，被选派到沈阳人民警察干部学校学习法医，进修一年结业后，回到银南地区公安处从事法医工作，1976年加入中国共产党。1984年任银南地区公安处技术科科长，1990年任银南地区公安处副处长，1995年在中国人民公安大学公安管理专业学习，获大专学历，1997年，任银南地区公安处政委兼交警支队支队长，1998年9月8日任吴忠市公安局政委。工作期间，1989年获自治区政府授予的全区先进工作者奖励，2000年被吴忠市公安局记三等功1次。2001年8月退二线。

关玉林

关玉林，男，汉族，1958年10月12日出生，宁夏青铜峡市人，1976年1月至1986年9月，在兰州军区守备某师服役，担任战士、文书、排长、参谋、连长等职。1982年9月至1984年9月，在河北宣化炮兵学院学习，1978年4月加入中国共产党。1986年10月，从部队转业后，在银南地区行署劳人处任科员，1992年8月在银南地委办公室任正科级秘书，1996年8月任银南地区综治委办公室副主任(副处级)，1997年3月任吴忠市委政法委副书记，2001年8月任吴忠市公安局政委，2011年6月任吴忠市委政法委副书记、秘书长。1976—1986年在部队6次受团、营、连嘉奖；1988—2001年4次获银南地委、行署先进工作者奖励；2001年被吴忠市委、市政府评为社会治安综合治理先进个人；2007年5月被自治区纪委、监察厅、区纠风领导小组评为政风行风评议先进个人；2007年12月被自治区政府评为“宁夏国际清真食品穆斯林用品节暨宁夏贸易洽谈会安全保卫工作”先进个人；2008年10月被自治区50大庆筹委会评为“宁夏50大庆安全保卫工作”先进个人。

熊　焰

熊　焰，男，回族，1968年12月出生，大学学历，1988年7月参加工作，1994年7月加入中国共产党，先后在银川市兴庆区分局刑警队、公安厅经侦总队工作，历任刑警大队大队长、经侦总队一支队支队长、副总队长职务。2013年12月29日任吴忠市利通区党委常委、吴忠市公安局副局长、吴忠市公安局利通区公安分局局长。2015年4月任吴忠市公安局党委副书记、政委。工作期间，他任劳任怨，兢兢业业，凭借着对党的事业的无限忠诚和公安事业的一颗赤诚之心，始终战斗在工作的最前线，以确保一方平安为己任，秉公执法，恪尽职守，为维护宁夏的社会治安稳定经济秩序的稳定做出了突出的贡献。先后立三等功4次、二等功1次。

李　亮

李　亮，男，汉族，1975年1月出生，1996年9月参加工作，毕业于空军导弹学院。1995年12月加入中国共产党，现任吴忠市公安局党委副书记、政委，二级高级警长。1994年9月在空军导弹学院五系电子技术专业学习，1996年7月毕业，1996年9月在自治区公安厅四处见习，1997年9月任自治区公安厅四处科员（1997年8月至1998年8月，到固原市西吉县白城乡中学支教），2001年3月至2005年1月任自治区公安厅行动技术总队一支队副支队长（2002年3月至2004年12月在职就读于中国人民公安大学公安管理专业学习，获法学学士学位）；2005年1月任自治区公安厅行动技术总队主任科员；2005年4月至2010年3月在自治区公安厅禁毒处任主任科员（其间：2006年6月至2007年5月，基层挂职锻炼，任中卫市海原县公安局李旺派出所副所长）；2010年3月任自治区公安厅禁毒总队五支队支队长；2014年8月任自治区公安厅禁毒总队副总队长；2018年2月任自治区公安厅法制总队政委；2019年11月任吴忠市公安局党委副书记、政委。1998年12月被自治区公安厅授予二等功；1999年8月被自治区公安厅给予嘉奖；2000年1月被自治区公安厅授予三等功；2001年3月被自治区公安厅授予三等功；2001年3月被自治区公安厅授予荣誉称号；2006年3月被宁夏回族自治区公安厅授予荣誉称号，2006年3月被宁夏回族自治区公安厅记三等功；2010年1月被宁夏回族自治区公安厅给予嘉奖；2014年6月被自治区党委组织部、自治区人社厅记三等功。

四、副局（处）长简介

冯玉炯

冯玉炯，男，汉族，1932年8月出生，宁夏盐池县人，高中文化，1952年3月，在吴忠市公安局工作，1954年在宁夏公安培训班学习，结业后在吴忠回族自治州公安处任科员，1957年调吴忠市公安局，任政保股长1959年11月至1965年4月任吴忠市公安局副局长。1965年4月至1965年5月任吴忠县吴忠公社（镇）副社（镇）长，1966年5月至1967年9月任吴忠县吴忠公社、镇社（镇）长。1969年2月至1969年11月任吴忠镇革委会主任，1969年5月至1969年11月任吴忠镇党委书记，1969年11月至1970年7月任吴忠县工商行政管理服务站（原县工商行政管理局）革委会副主任，1970年7月至1972年1月任吴忠县工商行政管理局革命领导小组副组长，1972年1月至1976年10月任吴忠县工商行政管理局党支部书记、革命领导小组组长，1976年10月至1980年7月任吴忠县工商局局长。1980年7月，调银南地区公安处任副处长。1983年调银南地区中级人民法院任院长、党组书记，1985年中级人民法院升半格，被提为副厅级。1993年离任。1953年被评为模范工作者，1957年出席全自治区区公检法先代会，1978年出席吴忠财贸先代会。

张有林

张有林，男，汉族，1936年2月出生，大专文化，中共党员，甘肃省环县人。1956年随石油大队到吴忠，从事保卫工作。1959年被吴忠县抽调到肃反办公室工作。1961年调吴忠县公安局工作。1966年8月调青铜峡县公安局任副教导员、副局长。1968年2月任青铜峡县保卫处副处长，7月任保卫处处长。1970年2月，宁夏回族自治区党委任命汤若章为青铜峡县保卫处处长，张有林为副处长。1972年任青铜峡县公安局党委书记、教导员。1976年10

月任青铜峡县公安局党委书记兼局长。1979年4月任青铜峡县政法党组副书记。1980年11月调银南地区公安处任党组成员，兼二科(内保)科长，1981年7月任政治处主任，1983年2月任银南地区公安处副处长，1988年1月任银南地区公安处交警支队支队长，1988年2月任交警支队政委，1995年1月退二线，1996年1月退休。

谢生虎

谢生虎，男，回族，宁夏平罗人，1944年在陕北抗大三北公学当公务员，1946年到解放军第五后方医院学习护士，因回民生活不方便，1947年到回汉支队当兵。1949年9月23日宁夏解放，被组织安排到某教导团教导队学习，后任司务长、排长。1955年被调到吴忠市(县级)民警大队，1956年改称为公安队，1959年将公安队改为民警队，调到灵武县中队，被派往武汉武警学校学习，结业后被分配到宁夏公安总队任连长，1965年被调到石嘴山武警大队任副大队长，1966年任中宁县武装部副部长，1967年任中卫县武装部副部长。1976年转业，在银南地区公安处任副处长，1982年调入武警银南支队任支队长(副师级)。1986年离休。

马思珍

马思珍，男，回族，1941年2月5日出生，宁夏同心县人，初中文化，1956年6月参加工作，在同心县城关区公所担任通讯员，1957年10月在同心县委担任通讯员，1958年7月在同心县委担任会计，1959年11月在同心县委担任打字员，1962年7月加入中国共产党。1964年10月在同心县马高庄公社担任秘书，1968年8月担任同心县委保卫处秘书，1973年10月调到银南地区公安处工作。1979年1月在银南地区检察分院任刑检科副科长，1981年1月任银南地区检察分院任刑检科科长，1983年9月任银南行署公安处副处长。1989年6月调到自治区公安厅任刑侦处处长。1994年2月任自治区党委政法委副书记、助理巡视员，2000年1月3日任自治区党委政法委巡视员(正厅级)，2002年3月退休。

杨文林

杨文林，男，回族，1936年5月20日出生，宁夏吴忠人，中共党员，1951年3月参加工作，1964年1月参加公安工作，1951年3月至1963年12月任宁夏民警总队战士，1964年1月至1964年11月任自治区公安厅政治部干事，1964年12月至1978年7月任吴忠县公安局侦察员，1978年8月至1982年3月任吴忠县公安局副局长，1982年3月至1986年7月任吴忠县公安局局长，1986年7月至1994年8月任银南行署公安处副处长，1994年8月至1994年9月任宁夏公安厅刑侦处副处级侦察员，1994年9月至1996年6月任宁夏公安厅刑侦处正处级侦察员。2011年12月去世。1985年3月被公安部授予"公安局的好带头人"称号；1985年12月被吴忠市政府通令嘉奖；1994年4月被自治区公安厅党组记一等功；1995年2月被自治区公安厅记个人二等功；1996年9月被自治区公安厅记个人三等功；2003年7月被银川市总工会评为银川市劳动模范。

李　仁

李　仁，男，汉族，1943年12月出生，宁夏灵武人，大专学历，1963年7月参加工作，1971年加入中国共产党，1964年7月参加公安工作。三级警监警衔，1998年9月担任吴忠市公安局副局长，2001年4月任正处级侦察员。2004年5月退休。2009年9月29日因病去世。从事公安工作40年，在基层公安局担任过秘书、科长、副局长、局长、公安局党委书记。1978年担任灵武市公安局副局长、局长。任自治区人大代表两届(十年)，检察院工作两届(6年)。先后立个人一等功1次、二等功1次、三等功2次。1986年被评为“自治区综合治理先进工作者”；1989年被评为“自治区政法战线先进个人”。1999年6月22日立个人一等功；1989年3月立个人二等功；1996年立个人三等功；1997年1月立个人三等功。

赵秉强

赵秉强，男，汉族，1955年9月15日出生，宁夏吴忠人，大学学历，1977年3月在银南地区公安处工作。1978年到沈阳中国刑事警察学院痕迹检验系学习，毕业后回银南地区公安处从事刑事技术检验工作，1984年经全国刑事技术职称评定委员会评定为刑事科学技术员、工程师。1986年在全国成人高考中以公安系统内宁夏第一名、全国第二名的优异成绩考入北京中国人民大学公安干部管理系。1998年在中央党校法律系函授自考毕业。历任吴忠市公安局刑事科学技术技术员、工程师、刑侦科副科长、刑事技术科科长、副局长（正处级侦查员）。先后14次被市公安局评为先进工作者，6次被评为优秀公务员，6次被自治区、吴忠市、市公安局评为优秀模范共产党员，记三等功2次，被银南地委行署记功奖励2次，被自治区公安厅记二等功5次，被自治区党委、政府授予突出贡献奖1次，被公安部授予“全国优秀人民警察”称号。先后被录入《中国当代法庭科学名人大辞典》《中国专家大辞典》《群星铸辉煌——吴忠英模先进工作者事迹选编》《中国公安功模荣誉案》。

高学文

高学文，男，汉族，1961年4月20日出生，宁夏中宁县人，大学学历，1982年7月毕业于宁夏人民警察学校，在银南地区公安处刑侦科工作。1986年11月加入中国共产党。1987年8月在公安部干部管理学院在职学习；1992年6月任银南行署公安处刑侦科副科长，1996年7月任银南行署公安处刑侦科科长。1997年6月任吴忠市公安局刑侦支队支队长；2001年8月任吴忠市公安局副局长。2002年9月在石家庄陆军指挥学院法律专业本科函授学习；2005年6月任吴忠市公安局副局长兼青铜峡市公安局局长；2007年4月任吴忠市公安局党委副书记、副局长。工作期间，曾多次获优秀公务员、政法工作先进个人、人民满意的政法干警、优秀共产党员等称号，先后立个人二等功1次、个人三等功4次。

毕顺元

毕顺元，男，汉族，1963年11月1日出生，宁夏中宁县人。大学文化，1986年7月加入中国共产党。1984年7月毕业于宁夏人民警察学校，在银南地区公安处治安科工作；1992年7月任吴忠市公安局治安科副科长；1992年4月在中国人民公安大学函授学院专科在职学习；1997年6月任吴忠市公安局刑侦科教导员；1999年9月在中央党校函授学院本科在职学习；2002年2月任吴忠市公安局刑侦支队政委；2003年12月任盐池县公安局党委书记、局长；2006年7月任吴忠市公安局副局长。现任吴忠市公安局党委副书记、副局长（正处级），二级高级警长。在职期间，先后立个人三等功3次，2005年被国家综治委授予“2004—2005年全国整治油气田及管道生产秩序专项行动先进个人”称号。

吴国仁

吴国仁，男，汉族，1962年9月14日出生，宁夏吴忠市人。大学文化，1989年2月加入中国共产党。1986年7月毕业于宁夏人民警察学校，在吴忠市公安局利通分局工作；1990年9月在中国政法大学函授学院专科在职学习；1991年6月任秦渠派出所所长；1995年9月任朝阳派出所所长；1998年4月任利通分局治安大队大队长；1998年9月在中央党校函授学院本科在职学习；1999年3月任利通分局副局长；2004年5月任利通分局政委；2006年7月任吴忠市公安局防暴巡逻支队政委；2007年5月任吴忠市公安局副局长。

工作期间，1996年2月被银南地区授予"十佳民警"称号，1998年2月被自治区公安厅授予"自治区优秀人民警察"称号；2003年10月被自治区政府授予"全区引黄抗旱先进个人"称号，2005年5月立个人三等功1次，2008年10月立个人三等功1次，2011年被自治区公安厅评为交通整治先进个人。

贺占忠

贺占忠，男，汉族，1965年4月28日出生，宁夏中卫县人。1983年7月毕业于宁夏人民警察学校，在中卫县公安局工作；研究生学历，1987年6月加入中国共产党。1994年4月任中卫县公安局办公室副主任；1998年任中卫县公安局办公室主任；2003年4月任中卫县公安局副局长；2005年1月任中宁县公安局局长；2006年9月任同心县公安局局长；2011年5月任吴忠市公安局党委委员、副局长兼利通分局局长。在职期间，立个人三等功1次，2012年5月被公安部授予"全国优秀人民警察""任常霞式公安局长"称号。

王　义

王　义，男，回族，1965年12月22日出生，宁夏吴忠市人。1982年7月毕业于宁夏吴忠红旗中学，1983年9月在吴忠市仪表厂当工人；1984年11月加入中国共产党。1985年12月调往银南地区公安处工作；1989年9月在中国刑警学院专科学习；1997年6月任吴忠市公安局刑侦科副科长；1999年1月在中央党校函授学院本科在职学习；2002年12月任治安支队支队长；2007年1月任大阳山分局局长；2012年12月任吴忠市公安局副局长。现任吴忠市公安局党委委员、副局长。在职期间，先后立个人二等功2次、三等功4次，2002年1月被自治区公安厅评为"先进个人"；2008年3月被自治区公安厅授予"人民满意公务员"称号；2008年10月被自治区公安厅评为"先进工作者"。

惠兴文

惠兴文，男，汉族，1964年4月13日出生，籍贯宁夏盐池县，1984年7月参加工作，1988年3月加入中国共产党，大学文化。1984年7月毕业于宁夏人民警察学校，在盐池县公安局工作。1988年4月在自治区公安厅举办的全区痕迹技术专业培训班培训8个月，1988年8月在宁夏广播电视大学法律大专班在职学习。1995年4月任盐池县公安局刑侦科科长。1998年10月任盐池县公安局副局长，正科级侦察员。2001年8月在中央党校函授学院法律本科班在职学习。2004年4月任红寺堡开发区公安局政委、副局长。2004年10月在自治区公安厅基层公安局局长、政委首任培训班培训6个月。2006年4月任红寺堡开发区公安局政委、副处级侦查员。2006年6月任红寺堡开发区公安局党委书记、局长。2007年4月任红寺堡开发区工委委员、公安局局长。2008年9月任红寺堡开发区工委委员、政法委书记、公安局局长。2011年4月23日任青铜峡市委委员、市委常委、市公安局党委书记。4月26日任青铜峡市委政法委书记，2011年5月30日任青铜峡市公安局局长。2016年7月任吴忠市公安局党委委员，利通区委常委、公安局局长，吴忠市公安局党委委员、副局长。现任吴忠市公安局党委委员、副局长、四级高级警长。1990年12月被宁夏回族自治区人民政府授予“先进个人”称号。1994年4月被自治区公安厅授予“优秀侦查员”称号。1994年9月被银南地区公安处记“三等功”。1999年3月被自治区公安厅记二等功。1999年3月被公安部授予“全国优秀人民警察”称号。

刘国强

刘国强，男，汉族，1970年6月出生，籍贯河南南阳市，1991年9月参加工作，1995年4月加入中国共产党，大学学历。1987年9月在中山大学上学，1991年9月至1992年8月在自治区公安厅见习，1992年8月任自治区公安厅法制处科员，1998年4月任自治区公安厅法制处执法监督指导科副科长，1999年6月任自治区公安厅经济犯罪侦查总队六支队支队长，2006年4月任自治区公安厅禁毒总队支队长，2008年1月任自治区公安厅禁毒总队副总队长，2014年8月任刑事侦查总队副总队长，2015年5月任吴忠市青铜峡市公安局局长，2019年5月任吴忠市公安局党委委员、副局长。工作期间，1994年4月被自治区公安厅党委记三等功；1995年3月被公安厅政治部给予嘉奖；1996年8月被自治区公安厅给予其他荣誉称号；1997年12月至2001年3月被自治区公安厅给予嘉奖3次；1999年6月至2001年11月被公安厅给予其他荣誉称号4次；2001年7月被自治区公安厅记二等功。

拜　杰

拜　杰，男，汉族，1975年2月出生，籍贯陕西大荔县，出生地宁夏中宁县，1997年7月参加工作。2002年6月加入中国共产党，1997年7月毕业于宁夏工学院电气工程系电气自动化技术专业，在职就读于中国人民公安大学自考公安管理专业，大学本科。现任宁夏回族自治区吴忠市公安局副局长。1994年9月至1997年7月，在宁夏工学院电气工程系电气自动化专业学习；1997年7月毕业，就职于吴忠市公安局政保科，任科员；1998年6月任吴忠市公安局禁毒支队科员；2004年6月任吴忠市公安局利通分局古城派出所科员；2004年11月任吴忠市公安局禁毒支队科员，其间：在职就读于中国人民公安大学自学考试公安管理专业，2004年12月毕业；2007年8月任吴忠市公安局禁毒支队副支队长；2011年6月任吴忠市公安局禁毒支队常务副支队长；2013年3月吴忠市公安局监所管理支队副支队长兼强制隔离戒毒所所长、教导员、戒毒康复中心主任；2015年7月任吴忠市拘留所政委；2019年1月任盐池县委常委，2019年2月任盐池县公安局局长；2020年12月任吴忠市公安局党委委员、副局长、四级高级警长。2004年9月8日立二等功，2011年7月5日获嘉奖。

徐晓东

徐晓东，男，满族，1972年12月出生，籍贯内蒙古土默特左旗，中共党员，宁夏党校研究生学历。1995年10月在宁夏银利达镁业有限公司工作，1998年7月被招聘到银川市公安局交警支队，为试用期民警，1990年9月任银川市公安局交警支队科员，2001年8月至2003年12月考入中央党校函授学院法律专业在职学习，2005年8月任自治区公安厅国内安全保卫总队任科员，2006年12月任自治区公安厅国内安全保卫总队二支队副支队长，2010年3月任自治区公安厅国内安全保卫总队一支队（民族宗教领域安全保卫工作支队）支队长，2015年2月任自治区公安厅华西研究所副所长，其间2014年9月至2017年7月在自治区党委党校公共管理专业（硕士研究生）学习，2017年1月至2018年1月挂职锻炼任中共同心县委常委、副县长，2020年3月任自治区公安厅华西研究所副所长、四级高级警长，2020年3月任自治区公安厅华西研究所副所长、三级高级警长，2020年11月任自治区公安厅技术侦察总队副总队长、华西研究所二级高级警长，2021年1月挂职锻炼任吴忠市公安局党委委员、副局长。

五、市公安局党委委员简介

刘维清

刘维清，男，汉族，1944年6月4日出生，陕西神木县人。中共党员，大专文化。1960年在陕西省神木县国营大砭窑煤矿工作，1963年年底入伍，1982年4月13日转业到银南地区公安处，在政保科工作。1984年5月任银南地区公安处办公室副主任，1987年8月任公安处党委委员、办公室主任。1992年10月至2000年8月任银南地区公安处党委委员、纪委书记，2000年9月退二线。在工作期间，立三等功3次，连续6年被评为优秀公务员。1998年被授予全区第四届民族团结进步先进个人称号；1999年11月被公安部授予全国优秀人民警察称号。

庞自林

庞自林，男，回族，宁夏同心县人，大学文化。1970年8月参加工作，1979年7月加入中国共产党。2005年6月毕业于石家庄陆军指挥学院法律专业(函授)。1972年3月在吴忠师范读书，1974年3月任同心县农村办公室干部，1975年7月任同心县窑山中学教员，1976年8月任宁夏固海扬水工程同心指挥部政工科长兼办公室主任。1979年11月调至同心县公安局政工科副科长，1991年12月任同心县公安局城镇派出所所长，1997年6月任吴忠市公安局政治处副主任(正科级)，2001年8月任吴忠市公安局党委委员、政治部主任(副处级)。2005年6月任吴忠市公安局交警支队政委，2009年3月任吴忠市公安局交通管理局副处级侦察员，2011年7月任吴忠市公安局副处级侦察员。

许文昌

许文昌，男，汉族，1956年9月28日出生，大专文化，山东人。1973年12月参加工作，1976年6月加入中国共产党。1973年12月在中国人民解放军某部服役。1978年4月部队复员回到宁夏中卫英楼村八队务农。1978年9月在宁夏人民警察学校读书。1980年9月在宁夏人民警察学校任教，1982年12月调至银南地区公安处治安科任科员，1984年1月任银南地区公安处治安科副科长，1989年9月任银南地区公安处刑侦科副科长，1992年6月任吴忠市公安局法制科科长，2001年8月任吴忠市公安局党委委员、纪委书记(副处级)，2005年6月任吴忠市公安局党委委员、政治部主任。

周兴堂

周兴堂，男，汉族，1955年2月12日出生，大专学历，宁夏吴忠市人。1974年12月在部队服役，1976年9月加入中国共产党。在部队期间，历任班长、排长、副连长、代连长、连政治指导员、连队支部委员、副书记、书记、营副政治教导员、营政治教导员、营党委委员、党委书记、团副政治委员、团党委委员、常委、机关党委书记、团党委副书记、纪委书记。1979年2月至1980年7月在兰州军区长安步校上学，1990年9月至1993年7月在中国人民解放军南京陆军指挥学院上学。1994年10月转业到银南地区公安处工作，任交警支队政委、党支部书记，1998年9月任吴忠市公安局交警支队政委、党总支书记，2005年5月任吴忠市公安局纪委书记、警务督察部主任，市公安局党委委员。1998年被吴忠市政府评为“扶贫工作先进个人”，2007年7月被公安部评为“信访工作先进个人”，2010年2月退居二线仍然负责市公安局纪委的工作，2012年7月被调整到市公安局交管局车管所工作。

周福德

周福德，男，汉族，1956年10月4日出生，宁夏同心县人，大专文化，中共党员。1976年2月应征入伍，历任战士、副班长、班长、副排长、排长等职，1980年3月，在独立师教导队任中队长，1983年3月在同心县人民武装部军事科任参谋，1985年3月任同心县人民武装部军事科副科长，1986年8月任同心县人民武装部军事科科长，1995年3月任吴忠市利通区人民武装部副部长。1999年10月，从部队转业到吴忠市公安局，任经侦支队支队长，2002年10月任吴忠市公安局防暴巡警支队支队长，2006年7月任吴忠市公安局党委委员、交警支队支队长，2008年8月任正处级侦察员。1998年10月立三等功1次，1998年12月出席吴忠市第一次党代会，2007年10月立三等功1次。

张本福

张本福，男，汉族，1962年11月11日出生，宁夏盐池县人。1980年9月在陕西省西安市陆军学院军队武警院校军事学专业上学，1983年7月毕业于西安陆军学院，在某部队任排长，1984年2月加入中国共产党。1985年6月在某部队任参谋（排职），1989年7月任连长，1992年6月任参谋（副营级），1993年6月任股长（副营级），1996年4月任营长，1997年1月至1999年12月在职就读中央党校函授学校政治学专业大学班，1999年2月在某师司令部侦查科任科长（副团级），2000年4月任装甲某团副团长，2000年6月在装甲某团任参谋长（副团级），2002年4月任装甲某团副团长，2003年10月转业到吴忠市公安局任政治部副处级侦查员，2006年2月任吴忠市公安局刑事侦查支队副处级侦查员，2008年6月任吴忠市公安局防暴巡逻警察支队政委，2011年5月任吴忠市公安局党委委员、政治部主任。在职期间，先后立个人三等功6次。

谭卫泽

谭卫泽，女，回族，1964年3月27日出生，宁夏盐池县人。1982年9月毕业于宁夏人民警察学校，任宁夏盐池县公安局大水坑派出所科员。1982年12月任宁夏盐池县公安局看守所科员。1986年9月任宁夏盐池县公安局城关派出所科员。1988年7月加入中国共产党。1989年9月在宁夏电大专科在职学习；1999年3月任宁夏盐池县公安局城关派出所副所长。2000年11月任宁夏盐池县公安局花马池派出所指导员。2001年9月在中央党校函授学院本科在职学习。2004年11月任宁夏盐池县公安局副政委。2009年12月任青铜峡市公安局政委。2011年6月17日调任利通区公安分局政委。2011年11月任吴忠市公安局党委委员、纪委书记。在职期间，立个人三等功1次；2005年3月被自治区政府授予“全区十大女杰”称号，同年，被自治区政府评为“三八红旗手”。

高利宁

高利宁，男，汉族，1963年1月7日出生，陕西省佳县人，1982年7月毕业于宁夏人民警察学校，分配到青铜峡市公安局工作；1985年任青铜峡市公安局预审科副科长；1987年1月任青铜峡市公安局刑警大队副大队长，1987年1月加入中国共产党。1991年9月任青铜峡市公安局技术科副科长；1993年12月任青铜峡市公安局叶盛派出所所长；1996年10月任青铜峡市公安局法制室主任；1996年9月在中国人民公安大学在职学习；1997年9月中央党校函授学院在职学习；1999年4月任青铜峡市公安局刑侦大队副大队长（主持工作）；2001年10月任青铜峡市公安局刑侦大队大队长；2006年7月任吴忠市公安局刑侦支队支队长；2008年6月任利通区公安分局政委；2009年10月任吴忠市公安局交警支队政委；2011年5月任吴忠市公安局党委委员、刑侦支队支队长。现任吴忠市公安局党委委员、刑侦支队支队长、警务技术二级主管。任职期间，当选为中共青铜峡市第八次党代会代表、第九次党代会代表，并当选为九届市委候补委员；先后立个人二等功3次、三等功1次，被评为全区严打先进个人1次。

和　涛

和　涛，男，汉族，1970年1月出生，籍贯宁夏盐池县，1992年7月参加工作，1994年11月加入中国共产党，研究生学历，2015年7月任吴忠市公安局党委委员、禁毒分局政委，副处级。

1992年月7任吴忠市公安局（现利通区公安分局）刑侦科科员，1997年10月任吴忠市公安局（现利通区公安分局）刑侦大队中队长，2002年2月任吴忠市公安局（现利通区公安分局）刑侦大队教导员兼副大队长，2004年5月任吴忠市利通公安分局副局长，2007年3月任吴忠市公安局经侦支队支队长，2007年9月任吴忠市公安局禁毒支队支队长，2010年8月任吴忠市公安局红寺堡公安分局政委，2011年4月任吴忠市盐池县公安局局长，2015年7月任吴忠市公安局禁毒支队政委。

谢彦林

谢彦林，男，汉族，1974年10月出生，籍贯，宁夏青铜峡市，研究生学历，1994年7月参加工作，1997年9月加入中国共产党，2016年7月任利通区分局党委书记、局长。

1990年9月至1994年7月宁夏人民警察学校学生，1994年7月月毕业后在银南地区公安局任科员，1998年9月任吴忠市公安局科员，2001年12月任吴忠市委组织部科员，2002年10月任吴忠市委组织部干部三科副科长，2004年12月任吴忠市委组织部干部一科科长，2005年8月任吴忠市委组织部干部教育科科长，2010年1月任吴忠市委组织部党代表大会代表联络办公室主任，2015年4月任吴忠市公安局党委委员、吴忠市公安局政治部主任，副处级。工作期间，2000年4月被自治区公安厅授予先进工作者荣誉称号。

马学平

马学平，男，汉族，1974年7月出生，籍贯宁夏同心，1998年7月参加工作，2003年7月加入中国共产党，2011年7月宁夏党校研究生毕业，吴忠市公安局党委委员、政治部主任，2016年11月任副处级。1988年9月至1992年7月，在同心县下马关中学上学；1992年9月至1996年7月，在同心县中学上学；1996年9月至1998年7月，在宁夏人民警察学校道路交通管理专业就读，1999年8月参加公安工作，在吴忠市公安局经济犯罪侦查支队任科员，其间：2000年8月至2003年6月，在中央党校函授学院学习法律；2003年10月，在吴忠市公安局交警支队任科员；2006年9月，在忠市公安局交警支队道路巡逻大队任副大队长；2004年8月至2006年12月，在中央党校函授学院学习法律；2007年3月，在忠市公安局交警支队车管科任副科长；2008年12月，在吴忠市公安局交警支队车管科任科长；2011年6月，在吴忠市公安局交通管理局任副局长；2008年9月至2011年7月，在自治区委党校在职研究生班公共管理专业学习；2012年12月，在吴忠市公安局监所管理支队任支队长；2016年5月，任吴忠市公安局指挥部主任；2016年10月，任吴忠市公安局党委委员、政治部主任；2019年5月，任吴忠市公安局利通区分局党委委员、书记、局长、督察长。

官　雨

官　雨，男，汉族，1968年5月出生，籍贯宁夏盐池，1990年7月参加工作，1994年6月加入中国共产党，中央党校大学学历。

1988年9月至1990年7月在西北林学院林业经济管理系林业经济管理专业学习，1990年7月至2000年11月在盐池县青山乡政府工作，2000年11月任盐池县青山乡政府副乡长，2001年12月任盐池县青山乡党委委员、副乡长，2004年12月任盐池县青山乡党委副书记（其间：2004年8月至2006年12月在中共中央党校函授学院经济管理专业学习），2007年3月任盐池县环境保护和林业局副局长，2007年7月任盐池县环境保护和林业局副局长兼环境监测站站长，2007年12月任盐池县组织部副部长、机关工委书记，2011年7月任盐池县冯记沟乡党委书记，2011年8月任盐池县冯记沟乡党委书记、人大主席，2013年2月任盐池县冯记沟乡党委书记、人大主席、武装部政治教导员，2013年10月任盐池县惠安堡镇党委书记、人大主席、武装部政治教导员，2014年7月任盐池县委办公室主任、机要局局长、县直机关工委委员，2017年12月任吴忠市扶贫办副主任，2019年5月任吴忠市公安局党委委员、政治部主任（副处级）。现任吴忠市公安局党委委员、政治部主任、四级高级警长。

党学武

党学武，男，汉族，中共党员，1963年7月出生，籍贯宁夏吴忠市，1981年1月至1985年7月，在吴忠师范学习，1985年7月在银南地委党校工作，1987年7月任银南地委党校办事员，1987年12月毕业于宁夏大学自考汉语言文学专业，1989年10月任银南地委党校团委副书记（副科级），1993年12月任银南地委党校办公室副主任，1994年10任银南地区土地局副科级秘书，1997年1月任吴忠市纪委副科级干部，1999年12月任吴忠市纪委党风廉政室副主任（正科级），2001年9月任吴忠市纪委常委（副处级），2003年2月任吴忠市中级人民法院纪检组组长、党组成员，2008年5月任吴忠市中级人民法院纪检组组长、党组成员（正处级），2011年7月任吴忠市人民检察院纪检组组长、党组成员，2016年8月任吴忠市人民检察院纪检组组长、党组成员、调研员，2019年6月任吴忠市人民检察院纪检组组长、党组成员二级调研员，2020年1月任吴忠市公安局党委委员、市纪委监委派驻第十二纪检监察组组长（驻市公安局）。

第二节　领导表录

一、吴忠市公安局局长、政委及部门领导名录

1.局（处）长名录

吴忠市公安机关局（处）长一览表

表23

单位名称	职　务	姓　名	性别	民族	籍　贯	任职时间	职　级
银南地区公安处	处　长	温秀钧	男	汉	陕西延安	1973年5月至1974年4月	正处级
银南地区公安局	局　长					1974年4月至1979年11月	
银南地区公安处	处　长					1979年11月至1981年3月	
	处长、党组书记兼武警支队第一政委、党委第一书记	陈　宪	男	满	宁夏银川	1981年3月至1986年9月	
银南地区公安局	局　长	黄振诚	男	汉	北京通州	1986年10月至1998年1月	
						1998年1月至1998年8月	

续表23

单位名称	职务	姓名	性别	民族	籍贯	任职时间	职级
吴忠市公安局	市公安局党委书记、局长	王金荣	男	回	宁夏吴忠	1998年9月至2003年2月	副厅级
		韩胜利	男	汉	陕西华阴	2003年2月至2005年3月	
	市委常委、政法委书记、局党委书记、局长	陈建军	男	汉	河北丰润	2005年3月至2009年4月	副厅级
		徐　耀	男	汉	宁夏石嘴山	2009年4月至2014年9月	
	副市长、公安局局长，吴忠市委常委、政法委副书记，局党委书记、局长、督察长	章中全	男	汉	宁夏中卫	2019年1月至	

2.党委书记、政委名录

吴忠市公安机关党委书记、政委一览表

表24

单位名称	职务	姓名	性别	民族	籍贯	任职时间	职级
银南地区公安处	党委书记	吴忠东	男	汉	甘肃山丹	1993年9月至1996年8月	正处级
吴忠市公安局	政　委	马发庆	男	汉	河南孟州	1997年8月至2001年8月	
		关玉林	男	汉	宁夏青铜峡	2001年8月至2011年5月	
		熊　焰	男	回	上海	2015年4月至2018年10月	
		李　亮	男	汉	陕西定边	2019年11月至	

3.副局(处)长名录

吴忠市公安机关副局(处)长一览表

表25

单位名称	职务	姓名	性别	民族	籍贯	任职时间	职级
银南地区公安处	副处长	张佐卿	男	汉		1973年5月至1974年4月	副处级
		张玉明	男	汉		1973年5月至1974年4月	
银南地区公安局	副局长	陈　宪	男	满	宁夏银川	1975年2月至1979年11月	
		谢生虎	男	回	宁夏平罗	1976年至1979年11月	
银南地区公安处	副处长	陈　宪	男	满	宁夏银川	1979年11月至1981年7月	
		谢生虎	男	回	宁夏平罗	1979年11月至1982年	
		冯玉炯	男	汉	宁夏盐池	1980年7月至1983年	
		郭天明	男	汉	山西	1982年3月至1986年8月	
		黄振诚	男	汉	北京通州	1983年至1986年9月	
		张有林	男	汉	甘肃环县	1983年8月至1988年3月	
		马思珍	男	回	宁夏吴忠	1983年8月至1989年6月	
		杨文林	男	回	宁夏吴忠	1986年7月至1994年8月	
		马发庆	男	汉	河南孟州	1990年6月至1997年7月	

续表25

单位名称	职　务	姓　名	性别	民族	籍　贯	任职时间	职　级
吴忠市公安局	副局长	李　仁	男	汉	宁夏灵武	1998年9月至2001年4月	副处级
		赵秉强	男	汉	宁夏吴忠	1998年9月至2007年4月	
		刘宁弟	男	汉	山西襄汾	1999年4月至2006年4月	
		高学文	男	汉	宁夏中宁	2001年8月至2016年4月	
吴忠市公安局	副局长	杨学林	男	回	宁夏灵武	2002年10月至2012年10月	
		毕顺元	男	汉	宁夏中宁	2006年7月至2018年11月	
		吴国仁	男	汉	宁夏吴忠	2007年4月至2017年9月	
		何泽祥	男	汉	宁夏吴忠	2008年5月至2010年12月	
		贺占忠	男	汉	宁夏中卫	2011年4月至2013年12月	
		王　义	男	回	宁夏吴忠	2013年1月至	
		惠兴文	男	汉	宁夏盐池	2016年7月至	
		刘国强	男	汉	河南南阳	2019年5月至2020年12月	
		拜　杰	男	汉	陕西大荔县	2020年12月至	
		徐晓东	男	满	内蒙古土默特	2021年1月至	
	党委委员	张本福	男	汉	宁夏盐池	2011年5月至	
		高利宁	男	汉	陕西佳县	2011年5月至	
		谭卫泽	女	回	宁夏银川	2011年11月至	
		谢彦林	男	汉	宁夏青铜峡	2015年4月至	
		和　涛	男	汉	宁夏盐池	2015年7月至	
		马学平	男	汉	宁夏同心	2016年11月至	
		官　雨	男	汉	宁夏盐池	2019年5月至	
吴忠市公安局党委委员、市纪委监委派驻第十二纪检监察组组长、市公安局二级调研员		党学武	男	汉	宁夏吴忠	2020年1月至	正处级

4.部、室、处领导名录

吴忠市公安机关纪检部门领导一览表

表26

单位名称	职　务	姓　名	性别	民族	籍　贯	任职时间	职　级
银南地区公安处纪检组	副组长	黄席有	男	汉	陕西靖边	1982年3月至1986年6月	副处级
	组　长	王廷才	男	汉	甘肃临洮	1986年2月至1988年3月	
银南地区公安局纪检委	书　记	刘维清	男	汉	陕西神木	1992年10月至1998年8月	
吴忠市公安局纪检委						1998年9月至2000年12月	
	书　记	许文昌	男	汉	山东荣成	2001年8月至2005年6月	
		周兴堂	男	汉	宁夏中宁	2005年6月至2008年6月	
						2008年6月至2011年7月	正处级
		刘森林	男	汉	河北赤城	2011年8月至2011年9月30日	副处级
		谭卫泽	女	回	宁夏银川	2011年11月至2020年1月	
	书记(代)	党学武	男	汉	宁夏吴忠	2020年1月至	正处级

吴忠市公安局督察部领导一览表

表27

单位名称	职 务	姓 名	性别	民族	籍 贯	任职时间	职 级
吴忠市公安局督察部	主 任	周兴堂	男	汉	宁夏中宁	2005年5月至2011年7月	副处级
		刘森林	男	汉	河北赤城	2011年8月至2011年9月	
		谭卫泽	女	回	宁夏银川	2011年11月至2020年1月	
	主 任	党学武	男	汉	宁夏吴忠	2020年1月至	正处级
	警务督察支队长	张银福	男	汉	宁夏中卫	2016年8月至2021年1月	正科级
		金寿海	男	回	宁夏吴忠	2021年1月至	正科级

吴忠市公安机关政治部领导一览表

表28

单位名称	职 务	姓 名	性别	民族	籍 贯	任职时间	职 级
银南地区公安处政治处	主 任	张有林	男	汉	甘肃环县	1981年7月至1983年2月	副处级
		郭天明	男	汉	山西	1983年2月至1988年2月	
		巫占有	男	汉	宁夏吴忠	1988年2月至2001年8月	
吴忠市公安局政治处（部）	主 任	庞自林	男	回	宁夏同心	2001年8月至2005年6月	副处级
		许文昌	男	汉	山东	2005年6月至2011年6月	
		张本福	男	汉	宁夏盐池	2011年5月至2015年4月	
		谢彦林	男	汉	宁夏青铜峡	2015年4月至2016年7月	
		马学平	男	汉	宁夏同心	2016年11月至2019年5月	
		官 雨	男	汉	宁夏盐池	2019年5月至2021年1月	
	副主任（主持工作）	田小辉	男	回	宁夏西吉	2021年1月至2021年4月	正科级
	主 任	边有帮	男	汉	陕西定边	2021年4月至2022年4月	副处级

吴忠市公安机关指挥中心（办公室）领导一览表

表29

单位名称	职 务	姓 名	性别	民族	籍 贯	任职时间	职 级
银南地区公安处办公室	主 任	齐志国	男	汉	宁夏吴忠	1982年1月至1987年1月	正科级
		刘维清	男	汉	陕西神木	1987年2月至1992年10月	
		马义忠	男	回	宁夏青铜峡	1992年11月至1998年8月	
吴忠市公安局办公室	主 任	刘振江	男	汉	宁夏中卫	1998年9月至2003年1月	
		王忠东	男	回	宁夏吴忠	2003年1月至2005年4月	
		刘国卫	男	汉	宁夏吴忠	2005年4月至2009年11月	
吴忠市公安局指挥中心		马 戟	男	回	宁夏青铜峡	2006年5月至2009年11月	副处级

续表29

单位名称	职　务	姓　名	性别	民族	籍　贯	任职时间	职　级
吴忠市公安局指挥部(办公室)	主　任	丁　峰	男	回	宁夏吴忠	2011年5月至2015年	副处级
		马学平	男	汉	宁夏同心	2015年至2016年11月	正科级
		宋继忠	男	汉	宁夏吴忠	2016年11月至2019年5月	
	副主任（主持工作）	马永生	男	回	宁夏吴忠	2019年5月至2019年12月	正科级
	主　任	和　涛	男	汉	宁夏盐池	2019年12月至2022年4月	副处级

吴忠市公安局指挥信息中心警务科技处领导一览表

表30

单位名称	职　务	姓　名	性别	民族	籍　贯	任职时间	职　级
指挥信息中心	主　任	马晓峰	男	回	宁夏吴忠	2005年6月至2008年3月	副科级
	主　任	马继荣	男	回	宁夏吴忠	2008年3月至2008年9月	
	负责人	杨海波	男	回	宁夏吴忠	2008年9月至2009年10月	科　员
	负责人	杨　文	男	汉	宁夏青铜峡	2009年10月至2010年10月	副科级
						2010年10月至2011年6月	
警务科技处	处　长	柳军红	男	汉	宁夏隆德	2011年6月至2016年8月	正科级
		杨　文	男	汉	宁夏青铜峡	2016年8月至2021年1月	正科级
		王　保	男	汉	宁夏吴忠	2021年1月至	正科级

吴忠市公安局后勤保障部、警务保障处领导一览表

表31

单位名称	职　务	姓　名	性别	民族	籍　贯	任职时间	职　级
后勤保障部	主　任	刘国卫	男	汉	宁夏吴忠	2009年6月至2010年4月	正科级
		黎　炯	男	汉	宁夏吴忠	2010年4月至2012年9月	
警务保障处						2012年9月至2015年8月	
	主　任	汤传宁	男	汉	安徽	2015年8月至2019年11月	
		郭　佳	男	回	宁夏吴忠	2019年12月至	一级警长

吴忠市公安局法制处、法制支队领导一览表

表32

单位名称	职　务	姓　名	性别	民族	籍　贯	任职时间	职　级
法制处	处　长	马汉俊	男	回	宁夏吴忠	2002年至2007年6月	正科级
		李荣静	女	回	河北张家口	2007年6月至2011年5月	
法制支队	支队长	徐家华	男	汉	宁夏中宁	2011年5月至2017年4月	
		马生海	男	回	宁夏灵武	2017年4月至	一级警长

吴忠市公安机关政保、国保部门领导一览表

表33

<table>
<tr><th>单位名称</th><th>职 务</th><th>姓 名</th><th>性别</th><th>民族</th><th>籍 贯</th><th>任职时间</th><th>职 级</th></tr>
<tr><td rowspan="4">政保科</td><td rowspan="4">科 长</td><td>盛生才</td><td>男</td><td>汉</td><td>宁夏吴忠</td><td>1978年至</td><td rowspan="7">正科级</td></tr>
<tr><td>李建明</td><td>男</td><td>汉</td><td>宁夏吴忠</td><td>1992年至1996年</td></tr>
<tr><td>刘振江</td><td>男</td><td>汉</td><td>宁夏中卫</td><td>1996年至1997年</td></tr>
<tr><td>张 鉴</td><td>男</td><td>汉</td><td>宁夏</td><td>1997年至2002年</td></tr>
<tr><td rowspan="6">国保支队</td><td rowspan="6">支队长</td><td>何泽祥</td><td>男</td><td>汉</td><td>宁夏吴忠</td><td>2002年12月至2006年</td></tr>
<tr><td>韩小琛</td><td>男</td><td>回</td><td>山东</td><td>2006年月至2009年</td></tr>
<tr><td>文俊林</td><td>男</td><td>回</td><td>宁夏同心</td><td>2011年6月至2013年1月</td></tr>
<tr><td>汪红东</td><td>男</td><td>汉</td><td>宁夏盐池</td><td>2013年9月至2015年8月</td><td>副处级</td></tr>
<tr><td>马国权</td><td>男</td><td>回</td><td>宁夏灵武</td><td>2015年8月至2019年12月</td><td>正科级</td></tr>
<tr><td>马宝珍</td><td>男</td><td>回</td><td>宁夏吴忠</td><td>2019年12月至</td><td>一级警长</td></tr>
</table>

吴忠市公安机关刑侦部门领导一览表

表34

<table>
<tr><th>单位名称</th><th>职 务</th><th>姓 名</th><th>性别</th><th>民族</th><th>籍 贯</th><th>任职时间</th><th>职 级</th></tr>
<tr><td rowspan="2">银南地区公安处刑侦科</td><td rowspan="2">科 长</td><td>康善积</td><td>男</td><td>汉</td><td>宁夏</td><td>1972年6月至1985年7月</td><td rowspan="3">正科级</td></tr>
<tr><td>马振福</td><td>男</td><td>回</td><td>宁夏吴忠</td><td>1985年7月至1997年5月</td></tr>
<tr><td rowspan="4">吴忠市公安局刑侦支队</td><td rowspan="4">支队长</td><td>高学文</td><td>男</td><td>汉</td><td>宁夏中宁</td><td>1997年6月至2001年8月</td></tr>
<tr><td>高利宁</td><td>男</td><td>汉</td><td>陕西佳县</td><td>2006年8月至2008年5月</td><td rowspan="2">副处级</td></tr>
<tr><td>石金山</td><td>男</td><td>汉</td><td>宁夏盐池</td><td>2008年6月至2011年5月</td></tr>
<tr><td>高利宁</td><td>男</td><td>汉</td><td>陕西佳县</td><td>2011年5月至</td><td>二级警长</td></tr>
</table>

吴忠市公安机关技侦部门领导一览表

表35

<table>
<tr><th>单位名称</th><th>职 务</th><th>姓 名</th><th>性别</th><th>民族</th><th>籍 贯</th><th>任职时间</th><th>职 级</th></tr>
<tr><td rowspan="2">银南地区公安处技术科</td><td rowspan="2">科 长</td><td>马发庆</td><td>男</td><td>汉</td><td>河南孟州</td><td>1985年至1990年</td><td rowspan="2">正科级</td></tr>
<tr><td>赵秉强</td><td>男</td><td>汉</td><td>宁夏吴忠</td><td>1990年至1995年</td></tr>
<tr><td rowspan="4">吴忠市公安局技侦支队</td><td>支队长</td><td>张 君</td><td>男</td><td>汉</td><td>宁夏吴忠</td><td>1995年至2005年</td><td>正科级</td></tr>
<tr><td rowspan="3">支队长</td><td>马玉贵</td><td>男</td><td>回</td><td>宁夏吴忠</td><td>2005年4月至2007年3月</td><td>正科级</td></tr>
<tr><td>马光峰</td><td>男</td><td>回</td><td>宁夏吴忠</td><td>2007年3月至2011年3月</td><td>正科级</td></tr>
<tr><td>汪红东</td><td>男</td><td>汉</td><td>宁夏盐池</td><td>2012年8月至2013年9月</td><td>正科级</td></tr>
</table>

续表35

单位名称	职　务	姓　名	性别	民族	籍　贯	任职时间	职　级
吴忠市公安局技术侦察支队	支队长	卢梅英	女	汉	宁夏同心	2015年5月至2019年12月	正科级
		纪　伟	男	汉	江苏如皋	2019年12月至	正科级

吴忠市公安机关经侦部门领导一览表

表36

单位名称	职　务	姓　名	性别	民族	籍　贯	任职时间	职　级
银南地区公安处内保科	科长	李复兴	男	汉	宁夏	1997年至2002年12月	正科级
吴忠市公安局经侦支队	支队长					2002年12月至2006年7月	
						2006年7月至2007年3月	副处级
		顾梅玲	女	汉	宁夏吴忠	2007年3月至2011年5月	正科级
		武耀兵	男	汉	宁夏	2011年5月至2015年5月	
		赵璇忠	男	汉	宁夏吴忠	2015年5月至	一级警长

吴忠市公安机关禁毒部门领导一览表

表37

单位名称	职务	姓名	性别	民族	籍贯	任职时间	职　级
银南地区公安处缉毒大队	大队长	马振福	男	回	宁夏吴忠	1996年至2001年	正科级
吴忠市公安局缉毒支队	支队长	杨树成	男	汉	宁夏	2002年至2005年	
		戴　铭	男	汉	宁夏中宁	2005年至2007年	
		和　涛	男	汉	宁夏吴忠	2007年至2010年	
	支队长兼政委	顾梅玲	女	汉	宁夏吴忠	2011年至2017年8月	副处级
吴忠市公安局禁毒局	局　长	丁朝炜	男	回	河南洛阳	2017年8月至	副处级 四级警长

吴忠市公安机关治安部门领导一览表

表38

单位名称	职务	姓名	性别	民族	籍贯	任职时间	职　级
银南地区公安处治安科	科　长	许文昌	男	汉	山东	1978年至1980年	正科级
		张金铎	男	汉	宁夏永宁	1980年至1997年5月	
银南地区公安处内保科		丁占录	男	回	宁夏吴忠	1978年至	
银南地区公安处户政科		盛生库	男	汉	宁夏吴忠	1978年至	
吴忠市公安局治安支队	支队长	王　义	男	回	宁夏吴忠	2002年12月至2007年1月	
		蒋义平	男	汉	宁夏吴忠	2007年3月至2011年6月	
		袁保峰	男	回	宁夏吴忠	2013年3月至2019年11月	

续表38

单位名称	职务	姓名	性别	民族	籍贯	任职时间	职 级
吴忠市公安局治安支队	支队长	马乐天	男	回	宁夏吴忠	2019年12月至2021年1月	四级警长
		柳军红	男	汉	宁夏隆德	2021年1月至	

吴忠市公安机关网络安全部门领导一览表

表39

单位名称	职务	姓名	性别	民族	籍贯	任职时间	职 级
银南地区公安处通讯科	科　长	徐登举	男	汉	宁夏吴忠	1987年至	正科级
吴忠市公安局网安支队	负责人	王　保	男	汉	宁夏吴忠	2008年6月至2011年6月	科　员
	支队长	马乐天	男	回	宁夏吴忠	2011年6月至2016年11月	正科级
吴忠市公安局网络安全保卫支队	支队长兼政委	文俊林	男	回	宁夏同心	2016年11月至	正科级
	支队长	周丽梅	女	回	宁夏吴忠	2019年12月至	一级警长

吴忠市公安局出入境管理处领导一览表

表40

单位名称	职 务	姓 名	性别	民族	籍 贯	任职时间	职 级
吴忠市公安局出入境管理处	处　长	薛宏绪	男	汉	宁夏	2000年8月至2007年3月	正科级
		刘忠仁	男	汉	宁夏吴忠	2007年4月至2011年6月	
		李荣静	女	回	河北张家口	2011年7月至2016年1月	
		丁　玲	女	回	宁夏吴忠	2016年1月至	一级警长

吴忠市公安机关监管部门领导一览表

表41

单位名称	职 务	姓 名	性别	民族	籍 贯	任职时间	职 级
银南地区公安处预审科	科　长	石兆廉	男	回	宁夏	1982—1985年	正科级
		崔建忠	男	汉	宁夏	1985—1993年	
		马福全	男	回	陕西旬邑	1993年月至1997年11月	
吴忠市公安局监所管理处	处　长	马义忠	男	回	宁夏吴忠	1997年11月至2002年11月	
		杨国燕	女	回	宁夏吴忠	2002年11月至2004年5月	副科级
		杨　斌	男	汉	宁夏吴忠	2004年5月至2007年3	正科级
		郭永宁	男	汉	宁夏中宁	2007年3月至2011年6月	
吴忠市公安局监所管理支队	支队长	魏　升	男	汉	宁夏盐池	2011年6月至2013年1月	
		马学平	男	汉	宁夏同心	2013年1月至2016年4月	副处级

续表41

单位名称	职　务	姓　名	性别	民族	籍　贯	任职时间	职　级
吴忠市公安局监所管理支队	支队长	金寿海	男	回	宁夏吴忠	2016年4月至2021年1月	一级警长
		杨　文	男	汉	宁夏青铜峡	2021年1月至	
吴忠市看守所	所　长	杨少林	男	回	宁夏吴忠	1988年4月至1995年1月	副科级
		杨　斌	男	汉	宁夏吴忠	1995年1月至2005年6月	正科级
		曹存柱	男	汉	宁夏吴忠	2005年6月至2009年4	
		刘元化	男	汉	宁夏	2009年4月至2010年5月	
		代文龙	男	汉	宁夏吴忠	2010年8月至2011年6月	
		杨　平	男	回	宁夏同心	2011年6月至2015年8月	
						2015年8月至2020年5月	副处级
		黎　炯	男	汉	宁夏吴忠	2020年9月至	
吴忠市拘留所	所　长	武　财	男	汉	宁夏吴忠	1990年至1998年	副科级
		杨少林	男	回	宁夏吴忠	1998年至2002年	
		代文龙	男	汉	宁夏吴忠	2002年至2010年	正科级
		胡金明	男	汉	宁夏吴忠	2010年至2015年8月	副处级
						2015年8月至2019年12月	
		袁保峰	男	回	宁夏中宁	2019年12月至	四级警长
银南地区公安处强制戒毒中心	所　长	贾韶华	男	汉	宁夏吴忠	1996年4月至2002年11月	正科级
吴忠市戒毒康复实验农场	场　长	朱　玉	男	汉	宁夏吴忠	2002年至2004年	正科级
吴忠市戒毒康复中心	主　任	朱　玉	男	汉	宁夏吴忠	2004年至2007年	副处级
吴忠市强制隔离戒毒所	所　长	关宇翔	男	汉	宁夏吴忠	2002年2月至2009年8月	正科级
		胡金明	男	汉	宁夏吴忠	2009年8月至2010年8月	
	所　长	贾韶华	男	汉	宁夏吴忠	2010年8月至2013年3月	
		拜　杰	男	汉	陕西大荔县	2013年3月至2015年7月	
		王　涛	男	回	甘肃临洮县	2020年4月至	一级警长

吴忠市公安局警卫处领导一览表

表42

单位名称	职　务	姓　名	性别	民族	籍　贯	任职时间	职　级
吴忠市公安局警卫处	处　长	于全德	男	回	宁夏泾源	2002年1月至2011年5月	正科级
		戴　铭	男	汉	宁夏中宁	2011年6月至2016年1月	
		丁振龙	男	汉	宁夏盐池	2016年1月至	一级警长

吴忠市消防支队领导一览表

表43

单位名称	职 务	姓 名	性别	民族	籍 贯	任职时间	职 级
吴忠市消防支队	支队长	范瑞业	男	汉	宁夏中卫	2002年3月至2006年9月	正团级
		孙战友	男	汉	陕西魏县	2006年9月至2009年5月	
		郭金忠	男	汉	宁夏盐池	2009年5月至2012年2月	
		陈建民	男	汉	宁夏永宁	2012年2月至2016年5月	
		韩建明	男	汉	宁夏彭阳	2017年4月至今	支队正职
	政 委	章建平	男	汉	甘肃民乐	2003年3月至2006年9月	正团级
		金志林	男	汉	宁夏固原	2006年9月至2009年5月	
		陈国强	男	汉	宁夏西吉	2009年5月至2012年2月	
		白 茹	女	汉	河南南阳	2012年5月至2014年9月	
		杨 洋	男	汉	宁夏灵武	2014年9月至2020年4月	支队正职
		白晓亮	男	汉	甘肃酒泉	2020年4月至	

吴忠市公安机关交通管理部门领导一览表

表44

单位名称	职 务	姓 名	性别	民族	籍 贯	任职时间	职 级
银南地区公安处交警支队	支队长	王廷才	男	汉	宁夏吴忠	1986年11月至1997年3月	正处级
		马发庆	男	汉	河南孟州	1997年4月至1998年4月	
吴忠市公安局交警支队	支队长	赵秉强	男	满	宁夏吴忠	2003年2月至2003年12月	副处级
		郭 军	男	汉	宁夏灵武	2004年1月至2006年6月	
		周福德	男	汉	宁夏同心	2006年7月至2011年5月	
吴忠市公安局交通管理局	局 长	余广德	男	汉	宁夏吴忠	2014年8月至2019年11月	四级警长
		魏 升	男	汉	宁夏盐池	2019年12月至	四级警长

吴忠市公安局防暴巡逻支队、特警(反恐)支队领导一览表

表45

单位名称	职 务	姓 名	性别	民族	籍 贯	任职时间	职 级
吴忠市公安局防暴巡逻支队	支队长	周福德	男	汉	宁夏同心	2002年10月至2006年7月	副处级
		吴国仁	男	汉	宁夏吴忠	2006年7月至2007年5月	
		丁 峰	男	回	宁夏吴忠	2007年5月至2011年6月	
吴忠市公安局反恐(特警)支队		何兴华	男	汉	宁夏中宁	2011年6月至2019年1月	
		武耀兵	男	汉	宁夏吴忠	2019年1月至	四级警长

5. 非领导职务名录

吴忠市公安局机关非领导职务一览表

表46

单位名称	职　务	姓　名	性别	民族	籍　贯	任职时间	职　级
吴忠市公安局	副局长	李　仁	男	汉	宁夏灵武	2001年4月至2004年8月	正处级
	政　委	马发庆	男	汉	河南孟州	2001年8月至2004年9月	
	政治部主任	巫占有	男	汉	宁夏吴忠	2001年8月至2001年9月	
	纪委书记	刘维清	男	汉	陕西神木	2002年4月至2004年8月	
	副局长	赵秉强	男	汉	宁夏平罗	2002年4月至2007年4月	
	副局长	刘宁弟	男	汉	山西襄汾	2006年4月至2008年3月	
	党委委员	周兴堂	男	汉	宁夏中宁	2008年8月至	
	交警支队	周福德	男	汉	宁夏同心	2008年8月至	
吴忠市公安局	督察专员	杨有清	男	汉	宁夏同心	2010年2月至	
	政治部主任	许文昌	男	汉	山东	2011年4月至	
青铜峡市公安局	青铜峡市局	郭　军	男	汉	宁夏灵武	2011年4月至	
吴忠市公安局	交警支队长	王廷才	男	汉	宁夏吴忠	1998年9月至2001年9月	副处级
	缉毒支队长	马振福	男	回	宁夏吴忠	1998年9月至2002年5月	
		刘富贵	男	汉	宁夏吴忠	1998年9月至	

二、吴忠市利通区公安分局局长、政委名录

吴忠市利通区公安分局领导一览表

表47

单位名称	职　务	姓　名	性别	民族	籍　贯	任职时间	职　级
金积县公安局	局　长	桂常林	男	汉		1949年9月24日至1953年	科　级
吴忠堡市公安局	局　长	闫久珠	男	汉	陕西吴起	1949年9月至1952年3月	科　级
吴忠市公安局		董怀月	男	汉	陕西	1952年4月至1955年6月	科　级
		李枝源	男	汉		1955年7月至1956年10月	科　级
		顾　银	男	汉		1957年3月至1958年9月	科　级
		田守德	男	汉		1958年10月至1961年3月	科　级
吴忠县公安局		张久铎	男	汉	宁夏盐池	1961年3月至1964年9月	科　级
		赵龙章	男	回	吉林	1964年10月至1967年9月	县委常委
吴忠县保卫处	处　长	叶风仁	男	汉	安徽	1968年2月至1969年10月	科　级
		栾进会	男	汉	河北	1969年10月至1971年12月	科　级
		李维国	男	汉	宁夏吴忠	1971年12月至1973年10月	科　级

续表47

<table>
<tr><th>单位名称</th><th>职　务</th><th>姓　名</th><th>性别</th><th>民族</th><th>籍　贯</th><th>任职时间</th><th>职　级</th></tr>
<tr><td>吴忠县公安局</td><td rowspan="3">局　长</td><td>丁福民</td><td>男</td><td>回</td><td>宁夏吴忠</td><td>1980年3月至1984年2月</td><td>正科级</td></tr>
<tr><td rowspan="3">吴忠市公安分局</td><td>杨文林</td><td>男</td><td>回</td><td>宁夏吴忠</td><td>1984年2月至1986年9月</td><td>正科级</td></tr>
<tr><td>李　珍</td><td>男</td><td>汉</td><td>宁夏灵武</td><td>1986年9月至1996年11月</td><td>正科级</td></tr>
<tr><td rowspan="5">局　长</td><td>朱　玉</td><td>男</td><td>汉</td><td>宁夏吴忠</td><td>1996年11月至1998年4月</td><td>副处级</td></tr>
<tr><td>利通区公安局</td><td>刘宁弟</td><td>男</td><td>汉</td><td>宁夏吴忠</td><td>1998年4月至2004年5月</td><td>副处级</td></tr>
<tr><td rowspan="3">利通区公安分局</td><td>何泽祥</td><td>男</td><td>汉</td><td>宁夏吴忠</td><td>2006年8月至2010年12月</td><td>副处级</td></tr>
<tr><td>贺占忠</td><td>男</td><td>汉</td><td>宁夏中卫</td><td>2011年4月至2013年12月</td><td>副处级</td></tr>
<tr><td>熊　焰</td><td>男</td><td>回</td><td>宁夏银川</td><td>2013年12月至2016年7月</td><td>副处级</td></tr>
<tr><td colspan="2">吴忠市公安局党委委员、利通区分局党委书记、局长、督察长</td><td>谢彦林</td><td>男</td><td>汉</td><td>宁夏青铜峡</td><td>2016年7月至2019年5月</td><td>副处级</td></tr>
<tr><td colspan="2" rowspan="2">利通区副区长、利通区公安分局党委书记、局长、督察长</td><td>马学平</td><td>男</td><td>汉</td><td>宁夏同心</td><td>2019年5月至2021年1月</td><td>副处级</td></tr>
<tr><td>官　雨</td><td>男</td><td>汉</td><td>宁夏盐池</td><td>2021年1月至</td><td></td></tr>
<tr><td rowspan="4">吴忠县公安局</td><td rowspan="4">教导员</td><td>王玉冰</td><td>男</td><td>汉</td><td>河北</td><td>1979—1981年</td><td>正科级</td></tr>
<tr><td>闫久珠</td><td>男</td><td>汉</td><td>宁夏吴忠</td><td>1980年3月至1984年2月</td><td>正科级</td></tr>
<tr><td>丁福民</td><td>男</td><td>回</td><td>宁夏吴忠</td><td>1984年3月至1985年2月</td><td>正科级</td></tr>
<tr><td>李　珍</td><td>男</td><td>汉</td><td>宁夏灵武</td><td>1985年3月至1986年9月</td><td>正科级</td></tr>
<tr><td rowspan="2">吴忠市公安局</td><td>党委书记
教导员</td><td>朱　玉</td><td>男</td><td>汉</td><td>宁夏吴忠</td><td>1986年9月至1996年10月</td><td>正科级</td></tr>
<tr><td rowspan="7">政　委</td><td>丁保德</td><td>男</td><td>回</td><td>宁夏吴忠</td><td>1996年10月至1998年4月</td><td>正科级</td></tr>
<tr><td rowspan="9">利通区公安分局</td><td>朱　玉</td><td>男</td><td>汉</td><td>宁夏吴忠</td><td>1998年4月至2004年5月</td><td>副处级</td></tr>
<tr><td>吴国仁</td><td>男</td><td>汉</td><td>宁夏吴忠</td><td>2004年5月至2006年7月</td><td>副处级</td></tr>
<tr><td>王智忠</td><td>男</td><td>汉</td><td>宁夏吴忠</td><td>2006年7月至2008年5月</td><td>副处级</td></tr>
<tr><td>高利宁</td><td>男</td><td>汉</td><td>陕西佳县</td><td>2008年5月至2009年10月</td><td>副处级</td></tr>
<tr><td>汪红东</td><td>男</td><td>汉</td><td>宁夏盐池</td><td>2009年11月至2010年12月</td><td>正科级</td></tr>
<tr><td>谭卫泽</td><td>女</td><td>回</td><td>宁夏盐池</td><td>2011年5月至2011年11月</td><td>正科级</td></tr>
<tr><td rowspan="3">党委副书记、政委</td><td>文俊林</td><td>男</td><td>回</td><td>宁夏同心</td><td>2013年1月至2016年11月</td><td>副处级</td></tr>
<tr><td>马乐天</td><td>男</td><td>回</td><td>宁夏吴忠</td><td>2016年11月至2019年12月</td><td>正科级</td></tr>
<tr><td>马国权</td><td>男</td><td>回</td><td>宁夏灵武</td><td>2019年12月至</td><td>正科级</td></tr>
</table>

三、吴忠市红寺堡区公安分局局长、政委名录

吴忠市红寺堡区公安分局领导一览表

表48

单位名称	职 务	姓 名	性别	民族	籍 贯	任职时间	职 级
红寺堡区公安局	局 长	郭永宁	男	汉	宁夏中宁	2000年4月至2004年4月	正科级
		汤生平	男	汉	宁夏青铜峡	2004年4月至2006年4月	正科级
红寺堡区公安分局		惠兴文	男	汉	宁夏盐池	2006年6月至2011年5月	副处级
		石金山	男	汉	宁夏盐池	2011年4月至2016年7月	副处级
红寺堡副区长、公安局党委书记、局长、督察长		谢彦林	男	汉	宁夏青铜峡	2019年5月至2010年5月	副处级
		杨 平	男	回	宁夏同心	2020年5月至	副处级
红寺堡区公安局	政 委	王汉珍	男	回	宁夏同心	2000年12月至2003年8月	正科级
		惠兴文	男	汉	宁夏盐池	2004年4月至2006年6月	正科级
红寺堡区公安分局		李希东	男	回	宁夏海原	2006年6月至2009年11月	正科级
		和 涛	男	汉	宁夏盐池	2009年11月至2011年5月	正科级
		杨金和	男	回	宁夏灵武	2011年5月至2013年1月	副处级
红寺堡区公安分局	党委副书记、政委	黑贵仁	男	回	宁夏同心	2016年8月至2019年12月	正科级
		张银福	男	汉	宁夏中卫	2021年1月至	

四、青铜峡市公安局局长、政委名录

吴忠市青铜峡市公安局领导一览表

表49

机构名称	职 务	姓 名	性别	民族	籍 贯	任职时间	职 级
宁朔县公安局	筹备组组长	张 康	男	汉		1949年9月至1949年10月	军管负责人
						1949年10月至1949年12月	
	局 长	杜 泉	男	汉		1949年12月至1951年7月	
		袁德怀	男	汉	陕西吴起	1951年7月至1952年8月	
						1952年8月至1954年11月	县委常委
		郭建民	男	汉	江苏沭阳	1956年3月至1960年3月	
						1958年8月至1960年3月	县委常委
宁朔县政法公安部	部 长	王万元	男	汉	宁夏中宁	1959年3月至1959年9月	县委书记处书记兼
		郭建民	男	汉	江苏沭阳	1959年9月至1960年3月	县委常委
宁朔县公安局	局 长	郭建民	男	汉	江苏沭阳	1960年3月至1960年7月	工委书记处书记

续表49

机构名称	职务	姓名	性别	民族	籍贯	任职时间	职级
青铜峡市公安处	处长	郭建民	男	汉	江苏沭阳	1960年7月至1960年9月	政法党组书记
青铜峡市公安局	局长	郭建民	男	汉	江苏沭阳	1960年9月至1963年9月	县委常委
青铜峡县公安局	局长	孙闻晓	男	汉	陕西澄城	1963年9月至1964年8月	
青铜峡县公安局	局长	韩庆和	男	汉	河北建屏	1964年8月至1965年1月	
青铜峡县公安局	副局长（主持工作）	韩兆林	男	汉	河北省	1965年1月至1968年1月	兼政法党组副书记
青铜峡县保卫部（处）	部（处）长	冷俊保	男	汉		1968年6月至1968年9月	军代表
青铜峡县保卫部（处）	部（处）长	庄奎福	男	汉	河南省	1968年9月至1969年4月	军代表
青铜峡县保卫部（处）	部（处）长	庄奎福	男	汉	河南省	1969年5月至1970年2月	政法组长
青铜峡县保卫部（处）	部（处）长	汤若章	男	汉	陕西定边	1970年3月至1971年8月	正科级
青铜峡县保卫部（处）	部（处）长	张有林	男	汉	甘肃环县	1971年8月至1973年	正科级
青铜峡县公安局	局长	张有林	男	汉	甘肃环县	1973年7月至1980年1月	正科级
青铜峡县公安局	局长	吕洪山	男	汉	宁夏吴忠	1980年1月至1984年9月	正科级
青铜峡县公安局	局长	申光廉	男	汉	宁夏中卫	1984年9月至1984年12月	正科级
青铜峡市公安局	局长	申光廉	男	汉	宁夏中卫	1984年12月至1993年	正科级
青铜峡市公安局	局长	周仰福	男	汉	甘肃庄浪	1995年11月至1998年3月	正科级
青铜峡市公安局	局长	马戟	男	回	宁夏青铜峡	1998年3月至2002年12月	正科级
青铜峡市公安局	市局党委书记、局长	马戟	男	回	宁夏青铜峡	2002年9月至2002年12月	正科级
青铜峡市公安局	市局党委书记、局长	马戟	男	回	宁夏青铜峡	2002年12月至2005年6月	副处级
青铜峡市公安局	市局党委书记、局长	高学文	男	汉	宁夏中宁	2005年6月至2006年7月	正科级
青铜峡市公安局	市局党委书记、局长	郭军	男	汉	宁夏灵武	2006年7月至2006年9月	正科级
青铜峡市政法委书记、局党委书记、局长		郭军	男	汉	宁夏灵武	2006年9月至2006年9月	正科级
青铜峡市委常委		郭军	男	汉	宁夏灵武	2006年9月至2011年4月	副处级
青铜峡市委常委、公安局局长		惠兴文	男	汉	宁夏盐池	2011年4月至2011年5月	副处级
青铜峡市委常委、政法委书记、局党委书记局长		惠兴文	男	汉	宁夏盐池	2011年5月至2016年7月	副处级
青铜峡市委常委、局党委书记、局长、督察长		刘国强	男	汉	河南南阳	2015年5月至2019年6月	副处级
青铜峡县公安局	教导员	魏廉	男	汉		1961年12月至	正科级
青铜峡县公安局	政治教导员	孙闻晓	男	汉	陕西澄城	1963年12月至	正科级
青铜峡县公安局	政治教导员	张有林	男	汉	甘肃环县	1978年8月至1980年10月	正科级
青铜峡县公安局	政治教导员	罗仁	男	汉	宁夏吴忠	1980年10月至1984年12月	正科级
青铜峡市公安局	政治教导员	王克强	男	满	天津塘沽	1984年12月至1991年7月	正科级

续表49

<table>
<tr><th>机构名称</th><th>职 务</th><th>姓 名</th><th>性别</th><th>民族</th><th>籍 贯</th><th>任职时间</th><th>职 级</th></tr>
<tr><td rowspan="9">青铜峡市公安局</td><td>党委书记、教导员</td><td rowspan="2">时生会</td><td rowspan="2">男</td><td rowspan="2">汉</td><td rowspan="2">宁夏青铜峡</td><td>1993年6月至1995年2月</td><td>正科级</td></tr>
<tr><td>政　委</td><td>1995年2月至1998年3月</td><td>正科级</td></tr>
<tr><td rowspan="2">党委书记、政委</td><td rowspan="2">周仰福</td><td rowspan="2">男</td><td rowspan="2">汉</td><td rowspan="2">甘肃庄浪</td><td>1998年3月至2002年10月</td><td>正科级</td></tr>
<tr><td>2002年5月至2002年12月</td><td>副处级</td></tr>
<tr><td rowspan="3">党委副书记、政委</td><td rowspan="2">葛振祥</td><td rowspan="2">男</td><td rowspan="2">汉</td><td rowspan="2">宁夏青铜峡</td><td>2002年12月至2006年4月</td><td>正科级</td></tr>
<tr><td>2006年4月至2008年3月</td><td>副处级</td></tr>
<tr><td>魏炳宏</td><td>男</td><td>汉</td><td>宁夏青铜峡</td><td>2008年3月至2009年12月</td><td>正科级</td></tr>
<tr><td rowspan="3">党委副书记、政委</td><td>谭卫泽</td><td>女</td><td>回</td><td>宁夏银川</td><td>2009年12月至2011年6月</td><td>正科级</td></tr>
<tr><td>马光锋</td><td>男</td><td>回</td><td>宁夏吴忠</td><td>2011年6月至2013年1月</td><td>副处级</td></tr>
<tr><td>杨金和</td><td>男</td><td>回</td><td>宁夏灵武</td><td>2013年1月至</td><td>副处级</td></tr>
</table>

五、盐池县公安局局长名录

吴忠市盐池县公安局领导一览表

表50

<table>
<tr><th>机构名称</th><th>职 务</th><th>姓 名</th><th>性别</th><th>民族</th><th>籍 贯</th><th>任职时间</th><th>职 级</th></tr>
<tr><td rowspan="10">盐池县公安局</td><td rowspan="10">局　长</td><td>孙存玉</td><td>男</td><td>汉</td><td>宁夏盐池</td><td>1949年10月至1949年11月</td><td>科　级</td></tr>
<tr><td>马生杰</td><td>男</td><td>汉</td><td>陕西延川</td><td>1949年11月至1951年11月</td><td>科　级</td></tr>
<tr><td>吴存义</td><td>男</td><td>汉</td><td>宁夏盐池</td><td>1952年10月至1955年8月</td><td>科　级</td></tr>
<tr><td>闫德昆</td><td>男</td><td>汉</td><td>陕西佳县</td><td>1955年12月至1957年10月</td><td>科　级</td></tr>
<tr><td>任存芝</td><td>男</td><td>汉</td><td>宁夏盐池</td><td>1961年8月至1964年10月</td><td>科　级</td></tr>
<tr><td>王德太</td><td>男</td><td>汉</td><td></td><td>1965年1月至1966年1月</td><td>科　级</td></tr>
<tr><td>张佐卿</td><td>男</td><td>汉</td><td>辽宁新民</td><td>1966年2月至1967年6月</td><td>科　级</td></tr>
<tr><td>龙占元</td><td>男</td><td>汉</td><td>宁夏灵武</td><td>1969年5月至1970年1月</td><td>科　级</td></tr>
<tr><td>史进仓</td><td>男</td><td>汉</td><td></td><td>1971年1月至1972年7月</td><td>科　级</td></tr>
<tr><td>张久铎</td><td>男</td><td>汉</td><td>陕西定边</td><td>1974年5月至1979年12月</td><td>正科级</td></tr>
<tr><td rowspan="8">盐池县公安局</td><td rowspan="8">局　长</td><td>沈浮川</td><td>男</td><td>汉</td><td>宁夏永宁</td><td>1979年12月至1981年1月</td><td>正科级</td></tr>
<tr><td>吴无敌</td><td>男</td><td>汉</td><td>河南周口</td><td>1981年4月至1985年12月</td><td>正科级</td></tr>
<tr><td>李文升</td><td>男</td><td>汉</td><td>宁夏盐池</td><td>1985年12月至1994年9月</td><td>正科级</td></tr>
<tr><td>崔廷江</td><td>男</td><td>汉</td><td>宁夏盐池</td><td>1994年9月至1998年12月</td><td>正科级</td></tr>
<tr><td>史俊耀</td><td>男</td><td>汉</td><td>宁夏盐池</td><td>1998年12月至2000年6月</td><td>正科级</td></tr>
<tr><td>郭　军</td><td>男</td><td>汉</td><td>宁夏灵武</td><td>2000年6月至2002年3月</td><td>正科级</td></tr>
<tr><td>毕顺元</td><td>男</td><td>汉</td><td>宁夏吴忠</td><td>2002年3月至2006年7月</td><td>正科级</td></tr>
<tr><td>张吉贺</td><td>男</td><td>汉</td><td>宁夏中卫</td><td>2006年7月至2011年4月</td><td>副处级</td></tr>
</table>

续表49

机构名称	职务	姓名	性别	民族	籍贯	任职时间	职级
盐池县公安局	公安局党委书记、局长	和　涛	男	汉	宁夏吴忠	2011年5月至2019年1月	副处级
		拜　杰	男	汉	陕西大荔	2019年1月至2021年1月	副处级
		薛　双	男	汉	宁夏石嘴山	2021年1月至	副处级
	党委书记	闫德崑	男	汉	陕西佳县	1955年6月至1956年12月	正科级
		田枝叶	男	汉	宁夏盐池	1956年12月至1958年8月	正科级
		袁常魁	男	汉	陕西吴起	1958年8月至1963年1月	正科级
		张光祖	男	汉	宁夏盐池	1963年1月至1963年9月	正科级
		刘希忠	男	汉	甘肃静宁	1963年9月至1964年11月	正科级
		张久铎	男	汉	陕西定边	1974年12月至1980年2月	正科级
		左　璞	男	汉	宁夏盐池	1980年2月至1983年2月	正科级
		刘汉治	男	汉	宁夏盐池	1983年3月至1985年11月	正科级
		张　元	男	汉	宁夏盐池	1985年11月至1987年6月	正科级
		刘育祥	男	汉	陕西绥德	1987年6月至1995年3月	正科级
		崔廷江	男	汉	宁夏盐池	1995年3月至1998年12月	正科级
		孔繁宗	男	汉	宁夏盐池	1998年12月至1999年12月	正科级
		史俊耀	男	汉	宁夏盐池	1998年10月至2000年6月	正科级
		郭　军	男	汉	宁夏灵武	2000年9月至2002年3月	正科级
		毕顺元	男	汉	宁夏吴忠	2002年3月至2006年8月	正科级
		张吉贺	男	汉	宁夏中卫	2006年8月至2011年4月	副处级
	教导员	刘育祥	男	汉	陕西绥德	1987年6月至1995年3月	正科级
		陈丕祥	男	汉	陕西榆林	1995年3月至1998年12月	正科级
	政　委	罗　锋	男	汉	宁夏盐池	2000年6月至2003年10月	正科级
						2003年11月至2009年11月	副处级
		刘国卫	男	汉	宁夏吴忠	2009年11月至2013年6月8	副处级
	党委副书记、政委	武跃兵	男	汉	宁夏吴忠	2013年10月至2016年2月	副处级
		吴伟章	男	汉	宁夏盐池	2016年2月至	正科级

六、同心县公安局局长、政委名录

吴忠市同心县公安局领导一览表

表51

单位名称	职　务	姓　名	性别	民族	籍　贯	任职时间	职　级
同心县公安局	局　长	李俊山	男	汉	陕西吴旗	1949年10月至1953年3月	科　级
		马汝骥	男	汉	陕西定边	1953年4月至1956年6月	科　级
		周生俊	男	回	宁夏同心	1956年8月至1957年7月	科　级
		陈　敏	男	汉	陕西陕北	1957年7月至1959年10月	科　级
		李　显	男	汉	宁夏同心	1959年10月至1960年11月	科　级
		周登赢	男	汉	宁夏盐池	1963年11月至1964年2月	科　级
		杨凡军	男	汉	甘肃静宁	1964年2月至1966年10月	科　级
		曾明珠	男	汉	甘肃临夏	1966年10月至1981年10月	正科级
		马占元	男	回	宁夏同心	1981年10月至1989年11月	正科级
		杨开玉	男	回	宁夏同心	1989年12月至2000年6月	正科级
		张　鑑	男	回	宁夏吴忠	2000年7月至2002年11月	正科级
		马学成	男	回	宁夏吴忠	2002年12月至2006年8月	正科级
		贺占忠	男	汉	宁夏中卫	2006年9月至2011年4月	副处级
		张吉贺	男	汉	宁夏吴忠	2011年4月至2013年12月	
	党委书记、局长	宋继忠	男	汉	宁夏吴忠	2019年5月至	副处级
	教导员	曾明珠	男	汉	甘肃临夏	1981年8月至1984年10月	正科级
		王怀民	男	汉	宁夏同心	1989年10月至	正科级
	党委副书记、政委	糟彦明	男	回	宁夏同心	1996年4月至1999年12月	正科级
		马　荣	男	回	宁夏同心	2001年6月至2003年5月	正科级
		杨有清	男	回	宁夏同心	2003年7月至2009年12月	正科级
		韩小琛	男	回	山东	2009年12月至2016年	副处级
		李治国	男	回	宁夏同心	2016年12月至	正科级

七、吴忠市太阳山公安分局局长、政委名录

吴忠市太阳山公安分局领导一览表

表52

机构名称	职务名称	姓　名	性别	民族	籍　贯	任职时月间	职　级
太阳山区公安分局	局　长	王　义	男	回	宁夏吴忠	2007年1月至2007年9月	正科级
						2007年9月至2008年5月	

续表52

<table>
<tr><th>机构名称</th><th>职务名称</th><th>姓 名</th><th>性别</th><th>民族</th><th>籍 贯</th><th>任职时月间</th><th>职 级</th></tr>
<tr><td rowspan="6">太阳山区公安分局</td><td rowspan="3">局 长</td><td>王 义</td><td>男</td><td>回</td><td>宁夏吴忠</td><td>2008年5月至2012年12月</td><td rowspan="2">副处级</td></tr>
<tr><td>魏 升</td><td>男</td><td>汉</td><td>宁夏盐池</td><td>2013年1月至2019年12月</td></tr>
<tr><td>文俊林</td><td>男</td><td>回</td><td>宁夏同心</td><td>2019年12月至</td><td>副处级</td></tr>
<tr><td rowspan="3">政 委</td><td>黑贵仁</td><td>男</td><td>回</td><td>宁夏同心</td><td>2007年1月至2016年7月</td><td>正科级</td></tr>
<tr><td>魏炳宏</td><td>男</td><td>汉</td><td>宁夏青铜峡</td><td>2016年8月至2019年12月</td><td>正科级</td></tr>
<tr><td>任国雄</td><td>男</td><td>汉</td><td>甘肃会宁</td><td>2019年12月至</td><td>正科级</td></tr>
</table>

八、吴忠市孙家滩公安分局局长、政委名录

吴忠市孙家滩公安分局领导一览表

表53

<table>
<tr><th>机构名称</th><th>职务名称</th><th>姓 名</th><th>性别</th><th>民族</th><th>籍 贯</th><th>任职时间</th><th>职 级</th></tr>
<tr><td rowspan="2">吴忠市公安局
孙家滩分局</td><td>局 长</td><td>戴 铭</td><td>男</td><td>汉</td><td>宁夏中卫</td><td>2016年8月至</td><td rowspan="2">正科级</td></tr>
<tr><td>政 委</td><td>马力旭</td><td>男</td><td>回</td><td>宁夏同心</td><td>2016年8月至</td></tr>
</table>

九、吴忠市森林公安部门领导名录

吴忠市森林公安部门领导一览表

表54

<table>
<tr><th>机构名称</th><th>职务名称</th><th>姓 名</th><th>性别</th><th>民族</th><th>籍 贯</th><th>任职时间</th><th>职 级</th></tr>
<tr><td rowspan="6">吴忠市公安局
森林分局</td><td rowspan="2">局 长</td><td>马 戟</td><td>男</td><td>回</td><td>宁夏青铜峡</td><td>2009年11月至2012年12月</td><td rowspan="4">副处级</td></tr>
<tr><td rowspan="2">姜全飞</td><td rowspan="2">男</td><td rowspan="2">汉</td><td rowspan="2">宁夏吴忠</td><td>2012年12月至</td></tr>
<tr><td rowspan="2">政 委</td><td>2010年3月至2012年12月</td></tr>
<tr><td>丁少勇</td><td>男</td><td>回</td><td>宁夏青铜峡</td><td>2012年12月至</td></tr>
<tr><td rowspan="2">局长兼政委
督察长</td><td>王 峰</td><td>男</td><td>汉</td><td>宁夏同心</td><td>2015年12月至2017年11月</td><td rowspan="3">正科级</td></tr>
<tr><td rowspan="2">锁国艺</td><td rowspan="2">男</td><td rowspan="2">回</td><td rowspan="2">宁夏同心</td><td>2017年11月至2020年8月</td></tr>
<tr><td>吴忠市公安局
森林公安局、
森林警察支队</td><td>局长兼政委
支队长</td><td>2020年8月至</td></tr>
</table>

第十一章

锦榜荣誉

JIN BANG RONG YU

第十一章　锦榜荣誉

历史烛照时代，榜样传承精神。先进典型是有形的正能量，也是鲜活的价值观。榜样是旗帜，代表着方向；榜样是资源，凝聚着力量；榜样是标杆，指示着目标。

表彰先进、树立典型，发挥先锋模范带头作用。培育先进典型，鼓励培植行为规范；培树集体凝聚力，增强集体竞争力，激发骨干精英分子热情。鼓励先进，激励其他人。

表彰优秀，就是要弘扬正气、树立标杆，充分发挥先进典型的激励作用。激励各级党组织和广大党员在协调推进“四个全面”战略布局、贯彻落实新发展理念、努力实现第一个百年奋斗目标中积极进取、建功立业，做出更大贡献。

弘扬正能量，党员领导干部要“廉洁从政，自觉保持人民公仆本色”“廉洁用权，自觉维护人民根本利益”“廉洁修身，自觉提升思想道德境界”“廉洁齐家，自觉带头树立良好家风”，切实做到为党分忧、为国尽责、为民奉献，从而努力弘扬中华民族传统美德。

宣传先进典型，竞相仿效，掀起比学赶帮超的热潮，弘扬正能量，高唱正气歌，引领和带动全社会学先进、树典型，为中国特色社会主义事业提供源源不断的精神动力和道德滋养，促进党风、民风和社会风气的好转。

第一节　英烈传记

在火热的公安战线上，涌现出一个又一个英雄模范，他们为公安事业贡献出了青春、热血甚至生命，他们永远活在战友和广大人民群众心中，作为活着的人们永远不会忘记他们，缅怀公安英烈，追忆战友，寄托哀思，凝聚警心，激励斗志，以他们为榜样，再接再厉，为保一方平安鞠躬尽瘁，再立新功。

马兴华

马兴华（1935年—1987年），男，回族，1935年3月出生，宁夏同心人，中共党员，先后在同心县公安局办公室、派出所等基层一线工作。

工作中，马兴华同志始终坚持拥护党的纲领，遵守党的章程，履行党员义务，执行党的决定，严守党的纪律，认真落实好各项工作要求。坚持做到有法必依、执法必严，在大是大非面前敢于“亮剑”，面对矛盾敢于迎难而上，面对危机敢于挺身而出，面对失误敢于承担责任，面对歪风邪气敢于坚决斗争。

1987年4月27日，马兴华在固原与同事执行追逃任务，在追捕过程中，嫌疑人驾驶一辆卡车撞击马兴华等人驾驶的三轮摩托车，致三轮摩托车失去控制，撞到路边的树上。巨大的冲击力造成马兴华头部受伤，当场牺牲，年仅52岁。

1987年，马兴华被同心县人民政府认定为因公牺牲。

王克强

王克强(1939—1991),男,满族,1939年7月5日出生,天津市塘沽区人。1955年支宁到银川师范培训学习。1956年毕业后,被分配到宁朔县邵岗乡玉泉小学教书,中专学历。1959年调到宁朔县委宣传部工作。1961年被调到青铜峡市文教局教研室工作,1962年被调到青铜峡市一中任团总支书记。1966年被调到青铜峡县委生产指挥部工作。1968年被调到县"五七"干校任秘书,1970年被调到青铜峡县委组织部工作。1973年任县委组织部副部长。1984年12月被调到青铜峡县公安局任党委书记、政治教导员。

王克强在工作中,坚持原则,一心为公,不谋私利,平易近人,他在公安局工作的7年中,每年的农历大年三十都是他值班,谁也夺不去,他带班时,哪里发了案,他总是第一个到达现场,并快速进入案件调查处理状态,他总是认为自己是个新兵,勤学好问,谦虚谨慎,从不摆架子、耍态度,他是搞政治工作的,一方面政治思想工作做得扎实,另一方面他对公安业务更是兢兢业业,一丝不苟,他对家属子女要求严格,从不搞特殊化,严于律己,宽以待人,哪个干警或干警家属有病了,他都是第一时间代表组织去看望、安慰,给予关怀,他还让家属带上慰问品以他全家名义看望病人,赢得了广大干警的赞誉。

1991年7月17日,他在值班时,心脏病复发,送往市医院,还没和家属说上一句话就失去了知觉,牺牲在了工作岗位上。

张仲学(1963—1992),男,宁夏西吉人,汉族,大专文化,中共党员,1981年12月入伍,1985年提干,生前系银南行署公安消防支队政治处正连职干事,中尉警衔。1992年4月20日因公牺牲,先后立三等功2次,多次受到各级表彰奖励。

张仲学入伍11年,从普通一兵成长为一名消防警官,长期从事消防部队思想政治工作,立场坚定,爱憎分明,机智灵活,勇敢顽强,不怕艰难困苦,不怕流血牺牲,兢兢业业,一丝不苟,任劳任怨,忘我工作,处处以共产党员的标准要求自己,全力以党的事业为重,从不计个人得失,干一行、爱一行、专一行,起到了一名共产党员的先锋模范作用。他生前十分珍惜党和人民及部队给予的一切,他坚持学习和执行党的路线、方针、政策,坚持学习政治理论,在思想上、政治上、行动上始终与党中央保持高度一致。在生活上,他始终保持着艰苦奋斗的革命气节,模范遵守党纪国法,遵守部队的条令、条例,严于律己、宽以待人,作风朴实,为人正直,平易近人;在工作上坚持高标准、严要求;顾全大局、乐于奉献;廉洁勤政,克己奉公;一尘不染,两袖清风;全心全意为人民服务。他继承和发扬了我党我军的优良传统和作风,思想品德高尚,襟怀坦荡,光明磊落,公道正派,谦虚谨慎,为维护党和人民的利益,敢于坚持原则,抵制不正之风,严格管理部属,真正体现了一名共产党员坚定的共产主义信仰和光荣本色。

袁德怀

袁德怀(1919—1993),男,汉族,陕西省吴旗县白豹乡袁圪村人。1919年,出生于一个贫苦农民家庭。12岁就给地主放牧,15岁参加刘志丹领导的中国工农红军第二十六军,被分配在庆华游击队当队员。1937年1月,调到志丹县保安大队当战士。1943年2月,到华池县人民政府当通信员,后又到司法科工作。1947年2月,调任吴旗县保安科助理员。马鸿逵部侵占三边地区后,袁德怀受中共三边地委常委兼保安处长赵文献的派遣,化装成农工,打入驻定边县的马部暂编第九师后勤部磨面房当小工。以此为掩护,利用给各连队送面粉之机,收集马部军事情报。一次,他得到该师要进山到吴旗县袭击三边地委的情报后,迅即通过地下交通员通知地委撤离,使马部偷袭计划落空。1949年5月,暂编第九师扩编为马部主力128军,决定撤离三边。袁德怀仍随该部行动,继续收集军事情报,以配合中国人民解放军解放宁夏。就在马部到达宁朔县城小坝时,命令撤掉所部磨坊。袁德怀见机行事，便留在瞿靖堡一烧制砂锅的窑上当小工。后又在小坝“马大锅子”饭馆，以卖砂锅、醪糟为业，继续从事党的地下工作。他经常身穿一件破皮袄，腰系蒲草蒌子，肩挑一担砂锅，走村串户。逢集就到瞿靖、叶盛、邵岗、王宏堡等地，明着沿街叫卖，暗中了解情况。

1949年9月24日，宁朔解放。11月，袁德怀任宁朔县公安局股长；1950年，任公安局副局长；1951年，任公安局局长。由于宁朔县刚解放，社会经济正在恢复和发展时期，土匪郭永胜（郭栓子）部在境内活动频繁，无恶不作。袁德怀派人打入郭栓子部，摸清武器装备和活动情况。一次，得知一股土匪将从李俊桥通过，袁德怀立即带领公安干警全副武装，在驻地部队五七九团一连战士的配合下，在桥下一举将其全部歼灭。1951年，郭栓子部下旅长解占奎带200余人从平罗逃到宁朔。袁德怀获悉后，组织公安干警和部队战士，围追堵截。经过几天追击，在内蒙古园山子一带和解占奎部交锋，击溃其部，活捉解占奎。此次战斗，袁德怀英勇善战，受到宁夏省公安厅的表彰。

1954年，袁德怀调任吴忠回族自治州公安处副处长。1958年，调任自治区公安厅三处处长。1973年任自治区公安厅消防处处长。1983年，调任宁夏武警总队消防处处长。1984年5月离休。1988年，获得国务院、中央军委授予的二级红星勋章。1993年1月于银川逝世，终年74岁。

马福全

马福全（1943—1997），男，汉族，1943年出生，陕西省旬邑县人，初中文化，中共党员。1961年3月至1973年2月在广州空军、兰空部队任战士、排长、指导员。1979年3月转业后在吴忠县委工作。1979年12月调到银南地区公安处任预审科科长，一级警督。1997年12月24日，在去中宁县公安局检查工作的途中，发生车祸因公殉职。

马福全自1979年3月从部队转业到银南地区公安处工作以来，不论在哪个部门都能以身作则，严格要求自己，任劳任怨，踏实工作，为党的事业和公安工作奉献了自己的精力和心血。

马福全出生于农民家庭。长期艰苦的农村生活培养和锻炼了他吃苦耐劳、为人耿直、清廉从警的优秀品格，是中国共产党的一名好党员，是公安战线的一名忠诚卫士。自参加公安工作后，拥护党的各项方针政策，自觉遵守政策法令，努力学习政治理论，钻研公安业务知识，思想积极进步，坚持原则。工作中顾全大局，服从组织分配，按时完成组织交办的各项工作任务，在平凡的工作岗位上做出了不平凡的业绩，多次受到上级部门的表彰。马福全襟怀坦荡，光明磊落，作风正派，为人宽厚，生活俭朴，严于律己。工作认真负责，从不计较个人得失。

马 忠

马　忠（1970—1999），男，回族，1970年8月出生，同心县城镇人。大专学历，中共党员。1990年12月5日，应征入伍在新疆博尔塔拉自治州武警部队服役。1995年10月，退役后被分配到同心县公安局工作，系同心县公安局王团派出所干部（未授衔）。1999年8月30日在执行全区公安机关追逃、堵截统一行动任务时，不幸发生车祸，当场壮烈牺牲。

马忠从部队退役后，在公安派出所工作，在短短3年公安工作时间里，他始终兢兢业业、忠于职守、服从命令、听从指挥。主动向书本学习，向老同志学习，对同志们说：“我年轻，又在部队锻炼过，身体素质好，加个班没什么问题，你们还是多休息休息吧。”这一切都源于他对神圣的公安工作的热爱和执着。

1999年8月30日，自治区公安厅在全区组织开展集中统一追逃行动，同心县公安局党委决定在王团镇设卡堵截。接到命令后，年仅29岁的民警马忠与战友们立即到岗开展工作。当日3点钟左右，河南省新乡市钢厂司机张拥江驾驶大货车由南向北行驶，在接受卡点检查时熄火抛锚。马忠在例行检查程序后，主动打手电筒为修车司机照明。3时50分，甘肃省金川有色金属公司司机杜宗财驾驶东风大货车准备超车的同时，银川铁路局固原段铁路司机张永宏驾驶大货车又强行超越东风大货车，致使东风大货车被迫撞到正在修理的货车车尾，该车被撞突然前移，"咔嚓"一声发出巨大轰响，将正在帮助司机照明的马忠撞倒，大车前轮从他的胸脯碾过，造成马忠当场牺牲。

朱立军

朱立军(1981—2004)，男，回族，1981年10月出生，宁夏同心人，高中学历，1999年12月在部队服役，2002年参加公安工作，生前系同心县公安局交警大队辅警。

服役期间，被选为军代表，光荣的出席了军代表大会；2001年7月在部队军事大比武中被树立为"训练标兵"和"擒敌能手"；2001年10月被评为"优秀士兵"。

2004年6月18日晚7点20分许，同心县公安局交警大队桃山巡逻中队民警在省道101线朝阳路段进行路检路查、纠正超载超限时，发现一辆车号为宁D·82547的红色"东风"大货车严重超载(该车核载12吨，实载38吨)，便示意司机停车接受检查。司机非但没有减速，反而加大油门冲过检查点向南驶去。根据记录，该车司机载6月16日已有过两次强行冲卡行为，检查点负责人向交警大队领导作完汇报后设卡堵截。7点46分许，冲卡货车快速接近设卡点，执勤民警挥手示意该车停车接受检查。货车司机见状缓缓停了下来，但未熄火。当执勤民警上前准备例行检查时，货车司机突然加大油门冲了过来，撞倒在货车左前方戒备的朱立军后并未减速，疯狂向远处逃走。等执勤民警回过神后，才发现朱立军已经倒地浑身是血，执勤民警边呼叫支援边将伤势严重的朱立军立即抬上了警车往医院送。

时间就是生命，赢得时间就等于赢得了生命。警报器拉响了，民警想让这个年轻的生命快点得到救治；喊话器工作了，大家都希望沿途的车辆能给这辆救命车腾出条道来。但那辆连续冲卡货车司机拼命左右打方向阻碍警车超过，任凭民警持喊话器在后面喊破了嗓子也无法超过去。短短8公里的救命路程漫长的如同80公里、800公里，大伙儿眼睁睁地看着朱立军的鲜血汩汩流淌，死神一点一点地吞噬着英雄的生命。最终，支援民警又在南环路口设卡堵截，迫使超载货车停了下来。而此时，朱立军已永远地合上了双眼，永远离开了他挚爱着的工作岗位和朝夕相处的同事。

2005年8月，朱立军被自治区人民政府批准为革命烈士。

魏　斌

魏　斌(1965—2005)，男，汉族，1965年12月3日出生，宁夏盐池人，大学学历。1987年7月参加工作，1990年3月参加公安工作，在盐池县公安局高沙窝派出所工作，1991年加入中国共产党。1991年11月被选调到盐池县公安局刑警大队工作，1996年被银南地区科委评定为刑事痕迹技术员。1998年10月任盐池县公安局缉毒大队副大队长，2000年11月任盐池县公安局惠安堡派出所指导员，2003年2月，被调任盐池县公安局纪检督察室副主任。

工作期间，立个人三等功1次，1992年、1993年，2次受到银南地区公安处的通报嘉奖，1996年被盐池县委评为优秀共产党员，1997年被宁夏回族自治区公安厅评为全区优秀人民警察，1998年被自治区公安厅记个人三等功1次，1998年、1999年连续2次被评为盐池县双文明先进个人，2004年被评为优秀党务工作者、优秀共产党员，多次被评为盐池县公安局先进工作者，2005年被盐池县公安局申报为全国纪检先进工作者。

魏斌自参加工作起，认真学习公安业务知识，虚心向老同志请教，走乡串户熟悉辖区情况，很快成为所里的骨干。魏斌被选调到刑警队后，以强烈的事业心和责任感，边干边学，在很短的时间就成为侦查破案的行家里手。1997年6月9日，他和战友奉命抓捕持枪杀人、拐卖妇女、盗窃犯罪嫌疑人闫某祥。抓捕时，魏斌第一个冲上去死死地抱住闫某祥，当闫被制服时，当场从其携带的皮箱内搜出一支已上膛的五连发猎枪。在审讯时，闫某祥猖狂地叫嚣道："只要活着，我一定要对抓我的人报复。"魏斌听后，笑着说："穿了这身警服，早把生死放在一边。"1998年夏季，魏斌和战友在灵武市境内执行抓捕行动，遭到犯罪嫌疑人家属和一些不明真相群众的围攻。在形势非常危急的情况下，他凭着对党、对人民、对法律的忠诚，勇敢地站出来，让战友带着犯罪嫌疑人先行离开，他只身一人留下做群众工作，经过讲政策、讲法律，很快稳定了犯罪嫌疑人家属和围攻人群的情绪。从事刑侦工作9年，先后参与破获各类刑事案件400多起，抓获犯罪嫌疑人200多人。

在他担任盐池县公安局缉毒大队副大队长期间，参与侦破涉毒案件73起，抓获犯罪嫌疑人27名，缴获毒品海洛因302克，处理吸毒人员307人次。2000年11月，被任命为惠安堡派出所教导员，他凭着过硬的业务素质和做群众工作的能力，带领全所民警很快扭转了当地治安局面，赢得了人民群众的广泛赞誉，他对待群众柔肠似水，热情似春，但在大是大非面前，坚持原则，铁面无私。2002年5月，他老家的村民同邻县村民因地界纠纷发生冲突，他的哥哥魏军带人毁坏了邻县村民种植的柠条树苗。案发后，县公安局经过调查，决定将魏军予以拘留。魏军闻讯后外逃，魏斌四处查找到哥哥后，带哥哥到公安局投案自首。2003年2月，他调任盐池县公安局纪检督察室副主任，他始终把人民群众的疾苦和安危放在心上，认真做好纪检监察和群众信访工作，特别是在2005年的大接访中，他负责受理、调查、建档、回访等工作，几乎每天都要面对哭哭啼啼的来访群众，有人问他："每天听那些哭哭啼啼的诉说烦不烦？"他说："烦什么，听哭声就是我的工作，让他们不哭了，我的工作就算初见成效了。"仅半年时间就接访67起，办结57起，为推动盐池县公安局大接访工作的顺利进行，做出突出贡献。

2005年8月31日12时5分，魏斌像以往一样下班准备回家，刚出办公室楼门口，迎面冲来一中年男子，趁魏斌不备，向其直挥两拳，击中魏斌右眼，将其眼镜打落在地，魏斌立即进行反击制止。不料男子从身后掏出一把尖刀，疯狂地刺向魏斌。魏斌左胸、右肋被刺中，鲜血顿时从胸口喷溅而出，魏斌顷刻倒在血泊中。闻声赶来的民警迅速将歹徒制服，并将魏斌送往医院抢救，但因被刺部位皆属要害，魏斌不幸壮烈牺牲。

2005年10月，自治区党委追授魏斌五一劳动奖章。2005年11月魏斌被追授为全国公安系统二级英雄模范。

汤生平

汤生平（1963—2006），男，汉族，生于1963年4月4日，宁夏青铜峡市人。大学文化，1984年7月毕业于宁夏人民警察学校，被分配到银南地区公安处内保科工作，1989年4月加入中国共产党；1991年2月被调整到法制科工作；1997年6月任银南地区公安局预审科副科长；2002年3月任吴忠市公安局北片区治安派出所所长；2004年4月被任命为吴忠市公安局红寺堡开发区公安局党委书记、局长（正科级）。2006年4月1日吴忠市委任命为副处级。

工作期间，汤生平被评为2000年度吴忠市公安局"先进个人"；2001年被评为市公安局西交会"安全保卫先进个人"；2002年，被吴忠市建设局评为城建工作先进个人；2003年4月，被自治区公安厅授予"全区公安机关执法先进个人"称号，同年12月被市公安局授予"人民满意公安民警"称号，并立个人三等功1次；2005年10月，被红寺堡工委、管委会评为"两基"工作先进个人；多次被评为优秀公务员。

1984年7月，汤生平从警校毕业，被分配到银南行署公安处内保科工作，在内保科默默无闻地工作，一干就是七个年头。汤生平凭借自己的优势，冲劲很足，踏实肯干，为人机敏，求知欲很强，争强好胜，工作上事事都要争第一，对业务不懂就问，不对的也敢说，这为他日后走上领导岗位并形成了比较硬朗的工作作风奠定了基础。

1991年2月，因工作需要，汤生平被选派到法制科工作，在法制科的7年多，汤生平跑遍了银南7个县105个派出所，他所在的法制科在群众和公安机关中树立了很高的威信，群众受了委屈，都要到法制科找他解气，当时法制科成了老百姓消气的场所，局里面也提倡让法制科成为纾解一线执法单位压力，缓和警民矛盾的"泄气中心"。其间汤生平所在的法制科先后被自治区公安厅、市公安局评为先进单位，受到多次嘉奖，还在全区法制工作会议上做了经验交流。2002年3月8日，吴忠市公安局北片区治安派出所成立，汤生平被推上了所长的位置。他以沉着、果敢、雷厉风行的作风和率先垂范的形象给人们留下了深刻印象。为拉大吴忠城市框架，在2000余亩广阔的城区北部农田中开始了"民居工程"建设，一时间商贾云集，机械轰鸣，脚手架林立的北边区成了许多民工和老板们梦想的致富乐园，然而繁荣的背后总是会伴生层出不穷的治安问题，派出所民警住的简易办公室。汤生平不但常常是既做群众工作，又做民警工作。不分事情大小，都一心一意去做。2004年4月，汤生平被市局党委任命为红寺堡开发区公安局局长，初到红寺堡主持工作，只有35名民警、4辆警车、1幢办公楼，一切需要他以非凡的毅力去创造和改变。不仅仅是物资匮乏，经费短缺，警力紧张，受命于危难之时，汤生平深感责任重大，他把全身心投入进去，拿出当年初到北边区派出所时的劲头，开始了忘我工作，亲自披挂上阵，事事为先，带领全体民警冲出重围，创造一片属于自己的蓝天。

汤生平又先后组织开展了打击"两抢一盗""破案攻坚""禁毒人民战争""缉枪治爆"等一系列严打和专项整治行动，先后破获了"10·19""11·18"杀人案以及"1·5""7·25""9·29"持刀劫车抢劫案等一批重特大刑事犯罪案件，整队伍，抓信访，搞防控，打基础，各项改革举措一步接着一步，顺利开展，全局性的工作井井有条，逐步走入正轨。2005年，全局"开门大接访"活动开始后，他严格按照市公安局的安排，无论多忙，都坚持每天抽出固定时间接待每一位来访的群众，认真倾听他们的诉求，只要是有理或部分有理的，他都想方设法予以解决，以实际行动践行执法为民的庄严承诺。

2006年4月4日8时10分，汤生平带领干警在乘车赶往开发区太阳山工业园区执行重大安全保卫任务时，途经盐兴公路154千米+800米处时，发生车祸，汤生平身受重伤，送往红寺堡中心医院抢救无效，因公殉职。

张传伟

张传伟（1943—2007），男，汉族，1943年7月15日出生，中共党员，1961年7月在吴忠东方红中学（吴忠中学）高中毕业，参军入伍，在宁夏公安总队服役。1965年从宁夏公安总队转业到吴忠市公安局，当年被派到西吉县红窑子乡搞社教。1966年在吴忠市公安局（县级）任技术科科员，主要是对刑事案件的现场勘验、拍照工作。1967年调整到吴忠市公安局金积派出所当民警，1969年调回技术科专搞刑事案件现场勘验工作，1979年任金积派出所所长。1988年调到市局任户政科任科长，1995年任吴忠市公安局纪检组组长，2001年8月退休。2007年4月17日因病医治无效逝世。

张传伟在工作中，无论是当民警还是当所长、科长，他都做到干干净净的，干事认认真真，刻苦钻研业务，对人民、对同志满腔热忱，对犯罪分子和罪犯嫉恶如仇，特别是在金积派出所担任所长其间抓班子、带队伍，内强素质，外树形象，以所为家，以工作为重，视人民为亲人。在1983年至1986年"严打"期间，张传伟更是恪尽职守，为人师表，家在金积有时连家都顾不上照应，住在所里，家属送饭到工作岗位上，他时常感到有些愧对家人，但他心中装的是人民群众安居乐业，按他自己的话说："我是一名警察，是一名基层领导，我要为辖区的百姓着想，不能因为我的工作不到位而影响当地的治安环境，我应该严格履行警察职责。"

由于张传伟以身作则，身先士卒，在全所干警的共同努力下，共破获大小案件1500余起，抓捕各类犯罪嫌疑人500多人，进行治安处罚的400多人，对犯罪嫌疑人起到了威慑作用，维护了一方平安，由于工作成绩显著，金积派出所连续被上级评为先进派出所。

张传伟在1983年获评全区保卫战线“严打”战役先进个人，1987年获吴忠市委表彰奖励的“优秀共产党员”，1987年4月立个人一等功，1988年2月被评为全区优秀公安干警，1998年9月23日，被自治区党委、区人民政府授予多年来在宁夏革命和建设事业中做出突出贡献的荣誉证书。先后20多次被吴忠市委、吴忠市公安局和利通区公安分局评为先进工作者、优秀共产党员、优秀公务员。

苗卫明

苗卫明（1958—2007），男，汉族，1958年出生，宁夏同心人，大专学历。1975年参加工作，1979年2月参加公安工作，1981年8月加入中国共产党，历任同心县公安局预审科民警、副科长，看守所所长，监管大队大队长，交警大队教导员，缉毒大队民警、副教导员。

在工作期间，立个人二等功1次、三等功2次，被评为县公安局先进个人、全区公安机关预审看守严打先进个人、县公安局十佳民警、全县人民满意政法干警。

在缉毒工作中，他大智大勇、沉着冷静、敢于亮剑、冲锋在前，一时间令无数贩毒分子闻风丧胆。近30年来，经他参与侦破的案件达1000余起，抓获的犯罪嫌疑人达2000余人。仅2007年，同心县公安局共破获毒品违法案件36起，他参与组织侦破的就达25起。

1985年冬天，在赶往湾断头执行警务的途中，因雪深路滑，三轮摩托翻车，一起4个人都不同程度受了伤。而苗卫明颅骨骨折住了院，他没有告诉家人。1995年年底，苗卫明在张家塬乡抓捕逃犯时，遭遇反抗被刺坏了左眼，他不听家人劝阻，提前出院。1997年，同心县公安局看守所发生一连串重大安全事故，公安局党委决定让苗卫明担任看守所所长。苗卫明没有退缩。他决定从“人心求稳、监守求牢、面貌求新”三个方面下手，整顿看守所。他每周主讲法制教育课，对在押人员进行集体教育。要求每个管教民警能够做到“四熟知”，即熟知在押人员的基本情况、基本案情、诉讼进程、思想动态。及时对思想情绪不稳定的在押人员进行感化教育，消除安全隐患。制定在押人员行为、生活、学习、生产劳动规范，对在押人员实行规范化管理。2006年年底，同心县在公安机关实行竞争上岗，一大批年轻有为的公安民警走上了中层领导的岗位。苗卫明主动退出教导员职务，把锻炼的机会让给年轻人。担任禁毒大队副教导员职务，正职变副职，他一点也不计较。新上任的缉毒大队长张治中考虑他年龄大了，缉毒工作危险性高，想安排他到后勤上工作，但苗卫明一再坚持要到侦查一线，他说：“如果说危险，干公安的都很危险，我喜欢搞案子，就让我继续干下去吧。”

2007年12月27日晚，在同心县金山宾馆一房间内，苗卫明带领民警们正守候在那里，焦急地等待着毒贩前来交易毒品。守候了4个小时，2名犯罪嫌疑人进入布控现场，缉毒民警将嫌疑人抓获。然而这两个嫌疑人大喊大叫，疯狂抵抗。苗卫明意识到这是在给同伙通风报信，他发现一名妇女匆匆走向楼梯口，立即冲上去将她抓获，当场从她身上搜出毒品海洛因30克。28日1时许，苗卫明接到情报，28日7点有人要在吴忠进行毒品交易。民警们连续作战，在28日4时50分前将取证工作全部完成，又接连三次请示大队长要求外出破案。征得同意后，他将手头的工作移交给教导员马化龙。已经20多个小时没有合一眼和吃一口饭的苗卫明仅吃了一口干馍后，就立即带领侦查员李新春、海春、张峰高于28日5时许赶赴吴忠市进行布控堵截抓捕。6点钟左右，沙尘虽然停了，但寒风更加凛冽，又起了漫天大雾，天地间漆黑一片，车外能见度极差。在行至高速公路1302千米+740米处鸣沙路段，突遇一辆大货车违规急转调头，将整个路面完全封死，警车来不及也无法采取任何应急措施，造成两车相撞，致使苗卫明严重受伤，经中宁县人民医院全力抢救无效，于2007年12月28日7时4分不幸以身殉职。

2008年，苗卫明被自治区人民政府批准为革命烈士。被追记个人一等功。2009年2月被追授全国公安系统二级英雄模范。

海小平

海小平(1985—2010),男,回族,1985年3月16日出生,宁夏同心人,大专学历。2006年7月参加公安工作,任同心县公安局预旺派出所社区民警。立三等功1次,被评为同心县公安局基层基础工作标兵、情报信息工作先进个人。

自2006年从警以来,海小平一直坚守在同心县最偏远、条件最差的地方。2007年,海小平自愿到远离同心县城的预旺镇派出所工作。虽然从这里到同心县城要走70多千米的山路,虽然这里山大沟深、交通不便,但海小平无怨无悔地选择了坚守。3年来,海小平吃食堂、喝窖水,常常一待就是一两个月。3年来,海小平用脚板丈量着辖区的沟沟坎坎,走访了一户又一户父老乡亲。

作为所里年龄最小的民警,海小平侦查办案、行政内勤、信息录入一肩挑。这些工作看似平淡,却异常繁杂。在深夜的灯光下,常常可以看到海小平忙碌的身影。为了锻炼自己,每次遇到埋伏守候、奔跑抓捕犯罪嫌疑人的任务,海小平都冲在前面。最苦最累的活,他总是抢着干,在对自己的严格要求中,他很快成长为办理各类案件的能手。在云南缉毒时,海小平和战友奉命在中国云南和缅甸边境一条公路上设卡排查过往车辆时,等待盘查的一辆摩托车上,突然跳下一人逃窜,海小平迅速作出反应,紧随该可疑人员追到路旁的密林中,并在随后赶来支援的民警帮助下将其擒获,当场缴获毒品海洛因3200克。事后,海小平偷偷告诉马文喜,他在抓人时不小心掉下路旁一处山崖,马文喜这才注意到海小平的双腿鲜血直流。在从云南押解毒贩返回宁夏的路上,担心押解任务出现闪失,海小平两天两夜不合眼,几近虚脱。

2009年10月18日至2010年1月11日,在自治区公安厅统一组织指挥下,海小平随队赴新疆执行安全保卫任务。维稳期间,海小平与战友们每天都要徒步巡逻10千米以上,并承担着各项超负荷的工作,精神高度紧张、劳累加之水土不服,海小平患上了重感冒,持续低烧令他本就消瘦苍白的面庞显得越发憔悴。巡逻中队长张兴斌劝他休息,他却不肯。维稳工作结束后,海小平没顾得上休息,就匆匆告别未婚妻和父母,回到预旺镇派出所,一头扎进繁杂的工作中。3月15日是海小平的25周岁生日,之前,所长丁伟曾建议由所里买个蛋糕大家聚一聚,但被生性腼腆的海小平婉言谢绝了。丁所长猜测,海小平的未婚妻肯定已经为他张罗好了生日聚会,并暗暗决定当天给小海放半天假。同样惦记着海小平生日的,还有他的父母,可是儿子太忙了,常常是回家倒头就睡,起来吃完饭就去上班了。2010年3月12日一大早,老两口想和儿子说说话,却见儿子换上警服匆匆出了门。到了晚上再看到儿子,海小平的母亲不免有些担心:"儿子咋浑身是土呢?昨晚又到哪办案去了?"为让父母安心,海小平笑着说:"今天处理了一大摞案卷,终于可以歇歇了。"谁曾想,海小平最后的话语,竟成为永恒……

2010年3月9—12日,因连续工作,过度劳累,引发心脏病,于2010年3月13日7时不幸牺牲,年仅24岁。

海小平被同心县公安局党委追认为中共党员,同心县人民政府追授海小平为模范公务员,自治区追授海小平为劳动模范、先进工作者。2010年6月23日,公安部部长孟建柱签署命令:追授海小平为全国公安系统二级英雄模范称号,颁发奖章证书,奖励人民币3万元。

刘国卫

刘国卫(1962—2013),男,汉族,宁夏吴忠市利通区人,1962年9月26日出生,1983年10月参加工作,1992年6月加入中国共产党。1983年10月至1985年12月在吴忠市仪表厂工作;1985年12月至1998年7月在银南地区公安处工作;1998年7月至2002年12月任吴忠市公安局办公室副主任;2002年12月至2005年4月任吴忠市公安局交警支队车管科长;2005年4月至2009年11月任吴忠市公安局办公室主任;2009年11月任盐池县公安局党委副书记、政委。2013年4月6日,刘国卫在上班途中发生意外,经医院全力抢救,终因医治无效,于6月8日上午11时35分去世,享年51岁。

刘国卫自参加工作以来,艰苦朴素、勤奋务实、廉洁奉公,赢得了周围人的尊重和好评，从担任市公安局民警、办公室主任，到任盐池县公安局政委等工作岗位上，他把全部的青春和热血献给了钟爱的公安事业。在盐池工作的近4年中，他立足本职、狠抓队建，以身作则、率先垂范，尽管患有痛风等多种疾病，却从来没有因此耽误工作，全局民警在他的带领和感召下，呈现出奋发进取、风清气正的良好局面，各项公安工作和队伍建设成效明显。他先后立三等功1次，受吴忠市局嘉奖5次，6次被评为优秀公务员，2010年被评为“盐池县秋季农田水利建设先进个人”。就在发生意外的当天，他还在忙着为新看守所建设事宜操心奔走。

2013年6月10日8时30分，刘国卫的遗体告别仪式在其家乡吴忠市利通区举行。

第二节　模范先进

一、二级英雄模范简介

朱　玉

朱　玉，男，汉族，1951年5月10日出生，宁夏吴忠市人，大学学历。1969年2月参加中国人民解放军，1970年7月加入中国共产党，1984年7月参加公安工作，历任利通区公安分局预审科民警、副科长、副局长、局长、政委，吴忠市公安局戒毒实验中心主任。2010年8月退休。

在工作期间，立个人一等功1次、二等功2次、三等功1次，被评为自治区禁毒工作先进个人、自治区成立50周年政法模范人物，并获自治区五一劳动奖章。

1999年，朱玉经过多方努力，从政府争取到远离城市40余千米处的一片荒山地，主动请缨，辞去利通区公安分局政委的职务，开始创建戒毒康复实验农场(后改为吴忠市戒毒康复中心)。用7年的时间，先后开发耕地3100多亩，种植防风林带、经济果林400多亩，植树30多万株，培育花卉开苗圃50余亩，修建道路19千米，架设电线3.1千米，兴建畜禽养殖圈舍5000平方米，实现了规模养殖。开挖建设蓄水池，水库及小扬水泵站2座，兴修渠道21千米，兴建了中型节能砖窑和石膏粉厂，建成了4100平方米的戒毒生活管理区，完成各项投资总计800多万元。在万余亩的荒山坡地上，建造了一片绿洲，开创了西北乃至全国禁吸戒毒康复工作的新领域。

在朱玉的努力下，戒毒康复中心累计收戒吸毒人员2400多人次，其中有50多名戒毒康复学员成功戒断毒瘾后，自愿申请留场就业，有5对戒毒康复学员在戒毒康复中心举办了婚礼、安了家。

朱玉被吴忠市公安局党委授予优秀共产党员称号，被自治区禁毒委记二等功，2007年8月被公安部授予全国二级英雄模范称号，并记一等功。

二、全国特级优秀人民警察简介

任小荣

任小荣，女，汉族，1951年7月7日出生，山西人，中专文化。1968年9月在吴忠市(县级)马莲渠公社下乡，1969年5月在吴忠市棉织厂当工人。1972年5月在吴忠市棉织厂当政工干事，1975年3月加入中国共产党。1978年4月调到吴忠市地毯厂任党支部干事，1978年12月调到吴忠市工业交通局任政工干事，1980年12月调到吴忠市公安局(县级)任政工干事，参加公安工作。1990年任吴忠市公安局政工科副科长，1996年任吴忠市公安局纪检组副组长。1998年4月任吴忠市公安局利通分局政保大队教导员兼缴费室负责人，2002年3月任吴忠市公安局利通分局行政管理科副科级侦察员，负责缴费室工作。

1985年被评为吴忠市优秀团干部，1989年被评为吴忠市“三八红旗手”，1995年被评为吴忠市“巾帼建功先进个人”，1998年，在禁毒专项斗争中，成绩突出，立个人三等功，1998—

2002年连续5年被评为利通区公安分局优秀共产党员。2001年，因工作突出，立个人三等功；2001年，被评为吴忠市级“人民满意政法干警”。多年来，任小荣连续多次被评为吴忠市公安局（县级）先进工作者、利通区公安分局优秀公务员，在专项斗争、安全警卫、贯彻“收支两条线”等工作中先后受到市公安局、利通区公安分局嘉奖6次。2003年7月2日，被公安部授予“全国公安系统特级优秀人民警察”称号。

李卫东

李卫东，男，汉族，1954年4月8日出生。河北邯郸市人。高中文化。1973年在宁夏第三建筑公司工作。1982年调入青铜峡县公安局交警队，先后从事交通秩序管理、五小车辆管理、交通事故处理等工作。1992年从事交通安全宣传工作，任交警大队副主任科员。2010年8月任主任科员。

2008年1月，李卫东与青铜峡市广播电台联合开辟“老李说交通”专栏，2009年又与青铜峡市电视台推出《平安出行》节目。制作交通安全宣传课件8部，编写交通安全宣传材料50多万字。在辖区驾协工作站、学校、社区、村镇、机关、企业、部队、集市、清真寺讲授交通安全课328场次；制作交通安全宣传展板50期324块，巡回展出交通安全宣传展板125天10255块次；放映交通安全教育片89场次。在公安网络发表交通安全管理论文14篇；各类报刊和公安网络发表交通安全宣传文章84篇；自己编写、录制了90分钟的道路交通安全宣传录音带4盘；驾驶宣传车在辖区巡回播放交通安全宣传录音184天次；发放各类交通安全宣传材料8万多份；制作交通安全宣传展板63期219块；制作出由全国200多起道路交通事故案例汇编而成的交通安全宣传幻灯片8部。

2005年3月被公安部授予“全国道路交通安全宣传‘五进工作’先进个人”称号。2007年5月22日被公安部授予全国优秀人民警察称号。2008年4月被公安部授予全国公安机关创建平安畅通县区工作先进个人称号。2009年1月被公安部授予全国特级优秀人民警察称号。2011年12月19日被评为青铜峡市“优秀党政人才”，享受每月300元的政府津贴。

张治中

张治中，男，汉族，1969年8月12日出生，宁夏同心县人，1990年7月毕业于宁夏农学院（食品科学专业），大学学历，在同心县粮食局工作，1992年参加公安工作，1993年5月在同心县公安局刑侦大队工作，任刑侦中队长，1993年5月加入中国共产党，2001年11月到同心县公安局韦州镇派出所任所长（副科级），2003年9月任豫海镇派出所所长（正科级），2007年2月任同心县公安局禁毒大队大队长（正科级），2012年8月任同心县公安局副局长、同心县禁毒办常务副主任，分管禁毒工作。在职就读中共中央党校（法律专业）。工作中，他坚持高标准、严要求、创亮点、出精品。他先后12次被评为先进工作者，连续3年被自治区公安厅授予全区优秀人民警察称号，立个人一等功1次、个人二等功1次、个人三等功1次，被自治区公安厅嘉奖3次。2009年6月被自治区禁毒委评为“禁毒人民战争先进个人”，2010年1月被自治区公安厅评为全区首届“十佳人民警察”，2010年4月被授予自治区先进工作者称号，2010年7月被吴忠市委授予全市“优秀共产党员”称号，2011年6月被自治区党委授予“全区优秀共产党员”称号。

他带领的同心县公安局缉毒大队被公安部授予全国公安机关执法规范化建设示范单位称号，被国家禁毒委评为全国禁毒宣传优秀奖，2009年摘掉了压在同心人民头上长达10年之久的全国毒品问题重点整治地区的“帽子”。他组织指挥破获的毒品案件达210起，其中重特大案件127起，公斤级以上案件13起；共缴获毒品海洛因46.8公斤、大麻926.5公斤，打掉重特大毒品犯罪团伙35个104人，抓获贩毒人员285名，收戒吸毒人员1287人次，摧毁吸贩毒窝点138个，有力地打击了毒品犯罪活动。2012年5月20日获“全国特级优秀人民警察”称号。

张广春

张广春，男，汉族，1963年11月出生，中共党员，宁夏盐池人。2005年立个人三等功1次，2007年被吴忠市公安局评为全市优秀人民警察，2008年被自治区公安厅评为“全区十佳监管所长”，2009年被公安部评为“全国公安监管战线苦练基本功活动先进个人”，2010年立个人二等功1次，2011年立个人三等功1次，2015年被吴忠市委、市政府评为先进工作者，2015年被自治区精神文明委员会评为“宁夏好人”，2017年5月19日被公安部评为全国特级优秀人民警察。

2002年2月，张广春任盐池县看守所所长。他一到任就扑在工作上，时时处处以身作则，率先垂范，每天6点准时进监区，晚上总守在看守所，睡觉前进监室巡视一遍，成了他雷打不动的习惯；哪个监室出现问题，他总是第一个冲上前妥善处置。就这样，十五年如一日以所为家，坚守岗位。他从规范每日生活制度做起，落实民警岗位职责，推行在押人员管理规范化精细化。他积极创新，整合现有的警力资源，科学设置岗位，明确划分任务，不断推进管教、巡视监控工作的专业化水平。他为人细心、节俭，虽说是所长，但更像一个“吝啬”的管家，总是教育民警要养成勤俭节约的好习惯。但在看守所的建设上，他精打细算，舍得投入，把有限的经费用在刀刃上。十五年来，看守所历经两次搬迁，他积极争取项目，亲自参与设计，认真监督施工，将看守所建设成一个设施先进，功能齐全，环境优美的现代化监所。

多年来，他在确保监所安全的基础上，全面推行人文关怀。积极与县医院建立了协作关系，实现了医疗卫生专业化；大力营造监区文化氛围，将国学教育、法治教育、心理教育及科学技术等内容通过不同形式引入监区，加强教育矫治。他以一颗博爱之心平等对待每一个在押人员，逐渐消除了他们对社会的仇恨，唤醒了他们潜藏在内心深处的良知。

他带领全所民警将一个原本设施简陋、名不见经传的县级看守所打造成为全区标杆、全国一流。在他任职期间，盐池县看守所连续11年被公安部评为全国一级看守所，连续三届6年被公安部评定为全国标兵看守所，立集体一等功一次、集体二等功二次，被公安部评为“全国优秀公安基层单位”“全国看守所勤务模式改革示范单位”“全国公安监管部门执法规范化建设示范单位”“全国看守所管理机制创新示范单位”“全国公安监管部门信息技术应用先进单位”“全国‘五化建设’示范单位”、“成绩突出单位”、“‘三共’活动先进单位”，取得了连续18年监所安全无事故、民警队伍无违纪的佳绩。

第三节 先进集体

一、吴忠市公安局集体立功受奖名录

吴忠市公安局集体立功受奖一览表

表55

获奖单位	奖励名称	批准机关	受奖日期
吴忠市公安局	弘扬见义勇为精神先进集体	吴忠市政府	2011年8月
	通联工作先进集体	吴忠日报社	2011年6月
	全市民族团结教育宣传年活动先进集体	吴忠市委、市政府	2011年3月
	2010年度全市安全生产先进单位	吴忠市安全生产委员会	2011年4月
	2010年度广场文化活动先进集体	吴忠市委宣传部、市广电局	2010年11月
	“创先争优 科学发展”演讲比赛获组织奖	吴忠市委组织部、市委宣传部	2010年11月

续表55

获奖单位	奖励名称	批准机关	受奖日期
吴忠市公安局机关党委	全市学习型党组织先进单位	吴忠市委学习组织领导小组	2011年9月
吴忠市公安局指挥部	全区政法系统先进基层党组织	自治区党委政法委	2011年6月
吴忠市公安局经侦支队	“清网行动”成绩突出记集体三等功	吴忠市公安局	2012年1月
吴忠市公安局治安管理支队	吴忠市2010年部门食品安全工作先进集体	吴忠市食品安全委员会	2011年5月
	宁夏回族自治区第六次人口普查先进集体	自治区人民政府	2011年12月
吴忠市公安局法制处	全市“五五”普法依法治理先进机构	吴忠市委、市政府	2011年7月
吴忠市公安局警务科技处	全区PGIS平台示范建设先进集体	自治区公安厅	2011年10月
吴忠市公安局网安支队	2011年成绩突出记集体三等功	吴忠市公安局	2012年1月
吴忠市公安局行动技术支队	“清网行动”成绩突出记集体三等功	吴忠市公安局	2012年1月
吴忠市公安局出入境管理处	巾帼文明岗	吴忠市政府	2011年11月
吴忠市公安局看守所	全国公安监管部门“清网行动”先进单位	公安部监所管理局	2011年12月
吴忠市公安局拘留所	全区公安监管场所创建“阳光工程”先进集体	自治区公安厅	2011年9月
吴忠市公安局交通管理局	宁洽会暨中阿经贸论坛安保工作先进集体	自治区公安厅	2011年9月
吴忠市公安局交管局车辆管理所	巾帼文明岗	吴忠市政府	2011年11月
吴忠市公安局交管局	全国文明交通示范单位	公安部	2013年3月
吴忠市公安局看守所	2012年等级评定为一级看守所	公安部	2013年3月
吴忠市公安局治安支队	警企联合保护输油气管道设施工作先进集体	公安部	2013年5月
利通区公安分局治安大队	警企联合保护输油气管道设施工作先进集体	公安部	2013年5月
利通区公安分局高闸派出所	警企联合保护输油气管道设施工作先进集体	公安部	2013年5月
吴忠市公安局看守所	全国公安监管部门信息技术应用先进单位	公安部	2013年12月
吴忠市公安局督察部	全国取保候审突出问题专项督察行动先进单位	公安部	2013年12月27日
吴忠市公安局禁毒支队	2013年度全市禁毒工作先进集体	吴忠市禁毒委	2014年1月15日
吴忠市公安局网安支队	全市公安机关思想政治工作先进集体	吴忠市公安局	2014年1月20日
吴忠市公安局警务科技处	2013年度全市优秀基层单位	吴忠市公安局	2014年1月20日
吴忠市公安局经侦支队	全国公安机关“打假行动”成绩突出集体	公安部	2014年1月26日
吴忠市公安局看守所	2014年度全市公安机关思想政治工作先进集体	吴忠市公安局	2015年2月12日
吴忠市公安局出入境管理处	2014年度全市公安机关优质服务型窗口	吴忠市公安局	2015年2月12日
吴忠市公安局治安管理支队	2013年扫黄打非暨文化市场管理工作先进集体	吴忠市“扫黄打非”、文化市场管理工作领导小组	2014年2月27日
吴忠市公安局消防支队	2013年扫黄打非暨文化市场管理工作先进集体		2014年2月27日
吴忠市公安局禁毒支队	全区“肃毒害、创平安”禁毒成绩突出集体	自治区公安厅	2014年4月30日
吴忠市公安局治安支队	全区卷烟打假工作先进集体	自治区公安厅、自治区烟草管理局	2014年5月18日
吴忠市公安局警务督察支队	全国公安机关警务督察工作成绩突出集体	公安部	2014年6月9日

续表55

获奖单位	奖励名称	批准机关	受奖日期
吴忠市公安局治安支队	全区警企联合保护输油气管道成绩突出集体	自治区公安厅、自治区石油管理局	2014年7月11日
吴忠市公安局警务科技处	2014年应用创新项目	公安部科技信息化局	2014年
吴忠市公安局特警支队	全区反恐怖工作先进单位	自治区反恐办	2014年
吴忠市公安强制隔离戒毒所	集体二等功	自治区公安厅	2015年1月16日
吴忠市公安局刑侦技术大队	集体三等功	吴忠市公安局	2015年2月12日
吴忠市公安局	2014年度平安建设先进单位	吴忠市综治委	2015年3月9日
吴忠市公安局看守所	集体二等功	自治区公安厅	2015年7月3日
吴忠市公安局	集体三等功	自治区公安厅	2015年9月21日
吴忠市公安局治安支队	先进集体	自治区公安厅	2015年9月21日
吴忠市公安局	抗日战争胜利70周年活动和中阿博览安保先进集体	自治区公安厅	2015年9月
吴忠市公安局安保办	中阿博览会和中国(宁夏)回商大会安保工作记集体三等功	吴忠市公安局	2015年10月8日
吴忠市公安局	2013—2015年深化素质强警交流合作先进集体	公安部	2015年11月
	“倡行法治 尊法守法”法律知识竞赛三等奖	吴忠市	2015年11月
	2013—2015年深化素质强警交流突出集体	吴忠市	2015年11月
	全区青少年禁毒知识竞赛三等奖	自治区禁毒委	2015年12月
吴忠市公安局看守所	全区看守所“五化建设”达标单位	自治区公安厅	2015年12月
吴忠市公安局	2015年 “星牌杯”台球比赛团体赛第一名	吴忠市	2015年12月
	全国社区戒毒社区康复优秀教案评比三等奖	国家禁毒委、禁毒基金会	2015年12月
	集体三等功	自治区公安厅	2015年
	考核成绩为全区第二名	自治区公安厅	2015年
吴忠市公安局出入境管理处	服务型窗口建设先进单位	自治区政法委	2016年1月
吴忠市公安局	市级优秀公安局	自治区公安厅	2016年1月
吴忠市公安局看守所	全国看守所“五化建设”成绩突出单位	公安部	2016年2月
	全国看守所“五化建设”成绩突出单位	公安部监管局	2016年2月
吴忠市公安局团委	2015年度优秀团组织	吴忠市团委	2016年2月
吴忠市公安局	吴忠市最佳志愿服务组织	吴忠市文明办、市民政局、市团委	2016年3月
吴忠市公安局出入境管理处	三八红旗集体	吴忠市妇联	2016年3月8日
吴忠市公安局车辆管理所	二等车辆管理所	公安部	2016年6月
吴忠市公安局足球队	吴忠市第二届业余足球联赛亚军	吴忠市	2016年7月
吴忠市公安局	全区“六五”普法先进集体	自治区依法治区协调小组	2016年8月
	全区公安综合情报业务技能比武第一名	自治区公安厅	2016年9月

续表55

获奖单位	奖励名称	批准机关	受奖日期
吴忠市公安局	全国青少年禁毒知识竞赛总决赛二等奖	国家禁毒委、教育部四部委	2016年11月13日
	全区民警实战技能大考核大比武第三名	自治区公安厅	2016年11月
吴忠市公安局警务保障处	集体三等功	自治区公安厅	2016年11月
吴忠市公安局交管局	集体三等功	自治区公安厅	2016年11月
吴忠市公安局禁毒分局	第三届中国青年志愿服务项目大赛金奖	公安部	2016年12月
	四星级服务型党支部	吴忠市直机关工委	2016年12月
吴忠市公安局	考核成绩为全区第一名	自治区公安厅	2016年
吴忠市公安局禁毒分局	全国公安机关改革创新大赛优秀奖	公安部	2017年1月
	2017—2021年度文明单位	吴忠市直机关工委	2017年1月
吴忠市公安局	全区公众对公安工作满意度调查中市级第一	自治区公安厅	2017年1月5日
	全国改革创新大赛“黑眼睛”工作室获优秀奖	公安部	2017年1月13日
吴忠市公安局指挥部	“相机拍摄应用与技巧”获评三星级课程	自治区公安厅	2017年2月14日
吴忠市公安局看守所	全国公安监管场所评定中被定为一级看守所	公安部	2017年2月27日
吴忠市强制隔离戒毒所	全国监管场所被评为一级强制隔离戒毒所	公安部	2017年2月27日
吴忠市公安局	全市防范和处理邪教工作先进单位	吴忠市防范和处理邪教问题领导小组	2017年3月
吴忠市公安局看守所	全国一级看守所	公安部	2017年4月
吴忠市公安局技侦支队	集体二等功	自治区公安厅	2017年5月
吴忠市公安局	“警察说事”系列微视频三等奖	自治区公安厅	2017年5月15日
吴忠市公安局督察部	全国信访积案集中攻坚化解活动成绩突出集体	公安部	2017年6月
吴忠市公安局	全区中小学生毒品预防教育大赛优秀组织奖	自治区禁毒委、自治区教育厅等单位	2017年6月
	首届全区公安机关“微改革微创新”大赛三等奖	自治区公安厅	2017年6月
	第五届黄河金岸(吴忠)国际马拉松先进集体	吴忠市委、市政府	2017年8月2日
吴忠市公安局督察部信督室	全国公安机关信访积案化解突出集体	公安部	2017年8月2日
吴忠市公安局	全区社区戒毒社区康复工作优秀组织单位	自治区禁毒委	2017年9月
	全区公安科技信息化应用技能大比武第一名	自治区公安厅	2017年10月16日
吴忠市公安局110报警服务台	2017年自治区级“共青团员先锋岗”集体	自治区公安厅、自治区团委	2017年11月13日
吴忠市公安局国保支队	党的十九大安保维稳工作先进集体	自治区综治委	2017年12月5日
吴忠市公安局网安支队	中共十九大宁夏网络安全工作先进集体	自治区网信办	2017年12月14日
	党的十九大网络安全工作先进集体	自治区网信办	2017年12月
吴忠市公安局	做好军队退役人员稳定工作表现突出的单位	自治区公安厅	2017年12月
吴忠市公安局禁毒分局	全区第三届志愿服务项目大赛二等奖	自治区公安厅	2017年
吴忠市公安局	考核成绩为全区第一名	自治区公安厅	2017年

续表55

获奖单位	奖励名称	批准机关	受奖日期
吴忠市公安局警务保障处	2017年度全市公安工作成绩突出记集体嘉奖	吴忠市公安局	2018年2月11日
吴忠市公安局国保支队	2017年度全市公安工作成绩突出记集体嘉奖	吴忠市公安局	2018年2月11日
吴忠市公安局监管支队	2017年度全市公安工作成绩突出记集体嘉奖	吴忠市公安局	2018年2月11日
吴忠市公安局禁毒分局	2017年度全市公安工作成绩突出记集体嘉奖	吴忠市公安局	2018年2月11日
吴忠市公安局警务科技处	2017年度全市公安工作成绩突出记集体嘉奖	吴忠市公安局	2018年2月11日
吴忠市公安局	2013—2017年度全区社会治安综合治理先进集体	自治区综治委	2018年2月
吴忠市公安局网安支队	2017年度全区“扫黄打非”先进集体	自治区扫黄打非领导小组	2018年3月
吴忠市公安局治安管理支队	2017年度全国缉枪治爆成绩突出集体	公安部	2018年4月
	2017年全国缉枪治爆专项行动成绩突出集体	公安部	2018年5月
吴忠市公安局	党建调研课题获调研课题二等奖	公安部	2018年5月
吴忠市公安局看守所	全国一级看守所	公安部	2018年6月
吴忠市公安局监管支队	2018年度工作成绩突出记集体三等功	吴忠市公安局	2019年2月19日
吴忠市公安局看守所	集体二等功	自治区公安厅	2019年8月27日
吴忠市公安局治安支队	中阿博览会安保工作记集体三等功	自治区公安厅	2019年10月30日
吴忠市公安局治安管理支队	新冠肺炎疫情防控成绩突出记集体嘉奖	自治区公安厅	2020年2月6日
吴忠市公安局交通管理局	新冠肺炎疫情防控成绩突出记集体嘉奖	自治区公安厅	2020年2月6日
吴忠市公安局警务保障处	2019年度公安工作成绩突出记集体三等功	吴忠市公安局	2020年2月21日
吴忠市公安局出入境管理处	2019年度公安工作成绩突出记集体嘉奖	吴忠市公安局	2020年2月21日
吴忠市公安局拘留所	三等功	吴忠市公安局	2020年9月10日
吴忠市公安局指挥部	集体嘉奖	吴忠市公安局	2020年9月10日
吴忠市公安局反恐支队	集体嘉奖	吴忠市公安局	2020年9月10日
吴忠市公安局治安管理支队	集体嘉奖	吴忠市公安局	2020年9月10日
吴忠市公安局出入境管理处	集体嘉奖	吴忠市公安局	2020年9月10日
吴忠市公安局交通管理局	集体嘉奖	吴忠市公安局	2020年9月10日
	交通秩序专项整治工作突出记集体三等功	吴忠市公安局	2020年11月2日
吴忠市公安局	2019—2020年度优秀公安局	自治区公安厅	2021年1月25日
吴忠市公安局法制支队	2020年度工作成绩突出记集体三等功	吴忠市公安局	2021年2月1日
吴忠市公安局治安支队	2020年度工作成绩突出记集体三等功	吴忠市公安局	2021年2月1日
吴忠市公安局督察部	2020年度工作成绩突出记集体嘉奖	吴忠市公安局	2021年2月1日
吴忠市公安局技术侦察支队	2020年度工作成绩突出记集体嘉奖	吴忠市公安局	2021年2月1日
吴忠市公安局交管局一大队	2020年度工作成绩突出记集体嘉奖	吴忠市公安局	2021年2月1日

二、吴忠市利通区公安分局集体立功受奖名录

吴忠市利通区公安分局集体立功受奖一览表

表56

获奖单位	奖励名称	批准机关	受奖日期
利通区公安分局	全区“严打”整治斗争先进集体	自治区政法委、综治委	2003年1月
	自治区防治“非典”工作先进单位	自治区党委、人民政府	2003年8月
	全国少数民族体育运动会安保先进集体	自治区公安厅、武警宁夏总队	2003年9月
	全区指纹破案会战先进集体	自治区公安厅	2004年8月
	公安机关接待处理群众来信来访先进集体	公安部	2005年1月
	2005年度政法综治工作先进集体	吴忠市委、市政府	2006年1月
	2005年度“追逃”先进基层单位	公安部	2006年3月
	自治区保先教育活动先进性教育活动先进集体	自治区保先活动领导小组	2006年6月
	2006年度全区优秀公安局	自治区公安厅	2007年1月
	2006年度全市公安机关绩效考核第一名	吴忠市公安局	2007年1月
	2006年度执法质量考评县级优秀执法单位	自治区公安厅	2007年2月
	“清凉宁夏”全区公安机关广场文化优秀奖	自治区公安厅	2007年7月
	2007年度执法质量考评县级优秀执法单位	自治区公安厅	2008年1月
	2007年度全市公安机关绩效考核第一名	吴忠市公安局	2008年1月
	全国治理自行车被盗问题专项行动先进集体	中央综治委、公安部等	2008年1月
	2007年度政法综治工作先进集体	吴忠市委、市政府	2008年2月
	全区公安机关“三考”优秀单位	自治区公安厅	2008年4月
	2007年度“追逃”先进单位	公安部	2008年5月
	2008年奥运会火炬接力吴忠传递安保优胜单位	吴忠组委会	2008年7月
	民族团结进步先进集体	吴忠市委、市政府	2008年9月
	自治区“五十大庆”安保工作先进集体	自治区公安厅	2008年10月
	全国公安机关奥运治安保卫攻坚战先进集体	公安部	2008年11月
	公安机关“利剑”二号行动追逃工作先进集体	自治区公安厅	2008年11月
	警企联防保护750千伏输电线路先进单位	自治区公安厅治安总队	2009年1月
	执法质量考核评议优秀单位	吴忠市公安局	2009年1月
	公安机关“三基”工程先进集体	自治区公安厅	2009年1月
	2008年度执法质量县级优秀单位	自治区公安厅	2009年1月
	全市依法行政工作先进集体	吴忠市政府	2009年2月
	2008年度政法综合工作先进集体	吴忠市委、市政府	2009年2月
	“多彩吴忠 警察风采”广场文艺演出三等奖	吴忠市公安局	2009年7月
	2009年度追逃工作先进单位	公安部	2010年4月

续表56

获奖单位	奖励名称	批准机关	受奖日期
利通区公安分局	吴忠市2010年春节花灯展三等奖	吴忠市委	2010年5月
	“五个好”党支部	吴忠市公安局	2010年6月
	首届运动会团体总分第二名		2010年12月
	建党90周年专项文艺会演一等奖		2011年6月
	创建学习型党组织先进单位		2011年6月
	抢救见义勇为英雄先进单位	吴忠市政府	2011年8月
	吴忠市学习型党组织先进单位	吴忠市委	2011年8月
	2011年宁洽会暨中阿经贸论坛安保先进集体	自治区公安厅	2011年9月
	全区公安经费保障改革先进集体	自治区公安厅	2012年1月
	思想政治网格化建设先进单位	自治区公安厅	2012年7月
	全区公安机关执法质量优秀单位	自治区公安厅	2012年1月
	全区公安机关绩效考核优秀单位	自治区公安厅	2012年1月
	集体三等功	自治区公安厅	2012年1月
	2011年度优秀公安局	吴忠市公安局	2012年1月
	吴忠市宗教工作先进集体	吴忠市委、市政府	2012年7月
	建党91周年广场文艺演出二等奖	吴忠市公安局	2012年7月
	公安机关文化周篮球比赛第一名	吴忠市公安局	2012年12月
	全区优秀县级优秀公安局	自治区公安厅	2013年1月
	全市公安机关社会管理创新项目	吴忠市公安局	2013年1月
	全市社区警务信息系统建设应用先进单位	吴忠市公安局	2013年1月
	集体三等功	吴忠市公安局	2013年1月
	全市公安机关“七进九讲”活动先进单位	吴忠市公安局	2013年1月
	2012年度全市优秀公安局	吴忠市公安局	2013年1月
	2012年度政法工作先进集体	吴忠市委政法委	2013年2月
	建党92周年广场文艺会演三等奖	吴忠市公安局	2013年7月
	建党92周年广场文艺会演节目创新奖	吴忠市公安局	2013年7月
利通区禁毒委员会	2013年度全市禁毒工作考核一等奖	吴忠市禁毒委	2014年1月15日
利通区公安分局禁毒大队	2013年度全市禁毒工作先进集体	吴忠市禁毒委	2014年1月15日
利通区公安分局	2013年度“全市优秀公安局”	吴忠市公安局	2014年1月20日
利通区公安分局交巡警大队	2013年度“全市优秀基层单位”	吴忠市公安局	2014年1月20日
利通区公安分局金银滩派出所	全市公安机关思想政治工作先进集体	吴忠市公安局	2014年1月20日
利通区公安分局朝阳派出所	毒品重点地区专项整治工作成绩突出基层单位	吴忠市公安局	2014年9月9日
利通区公安分局古城派出所	毒品重点地区专项整治工作成绩突出基层单位	吴忠市公安局	2014年9月9日

续表56

获奖单位	奖励名称	批准机关	受奖日期
利通区公安分局民生派出所	毒品重点地区专项整治工作成绩突出基层单位	吴忠市公安局	2014年9月9日
利通区禁毒委	2014年度全市禁毒工作考核第二名	吴忠市禁毒委	2015年1月29日
利通区公安分局禁毒大队	禁毒执法(破案、收戒)先进集体	吴忠市禁毒委	2015年1月29日
利通区公安分局金银滩派出所	禁毒执法(破案、收戒)先进集体	吴忠市禁毒委	2015年1月29日
利通区公安分局	全市公安机关“七进九讲”活动优秀公安局	吴忠市公安局	2015年2月12日
利通区公安分局刑侦大队	2014年度全市公安机关优秀基层单位	吴忠市公安局	2015年2月12日
利通区公安分局政工监督室	2014年度全市公安机关思想政治工作先进集体	吴忠市公安局	2015年2月12日
利通区公安分局交巡警女子中队	2014年度全市公安机关优质服务型窗口	吴忠市公安局	2015年2月12日
利通区公安分局经侦大队	全国打击整治假币违法犯罪集中行动突出集体	公安部、中国人民银行	2015年4月
利通区公安分局	县级优秀公安局	自治区公安厅	2016年1月
利通区公安分局交巡警大队	先进集体	自治区公安厅	2015年9月21日
利通区公安分局板桥派出所	中阿博览会和回商大会安保工作记集体三等功	吴忠市公安局	2015年10月8日
利通区公安分局	中阿博览会和回商大会安保工作记集体嘉奖	吴忠市公安局	2015年10月8日
	2016年宁夏公众安全感调查中排第一	自治区公安厅	2017年1月24日
利通区公安分局民生街派出所	2015—2016年度全国青年文明号	国家文明委	2017年5月9日
利通区公安分局刑侦大队	2017年度全市公安工作成绩突出记集体三等功	吴忠市公安局	2018年2月11日
利通区公安分局	全区民族团结进步创建活动示范单位	自治区党委	2018年12月
利通区公安分局古城派出所	2018年度工作成绩突出记集体三等功	吴忠市公安局	2019年2月19日
利通区公安分局上桥派出所	中阿博览会安保工作记集体嘉奖	自治区公安厅	2019年10月30日
利通区公安分局禁毒大队	新冠肺炎疫情防控成绩突出记集体嘉奖	自治区公安厅	2020年2月6日
利通区公安分局指挥中心	2019年度公安工作成绩突出记集体嘉奖	吴忠市公安局	2020年2月21日
利通区公安分局民生派出所	交通秩序专项整治工作突出记集体三等功	吴忠市公安局	2020年11月2日
	2019—2020年度优秀基层单位	自治区公安厅	2021年1月25日
利通区公安分局刑侦大队	2020年度工作成绩突出记集体三等功	吴忠市公安局	2021年2月1日
利通区公安分局法制大队	2020年度工作成绩突出记集体三等功	吴忠市公安局	2021年2月1日
利通区民生警务室	2020年度工作成绩突出记集体三等功	吴忠市公安局	2021年2月1日
利通区金银滩警务室	2020年度工作成绩突出记集体嘉奖	吴忠市公安局	2021年2月1日

三、青铜峡市公安局集体立功受奖名录

青铜峡市公安局集体立功受奖一览表

表57

获奖单位	奖励名称	批准机关	受奖日期
青铜峡市公安局	严打先进集体并记集体三等功	自治区公安厅	1987年5月
	全国优秀公安局	公安部	1999年4月
	警风评议先进集体	自治区公安厅	1999年12月
	1999年度人民满意公安局	自治区公安厅	2000年1月
	全区公安法制工作先进集体	自治区公安厅	2000年9月
	全国优秀公安局	公安部	2000年10月
	全区政法先进单位	自治区党委政法委、自治区人事厅	2001年6月
	全区人民满意公安局	自治区公安厅	2001年12月
	优秀执法单位	自治区公安厅	2005年5月
	全区换发二代身份证先进集体	自治区公安厅	2007年
	优秀单位	自治区公安厅	2008年1月
	全国公安机关三基工程先进单位	公安部	2008年12月
	集体三等功	吴忠市公安局	2011年12月
	吴忠市级文明单位	吴忠市公安局	2011年3月
	集体三等功	吴忠市公安局	2011年12月
	吴忠市宗教工作先进集体	吴忠市委	2012年7月
	全国清剿火患战役优秀公安局	公安部	2012年8月
	集体三等功	自治区公安厅	2012年1月
	“清网行动”成绩突出单位	吴忠市公安局	2012年1月
	侦破命案特别奖	吴忠市公安局	2012年1月
	吴忠市禁毒工作先进集体	吴忠市公安局	2012年2月
	2011年度警企联合保护电力设施奖	自治区公安厅	2012年3月
	“10·24”专项行动二等功	自治区公安厅	2012年7月
	吴忠市宗教工作先进集体	吴忠市公安局	2012年7月
	自治区公安厅广场文艺会演中获“三等奖”	自治区公安厅	2012年8月
	全区重点信访案件专项治理工作先进集体	自治区公安厅	2012年8月
	“6·30”专案组集体二等功	吴忠市公安局	2012年10月
	全区安保工作“先进集体”	自治区公安厅	2012年12月
青铜峡市公安局纪委	全区重点信访案件专项治理工作先进集体	自治区公安厅	2012年8月
青铜峡市公安局法制室	全市公安机关优秀基层单位	吴忠市公安局	2011年1月
青铜峡市公安局刑侦党支部	吴忠市委全市先进基层党组织	吴忠市公安局	2011年6月
	吴忠市优秀基层党组织	吴忠市公安局	2011年7月

续表57

获奖单位	奖励名称	批准机关	受奖日期
青铜峡市公安局治安大队	“10·24”专项行动先进集体	自治区公安厅	2012年7月
	重大活动安全保卫工作先进集体	自治区公安厅	2012年11月
青铜峡市公安局经侦大队	全区优秀公安基层单位	自治区公安厅	2011年1月
	打击假币先进集体	吴忠市公安局	2009年
	先进集体	吴忠市公安局	2010年
青铜峡市公安局交警大队	全区公安交通管理工作先进集体	自治区公安厅	2007年
	公安交通管理工作先进集体	吴忠市公安局	2007年1月
	“以案析理”比赛二等奖	吴忠市公安局	2007年7月
	2007年度公安交通管理先进集体	吴忠市公安局	2008年1月
	2008年“两大工程”先进集体	吴忠市公安局	2008年7月
	“两大工程”建设先进基础单位	吴忠市公安局	2008年7月
	公安交通管理工作先进集体	吴忠市公安局	2010年2月
	2009年度安全生产工作先进集体	吴忠市公安局	2010年3月
	先进驾协分会	吴忠市公安局	2010年3月
	“10·24”专项行动先进集体	自治区公安厅	2012年7月
青铜峡市公安局交警广武中队	创建“平安大道”先进集体	公安部	2001年
青铜峡市公安局巡警大队	全国公安系统青年文明号	团中央、公安部	2002年
	全国优秀公安基层单位	公安部	2003年6月
青铜峡市公安局看守所	共建共管共保安全活动先进集体	自治区公安厅	2002年1月
	全区安全无事故看守所	自治区公安厅	2007年
	全区管理整顿专项工作先进监所	自治区公安厅	2007年
	公安监管场所深挖犯罪破获案件先进单位	自治区公安厅	2007年
青铜峡市公安局看守所	全区优秀公安基层单位	自治区公安厅	2008年1月
青铜峡市公安局消防大队	2009年度建设先进单位	自治区公安厅消防总队	2010年2月
	消防监督执法监督示范单位	自治区公安厅消防总队	2010年7月
	2009年度基层建设先进单位	自治区公安厅消防总队	2010年1月
	消防部队五四红旗团支部	自治区公安厅消防总队	2010年5月
	公安消防第三届文艺会演三等奖	自治区公安厅消防总队	2010年7月
	2009年度消防先进大队	吴忠市公安局	2010年2月
	2009年度安全防事故工作先进单位	吴忠市公安局	2010年2月
	条例条令知识竞赛最佳组织奖	吴忠市公安局	2010年4月
	打造铁军比武竞赛活动优秀组织奖	吴忠市公安局	2010年6月
	吴忠市消防监督执法示范单位	吴忠市公安局	2010年7月

续表57

获奖单位	奖励名称	批准机关	受奖日期
青铜峡市公安局城关派出所	全区优秀基层单位	自治区公安厅	2007年
	一级公安派出所	公安部	2009年3月
	青年文明号	共青团中央、公安部	2009年5月
	全市大情报建设暨应用工作先进集体	吴忠市公安局	2011年1月
	公安机关"10·24"专项工作先进集体	自治区公安厅	2012年6月
	全区重点信访案件工作先进集体	自治区公安厅	2012年8月
	消防安全保卫战成绩突出公安派出所	公安部	2012年11月
	输油气管道设施安保先进集体	自治区公安厅	2013年5月
青铜峡市公安局河东派出所	印发居民身份证先进集体	自治区公安厅	1991年8月
	城镇达标优秀公安派出所	自治区公安厅	1993年
	集体三等功	吴忠市公安局	1994年5月
	全区优秀公安派出所	自治区公安厅	1996年
	二等功	自治区公安厅	1997年11月
	集体三等功	吴忠市公安局	1996年6月
	全区文明窗口示范单位	自治区纠风办	1997年11月
	人民满意派出所	自治区公安厅	1998年
	"讲文明树新风"优秀单位	公安部	1998年2月
	卫生先进单位	吴忠市公安局	1998年3月
	集体三等功	吴忠市公安局	1999年11月
	全国青年文明号	团中央、公安部	2000年5月
	人民满意公安基层单位	公安部	2001年3月
	全区二级公安派出所	自治区公安厅	2003年
	一级公安派出所	公安部	2005年3月
	2004年度全区优秀公安基层单位	自治区公安厅	2005年4月
	吴忠市公安局群众满意所队	吴忠市公安局	2012年1月
	集体三等功	吴忠市公安局	1994年5月
	集体三等功	吴忠市公安局	1996年6月
	卫生先进单位	吴忠市公安局	1998年
	集体三等功	吴忠市公安局	1999年11月
	2009—2012年度文明单位	吴忠市公安局	2009年5月
青铜峡市公安局河西派出所	全区执法规范化建设先进集体	自治区公安厅	2012年6月
青铜峡市公安局朔光派出所	全区警企联合保护输油管道优秀单位	自治区公安厅	2009年
青铜峡市公安局纪委	重点信访案件专项治理成绩突出	公安部	2013年2月

续表57

获奖单位	奖励名称	批准机关	受奖日期
青铜峡市禁毒委	2013年度全市禁毒工作考核二等奖	吴忠市禁毒委	2014年1月15日
青铜峡市公安局	全市公安机关家谱化信息采集先进集体	吴忠市公安局	2014年1月20日
青铜峡市公安局	2013年度全市优秀公安局	吴忠市公安局	2014年1月20日
青铜峡市公安局	全市公安机关七进九讲活动优秀公安局	吴忠市公安局	2014年1月20日
青铜峡市公安局政工室	全市公安机关思想政治工作先进集体	吴忠市公安局	2014年1月20日
青铜峡市公安局陈袁滩派出所	2013年度全市优秀基层单位	吴忠市公安局	2014年1月20日
青铜峡市公安局刑侦大队	集体三等功	吴忠市公安局	2014年1月20日
青铜峡市公安局治安大队	2013年扫黄打非暨文化市场管理工作先进集体	吴忠市扫黄打非工作领导小组	2014年2月27日
青铜峡市公安局禁毒大队	毒品重点地区专项整治工作成绩突出基层单位	吴忠市公安局	2014年9月9日
青铜峡市公安局朔光派出所	禁毒执法(破案、收戒)先进集体	吴忠市禁毒委	2015年1月29日
青铜峡市公安局库区派出所	禁毒执法(破案、收戒)先进集体	吴忠市禁毒委	2015年1月29日
青铜峡市公安局	2014年度全市优秀公安局	吴忠市公安局	2015年2月12日
青铜峡市公安局刑侦大队	2014年度全市公安机关优秀基层单位	吴忠市公安局	2015年2月12日
青铜峡市公安局政工室	2014年度全市公安机关思想政治工作先进集体	吴忠市公安局	2015年2月12日
青铜峡市公安局治安大队办证大厅	2014年度全市公安机关优质服务型窗口	吴忠市公安局	2015年2月12日
青铜峡市公安局	中阿博览会和回商大会安保工作记集体三等功	吴忠市公安局	2015年10月8日
青铜峡市公安局	县级优秀公安局	自治区公安厅	2016年1月
青铜峡市公安局信访接待室	全国公安信访窗口示范单位	公安部	2016年3月
青铜峡市公安局	“一网考”执法质量考评县级第一名	自治区公安厅	2017年1月23日
青铜峡市公安局	在2016年宁夏公众安全感调查中第一	自治区公安厅	2017年1月24日
青铜峡市公安局	“电信诈骗如何快速止付”获二星级课程	自治区公安厅	2017年2月14日
青铜峡市公安局	改革微创新《利民社区天网警铃工程》获二等奖	自治区公安厅	2017年5月15日
青铜峡市公安局	全国优秀公安局	自治区公安部	2017年5月19日
青铜峡市公安局交巡警大队	中阿博览会安保工作记集体嘉奖	自治区公安厅	2019年10月30日
青铜峡市公安局	新冠肺炎疫情防控成绩突出记集体嘉奖	自治区公安厅	2020年2月6日
青铜峡市公安局	集体嘉奖	吴忠市公安局	2020年9月10日
青铜峡市公安局交管大队	2019—2020年度优秀基层单位	自治区公安厅	2021年1月25日
青铜峡市公安局	2020年度工作成绩突出记集体三等功	吴忠市公安局	2021年2月1日
青铜峡市公安局刑侦大队	2020年度工作成绩突出记集体三等功	吴忠市公安局	2021年2月1日
青铜峡市河东警务室	2020年度工作成绩突出记集体嘉奖	吴忠市公安局	2021年2月1日

四、盐池县公安局集体立功受奖名录

盐池县公安局集体立功受获一览表

表58

获奖单位	奖励名称	批准机关	受奖日期
盐池县公安局监管大队	全国公安优秀基层单位	公安部	2005年8月
盐池县公安局	全国县级公安机关执法示范单位	公安部	2007年2月
盐池县公安局看守所	国家一级看守所	公安部	2010年3月
	公安监管规范化建设示范单位	公安部	2011年9月
	全国看守所管理机制示范单位	公安部	2011年9月
	全国标兵看守所	公安部	2012年2月
	监管部门信息技术应用先进单位	公安部	2012年11月
盐池县公安局	集体一等功	公安部	2013年4月
	优秀执法单位	自治区公安厅	2003年
盐池县公安局惠安堡派出所	2003年度全区优秀公安基层单位	自治区公安厅	2004年
盐池县公安局看守所	二级看守所	自治区公安厅	2004年
盐池县公安局	优秀执法单位	自治区公安厅	2004年
盐池县公安局看守所	集体二等功	自治区公安厅	2004年7月
盐池县公安局交警大队	集体二等功	自治区公安厅	2005年2月
盐池县公安局监管大队	集体二等功	自治区公安厅	2005年9月
盐池县公安局	执法质量考评县级优秀执法单位	自治区公安厅	2006年4月
	执法质量考评县级优秀执法单位	自治区公安厅	2007年1月
盐池县公安局看守所	2006年度全区优秀公安基层单位	自治区公安厅	2007年1月
	首批开展科技强警示范建设单位	自治区公安厅、自治区科技厅	2007年7月
盐池县公安局	全区公安信访工作建设先进单位	自治区公安厅	2008年2月
盐池县公安局看守所	集体二等功	自治区公安厅	2010年10月
	全区公安机关执法示范单位	自治区公安厅	2011年5月
盐池县公安局法制室	全区信访先进集体	自治区公安厅	2011年5月
盐池县公安局交警大队	全区执法示范单位	自治区公安厅	2011年5月
盐池县公安局看守所	全区政法系统先进基层党组织	自治区党委政法委	2011年6月
	公安监管场所 阳光工程一等奖	自治区公安厅	2011年9月
盐池县公安局治安大队	宁夏回族自治区第六次人口普查先进集体	自治区人口普查小组	2011年12月
盐池县公安局交警大队	全区交通安全隐患整治优胜单位	自治区公安厅	2012年1月
盐池县局公安局	全区执法示范单位	自治区公安厅	2014年1月
盐池县公安局大水坑派出所	大情报建设暨应用工作先进单位	吴忠市公安局	2011年1月
盐池县公安局交警大队	全市治理公路“三乱”评比第一名	吴忠市公安局	2011年9月

续表58

获奖单位	奖励名称	批准机关	受奖日期
盐池县公安局交警大队	“全市交警业务技能比武”第一名	吴忠市公安局	2011年10月
	全市交(巡)警业务考核第一名	吴忠市公安局	2011年11月
盐池县公安局看守所	2012年等级评定为一级看守所	公安部	2013年3月
盐池县公安局	公安机关思想政治工作先进集体	吴忠市公安局	2013年12月
盐池县公安局花马池派出所	公安机关思想政治工作先进集体	吴忠市公安局	2013年12月
盐池县公安局法制室	2013年度优秀基层单位	吴忠市公安局	2013年12月
盐池县公安局交警大队	集体三等功	吴忠市公安局	2013年12月
盐池县公安局法制室	2013年度全市优秀基层单位	吴忠市公安局	2014年1月20日
盐池县公安局消防大队	2013年度全市优秀基层单位	吴忠市公安局	2014年1月20日
盐池县公安局	2013年度全市禁毒工作先进集体	吴忠市禁毒委	2014年1月15日
盐池县公安局花马池派出所	全市公安机关思想政治工作先进集体	吴忠市公安局	2014年1月20日
盐池县公安局	毒品重点地区专项整治工作成绩突出公安局	吴忠市公安局	2014年9月9日
盐池县公安局禁毒大队	毒品重点地区专项整治工作成绩突出基层单位	吴忠市公安局	2014年9月9日
盐池县公安局	2014年度全市禁毒工作先进集体	吴忠市禁毒委	2015年1月29日
盐池县公安局禁毒大队	禁毒执法(破案、收戒)先进集体	吴忠市禁毒委	2015年1月29日
盐池县公安局花马池派出所	禁毒执法(破案、收戒)先进集体	吴忠市禁毒委	2015年1月29日
盐池县公安局	2014年度全市优秀公安局	吴忠市公安局	2015年2月12日
盐池县公安局交管大队	2014年度全市公安机关优秀基层单位	吴忠市公安局	2015年2月12日
盐池县公安局政工室	2014年度全市公安机关思想政治工作先进集体	吴忠市公安局	2015年2月12日
盐池县公安局惠安堡派出所	2014年度全市公安机关优质服务型窗口	吴忠市公安局	2015年2月12日
盐池县公安局交警大队	集体三等功	吴忠市公安局	2015年2月12日
	中阿博览会和中国(宁夏)回商大会安保工作记集体三等功	吴忠市公安局	2015年10月8日
盐池县公安局看守所	全国看守所“五化建设”成绩突出单位	公安部监管局	2016年2月
盐池县公安局看守所	全国一级监所	公安部	2017年5月9日
盐池县公安局	全区公安系统模范集体	自治区公安厅	2017年8月29日
盐池县公安局大水坑派出所	2018年度工作成绩突出记集体三等功	吴忠市公安局	2019年2月19日
盐池县公安局	中阿博览会安保工作记集体三等功	自治区公安厅	2019年10月30日
	三等功	吴忠市公安局	2020年9月10日
	新冠肺炎疫情防控成绩突出记集体嘉奖	自治区公安厅	2020年2月6日
盐池县公安局刑侦大队	2019年度公安工作成绩突出记集体三等功	吴忠市公安局	2020年2月21日
	2019—2020年度优秀基层单位	自治区公安厅	2021年1月25日
盐池县龙翔警务室	2020年度工作成绩突出记集体嘉奖	吴忠市公安局	2021年2月1日

五、同心县公安局集体立功受奖名录

同心县公安局集体立功受奖一览表

表59

获奖单位	奖励名称	批准机关	受奖日期
同心县公安局	全区防治“非典”工作先进集体	自治区党委、政府	2003年8月
	全区创建无毒社区先进集体	自治区禁毒委	2003年12月
	集体三等功	吴忠市公安局	2003年3月
	市级文明单位	吴忠市委、市政府	2004年
	集体二等功	吴忠市政府	2004年5月
	民族团结进步先进集体	吴忠市委、市政府	2004年10月
	嘉奖	自治区公安厅	2005年3月
	集体二等功	自治区公安厅	2005年7月
	全市县级绩效考核先进集体	吴忠市公安局	2009年1月
	全区政法综治工作创新奖	自治区党委政法委、自治区综治委	2010年1月
	2009年度全区优秀公安局	自治区公安厅	2010年1月
	全区公安机关执法质量县级优秀单位	自治区公安厅	2010年1月
	2009年度政法综治工作先进集体	吴忠市委、市政府	2010年2月
	全区公安机关警歌嘹亮二等奖	自治区公安厅	2010年10月
	《同心警察之歌》创作优秀奖	自治区公安厅	2010年10月
	集体三等功	吴忠市公安局	2010年11月
	2010年度全区优秀公安局	自治区公安厅	2011年1月
	执法质量考评县级优秀单位	自治区公安厅	2011年1月
	2010年度绩效考核县级优秀单位	自治区公安厅	2011年1月
	全国公安机关涉案工作先进集体	公安部	2011年1月
	2010年度优秀单位	吴忠市政府	2011年1月
	2010年政法综治工作先进集体	吴忠市委、市政府	2011年3月
	公安机关涉案人员非正常死亡工作先进集体	公安部	2011年5月
	全市“五五”普法先进集体	吴忠市委、市政府	2011年8月
	集体三等功	吴忠市公安局	2011年10月
	集体二等功	自治区公安厅	2012年1月
	2011年度绩效考核县级优秀单位	自治区公安厅	2012年1月
	市级平安单位	吴忠市委、市政府	2012年2月
	公安机关执法规范化建设工作先进集体	自治区公安厅	2012年6月
	“6·26”广场文艺演出活动一等奖	吴忠市公安局	2012年7月
	吴忠市宗教工作先进集体	吴忠市委、市政府	2012年7月
	建党91周年文艺会演一等奖	吴忠市公安局	2012年7月

续表59

获奖单位	奖励名称	批准机关	受奖日期
同心县公安局刑侦大队	集体三等功	吴忠市公安局	2004年6月
	全市优秀基层单位	吴忠市公安局	2009年1月
同心县公安局治安大队	集体三等功	吴忠市公安局	2003年6月
同心县公安局禁毒大队	全区人民满意单位	自治区公安厅	2003年2月
	集体二等功	自治区公安厅	2004年5月
	全国公安优秀基层单位	公安部	2005年8月
	优秀公安基层单位	吴忠市公安局	2010年1月
	优秀基层所队	公安部	2010年11月
同心县公安局经侦大队	打假币犯罪“09行动”全市第三名	吴忠市公安局	2010年2月
同心县公安局交警大队	集体三等功	自治区公安厅	2005年3月
	青年文明号	吴忠市公安局	2008年1月
	全市公安交管工作先进集体	吴忠市公安局	2008年1月
同心县公安局河西派出所	信访先进单位	吴忠市公安局	2008年1月
同心县公安局国保大队	全区县级公安国保先进集体	自治区公安厅政治部	2010年4月
同心县公安局看守所	集体二等功	自治区公安厅	2010年4月
	全市基层执法规范化示范单位	吴忠市公安局	2010年1月
	全市公安机关优秀基层执法单位	吴忠市公安局	2011年1月
	国家一级看守所	公安部	2012年11月
同心县公安局强制戒毒所	集体三等功	吴忠市公安局	2010年1月
同心县公安局河西派出所	全市公安机关优秀基层单位	吴忠市公安局	2011年1月
同心县公安局下马关派出所	2010年大情报建设先进集体	吴忠市公安局	2011年1月
同心县公安局离退休党支部	全区“五好”党支部	自治区党委组织部	2012年5月
同心县公安局	全区公安机关执法规范化建设工作先进集体	自治区公安厅	2012年6月
同心县公安局交警大队	车辆管理所等级评定优秀县级车辆管理所	公安部	2012年6月
同心县公安局	吴忠市宗教工作先进集体	吴忠市委	2012年7月
	全市“12·31”行动先进单位	吴忠市委、市政府	2012年7月
	2011年度全区法制宣传工作先进单位	《宁夏日报》《法治新报》	2012年8月
	公安机关“清凉宁夏”广场文艺会演二等奖	自治区公安厅	2012年8月
同心县公安局刑侦大队	全市优秀公安基层单位	吴忠市公安局	2013年1月
同心县公安局禁毒大队	打击毒品犯罪“宁安1号”专项行动先进集体	自治区公安厅	2013年1月
同心县公安局刑侦大队	全市公安机关思想政治工作先进集体	吴忠市公安局	2013年1月
同心县公安局下马关派出所	公安机关社会警务信息应用先进基层单位	吴忠市公安局	2013年1月

续表59

获奖单位	奖励名称	批准机关	受奖日期
同心县公安局豫海派出所	全市公安机关“七进九讲”活动先进基层单位	吴忠市公安局	2013年1月
同心县公安局党委	学习型党组织和学习型机关建设先进单位	吴忠市委	2013年1月
同心县公安局看守所	2012年等级评定为一级看守所	公安部	2013年3月
	2009年以来公安监管工作成绩突出集体	公安部	2013年4月
同心县公安局	“清凉宁夏”广场文艺会演中获得二等奖	自治区公安厅	2013年7月
同心县公安局石狮派出所	2013年度全市优秀基层单位	吴忠市公安局	2014年1月20日
同心县公安局	全市公安机关家谱化信息采集先进集体	吴忠市公安局	2014年1月20日
同心县公安局政工监督室	全市公安机关思想政治工作先进集体	吴忠市公安局	2014年1月20日
同心县公安局	毒品重点地区专项整治工作成绩突出公安局	吴忠市公安局	2014年9月9日
同心县公安局禁毒大队	集体二等功	自治区公安厅	2015年1月16日
同心县公安局豫海派出所	禁毒执法(破案、收戒)先进集体	吴忠市禁毒委	2015年1月29日
同心县公安局下马关派出所	禁毒执法(破案、收戒)先进集体	吴忠市禁毒委	2015年1月29日
同心县公安局刑事侦查大队	2014年度全市公安机关优秀基层单位	吴忠市公安局	2015年2月12日
同心县公安局消防大队	2014年度全市公安机关优秀基层单位	吴忠市公安局	2015年2月12日
同心县公安局政工室	2014年度公安机关思想政治工作先进集体	吴忠市公安局	2015年2月12日
同心县公安局河西派出所	2014年度全市公安机关优质服务型窗口	吴忠市公安局	2015年2月12日
同心县公安局	《建立同心县公安局公共关系科》获得优秀奖	自治区公安厅	2017年5月15日
同心县公安局河西派出所	2017年度公安工作成绩突出集体记三等功	吴忠市公安局	2018年2月11日
同心县公安局强制戒毒所	2018年度工作成绩突出记集体三等功	吴忠市公安局	2019年2月19日
同心县公安局	三等功	吴忠市公安局	2020年9月10日
同心县公安局交管大队	新冠肺炎疫情防控成绩突出记集体嘉奖	自治区公安厅	2020年2月6日
同心县公安局石狮派出所	中阿博览会安保工作记集体嘉奖	自治区公安厅	2019年10月30日
同心县公安局河西派出所	2019—2020年度优秀基层单位	自治区公安厅	2021年1月25日
同心县公安局刑侦大队	2020年度工作成绩突出记集体三等功	吴忠市公安局	2021年2月1日
同心县公安局法制大队	2020年度工作成绩突出记集体三等功	吴忠市公安局	2021年2月1日
同心县豫西警务室	2020年度工作成绩突出记集体三等功	吴忠市公安局	2021年2月1日
同心县公安局出入境大队	2020年度工作成绩突出记集体三等功	吴忠市公安局	2021年2月1日

六、吴忠市红寺堡区公安分局集体立功受奖名录

吴忠市红寺堡区公安分局集体立功受获一览表

表60

获奖单位	奖励名称	批准机关	受奖日期
红寺堡区公安分局	吴忠市安全生产先进单位	吴忠市安全委	2007年2月
红寺堡区公安分局刑侦大队	全市优秀基层单位	吴忠市公安局	2008年1月
红寺堡区公安分局大河派出所	全市信访工作先进集体	吴忠市公安局	2008年1月
红寺堡区公安分局党委	全市先进基层党组织	吴忠市委	2008年6月
红寺堡区公安分局	“两基”迎国检先进集体	吴忠市政府	2008年7月
红寺堡区公安分局刑侦大队	集体三等功	吴忠市公安局	2008年8月
	全市优秀基层单位	吴忠市公安局	2008年1月
	2007年度市级“青年文明号”	吴忠市团委	2008年1月
红寺堡区公安分局大河派出所	全市信访工作先进集体	吴忠市公安局	2008年1月
红寺堡区公安分局交警大队	宁夏中部干旱带可持续发展论坛安保先进集体	吴忠市公安局	2008年9月
	全市“依法行政”工作先进集体	吴忠市政府	2009年2月
	全市“政法综治”工作先进集体	吴忠市委、市政府	2009年2月
红寺堡区公安分局刑侦大队	全市公安机关优秀基层单位	吴忠市公安局	2009年1月
红寺堡区公安分局交警大队	全市“依法行政”工作先进集体	吴忠市政府	2009年2月
	全市“政法综治”工作先进集体	吴忠市委、市政府	2009年2月
	全区“安全生产”工作先进集体	自治区安全生产委员会	2009年2月
红寺堡区公安分局看守所	监管战线亲民爱民先进模范集体	公安部监所管理局	2009年4月
红寺堡区公安分局	“多彩吴忠　警察风采”广场文艺演出二等奖	吴忠市公安局	2009年7月
红寺堡区公安分局出入境窗口	全国公安机关出入境管理部门达标文明窗口	自治区公安厅	2008年12月
红寺堡区公安分局刑侦大队	全市优秀公安基层单位	吴忠市公安局	2010年1月
	基层执法规范化示范单位	吴忠市公安局	2010年1月
红寺堡区公安分局	命案侦破工作先进集体	吴忠市公安局	2010年1月
红寺堡区公安分局红寺堡镇派出所	全区二级公安派出所	自治区公安厅	2010年4月
红寺堡区公安分局	全区警企联防保护电力设备设施工作先进集体	自治区公安厅治安总队、自治区电力公司	2010年7月
红寺堡区公安分局局长信箱	全区公安机关“优秀局长信箱”	自治区公安厅	2010年10月
红寺堡区公安分局	全区公安机关“优秀党委中心组”	自治区公安厅	2010年10月
红寺堡区公安分局治安大队	警企联合保护输油气管道考核工作先进集体	自治区公安厅治安管理总队	2010年11月
红寺堡区公安分局刑侦大队	自治区级青年文明号	共青团区委、自治区公安厅	2010年12月
红寺堡区公安分局	全区公安机关绩效考核优秀单位	自治区公安厅	2011年1月
	先进集体	自治区综治委铁路联防小组	2011年2月

续表60

获奖单位	奖励名称	批准机关	受奖日期
红寺堡区公安分局	全区公安机关“两车”专项治理工作先进集体	自治区公安厅	2011年5月
红寺堡区公安分局看守所	“阳光工程”第三名	自治区公安厅	2011年10月
红寺堡区公安分局	优秀组织奖	吴忠市公安局	2011年6月
	全市“五五”普法先进集体	吴忠市委、市政府	2011年7月
	嘉奖	自治区公安厅	2011年11月
红寺堡区公安分局 红寺堡镇派出所	全市优秀公安基层单位	吴忠市公安局	2011年1月
	大情报建设和应用工作先进集体	吴忠市公安局	2011年1月
红寺堡区公安分局法制大队	优秀基层执法单位	吴忠市公安局	2011年1月
红寺堡区公安分局拘留所	全国拘留所收容教育工作社会化先进单位	公安部	2011年11月
红寺堡区公安分局	集体三等功	吴忠市公安局	2011年11月
红寺堡公安分局政工监督室	先进思想政治工作单位	自治区公安厅	2012年1月
红寺堡区公安分局看守所	2011年度群众满意所队	吴忠市公安局	2012年1月
红寺堡区公安分局	“清网行动”集体二等功	自治区公安厅	2012年1月
	执法质量考核先进集体	自治区公安厅	2012年1月
红寺堡区公安分局禁毒大队	禁毒工作先进集体	吴忠市禁毒委	2012年2月
红寺堡区公安分局	全区涉案财务治理先进集体	自治区公安厅	2012年4月
红寺堡区公安分局拘留所	二级拘留所	自治区公安厅	2012年6月
红寺堡区公安分局	全区人民调解工作先进部门	自治区政府	2012年11月
红寺堡区公安分局拘留所	2012年等级评定为一级拘留所	公安部	2013年3月
	拘留所社会矛盾化解工作先进单位	公安部	2013年9月
红寺堡区禁毒委	2013年度全市禁毒工作考核二等奖	吴忠市禁毒委	2014年1月15日
红寺堡区公安分局禁毒大队	2013年度全市禁毒工作先进集体	吴忠市禁毒委	2014年1月15日
	集体三等功	吴忠市公安局	2014年1月20日
红寺堡区公安分局大河派出所	2013年度全市优秀基层单位	吴忠市公安局	2014年1月20日
红寺堡区公安分局拘留所	全市公安机关思想政治工作先进集体	吴忠市公安局	2014年1月20日
红寺堡区公安分局	毒品重点地区专项整治工作成绩突出公安局	吴忠市公安局	2014年9月9日
	2014年度全市禁毒工作先进集体	吴忠市禁毒委	2015年1月29日
红寺堡区公安分局刑侦大队	禁毒执法(破案、收戒)先进集体	吴忠市禁毒委	2015年1月29日
红寺堡区公安分局 红寺堡镇派出所	禁毒执法(破案、收戒)先进集体	吴忠市禁毒委	2015年1月29日
红寺堡区公安分局指挥中心	2014年度全市公安机关优秀基层单位	吴忠市公安局	2015年2月12日
红寺堡区公安分局政工监督室	2014年度全市公安机关思想政治工作先进集体	吴忠市公安局	2015年2月12日
红寺堡区公安分局车辆管理所	2014年度全市公安机关优质服务型窗口	吴忠市公安局	2015年2月12日
红寺堡区公安分局	全区公众对公安工作满意度调查中分局第一名	自治区公安厅	2017年1月5日
红寺堡区公安分局 侦办投标案专案组	集体二等功	自治区公安厅	2018年6月13日

续表60

获奖单位	奖励名称	批准机关	受奖日期
红寺堡区公安分局	集体三等功	自治区公安厅	2018年10月12日
	三等功	吴忠市公安局	2020年9月10日
红寺堡区公安分局刑侦大队	新冠肺炎疫情防控成绩突出记集体嘉奖	自治区公安厅	2020年2月6日
红寺堡区公安分局交警大队	交通秩序专项整治工作突出记集体三等功	吴忠市公安局	2020年11月2日
红寺堡区公安分局法制大队	2020年度工作成绩突出记集体嘉奖	吴忠市公安局	2021年2月1日
红寺堡区公安分局刑侦大队	2020年度工作成绩突出记集体嘉奖	吴忠市公安局	2021年2月1日
红寺堡区绿苑警务室	2020年度工作成绩突出记集体嘉奖	吴忠市公安局	2021年2月1日

七、吴忠市太阳山公安分局集体立功受奖名录

吴忠市太阳山公安分局集体立功受奖一览表

表61

获奖单位	奖励名称	批准机关	受奖日期
吴忠市太阳山公安分局	2008年全市命案侦破工作先进集体	吴忠市公安局	2009年1月
	“6·26”广场文艺演出活动先进单位	吴忠市公安局	2011年7月
	全区公安机关清网行动先进单位	自治区公安厅	2012年1月
	“6·26”广场文艺演出活动先进单位	吴忠市公安局	2012年7月
	打击经济犯罪破案会先进集体	吴忠市公安局	2013年1月
	全市公安机关法律知识竞赛优秀集体	吴忠市公安局	2012年10月
	全区铁路护路联防工作先进单位	自治区护联工作领导小组	2012年2月
太阳山公安分局政办室	2010年度全市优秀公安基层单位	吴忠市公安局	2011年1月
太阳山公安分局法制大队	公安机关执法为民公正廉洁先进集体	自治区公安厅	2012年7月
太阳山公安分局治安大队	大情报建设和应用工作先进集体	吴忠市公安局	2011年1月
	保护电力输电线路设施先进集体	自治区公安厅	2012年3月
	社区警务信息建设应用工作先进集体	吴忠市公安局	2013年1月
太阳山公安分局交警大队	全市公安机关优秀基层执法单位	吴忠市公安局	2011年1月
	2010年度全市优秀基层执法单位	吴忠市公安局	2011年1月
太阳山公安分局政办室	全市公安机关思想政治工作先进集体	吴忠市公安局	2014年1月20日
	2014年度全市公安机关思想政治工作先进集体	吴忠市公安局	2015年2月12日
太阳山公安分局	集体嘉奖	吴忠市公安局	2020年9月10日
	新冠肺炎疫情防控成绩突出记集体嘉奖	自治区公安厅	2020年2月6日
太阳山公安分局暖泉派出所	2019—2020年度优秀基层单位	自治区公安厅	2021年1月25日
太阳山公安分局	2020年度工作成绩突出记集体三等功	吴忠市公安局	2021年2月1日
太阳山公安分局刑侦大队	2020年度工作成绩突出记集体嘉奖	吴忠市公安局	2021年2月1日

八、吴忠市孙家滩公安分局集体立功受奖名录

吴忠市孙家滩公安分局集体立功受奖一览表

表62

获奖单位	奖励名称	批准机关	受奖日期
孙家滩公安分局	集体嘉奖	吴忠市公安局	2020年9月10日

九、吴忠市公安局森林分局集体立功受奖名录

吴忠市公安局森林分局集体立功受奖一览表

表63

获奖单位	奖励名称	批准机关	受奖日期
	集体三等功	自治区森林公安局	2011年7月
	先进集体	吴忠市园林(林业)局	2011年12月
	全区综合工作及执法质量考核中第三名	自治区森林公安局	2011年
	全区综合工作及执法质量考核中第一名	自治区森林公安局	2012年
	特别效能奖	吴忠市公安局	2012年
	2017年度全区森林公安工作考核第三名	自治区森林公安局	2018年2月
吴忠市公安局森林分局	2017年度全区森林公安执法质量考核第三名	自治区森林公安局	2018年2月
	2018年度全区森林公安执法质量考核第一名	自治区森林公安局	2019年2月
	2018年度全区森林公安工作考核第二名	自治区森林公安局	2019年2月
	2019年度全区森林公安执法质量考核第二名	自治区森林公安局	2020年4月
	2019年度全区森林公安工作考核第一名	自治区森林公安局	2020年4月
	集体二等功	国家林业和草原森林公安局	2019年
	我身边的“战役”模范集体	吴忠市委、市政府	2021年1月

第四节　先进个人

一、受到国家和公安部奖励的先进人物名录

受到国家和公安部奖励的先进个人一览表

表64

获奖个人	性别	民族	工作单位	奖励名称	批准机关	受奖日期
杨文林	男	回	吴忠市公安局	一等功	公安部	1982年5月
			吴忠市公安局	公安局的好带头人	公安部	1985年3月
张传伟	男	汉	吴忠市公安局	一等功	公安部	1987年4月
丁国军	男	回	吴忠市公安局	一等功	公安部	1987年9月
丁福民	男	回	吴忠市公安局	全国法制宣传教育先进个人	司法部	1989年11月

续表64

获奖个人	性别	民族	工作单位	奖励名称	批准机关	受奖日期
王金荣	男	回	吴忠市公安局	全国民族团结进步先进个人	国务院	1988年4月
				一等功	公安部	2000年6月23日
韩胜利	男	汉	吴忠市公安局	一等功	公安部	1999年
				二等功	公安部	2001年
惠兴文	男	汉	盐池县公安局	全国优秀人民警察	公安部	1993年3月
			红寺堡区公安分局	全国优秀人民警察	公安部	1999年3月12日
陶精忠	男	汉	青铜峡市公安局	人口普查先进个人	公安部	1990年3月
				全国公安居民身份证先进工作者	公安部	1991年3月
梁文明	男	汉	青铜峡市公安局	人民警察“二级金盾”	公安部	1991年7月
陈生明	男	汉	青铜峡市公安局	公安机要通信先进个人	公安部	1997年10月
周仰福	男	汉	青铜峡市公安局	全国优秀人民警察	公安部	1997年8月
郝少荣	男	回	吴忠市公安局	侦破杀人案件立个人一等功	公安部	1997年6月
代文龙	男	汉	吴忠市公安局	侦破系列杀人案立一等功	公安部	1997年6月
杨　辉	女	回	吴忠市公安局	全国优秀人民警察	公安部	1998年
李　仁	男	汉	吴忠市公安局	个人一等功	公安部	1999年
刘维清	男	汉	吴忠市公安局	全国优秀人民警察	公安部	1999年11月
金　磊	男	汉	吴忠市公安局	全国优秀人民警察	公安部	1999年
马　戟	男	回	青铜峡市公安局	全国优秀人民警察	公安部	1996年
				公安部三项教育先进个人	公安部	2001年
				个人一等功	公安部	2002年
任晓荣	女	汉	利通区公安分局	全国特级优秀人民警察	公安部	2003年
李卫丽	女	汉	利通区公安分局	装备财务系统先进个人	公安部	2004年12月
杨玉春	男	汉	利通区公安分局	全国严打先进个人	中央综治委	2004年
李治国	男	回	同心县公安局	先进工作者	国家八部委	2004年11月
赵文和	男	汉	同心县公安局	全国优秀人民警察	公安部	2005年8月
				个人一等功	公安部	2004年5月
				全国先进工作者	国家八部委	2005年4月
顾梅玲	女	汉	吴忠市公安局禁毒支队	个人一等功	公安部	2004年
				全国五一巾帼标兵	全国总工会	2013年3月
毕顺元	男	汉	盐池县公安局	全国生产秩序整顿先进个人	中央综治委	2005年
				全国油气田整治先进个人	八部委	2005年
			吴忠市公安局	全国生产秩序整治先进个人	八部委	2007年
魏　斌	男	汉	盐池县公安局	全国纪检先进工作者	公安部	2005年
				革命烈士	公安部	2005年10月
				全国公安系统二级英雄模范(追授)	公安部	2005年11月
				“五一劳动奖章”	全国总工会	2005年12月

续表64

获奖个人	性别	民族	工作单位	奖励名称	批准机关	受奖日期
张建明	男	汉	青铜峡市公安局	政治思想工作先进个人	公安部	2005年11月
魏　升	男	汉	吴忠市公安局	全国油气田整治先进个人	国家八部委	2005年
				全国油气田秩序整治先进个人		2007年
苏春香	女	回	利通区公安分局	人口信息采集先进个人	公安部	2006年11月
冒万峰	男	汉	盐池县公安局	全国预防道路交通事故先进个人	公安部	2006年
李卫东	男	汉	青铜峡市公安局交警大队	全国道路交通安全工作先进个人	公安部	2005年3月
				全国优秀人民警察	公安部	2007年5月
				创建平安先进个人	公安部	2008年4月
				全国特级优秀警察	公安部	2009年1月
方　辉	男	汉	青铜峡市公安局	犯罪人员信息系统建设先进个人	公安部	2005年6月
				监管部门信息技术应用先进个人	公安部	2007年10月
陈长宏	男	回	青铜峡市公安局	全国道路交通百日竞赛先进个人	公安部	2006年3月
周志力	男	汉	青铜峡市公安局	公安监管系统深挖犯罪先进个人	公安部	2006年5月
汤生平	男	汉	红寺堡区公安分局	五一劳动奖章	全国总工会	2006年7月19日
张志华	男	汉	青铜峡市公安局	优秀公安监所所长	公安部	2007年1月
朱　玉	男	汉	吴忠市公安局	二级英模	公安部	2007年
				个人一等功	公安部	2007年
罗小龙	男	回	同心县公安局	全国自行车整治先进个人	公安部	2007年6月
马明朗	男	回	利通区公安分局	自行车整治工作先进个人	公安部等部委	2008年2月
郭　军	男	汉	青铜峡市公安局	集中排查化解涉法涉诉信访先进个人	公安部	2008年2月
王志琴	女	汉	青铜峡市公安局	全国治理自行车被盗专项先进个人	公安部	2008年1月
禹万喜	男	回	红寺堡区公安分局	打击盗窃“三电”设施先进个人	中央综治委等部委	2008年2月26日
杨万海	男	回	同心县公安局	部委级先进生产者	公安部	2008年11月
齐旭东	男	汉	利通区公安分局	思想政治工作先进个人	公安部	2009年7月
石金山	男	汉	吴忠市公安局	2009年个人一等功	公安部	2009年10月
柳军红	男	汉	吴忠市公安局指挥部	全国科技强警工作先进个人	公安部	2009年
苗卫明	男	汉	同心县公安局	追授为全国公安系统二级英雄模范	公安部	2009年2月
陈丽宁	女	汉	青铜峡市公安局	全国公安机关专项治理先进个人	公安部	2009年2月
徐红青	男	汉	青铜峡市公安局消防大队	自治区“六十”大庆安保先进个人	公安部	2009年12月
景海波	男	汉	吴忠市公安局	机动车专项整治成绩突出个人	公安部	2010年
海小平	男	回	同心县公安局	全国公安系统二级英雄模范(追授)	公安部	2010年6月23日

续表64

获奖个人	性别	民族	工作单位	奖励名称	批准机关	受奖日期
苏会兴	男	汉	青铜峡市公安局消防大队	中国消防协会防火救援论文三等奖	公安部	2010年8月
张小荣	男	汉	青铜峡市公安局	知识产权保护专项行动先进个人	公安部	2010年12月
袁保峰	男	回	吴忠市公安局	全国教育训练工作先进个人	公安部	2011年1月
马忠仁	男	回	吴忠市公安局	全国基层技术革新三等奖	公安部	2011年7月
何少明	男	回	利通区公安分局	“亮剑”专项行动先进个人	公安部	2011年3月
蔡明华	男	汉	利通区公安分局	“打击三电”先进个人	公安部	2011年
陆志刚	男	汉	青铜峡市公安局	知识产权执法保护先进个人	公安部	2011年2月
贺占忠	男	汉	利通区公安分局	全国优秀人民警察	公安部	2012年5月
				任长霞式优秀公安局长	公安部	2012年5月
袁保峰	男	回	吴忠市公安局	全国教育训练工作先进个人	公安部	2011年1月
李学峰	男	汉	青铜峡市公安局	吸毒人员排查管控专项先进个人	国家禁毒委	2012年12月
徐凤英	女	汉	盐池县公安局	“清网行动”工作先进个人	公安部	2012年2月
张治中	男	汉	同心县公安局	全国特级优秀人民警察	公安部	2012年2月
金干臣	男	回	同心县公安局	监管部门“两防一退”先进个人	公安部	2012年2月
岑　碧	男	土家	红寺堡区公安分局	严厉打击经济犯罪成绩突出个人	公安部	2012年11月7日
马东亚	女	回	吴忠市公安局强制隔离戒毒所	公安监管信息简报先进个人	公安部	2013年2月6日
武吉梅	女	汉	吴忠市公安局看守所	公安监管新闻宣传先进个人	公安部	2013年2月6日
岳　毅	男	汉	吴忠市公安局纪委	公安机关信访案件工作突出个人	公安部	2013年2月25日
杨　平	男	回	吴忠市公安局看守所	2009年监管工作成绩突出个人	公安部	2013年4月18日
罗　平	男	汉	青铜峡市公安局	全国“我为队伍建设建议征文”优秀奖	公安部	2013年7月
胡金明	男	汉	吴忠市公安局拘留所	全国拘留所工作先进个人	公安部	2013年9月16日
韩　芳	女	汉	盐池县公安局	年度公安监管新闻宣传先进个人	公安部	2015年3月10日
纪　伟	男	汉	利通区公安分局	全国整治假币违法犯罪先进个人	公安部	2015年4月
金寿海	男	回	吴忠市公安局治安管理支队	全国公安机关成绩突出个人	公安部	2015年11月23日
闫立刚	男	汉	吴忠市公安局强制隔离戒毒所	全国监所医卫专业化建设突出个人	公安部	2016年3月
柳军红	男	汉	吴忠市公安局警务科技处	金盾二期工程建设成绩突出个人	公安部	2016年6月
郑　炜	男	汉	利通区公安分局	全国优秀人民警察	公安部	2017年5月19日
张广春	男	汉	盐池县公安局	全国特级优秀人民警察	公安部	2017年5月19日
李东东	男	汉	吴忠市公安局	智慧公安我先行 技术革新二等奖	公安部	2020年10月14日

二、吴忠市公安局机关民警立功受奖名录

吴忠市公安局机关民警立功受奖一览表(一)

表65

获奖个人	性别	民族	奖励名称	批准机关	受奖日期
高学文	男	汉	侦查破案立二等功	自治区公安厅	1999年6月
			侦查破案立三等功4次	吴忠市公安局	历年
毕顺元	男	汉	三等功3次	吴忠市公安局	1996年、2001年1月、2003年
吴国仁	男	汉	自治区十佳民警	自治区公安厅	1998年2月
			全区引黄抗旱先进个人	自治区政府	2003年10月
			三等功	吴忠市公安局	2005年
贺占忠	男	汉	三等功	吴忠市公安局	1997年1月
柳军红	男	汉	三等功3次	吴忠市公安局	2003年、2005年、2005年
			优秀共产党员	吴忠市委	2010年
			宁洽会暨中阿经贸论坛安保工作先进个人	自治区公安厅	2010年
			优秀公务员	吴忠市公安局	2011年
刘　刚	男	汉	侦破毒品目标案件立三等功	吴忠市公安局	2011年6月
李　俊	男	汉	侦破特大毒品专案立三等功	吴忠市公安局	1999年3月
			侦破特大贩毒案立三等功	吴忠市公安局	2006年7月
			侦破特大信用卡诈骗案立三等功	吴忠市公安局	2010年8月
张建文	男	汉	侦破“6·9”盐池绑架案立三等功	吴忠市公安局	2011年6月
杨晓东	男	回	侦破黑社会性质组织案获嘉奖	吴忠市公安局	2009年9月
			侦破“6·9”盐池绑架案获嘉奖	吴忠市公安局	2011年6月
汪红东	男	汉	侦破黑社会性质组织案立二等功	自治区公安厅	2009年1月
			侦破毒案命案等立三等功3次	吴忠市公安局	2000年、2001年、2004年
			侦破“2·14”投毒案立二等功	自治区公安厅	2002年4月
			侦破“12·24”绑架案立三等功	吴忠市公安局	2006年12月
			三等功2次	吴忠市公安局	2005年1月、2008年1月
魏　升	男	汉	全区严打先进个人	自治区综治委	2002年
何菊琴	女	汉	全市优秀党务工作者	吴忠市政府	2011年1月
畅　明	男	汉	全市科学发展观先进个人	吴忠市政府	2011年1月
王灵军	男	回	优秀共产党员	吴忠市公安局	2011年6月
			侦破抢劫爆炸物案立三等功	吴忠市公安局	1999年7月
			全区追逃专项斗争先进个人	自治区公安厅	2000年1月

续表65

获奖个人	性别	民族	奖励名称	批准机关	受奖日期
李晓红	女	汉	吴忠市优秀共产党员	吴忠市公安局	2011年6月
杨　健	男	回	吴忠市公安局年度先进工作者	吴忠市公安局	2008年1月
			吴忠市十周年庆典安保先进个人	吴忠市政府	2008年8月
			优秀公务员	吴忠市政府	2008年12月
			优秀公务员	吴忠市政府	2009年12月
			个人三等功	吴忠市公安局	2010年1月
			中阿经贸论坛安保先进个人	自治区政府	2010年1月
			优秀公务员	吴忠市政府	2010年12月
戴　铭	男	汉	嘉奖	吴忠市公安局	2001年、2003年
			侦破毒品案件立三等功3次	吴忠市公安局	2001年、2001年、2004年
			侦破毒品案件立二等功2次	自治区公安厅	2004年、2007年
			优秀党务工作者3次	吴忠市公安局	2009年、2010年、2011年
			吴忠市十周年安保先进个人	吴忠市大庆筹委会	2008年1月
于全德	男	汉	优秀公务员	吴忠市政府	2006年1月
			警卫任务个人三等功	自治区公安厅	2006年5月
				吴忠市公安局	2009年1月
海建林	男	回	2009年民安工程创建三等功	吴忠市公安局	2009年12月
马忠仁	男	回	全区十大追逃能手	自治区公安厅	2011年3月
			大情报建设应用工作先进个人	吴忠市公安局	2010年12月
马发庆	男	汉	全区先进工作者	自治区政府	1989年
李　仁	男	汉	自治区政治战线先进个人	自治区党委政法委	1989年
			三等功2次	银南地区公安处	1996年、1997年
刘维清	男	汉	全区民族团结进步先进个人	自治区政府	1988年10月
郭永宁	男	汉	社会治安综合治理先进个人	自治区党委政法委	
顾梅玲	女	汉	个人三等3次	吴忠市公安局	1999年、2000年、2001年
			全区综治先进个人	自治区委政法委	2003年
			自治区三八红旗手	自治区政府	2005年
			全区优秀女警官	自治区公安厅	2006年
张松柏	男	汉	个人三等功2次	吴忠市公安局	1994年5月、2007年11月
张建国	男	汉	全区执法先进个人	自治区公安厅	1993年
			保护电力设施先进个人	自治区公安厅	2009年
			优秀共产党员	吴忠市公安局	2007年
			优秀公务员	吴忠市公安局	1997年、2005年
			优秀党务工作者	吴忠市公安局	2001年、2002年

续表65

获奖个人	性别	民族	奖励名称	批准机关	受奖日期
张建国	男	汉	西部商品交易会安全保卫工作先进个人	吴忠市公安局	2001年
			三等功	吴忠市公安局	2007年12月
			侦破农行携款外逃案件立三等功	吴忠市公安局	2003年
			一等奖	银南地委、行署	1997年6月
			侦查破案立个人三等功4次	吴忠市公安局	1994年、1995年、2001年、2003年
			2004年度先进个人	吴忠市公安局	2005年1月
			整顿规范税收秩序工作先进个人	最高人民检察院、最高人民法院、自治区公安厅等	2009年1月
马乐天	男	回	侦破贩卖假冒伪劣产品先进个人	自治区公安厅	2008年1月
			侦破黑社会性质组织案立个人二等功	自治区公安厅	2009年10月
			侦破抢劫杀人案立个人三等功	吴忠市公安局	2011年1月
杨兴海	男	回	2006全区优秀人民警察	自治区公安厅	2006年
拜　杰	男	汉	侦破特大毒品案	吴忠市政府	2004年
			侦破特大毒品案	自治区公安厅	2007年
			侦破特大毒品案	吴忠市公安局	2011年
杨生银	男	汉	个人三等功2次	吴忠市公安局	2001年、2002年
沈国君	男	汉	三等功	吴忠市公安局	2002年12月
孔志强	男	汉	三等功	吴忠市公安局	2006年6月
丁　峰	男	回	三等功	吴忠市公安局	2000年7月
			全市政法综治工作先进个人	吴忠市委	2008年2月
			火炬接力宁夏吴忠市传递活动先进个人	吴忠市组委会	2008年7月
			全市信访工作先进个人	吴忠市委、市政府	2009年2月
			全区公安理论调研三等奖	宁夏警察协会	2011年2月
			抢救见义勇为英雄先进个人	吴忠市政府	2011年8月
王忠东	男	回	全区政法先进个人	自治区党委、政府	1987年10月
			三等功2次	吴忠市公安局	1999年、2000年
			第十三届商品交易会先进个人	吴忠市委、市政府	2001年9月
			政治思想和宣传工作先进个人	自治区公安厅	2002年
岳　毅	男	汉	三等功	吴忠市公安局	2003年6月
朱正良	男	汉	三等功	吴忠市公安局	2007年
和　涛	男	汉	三等功4次	银南地区公安处	1994年、1995年、1998年、2004年
			二等功2次	自治区公安厅	1994年、1997年
			全区优秀侦察员2次	自治区公安厅	2000年、2005年

续表65

获奖个人	性别	民族	奖励名称	批准机关	受奖日期
马光锋	男	回	三等功3次	吴忠市公安局	1999年、2000年、2002年
张　峰	男	汉	三等功2次	吴忠市公安局	2000年、2006年
马嘉伟	男	回	三等功	吴忠市公安局	2007年
薛宏绪	男	汉	三等功	吴忠市公安局	1996年
代文龙	男	汉	三等功	吴忠市公安局	2000年7月
			全区优秀侦察员	自治区公安厅	1997年7月
石金山	男	汉	三等功4次	吴忠市公安局	
			全区人民满意政法干警	自治区党委政法委	2005年9月
			2010年全区先进工作者	自治区政府	2010年5月
王少忠	男	回	2011年破获盐池县“6·9”绑架案先进个人	吴忠市公安局	2011年6月
曹存柱	男	汉	三等功6次	吴忠市公安局	1995年2次、2001年、2003年、2003年、2006年
			二等功	自治区公安厅	
			全区公安系统优秀侦察员	自治区公安厅	
马玉贵	男	回	三等功8次	吴忠市公安局	1992年、1997年、2001年、2002年、2003年、2004年、2005年、2009年
			个人二等功	自治区公安厅	1988年
			自治区综合治理先进个人	自治区公安厅	2000年
			自治区保护妇女儿童先进个人	自治区公安厅	2001年
			少数民族运动会安保先进个人	自治区政府	2002年
高利宁	男	汉	个人二等功3次	自治区公安厅	2000年、2001年、2002年
			个人三等功	吴忠市公安局	2004年5月
			全区严打先进个人	自治区公安厅	2000年11月
李　敬	男	回	个人三等功	吴忠市公安局	1997年6月
张　君	男	汉	全区指纹破案十大能手	自治区公安厅	1995年7月
			三等功3次	吴忠市公安局	2000年、2006年、2010年
赵凌燕	女	汉	个人三等功2次	吴忠市公安局	2007年、2011年
			全区优秀人民警察	自治区公安厅	2007年1月
马　林	男	回	三等功3次	吴忠市公安局	1998年、1998年、2002年
			先进个人	自治区公安厅	2009年
			人民满意的人民警察	吴忠市公安局	2003年
			优秀公务员3次	吴忠市公安局	2001年、2006年、2011年
王占林	男	回	个人三等功	吴忠市公安局	2002年4月
石志刚	男	汉	“8·3”抢劫杀人案三等功	吴忠市公安局	2009年9月

续表65

获奖个人	性别	民族	奖励名称	批准机关	受奖日期
姚红梅	女	汉	个人三等功	吴忠市公安局	2006年1月
武耀兵	男	汉	个人三等功5次	吴忠市公安局	1999年、2002年、2003年、2004年、2007年
			个人二等功	自治区公安厅	2006年1月
李克忠	男	汉	个人三等功	吴忠市公安局	1999年
马小琴	女	回	个人三等功	吴忠市公安局	2007年6月
王国兴	男	汉	个人三等功2次	吴忠市公安局	2002年4月、2003年1月
杨增明	男	汉	个人三等功2次	吴忠市公安局	2000年7月、2001年4月
丁　灵	男	回	个人三等功	吴忠市公安局	2002年3月
李复兴	男	汉	个人三等功3次	吴忠市公安局	1997年、2001年、2003年
			个人二等功2次	吴忠市公安局	1999年5月、2004年10月
杨　华	男	回	个人三等功3次	吴忠市公安局	2000年、2001年、2002年
赵　军	男	汉	个人三等功	吴忠市公安局	2000年7月
吕忠业	男	汉	个人三等功2次	吴忠市公安局	2001年9月、2003年3月
马学平	男	回	个人三等功	吴忠市公安局	2003年6月
李文会	男	汉	“两车”专项治理工作先进个人	自治区公安厅	2011年5月
景海波	男	汉	两大工程先进个人	吴忠市政府	2008年
何兴华	男	汉	个人三等功6次	银南地区公安处	1994年、1995年、1996年
				吴忠市公安局	1997年、1997年、1999年
			优秀公务员	吴忠市政府	2000年
			全区公安纪检监察先进个人	自治区公安厅	2000年4月
			优秀公务员	吴忠市政府	2001年
			三等功2次	吴忠市公安局	2001年2月、2001年9月
			中国西部商品交易会筹办工作先进个人	吴忠市政府	2001年1月
			2000年度先进工作者	吴忠市公安局	2001年2月
			宁洽会暨中阿经贸论坛安保先进个人	自治区公安厅	2001年10月
			优秀共产党员	吴忠市公安局	2003年6月
			优秀公务员	吴忠市政府	2006年1月
			全区纪检监察先进工作者	自治区政府	2010年1月
李　波	男	汉	优秀公务员	吴忠市政府	2008年1月
			2010年度先进工作者	吴忠市公安局	2011年1月
			优秀共产党员	吴忠市公安局	2010年6月
			自治区50周年暨吴忠市10周年先进个人	吴忠市政府	2008年1月

续表65

获奖个人	性别	民族	奖励名称	批准机关	受奖日期
马　艳	女	回	优秀公务员	吴忠市政府	2004年
			2008年度先进工作者	吴忠市公安局	2009年1月
			优秀共产党员	吴忠市公安局	2010年6月
丁学文	男	汉	个人三等功	吴忠市公安局	2000年7月
杨兴海	男	汉	全区优秀人民警察	吴忠市公安局	2007年1月
			个人三等功	吴忠市公安局	2008年1月
张银福	男	汉	个人三等功2次	吴忠市公安局	2000年7月、2006年
丁步强	男	回	全市优秀人民警察	吴忠市公安局	2010年12月
李荣静	女	回	吴忠市政法综治先进个人	吴忠市委、市政府	2008年
			三等功	吴忠市公安局	2008年
			优秀党务工作者	吴忠市公安局	2010年
			优秀党务工作者	吴忠市公安局	2011年
			吴忠市公安局优秀通讯员	吴忠市公安局	2008年
			优秀共产党员	吴忠市公安局	2010年
			“黄河金岸”国际马拉松比赛安保先进个人	吴忠市人民政府	2010年
张　锋	男	汉	公安机关优秀人民警察	吴忠市公安局	2011年
杨　辉	女	回	优秀共产党员	吴忠市公安局	2011年
杨学成	男	回	全区卷烟打假工作先进个人	自治区公安厅、烟草局	2011年5月
王　钧	男	汉	全区卷烟打假工作先进个人	自治区公安厅、烟草局	2011年5月
			全区打击盗窃破坏电力设施先进个人	自治区公安厅、电力局	2010年12月
			2010年全区食品安全工作先进个人	自治区食安委	2010年12月
郝　振	男	汉	优秀公务员	吴忠市政府	2011年7月
			2007年度先进工作者	吴忠市公安局	2007年
拜　杰	男	汉	2013年度全市禁毒工作先进个人	吴忠市禁毒委	2014年1月15日
卢梅英	女	汉	2013年度全市禁毒工作先进个人	吴忠市禁毒委	2014年1月15日
薛银安	男	汉	2013年度全市禁毒工作先进个人	吴忠市禁毒委	2014年1月15日
牛　涛	男	回	个人三等功	吴忠市公安局	2014年1月20日
郑瑞娟	女	汉	个人三等功	吴忠市公安局	2014年1月20日
李　洁	女	汉	个人三等功	吴忠市公安局	2014年1月20日
马利军	男	回	个人三等功	吴忠市公安局	2014年1月20日
杨晓东	男	回	个人三等功	吴忠市公安局	2014年1月20日
马晓明	男	回	个人三等功	吴忠市公安局	2014年1月20日
赵小花	女	回	全市公安机关家谱化信息采集先进个人	吴忠市公安局	2014年1月20日
柳军红	男	汉	全市公安机关思想政治工作先进个人	吴忠市公安局	2014年1月20日
杨　武	男	汉	全市公安机关思想政治工作先进个人	吴忠市公安局	2014年1月20日

续表65

获奖个人	性别	民族	奖励名称	批准机关	受奖日期
骆 坤	男	汉	全市公安机关侦查破案之星	吴忠市公安局	2014年1月20日
王 峰	男	汉	全市公安机关规范执法之星	吴忠市公安局	2014年1月20日
汤传宁	男	汉	全市公安机关综合岗位之星	吴忠市公安局	2014年1月20日
杨文俊	男	回	全市公安机关监管工作之星	吴忠市公安局	2014年1月20日
马 琳	女	回	全市公安机关科技信息之星	吴忠市公安局	2014年1月20日
方海洋	男	汉	全市公安机关科技信息之星	吴忠市公安局	2014年1月20日
刘俊男	女	回	全市公安机关窗口服务之星	吴忠市公安局	2014年1月20日
杨晓龙	男	汉	全市公安机关窗口服务之星	吴忠市公安局	2014年1月20日
张迎社	男	汉	全市公安机关监管工作之星	吴忠市公安局	2014年1月20日
马东亚	女	回	吴忠市“巾帼建功标兵”	吴忠市妇女联合会	2014年2月25日
马乐天	男	回	2013年扫黄打非暨文化市场管理先进个人	吴忠市扫黄打非工作领导小组	2014年2月27日
马林瑞	男	回	毒品重点地区专项整治工作记三等功	吴忠市公安局	2014年9月9日
袁保峰	男	回	个人二等功	自治区公安厅	2015年1月7日
畅 明	男	汉	个人三等功	吴忠市公安局	2015年2月12日
徐 敏	男	汉	个人三等功	吴忠市公安局	2015年2月12日
丁 灵	男	回	个人三等功	吴忠市公安局	2015年2月12日
马春天	男	回	侦破“5·25”“12·12”等专案记三等功	吴忠市公安局	2015年2月12日
赵德伟	男	汉	侦破“5·25”“12·12”等专案记三等功	吴忠市公安局	2015年2月12日
马乐天	男	回	侦破“5·25”“12·12”等专案记三等功	吴忠市公安局	2015年2月12日
刘 刚	男	汉	侦破“5·25”“12·12”等专案记三等功	吴忠市公安局	2015年2月12日
胡金明	男	汉	侦破“5·25”“12·12”等专案记三等功	吴忠市公安局	2015年2月12日
金力力	男	回	侦破“5·25”“12·12”等专案记三等功	吴忠市公安局	2015年2月12日
杨 平	男	回	2014年度全市公安机关优秀人民警察	吴忠市公安局	2015年2月12日
杨莉雯	女	回	2014年度全市社区警务信息采集先进个人	吴忠市公安局	2015年2月12日
汪红东	男	汉	2014年度全市公安机关思政工作之星	吴忠市公安局	2015年2月12日
马江宏	男	回	2014年度全市公安机关思政工作之星	吴忠市公安局	2015年2月12日
余振华	男	汉	全市公安机关侦查破案之星	吴忠市公安局	2015年2月12日
朱晓兰	女	汉	全市公安机关窗口服务之星	吴忠市公安局	2015年2月12日
王 颖	女	回	全市公安机关窗口服务之星	吴忠市公安局	2015年2月12日
王忠东	男	回	全市公安机关综合岗位之星	吴忠市公安局	2015年2月12日
马 燕	女	回	全市公安机关综合岗位之星	吴忠市公安局	2015年2月12日
杨 勇	男	回	全市公安机关监管工作之星	吴忠市公安局	2015年2月12日
李玉梅	女	汉	全市公安机关监管工作之星	吴忠市公安局	2015年2月12日

续表65

获奖个人	性别	民族	奖励名称	批准机关	受奖日期
马利军	男	回	全市公安机关监管工作之星	吴忠市公安局	2015年2月12日
吴　闯	男	回	全市公安机关科技信息之星	吴忠市公安局	2015年2月12日
马秀金	女	汉	2014年度优秀协勤	吴忠市公安局	2015年2月12日
王　晶	女	汉	2014年度优秀协勤	吴忠市公安局	2015年2月12日
王　楠	女	汉	2014年度优秀协勤	吴忠市公安局	2015年2月12日
蔡伟鹏	女	汉	2014年度优秀协勤	吴忠市公安局	2015年2月12日
俞　伟	女	汉	2014年度优秀协勤	吴忠市公安局	2015年2月12日
武吉梅	女	汉	2014年度公安监管信息简报先进个人	公安部监所管理局	2015年3月10日
马　军	男	回	2014年度公安监管信息简报先进个人	公安部监所管理局	2015年3月10日
杨　平	男	回	自治区劳动模范先进工作者	自治区党委、政府	2015年4月
马　林	男	回	个人二等功	自治区公安厅	2015年7月3日
杨茂龙	男	回	嘉奖	自治区公安厅	2015年7月
杨　健	男	回	中阿博览会和回商大会安保工作记三等功	吴忠市公安局	2015年10月8日
郝　振	男	回	通过国家司法考试,并取得c级证书	司法部	2015年11月
郑瑞娟	女	汉	通过国家司法考试,并取得c级证书	司法部	2015年11月
马忠仁	男	回	情报信息研判记个人三等功	吴忠市公安局	2015年12月24日
马晓明	男	回	情报信息研判记个人三等功	吴忠市公安局	2015年12月24日
马凤英	女	回	2015年度“好警属”(马玉贵家属)	吴忠市公安局	2016年2月16日
周荣荣	女	回	2015年度“好警属”(牛涛家属)	吴忠市公安局	2016年2月16日
金晓琴	女	回	2015年度“好警属”(马林瑞家属)	吴忠市公安局	2016年2月16日
周　荣	女	回	2015年度“好警属”(张继奎家属)	吴忠市公安局	2016年2月16日
周　梅	女	回	2015年度“好警属”(刘晓峰家属)	吴忠市公安局	2016年2月16日
李凤霞	女	回	2015年度“好警属”(丁学文家属)	吴忠市公安局	2016年2月16日
方晓敏	女	汉	2015年度“好警属”(王涛家属)	吴忠市公安局	2016年2月16日
韦俊霞	女	汉	2015年度“好警属”(付金仓家属)	吴忠市公安局	2016年2月16日
宋　平	男	汉	2015年度“好警属”(赵燕莉家属)	吴忠市公安局	2016年2月16日
金　丹	男	汉	2015年度“好警属”(协勤陆海东家属)	吴忠市公安局	2016年2月16日
张桂霞	女	汉	2015年度“好警属”(协勤杨立新家属)	吴忠市公安局	2016年2月16日
马　琴	女	汉	2015年度“好警属”(协勤丁佳毅家属)	吴忠市公安局	2016年2月16日
王杏春	女	汉	2015年度“好警属”(协勤杨荣家属)	吴忠市公安局	2016年2月16日
李　波	男	汉	2015年度“好警属”(协勤吴娜家属)	吴忠市公安局	2016年2月16日
张秉峰	男	汉	2015年度“好警属”(协勤赵玉霞家属)	吴忠市公安局	2016年2月16日
马春天	男	回	全区公安综合情报业务技能第一名	自治区公安厅	2016年9月

吴忠市公安局机关民警立功受奖一览表(二)

表66

姓　名	工作单位及职务	奖励名称	批准机关	受奖时间
吴伟强	市公安局刑侦支队一大队副大队长	2017年度工作成绩突出记三等功	吴忠市公安局	2018年2月11日
郭　佳	市公安局政治部副主任	2017年度工作成绩突出记三等功	吴忠市公安局	2018年2月11日
孙　阳	市公安局指挥部公共关系科科员	2017年度工作成绩突出记三等功	吴忠市公安局	2018年2月11日
牛　涛	市公安局治安支队副支队长	2017年度工作成绩突出记三等功	吴忠市公安局	2018年2月11日
马　鑫	市公安局网安支队副支队长	2017年度工作成绩突出记三等功	吴忠市公安局	2018年2月11日
张松柏	市公安局经侦支队副主任科员	2017年度工作成绩突出记三等功	吴忠市公安局	2018年2月11日
马学平	市公安局政治部主任	2017年度工作成绩突出记嘉奖	吴忠市公安局	2018年2月11日
汪红东	市公安局刑侦支队政委	2017年度工作成绩突出记嘉奖	吴忠市公安局	2018年2月11日
马　林	市公安局刑侦副支队长兼三大队长	2017年度工作成绩突出记嘉奖	吴忠市公安局	2018年2月11日
赵凌燕	市公安局刑侦技术大队副主任科员	2017年度工作成绩突出记嘉奖	吴忠市公安局	2018年2月11日
金力力	市公安局刑侦支队技术大队科员	2017年度工作成绩突出记嘉奖	吴忠市公安局	2018年2月11日
马春天	市公安局技术综合支队副支队长	2017年度工作成绩突出记嘉奖	吴忠市公安局	2018年2月11日
张　锋	市公安局国保支队教导员	2017年度工作成绩突出记嘉奖	吴忠市公安局	2018年2月11日
何芙蓉	市公安局警务保障处科员	2017年度工作成绩突出记嘉奖	吴忠市公安局	2018年2月11日
张榕云	市公安局法制支队科员	2017年度工作成绩突出记嘉奖	吴忠市公安局	2018年2月11日
杨学成	市公安局网安支队三级警长	2017年度工作成绩突出记嘉奖	吴忠市公安局	2018年2月11日
马少兵	市公安局看守所二大队大队长	2017年度工作成绩突出记嘉奖	吴忠市公安局	2018年2月11日
张媛柳	市公安局看守所科员	2017年度工作成绩突出记嘉奖	吴忠市公安局	2018年2月11日
金　燕	市公安局看守所科员	2017年度工作成绩突出记嘉奖	吴忠市公安局	2018年2月11日
马聪明	市公安局看守所科员	2017年度工作成绩突出记嘉奖	吴忠市公安局	2018年2月11日
马　超	市公安局禁毒分局科员	2017年度工作成绩突出记嘉奖	吴忠市公安局	2018年2月11日
任丽萍	市公安局交管局车辆管理所科员	2017年度工作成绩突出记嘉奖	吴忠市公安局	2018年2月11日
王占林	市公安局交通管理局副主任科员	2017年度工作成绩突出记嘉奖	吴忠市公安局	2018年2月11日
吴　茵	市公安局指挥部指挥调度科科员	2017年度工作成绩突出记嘉奖	吴忠市公安局	2018年2月11日
马　军	市公安局交管秩序管理大队副科级	2017年度工作成绩突出记嘉奖	吴忠市公安局	2018年2月11日
代文龙	市公安局交通管理局主任科员	2017年度工作成绩突出记嘉奖	吴忠市公安局	2018年2月11日
周其广	市公安局督察部信访督办室副主任	2017年度工作成绩突出记嘉奖	吴忠市公安局	2018年2月11日
潘智博	市公安局警务科技处科员	2017年度工作成绩突出记嘉奖	吴忠市公安局	2018年2月11日
张　君	市公安局刑侦副支队长	个人二等功	自治区公安厅	2018年6月13日
田玉良	市公安局指挥部情报科科员	2018年度成绩突出记个人三等功	吴忠市公安局	2019年2月19日
陈吉祥	市公安局经侦支队副支队长	2018年度成绩突出记个人三等功	吴忠市公安局	2019年2月19日
张　斐	市公安局技侦支队科员	2018年度成绩突出记个人三等功	吴忠市公安局	2019年2月19日
王学平	市公安局看守所副所长	2018年度成绩突出记个人三等功	吴忠市公安局	2019年2月19日
李晓红	市公安局警卫处副处长	2018年度成绩突出记个人三等功	吴忠市公安局	2019年2月19日

续表66

姓　名	工作单位及职务	奖励名称	批准机关	受奖时间
李　平	市公安局交管局交巡警大队科员	2018年度成绩突出记个人三等功	吴忠市公安局	2019年2月19日
王　刚	市公安局交管局交巡警大队科员	2018年度成绩突出记个人三等功	吴忠市公安局	2019年2月19日
海　瑜	市公安局警务保障处辅警	2018年度成绩突出记个人三等功	吴忠市公安局	2019年2月19日
白　雪	市公安局交管局政办室辅警	2018年度成绩突出记个人三等功	吴忠市公安局	2019年2月19日
马佳梅	市公安局交管局秩序大队辅警	2018年度成绩突出记个人三等功	吴忠市公安局	2019年2月19日
王伟龙	市公安局交管局交巡警大队辅警	2018年度成绩突出记个人三等功	吴忠市公安局	2019年2月19日
杨　烨	市公安局交管局交巡警大队辅警	2018年度成绩突出记个人三等功	吴忠市公安局	2019年2月19日
赫连伟	市公安局交管局交巡警大队辅警	2018年度成绩突出记个人三等功	吴忠市公安局	2019年2月19日
张伟东	市公安局交管局交巡警大队辅警	2018年度成绩突出记个人三等功	吴忠市公安局	2019年2月19日
董小乐	市公安局政治部组织人事科副科长	2018年度成绩突出记个人嘉奖	吴忠市公安局	2019年2月19日
张建文	市公安局政治部综合科副科长	2018年度成绩突出记个人嘉奖	吴忠市公安局	2019年2月19日
周其广	市公安局督察部信访督办室副主任	2018年度成绩突出记个人嘉奖	吴忠市公安局	2019年2月19日
罗兴华	市公安局指挥部文秘科科员	2018年度成绩突出记个人嘉奖	吴忠市公安局	2019年2月19日
吴　闯	市公安局指挥部情报科副科级干部	2018年度成绩突出记个人嘉奖	吴忠市公安局	2019年2月19日
刘　雁	市公安局国保支队副支队长	2018年度成绩突出记个人嘉奖	吴忠市公安局	2019年2月19日
张振飞	市公安局治安支队科员	2018年度成绩突出记个人嘉奖	吴忠市公安局	2019年2月19日
马林瑞	市公安局技侦支队科员	2018年度成绩突出记个人嘉奖	吴忠市公安局	2019年2月19日
王　保	市公安局网安支队教导员	2018年度成绩突出记个人嘉奖	吴忠市公安局	2019年2月19日
陈　昭	市公安局刑侦大要案侦查大队科员	2018年度成绩突出记个人嘉奖	吴忠市公安局	2019年2月19日
马丽丽	市公安局刑侦技术情报大队科员	2018年度成绩突出记个人嘉奖	吴忠市公安局	2019年2月19日
郭新春	市公安局法制支队副支队长	2018年度成绩突出记个人嘉奖	吴忠市公安局	2019年2月19日
闫家升	市公安局看守所科员	2018年度成绩突出记个人嘉奖	吴忠市公安局	2019年2月19日
马　伟	市公安局看守所科员	2018年度成绩突出记个人嘉奖	吴忠市公安局	2019年2月19日
夏晓燕	市公安局看守所科员	2018年度成绩突出记个人嘉奖	吴忠市公安局	2019年2月19日
秦　涛	市公安局看守所副主任科员	2018年度成绩突出记个人嘉奖	吴忠市公安局	2019年2月19日
马　军	市公安局拘留所综合科科长	2018年度成绩突出记个人嘉奖	吴忠市公安局	2019年2月19日
丁光明	市公安局强制隔离戒毒所科员	2018年度成绩突出记个人嘉奖	吴忠市公安局	2019年2月19日
陈　卫	市公安局强制隔离戒毒所主任科员	2018年度成绩突出记个人嘉奖	吴忠市公安局	2019年2月19日
石　磊	市公安局交管局秩序大队科员	2018年度成绩突出记个人嘉奖	吴忠市公安局	2019年2月19日
郑晓凤	市公安局交管局车辆管理所科员	2018年度成绩突出记个人嘉奖	吴忠市公安局	2019年2月19日
马小福	市公安局交管局城区交巡警大队科员	2018年度成绩突出记个人嘉奖	吴忠市公安局	2019年2月19日
赵　华	市公安局交管局城区交巡警大队科员	2018年度成绩突出记个人嘉奖	吴忠市公安局	2019年2月19日
马　健	市公安局交管局城区交巡警大队科员	2018年度成绩突出记个人嘉奖	吴忠市公安局	2019年2月19日
贾　伟	市公安局交管局城区交巡警大队科员	2018年度成绩突出记个人嘉奖	吴忠市公安局	2019年2月19日
杨俊义	市公安局交管局城区交巡警大队科员	2018年度成绩突出记个人嘉奖	吴忠市公安局	2019年2月19日

续表66

姓　名	工作单位及职务	奖励名称	批准机关	受奖时间
杨　刚	市公安局交管局利通交巡警大队科员	2018年度成绩突出记个人嘉奖	吴忠市公安局	2019年2月19日
吕俊超	市公安局反恐支队反恐大队科员	2018年度成绩突出记个人嘉奖	吴忠市公安局	2019年2月19日
杨晓利	市公安局指挥部情报科辅警	2018年度成绩突出记个人嘉奖	吴忠市公安局	2019年2月19日
马秀金	市公安局110接警台辅警	2018年度成绩突出记个人嘉奖	吴忠市公安局	2019年2月19日
赵玉霞	市公安局110接警台辅警	2018年度成绩突出记个人嘉奖	吴忠市公安局	2019年2月19日
王建萍	市公安局看守所辅警	2018年度成绩突出记个人嘉奖	吴忠市公安局	2019年2月19日
马　慧	市公安局看守所辅警	2018年度成绩突出记个人嘉奖	吴忠市公安局	2019年2月19日
蔡雅洁	市公安局戒毒所辅警	2018年度成绩突出记个人嘉奖	吴忠市公安局	2019年2月19日
韩嫒媛	市公安局交管局政办室辅警	2018年度成绩突出记个人嘉奖	吴忠市公安局	2019年2月19日
巴　瑾	市公安局交管局警务保障室辅警	2018年度成绩突出记个人嘉奖	吴忠市公安局	2019年2月19日
马　巍	市公安局交管局法制宣传大队辅警	2018年度成绩突出记个人嘉奖	吴忠市公安局	2019年2月19日
张　瑞	市公安局交管局秩序大队辅警	2018年度成绩突出记个人嘉奖	吴忠市公安局	2019年2月19日
关　娜	市公安局交管局车辆管理所辅警	2018年度成绩突出记个人嘉奖	吴忠市公安局	2019年2月19日
杨　荣	市公安局交管局车辆管理所辅警	2018年度成绩突出记个人嘉奖	吴忠市公安局	2019年2月19日
何燕荣	市公安局交管局车辆管理所辅警	2018年度成绩突出记个人嘉奖	吴忠市公安局	2019年2月19日
王　宁	市公安局交管局城区交巡警大队辅警	2018年度成绩突出记个人嘉奖	吴忠市公安局	2019年2月19日
王　薪	市公安局交管局城区交巡警大队辅警	2018年度成绩突出记个人嘉奖	吴忠市公安局	2019年2月19日
马　刚	市公安局交管局城区交巡警大队辅警	2018年度成绩突出记个人嘉奖	吴忠市公安局	2019年2月19日
李学军	市公安局交管局城区交巡警大队辅警	2018年度成绩突出记个人嘉奖	吴忠市公安局	2019年2月19日
党　浩	市公安局交管局城区交巡警大队辅警	2018年度成绩突出记个人嘉奖	吴忠市公安局	2019年2月19日
王　磊	市公安局交管局城区交巡警大队辅警	2018年度成绩突出记个人嘉奖	吴忠市公安局	2019年2月19日
王　军	市公安局交管局城区交巡警大队辅警	2018年度成绩突出记个人嘉奖	吴忠市公安局	2019年2月19日
马　龙	市公安局交管局城区交巡警大队辅警	2018年度成绩突出记个人嘉奖	吴忠市公安局	2019年2月19日
蔡荣华	市公安局交管局城区交巡警大队辅警	2018年度成绩突出记个人嘉奖	吴忠市公安局	2019年2月19日
高立宁	市公安局刑侦支队支队长	扫黑除恶专项斗争中立二等功	自治区公安厅	2019年7月16日
罗兴华	市公安局指挥部二级警长	“1901”专项工作记个人三等功	吴忠市公安局	2019年10月23日
吕忠业	市公安局技侦警务技术四级主任	“1901”专项工作记个人三等功	吴忠市公安局	2019年10月23日
马　林	市公安局网安警务技术四级主管	“1901”专项工作记个人三等功	吴忠市公安局	2019年10月23日
杨　文	市公安局警务科技处处长	“1901”专项工作记个人三等功	吴忠市公安局	2019年10月23日
王　涛	市公安局交管局保障室主任	“1901”专项工作记个人三等功	吴忠市公安局	2019年10月23日
马　楠	市公安局指挥部四级主任	“1901”专项工作记个人嘉奖	吴忠市公安局	2019年10月23日
杨　涛	市公安局国保支队副支队长	“1901”专项工作记个人嘉奖	吴忠市公安局	2019年10月23日
徐　亮	市公安局治安支队四级警长	“1901”专项工作记个人嘉奖	吴忠市公安局	2019年10月23日
马　艳	市公安局警务保障处副主任	“1901”专项工作记个人嘉奖	吴忠市公安局	2019年10月23日
金寿海	市公安局监所管理支队支队长	“1901”专项工作记个人嘉奖	吴忠市公安局	2019年10月23日

续表66

姓　名	工作单位及职务	奖励名称	批准机关	受奖时间
马晨亮	市公安局技侦警务技术四级主管	“1901”专项工作记个人嘉奖	吴忠市公安局	2019年10月23日
黄永珍	市公安局网安警务技术四级警长	“1901”专项工作记个人嘉奖	吴忠市公安局	2019年10月23日
吕俊超	市公安局反恐(特警)支队四级警长	“1901”专项工作记个人嘉奖	吴忠市公安局	2019年10月23日
杨建军	市公安局交管局二大队二级警长	“1901”专项工作记个人嘉奖	吴忠市公安局	2019年10月23日
党　浩	市公安局交管局一大队辅警	“1901”专项工作记个人嘉奖	吴忠市公安局	2019年10月23日
王　辉	市公安局督察部副支队长二级警长	国庆70周年安保工作先进个人	自治区公安厅	2019年10月30日
张　锋	市公安局国保支队教导员一级警长	国庆70周年安保工作先进个人	自治区公安厅	2019年10月30日
王　保	市公安局网安支队教导员一级主管	国庆70周年安保工作先进个人	自治区公安厅	2019年10月30日
刘　炜	市公安局技侦技术大队长三级主管	国庆70周年安保工作先进个人	自治区公安厅	2019年10月30日
袁保峰	市公安局治安支队长一级警长	国庆70周年安保工作先进个人	自治区公安厅	2019年10月30日
杨生宝	市公安局反恐副支队长四级警长	国庆70周年安保工作先进个人	自治区公安厅	2019年10月30日
马亚军	市公安局指挥调度科三级警长	国庆70周年安保工作先进个人	自治区公安厅	2019年10月30日
马　宁	市公安局警务科技处四级警长	国庆70周年安保工作先进个人	自治区公安厅	2019年10月30日
张静文	市公安局交管局交通一大队三级警长	国庆70周年安保工作先进个人	自治区公安厅	2019年10月30日
王　庆	市公安局交管局交通二大队工勤人员	国庆70周年安保工作先进个人	自治区公安厅	2019年10月30日
吴　闯	市公安局技侦副支队长三级主管	中阿博览会安保工作记三等功	自治区公安厅	2019年10月30日
王　宁	市公安局交管局交通管理一大队辅警	中阿博览会安保工作记三等功	自治区公安厅	2019年10月30日
王　科	市公安局指挥部情报科四级主管	中阿博览会安保工作记嘉奖	自治区公安厅	2019年10月30日
张建忠	市公安局交管局大队长一级警长	中阿博览会安保工作记嘉奖	自治区公安厅	2019年10月30日
罗兴华	市公安局指挥部二级警长	“1901”专项工作记三等功	吴忠市公安局	2019年12月23日
吕忠业	市公安局技侦支队四级主任	“1901”专项工作记三等功	吴忠市公安局	2019年12月23日
马　林	市公安局网安支队四级主管	“1901”专项工作记三等功	吴忠市公安局	2019年12月23日
杨　文	市公安局警务科技处处长	“1901”专项工作记三等功	吴忠市公安局	2019年12月23日
王　涛	市公安局交管局警务保障室主任	“1901”专项工作记三等功	吴忠市公安局	2019年12月23日
马　楠	市公安局指挥部四级主任	“1901”专项工作记嘉奖	吴忠市公安局	2019年12月23日
杨　涛	市公安局国保支队副支队长	“1901”专项工作记嘉奖	吴忠市公安局	2019年12月23日
徐　亮	市公安局治安支队四级警长	“1901”专项工作记嘉奖	吴忠市公安局	2019年12月23日
马　艳	市公安局警务保障处副主任	“1901”专项工作记嘉奖	吴忠市公安局	2019年12月23日
金寿海	市公安局监管支队支队长	“1901”专项工作记嘉奖	吴忠市公安局	2019年12月23日
马晨亮	市公安局技侦支队四级主管	“1901”专项工作记嘉奖	吴忠市公安局	2019年12月23日
黄永珍	市公安局网安支队四级警长	“1901”专项工作记嘉奖	吴忠市公安局	2019年12月23日
吕俊超	市公安局反恐支队四级警长	“1901”专项工作记嘉奖	吴忠市公安局	2019年12月23日
杨建军	市公安局交管局交通大队二级警长	“1901”专项工作记嘉奖	吴忠市公安局	2019年12月23日
党　浩	市公安局交管局交通一大队辅警	“1901”专项工作记嘉奖	吴忠市公安局	2019年12月23日
马永生	市公安局指挥部副主任	在新冠肺炎防控中成绩突出记嘉奖	自治区公安厅	2020年2月6日

续表66

姓　名	工作单位及职务	奖励名称	批准机关	受奖时间
马　林	市公安局刑侦支队副支队长	新冠肺炎防控中成绩突出记嘉奖	自治区公安厅	2020年2月6日
马　健	市公安局交管局一大队二级警长	新冠肺炎防控中成绩突出记嘉奖	自治区公安厅	2020年2月6日
李东甲	市公安局交管局二大队辅警	新冠肺炎防控中成绩突出记嘉奖	自治区公安厅	2020年2月6日
王　保	市公安局网安支队教导员	2019年度成绩突出记个人三等功	吴忠市公安局	2020年2月21日
李　军	市公安局经侦支队辅警	2019年度成绩突出记个人三等功	吴忠市公安局	2020年2月21日
王永刚	市公安局交管局三级警长（弘德村党支部书记）	2019年度成绩突出记个人三等功	吴忠市公安局	2020年2月21日
祁永新	市公安局交通管理局三级警长	2019年度成绩突出记个人三等功	吴忠市公安局	2020年2月21日
唐小起	市公安局交通管理局辅警	2019年度成绩突出记个人三等功	吴忠市公安局	2020年2月21日
岳　毅	市公安局督察部一级警长	2019年度成绩突出记个人嘉奖	吴忠市公安局	2020年2月21日
贾凤梅	市公安局指挥部警务技术三级主管	2019年度成绩突出记个人嘉奖	吴忠市公安局	2020年2月21日
夏顺安	市公安局指挥部辅警	2019年度成绩突出记个人嘉奖	吴忠市公安局	2020年2月21日
谢　浩	市公安局警务保障处警务人员	2019年度成绩突出记个人嘉奖	吴忠市公安局	2020年2月21日
苏晓林	市公安局国保支队四级警长	2019年度成绩突出记个人嘉奖	吴忠市公安局	2020年2月21日
余小伟	市公安局治安支队四级警长	2019年度成绩突出记个人嘉奖	吴忠市公安局	2020年2月21日
闫　锋	市公安局刑侦支队四级主管	2019年度成绩突出记个人嘉奖	吴忠市公安局	2020年2月21日
马　元	市公安局刑侦支队四级主管	2019年度成绩突出记个人嘉奖	吴忠市公安局	2020年2月21日
王凯春	市公安局刑侦支队事业编干部	2019年度成绩突出记个人嘉奖	吴忠市公安局	2020年2月21日
骆　坤	市公安局技侦支队四级主管	2019年度成绩突出记个人嘉奖	吴忠市公安局	2020年2月21日
张小荣	市公安局经侦支队二级警长	2019年度成绩突出记个人嘉奖	吴忠市公安局	2020年2月21日
杨学成	市公安局网安支队四级主任	2019年度成绩突出记个人嘉奖	吴忠市公安局	2020年2月21日
丁　灵	市公安局监管支队教导员	2019年度成绩突出记个人嘉奖	吴忠市公安局	2020年2月21日
马少兵	市公安局看守所四级警长	2019年度成绩突出记个人嘉奖	吴忠市公安局	2020年2月21日
马聪明	市公安局看守所四级警长	2019年度成绩突出记个人嘉奖	吴忠市公安局	2020年2月21日
张耀发	市公安局看守所事业编警务人员	2019年度成绩突出记个人嘉奖	吴忠市公安局	2020年2月21日
张建梅	市公安局看守所辅警	2019年度成绩突出记个人嘉奖	吴忠市公安局	2020年2月21日
马泽鹏	市公安局拘留所辅警	2019年度成绩突出记个人嘉奖	吴忠市公安局	2020年2月21日
杨月慧	市公安局监察留置所事业编警务人员	2019年度成绩突出记个人嘉奖	吴忠市公安局	2020年2月21日
吴　俊	市公安局监察留置所事业编警务人员	2019年度成绩突出记个人嘉奖	吴忠市公安局	2020年2月21日
赵　珂	市公安局出入境管理处辅警	2019年度成绩突出记个人嘉奖	吴忠市公安局	2020年2月21日
张静文	市公安局交管局交通一大队副大队长	2019年度成绩突出记个人嘉奖	吴忠市公安局	2020年2月21日
石　磊	市公安局交通管理局四级警长	2019年度成绩突出记个人嘉奖	吴忠市公安局	2020年2月21日
代　荣	市公安局交通管理局辅警	2019年度成绩突出记个人嘉奖	吴忠市公安局	2020年2月21日
张　旭	市公安局交通管理局辅警	2019年度成绩突出记个人嘉奖	吴忠市公安局	2020年2月21日
关　娜	市公安局交通管理局辅警	2019年度成绩突出记个人嘉奖	吴忠市公安局	2020年2月21日

续表66

姓　名	工作单位及职务	奖励名称	批准机关	受奖时间
张　君	市公安局刑侦支队副支队长	三等功	吴忠市公安局	2020年9月10日
张晓明	市公安局刑侦支队侦查副大队长	三等功	吴忠市公安局	2020年9月10日
骆　坤	市公安局技侦大队案审大队长	三等功	吴忠市公安局	2020年9月10日
杨　涛	市公安局国保支队副支队长	三等功	吴忠市公安局	2020年9月10日
马永生	市公安局指挥部副主任兼文秘科长	三等功	吴忠市公安局	2020年9月10日
丁　玲	市公安局出入境管理处处长	三等功	吴忠市公安局	2020年9月10日
杨　勇	市公安局看守所一大队大队长	三等功	吴忠市公安局	2020年9月10日
马春天	市公安局指挥部副主任	嘉奖	吴忠市公安局	2020年9月10日
田小辉	市公安局政治部副主任兼综合科长	嘉奖	吴忠市公安局	2020年9月10日
王　辉	市公安局督察部督查支队副支队长	嘉奖	吴忠市公安局	2020年9月10日
马嘉伟	市公安局指挥部副主任兼调度科长	嘉奖	吴忠市公安局	2020年9月10日
马　楠	市公安局治安支队副支队长	嘉奖	吴忠市公安局	2020年9月10日
杨小龙	市公安局反恐支队反恐副大队长	嘉奖	吴忠市公安局	2020年9月10日
周丽梅	市公安局网安支队支队长	嘉奖	吴忠市公安局	2020年9月10日
李晓红	市公安局警卫处副处长	嘉奖	吴忠市公安局	2020年9月10日
柳军红	市公安局交管局副局长	嘉奖	吴忠市公安局	2020年9月10日
金福彬	市公安局交管局交通一大队辅警	嘉奖	吴忠市公安局	2020年9月10日
马东亚	市公安局监管支队副支队长	嘉奖	吴忠市公安局	2020年9月10日
杨海波	市公安局网安支队副支队长	嘉奖	吴忠市公安局	2020年9月10日
闫　锋	市公安局刑侦支队四级主管	嘉奖	吴忠市公安局	2020年9月10日
李　杰	市公安局技侦支队四级警长	嘉奖	吴忠市公安局	2020年9月10日
徐　亮	市公安局治安支队副支队长	嘉奖	吴忠市公安局	2020年9月10日
赵　静	市公安局反恐支队反恐大队教导员	嘉奖	吴忠市公安局	2020年9月10日
何芙蓉	市公安局警务保障处四级警长	嘉奖(疫情防控)	吴忠市公安局	2020年9月10日
马　军	市公安局交通管理局三级警长	嘉奖(疫情防控)	吴忠市公安局	2020年9月10日
马杨琰琰	市公安局禁毒局辅警	嘉奖(疫情防控)	吴忠市公安局	2020年9月10日
李　军	市公安局经侦支队辅警	嘉奖(疫情防控)	吴忠市公安局	2020年9月10日
蒋　坤	市公安局警务科技处辅警	嘉奖(疫情防控)	吴忠市公安局	2020年9月10日
朱佳富	市公安局法制支队辅警	嘉奖(疫情防控)	吴忠市公安局	2020年9月10日
刘　雯	市公安局指挥部辅警	嘉奖(疫情防控)	吴忠市公安局	2020年9月10日
马志刚	市公安局交管局管理二大队辅警	嘉奖(疫情防控)	吴忠市公安局	2020年9月10日
王　磊	市公安局交管局管理一大队辅警	嘉奖(疫情防控)	吴忠市公安局	2020年9月10日
苏国华	市公安局交管局副局长	交通秩序专项整治记三等功	吴忠市公安局	2020年11月2日
李　平	市公安局交管局二级警长	交通秩序专项整治记三等功	吴忠市公安局	2020年11月2日
马　忠	市公安局督察部审计室主任	交通秩序专项整治记个人嘉奖	吴忠市公安局	2020年11月2日

续表66

姓　名	工作单位及职务	奖励名称	批准机关	受奖时间
顾　乐	市公安局治安支队事业编警务人员	交通秩序专项整治记个人嘉奖	吴忠市公安局	2020年11月2日
吕俊超	市公安局反恐支队四级警长	交通秩序专项整治记个人嘉奖	吴忠市公安局	2020年11月2日
张建明	市公安局禁毒局综合科科长	交通秩序专项整治记个人嘉奖	吴忠市公安局	2020年11月2日
郭振兴	市公安局经侦支队工勤	交通秩序专项整治记个人嘉奖	吴忠市公安局	2020年11月2日
陈　娟	市公安局法制支队四级警长	交通秩序专项整治记个人嘉奖	吴忠市公安局	2020年11月2日
杨立峰	市公安局技侦支队四级主管	交通秩序专项整治记个人嘉奖	吴忠市公安局	2020年11月2日
石　磊	市公安局交管局四级警长	交通秩序专项整治记个人嘉奖	吴忠市公安局	2020年11月2日
马　健	市公安局交管局二级警长	交通秩序专项整治记个人嘉奖	吴忠市公安局	2020年11月2日
丁　双	市公安局交管局车管所辅警	交通秩序专项整治记个人嘉奖	吴忠市公安局	2020年11月2日
马　晶	市公安局交管局二大队辅警	交通秩序专项整治记个人嘉奖	吴忠市公安局	2020年11月2日
王　银	市公安局交管局骑警队辅警	交通秩序专项整治记个人嘉奖	吴忠市公安局	2020年11月2日
马晓俊	市公安局反恐支队三级警长	交通秩序专项整治记个人嘉奖	吴忠市公安局	2020年11月2日
马小明	市公安局指挥部辅警	交通秩序专项整治记个人嘉奖	吴忠市公安局	2020年11月2日
马　泽	市公安局警务保障处辅警	交通秩序专项整治记个人嘉奖	吴忠市公安局	2020年11月2日
李浩楠	市公安局刑侦支队辅警	交通秩序专项整治记个人嘉奖	吴忠市公安局	2020年11月2日
李　俊	市公安局交通管理局副局长	2020年度工作成绩突出记三等功	吴忠市公安局	2021年2月1日
赵德伟	市公安局治安管理支队教导员	2020年度工作成绩突出记三等功	吴忠市公安局	2021年2月1日
陈吉祥	市公安局经侦支队副支队长	2020年度工作成绩突出记三等功	吴忠市公安局	2021年2月1日
陈　昭	市公安局刑侦支队四级警长	2020年度工作成绩突出记三等功	吴忠市公安局	2021年2月1日
余小伟	市公安局治安支队四级警长	2020年度工作成绩突出记三等功	吴忠市公安局	2021年2月1日
田玉良	市公安局指挥部情报科副科长	2020年度工作成绩突出记三等功	吴忠市公安局	2021年2月1日
金兆水	市公安局看守所一级警长	2020年度工作成绩突出记三等功	吴忠市公安局	2021年2月1日
马金礼	市公安局强制隔离戒毒所教导员	2020年度工作成绩突出记三等功	吴忠市公安局	2021年2月1日
马　军	市公安局拘留所管教大队大队长	2020年度工作成绩突出记三等功	吴忠市公安局	2021年2月1日
白　雪	市公安局交管局政办室辅警	2020年度工作成绩突出记三等功	吴忠市公安局	2021年2月1日
马佳梅	市公安局交管局秩序管理大队辅警	2020年度工作成绩突出记三等功	吴忠市公安局	2021年2月1日
马海龙	市公安局交管局交通一大队辅警	2020年度工作成绩突出记三等功	吴忠市公安局	2021年2月1日
李学军	市公安局交管局交通一大队辅警	2020年度工作成绩突出记三等功	吴忠市公安局	2021年2月1日
王亚军	市公安局交管局交通二大队辅警	2020年度工作成绩突出记三等功	吴忠市公安局	2021年2月1日
崔海波	市公安局看守所辅警	2020年度工作成绩突出记三等功	吴忠市公安局	2021年2月1日
闫家升	市公安局看守所四级警	2020年度工作成绩突出记三等功	吴忠市公安局	2021年2月1日
耿治琴	市公安局警务科技处副处长	2020年度工作成绩突出记嘉奖	吴忠市公安局	2021年2月1日
海媛媛	市公安局治安支队四级警长	2020年度工作成绩突出记嘉奖	吴忠市公安局	2021年2月1日
孙　平	市公安局看守所四级警长	2020年度工作成绩突出记嘉奖	吴忠市公安局	2021年2月1日
康　佳	市公安局拘留所一级警长	2020年度工作成绩突出记嘉奖	吴忠市公安局	2021年2月1日

续表66

姓　名	工作单位及职务	奖励名称	批准机关	受奖时间
田会龙	市公安局交管局秩序大队四级警长	2020年度工作成绩突出记嘉奖	吴忠市公安局	2021年2月1日
马　宁	市公安局政治部四级警长	2020年度工作成绩突出记嘉奖	吴忠市公安局	2021年2月1日
王　超	市公安局督察部事业编警务人员	2020年度工作成绩突出记嘉奖	吴忠市公安局	2021年2月1日
罗兴华	市公安局指挥部机要文秘科副科长	2020年度工作成绩突出记嘉奖	吴忠市公安局	2021年2月1日
马　兵	市公安局技术侦查支队民警	2020年度工作成绩突出记嘉奖	吴忠市公安局	2021年2月1日
杨月慧	市公安局监察留置所事业编警务人员	2020年度工作成绩突出记嘉奖	吴忠市公安局	2021年2月1日
宋珍学	市公安局监察留置所事业编警务人员	2020年度工作成绩突出记嘉奖	吴忠市公安局	2021年2月1日
张　辉	市公安局监察留置所事业编警务人员	2020年度工作成绩突出记嘉奖	吴忠市公安局	2021年2月1日
马耀兵	市公安局经侦支队四级警长	2020年度工作成绩突出记嘉奖	吴忠市公安局	2021年2月1日
徐　敏	市公安局禁毒局侦查大队大队长	2020年度工作成绩突出记嘉奖	吴忠市公安局	2021年2月1日
郑晓凤	市公安局交管局车管所四级警长	2020年度工作成绩突出记嘉奖	吴忠市公安局	2021年2月1日
马小福	市公安局交管交通一大队四级警长	2020年度工作成绩突出记嘉奖	吴忠市公安局	2021年2月1日
李海鑫	市公安局交管交通二大队四级警长	2020年度工作成绩突出记嘉奖	吴忠市公安局	2021年2月1日
马宏强	市公安局技侦支队派驻盐池县公安局人员	2020年度工作成绩突出记嘉奖	吴忠市公安局	2021年2月1日
王海燕	市公安局政治部辅警	2020年度工作成绩突出记嘉奖	吴忠市公安局	2021年2月1日
吴　娜	市公安局指挥部辅警	2020年度工作成绩突出记嘉奖	吴忠市公安局	2021年2月1日
杨晓利	市公安局指挥部辅警	2020年度工作成绩突出记嘉奖	吴忠市公安局	2021年2月1日
赵　珂	市公安局出入境管理处辅警	2020年度工作成绩突出记嘉奖	吴忠市公安局	2021年2月1日
马建林	市公安局看守所辅警	2020年度工作成绩突出记嘉奖	吴忠市公安局	2021年2月1日
蔡雅洁	市公安局看守所辅警	2020年度工作成绩突出记嘉奖	吴忠市公安局	2021年2月1日
陆海东	市公安局拘留所辅警	2020年度工作成绩突出记嘉奖	吴忠市公安局	2021年2月1日
韩媛媛	市公安局交管局政办室辅警	2020年度工作成绩突出记嘉奖	吴忠市公安局	2021年2月1日
丁文静	市公安局交管局警务保障室辅警	2020年度工作成绩突出记嘉奖	吴忠市公安局	2021年2月1日
安　华	市公安局交管局秩序管理大队辅警	2020年度工作成绩突出记嘉奖	吴忠市公安局	2021年2月1日
韩永宁	市公安局交管局车管所辅警	2020年度工作成绩突出记嘉奖	吴忠市公安局	2021年2月1日
杨　晨	市公安局交管局车管所辅警	2020年度工作成绩突出记嘉奖	吴忠市公安局	2021年2月1日
王耀忠	市公安局交管局交通一大队辅警	2020年度工作成绩突出记嘉奖	吴忠市公安局	2021年2月1日
张　鑫	市公安局交管局交通一大队辅警	2020年度工作成绩突出记嘉奖	吴忠市公安局	2021年2月1日
赵火青	市公安局交管局交通二大队辅警	2020年度工作成绩突出记嘉奖	吴忠市公安局	2021年2月1日
马　列	市公安局反恐特警大队副大队长	2020年度工作成绩突出记嘉奖	吴忠市公安局	2021年2月1日
马　辉	市公安局反恐特警大队三级警长	2020年度工作成绩突出记嘉奖	吴忠市公安局	2021年2月1日

三、吴忠市利通区公安分局民警立功受奖名录

吴忠市利通区公安分局民警立功受奖一览表(一)

表67

姓名	性别	民族	奖励名称	批准机关	受奖日期
杨文林	男	回	一等功	自治区公安厅	1982年5月
			先进个人	自治区人民政府	1984年
樊永胜	男	汉	先进个人	自治区人民政府	1989年3月
李　珍	男	汉	先进个人	自治区人民政府	1989年3月
胡振东	男	汉	先进个人	自治区人民政府	1989年3月
张传伟	男	汉	一等功	自治区公安厅	1987年4月
丁国军	男	回	一等功	自治区公安厅	1987年9月
丁保德	男	回	二等功	自治区公安厅	1987年4月
周玉玺	男	回	二等功	自治区公安厅	1987年4月
刘永福	男	汉	三等功	吴忠市公安局	1987年9月
王　安	男	汉	三等功	吴忠市公安局	1985年3月
陈有祥	男	汉	三等功	吴忠市公安局	1987年9月
马　奎	男	回	三等功	吴忠市公安局	1987年9月
齐旭东	男	汉	三等功	吴忠市公安局	2007年1月
朱国军	女	汉	三等功	吴忠市公安局	2001年12月
徐登举	男	汉	三等功	吴忠市公安局	2000年1月
王宏杰	男	汉	三等功	吴忠市公安局	1994年2月
丁学林	男	回	三等功	吴忠市公安局	2003年6月
柴晋智	男	汉	三等功	吴忠市公安局	1997年11月
贺占忠	男	汉	三等功	银南地区公安处	1997年1月
李卫丽	女	汉	全区人口普查先进工作者	自治区人口普查办	1982年
			孝德之星	自治区文明委	2008年
			优秀党务工作者2次	吴忠市公安局	2008年、2009年
			先进工作者	宁夏驻京信访处	2009年
			三等功	吴忠市公安局	2010年
			先进工作者	宁夏驻京信访处	2011年
			全市优秀党务工作者	吴忠市委	2011年
			先进工作者	宁夏驻京信访处	2012年
杨玉春	男	汉	二级禁毒标兵	银南行署	1993年
			嘉奖	吴忠市政府	2001年
文俊林	男	回	待处理群众信访先进个人	自治区公安厅	2005年12月
			吴忠市10周年大庆先进个人	吴忠市政府	2008年10月

续表67

姓名	性别	民族	奖励名称	批准机关	受奖日期
文俊林	男	回	警企保护电力设施先进个人	自治区公安厅	2009年12月
			二等功	自治区公安厅	2012年6月
赵　斌	男	汉	三等功	吴忠市公安局	2001年9月
			“执法为民、公正廉洁”先进个人	自治区公安厅	2012年3月
陈　刚	男	汉	三等功2次	吴忠市公安局	2001年12月、2007年6月
宋继忠	男	汉	三等功	吴忠市公安局	1996年1月
			宁洽会安保先进个人	自治区政府	2011年9月
丁朝炜	男	回	三等功4次	吴忠市公安局	2001年1月、2003年9月、2005年2月、2012年10月
侯　蕾	女	回	三等功	吴忠市公安局	2001年12月
			全区优秀人民警察	自治区公安厅	2009年2月
			十佳民警	吴忠市公安局	2009年2月
			三八红旗手	吴忠市政府	2010年3月
梁晓山	男	回	海小平式优秀民警	吴忠市委	2010年7月
王学平	男	回	三等功	吴忠市公安局	2008年8月
			十佳优秀民警	吴忠市公安局	2010年10月
			两个专项治理先进个人	自治区公安厅	2011年12月
			重点信访案件专项治理工作先进个人	自治区公安厅	2012年9月
杨忠明	男	回	个人三等功	银南行署公安处	2002年
			安保警卫活动先进个人	自治区公安厅	2012年
金　磊	男	汉族	全区优秀派出所所长	自治区公安厅	1998年
			全区优秀人民警察	自治区公安厅	1999年
			个人三等功	吴忠市公安局	1999年
			个人三等功	吴忠市政府	1999年
苏春香	女	回	第六次人口普查行进个人	自治区人普办	2011年11月
李桂林	男	汉	个人三等功	吴忠市公安局	1998年
			个人三等功	吴忠市公安局	2001年
			个人三等功	吴忠市公安局	2003年
刘贵忠	男	汉	个人三等功	吴忠市公安局	2004年
海　涛	男	回	PGIS信息采集先进个人	自治区公安厅	2011年
郑　炜	男	汉	全区优秀侦查员	自治区公安厅	1997年7月
			三等功6次	吴忠市公安局	1999年6月、2000年3月、2003年6月、2004年、2005年、2011年
			二等功	自治区公安厅	2004年11月
			全区禁毒工作先进个人	自治区公安厅	2012年2月

续表67

姓名	性别	民族	奖励名称	批准机关	受奖日期
吕建军	男	汉	人民满意人民警察	吴忠市公安局	2003年11月
			吴忠市优秀共产党员	吴忠市政府	2004年6月
			吴忠市十佳民警	吴忠市公安局	2007年1月
			全区优秀人民警察	自治区公安厅	2007年1月
			“宁洽会暨首届中阿经贸论坛”先进工作者	自治区公安厅	2010年10月
余海峰	男	汉	三等功	吴忠市公安局	2010年1月
何少明	男	回	吴忠市优秀共产党员	吴忠市政府	2011年6月
			三等功	吴忠市公安局	2012年7月
			三等功4次	吴忠市公安局	2003年1月、2004年1月、2008年1月、2011年1月
吴 闯	男	汉	三等功	吴忠市公安局	2012年11月
赵小琴	女	回	三等功2次	吴忠市公安局	2010年1月、2002年4月
			指纹破案会战先进个人	自治区公安厅刑警总队	2004年12月
			刑警大练兵先进个人	自治区公安厅刑警总队	2004年12月
			优秀共产党员	吴忠市公安局	2005年6月
			人民满意警察	吴忠市公安局	2003年12月
			优秀共产党员	共青团吴忠市委	1998年8月
王吉宇	男	回	三等功	吴忠市公安局	2009年12月
			全区十大追逃能手	自治区公安厅	2011年6月
			二等功	自治区公安厅	2012年1月
			吴忠市宗教工作先进个人	吴忠市政府	2012年7月
丁立何	男	回	三等功2次	银南地区公安处	1995年1月、1998年3月
			全区优秀侦查员	自治区公安厅	1996年
丁义峰	男	回	先进个人2次	自治区公安厅	2012年3月、2012年11月
丁少华	男	回	先进个人2次	吴忠市公安局	2009年1月、2010年1月
			优秀公务员	吴忠市政府	2011年1月
			民族宗教先进个人	吴忠市政府	2012年6月
张立刚	男	汉	三等功2次	吴忠市公安局	2008年1月、2011年1月
			破案能手2次	吴忠市公安局	2011年1月、2012年1月
方红才	男	汉	三等功	吴忠市公安局	2004年12月
刘秀兰	女	汉	全区政法先进个人	自治区政府	1990年12月
			优秀共产党员2次	吴忠市公安局	1999年、2006年
			三等功	吴忠市政府	2012年11月
马玉涛	男	回	优秀公务员	吴忠市公安局	2013年1月

续表67

姓名	性别	民族	奖励名称	批准机关	受奖日期
杨　军	男	回	先进工作者	吴忠市公安局	2004年1月
			优秀公务员	吴忠市公安局	2009年1月
			先进工作者	吴忠市公安局	2010年1月
李克忠	男	回	优秀共产党员	吴忠市公安局	2010年7月
宋彦毅	男	汉	三等功	吴忠市公安局	2012年1月
王丽娟	女	回	三等功	自治区公安厅	2005年10月
马行燕	女	回	优秀女职工	吴忠市公安局	2010年12月
			先进工作者	吴忠市公安局	2010年12月
			学习刘金国、海小平先进事迹演讲三等奖	自治区公安厅警察训练总队	2012年3月
			“10·24”行动先进个人	自治区公安厅	2012年
马慧芳	女	回	2010年度“大情报”建设暨应用先进个人	吴忠市公安局	2001年1月
			打击银行卡犯罪专项行动成绩突出个人	吴忠市公安局	2010年9月
薛　涛	男	汉	三等功	吴忠市政府	2011年7月
			重大活动安保先进个人	自治区公安厅	2012年11月
			宗教工作先进个人	吴忠市人民政府	2010年7月
			优秀共产党员	吴忠市公安局	2011年6月
王　涛	男	汉	嘉奖(打黑除恶)	吴忠市公安局	2001年12月
			优秀共产党员	吴忠市公安局	2006年6月
			吴忠市优秀共产党员	吴忠市委	2008年6月
			嘉奖(打黑除恶)	吴忠市公安局	2008年8月
			三等功	吴忠市公安局	2009年10月
			优秀共产党员	吴忠市公安局	2011年6月
			全市公安机关破案能手	吴忠市公安局	2011年1月
			2011年度群众满意民警	吴忠市公安局	2012年1月
			第二届十佳暨海小平式的优秀人民警察	自治区党委宣传部、自治区公安厅	2012年1月
魏　静	女	汉	自治区敬业奉献模范	自治区文明办	2009年11月
			全区优秀人民警察	自治区公安厅	2009年4月
			刑事解教人员安置帮教工作先进工作者	自治区综治委	2010年10月
			个人三等功	吴忠市公安局	2011年1月
金玉峰	男	回	“蓝剑行动”先进个人	自治区公安厅	2450年8月
杨玉敏	男	回	政法综治工作先进个人	吴忠市委、市政府	2012年2月
			宗教工作先进个人	吴忠市委、市政府	2012年7月
张银福	男	汉	三等功2次	吴忠市公安局	1999年、2003年

续表67

姓名	性别	民族	奖励名称	批准机关	受奖日期
朱正良	男	汉	三等功2次	吴忠市公安局	2008年、2011年
			宗教工作先进个人	吴忠市委、市政府	2012年7月
			三等功	自治区公安厅	2004年
			整治娱乐场所先进个人	自治区公安厅	2009年
丁福龙	男	回	优秀公务员	吴忠市公安局	2011年
吴伟强	男	回	个人三等功	吴忠市公安局	2009年1月
			宁洽会安保工作先进个人	自治区公安厅	2010年10月
			全市公安机关破案能手	吴忠市公安局	2011年1月
齐宏业	男	汉	优秀学员	吴忠市委政法委	2001年
			优秀共产党员	吴忠市公安局	2010年
			优秀共产党员	吴忠市公安局	2011年
			急救“见义勇为”称号	吴忠市政府	2011年
			三等功	吴忠市政府	2012年
陈　林	男	汉	三等功	吴忠市公安局	2011年
			优秀巡逻防范标兵	吴忠市公安局	2011年
			侦破“502”案件获嘉奖	吴忠市政府	2001年
			打击假币犯罪先进个人	吴忠市公安局	2010年
杨月娥	女	回	保持共产党员先进教育	市委组织部	2005年7
			“创优”能手称号	自治区总工会	2006年3
			先进个人2次	吴忠市公安局	2009年、2010年
马少东	男	回	优秀公务员	市公务员考核委	2004年
马维平	男	回	百日交通安全先进个人	吴忠市委	1988年
			“西吉事件”嘉奖	吴忠市公安局	1992年
杨　辉	女	回	优秀人民警察	自治区公安厅	1989年
			党代表	自治区政府	1992年
王　涛	男	回	先进个人4次	吴忠市公安局	1999年、2002年、2003年、2004年
			嘉奖	自治区公安厅	2010年
王　刚	男	回	先进工作者2次	吴忠市公安局	2010年、2011年
张欣思	男	满	三等功	吴忠市公安局	2008年
毛海林	男	汉	优秀公务员2次	吴忠市公安局	2003年、2006年
			全市安全生产先进个人	吴忠市政府	2009年
赵学文	男	汉	先进个人2次	吴忠市公安局	2005年、2007年
			优秀公务员	吴忠市公安局	2008年
梁玉琴	女	汉	优秀公务员2次	吴忠市公安局	1997年、1999年

续表67

姓名	性别	民族	奖励名称	批准机关	受奖日期
马　勇	男	回	优秀公务员	吴忠市公安局	2009年
			优秀共产党员	吴忠市委	2011年
			全市优秀人民警察	吴忠市委	2012年
李海涛	男	汉	先进个人2次	吴忠市公安局	2006年、2007年
			“两会一赛”安保先进个人2次	自治区公安厅	2010年、2011年
			三等功	吴忠市政府	2011年
王永刚	男	汉	人民卫士	吴忠市政府	2011年8月
李　林	男	汉	宗教工作先进个人	吴忠市委、市政府	2012年7月
王　垚	男	回	优秀公务员	吴忠市公安局	2012年12月
马　辉	男	回	优秀共产党员	吴忠市公安局	2012年7月
			三等功	吴忠市公安局	2012年12月
杨玉军	男	回	优秀公务员2次	吴忠市公安局	2005年、2006年
			先进个人2次	吴忠市公安局	2004年、2007年
			三等功	吴忠市公安局	2012年7月
张云峰	男	汉	先进个人	吴忠市公安局	2007年
			优秀公务员2次	吴忠市公安局	2011年、2012年
白志勤	男	汉	全区优秀交警	自治区公安厅交警总队	1987年
			先进个人	吴忠市政府	1988年
马学梅	女	回	三等功	吴忠市公安局	2002年
马志华	男	回	三等功2次	吴忠市公安局	2002年、2004年
			政法工作先进个人	吴忠市委、市政府	1996年
杨小勤	男	回	三等功	吴忠市公安局	2011年
			先进个人	吴忠市政府	1905年7月
余贵宁	男	汉	三等功	吴忠市公安局	2004年
徐　帅	男	汉	二等功	银南地区公安处	1997年6月
			三等功2次	吴忠市公安局	2000年6月、2005年1月
蔡明华	男	回	三等功2次	吴忠市公安局	2001年、2005年
			人民满意民警	吴忠市公安局	2003年
			全区优秀人民警察	自治区公安厅	2006年
			全市优秀人民警察	吴忠市公安局	2007年
			经济犯罪破案会战先进个人	公安部	2012年
			十佳民警	吴忠市公安局	2006年
韩瑞红	男	汉	优秀共产党员2次	吴忠市公安局	2007年、2010年
张美霞	女	汉	回商大会安保先进个人	吴忠市政府	2010年
			三等功	吴忠市政府	2011年

续表67

姓名	性别	民族	奖励名称	批准机关	受奖日期
李 炜	男	汉	三等功3次	吴忠市公安局	2005年、2006年、2007年
马学兵	男	回	三等功2次	吴忠市公安局	2010年、2009年
马贵斌	男	回	个人三等功4次	吴忠市公安局	2002年6月、2003年1月、2011年1月、2012年6月
牛 涛	男	回	个人三等功	吴忠市公安局	2012年6月
马学斌	男	回	三等功2次	银南地区公安处	1988年、1991年
郭建军	男	汉	安综合治理先进个人	吴忠市政府	2005年4月
罗 岩	男	汉	三等功	吴忠市公安局	2005年1月
马 军	男	回	优秀公务员2次	吴忠市公安局	2003年、2010年
			优秀共产党员	吴忠市公安局	2011年
			马拉松安全保卫先进个人	吴忠市政府	2012年
			打击盗窃电力设备违法犯罪先进个人	自治区公安厅	2013年
梁东升	男	回	全国少数民族运动会安保先进个人	自治区公安厅	2003年12月
马晓宁	男	回	人民满意的政法干警	吴忠市委政法委	2000年12月
王大为	男	汉	先进工作者3次	吴忠市公安局	1994年、1995年、1996年
			优秀公务员3次	吴忠市公安局	1997年、1998年、1999年
			一等功	自治区公安厅	2007年11月
			优秀人民警察	自治区公安厅	2008年1月
孙宗勇	男	汉	优秀公务员	吴忠市公安局	2009年1月
			PJIS采集先进个人	自治区公安厅	2011年10月
			警企联防保护电力设施工作先进个人	自治区公安厅	2012年3月
			宗教工作先进个人	吴忠市委	2012年7月
苏国华	男	汉	优秀公务员	吴忠市公安局	2009年1月
			打击有毒有害食品生产安全先进个人	自治区公安厅	2009年1月
			全区打黑除恶先进个人	自治区公安厅	2012年1月
王 禹	男	汉	政法系统优秀共产党员	自治区政法委	2011年7月
赵 力	男	汉	三等功	吴忠市公安局	2012年7月
马生海	男	回	三等功	吴忠市公安局	2008年8月
			三等功2次	吴忠市公安局	2004年12月、2008年1月
			破案集中行动先进个人	吴忠市政府	1997年6月
			全区打击破坏电力设施专项行动先进个人	自治区公安厅	2010年12月
			2012年创先争优优秀党务工作者	吴忠市公安局	2012年7月

续表67

姓名	性别	民族	奖励名称	批准机关	受奖日期
马　军	男	回	2004年度先进个人	吴忠市公安局	2012年7月
			全区优秀农村工作指导员	自治区党委	
			“中阿论坛”安保先进个人	自治区公安厅	
			“11·24”专项行动先进个人	自治区公安厅	
顾志强	男	汉	三等功	吴忠市公安局	2003年8月
			“三电”先进个人2次	自治区公安厅	2010年、2011年
			优秀公务员2次	吴忠市人社局	2011年、2012年
			执法先进工作者	吴忠市公安局	2010年
			优秀公务员	吴忠市人社局	2008年
杨丽静	女	汉	回商大会安保先进个人	吴忠市政府	2011年1月
			优秀共产党员	吴忠市公安局	2012年7月
马新华	男	回	优秀公务员4次	吴忠市公安局	2007年12月、2009年12月、2010年12月、2011年12月
			三等功	吴忠市政府	2012年10月
闫志奇	男	汉	“奥运安保”先进个人	吴忠市政府	2008年
			先进工作者	吴忠市公安局	2008年
			“回商大会”安保先进个人3次	吴忠市政府	2009年、2010年、2011年
			优秀公务员3次	吴忠市公安局	2009年、2010年、2011年
			“中阿论坛”安保先进个人	自治区人民政府	2010年
			“全区防汛抗旱”先进个人	自治区人社厅	2010年
			“中阿论坛”安保先进个人	自治区公安厅	2011年
			个人三等功	吴忠市政府	2011年
			优秀共产党员2次	吴忠市公安局	2011年、2012年
			“三电”工作先进个人	自治区公安厅	2012年
			宁夏国际文化艺术旅游博览会先进个人	自治区文博会组委会	2012年
马明朗	男	回	防范邪教工作先进个人2次	自治区防范和处理邪教问题领导小组	2010年1月、2011年1月
			民族团结进步模范先进个人	吴忠市政府	2012年4月
李　军	男	汉	三等功	吴忠市公安局	2003年6月
杨洁茹	女	回	公安隐蔽战线先进个人	自治区公安厅	2012年2月
杨　晔	男	汉	三等功2次	吴忠市公安局	2000年、2003年
			优秀共产党员3次	吴忠市公安局	2006年、2007年、2008年
			全市“十佳”民警	吴忠市公安局	2009年
			全区保护输油输气管道先进个人	自治区公安厅	2010年

续表67

姓名	性别	民族	奖励名称	批准机关	受奖日期
包　虎	男	汉	三等功	吴忠市公安局	2010年1月
王学芳	女	回	优秀女民警2次	吴忠市公安局	2004年、2005年
			全市综治工作先进个人	吴忠市委政法委	2009年
			优秀共产党员	吴忠市公安局	2007年
			全国“大走访”开门评警先进个人	吴忠市公安局	2011年
			“五五普法”先进个人	吴忠市政府	2011年
			优秀共产党员	吴忠市直机关工委	2011年
			三等功	吴忠市公安局	2011年
			群众工作之星	吴忠市公安局	2011年
彭艳玲	女	汉	禁毒工作先进个人	吴忠市禁毒委	2012年
张　波	男	汉	“10·24”专项工作先进个人	自治区公安厅	2012年
海玉聪	男	回	全市宗教工作先进个人	吴忠市政府	2012年
王　丽	女	回	优秀公务员	吴忠市政府	2010年12月
马长峰	男	回	三等功	吴忠市公安局	2008年3月
王志刚	男	回	全区公安微博优秀民警	自治区公安厅	2012年12月
杨　凡	男	汉	人民满意民警	吴忠市公安局	2003年12月
			优秀党务工作者	吴忠市公安局	2006年12月
			吴忠市劳模	吴忠市委	2010年10月
			全区优秀党务工作者	自治区委员会	2011年6月
			综合岗位之星	吴忠市公安局	2011年12月
苏　军	男	回	三等功2次	吴忠市公安局	2007年1月、2012年1月
			吴忠市优秀青年岗位能手2次	吴忠市团委、市人社局	2009年2月、2010年2月
			吴忠市优秀团干部	吴忠市团委	2009年5月
			吴忠市优秀人民警察	吴忠市公安局	2010年1月
			国际马拉松安保先进个人	吴忠市委、市政府	2010年11月
			吴忠市公安局先进个人	吴忠市公安局	2011年1月
			中央民大优秀硕士生干部	中央民族大学	2011年6月
			创先争优优秀共产党员	吴忠市公安局	2012年7月
			吴忠市宗教工作先进个人	吴忠市委、市政府	2012年7月
			自治区优秀志愿者	自治区文明委	2012年9月
杨宏斌	男	回	优秀共产党员	吴忠市公安局	2005年6月
			综合工作能手	吴忠市公安局	2010年1月
王玲涛	女	汉	优秀公务员	吴忠市政府	2010年12月
			全市公安机关综合岗位之星	吴忠市公安局	2014年1月20日

续表67

姓名	性别	民族	奖励名称	批准机关	受奖日期
薛艳萍	女	汉	优秀公务员	吴忠市政府	2011年12月
马金明	男	回	优秀公务员	吴忠市政府	2012年12月
叶少华	男	回	2013年度全市禁毒工作先进个人	吴忠市禁毒委	2014年1月15日
李海涛	男	汉	2013年度全市禁毒工作先进个人	吴忠市禁毒委	2014年1月15日
			个人三等功	吴忠市公安局	2015年2月12日
马　倩	女	回	2013年度全市禁毒工作先进个人	吴忠市禁毒委	2014年1月15日
马金礼	男	回	全市公安机关思想政治工作先进个人	吴忠市公安局	2014年1月20日
马玉涛	男	回	全市公安机关侦查破案之星	吴忠市公安局	2014年1月20日
			个人三等功	吴忠市公安局	2015年2月12日
张振忠	男	汉	全市公安机关规范执法之星	吴忠市公安局	2014年1月20日
马高东	男	回	全市公安机关规范执法之星	吴忠市公安局	2014年1月20日
苏春香	女	回	全市公安机关窗口服务之星	吴忠市公安局	2014年1月20日
赵　华	女	回	全市公安机关窗口服务之星	吴忠市公安局	2014年1月20日
马晓明	男	回	全市公安机关科技信息之星	吴忠市公安局	2014年1月20日
余海峰	男	汉	个人三等功	吴忠市公安局	2014年1月20日
何少明	男	回	个人三等功	吴忠市公安局	2014年1月20日
孙宗勇	男	汉	个人三等功	吴忠市公安局	2014年1月20日
宋继忠	男	汉	2013年度全区信访工作先进个人	自治区信访局、自治区联办	2014年2月14日
徐　帅	男	汉	2013年扫黄打非暨文化管理先进个人	吴忠市扫黄打非工作领导小组	2014年2月27日
方红才	男	汉	集体二等功	自治区公安厅	2015年1月16日
			全市公安机关侦查破案之星	吴忠市公安局	2015年2月12日
张振忠	男	汉	2014年度全市公安机关优秀人民警察	吴忠市公安局	2015年2月12日
刘梅芳	女	汉	2014年度社区警务信息采集先进个人	吴忠市公安局	2015年2月12日
王大为	男	汉	2014年度全市公安机关思政工作之星	吴忠市公安局	2015年2月12日
马少新	男	回	全市公安机关规范执法之星	吴忠市公安局	2015年2月12日
苏春香	女	回	全市公安机关窗口服务之星	吴忠市公安局	2015年2月12日
王志刚	男	回	全市公安机关综合岗位之星	吴忠市公安局	2015年2月12日
侯玉华	男	汉	全市公安机关科技信息之星	吴忠市公安局	2015年2月12日
郭建军	男	汉	个人三等功	吴忠市公安局	2015年2月12日
何　云	男	回	个人三等功	吴忠市公安局	2015年2月12日
赵小琴	女	回	个人三等功	吴忠市公安局	2015年2月12日
丁福龙	男	回	个人三等功	吴忠市公安局	2015年2月12日
丁玉礼	男	回	个人三等功	吴忠市公安局	2015年2月12日

续表67

姓名	性别	民族	奖励名称	批准机关	受奖日期
马志华	男	回	侦破“5·25”“12·12”专案记三等功	吴忠市公安局	2015年2月12日
马　鑫	男	回	侦破“5·25”“12·12”等专案记三等功	吴忠市公安局	2015年2月12日
余贵宁	男	汉	毒品重点地区专项整治工作记三等功	吴忠市公安局	2014年9月9日
马高东	男	回	毒品重点地区专项整治工作记三等功	吴忠市公安局	2014年9月9日
何万珍	男	回	2014年度全市禁毒工作先进个人	吴忠市禁毒委	2015年1月29日
陈建亮	男	汉	2014年度全市禁毒工作先进个人	吴忠市禁毒委	2015年1月29日
邱俊峰	男	汉	2014年度全市禁毒工作先进个人	吴忠市禁毒委	2015年1月29日
			中阿博览会安保工作记三等功	吴忠市公安局	2015年10月8日
纪　伟	男	满	个人二等功	自治区公安厅	2015年7月3日

吴忠市利通区公安分局民警立功受奖一览表(二)

表68

姓名	工作单位	奖励名称	批准机关	受奖时间
何少明	利通区公安分局刑侦大队	2017年度工作成绩突出记三等功	吴忠市公安局	2018年2月11日
马　波	利通区公安分局刑侦大队	2017年度工作成绩突出记三等功	吴忠市公安局	2018年2月11日
余海峰	利通区公安分局古城派出所	2017年度工作成绩突出记三等功	吴忠市公安局	2018年2月11日
朱正良	利通区公安分局上桥派出所	2017年度工作成绩突出记三等功	吴忠市公安局	2018年2月11日
郝晟公	利通区公安分局经侦大队	2017年度工作成绩突出记三等功	吴忠市公安局	2018年2月11日
马慧芳	利通区公安分局民生派出所	2017年度工作成绩突出记三等功	吴忠市公安局	2018年2月11日
王　刚	利通区公安分局交巡警大队	2017年度工作成绩突出记三等功	吴忠市公安局	2018年2月11日
张振忠	利通区公安分局金银滩派出所	2017年度工作成绩突出记三等功	吴忠市公安局	2018年2月11日
韩吉军	利通区公安分局特警大队	2017年度工作成绩突出记嘉奖	吴忠市公安局	2018年2月11日
李　平	利通区公安分局交巡警大队	2017年度工作成绩突出记嘉奖	吴忠市公安局	2018年2月11日
付金仓	利通区公安分局特警大队主任	2017年度工作成绩突出记嘉奖	吴忠市公安局	2018年2月11日
李　赞	利通区公安分局治安大队	集体三等功	自治区公安厅	2018年10月12日
鲍　明	利通区公安分局督察大队	2018年度成绩突出记个人三等功	吴忠市公安局	2019年2月19日
马　峰	利通区公安分局经侦大队	2018年度成绩突出记个人三等功	吴忠市公安局	2019年2月19日
杨　扬	利通区公安分局扁担沟派出所	2018年度成绩突出记个人三等功	吴忠市公安局	2019年2月19日
张　祥	利通区公安分局刑侦大队	2018年度成绩突出记个人三等功	吴忠市公安局	2019年2月19日
丁建伟	利通区公安分局朝阳派出所	2018年度成绩突出记个人三等功	吴忠市公安局	2019年2月19日
蒋国华	利通区公安分局东塔派出所	2018年度成绩突出记个人三等功	吴忠市公安局	2019年2月19日
韩瑞红	利通区公安分局上桥派出所	2018年度成绩突出记个人三等功	吴忠市公安局	2019年2月19日
何　云	利通区公安分局高闸派出所	2018年度成绩突出记个人三等功	吴忠市公安局	2019年2月19日
张美霞	利通区公安分局板桥派出所	2018年度成绩突出记个人三等功	吴忠市公安局	2019年2月19日
陈瑞娟	利通区公安分局警务保障室	2018年度成绩突出记个人三等功	吴忠市公安局	2019年2月19日

续表68

姓名	工作单位	奖励名称	批准机关	受奖时间
马　云	利通区公安分局金银滩派出所	2018年度成绩突出记个人三等功	吴忠市公安局	2019年2月19日
张鑫林	利通区公安分局特警大队	2018年度成绩突出记个人三等功	吴忠市公安局	2019年2月19日
任　伟	利通区公安分局板桥派出所	2018年度成绩突出记个人三等功	吴忠市公安局	2019年2月19日
保金龙	利通区公安分局督察大队	2018年度成绩突出记个人三等功	吴忠市公安局	2019年2月19日
马　倩	利通区公安分局禁毒大队	2018年度成绩突出记个人三等功	吴忠市公安局	2019年2月19日
包　虎	利通区公安分局交巡警大队	2018年度成绩突出记个人三等功	吴忠市公安局	2019年2月19日
杨玉军	利通区公安分局特警大队	2018年度成绩突出记个人嘉奖	吴忠市公安局	2019年2月19日
蒋国华	利通区公安分局东塔寺派出所四	“1901”专项工作记个人三等功	吴忠市公安局	2019年10月23日
郭　嘉	利通区公安分局特警大队	“1901”专项工作记个人嘉奖	吴忠市公安局	2019年10月23日
满亚宝	利通区公安分局古城派出所	中阿博览会安保工作记三等功	自治区公安厅	2019年10月30日
李　超	利通区公安分局金银滩派出所	中阿博览会安保工作记嘉奖	自治区公安厅	2019年10月30日
杨　刚	利通区公安分局指挥中心	中阿博览会安保工作记嘉奖	自治区公安厅	2019年10月30日
代　富	利通区公安分局	国庆70周年安保工作先进个人	自治区公安厅	2019年10月30日
孙宗勇	利通区公安分局东塔派出所	国庆70周年安保工作先进个人	自治区公安厅	2019年10月30日
王　乐	利通区公安分局上桥派出所	国庆70周年安保工作先进个人	自治区公安厅	2019年10月30日
徐　健	利通区公安分局板桥派出所	国庆70周年安保工作先进个人	自治区公安厅	2019年10月30日
叶少华	利通区公安分局高闸派出所	国庆70周年安保工作先进个人	自治区公安厅	2019年10月30日
李　波	利通区公安分局治安大队	国庆70周年安保工作先进个人	自治区公安厅	2019年10月30日
吕一凡	利通区公安分局刑侦大队	扫黑除恶专项斗争中立三等功	自治区公安厅	2019年7月16日
蒋国华	利通区公安分局公安分局东塔派出所	“1901”专项工作记三等奖	吴忠市公安局	2019年12月23日
马　玮	利通区公安分局	新冠肺炎防控中成绩突出记嘉奖	自治区公安厅	2020年2月6日
宋正波	利通区公安分局上桥派出所	新冠肺炎防控中成绩突出记嘉奖	自治区公安厅	2020年2月6日
郭　阳	利通区公安分局指挥中心	新冠肺炎防控中成绩突出记嘉奖	自治区公安厅	2020年2月6日
张立刚	利通区公安分局国保大队	2019年度成绩突出记个人三等功	吴忠市公安局	2020年2月21日
霍敬毅	利通区公安分局治安大队	2019年度成绩突出记个人三等功	吴忠市公安局	2020年2月21日
杨　海	利通区公安分局朝阳派出所	2019年度成绩突出记个人三等功	吴忠市公安局	2020年2月21日
李彬彬	利通区公安分局刑警大队	2019年度成绩突出记个人三等功	吴忠市公安局	2020年2月21日
于　璐	利通区公安分局	2019年度成绩突出记个人三等功	吴忠市公安局	2020年2月21日
强慧东	利通区公安分局金银滩派出所	2019年度成绩突出记个人三等功	吴忠市公安局	2020年2月21日
周学东	利通区公安分局特警大队	2019年度成绩突出记个人三等功	吴忠市公安局	2020年2月21日
马学平	利通区公安分局	“201”专项任务记个人二等功	自治区公安厅	2020年6月30日
王晓涛	利通区公安分局古城派出所	“201”专项任务记个人嘉奖	自治区公安厅	2020年6月30日
杨　刚	利通区公安分局指挥中心	三等功	吴忠市公安局	2020年9月10日
马　波	利通区公安分局刑警大队	三等功	吴忠市公安局	2020年9月10日
丁　力	利通区公安分局古城派出所	嘉奖(“201”专项任务)	吴忠市公安局	2020年9月10日

续表68

姓名	工作单位	奖励名称	批准机关	受奖时间
满亚宝	利通区公安分局治安管理大队	嘉奖(“201”专项任务)	吴忠市公安局	2020年9月10日
何秀娟	利通区公安分局法制大队	嘉奖(疫情防控)	吴忠市公安局	2020年9月10日
周世敏	利通区公安分局民生派出所	嘉奖(疫情防控)	吴忠市公安局	2020年9月10日
金　成	利通区公安分局高闸派出所	嘉奖(疫情防控)	吴忠市公安局	2020年9月10日
尹宝宝	利通区公安分局东塔派出所	嘉奖(扫黑除恶)	吴忠市公安局	2020年9月10日
李　宁	利通区公安分局朝阳派出所	交通秩序专项整顿记个人嘉奖	吴忠市公安局	2020年11月2日
赵玉青	利通区公安分局指挥中心	交通秩序专项整顿记个人嘉奖	吴忠市公安局	2020年11月2日
王　洋	利通区公安分局古城派出所	交通秩序专项整顿记个人嘉奖	吴忠市公安局	2020年11月2日
康　涛	利通区公安分局刑侦大队	扫黑除恶专项斗争记三等功	自治区公安厅	2021年1月21日
张美霞	利通区公安分局板桥派出所	2019—2020年度优秀个人	自治区公安厅	2021年1月25日
王　源	利通区公安分局民生街派出所	2020年度工作成绩突出记三等功	吴忠市公安局	2021年2月1日
王　垚	利通区公安分局古城派出所	2020年度工作成绩突出记三等功	吴忠市公安局	2021年2月1日
马　群	利通区公安分局法制大队	2020年度工作成绩突出记三等功	吴忠市公安局	2021年2月1日
余革平	利通区公安分局刑侦大队	2020年度工作成绩突出记三等功	吴忠市公安局	2021年2月1日
马银辉	利通区公安分局民生街派出所	2020年度工作成绩突出记三等功	吴忠市公安局	2021年2月1日
唐雷雷	利通区公安分局特警大队	2020年度工作成绩突出记三等功	吴忠市公安局	2021年2月1日
李　超	利通区公安分局金银滩派出所	2020年度工作成绩突出记三等功	吴忠市公安局	2021年2月1日
李　宁	利通区公安分局朝阳派出所	2020年度工作成绩突出记三等功	吴忠市公安局	2021年2月1日
赫　湔	利通区公安分局刑侦大队	2020年度工作成绩突出记三等功	吴忠市公安局	2021年2月1日
樊　懋	利通区公安分局上桥派出所	2020年度工作成绩突出记三等功	吴忠市公安局	2021年2月1日
金　成	利通区公安分局高闸派出所	2020年度工作成绩突出记三等功	吴忠市公安局	2021年2月1日
马小东	利通区公安分局东塔派出所	2020年度工作成绩突出记三等功	吴忠市公安局	2021年2月1日
马　云	利通区公安分局金银滩派出所	2020年度工作成绩突出记三等功	吴忠市公安局	2021年2月1日
王泽龙	利通区公安分局朝阳派出所	2020年度工作成绩突出记三等功	吴忠市公安局	2021年2月1日
王　豪	利通区公安分局后勤保障室	2020年度工作成绩突出记三等功	吴忠市公安局	2021年2月1日
任　利	利通区公安分局东塔寺派出所	2020年度工作成绩突出记嘉奖	吴忠市公安局	2021年2月1日
岳兆昕	利通区公安分局板桥派出所	2020年度工作成绩突出记嘉奖	吴忠市公安局	2021年2月1日
李海明	利通区公安分局古城派出所	2020年度工作成绩突出记嘉奖	吴忠市公安局	2021年2月1日
李先均	利通区公安分局刑侦大队	2020年度工作成绩突出记嘉奖	吴忠市公安局	2021年2月1日
何　云	利通区公安分局古城派出所	2020年度工作成绩突出记嘉奖	吴忠市公安局	2021年2月1日

四、青铜峡市公安局民警立功受奖名表

青铜峡市公安局民警立功受奖一览表(一)

表69

获奖个人	性别	民族	奖励名称	批准机关	受奖日期
马学才	男	汉	公安保卫工作优异奖	自治区公安厅	1979年6月
			先进工作者	自治区公安厅	1983年
			三等功	银南地区公安处	1987年3月
申光廉	男	汉	全区政法战线先进个人	自治区党委政法委	1984年2月
			先进党员	银南地区公安处	1988年
			全区优秀公安局长	自治区公安厅	1989年
金国成	男	回	全区政法战线先进个人	自治区党委政法委	1984年2月
			民族团结进步先进	自治区公安厅	1988年4月
			自治区“四十大庆”安保先进个人	自治区公安厅	1998年9月
何金业	男	汉	自治区政法战线先进个人	自治区党委政法委	1989年2月
韩兆林	男	汉	宁夏革命和事业中做出突出贡献奖	自治区公安厅	1998年9月
雷　文	男	汉	三等功	银南地区公安处	1987年3月
王树信	男	汉	三等功	银南地区公安处	1995年8月
			民族团结进步先进个人	自治区党委政法委	1998年3月
何铭学	男	汉	三等功	银南地区公安处	1995年8月
杜建国	男	汉	优秀党务工作者	银南地区公安处	1994年
			二等功	自治区公安厅	1997年8月
屈永旺	男	汉	三等功	银南地区公安处	1991年4月
陈生明	男	汉	三等功	吴忠市公安局	2000年7月
郎永林	男	汉	三等功	吴忠市公安局	1998年12月
袁光荣	男	汉	全区政法战线先进个人	自治区党委政法委	1998年5月
邱连成	男	汉	先进个人	银南地区公安处	1981年
周仰福	男	汉	全区优秀人民警察	自治区公安厅	1994年
			二等功	自治区公安厅	1997年6月20日
			全区优秀人民警察	自治区公安厅	1998年2月
			自治区成立40周年建设突出贡献奖	自治区公安厅	1998年9月
马　戟	男	回	三等功	银南地区公安处	1993年4月
			政法系统先进个人	自治区党委政法委	1994年
			二等功	自治区公安厅	1997年6月
			“综合治理”先进个人	自治区公安厅	1996年
			全区优秀人民警察	自治区公安厅	1998年2月

续表69

获奖个人	性别	民族	奖励名称	批准机关	受奖日期
葛振祥	男	汉	三等功	吴忠市公安局	2002年8月
			先进个人	吴忠市公安局	2006年6月
			消防工作先进个人	自治区公安厅	2005年4月
郭　军	男	汉	三等功3次	银南地区公安处	1985年8月、1987年8月、1993年4月
			禁毒工作先进个人	银南地区公安处	1998年3月
			一等功	自治区公安厅	1999年6月
惠兴文	男	汉	二等功	自治区公安厅	1999年3月
李发忠	男	汉	三等功	银南地区公安处	1985年3月
			二等功2次	自治区公安厅	2000年6月、1999年1月
魏炳宏	男	汉	三等功	银南地区公安处	1996年6月
			三等功3次	吴忠市公安局	1999年11月、2000年9月、2004年3月
			二等功	自治区公安厅	2001年12月
刘旭平	男	汉	三等功3次	吴忠市公安局	2000年、2009年、2010年
			宁夏回商大会暨国际马拉松比赛先进个人	吴忠市公安局	2011年11月
			“清剿火患”先进个人	自治区公安厅	2012年6月
			“10·24”专项工作三等功	吴忠市公安局	2012年8月
丁少勇	男	回	民族团结进步先进个人	自治区党委政法委	2008年9月
张兴产	男	汉	警车治理先进个人	自治区公安厅	2011年5月
黄永刚	男	汉	“10·24”工作先进个人	自治区公安厅	2012年8月
			三等功	银南地区公安处	1994年2月
			三等功	吴忠市公安局	2000年7月
			“清网行动”三等功	吴忠市公安局	2012年1月
			侦破“6·30”案一等功	自治区公安厅	2012年10月
石小佳	女	回	全区优秀人民警察	自治区公安厅	2004年4月
			政法优秀党务工作	自治区公安厅	2011年6月
			政治思想工作先进个人	自治区公安厅	2012年1月
			重大活动安保先进个人	自治区公安厅	2012年11月
金学奎	男	回	三等功2次	银南地区公安处	1991年4月、1997年11月
温茂银	男	汉	三等功	银南地区公安处	1994年2月
			警卫任务先进个人	自治区公安厅	2010年6月

续表69

获奖个人	性别	民族	奖励名称	批准机关	受奖日期
郭荣伟	男	汉	自治区政法系统先进个人	自治区党委政法委	1989年2月
冯建忠	男	汉	三等功2次	银南地区公安处	1994年2月、1996年6月
			三等功3次	吴忠市公安局	1999年、2001年、2003年
赵国梁	男	汉	三等功	银南地区公安处	1994年6月
贺子立	男	汉	三等功2次	银南地区公安处	1995年8月、1996年6月
			自治区“四十”大庆安保工作先进个人	吴忠市公安局	1998年9月
			三等功	吴忠市公安局	2000年9月
			二等功	吴忠市公安局	2002年4月
			监管工作之星	吴忠市公安局	2012年1月
李宏清	男	汉	三等功	银南地区公安处	1995年8月
			三等功	吴忠市公安局	2001年6月
李正江	男	汉	三等功3次	吴忠市公安局	1993年、1995年、2003年
			二等功	自治区公安厅	2001年3月
			全国防范和处理邪教工作一等功	国务院防范和处理邪教问题办公室	2011年1月
汪学宁	男	汉	三等功	银南地区公安处	1996年6月
			三等功	吴忠市公安局	2003年6月
			吴忠市宗教先进个人	吴忠市公安局	2012年6月
严立峰	男	汉	二等功	自治区公安厅	1997年6月
			三等功	吴忠市公安局	1999年11月
梁　义	男	汉	二等功	自治区公安厅	1997年6月
			三等功3次	吴忠市公安局	1999年、2001年、2004年
			春雷行动先进个人	自治区公安厅	2007年
康国斌	男	汉	三等功	吴忠市公安局	1998年12月
陈甫朴	男	汉	全区优秀公安民警	自治区公安厅	1989年
			三等功	银南地区公安处	1996年6月
			全区优秀共产党员	自治区党委	1998年2月
			百名优秀共产党员	自治区党委	1999年6月
			经济犯罪侦查先进个人	自治区公安厅	2000年12月
			三等功	吴忠市公安局	2007年1月
马绍荣	男	汉	全区优秀人民警察	自治区公安厅	1998年2月
石　民	男	汉	三等功3次	吴忠市公安局	1999年、2000年、2001年

续表69

获奖个人	性别	民族	奖励名称	批准机关	受奖日期
黄学明	男	汉	三等功4次	吴忠市公安局	1999年11月、2004年12月、2008年1月、2010年1月
			全区优秀人民警察	自治区公安厅	2007年1月
			“10·24”专项工作先进个人	自治区公安厅	2012年8月
马君凯	男	回	三等功2次	吴忠市公安局	1999年11月、2010年5月
张建明	男	汉	三等功2次	吴忠市公安局	2000年9月、2001年8月
			二等功2次	自治区公安厅	2001年12月、2003年8月
			先进个人	自治区公安厅	2005年8月
			刑事科技工作先进个人	自治区公安厅	2007年5月
			军事演习执勤先进个人	自治区公安厅	2010年11月
陈长武	男	汉	三等功2次	吴忠市公安局	2000年1月、2001年11月
			二等功	自治区公安厅	2004年4月
			警企联合保护电力设施先进个人	自治区公安厅、自治区电力局	2011年5月
盛玉亭	男	汉	三等功2次	吴忠市公安局	2000年9月、2001年
			自治区政法战线先进个人	自治区党委政法委	1986年
			嘉奖	银南地区公安处	1987年8月
王兴武	男	汉	三等功	吴忠市公安局	2000年7月
刘　斌	男	汉	三等功	吴忠市公安局	2000年7月
			二等功	自治区公安厅	2001年4月
贾　钰	男	汉	三等功	吴忠市公安局	2001年2月
马治国	男	汉	三等功	吴忠市公安局	2001年2月
姜会平	男	汉	三等功3次	吴忠市公安局	2009年、2001年、2012年
范伟华	男	汉	三等功	银南地区公安处	1994年2月
			吴忠市宗教先进个人	吴忠市公安局	2012年6月
			“10·24”工作先进个人	自治区公安厅	2012年8月
李光银	男	汉	三等功	吴忠市公安局	2001年6月
丁海军	男	汉	三等功	吴忠市公安局	2001年6月
			二等功	自治区公安厅	2002年4月
			回商大会暨国际马拉松比赛安保先进个人	吴忠市公安局	2011年11月

续表69

获奖个人	性别	民族	奖励名称	批准机关	受奖日期
李国斌	男	汉	全区优秀侦查员	自治区公安厅	1995年
李国斌	男	汉	全区优秀人民警察	自治区公安厅	1997年
李国斌	男	汉	自治区“四十大庆”安保工作先进个人	自治区公安厅	1998年9月
李国斌	男	汉	三等功2次	吴忠市公安局	2000年、2001年6月
杨　浩	男	汉	三等功	吴忠市公安局	2001年6月
刘养俊	男	汉	三等功	吴忠市公安局	2001年6月
刘养俊	男	汉	青年岗位能手	吴忠市公安局	2003年
刘养俊	男	汉	信息应用之星	吴忠市公安局	2012年1月
刘养俊	男	汉	“10·24”工作先进个人	自治区公安厅	2012年8月
刘养俊	男	汉	“6·30”系列案二等功	自治区公安厅	2012年10月
王志琴	女	汉	爱岗敬业道德模范	自治区公安厅	2009年11月
王志琴	女	汉	三等功	吴忠市公安局	2001年6月
王志琴	女	汉	吴忠市优秀人民警察	吴忠市公安局	2010年1月
王志琴	女	汉	三等功	吴忠市公安局	2011年1月
王志琴	女	汉	第七届“吴忠杰出青年”	吴忠市委组织部等	2011年5月
王志琴	女	汉	群众满意民警	吴忠市公安局	2012年1月
王志琴	女	汉	全区优秀人民警察	自治区公安厅	2012年1月
王志琴	女	汉	吴忠市优秀共产党员	吴忠市委	2012年6月
罗　平	男	汉	十佳民警	吴忠市公安局	2007年2月
罗　平	男	汉	全区警企联合保护电力设施先进个人	自治区公安厅、自治区电力局	2012年3月
罗　平	男	汉	二等功	自治区公安厅	2002年4月
罗　平	男	汉	三等功3次	吴忠市公安局	2001年6月、2001年6月、2004年3月
陶晓军	男	汉	三等功	吴忠市公安局	2001年6月
何　炜	男	汉	三等功2次	吴忠市公安局	2001年6月、2006年8月
何　炜	男	汉	全区禁毒先进个人2次	自治区公安厅	2009年6月、2011年12月
何　炜	男	汉	记个人嘉奖	吴忠市公安局	2012年1月
何　炜	男	汉	“10·24”工作先进个人	自治区公安厅	2012年8月
白玉栋	男	汉	三等功	银南地区公安处	1997年
白玉栋	男	汉	全区优秀派出所所长	自治区公安厅	1998年
白玉栋	男	汉	三等功2次	吴忠市公安局	1998年12月、2001年6月

续表69

获奖个人	性别	民族	奖励名称	批准机关	受奖日期
蒋自宏	男	汉	三等功2次	银南地区公安处	1995年6月、1996年9月
			二等功	自治区公安厅	1997年6月
			自治区"四十大庆"安保工作先进个人	自治区公安厅	1998年9月
			三等功	吴忠市公安局	2000年7月
			全区警企联合保护电力设施先进个人	自治区公安厅	2012年3月
常永宏	男	汉	三等功	吴忠市公安局	2003年1月
周立刚	男	汉	三等功	吴忠市公安局	2003年1月
			奥运安保先进个人	吴忠市公安局	2008年7月
李芳春	男	汉	三等功	吴忠市公安局	2003年1月
袁宏波	男	汉	三等功	吴忠市公安局	2003年1月
蒋生华	男	汉	三等功	吴忠市公安局	2003年1月
李学锋	男	汉	三等功2次	吴忠市公安局	2003年6月、2003年12月
			嘉奖	自治区公安厅	2007年
白　新	男	汉	三等功	吴忠市公安局	2003年6月
王维新	男	汉	三等功	吴忠市公安局	2004年10月
			吴忠市宗教先进个人	吴忠市公安局	2012年6月
方　晖	男	汉	全市公安机关深挖犯罪工作能手	吴忠市公安局	2011年1月
陈长宏	男	回	学习济南先进个人	自治区公安厅	1996年
			三等功	银南地区公安处	1996年
			交通秩序整治先进个人	银南地区公安处	1997年
			先进工作者2次	吴忠市公安局	1999年、2001年2月
			交通管理先进工作者	自治区公安厅	2005年
			先进个人	自治区公安厅	2006年
			三等功2次	吴忠市公安局	2006年8月、2012年10月
			全区公安交通管理工作先进个人	自治区公安厅	2007年
			自治区"五十大庆"安保工作先进个人	自治区公安厅	2008年
			2008年奥运火炬传递活动先进工作者	吴忠市公安局	2008年
			青年科级干部培训班优秀学员	吴忠市公安局	2010年
			全区公安机关"10·24"专项工作先进个人	自治区公安厅	2012年8月
李卫东	男	汉	先进个人	自治区公安厅	2006年
			三等功	吴忠市公安局	2006年8月
			全区优秀人民警察	自治区公安厅	2007年1月

续表69

获奖个人	性别	民族	奖励名称	批准机关	受奖日期
李卫东	男	汉	礼德之星	自治区党委	2009年
			100位为宁夏建设做出贡献英雄模范人物	自治区党委	2009年11月
			吴忠市先进工作者	吴忠市公安局	2010年1月
			自治区首届“十佳人民警察”	自治区公安厅	2010年2月
			吴忠市优秀共产党员	吴忠市公安局	2010年3月
			2010年优秀通讯员	自治区公安厅	2010年9月
			全区优秀共产党员	自治区公安厅	2011年6月
沈云霞	女	汉	三等功	吴忠市公安局	2006年8月
周凤礼	男	汉	全区优秀人民警察	自治区公安厅	2007年1月
			优秀人民警察	吴忠市公安局	2010年1月
			三等功	吴忠市公安局	2011年1月
			全区政法系统优秀党员干部	自治区党委	2011年6月
			第二届十佳优秀人民警察	自治区公安厅	2012年1月
张志华	男	汉	监管深挖犯罪先进个人	吴忠市公安局	1999年2月
			公安监管先进个人	自治区公安厅	2002年12月
			三等功	吴忠市公安局	2006年8月
			全区优秀人民警察	自治区公安厅	2007年1月
代树峰	男	汉	三等功	吴忠市公安局	2007年1月
刘万鹏	男	汉	二等功2次	自治区公安厅	1998年3月、2002年4月
			三等功	吴忠市公安局	2007年1月
			吴忠市宗教先进个人	吴忠市委	2012年6月
			全区警企联合保护电力设施先进个人	自治区公安厅、自治区电力局	2012年3月
刘立宏	男	汉	三等功	吴忠市公安局	2008年1月
杨关军	男	汉	三等功	吴忠市公安局	2008年1月
			全区警企联合保护电力设施先进个人	自治区公安厅、自治区电力局	2012年3月
苏会兴	男	汉	先进个人	自治区公安厅	2010年1月
			消防部队优秀团干部	自治区公安厅	2010年5月
张继东	男	汉	三等功	吴忠市公安局	2010年2月
			三等功	自治区公安厅	2010年2月
			一对好主官(其一)	自治区公安厅	2010年2月
何玉玺	男	汉	三等功	吴忠市公安局	2010年2月
			四会优秀政治教员个人二等奖	吴忠市公安局	2010年10月
			一对好主官(其一)	自治区公安厅	2010年2月

续表69

获奖个人	性别	民族	奖励名称	批准机关	受奖日期
蒋　硕	男	汉	三等功	吴忠市公安局	2010年2月
曹　晨	男	汉	先进党员	吴忠市公安局	2010年6月
张小荣	男	汉	三等功	自治区公安厅	2004年10月
陆志刚	男	汉	三等功2次	吴忠市公安局	1998年12月、2009年1月
			刑侦工作先进个人	吴忠市公安局	2007年2月
			打击整治发票犯罪专项行动先进个人	吴忠市公安局	2010年12月
蒋生华	男	汉	刑事情报资料先进个人	自治区公安厅	1991年7月
黎宁军	男	汉	破案能手	自治区公安厅	1993年4月
郎永林	男	汉	“严打”先进个人	自治区公安厅	1996年8月
相国英	女	回	全区人民满意警察	自治区公安厅	1998年
王纬国	男	汉	全区防“非典”先进个人	自治区公安厅	2003年8月
张　平	男	汉	全区首届“十佳民警”	自治区公安厅	2004年
哈　林	男	汉	先进个人	自治区公安厅	2006年
			三等功	吴忠市公安局	2008年2月
			二等功	自治区公安厅	2010年4月
			全区警企联合保护电力设施先进个人	自治区公安厅、自治区电力局	2011年5月
			吴忠市宗教先进个人	吴忠市公安局	2012年6月
杨　文	男	汉	先进个人	自治区公安厅	2006年
郭建华	男	汉	先进个人	自治区公安厅	2006年
王　武	男	满	公安机关集中治爆缉枪行动先进个人	自治区公安厅	2007年
秦立军	男	汉	公安人事信息系统建设应用先进个人	自治区公安厅	2007年
沈建文	男	汉	奥运安保先进个人	吴忠市公安局	2008年7月
			打击黑车非法营运先进个人	自治区公安厅	2009年6月
李　文	男	汉	见义勇为道德模范	自治区公安厅	2009年11月
杨建平	男	汉	侦破交通肇事逃逸案件先进个人	自治区公安厅	2009年12月
王建军	男	汉	侦破交通肇事逃逸案件先进个人	自治区公安厅	2009年12月
乔永雄	男	汉	全区警企联合保护电力设施先进个人	自治区公安厅	2009年12月
			全区警企联合保护电力设施先进个人	自治区公安厅、自治区电力局	2011年5月
梁维科	男	汉	三等功	自治区公安厅、自治区电力局	2011年1月
汤羽飞	男	汉	三等功	吴忠市公安局	2011年1月
			个人嘉奖	吴忠市公安局	2012年1月

续表69

获奖个人	性别	民族	奖励名称	批准机关	受奖日期
陈　波	男	汉	公安机关执法能手	吴忠市公安局	2011年1月
			“6·30”系列案三等功	吴忠市公安局	2012年10月
丁跃林	男	回	公安群众工作能手	吴忠市公安局	2011年1月
陈海波	男	汉	公安综合工作能手	吴忠市公安局	2011年1月
			综合岗位之星	吴忠市公安局	2012年1月
			吴忠市宗教先进个人	吴忠市公安局	2012年6月
秦立军	男	汉	优秀通讯员	吴忠市公安局	2011年1月
田兴林	男	汉	个人三等功	吴忠市公安局	2012年1月
王　钊	男	汉	个人三等功	吴忠市公安局	2012年1月
马晓燕	女	汉	群众工作之星	吴忠市公安局	2012年1月
张惠珍	男	汉	窗口服务之星	吴忠市公安局	2012年1月
吴晓乐	女	汉	规范执法之星	吴忠市公安局	2012年1月
张　超	男	汉	宣传工作之星	吴忠市公安局	2012年1月
张明镜	男	汉	吴忠市宗教先进个人	吴忠市公安局	2012年6月
陈学海	男	汉	吴忠市宗教先进个人	吴忠市公安局	2012年6月
郭旭龙	男	汉	吴忠市宗教先进个人	吴忠市公安局	2012年6月
郭　振	男	汉	吴忠市宗教先进个人	吴忠市公安局	2012年6月
张永生	男	汉	“6·30”系列案三等功	吴忠市公安局	2012年10月
郁作为	男	汉	2013年度全市禁毒工作先进个人	吴忠市禁毒委	2014年1月15日
卜红卫	女	汉	2013年度全市禁毒工作先进个人	吴忠市禁毒委	2014年1月15日
田　波	男	汉	全市公安机关家谱化信息采集先进个人	吴忠市公安局	2014年1月20日
梅且菡	男	汉	全市公安机关思想政治工作先进个人	吴忠市公安局	2014年1月20日
王　刚	男	汉	全市公安机关侦查破案之星	吴忠市公安局	2014年1月20日
吴海涛	男	汉	全市公安机关规范执法之星	吴忠市公安局	2014年1月20日
杨晓颖	女	汉	全市公安机关窗口服务之星	吴忠市公安局	2014年1月20日
乔　宁	女	汉	全市公安机关综合岗位之星	吴忠市公安局	2014年1月20日
周其广	男	汉	全市公安机关监管工作之星	吴忠市公安局	2014年1月20日
张　晗	女	汉	全市公安机关科技信息之星	吴忠市公安局	2014年1月20日
张兴产	男	汉	个人三等功	吴忠市公安局	2014年1月20日
王全力	男	汉	个人三等功	吴忠市公安局	2014年1月20日
张永生	男	汉	个人三等功	吴忠市公安局	2014年1月20日
冯建忠	男	汉	个人三等功	吴忠市公安局	2014年1月20日
康　辉	男	汉	个人三等功	吴忠市公安局	2014年1月20日
花均平	男	汉	个人三等功	吴忠市公安局	2014年1月20日

续表69

获奖个人	性别	民族	奖励名称	批准机关	受奖日期
王永安	男	汉	2013年度全区信访工作先进个人	自治区信访局、自治区联办	2014年2月14日
李学锋	男	汉	毒品重点地区专项整治工作记三等功	吴忠市公安局	2014年9月9日
马　骏	男	回	2014年度全市禁毒工作先进个人	吴忠市禁毒委	2015年1月29日
李卫东	男	汉	首届“最美吴忠人”评选中被评为“最美交警”	吴忠市委、市政府	2015年1月
黄学明	男	汉	2014年度全市公安机关优秀人民警察	吴忠市公安局	2015年2月12日
梁维科	男	汉	2014年度全市社区警务信息采集先进个人	吴忠市公安局	2015年2月12日
乔　宁	女	汉	2014年度全市公安机关思政工作之星	吴忠市公安局	2015年2月12日
丁立余	男	汉	全市公安机关侦查破案之星	吴忠市公安局	2015年2月12日
吴晓乐	女	汉	全市公安机关规范执法之星	吴忠市公安局	2015年2月12日
杨晓颖	女	汉	全市公安机关窗口服务之星	吴忠市公安局	2015年2月12日
袁少达	男	汉	全市公安机关综合岗位之星	吴忠市公安局	2015年2月12日
张　晗	女	汉	全市公安机关科技信息之星	吴忠市公安局	2015年2月12日
何　炜	男	汉	个人三等功	吴忠市公安局	2015年2月12日
王　刚	男	汉	个人三等功	吴忠市公安局	2015年2月12日
陈　波	男	汉	个人三等功	吴忠市公安局	2015年2月12日
周风礼	男	汉	个人三等功	吴忠市公安局	2015年2月12日
陆志刚	男	汉	个人三等功	吴忠市公安局	2015年2月12日
盛建刚	男	汉	个人三等功	吴忠市公安局	2015年2月12日
王　才	男	汉	侦破“5·25”“12·12”等专案记三等功	吴忠市公安局	2015年2月12日
郭　振	男	汉	侦破“5·25”“12·12”等专案记三等功	吴忠市公安局	2015年2月12日
王志琴	女	汉	第三届宁夏十佳民警暨侯金知式优秀民警	自治区公安厅	2017年8月29日

青铜峡市公安局民警立功受奖一览表(二)

表70

姓　名	工作单位及职务	奖励名称	批准机关	受奖时间
王　刚	青铜峡市公安局刑侦大队科员	2017年度工作成绩突出记三等功	吴忠市公安局	2018年2月11日
师　航	青铜峡市公安局刑侦技术中队科员	2017年度工作成绩突出记三等功	吴忠市公安局	2018年2月11日
魏学峰	青铜峡市公安局经侦大队科员	2017年度工作成绩突出记三等功	吴忠市公安局	2018年2月11日
汤建军	青铜峡市公安局交管大队大队长	2017年度工作成绩突出记三等功	吴忠市公安局	2018年2月11日
吴海涛	青铜峡市公安局瞿靖派出所副所长	2017年度工作成绩突出记三等功	吴忠市公安局	2018年2月11日
哈成龙	青铜峡市公安局城关派出所副所长	2017年度工作成绩突出记三等功	吴忠市公安局	2018年2月11日
葛　檑	青铜峡市公安局刑侦大队科员	2017年度工作成绩突出记三等功	吴忠市公安局	2018年2月11日
丁立余	青铜峡市公安局刑侦大队教导员	2018年度成绩突出记个人三等功	吴忠市公安局	2019年2月19日
陈甫朴	青铜峡市公安局禁毒大队主任科员	2018年度成绩突出记个人三等功	吴忠市公安局	2019年2月19日
杨　浩	青铜峡市公安局交管大队副大队长	2018年度成绩突出记个人三等功	吴忠市公安局	2019年2月19日

续表70

姓 名	工作单位及职务	奖励名称	批准机关	受奖时间
秦立军	青铜峡市公安局大坝派出所所长	2018年度成绩突出记个人三等功	吴忠市公安局	2019年2月19日
康 辉	青铜峡市公安局刑侦大队副大队长	2018年度成绩突出记个人三等功	吴忠市公安局	2019年2月19日
何 利	青铜峡市公安局经侦大队科员	2018年度成绩突出记个人三等功	吴忠市公安局	2019年2月19日
吕鹏辉	青铜峡市公安局交管大队辅警	2018年度成绩突出记个人三等功	吴忠市公安局	2019年2月19日
金学平	青铜峡市公安局峡口派出所辅警	2018年度成绩突出记个人三等功	吴忠市公安局	2019年2月19日
李 婷	青铜峡市政务公安窗口辅警	2018年度成绩突出记个人三等功	吴忠市公安局	2019年2月19日
张宏武	青铜峡市公安局瞿靖派出所三级警长	“1901”专项工作记个人三等功	吴忠市公安局	2019年10月23日
王 杉	青铜峡市公安局治安大队警务人员	“1901”专项工作记个人三等功	吴忠市公安局	2019年10月23日
熊占智	青铜峡市公安局交管大队四级警长	“1901”专项工作记个人嘉奖	吴忠市公安局	2019年10月23日
张 升	青铜峡市公安局警务保障室副主任	“1901”专项工作记个人嘉奖	吴忠市公安局	2019年10月23日
姜 维	青铜峡市公安局大坝派出所辅警	“1901”专项工作记个人嘉奖	吴忠市公安局	2019年10月23日
杨 阳	青铜峡市公安局城关派出所一级警员	扫黑除恶专项斗争中立三等功	自治区公安厅	2019年7月16日
李 龙	青铜峡市公安局城关派出所一级警员	中阿博览会安保工作记三等功	自治区公安厅	2019年10月30日
刘立君	青铜峡市公安局治安大队一级警长	中阿博览会安保工作记嘉奖	自治区公安厅	2019年10月30日
张进智	青铜峡市公安局 峡口派出所副所长、三级警长	中阿博览会安保工作记嘉奖	自治区公安厅	2019年10月30日
郭 佳	青铜峡市公安局四级警长	国庆70周年安保工作先进个人	自治区公安厅	2019年10月30日
金 龙	青铜峡市公安局朔光派出所一级警长	国庆70周年安保工作先进个人	自治区公安厅	2019年10月30日
白俊峰	青铜峡市公安局河东派出所三级警长	国庆70周年安保工作先进个人	自治区公安厅	2019年10月30日
叶 舜	青铜峡市公安局陈袁滩派出所三级警长	国庆70周年安保工作先进个人	自治区公安厅	2019年10月30日
盛建刚	青铜峡市公安局交巡警大队 副大队长	国庆70周年安保工作先进个人	自治区公安厅	2019年10月30日
黄静宁	青铜峡市公安局叶盛派出所一级警员	国庆70周年安保工作先进个人	自治区公安厅	2019年10月30日
张宏武	青铜峡市公安局瞿靖派出所三级警长	“1901”专项工作记三等功	吴忠市公安局	2019年12月23日
熊占智	青铜峡市公安局交管大队四级警长	“1901”专项工作记嘉奖	吴忠市公安局	2019年12月23日
张 升	青铜峡市公安局警务保障室副主任	“1901”专项工作记嘉奖	吴忠市公安局	2019年12月23日
姜 维	青铜峡市公安局大坝派出所辅警	“1901”专项工作记嘉奖	吴忠市公安局	2019年12月23日
张志强	青铜峡市公安局河西派出所一级警员	在新冠肺炎防控中成绩突出嘉奖	自治区公安厅	2020年2月6日
党清清	青铜峡市公安局刑侦大队副大队长	2019年度成绩突出记个人三等功	吴忠市公安局	2020年2月21日
丁 冬	青铜峡市公安局刑侦大队四级警长	2019年度成绩突出记个人三等功	吴忠市公安局	2020年2月21日
张 威	青铜峡市公安局城关派出所四级警长	2019年度成绩突出记个人三等功	吴忠市公安局	2020年2月21日
张惠珍	青铜峡市公安局城关派出所二级警长	2019年度成绩突出记个人三等功	吴忠市公安局	2020年2月21日
杨 春	青铜峡市公安局城关派出所辅警	2019年度成绩突出记个人三等功	吴忠市公安局	2020年2月21日
张 磊	青铜峡市公安局交巡警城区中队辅警	2019年度成绩突出记个人三等功	吴忠市公安局	2020年2月21日
丁跃林	青铜峡市公安局黄河库区派出所所长	“201”专项任务记个人嘉奖	自治区公安厅	2020年6月30日
李小梅	青铜峡市公安局城关所警务人员	三等功	吴忠市公安局	2020年9月10日
刘立君	青铜峡市公安局治安大队大队长	嘉奖(“201”专项任务)	吴忠市公安局	2020年9月10日

续表70

姓 名	工作单位及职务	奖励名称	批准机关	受奖时间
丁 鹏	青铜峡市公安局国保大队四级警长	嘉奖（国保专项工作）	吴忠市公安局	2020年9月10日
窦子皓	青铜峡市公安局刑侦大队四级警长	嘉奖（扫黑除恶）	吴忠市公安局	2020年9月10日
殷 荣	青铜峡市公安局指挥中心警务人员	嘉奖（疫情防控）	吴忠市公安局	2020年9月10日
石宏亮	青铜峡市公安局交警大队辅警	嘉奖（疫情防控）	吴忠市公安局	2020年9月10日
金学平	青铜峡市公安局峡口派出所辅警	嘉奖（疫情防控）	吴忠市公安局	2020年9月10日
杨 阳	青铜峡市公安局四级警长	扫黑除恶专项斗争记三等功	自治区公安厅	2021年1月21日
刘振军	青铜峡市公安局叶盛派出所副所长、二级警长	扫黑除恶专项斗争记三等功	自治区公安厅	2021年1月21日
郇作为	青铜峡市公安局禁毒大队大队长	2019—2020年度优秀个人	自治区公安厅	2021年1月25日
韩冬立	青铜峡市公安局交警大队三级警长	2020年度工作成绩突出记三等功	吴忠市公安局	2021年2月1日
何 利	青铜峡市公安局经侦大队三级警长	2020年度工作成绩突出记三等功	吴忠市公安局	2021年2月1日
花均平	青铜峡市公安局大坝派出所警务人员	2020年度工作成绩突出记三等功	吴忠市公安局	2021年2月1日
潘玉发	青铜峡市公安局刑侦大队四级主管	2020年度工作成绩突出记三等功	吴忠市公安局	2021年2月1日
王相吉	青铜峡市公安局城关派出所四级警长	2020年度工作成绩突出记三等功	吴忠市公安局	2021年2月1日
张 攀	青铜峡市公安局小坝派出所警务人员	2020年度工作成绩突出记三等功	吴忠市公安局	2021年2月1日
郭 佳	青铜峡市公安局河东派出所科员	2020年度工作成绩突出记三等功	吴忠市公安局	2021年2月1日
周永强	青铜峡市公安局刑侦大队教导员	2020年度工作成绩突出记三等功	吴忠市公安局	2021年2月1日
郭 振	青铜峡市公安局刑侦大队副大队长	2020年度工作成绩突出记三等功	吴忠市公安局	2021年2月1日
田振磊	青铜峡市公安局治安大队辅警	2020年度工作成绩突出记三等功	吴忠市公安局	2021年2月1日
张 磊	青铜峡市公安局刑侦大队辅警	2020年度工作成绩突出记三等功	吴忠市公安局	2021年2月1日
李 琪	青铜峡市公安局河西派出所辅警	2020年度工作成绩突出记三等功	吴忠市公安局	2021年2月1日
秦少峰	青铜峡市公安局交通管理大队辅警	2020年度工作成绩突出记三等功	吴忠市公安局	2021年2月1日
汪建强	青铜峡市公安局刑侦大队四级警长	2020年度工作成绩突出记嘉奖	吴忠市公安局	2021年2月1日
梁维科	青铜峡市公安局城关派出所三级警长	2020年度工作成绩突出记嘉奖	吴忠市公安局	2021年2月1日
梅且菡	青铜峡市公安局刑侦大队二级警长	2020年度工作成绩突出记嘉奖	吴忠市公安局	2021年2月1日
付 星	青铜峡市公安局黄河库区所警务人员	2020年度工作成绩突出记嘉奖	吴忠市公安局	2021年2月1日

五、盐池县公安局民警立功受奖名录

盐池县公安局民警立功受奖一览表(一)

表71

获奖个人	性别	民族	奖励名称	批准机关	受奖日期
胡常明	男	汉	治安保卫先进工作者	自治区公安厅	1962年3月
张 元	男	汉	先进工作者	银南地区公安处	1982年2月
聂建武	男	汉	公安战线先进工作者	自治区公安厅	1982年5月
苗生荣	男	汉	优秀公安干警	自治区公安厅	1989年12月

续表71

获奖个人	性别	民族	奖励名称	批准机关	受奖日期
李生勇	男	汉	优秀科所队长	自治区公安厅	1989年12月
马占平	男	回	春运工作先进个人	自治区政府	1993年3月
李岩铭	男	汉	二等功	自治区公安厅	1996年
王文勇	男	汉	三等功	吴忠市公安局	1996年
马　瑛	男	回	年度人民满意民警	自治区公安厅	1998年
闵建军	男	汉	优秀看守民警	吴忠市公安局	1998年
王　德	男	汉	优秀看守民警	吴忠市公安局	1998年
刘　闯	男	汉	优秀侦查员	吴忠市公安局	1998年
崔廷江	男	汉	自治区“四十大庆”安保工作先进个人	自治区公安厅、安全厅	1998年11月
惠兴文	男	汉	二等功	自治区公安厅	1999年
吴连环	男	汉	三等功	吴忠市公安局	1999年
杨　举	男	汉	三等功	吴忠市公安局	1999年
史俊耀	男	汉	三等功	吴忠市公安局	2000年
李云华	男	汉	三等功	吴忠市公安局	2000年
石金山	男	汉	三等功	吴忠市公安局	2000年
袁　寿	男	汉	三等功	吴忠市公安局	2002年3月
魏　斌	男	汉	全区优秀人民警察	自治区公安厅	1997年4月
			三等功	自治区公安厅	1998年8月
张　勇	男	汉	男子散打第一名	吴忠市公安局	2004年9月
包武臣	男	汉	三等功2次	吴忠市公安局	2004年2月、2007年1月
刘光宏	男	汉	一等功	自治区公安厅	2003年2月
			全区优秀人民警察	自治区公安厅	2003年
			十大优秀青年卫士	自治区政府	2008年
包武臣	男	汉	预防道路交通事故工作先进个人	自治区公安厅	2007年3月
			公安经费保障体制改革工作先进个人	自治区公安厅	2012年1月
			个人三等功	吴忠市公安局	2013年11月
梁鸿利	男	汉	全区优秀人民警察	自治区公安厅	2007年2月
强　军	男	回	二等功	自治区公安厅	2002年
			三等功	吴忠市公安局	2002年3月
马宗山	男	回	三等功	吴忠市公安局	2001年12月
张广春	男	汉	三等功	吴忠市公安局	2005年5月
徐兰国	男	汉	三等功	吴忠市公安局	2002年3月
张树森	男	汉	优秀科所队长	自治区公安厅	1989年12月
			三等功	吴忠市公安局	2000年7月

续表71

获奖个人	性别	民族	奖励名称	批准机关	受奖日期
文建东	男	汉	三等功	吴忠市公安局	1997年1月
			嘉奖	吴忠市公安局	2012年11月
田广炯	男	汉	优秀侦查员	吴忠市公安局	1998年
			二等功	自治区公安厅	1999年
			全区优秀人民警察	自治区公安厅	2005年
牛有虎	男	汉	三等功2次	吴忠市公安局	2003年1月、2004年2月
			宁夏首届优秀志愿者	自治区公安厅	2007年3月
李向锋	男	汉	三等功	吴忠市公安局	2007年4月
			全区优秀人民警察	自治区公安厅	2008年
陈建鹏	男	汉	三等功	吴忠市公安局	2007年8月
冒万峰	男	汉	三等功2次	吴忠市公安局	1999年3月、2007年8月
郝瑞刚	男	汉	三等功	吴忠市公安局	1999年3月
金红岩	男	汉	治理自行车被盗问题专项行动先进个人	自治区公安厅	2008年1月
韩　芳	女	汉	公安机关优秀女警官	自治区公安厅	2006年5月
董玉琴	女	汉	二等功	自治区公安厅	1997年11月
赵志刚	男	汉	全区社会治安综合治理先进个人	自治区公安厅	2000年6月
荆双宏	男	汉	三等功	吴忠市公安局	2004年6月
戴彦才	男	汉	三等功2次	吴忠市公安局	2001年、2003年
张广茂	男	汉	三等功2次	吴忠市公安局	2001年6月、2006年4月
			个人一等功	自治区公安厅	2012年
郝瑞波	男	汉	三等功2次	吴忠市公安局	2007年8月、2012年11月
史树新	男	汉	三等功1次	吴忠市公安局	2000年6月
张树彬	男	汉	三等功2次	吴忠市公安局	1993年4月、1999年6月
			严打整治先进个人	自治区公安厅	2002年1月
			油气田整治先进个人	自治区公安厅	2007年3月
刘国君	男	汉	三等功5次	吴忠市公安局	1998年9月、2000年6月、2003年1月、2004年2月、2005年5月
			二等功	自治区公安厅	2002年7月
陈　平	男	汉	三等功2次	吴忠市公安局	1999年、2000年6月
			思想政治工作网格化建设先进个人	吴忠市公安局	2007年11月
			个人三等功	吴忠市公安局	2012年11月

续表71

获奖个人	性别	民族	奖励名称	批准机关	受奖日期
罗晓军	男	汉	三等功	吴忠市公安局	2001年12月
刘　华	女	汉	三等功	吴忠市公安局	2005年3月
罗　锋	男	汉	先进个人	吴忠市公安局	1989年2月
			全区公安机关警风先进工作者	自治区公安厅	1999年
			三等功	吴忠市公安局	2000年9月
谭卫泽	女	回	全区优秀派出所民警	自治区公安厅	1997年
			三等功	吴忠市公安局	1997年
			全区十大女杰	自治区公安厅	2005年3月
			自治区三八红旗手	自治区公安厅	2005年3月
张子胜	男	汉	全区优秀人民警察	自治区公安厅	1997年
			三等功	吴忠市公安局	2000年
			全区治爆缉枪专项行动先进个人	自治区公安厅	2001年
			全国公安系统治爆缉枪先进个人	公安部	2002年1月
			收缴毒鼠强专项行动先进个人	自治区公安厅	2003年
武黎红	女	汉	三等功	吴忠市公安局	1999年11月
文科明	男	汉	打击赌博先进个人	自治区公安厅	2005年9月
徐　富	男	汉	全区优秀共产党员	自治区党委	2003年6月
王仲明	男	汉	春运工作先进工作者	吴忠市公安局	2004年
俞　新	男	汉	三等功	吴忠市公安局	2006年
张宏远	男	汉	全区优秀人民警察	自治区公安厅	2007年1月
郭三军	男	汉	三等功	吴忠市公安局	2010年1月
张　波	男	汉	三等功	吴忠市公安局	2010年1月
郭　振	男	汉	三等功	吴忠市公安局	2010年1月
陈顺波	男	汉	三等功	吴忠市公安局	2010年1月
郭君亭	男	汉	打击盗窃破坏电力设施专项先进个人	自治区公安厅	2010年
潘海龙	男	汉	三等功	吴忠市公安局	2011年1月
刘仲斌	男	汉	三等功	吴忠市公安局	2011年3月
马立忠	男	汉	优秀共产党员	吴忠市公安局	2011年6月
黄　峰	男	汉	政法系统优秀共产党员	自治区党委	2011年6月
张　华	女	汉	全市窗口服务之星	吴忠市公安局	2011年
谭忠泽	男	汉	全市群众工作之星	吴忠市公安局	2011年
官　军	男	汉	黄河金岸国际马拉松赛安保先进个人	吴忠市政府	2011年11月
任学山	男	汉	公安机关“蓝剑”专项行动先进个人	自治区公安厅	2011年12月
金风宝	男	汉	全区优秀人民警察	自治区公安厅	2012年1月

续表71

获奖个人	性别	民族	奖励名称	批准机关	受奖日期
刘九君	男	汉	个人一等功	自治区公安厅	2012年1月
吴晓云	男	汉	嘉奖	吴忠市公安局	2012年11月
张正扬	男	汉	嘉奖	吴忠市公安局	2012年11月
黄永福	男	汉	嘉奖	吴忠市公安局	2012年11月
陈华英	男	汉	嘉奖	吴忠市公安局	2012年11月
李建荣	男	汉	个人三等功	吴忠市公安局	2012年11月
郭秀文	女	汉	个人三等功	吴忠市公安局	2012年11月
鲍　江	男	汉	个人三等功	吴忠市公安局	2012年11月
蒋　峰	男	汉	个人三等功	吴忠市公安局	2012年11月
李昱利	男	汉	个人三等功	吴忠市公安局	2012年11月
郭邦起	男	汉	个人三等功	吴忠市公安局	2012年11月
彭爱兵	男	汉	拘留所社会矛盾化解工作先进个人	自治区公安厅	2013年12月
孙　廷	男	汉	家谱化信息采集工作先进个人	吴忠市公安局	2013年11月
吴　铁	男	汉	家谱化信息采集工作先进个人	吴忠市公安局	2013年11月
何　耀	男	汉	优秀人民警察	吴忠市公安局	2013年11月
谢　玲	女	汉	演讲比赛二等奖	吴忠市公安局	2013年2月
韩　芳	女	汉	个人三等功	吴忠市公安局	2013年11月
黄永福	男	汉	个人三等功	吴忠市公安局	2013年11月
胡永峰	男	汉	个人三等功	吴忠市公安局	2013年11月
郝瑞刚	男	汉	个人三等功	吴忠市公安局	2013年11月
黄永福	男	汉	个人三等功	吴忠市公安局	2013年11月
胡永峰	男	汉	个人三等功	吴忠市公安局	2013年11月
赵建玉	男	汉	个人三等功	吴忠市公安局	2013年11月
张广茂	男	汉	公安机关侦查破案之星	吴忠市公安局	2013年11月
张正扬	男	汉	宣传报道之星	吴忠市公安局	2013年11月
吕卓翼	男	汉	窗口单位之星	吴忠市公安局	2013年11月
鲍　江	男	汉	监管之星	吴忠市公安局	2013年11月
尚鹏飞	男	汉	缉毒之星	吴忠市公安局	2013年11月
何卫红	女	汉	综合岗位之星	吴忠市公安局	2013年11月
官　平	男	汉	群众工作之星	吴忠市公安局	2013年11月
任学山	男	汉	2013年度全市禁毒工作先进个人	吴忠市禁毒委	2014年1月15日
何宝升	男	汉	2013年度全市禁毒工作先进个人	吴忠市禁毒委	2014年1月15日
吴　铁	男	汉	全市公安机关家谱化信息采集先进个人	吴忠市公安局	2014年1月20日

续表71

获奖个人	性别	民族	奖励名称	批准机关	受奖日期
俞　荣	男	汉	全市公安机关思想政治工作先进个人	吴忠市公安局	2014年1月20日
张广茂	男	汉	全市公安机关侦查破案之星	吴忠市公安局	2014年1月20日
尚鹏飞	男	汉	全市公安机关规范执法之星	吴忠市公安局	2014年1月20日
吕卓翼	男	汉	全市公安机关窗口服务之星	吴忠市公安局	2014年1月20日
何卫红	女	汉	全市公安机关综合岗位之星	吴忠市公安局	2014年1月20日
鲍　江	男	汉	全市公安机关监管工作之星	吴忠市公安局	2014年1月20日
官　平	男	汉	全市公安机关科技信息之星	吴忠市公安局	2014年1月20日
韩　芳	女	汉	个人三等功	吴忠市公安局	2014年1月20日
黄永福	男	汉	个人三等功	吴忠市公安局	2014年1月20日
胡永峰	男	汉	个人三等功	吴忠市公安局	2014年1月20日
赵建玉	男	汉	个人三等功	吴忠市公安局	2014年1月20日
郝瑞刚	男	汉	个人三等功	吴忠市公安局	2014年1月20日
孙　廷	男	汉	个人三等功	吴忠市公安局	2014年1月20日
罗晓军	男	汉	2013年扫黄打非暨文化市场管理先进个人	吴忠市扫黄打非工作领导小组	2014年2月27日
李　强	男	汉	毒品重点地区专项整治工作记三等功	吴忠市公安局	2014年9月9日
李向锋	男	汉	二等功	自治区公安厅	2015年1月16日
尚鹏飞	男	汉	2014年度全市禁毒工作先进个人	吴忠市禁毒委	2015年1月29日
李昱利	男	汉	2014年度全市禁毒工作先进个人	吴忠市禁毒委	2015年1月29日
李昱利	男	汉	2014年度全市公安机关优秀人民警察	吴忠市公安局	2015年2月12日
郭　振	男	汉	2014年度全市社区警务信息采集先进个人	吴忠市公安局	2015年2月12日
郝瑞刚	男	汉	2014年度全市公安机关思政工作之星	吴忠市公安局	2015年2月12日
陈建鹏	男	汉	全市公安机关侦查破案之星	吴忠市公安局	2015年2月12日
郭秀文	女	汉	全市公安机关规范执法之星	吴忠市公安局	2015年2月12日
张武安	男	汉	全市公安机关窗口服务之星	吴忠市公安局	2015年2月12日
张正扬	男	汉	全市公安机关综合岗位之星	吴忠市公安局	2015年2月12日
郭邦起	男	汉	全市公安机关监管工作之星	吴忠市公安局	2015年2月12日
何宝升	男	汉	全市公安机关科技信息之星	吴忠市公安局	2015年2月12日
张武安	男	汉	个人三等功	吴忠市公安局	2015年2月12日
陈建鹏	男	汉	个人三等功	吴忠市公安局	2015年2月12日
李　宁	女	汉	个人三等功	吴忠市公安局	2015年2月12日
张广春	男	汉	吴忠市劳动模范先进工作者	吴忠市委、市政府	2015年4月
荆双宏	男	汉	中阿博览会和回商大会安保工作记三等功	吴忠市公安局	2015年10月8日

盐池县公安局民警立功受奖一览表(二)

表72

姓名	工作单位及职务	奖励名称	批准机关	受奖时间
何宝升	盐池县公安局高沙窝派出所副所长	2017年度工作成绩突出记三等功	吴忠市公安局	2018年2月11日
刘儒光	盐池县公安局刑侦大队科员	2017年度工作成绩突出记三等功	吴忠市公安局	2018年2月11日
	盐池县公安局刑侦大队	国庆70周年安保工作先进个人	自治区公安厅	2019年10月30日
王　瑞	盐池县公安局花马池派出所科员	2017年度工作成绩突出记三等功	吴忠市公安局	2018年2月11日
李昱利	盐池县公安局禁毒大队教导员	个人二等功	自治区公安厅	2018年6月13日
董玉琴	盐池县公安局指挥中心机要员	2018年度成绩突出记个人三等功	吴忠市公安局	2019年2月19日
何　亮	盐池县公安局刑侦大队科员	2018年度成绩突出记个人三等功	吴忠市公安局	2019年2月19日
刘凌云	盐池县公安局花马池派出所科员	2018年度成绩突出记个人三等功	吴忠市公安局	2019年2月19日
张武安	盐池县公安局交管大队车管所所长	2018年度成绩突出记个人三等功	吴忠市公安局	2019年2月19日
李韦锋	盐池县公安局指挥中心辅警	2018年度成绩突出记个人三等功	吴忠市公安局	2019年2月19日
吴　泓	盐池县公安局花马池派出所辅警	2018年度成绩突出记个人三等功	吴忠市公安局	2019年2月19日
李文攀	盐池县公安局刑侦大队辅警	2018年度成绩突出记个人三等功	吴忠市公安局	2019年2月19日
朱彦海	盐池县公安局交管大队辅警	2018年度成绩突出记个人三等功	吴忠市公安局	2019年2月19日
李林波	盐池县公安局大水坑派出所辅警	2018年度成绩突出记个人三等功	吴忠市公安局	2019年2月19日
曹烨兵	盐池县公安局高沙窝派出所辅警	2018年度成绩突出记个人三等功	吴忠市公安局	2019年2月19日
郑福昌	盐池县公安局冯记沟派出所辅警	2018年度成绩突出记个人三等功	吴忠市公安局	2019年2月19日
赵　龙	盐池县公安局缉毒大队科员	2018年度成绩突出记个人嘉奖	吴忠市公安局	2019年2月19日
刘九君	盐池县公安局惠安堡派出所所长	“1901”专项工作记个人三等功	吴忠市公安局	2019年10月23日
		中阿博览会安保工作记嘉奖	自治区公安厅	2019年10月30日
		“1901”专项工作记三等功	吴忠市公安局	2019年12月23日
张晓明	盐池县公安局花马池派出所辅警	“1901”专项工作记个人三等功	吴忠市公安局	2019年10月23日
张宏远	盐池县公安局禁毒办专职副主任	“1901”专项工作记个人嘉奖	吴忠市公安局	2019年10月23日
路宝荣	盐池县公安局国保大队一级警员	“1901”专项工作记个人嘉奖	吴忠市公安局	2019年10月23日
夏志军	盐池县公安局交警大队工勤	“1901”专项工作记个人嘉奖	吴忠市公安局	2019年10月23日
李　强	盐池县公安局冯记沟副所长	中阿博览会安保工作记三等功	自治区公安厅	2019年10月30日
吕　昊	盐池县公安局治安大队辅警	中阿博览会安保工作记嘉奖	自治区公安厅	2019年10月30日
陈志贵	盐池县公安局青山派出所	国庆70周年安保工作先进个人	自治区公安厅	2019年10月30日
张正扬	盐池县公安局王乐井派出所所长	国庆70周年安保工作先进个人	自治区公安厅	2019年10月30日
郭三军	盐池县公安局大水坑派出所副所长	国庆70周年安保工作先进个人	自治区公安厅	2019年10月30日
蔡　磊	盐池县公安局交通管理大队辅警	国庆70周年安保工作先进个人	自治区公安厅	2019年10月30日

续表72

姓名	工作单位及职务	奖励名称	批准机关	受奖时间
张晓明	盐池县公安局花马池派出所辅警	“1901”专项工作记三等功	吴忠市公安局	2019年12月23日
张宏远	盐池县公安局禁毒办专职副主任	“1901”专项工作记嘉奖	吴忠市公安局	2019年12月23日
路宝荣	盐池县公安局国保大队一级警长	“1901”专项工作记嘉奖	吴忠市公安局	2019年12月23日
尚鹏飞	盐池县公安局治安管理大队教导员	新冠肺炎防控中成绩突出记嘉奖	自治区公安厅	2020年2月6日
王少鹏	盐池县公安局花马池派出所一级警员	2019年度成绩突出记个人三等功	吴忠市公安局	2020年2月21日
段文宝	盐池县公安局经侦大队一级警员	2019年度成绩突出记个人三等功	吴忠市公安局	2020年2月21日
廖文虎	盐池县公安局惠安堡派出所辅警	2019年度成绩突出记个人三等功	吴忠市公安局	2020年2月21日
江　鹏	盐池县公安局花马池派出所辅警	2019年度成绩突出记个人三等功	吴忠市公安局	2020年2月21日
胡永峰	盐池县公安局大水坑派出所所长	“201”专项任务记个人嘉奖	自治区公安厅	2020年6月30日
李向锋	盐池县公安局花马池派出所所长	三等功	吴忠市公安局	2020年9月10日
张广茂	盐池县公安局刑侦大队大队长	嘉奖(扫黑除恶)	吴忠市公安局	2020年9月10日
黄　峰	盐池县公安局交警大队教导员	嘉奖(“201”专项任务)	吴忠市公安局	2020年9月10日
路宝荣	盐池县公安局国保大队四级警长	嘉奖(国保专项工作)	吴忠市公安局	2020年9月10日
何振锋	盐池县公安局网安中队中队长	嘉奖(疫情防控)	吴忠市公安局	2020年9月10日
郭　宇	盐池县公安局治安管理大队辅警	嘉奖(疫情防控)	吴忠市公安局	2020年9月10日
苏振华	盐池县公安局交警大队辅警	嘉奖(疫情防控)	吴忠市公安局	2020年9月10日
姚宇林	盐池县公安局刑侦大队四级警长	扫黑除恶专项斗争记三等功	自治区公安厅	2021年1月21日
杨　智	盐池县公安局惠安堡派出所教导员	2019—2020年度优秀个人	自治区公安厅	2021年1月25日
尚鹏飞	盐池县公安局治安大队教导员	2020年度工作成绩突出记三等功	吴忠市公安局	2021年2月1日
郭邦起	盐池县公安局麻黄山派出所所长	2020年度工作成绩突出记三等功	吴忠市公安局	2021年2月1日
牛　博	盐池县公安局技术侦察大队四级警长	2020年度工作成绩突出记三等功	吴忠市公安局	2021年2月1日
官振国	盐池县公安局扫黑办四级警长	2020年度工作成绩突出记三等功	吴忠市公安局	2021年2月1日
高旌荣	盐池县公安局指挥中心辅警	2020年度工作成绩突出记三等功	吴忠市公安局	2021年2月1日
沈　伟	盐池县公安局交管大队辅警	2020年度工作成绩突出记三等功	吴忠市公安局	2021年2月1日
陈　云	盐池县公安局花马池派出所辅警	2020年度工作成绩突出记三等功	吴忠市公安局	2021年2月1日
夏小红	盐池县公安局花马池派出所辅警	2020年度工作成绩突出记三等功	吴忠市公安局	2021年2月1日
杨立丰	盐池县公安局冯记沟派出所辅警	2020年度工作成绩突出记三等功	吴忠市公安局	2021年2月1日
吴帅奇	盐池县公安局冯记沟派出所警务人员	2020年度工作成绩突出记嘉奖	吴忠市公安局	2021年2月1日
胡彦玲	盐池县公安局刑侦大队警务人员	2020年度工作成绩突出记嘉奖	吴忠市公安局	2021年2月1日
张志勇	盐池县公安局刑侦大队警务人员	2020年度工作成绩突出记嘉奖	吴忠市公安局	2021年2月1日

六、同心县公安局民警立功受奖名录

同心县公安局民警立功受奖一览表(一)

表73

姓名	性别	民族	奖励名称	批准机关名称	受奖日期
韩小琛	男	回	先进工作者	区防邪教问题办公室	2007年6月
李治国	男	回	全区优秀人民警察	自治区公安厅	2006年11月
			全市大县城建设先进个人	吴忠市公安局	2011年12月
			马拉松安保工作先进个人	吴忠市公安局	2011年5月
			人民满意民警	自治区公安厅	2000年8月
			人民满意民警	吴忠市公安局	2001年3月
赵文和	男	汉	个人二等功	自治区公安厅	2004年2月
			全区十佳民警	自治区公安厅	2004年11月
			全区优秀人民警察	自治区公安厅	2005年7月
马炳忠	男	回	人民满意民警	自治区公安厅	2001年1月
			先进个人	银南地委	1996年8月
张治中	男	汉	赴京执行奥运安保先进个人	自治区公安厅	2009年3月
			全区禁毒先进个人	自治区公安厅	2009年12月
			首届“十佳优秀人民警察”	自治区公安厅	2010年9月
			全区先进工作者	自治区党委	2010年4月
			全区优秀人民警察2次	自治区公安厅	2008年12月、2009年1月
			全市双庆安保工作个人	吴忠市公安局	2008年10月
			全市优秀共产党员	吴忠市委	2010年7月
田志森	男	回	“10·24”专项工作	自治区公安厅	2012年6月
			国保先进个人	自治区公安厅	2009年1月
			隐蔽战线成绩突出先进个人	自治区公安厅	2013年2月
杨克文	男	回	群众工作能手	吴忠市公安局	2010年1月
			经费保障改革先进个人	自治区公安厅	2012年1月
			人民满意政法民警	自治区政法委、综治委	2003年6月
			先进工作者	自治区公安厅	2002年1月
张学军	男	回	路政管理先进个人	自治区公安厅、交通厅	1982年6月
马月芸	女	回	先进生产者	自治区公安厅	2005年12月
陈　军	男	回	治爆缉枪先进个人	自治区公安厅	2002年2月
邓金辉	男	回	重大活动安保先进个人2次	自治区公安厅	2012年11月、2013年10月
			先进个人	自治区公安厅	2008年10月

续表73

姓名	性别	民族	奖励名称	批准机关名称	受奖日期
勉力林	男	回	先进工作者	银南行署公安处	1982年2月
杨万海	男	回	地市级先进生产者	吴忠市公安局	2011年4月
			区县局级先进生产者	自治区公安厅	2005年9月
蔡　旭	男	汉	信息化应用先进个人	吴忠市公安局	2011年1月
贺　铁	男	回	全市优秀人民警察	吴忠市公安局	2013年1月
李睿磊	男	回	重大活动安全保卫工作先进个人	自治区公安厅	2012年11月
			宁夏第二届十佳优秀人民警察	自治区公安厅	2012年1月
			全区优秀人民警察	自治区公安厅	2013年1月
			政法系统优秀党员干警	自治区党委政法委	2011年6月
			全市打击假币犯罪工作个人	吴忠市公安局	2010年2月
马登科	男	回	指纹破案十大能手	自治区公安厅	2012年1月
马少明	男	回	优秀人民警察	吴忠市公安局	2011年1月
马　忠	男	回	先进工作者	吴忠市公安局	2010年1月
吴泽旭	男	汉	科技强警先进个人	吴忠市公安局	2009年1月
丁　伟	男	回	全市优秀人民警察	吴忠市公安局	2008年10月
金干臣	男	回	赴京执行奥运安保任务先进个人	自治区公安厅	2009年3月
			毒品整治专项行动先进个人	自治区公安厅	2008年10月
马　俊	男	回	全区赴京执行奥运会安保任务先进个人	自治区公安厅	2009年3月
纪永福	男	回	自治区县局级先进生产者	自治区公安厅	1998年12月
			先进个人	吴忠市公安局	1999年12月
罗永存	男	回	先进工作者	吴忠市公安局	1999年2月
马秉田	男	回	毒品督治先进工作者	吴忠市政府	2000年1月
马尚瑜	男	回	平安家庭创建活动示范户	自治区妇联	2010年2月
周学明	男	回	警企联合保电设施先进个人	自治区公安厅	2011年5月
金慧国	男	回	全市三基工作先进个人	吴忠市公安局	2009年1月
马　成	男	汉	禁毒工作先进个人	自治区禁毒工作领导小组	1998年3月
马淑萍	女	汉	先进工作者	吴忠市人民政府	2000年1月
魏　龙	男	汉	禁毒先进个人	吴忠市禁毒委	2000年1月
买小云	男	回	禁毒先进个人	吴忠市禁毒委	2000年1月
周兴槐	男	汉	草原整治工作先进个人	自治区公安厅	2004年1月
			毒品整治优秀工作队员	吴忠市政府	2000年1月
白永福	男	回	先进工作者	吴忠市政府	2001年1月
			严打先进个人	自治区公安厅	1996年8月
丁俊杰	男	回	全区机要建设先进个人	自治区公安厅	2012年1月

续表73

姓名	性别	民族	奖励名称	批准机关名称	受奖日期
黑耀龙	男	回	全区优秀人民警察	自治区公安厅	2007年1月
马　奇	男	回	“10·24”专项工作先进个人	自治区公安厅	2012年6月
			全市交警先进个人	吴忠市公安局	2009年12月
			人口信息工作先进个人	吴忠市公安局	2005年9月
杨　虎	男	回	全市监管系统先进工作者	吴忠市公安局	2011年10月
吴泽贤	男	汉	先进个人	自治区禁毒委	1999年2月
			先进个人	自治区政府	2004年3月
杨发歧	男	汉	先进工作者	自治区党委政法委	1983年12月
			先进工作者	自治区公安厅	2003年2月
张春梅	女	汉	人事信息录入工作先进个人	自治区公安厅	2007年1月
			平安家庭创建先进个人	吴忠市委	2008年7月
罗　源	男	回	思想政治工作先进个人	吴忠市公安局	2013年1月
杨克礼	男	回	先进个人	国务院人口普查小组	1990.年12月
			先进个人	自治区禁毒委	1995年9月
杨廷明	男	回	全区先进个人	自治区公安厅	2006年12月
孙　涛	男	汉	公安机关综合工作能手	吴忠市公安局	2011年8月
			三基工程建设先进个人	吴忠市公安局	2008年9月
			全市优秀人民警察	吴忠市公安局	2010年9月
马玉辉	男	回	吴忠市安全生产先进个人	吴忠市公安局	1999年12月
田风淮	男	回	全区猎鹰3号先进个人	自治区公安厅	2011年4月
			全区猎鹰行动先进个人	自治区公安厅	2009年6月
			先进工作者	自治区公安厅	2009年11月
金学武	男	回	公安隐蔽战线先进个人	自治区公安厅	2012年2月
			先进个人	吴忠市委	1999年10月
罗　煜	男	回	先进个人2次	吴忠市公安局	2006年2月、2009年1月
杨建新	男	回	全区优秀人民警察	自治区公安厅	2003年12月
罗小龙	男	回	人口信息录入先进个人	自治区公安厅	2007年1月
张　树	男	汉	全市假币先进个人	吴忠市公安局	2010年12月
周耀锋	男	汉	全市执法办案能手	吴忠市公安局	2010年1月
白　云	男	回	“奥运安保”先进个人	吴忠市公安局	2008年1月
金玉刚	男	回	全市大情报应用先进个人	吴忠市公安局	2011年1月
苗卫民	男	汉	二等功	自治区公安厅	2004年11月
			三等功2次	吴忠市公安局	1996年8月、2001年8月
魏　龙	男	汉	2013年度全市禁毒工作先进个人	吴忠市禁毒委	2014年1月15日

续表73

姓名	性别	民族	奖励名称	批准机关名称	受奖日期
马明云	男	回	全市公安机关家谱化信息采集先进个人	吴忠市公安局	2014年1月20日
康福贵	男	回	全市公安机关思想政治工作先进个人	吴忠市公安局	2014年1月20日
马学福	男	回	全市公安机关侦查破案之星	吴忠市公安局	2014年1月20日
王有科	男	回	全市公安机关规范执法之星	吴忠市公安局	2014年1月20日
白永福	男	回	全市公安机关窗口服务之星	吴忠市公安局	2014年1月20日
罗旭俊	男	回	全市公安机关综合岗位之星	吴忠市公安局	2014年1月20日
马化龙	男	回	全市公安机关监管工作之星2次	吴忠市公安局	2014年1月20日、2015年2月12日
张耀波	男	汉	全市公安机关科技信息之星	吴忠市公安局	2014年1月20日
马建新	男	回	个人三等功	吴忠市公安局	2014年1月20日
马会云	男	回	毒品重点地区专项整治工作记三等功	吴忠市公安局	2014年9月9日
锁晓鸿	男	回	毒品重点地区专项整治工作记嘉奖	吴忠市公安局	2014年9月9日
勉力义	男	回	个人一等功	自治区公安厅	2015年1月7日
周兴槐	男	汉	二等功	自治区公安厅	2015年1月7日
顾国锋	男	回	二等功	自治区公安厅	2015年1月7日
杨彦龙	男	回	二等功	自治区公安厅	2015年1月16日
马文喜	男	回	2014年度全市禁毒工作先进个人	吴忠市禁毒委	2015年1月29日
罗　煜	男	回	2014年度全市公安机关优秀人民警察	吴忠市公安局	2015年2月12日
丁玉忠	男	回	2014年度全市社区警务信息采集先进个人	吴忠市公安局	2015年2月12日
康伏贵	男	回	2014年度全市公安机关思政工作之星	吴忠市公安局	2015年2月12日
马　辉	男	回	全市公安机关侦查破案之星	吴忠市公安局	2015年2月12日
田风淮	男	回	全市公安机关规范执法之星	吴忠市公安局	2015年2月12日
白永福	男	回	全市公安机关窗口服务之星	吴忠市公安局	2015年2月12日
尹学勤	男	汉	全市公安机关综合岗位之星	吴忠市公安局	2015年2月12日
马爱君	男	回	全市公安机关科技信息之星	吴忠市公安局	2015年2月12日
勉力义	男	回	个人三等功	吴忠市公安局	2015年2月12日
顾国锋	男	回	个人三等功	吴忠市公安局	2015年2月12日
周兴槐	男	汉	个人三等功	吴忠市公安局	2015年2月12日
李睿磊	男	回	侦破“5·25”“12·12”等专案记三等功	吴忠市公安局	2015年2月12日
马少明	男	回	侦破“5·25”“12·12”等专案记三等功	吴忠市公安局	2015年2月12日
马进全	男	回	侦破“5·25”“12·12”等专案记三等功	吴忠市公安局	2015年2月12日
马　科	男	回	侦破“5·25”“12·12”等专案记三等功	吴忠市公安局	2015年2月12日
蔡　旭	男	回	侦破“5·25”“12·12”等专案记三等功	吴忠市公安局	2015年2月12日
勉力义	男	回	第三届宁夏十佳民警暨侯金知式优秀民警	自治区公安厅	2017年8月29日
马国梅	女	回	自治区公安系统好警嫂	自治区公安厅	2017年8月29日

同心县公安局民警立功受奖一览表(二)

表74

姓　名	工作单位及职务	奖励名称	批准机关	受奖时间
田吉明	同心县公安局豫海派出所教导员	2017年度工作成绩突出记三等功	吴忠市公安局	2018年2月11日
王有科	同心县公安局法制大队副大队长	2017年度工作成绩突出记三等功	吴忠市公安局	2018年2月11日
李耀宝	同心县公安局刑侦大队副大队长	2017年度工作成绩突出记三等功	吴忠市公安局	2018年2月11日
马　奇	同心县公安局交警大队副大队长	2017年度工作成绩突出记三等功	吴忠市公安局	2018年2月11日
李晓波	同心县公安局禁毒大队科员	2017年度工作成绩突出记三等功	吴忠市公安局	2018年2月11日
马　彬	同心县公安局刑侦大队科员	2017年度工作成绩突出记三等功	吴忠市公安局	2018年2月11日
金忠仁	同心县公安局禁毒大队副大队长	个人二等功	自治区公安厅	2018年6月13日
丁　勇	同心县公安局禁毒大队副大队长	个人二等功	自治区公安厅	2018年6月13日
黑耀龙	同心县公安局刑侦大队正科级干部	2018年度成绩突出记个人三等功	吴忠市公安局	2019年2月19日
谭兴发	同心县公安局预旺镇派出所所长	2018年度成绩突出记个人三等功	吴忠市公安局	2019年2月19日
马　兴	同心县公安局刑侦大队科员	2018年度成绩突出记个人三等功	吴忠市公安局	2019年2月19日
金凯敏	同心县公安局刑侦大队科员	2018年度成绩突出记个人三等功	吴忠市公安局	2019年2月19日
马赞君	同心县公安局法制大队科员	2018年度成绩突出记个人三等功	吴忠市公安局	2019年2月19日
罗　煜	同心县公安局河西派出所所长	2018年度成绩突出记个人三等功	吴忠市公安局	2019年2月19日
杨廷福	同心县公安局韦州派出所科员	2018年度成绩突出记个人三等功	吴忠市公安局	2019年2月19日
马　凯	同心县公安局交巡警大队辅警	2018年度成绩突出记个人三等功	吴忠市公安局	2019年2月19日
张金国	同心县公安局禁毒大队辅警	2018年度成绩突出记个人三等功	吴忠市公安局	2019年2月19日
魏　斌	同心县公安局刑侦大队辅警	2018年度成绩突出记个人三等功	吴忠市公安局	2019年2月19日
李　洋	同心县公安局豫海派出所辅警	2018年度成绩突出记个人三等功	吴忠市公安局	2019年2月19日
马　真	同心县公安局石狮派出所辅警	2018年度成绩突出记个人三等功	吴忠市公安局	2019年2月19日
杨晓宇	同心县公安局河西派出所辅警	2018年度成绩突出记个人三等功	吴忠市公安局	2019年2月19日
许鹏程	同心县公安局韦州派出所辅警	2018年度成绩突出记个人三等功	吴忠市公安局	2019年2月19日
李　波	同心县公安局刑侦大队科员	2018年度成绩突出记个人嘉奖	吴忠市公安局	2019年2月19日
马化龙	同心县公安局交巡警大队教导员	“1901”专项工作记个人三等功	吴忠市公安局	2019年10月23日
马　银	同心县公安局韦州镇派出所辅警	“1901”专项工作记个人三等功	吴忠市公安局	2019年10月23日
杨　勇	同心县公安局豫海镇派出所辅警	“1901”专项工作记个人三等功	吴忠市公安局	2019年10月23日
李长江	同心县公安局指挥中心技术员	“1901”专项工作记个人嘉奖	吴忠市公安局	2019年10月23日
马明云	同心县公安局交巡警大队四级警长	“1901”专项工作记个人嘉奖	吴忠市公安局	2019年10月23日
丁俊杰	同心县公安局交巡警大队副大队长	“1901”专项工作记个人嘉奖	吴忠市公安局	2019年10月23日
朱立清	同心县公安局交巡警大队警务人员	“1901”专项工作记个人嘉奖	吴忠市公安局	2019年10月23日
周　易	同心县公安局石狮镇派出所辅警	“1901”专项工作记个人嘉奖	吴忠市公安局	2019年10月23日
田吉明	同心县公安局豫海派出所教导员、二级警长	中阿博览会安保工作记三等功	自治区公安厅	2019年10月30日
马会云	同心县公安局治安大队副大队长二级警长	中阿博览会安保工作记嘉奖	自治区公安厅	2019年10月30日

续表74

姓 名	工作单位及职务	奖励名称	批准机关	受奖时间
马 荣	同心县公安局交通管理大队辅警	中阿博览会安保工作记嘉奖	自治区公安厅	2019年10月30日
洪 军	同心县公安局交通管理大队三级警长	国庆70周年安保工作先进个人	自治区公安厅	2019年10月30日
马世博	同心县公安局王团派出所警务人员	国庆70周年安保工作先进个人	自治区公安厅	2019年10月30日
田 地	同心县公安局丁塘派出所警务人员	国庆70周年安保工作先进个人	自治区公安厅	2019年10月30日
马春生	同心县公安局韦州派出所辅警	国庆70周年安保工作先进个人	自治区公安厅	2019年10月30日
马化龙	同心县公安局交巡警大队教导员	“1901”专项工作记三等功	吴忠市公安局	2019年12月23日
杨 勇	同心县公安局豫海镇派出所辅警	“1901”专项工作记三等功	吴忠市公安局	2019年12月23日
马 银	同心县公安局韦州镇派出所辅警	“1901”专项工作记三等功	吴忠市公安局	2019年12月23日
李长江	同心县公安局指挥中心技术员	“1901”专项工作记嘉奖	吴忠市公安局	2019年12月23日
马明云	同心县公安局交巡警大队四级警长	“1901”专项工作记嘉奖	吴忠市公安局	2019年12月23日
丁俊杰	同心县公安局交巡警大队副大队长	“1901”专项工作记嘉奖	吴忠市公安局	2019年12月23日
朱立清	同心县公安局交巡警大队警务人员	“1901”专项工作记嘉奖	吴忠市公安局	2019年12月23日
周 易	同心县公安局石狮派出所辅警	“1901”专项工作记嘉奖	吴忠市公安局	2019年12月23日
马元平	同心县公安局豫海派出所警务人员	在新冠肺炎疫情防控中成绩突出记嘉奖	自治区公安厅	2020年2月6日
谭兴发	同心县公安局豫海镇派出所所长	2019年度成绩突出记个人三等功	吴忠市公安局	2020年2月21日
张 树	同心县公安局王团派出所所长	2019年度成绩突出记个人三等功	吴忠市公安局	2020年2月21日
黑建鹏	同心县公安局禁毒大队副大队长	2019年度成绩突出记个人三等功	吴忠市公安局	2020年2月21日
张 旭	同心县公安局交警大队四级警长	2019年度成绩突出记个人三等功	吴忠市公安局	2020年2月21日
纪小君	同心县公安局禁毒大队辅警	2019年度成绩突出记个人三等功	吴忠市公安局	2020年2月21日
罗建国	同心县公安局刑侦大队辅警	2019年度成绩突出记个人三等功	吴忠市公安局	2020年2月21日
罗海峰	同心县公安局豫海派出所副所长	“201”专项任务记个人嘉奖	自治区公安厅	2020年6月30日
李 波	同心县公安局交巡警大队四级警长	三等功(疫情防控)	吴忠市公安局	2020年9月10日
罗旭军	同心县公安局河西派出所四级警长	三等功(扫黑除恶)	吴忠市公安局	2020年9月10日
田 波	同心县公安局兴隆派出所辅警	嘉奖(“201”专项任务)	吴忠市公安局	2020年9月10日
马彦国	同心县公安局刑侦大队四级警长	嘉奖(扫黑除恶)	吴忠市公安局	2020年9月10日
丁立宏	同心县公安局治安大队四级警长	嘉奖(疫情防控)	吴忠市公安局	2020年9月10日
顾 强	同心县公安局韦州派出所辅警	嘉奖(疫情防控)	吴忠市公安局	2020年9月10日
马 瑞	同心县公安局下马关派出所辅警	嘉奖(疫情防控)	吴忠市公安局	2020年9月10日
顾佳博	同心县公安局刑侦大队四级警长	2019—2020年度优秀个人	自治区公安厅	2021年1月25日
王慧艳	同心县公安局法制大队三级警长	2020年度工作成绩突出记三等功	吴忠市公安局	2021年2月1日
顾 亮	同心县公安局韦州镇派出所十级警员	2020年度工作成绩突出记三等功	吴忠市公安局	2021年2月1日
马 海	同心县公安局禁毒大队一级警员	2020年度工作成绩突出记三等功	吴忠市公安局	2021年2月1日
马林河	同心县公安局下马关镇派出所警务人员	2020年度工作成绩突出记三等功	吴忠市公安局	2021年2月1日
马 剑	同心县公安局豫海镇派出所警务人员	2020年度工作成绩突出记三等功	吴忠市公安局	2021年2月1日

续表74

姓 名	工作单位及职务	奖励名称	批准机关	受奖时间
田　地	同心县公安局丁塘派出所警务人员	2020年度工作成绩突出记三等功	吴忠市公安局	2021年2月1日
张少军	同心县公安局刑侦大队四级警长	2020年度工作成绩突出记三等功	吴忠市公安局	2021年2月1日
杨小成	同心县公安局下马关镇派出所辅警	2020年度工作成绩突出记三等功	吴忠市公安局	2021年2月1日
马　东	同心县公安局预旺派出所辅警	2020年度工作成绩突出记三等功	吴忠市公安局	2021年2月1日
金增杰	同心县公安局交巡警大队辅警	2020年度工作成绩突出记三等功	吴忠市公安局	2021年2月1日
黑泽昕	同心县公安局交巡警大队辅警	2020年度工作成绩突出记三等功	吴忠市公安局	2021年2月1日
会　龙	同心县公安局刑侦大队辅警	2020年度工作成绩突出记三等功	吴忠市公安局	2021年2月1日
马生鹏	同心县公安局豫海镇派出所辅警	2020年度工作成绩突出记三等功	吴忠市公安局	2021年2月1日
张　旭	同心县公安局交警大队四级警长	2020年度工作成绩突出记嘉奖	吴忠市公安局	2021年2月1日
周文博	同心县公安局预旺派出所警务人员	2020年度工作成绩突出记嘉奖	吴忠市公安局	2021年2月1日
杨有国	同心县公安局政工室主任	2020年度工作成绩突出记嘉奖	吴忠市公安局	2021年2月1日
马秉锋	同心县公安局禁毒大队警务人员	2020年度工作成绩突出记嘉奖	吴忠市公安局	2021年2月1日
虎　科	同心县公安局刑侦大队四级警长	2020年度工作成绩突出记嘉奖	吴忠市公安局	2021年2月1日

七、吴忠市红寺堡区公安分局民警立功受奖名录

吴忠市红寺堡区公安分局民警立功受奖一览表(一)

表75

获奖个人	性别	民族	奖励名称	批准机关	受奖日期
惠兴文	男	汉	先进个人	自治区党委、政府	1990年12月1日
			优秀侦查员	银南地区公安处	1994年4月1日
			个人三等功	银南地区公安处	1994年9月20日
			银南地区先进个人	银南地区公安处	1998年3月23日
			二等功	自治区公安厅	1999年3月1日
安金成	男	汉	宁洽会暨中阿经贸论坛安保工作先进个人	自治区公安厅	2011年9月30日
安世锋	男	汉	综合岗位之星	吴忠市公安局	2012年1月13日
			纪检监察先进工作者	吴忠市委、市政府	2012年2月15日
代永江	男	汉	三基工程建设先进个人	自治区公安厅	2009年1月5日
			“三懂四会”群众工作能手	吴忠市公安局	2010年8月25日
丁建云	男	回	宁洽会暨中阿经贸论坛安保工作先进个人	自治区公安厅	2011年9月29日
方海彪	男	汉	全区公安机关“冬季破案会战”先进个人	自治区公安厅	2010年4月26日
			全市打击银行卡犯罪专项行动先进个人	吴忠市公安局	2010年11月30日
			全区公安机关“蓝剑”专项行动先进个人	自治区公安厅	2011年12月16日
			个人三等功	吴忠市公安局	2004年6月1日

续表75

获奖个人	性别	民族	奖励名称	批准机关	受奖日期
和耀龙	男	汉	全区警企联防保护电力设备设施先进个人	自治区公安厅、自治区电力局	2010年7月26日
黑宝福	男	回	道路交通安全隐患整治工作先进个人	自治区安全领导小组	2012年1月
			个人三等功3次	吴忠市公安局	2006年1月16日、2008年1月11日、2008年1月14日
黄　磊	男	汉	2008年度“全市青年岗位能手”	吴忠市委团、市人社局	2009年2月
			全市公安机关破案能手	吴忠市公安局	2011年1月19日
贾　龙	男	回	自治区“五十大庆”安保工作先进个人	自治区公安厅	2008年10月27日
			三基工程建设先进个人	吴忠市公安局	2009年1月5日
			警企联防保护电力设备设施先进个人	自治区公安厅、自治区电力公司	2009年12月17日
康乔铿	男	汉	第四届回商大会暨马拉松赛安保先进个人	吴忠市政府	2011年11月
李昌义	男	汉	2007年度全区动物防疫工作先进个人	自治区防疫病指挥部	2008年3月
			国际马拉松赛暨回商大会安保先进个人	吴忠市政府	2010年11月
			2007年度全区动物防疫工作先进个人	自治区防疫病指挥部	2008年3月
			2012年重大活动安全保卫工作先进个人	吴忠市公安局	2012年11月21日
马文军	男	回	个人三等功	吴忠市公安局	2011年6月
李世赟	男	汉	个人三等功	吴忠市公安局	2010年1月30日
			交通管理工作先进个人	自治区公安厅	2006年
李有山	男	回	全区警企联防保护电力设备设施先进个人	自治区公安厅、自治区电力公司	2010年7月26日
			打击电力设施违法犯罪专项先进个人	自治区公安厅、自治区电力公司	2010年12月
刘　智	男	汉	打击盗窃电力设施专项斗争先进个人	自治区公安厅、自治区电力公司	2010年12月
			个人三等功	吴忠市公安局	2004年10月18日
马海峰	男	回	全区优秀人民警察	自治区公安厅	2008年1月14日
			吴忠市优秀共产党员	吴忠市委	2008年6月
			个人三等功4次	吴忠市公安局	1999年11月21日、2004年4月20日、2007年、2010年1月30日
			全区优秀人民警察	自治区公安厅	2011年1月12日
			全区公安机关“猎鹰”专项行动先进个人	自治区公安厅	2009年5月21日
			全区开展禁毒人民战争工作先进个人	自治区禁毒委员会	2009年6月1日
			全区优秀人民警察	自治区公安厅	2008年1月23日
马金荣	男	回	大情报建设和应用工作先进个人	吴忠市公安局	2011年3月
马力海	男	回	全区“PGIS平台”数据采集先进个人	自治区公安厅	2011年10月17日
马玉军	男	回	公安机关优秀执法能手	吴忠市公安局	2011年1月19日

续表75

获奖个人	性别	民族	奖励名称	批准机关	受奖日期
马志强	男	回	全区“五五”普法先进个人	自治区普法办公室	2011年6月
苏小勇	男	回	“吴忠市宗教工作”先进工作者	吴忠市委、市政府	2012年7月
汤　洪	男	汉	十佳民警	吴忠市公安局	2007年1月
			全区优秀人民警察	自治区公安厅	2007年1月29日
			2008年度全市“安全生产”工作先进个人	吴忠市安全委	2009年2月19日
			全市优秀人民警察	吴忠市公安局	2010年1月30日
			全区优秀人民警察	自治区公安厅	2007年1月29日
汤生平	男	汉	个人一等功	自治区公安厅	2006年5月8日
田　旭	男	回	“双庆”工作先进个人	吴忠市公安局	2008年10月20日
			公安机关群众工作能手	吴忠市公安局	2011年1月19日
			监管工作之星	吴忠市公安局	2012年1月13日
			全市优秀共产党员	吴忠市委	2010年6月
王瑞东	男	汉	人民满意政法干警	吴忠市委、市政府	2003年1月
			个人三等功	吴忠市公安局	2005年12月
			全市科技强警先进个人	吴忠市公安局	2009年1月5日
			警企保护电力设备设施工作先进个人	自治区公安厅、自治区电力公司	2009年12月17日
			三等功	吴忠市政府	2010年1月18日
			打击盗窃电力设施违法犯罪先进个人	自治区公安厅、自治区电力公司	2010年12月
			宣传工作之星	吴忠市公安局	2012年1月13日
			窗口服务之星	吴忠市公安局	2012年1月13日
王　和	男	汉	警企保护电力设备设施工作先进个人	自治区公安厅、自治区电力公司	2010年7月26日
王占新	男	汉	保护西气东输先进个人	自治区公安厅	2008年10月
			打击假币犯罪“10行动”工作先进个人	吴忠市公安局	2010年1月25日
			信息应用之星	吴忠市公安局	2012年1月13日
			保护西气东输先进个人	自治区公安厅	2008年10月
吴　波	男	汉	个人三等功	吴忠市公安局	2006年1月18日
			全市青年岗位能手	吴忠市团委、市社保局	2007年1月
			全区优秀人民警察	自治区公安厅	2007年1月29日
			全市科技强警先进个人	吴忠市公安局	2009年1月5日
吴水生	男	汉	“双庆”工作先进个人	吴忠市公安局	2008年10月20日
			警企保护电力设备设施工作先进个人	自治区公安厅、自治区电力公司	2010年7月26日
			个人三等功2次	吴忠市公安局	1996年、2002年2月4日

续表75

获奖个人	性别	民族	奖励名称	批准机关	受奖日期
吴水生	男	汉	全区优秀侦查员	自治区公安厅	1995年5月4日
			全区严打整治先进个人	自治区公安厅	2002年3月6日
谢彦明	男	汉	全市优秀人民警察	吴忠市公安局	2008年1.月11日
			优秀党员	自治区党委政法委	2011年6月
			全市深挖犯罪工作能手	吴忠市公安局	2009年1月4日
			个人三等功2次	吴忠市公安局	2009年1月、2011年1月
杨　军	男	回	派驻同心县毒品整治专项行动先进个人	自治区公安厅政治部	2008年10月27日
杨国宝	男	回	“双庆”工作先进个人	吴忠市公安局	2008年10月20日
			个人三等功2次	吴忠市公安局	2010年1月、2011年1月
			“清网行动”个人三等功	吴忠市公安局	2012年1月13日
杨军军	男	回	个人三等功	吴忠市公安局	2008年8月15日
			全区优秀人民警察	自治区公安厅	2010年1月14日
			“宁夏十佳人民警察”提名奖	十佳警察评选组委会	2010年1月30日
			个人三等功	吴忠市公安局	2011年1月19日
			“清网行动”个人二等功	自治区公安厅	2012年1月13日
			侦查破案之星	吴忠市公安局	2012年1月13日
			自治区“五十大庆”安保工作先进个人	自治区公安厅	2008年10月27日
			“宁夏十佳人民警察”提名奖	自治区公安厅十佳警察评委会	2010年1月
杨天海	男	回	自治区“五十大庆”安保工作先进个人	自治区公安厅	2008年10月
叶鹏飞	男	汉	公安机关严厉打击经济犯罪先进个人	自治区公安厅	2012年12月11日
于　龙	男	回	吴忠市“双庆”工作先进个人	吴忠市公安局	2008年10月20日
			大情报建设和应用工作先进个人	吴忠市公安局	2011年3月
俞　新	男	汉	“清网行动”个人三等功	吴忠市公安局	2012年1月2日
禹万喜	男	回	公安机关执法办案能手	吴忠市公安局	2010年1月30日
张　耀	男	汉	公安机关执行重大警卫任务先进个人	自治区公安厅	2010年6月5日
			全市优秀人民警察	吴忠市公安局	2011年1月19日
张晓峰	男	汉	“双庆”工作先进个人	吴忠市公安局	2008年10月20日
			全区警企保护电力设备设施工作先进个人	自治区公安厅、自治区电力公司	2010年7月26日
			打击盗窃电力设施违法犯罪先进个人	自治区公安厅、自治区电力公司	2010年12月

续表75

获奖个人	性别	民族	奖励名称	批准机关	受奖日期
张晓峰	男	汉	全市深挖犯罪工作能手	吴忠市公安局	2011年1月19日
			群众工作之星	吴忠市公安局	2012年1月13日
			全国保护输油气设施先进个人	中央综合治理委员会	2006年3月6日
张　耀	男	汉	宁夏中部可持续发展安全保卫先进个人	吴忠市公安局	2008年9月10日
			全区警企联防保护电力设备设施工作先进个人	自治区公安厅、自治区电力公司	2009年12月17日
			打击盗窃电力设施违法犯罪专项先进个人	自治区公安厅、自治区电力公司	2010年12月
张一定	男	回	公安机关赴京执行奥运安保任务先进个人	自治区公安厅	2009年3月5日
			规范执法之星	吴忠市公安局	2012年1月13日
			2012年重大活动安全保卫工作先进个人	自治区公安厅	2012年11月21日
			2014年度全市公安机关优秀人民警察	吴忠市公安局	2015年2月12日
张占平	男	汉	个人三等功	吴忠市公安局	2012年2月1日
周仁科	男	回	全市“十佳”人民警察	吴忠市公安局	2009年1月5日
			打击假币犯罪“09行动”工作先进个人	吴忠市公安局	2010年1月25日
马志强	男	回	2013年度全市禁毒工作先进个人	吴忠市禁毒委	2014年1月15日
张晓峰	男	汉	2013年度全市禁毒工作先进个人	吴忠市禁毒委	2014年1月15日
马力海	男	回	全市公安机关思想政治工作先进个人	吴忠市公安局	2014年1月20日
康乔铿	男	汉	全市公安机关侦查破案之星	吴忠市公安局	2014年1月20日
苏　文	男	汉	全市公安机关规范执法之星	吴忠市公安局	2014年1月20日
张　鹏	男	汉	全市公安机关综合岗位之星	吴忠市公安局	2014年1月20日
周　勇	男	汉	全市公安机关科技信息之星	吴忠市公安局	2014年1月20日
陈吉祥	男	汉	个人三等功	吴忠市公安局	2014年1月20日
常　乐	男	汉	个人三等功	吴忠市公安局	2014年1月20日
马志强	男	回	2013年扫黄打非暨文化市场管理先进个人	吴忠市扫黄打非工作领导小组	2014年2月27日
			毒品重点地区专项整治工作记三等功	吴忠市公安局	2014年9月9日
于　龙	男	回	2014年度全市禁毒工作先进个人	吴忠市禁毒委	2015年1月29日
杜银波	男	汉	2014年度全市禁毒工作先进个人	吴忠市禁毒委	2015年1月29日
虎国福	男	回	2014年度全市社区警务信息采集先进个人	吴忠市公安局	2015年2月12日
和耀龙	男	汉	2014年度全市公安机关思政工作之星	吴忠市公安局	2015年2月12日
陈吉祥	男	汉	全市公安机关侦查破案之星	吴忠市公安局	2015年2月12日
叶鹏飞	男	汉	全市公安机关规范执法之星	吴忠市公安局	2015年2月12日
陈雅楠	女	汉	全市公安机关窗口服务之星	吴忠市公安局	2015年2月12日
周　勇	男	汉	全市公安机关综合岗位之星	吴忠市公安局	2015年2月12日
马　宁	男	回	个人三等功	吴忠市公安局	2015年2月12日

续表75

获奖个人	性别	民族	奖励名称	批准机关	受奖日期
马力海	男	回	个人三等功	吴忠市公安局	2015年2月12日
杨军军	男	回	侦破“5·25”“12·12”等专案记三等功	吴忠市公安局	2015年2月12日
王海波	男	回	侦破“5·25”“12·12”等专案记三等功	吴忠市公安局	2015年2月12日
马学成	男	回	侦破“5·25”“12·12”等专案记三等功	吴忠市公安局	2015年2月12日

吴忠市红寺堡区公安分局民警立功受奖一览表(二)

表76

姓名	工作单位及职位	奖励名称	批准机关	受奖时间
马玉宝	红寺堡区公安分局新庄集派出所科员	2017年度工作成绩突出记三等功	吴忠市公安局	2018年2月11日
杨军军	红寺堡区公安分局刑侦大队大队长	2017年度工作成绩突出记三等功	吴忠市公安局	2018年2月11日
李　龙	红寺堡区公安分局刑侦大队科员	2017年度工作成绩突出记三等功	吴忠市公安局	2018年2月11日
马　列	红寺堡区公安分局交管大队副大队长	个人二等功	自治区公安厅	2018年6月13日
苏小勇	红寺堡区公安分局红寺堡派出所副所长	2017年度工作成绩突出记三等功	吴忠市公安局	2018年2月11日
马力海	红寺堡区公安分局副局长	2018年度成绩突出记个人三等功	吴忠市公安局	2019年2月19日
杜银波	红寺堡区公安分局刑侦大队科员	2018年度成绩突出记个人三等功	吴忠市公安局	2019年2月19日
虎国福	红寺堡区公安分局柳泉派出所副所长	2018年度成绩突出记个人三等功	吴忠市公安局	2019年2月19日
李　聪	红寺堡区公安分局交管大队科员	2018年度成绩突出记个人三等功	吴忠市公安局	2019年2月19日
买　剑	红寺堡区公安分局大河派出所辅警	2018年度成绩突出记个人三等功	吴忠市公安局	2019年2月19日
田华龙	红寺堡区公安分局派出所辅警	2018年度成绩突出记个人三等功	吴忠市公安局	2019年2月19日
郭富强	红寺堡区公安分局新庄集派出所辅警	2018年度成绩突出记个人三等功	吴忠市公安局	2019年2月19日
马力海	红寺堡区公安分局副局长	“1901”专项工作记个人三等功	吴忠市公安局	2019年10月23日
丁晓龙	红寺堡区公安分局辅警	“1901”专项工作记个人三等功	吴忠市公安局	2019年10月23日
胡志伟	红寺堡区公安分局试用期人员	“1901”专项工作记个人嘉奖	吴忠市公安局	2019年10月23日
马　瑞	红寺堡区公安分局一级警员	“1901”专项工作记个人嘉奖	吴忠市公安局	2019年10月23日
王进有	红寺堡区公安分局事业编警务人员	“1901”专项工作记个人嘉奖	吴忠市公安局	2019年10月23日
虎国福	红寺堡区公安分局柳泉副所长四级警长	中阿博览会安保工作记三等功	自治区公安厅	2019年10月30日
李　江	红寺堡区公安分局治安大队一级警员	中阿博览会安保工作记嘉奖	自治区公安厅	2019年10月30日
马力海	红寺堡区公安分局副局长、一级警长	国庆70周年安保工作先进个人	自治区公安厅	2019年10月30日
李发发	红寺堡区公安分局新庄集派出所一级警员	国庆70周年安保工作先进个人	自治区公安厅	2019年10月30日
海登鹏	红寺堡区公安分局新庄集派出所一级警员	国庆70周年安保工作先进个人	自治区公安厅	2019年10月30日
马东子	红寺堡区公安分局大河派出所辅警	国庆70周年安保工作先进个人	自治区公安厅	2019年10月30日
牛小波	红寺堡区公安分局一级警员	国庆70周年安保工作先进个人	自治区公安厅	2019年10月30日
马力海	红寺堡区公安分局副局长	1901专项工作记三等功	吴忠市公安局	2019年12月23日

续表76

姓名	工作单位及职位	奖励名称	批准机关	受奖时间
丁晓龙	红寺堡区公安分局副局长	“1901”专项工作记三等功	吴忠市公安局	2019年12月23日
胡志伟	红寺堡区公安分局试用期人员	“1901”专项工作记嘉奖	吴忠市公安局	2019年12月23日
马　瑞	红寺堡区公安分局一级警员	“1901”专项工作记嘉奖	吴忠市公安局	2019年12月23日
王进有	红寺堡区公安分局警务人员	“1901”专项工作记嘉奖	吴忠市公安局	2019年12月23日
耿　岩	红寺堡区公安分局指挥中心一级警员	在新冠肺炎防控中成绩突出嘉奖	自治区公安厅	2020年2月6日
牛晓波	红寺堡区公安分局四级警长	在新冠肺炎防控中成绩突出嘉奖	自治区公安厅	2020年2月6日
吴敬博	红寺堡区公安分局红寺堡派出所副所长	2019年度成绩突出记个人三等功	吴忠市公安局	2020年2月21日
牛晓波	红寺堡区公安分局禁毒大队四级警长	2019年度成绩突出记个人三等功	吴忠市公安局	2020年2月21日
常洪亮	红寺堡区公安分局红寺堡派出所辅警	2019年度成绩突出记个人三等功	吴忠市公安局	2020年2月21日
于　龙	红寺堡区公安分局红寺堡派出所副所长	“201”专项任务记个人嘉奖	自治区公安厅	2020年6月30日
杨　平	红寺堡区副区长、公安分局局长	三等功（“201”专项任务）	吴忠市公安局	2020年9月10日
金守礼	红寺堡区公安分局指挥中心四级主管	三等功（疫情防控）	吴忠市公安局	2020年9月10日
李　涛	红寺堡区公安分局新庄集派出所副所长	嘉奖（疫情防控）	吴忠市公安局	2020年9月10日
李正安	红寺堡区公安分局弘德派出所警务人员	嘉奖	吴忠市公安局	2020年9月10日
丁　璐	红寺堡区公安分局交警大队警务人员	嘉奖	吴忠市公安局	2020年9月10日
王海龙	红寺堡区公安分局交警大队辅警	嘉奖（疫情防控）	吴忠市公安局	2020年9月10日
杨如强	红寺堡区公安分局红寺堡派出所辅警	嘉奖（疫情防控）	吴忠市公安局	2020年9月10日
马富文	红寺堡区公安分局交警大队警务人员	嘉奖（扫黑除恶）	吴忠市公安局	2020年9月10日
马学成	红寺堡区公安分局刑侦大队大队长	嘉奖（扫黑除恶）	吴忠市公安局	2020年9月10日
王　宏	红寺堡区公安分局交警大队四级警长	交通秩序专项整治记个人三等功	吴忠市公安局	2020年11月2日
田彦财	红寺堡区公安分局法制大队警务人员	交通秩序专项整治记个人嘉奖	吴忠市公安局	2020年11月2日
周克娜	红寺堡区公安分局交警大队警务人员	交通秩序专项整治记个人嘉奖	吴忠市公安局	2020年11月2日
李彦鹏	红寺堡区公安分局交警大队辅警	交通秩序专项整治记个人嘉奖	吴忠市公安局	2020年11月2日
买　剑	红寺堡区公安分局交警大队辅警	交通秩序专项整治记个人嘉奖	吴忠市公安局	2020年11月2日
牛晓波	红寺堡区公安分局禁毒大队四级警长	2019—2020年度优秀个人	自治区公安厅	2021年1月25日
王廉深	红寺堡区公安分局刑侦大队一级警员	2020年度工作成绩突出记三等功	吴忠市公安局	2021年2月1日
马　昱	红寺堡区公安分局红寺堡派出所警务人员	2020年度工作成绩突出记三等功	吴忠市公安局	2021年2月1日
李彦鹏	红寺堡区公安分局交通管理大队辅警	2020年度工作成绩突出记三等功	吴忠市公安局	2021年2月1日
马　伟	红寺堡区公安分局红寺堡派出所辅警	2020年度工作成绩突出记三等功	吴忠市公安局	2021年2月1日
周耀伟	红寺堡区公安分局治安管理大队辅警	2020年度工作成绩突出记三等功	吴忠市公安局	2021年2月1日
张金锋	红寺堡区公安分局禁毒大队辅警	2020年度工作成绩突出记三等功	吴忠市公安局	2021年2月1日
陈大明	红寺堡区公安分局刑侦大队四级警长	2020年度工作成绩突出记嘉奖	吴忠市公安局	2021年2月1日
柯万民	红寺堡区公安分局红寺堡派出所警务人员	2020年度工作成绩突出记嘉奖	吴忠市公安局	2021年2月1日
冯　麟	红寺堡区公安分局刑侦大队科员	2020年度工作成绩突出记嘉奖	吴忠市公安局	2021年2月1日

八、吴忠市太阳山公安分局民警立功受奖名录

吴忠市太阳山公安分局民警立功受奖一览表(一)

表77

获奖个人	性别	民族	奖励名称	批准机关	受奖日期
王　义	男	回	2007年度优秀公务员	吴忠市公安局	2008年1月8日
			全市法律知识考试成绩优异个人	吴忠市公安局	2007年9月4日
			安全生产先进个人	吴忠市安全委员会	2011年4月1日
任国雄	男	汉	2009年度优秀公务员	吴忠市公安局	2010年1月23日
			三等功	吴忠市公安局	2010年1月30日
			2010年度优秀人民警察	吴忠市公安局	2011年1月19日
			吴忠市公安局优秀共产党员	吴忠市公安局	2011年6月24日
马力旭	男	回	共产党员示范岗	吴忠市公安局	2009年6月29日
			吴忠市优秀人民警察	吴忠市公安局	2008年1月8日
			优秀共产党员	吴忠市公安局	2009年6月29日
			2007年度全市公安宣传工作先进个人	吴忠市公安局	2008年6月2日
			自治区“五十大庆”安保工作先进个人	自治区公安厅	2008年10月27日
			2010年度优秀公务员	吴忠市公安局	2011年1月19日
			2011年度优秀公务员	吴忠市公安局	2011年1月19日
俞　新	男	汉	2009年度优秀公务员	吴忠市公安局	2010年1月23日
			处理太阳山“1·22”透水事故记三等功	吴忠市公安局	2010年5月7日
			侦破系列抢夺案立个人三等功	吴忠市公安局	2011年6月26日
马自珍	男	回	优秀公安基础单位和“十佳民警”	吴忠市公安局	2009年1月19日
			2007年度优秀公务员	吴忠市公安局	2008年1月8日
			全区警企联合保护电力设施先进个人	自治区公安厅、自治区电力公司	2009年1月
			优秀共产党员	吴忠市公安局	2008年7月1日
强生明	男	回	政法综治工作先进个人	吴忠市委政法委、综治委	2011年3月2日
			全区警企联合保护电力设施先进个人	自治区公安厅、自治区电力公司	2011年5月3日
宋　涛	男	回	全区警企联合保护电力设施先进个人	自治区公安厅、自治区电力公司	2009年1月
			全区政法系统运动会获奖人员嘉奖	吴忠市公安局	2010年1月30日
			全区警企联合保护电力设施先进个人	自治区公安厅、自治区电力公司	2011年5月3日
王　源	男	汉	全区政法系统运动会获奖人员嘉奖	吴忠市公安局	2010年1月30日
			2010年度执法能手	吴忠市公安局	2011年1月19日
			第七期轮训优秀学员	吴忠市公安局	2011年5月
李守亮	男	回	优秀共产党员	吴忠市公安局	2010年6月29日
			2009年度先进工作者	吴忠市公安局	2010年1月

续表77

获奖个人	性别	民族	奖励名称	批准机关	受奖日期
李守亮	男	回	吴忠市公安局优秀共产党员	吴忠市公安局	2009年6月29日
			2010年度先进个人	吴忠市公安局	2011年1月19日
马静云	男	回	吴忠市公安局优秀共产党员	吴忠市公安局	2011年6月24日
马少军	男	回	2010年度优秀公务员	吴忠市公安局	2011年1月19日
陈　峰	男	汉	吴忠市公安局机关优秀公务员	吴忠市公安局	2011年1月19日
杨　晗	男	回	2011年度先进个人	吴忠市公安局	2011年1月19日
任国雄	男	汉	2013年度全市禁毒工作先进个人	吴忠市禁毒委	2014年1月15日
徐　亮	男	汉	全市公安机关家谱化信息采集先进个人	吴忠市公安局	2014年1月20日
			2014年度全市社区警务信息采集先进个人	吴忠市公安局	2015年2月12日
田小辉	男	回	全市公安机关思想政治工作先进个人	吴忠市公安局	2014年1月20日
			2014年度全市公安机关思政工作之星	吴忠市公安局	2015年2月12日
蔡少峰	男	回	全市公安机关侦查破案之星	吴忠市公安局	2014年1月20日
马静云	男	回	全市公安机关规范执法之星	吴忠市公安局	2014年1月20日
蔡少峰	男	回	2014年度全市禁毒工作先进个人	吴忠市禁毒委	2015年1月29日
张振飞	男	汉	2014年度全市禁毒工作先进个人	吴忠市禁毒委	2015年1月29日
王文伟	男	汉	2014年度全市公安机关优秀人民警察	吴忠市公安局	2015年2月12日
范　斌	男	汉	全市公安机关侦查破案之星	吴忠市公安局	2015年2月12日
杜小平	男	回	全市公安机关规范执法之星	吴忠市公安局	2015年2月12日

吴忠市太阳山公安分局民警立功受奖一览表(二)

表78

姓　名	工作单位及职务	奖励名称	批准机关	受奖时间
梁东升	太阳山公安分局交管大队大队长	2017年度工作成绩突出记三等功	吴忠市公安局	2018年2月11日
蒲金鑫	太阳山公安分局科员	2017年度工作成绩突出记嘉奖	吴忠市公安局	2018年2月11日
撒志帅	太阳山公安分局暖泉派出所辅警	2018年度成绩突出记个人嘉奖	吴忠市公安局	2019年2月19日
马静云	太阳山公安分局暖泉派出所所长	2018年度成绩突出记个人三等功	吴忠市公安局	2019年2月19日
马世民	太阳山公安分局交管大队辅警	2018年度成绩突出记个人三等功	吴忠市公安局	2019年2月19日
任国雄	太阳山公安分局副局长	“1901”专项工作记个人三等功	吴忠市公安局	2019年10月23日
马　璇	太阳山公安分局辅警	“1901”专项工作记个人三等功	吴忠市公安局	2019年10月23日
马　宁	太阳山公安分局一级警员	“1901”专项工作记个人嘉奖	吴忠市公安局	2019年10月23日
刘　聪	太阳山公安分局警务人员	“1901”专项工作记个人嘉奖	吴忠市公安局	2019年10月23日
张云峰	太阳山公安分局暖泉派出所副所长	中阿博览会安保工作记三等功	自治区公安厅	2019年10月30日
田小辉	太阳山公安分局政办室主任	中阿博览会安保工作记嘉奖	自治区公安厅	2019年10月30日

续表78

姓 名	工作单位及职务	奖励名称	批准机关	受奖时间
杜小平	太阳山公安分局暖泉派出所四级警长	国庆70周年安保工作先进个人	自治区公安厅	2019年10月30日
任国雄	太阳山公安分局副局长	“1901”专项工作记三等功	吴忠市公安局	2019年12月23日
马 璇	太阳山公安分局辅警	1901专项工作记三等功	吴忠市公安局	2019年12月23日
刘 聪	太阳山公安分局警务人员	1901专项工作记嘉奖	吴忠市公安局	2019年12月23日
黑小鹏	太阳山公安分局交警大队辅警	在新冠肺炎防控中成绩突出嘉奖	自治区公安厅	2020年2月6日
马 鑫	太阳山公安分局副局长	嘉奖(“4·10”案)	吴忠市公安局	2020年9月10日
孙宗勇	太阳山公安分局副局长	嘉奖(201专项任务)	吴忠市公安局	2020年9月10日
李 通	太阳山公安分局暖泉派出所四级警长	嘉奖(疫情防控)	吴忠市公安局	2020年9月10日
王金瑞	太阳山公安分局交警大队辅警	嘉奖(疫情防控)	吴忠市公安局	2020年9月10日
杜小平	太阳山公安分局暖泉派出所副所长	2020年度工作成绩突出记三等功	吴忠市公安局	2021年2月1日
马玉飞	太阳山公安分局刑侦大队四级警长	2020年度工作成绩突出记三等功	吴忠市公安局	2021年2月1日
马 峰	太阳山公安分局法制大队辅警	2020年度工作成绩突出记三等功	吴忠市公安局	2021年2月1日
毛 龙	太阳山公安分局政办室辅警	2020年度工作成绩突出记嘉奖	吴忠市公安局	2021年2月1日
武金鹏	太阳山公安分局治安大队辅警	2020年度工作成绩突出记嘉奖	吴忠市公安局	2021年2月1日

九、吴忠市孙家滩公安分局民警立功受奖名录

吴忠市孙家滩公安分局民警立功受奖一览表

表79

获奖个人	工作单位及职务	奖励名称	批准机关	受奖时间
王 钧	孙家滩公安分局政办室主任	2017年度工作成绩突出记嘉奖	吴忠市公安局	2018年2月11日
韩海文	孙家滩公安分局孙家滩派出所科员	2018年度工作成绩突出记嘉奖	吴忠市公安局	2019年2月19日
王 钧	孙家滩公安分局政办室主任	“1901”专项工作记嘉奖	吴忠市公安局	2019年10月23日
马驰宇	孙家滩公安分局交警大队长三级警长	中阿博览会安保工作记嘉奖	自治区公安厅	2019年10月30日
文治军	孙家滩公安分局孙家滩派出所辅警	国庆70周年安保工作先进个人	自治区公安厅	2019年10月30日
王 钧	孙家滩公安分局政办室主任	“1901”专项工作记嘉奖	吴忠市公安局	2019年12月23日
马驰宇	孙家滩公安分局交管大队大队长	在新冠肺炎防控中成绩突出记嘉奖	自治区公安厅	2020年2月6日
韩海文	孙家滩公安分局孙家滩派出所四级警长	嘉奖(疫情防控)	吴忠市公安局	2020年9月10日
马立斌	孙家滩公安分局孙家滩派出所辅警	嘉奖(疫情防控)	吴忠市公安局	2020年9月10日
霍敬毅	孙家滩公安分局政办室主任	2019—2020年度优秀个人	自治区公安厅	2021年1月25日
李文军	孙家滩公安分局孙家滩派出所辅警	2020年度工作成绩突出记三等功	吴忠市公安局	2021年2月1日
马志丹	孙家滩公安分局孙家滩派出所辅警	2020年度工作成绩突出记嘉奖	吴忠市公安局	2021年2月1日

十、吴忠市公安局森林分局民警立功受奖名录

吴忠市公安局森林分局民警立功受奖一览表

表80

获奖个人	工作单位及职务	奖励名称	批准机关	受奖时间
赵燕莉	吴忠市公安局森林分局法制室主任	2017年度工作成绩突出记嘉奖	吴忠市公安局	2018年2月11日
顾吉军	吴忠市公安局森林分局副局长	三等功	自治区公安厅森林公安局	2019年4月23日
洪　森	吴忠市公安局森林分局二级警员	2019年度成绩突出记个人嘉奖	吴忠市公安局	2020年2月21日
赵燕莉	吴忠市公安局森林分局二级警长	公务员奖励证书	吴忠市委组织部	2020年8月10日
温小鹏	吴忠市公安局森林分局一级警员	嘉奖（疫情防控）	吴忠市公安局	2020年9月10日
王　楠	吴忠市公安局森林分局辅警	交通秩序专项整顿记个人嘉奖	吴忠市公安局	2020年11月2日

附 录

FU　LU

附　录

一、上级文献

中华人民共和国公安部关于刑事案件统计登记报告制度的几项规定

一、统计报告的范围、标准

（一）统计的范围、标准：公安机关进行侦查、调查、预审、处理的案件中，凡属下列情形之一者，无论一般刑事案件或重大刑事案件（包括特别重大案件），由民警治安部门统计。

1.使用枪支、利刃、棍棒等凶器或其他方法有意致人死伤的凶杀案件（包括反革命性质的杀人案件）。

2.有意施用毒物致使他人中毒的案件。

3.经现场勘查判明有意放火和发现有纵火迹象的案件。

4.持有凶器或使用暴力威胁人身安全、抢劫财物的案件。

5.侵入国家机关、团体、部队、学校、厂矿、企业、建筑工地、居民住宅或者其他处所偷取财物的偷盗案件；在人群集聚、拥挤的场所或街道上窃取他人身带财物的绺窃案件。

6.国家机关、企业、学校、合作社的工作人员利用职权侵吞国家和集体财物、拐款潜逃等案件中，须由公安机关采取侦查手段破案的案件。

7.以假冒、伪造或其他欺骗方法诈骗财物、拐骗妇女、儿童和进行政治诈骗的案件。

8.由民警治安部门负责侦查处理的破坏案件：如有意破坏交通、公用、水利设施、有意破坏农林作物、生产工具，对生产造成一定危害和影响的案件。

9.有意杀害或毒害国家、合作社或私人的牲畜，进行报复破坏的案件。

10.为牟取暴利破坏市场管理、套赚国家财物、以假货冒充真货等投机倒把案件中，须公安机关采取侦查手段破案的案件。

11.非法贩运物品需要侦查的走私案件。

12.制贩运鸦片、海洛因（吗啡）等毒品的案件。

13.私藏枪支和非法制贩运军火的案件。

14.破坏金融管理、非法买卖金银、外币、外汇以及伪造、变造国家货币、有价证券的案件。

15.伪造、变造国家机关、企业、公共团体、部队的印信、公文、证件的案件。（伪造图章、证件以诈骗为目的者算诈骗案）

16.强奸妇女、奸淫幼女、鸡奸幼童的案件。

17.猥亵侮辱妇女、幼女需立案侦查的案件，以及在当场抓需将罪犯逮捕法办的流氓犯罪案件。

18.聚众赌博抽头的案件。

（二）轻微盗窃、诈骗行为具有什么条件才统计为刑事案件的问题，主要应依据其事实情节及危害后果来确定。因此：

1.凡盗窃、诈骗国际友人、外宾、外侨、民主人士、高级首长的案件,无论钱财损失大小均应统计。

2.凡系刑满释放犯或其他刑事惯犯作案者均应统计。

3.凡使用技术性的盗窃手段作案的案件(如挖墙、破锁、割包)均应统计。

4.凡以盗窃手段进行破坏的案件,或盗取科学仪器、重要生产工具的部分零件,以致影响生产进行的案件,其直接损失虽然不大亦应统计。

5.盗窃、诈骗贫苦劳动群众的财物,其经济价值虽然不大,但造成生活极大困难的案件应予统计。

(三)对不具备上述情节的一般性的经济盗窃、诈骗案件,为便于统计,暂定北京、天津、上海、沈阳、武汉、广州、重庆、西安、旅大、长春、哈尔滨、鞍山、抚顺、南京、青岛、成都、太原17个城市以损失折款达25元以上者统计,其他中、小城市和农村达15元以上者统计。

对不具备前述情节其损失不足15元或25元的轻微盗窃、诈骗行为应登记起来,并组织派出所、区特派员查明处理,可不列为刑事案件统计。(为全面了解治安情况,对此类小案各市、县可自行掌握统计)

对公安机关办理的下列案件,亦不列为刑事案件统计:

1.不能判明是遗失、损耗还是被盗窃或破坏,因而无法证明犯罪事实的案件。

2.发生自家庭经济收入、支出不分,以及家庭成员之间相互偷盗的案件。

3.群众因家庭、婚姻、债务纠纷打架斗殴酿成人身伤害以及家庭成员之间因纠纷持凶器相威胁或已造成轻微伤害的案件。

4.一般群众将余粮、棉布、油料等物转让他人或贪图便宜抬价出售、数量不大的案件。

5.未经政府允许私宰牲畜出卖的案件。

6.一般群众与亲友以娱乐方式进行小额赌博的案件。

7.溺婴、打胎、遗弃、虐待、通奸、过失犯罪、巫医、庸医杀人、暗娼卖淫等事件。

8.一般造谣、张贴、涂写反动标语、拜神求医、请愿案件。(对其中性质严重、危害很大的案件可列入反革命案件统计)

二、重大刑事案件统计的范围、标准

在前述应统计的案件中,凡具有下列情形之一者,均应列为重大刑事案件。

1.凶杀、毒害、抢劫、强奸妇女、奸淫幼女的案件。

2.反革命和刑事犯罪分子纵火焚烧社会主义财产的案件;一般群众因私仇报复纵火,损失折款达200元左右或造成人命伤亡或火蔓街坊殃及数户的案件。

3.破坏铁道、较大桥梁、偷盗破坏输电线、电话线、破坏重要航道标志、破坏堤坝、重要农田水利设施、大型农具和其他重要生产工具的案件;毁坏大面积的农林作物的案件;有意残害牲畜,造成耕畜(包括乳牛)死亡、严重病伤致丧失生产、运输能力在三头以上的案件。

4.盗窃枪支、国家机密文件、区或相当于区级以上机关公章、重要仪器、文物古物的案件。

5.盗窃、诈骗专家、外宾、省市级以上民主人士等政治影响坏的案件。

6.冒充身份伪造证件进行诈骗,其情节恶劣、影响极坏的案件;拐骗人口的案件。

7.由公安机关立案侦查的利用职权侵吞社会主义财产(包括携款潜逃),价值在500元以上的案件。

8.损失重大的盗窃、诈骗案件,这类案件的损失折款暂定北京、天津、上海、沈阳、武汉、广州、重庆、西安、旅大、长春、哈尔滨、鞍山、抚顺、南京、青岛、成都、太原17个城市以300元为标准,其他中小城市及农村以150元为标准。

9.需立案侦查的下列案件:投机倒把、走私获利在1000元以上,贩运大烟3两(1两=50克)以上,制造毒品、贩运军火、伪造贩运假钞、有价证券的案件。

10. 五人以上结伙作案的刑事犯罪集团案件。

11. 属于上述一至八条所列举的预谋案件。

1956年4月

命令

宁夏回族自治区同心县公安局预旺镇派出所民警海小平同志，因连续工作过度劳累，于2010年3月13日突发心脏病，经抢救无效，不幸牺牲，年仅24岁。

海小平同志自2006年参加公安工作以来，忠实履行人民警察的神圣职责，爱岗敬业，忘我工作，顽强拼搏，无私奉献，取得了突出的工作成绩。他始终扎根基层一线，以强烈的事业心和责任感，一心扑在工作上，勤奋学习，刻苦钻研，扎扎实实做好各项基础工作，迅速成为派出所的业务骨干。他疾恶如仇，英勇无畏，擒毒犯，参加援疆维稳，面对各种险境，总是冲锋在前，为保一方平安做出了积极贡献。他对人民群众怀着浓厚的感情，经常深入偏远、贫苦山村，竭尽所能为群众做好事、办实事、解难事，积极化解矛盾纠纷，努力促进民族团结和社会和谐，受到了群众的广泛好评。他曾荣立个人三等功1次，多次被上级机关评为先进个人。特命令：追授海小平同志全国公安系统二级英雄模范称号，颁发奖章证书，奖励人民币3万元。

公安部部长：孟建柱

2010年6月29日

关于对全国公安机关整顿非法集资专项行动成绩突出集体和个人予以表扬的通报

公经〔2012〕599号

各省、自治区、直辖市公安厅、局、新疆生产建设兵团公安局：

2011年11月至2012年2月，全国公安机关按照国务院的统一部署，深入开展了整治非法集资专项行动。行动中，各级公安机关始终坚持“打击非法集资犯罪与保障经济发展，维护社会和谐稳定并重”的原则，加强监测预警，深入排查线索，积极创新技战法，大力开展集群战役，共立非法集资犯罪案件1446起，破案1185起，抓获犯罪嫌疑人2339名，立、破案数和抓获犯罪嫌疑人数同比分别上升109%、415%和311%，取得了前所未有的重大战果，有力地保障了人民群众利益，维护了国家金融安全和社会和谐稳定，涌现出一大批成绩突出的集体和个人。为表扬先进，激励斗志，公安部决定对全国公安机关整治非法集资专项行动成绩突出的93个集体和145名个人予以通报表扬。

一、成绩突出集体

宁夏回族自治区吴忠市公安局经侦支队

二、先进个人

（略）

中华人民共和国公安部

二〇一二年六月二十六日

中国共产党宁夏回族自治区委员会文件

宁党发〔1998〕31号

关于吴忠市党政机构设置及编制方案的通知

中共吴忠市委、吴忠市人民政府：

《吴忠市党政机构设置及编制方案》已经自治区机构编制委员会审核，现予批准，请抓紧组织实施。

中共宁夏回族自治区委员会
宁夏回族自治区人民政府
1998年8月27日

吴忠市党政机构设置及编制方案

根据国务院和自治区关于银南地区撤地设市的批复精神，结合国务院和自治区新一轮机构改革总体部署和要求，确定吴忠市党政机构设置及编制方案。

一、指导思想和原则

以党的十五大精神为指针，以“三个有利于”为标准，合理调整吴忠市和利通区行政管理体制，理顺行政管理关系，建设高素质的干部队伍，逐步建立起适应社会主义市场经济体制要求、功能齐全、结构合理、办事高效、运转协调、行为规范的行政管理体制。机构设置及编制配备要遵循以下原则：

第一，坚持“小政府、大服务”的原则。根据国务院机构改革精神，按照自治区关于银南撤地设市的要求，市、区机构设置和编制方案应充分体现机构改革的原则和要求，一次到位。

第二，坚持精简、统一、效能的原则。本着有利于改革开放、有利于发展社会主义市场经济、有利于调动市、区两级积极性，在兼顾眼前利益与长远利益、适当照顾利通区原有权益、协调处理好各方面关系的前提下，合理调整市、区两级事权和行政机构设置，明确职责权限，强化区域经济调节、社会发展和公共服务职能，加强基层，理顺市、区行政管理体制，避免职能交叉现象。

第三，坚持政企分开、转变职能的原则。按照建立社会主义市场经济体制的要求，调整合并涉工、涉商、涉农部门，减少直属事业单位，弱化对企事业单位的直接管理职能，强化监督、指导、协调职能。

第四，坚持因地制宜的原则。充分考虑吴忠市的农业、矿产、能源优势和发展潜力，以及地域广、人口多、经济与社会发展不平衡等实际情况，在机构设置、人员编制的确定上，既要贯彻中央和自治区有关要求，又要结合吴忠的实际，力求做到党政机构与本市经济社会发展相适应。

二、吴忠市机构设置

（一）市委及群团、民主党派机构设置

1.撤地建市后，市委机构调整意见：

（1）市委机要局、保密局并入市委办公室，保留牌子；党史办公室由市委办公室管理，为事业单位；档案局和档案馆合并，隶属市委办公室管理，为事业单位，保留档案局牌子；

(2)市委老干部局由市委组织部管理;

(3)市委宣传部挂市委精神文明建设委员会办公室牌子;

(4)市委政法委挂社会治安综合治理委员会办公室牌子;

(5)农村工作部更名为市委政策研究室;

(6)纪律检查委员会与监察局合署办公,一套机构、两块牌子;

(7)机构编制委员会办公室是市机构编制委员会的常设办事机构,既是市委的机构,又是市政府的机构,是负责全市机构编制管理工作的职能部门。

调整后,市委设工作机构七个:市委办公室、组织部、宣传部、统战部、政法委员会、政策研究室、直属机关工作委员会。

2.群众团体组织设六个:工会、团委、妇联、科协、文联、伊协。

3.民主党派和工商联组织设七个:民革、民盟、民进、民建、农工民主党、九三学社、工商联。

4.市委直属事业单位两个:报社、党校。

(二)市政府机构设置

1.撤地建市后,市政府机构调整意见

(1)市政府办公室挂法制局、外事旅游局牌子;信访办公室由市委办公室和政府办公室共同管理,以政府办公室管理为主;

(2)撤销计划建设统计局,组建市发展计划委员会、市建设局;

(3)发展计划委员会同时挂统计局、粮食储备局、市国防动员委员会经济动员办公室牌子;

(4)商贸局并入经济委员会,经济委员会更名为经济贸易委员会,同时挂经济体制改革办公室、对外贸易经济合作局牌子;

(5)财政局挂市国有资产管理局牌子;

(6)撤销人事劳动局,组建市人事局、市劳动与社会保障局;

(7)土地矿产资源管理局更名为国土资源局;

(8)建设局挂人民防空办公室牌子;

(9)组建市交通局,交通局挂市国防动员委员会交通战备办公室牌子;

(10)水利水保局更名为水利局;

(11)撤销农林牧业局,组建农牧局、园林管理局,乡镇企业局并入农牧局,保留牌子,园林局挂市绿化委员会办公室牌子;

(12)计划生育局更名为计划生育委员会;

(13)组建市广播电视局,与市广播电视台实行局台合一管理体制;

(14)组建市质量技术监督局。

调整后,市政府设工作机构二十八个:政府办公室、发展计划委员会、经济贸易委员会、教育局、科学技术局、财政局、民政局、司法局、公安局、国家安全局、监察局、人事局、劳动与社会保障局、民族宗教事务局、审计局、工商物价管理局、国土资源局、建设局、交通局、水利局、农牧局、园林管理局、文化体育局、广播电视局、卫生局、计划生育委员会、环境保护局、质量技术监督局。

2.市政府直属事业单位四个:市农业开发建设办公室(挂扶贫扬黄灌溉指挥部办公室牌子)、地震局、职工中专、残疾人联合会。

市委、市政府共设工作机构三十五个。另设部门管理的机构两个:老干部局(由组织部管理)、信访办公室(由市委办公室、政府办公室共管以政府办公室管理为主)。

(三)市人大、政协及法院、检察院机构设置

1.市人大设常委会办公室、法制工作委员会、民族宗教侨务工作委员会、财经工作委员会、科教文卫工作委员会、人事代表选举工作委员会、农业环境资源工作委员会。具体设置按照自治区有关要求办理。

2.市政协设常委会办公室、学习文史资料委员会、提案委员会、社会法制委员会、民族宗教港澳台侨联络委员会、经济科技委员会、教文卫体委员会。具体设置按照自治区有关要求办理。

3.市中级人民法院、检察院机构设置和人员编制按照中办发〔1996〕16号文件执行。

三、利通区机构设置

(略)

二、规章制度

吴忠市公安机关服务经济建设推动城市化进程八项新措施

2003年3月5日

为更好地发挥公安机关打击犯罪、保护人民、维护稳定、服务经济建设的职能作用,全力推进吴忠城市化建设进程,创造更加宽松的治安环境,特制定出台“八条”新措施。

一、全市公安民警必须以“严格执法、热情服务”为宗旨,牢固树立为创新经济环境,发展吴忠经济服务的意识,进一步提高公安机关的整体执法水平,创造人民满意的良好形象。

二、始终坚持严打方针不动摇,严厉打击杀人、爆炸、抢劫、绑架、强奸、伤害、盗窃和带有黑社会性质的流氓恶势力等严重刑事犯罪活动,对现行案件做到及时出警、快侦快破,提高破案率,强化公安机关的打击职能。

三、预防和打击经济犯罪活动,积极配合经济管理部门大力整顿和规范市场经济秩序,及时侦破经济犯罪案件。严格依法办案,严禁插手经济纠纷,为企业和投资商创造有序的市场竞争环境。

四、全面实施社区警务战略,加强治安防范,夯实基层基础工作,扩大为民服务范围,方便群众报案求助,进一,步密切警民关系。

五、改革现有的户籍管理制度,自即日起凡符合下列条件的,只要出具相应的证明材料,均可在拟常住的辖区内申请办理入户手续。

1.在拟常住地有合法固定住所的。

2.在拟常住地投资、办企业,有营业场所和工商执照的。

3.在拟常住地务工并与用工单位签订二年以上合同的。

对符合条件办理入户手续的,只收取相应的工本费,不得巧立名目收取其他费用。

六、取消以下行政审批项目

1.娱乐场所经营单位设立治安审核;

2.按摩服务场所的设立审批;

3.管制刀具生产许可证核发;

4.匕首佩带证核发;

5.管制刀具经销审批;

6.特种刀具购买证核发;

7.自行车分合式牌照登记发牌;

8.进口彩电、复印机审批；

9.设立旧货企业、旧货市场及个体工商户经营用货特种行业许可；

10.设立生产性废旧金属收购企业特种行业许可；

11.设立报废汽车回收(拆解)企业特种行业许可；

12.设立印刷企业特种行业许可；

13.守库押运人员的审查培训和资格审批；

14.国有企业保卫人员上岗合格证审批和保卫机构负责人任免的备案；

15.经济民警服装定点生产企业审批；

16.运钞车运营免检通行证核发；

17.经济民警队伍的组建、撤销审批；

18.易燃易爆化学物品储存,经营消防安全许可证核发；

19.易燃易爆化学物品准运证核发；

20.个人从事印刷活动特种行业许可证的审查；

21.取消公共娱乐场所消防安全合格证,停止核发易燃易爆化学物品消防安全审核意见书；

22.取消因私出国提供境外邀请函；

23.进一步放开消防产品生产、维修市场,取消立项审批制度,凡具备生产维修条件的,均可向消防总队申报办理；

24.放开消防产品销售市场,凡取得国家质量认证、许可证书的消防产品经销商,皆可进入我市销售。

七、简化办事程序,缩短办事时限

1.缩短机动车和驾驶员审批时间。对办理机动车注册登记、变更或转籍过户的有车单位、个人,手续完备的,当天受理当天办结。对学习期满,条件具备考驾驶证的人员,可随时办理预约报考手续:对办理机动车、驾驶员业务手续不完备者,一次将退办单填注清楚,决不让办事群众跑第三趟。

2.对发生的一般交通肇事,实行简易程序处理;对双方责任清楚并能当场达成协议的,只作登记和调解,一律不作扣车、扣证或罚款处理。

3.在干线公路同一路段30公里范围内,不得同时设点重复检查。严禁双向查车。

4.缩短建筑消防审核期限。一般工程,7日内审核完毕:重点工程、国家级。大型工程,1 5日内审核完毕;工程验收期限为7日,验收后5日内出具建筑工程消防验收意见书。

5.对于来宁投资企业,消防规定图纸送审齐全后,方可进行审核的,改为分项目、分期,分批审核,减少中间环节和有关图纸报表。

6.减少对消防重点单位检查的次数,由过去的季度性检查改为年度抽样性检查。

7.简化出入境审批签字手续,由外管部门审查后直接报批;正常的出入境申请手续,齐全的当日内办结,最长不超过3个工作日。

8.对文化娱乐场,宾馆、饭店等,除因侦查破案、治安管理的需要和经过批准的查验外,不准随意进行检查。

八、增强主动服务意识,提高服务质量

l.全面推进“窗口”岗位警务公开、不断增强工作透明度,市局及各基层业务机关凡办理入户、迁户、治安刑事案件、证照等窗口岗位,要进一步向社会公开办事程序、政策、收费、复议等事项,虚心接受社会监督。杜绝“三乱”现象的发生。

2.对国家重点建设项目工程和辖区内私营、个体、合资、国有企业以及来吴投资或施工单位10辆以上车辆的年度检验工作,可到企业或施工现场进行检审验;对有10辆以上新车或过籍车辆需经注册登记的,可预约上门办理。

3.对办理进口车辆注册登记或办理延缓报废手续的车辆，车管所可为车主到交警总队代办审批手续，在30日内办理完结。

4.外省区车辆在吴忠境内行驶时，以提供交通安全服务为主。值勤民警对进入逆行道路行驶、违章停车等一般违章行为，应对其进行善意提醒，不做扣证、扣车或罚款处理。

5.组团来吴旅游的各类客车准许进入各城区，对有申请引导服务的大型旅游团队提供引导服务。

6.对来吴购买或途经拉蔬菜、瓜果、禽蛋、肉类等食品的车辆，发生一般违章行为的应尽快放行，一律不得作扣车、罚款处理。对发生交通事故的及时协助联系转运车辆。

7.对来吴投资办企业需运输超长、宽、高物资的车辆及时办理准运证；运送危险、特殊物资的，可预约为其开道护送。

8.凡需到边境地区出差、旅游、探亲的人员，持居民身份证、单位介绍信或乡政府的证明，近期免冠照片2张，即可到相应的县(市、区)治安，户籍部门随时办理。也可直接到市公安局治安支队办理，只收取工本费。

9.对申请材料齐全和在特殊情况下急需办理出境手续的随到随审核，快速办理。

10.对来吴投资、经商的外省市人员，因私申请出国的，在充分调查核实的基础上，尽快依法为其办理相关手续。

11.对来吴投资、经商的外国人，快速办理签证等手续，依法适时放宽住宿条件。

12.消防、外事、治安派员驻政务大厅，负责受理、咨询事务，提供快捷、高效的服务。

13.积极为暂住人员提供办证、登记等服务，依法保护暂住人口的合法权益及人身、财产安全。暂住人员在本市暂住一年以上的可凭暂住证办理汽车驾驶证，并可办理其因公因私前往边境地区的通境通行证。

以上措施各职能部门务必认真遵照执行，并自觉接受群众监督。市公安局投诉电话设在市局警务督察队，号码为0953—2126542，各县(市、区)公安局110电话接受群众投诉，并向社会公布监督投诉电话。对群众投诉的问题，由警务督察部门调查处理。

吴忠市公安局科级领导干部竞聘上岗实施方案

根据《党政领导干部选拔任用工作条例》等有关规定和《吴忠市公安局警官管理办法(试行)》精神，经市局党委研究，决定对市区公安机关空缺的科级领导职位进行竞聘上岗。现制定实施方案如下。

一、组织领导

为了加强对竞聘上岗工作的组织领导，成立由市委常委、公安局党委书记、局长徐耀任组长，市委组织部副部长孙亚东，市局党委副书记、政委吴海波，市局党委副书记、副局长高学文任副组长，市局党委其他委员和市纪委第六纪工委书记王智成为成员的吴忠市公安局科级领导干部竞聘上岗工作领导小组(以下简称“领导小组”)，负责竞聘上岗工作的指导和组织实施。

领导小组下设办公室，设在政治部，具体负责竞聘上岗工作的组织实施，市局党委委员、政治部主任张本福兼任办公室主任。

二、竞聘职位

(一)正科职位:3个

1.指挥部副主任兼机要文秘科科长；2.利通区分局政工监督室主任兼教导员；3.太阳山分局副局长。

(二)副科职位:9个

1.指挥部机要文秘科副科长；2.指挥部公共关系科副科长；3.市看守所副所长；4.利通区分局警务保障室副

主任；5.太阳山分局刑侦大队大队长；6.红寺堡区分局治安大队大队长兼教导员；7.红寺堡区分局刑侦大队副大队长；8.红寺堡区分局沙泉派出所副所长；9.红寺堡区分局大河派出所副所长。

三、竞聘上岗人员的基本条件和资格

（一）条件和资格

参加竞聘上岗的人员，除应具备《党政领导干部选拔任用工作条例》规定的六项基本条件外，同时还应具备以下资格：

1.竞聘正科级领导职务的应当是：（1）现任正科级领导干部；（2）副处级侦察员或主任科员；（3）正科级后备干部。

2.竞聘副科级领导的应当是：（1）现任副科级以上领导干部；（2）副科级以上非领导职务干部；（3）副科级后备干部。

3.晋升正科级警官职务，需任副科级职务满两年以上；晋升副科级警官职务，需任科员职务满三年以上。

4.提任科级警官职务，一般男不得超过48周岁、女不得超过45周岁。

5.必须占编授衔，具备公务员身份。

6.具有大学专科以上文化程度。

7.近三年年度考核均被评定为称职以上等次。

8.具备职位规定的其他任职资格条件并符合回避、交流规定。

任职时间、工作时间、出生年月的计算均截至2012年5月31日。

红寺堡区分局由于政法专项编制单列，参加竞聘人员只能报名参加红寺堡区分局科级领导职位的竞聘。市局机关、利通区分局、太阳山分局参加竞聘人员报名不受限制。

凡受党纪、政纪处分期限未满的，正在接受纪检、检察机关立案调查的，不得参加竞聘上岗。

（二）竞聘职位特殊要求

1.指挥部副主任兼机要文秘科科长和利通区分局政工监督室主任兼教导员必须具备较强的分析问题、文字写作和组织协调、指挥能力；

2.指挥部机要文秘科副科长和公共关系科副科长必须具备较强的文字写作能力；

3.太阳山分局副局长必须具备较强的分析问题、组织协调、指挥和领导能力，熟悉刑侦或派出所业务工作；

4.红寺堡区分局治安大队大队长兼教导员和沙泉派出所副所长、大河派出所副所长必须具备两年以上基层工作经历，熟悉派出所业务工作；

5.太阳山分局刑侦大队大队长和红寺堡区分局刑侦大队副大队长必须具有三年以上刑侦工作经历（含派出所刑侦民警），侦查破案能力强。

（三）有关事项

2011年6月科级领导干部竞聘上岗提拔的正副科级领导干部竞聘到新职位后，试用期重新计算。

四、竞聘程序

竞聘上岗工作在吴忠市公安局科级领导干部竞聘上岗工作领导小组的领导和市委组织部的指导下，按照以下程序实施。

1.发布公告。在全局范围内发布《吴忠市公安局科级领导干部竞聘上岗工作实施方案》，公布竞聘上岗的组织领导、竞聘职位、条件和资格、竞聘程序和工作纪律等。

2.报名。采取个人自荐的方式报名，自愿填报竞聘职位，每人只能选报1个职位。报名者须填写吴忠市公安局科级领导干部竞聘上岗报名登记表（A4纸大小），注明是否服从组织安排，并提供学历证书复印件一份（报名时须携带原件审核）。在报名过程中，允许报名人员查询各职位报名情况，报名人员在规定的时间内可调整所报职位。报名地点在领导小组办公室(政治部人事训练科),报名咨询电话:2126537。

3.资格审查。报名结束后,按照竞聘上岗实施方案规定的条件和资格,由领导小组办公室对报名人员的资格条件进行严格审查,并将审查结果公布。对报名人数达不到竞聘职位人数2:1以上的,该竞聘职位取消,放到第二轮进行,报名人员可以调整报名职位。

4.笔试(20%)。组织符合条件报名人员开展基本法律知识、信息化应用、行政能力与公文写作三项测试(基本法律知识成绩以2011年全区公安民警执法资格考试成绩为准,信息化应用和行政能力与公文写作成绩以2011年综合素质测试成绩为准)。

5.竞职演讲和素能测评(20%)。采取现场演讲的方式进行。竞职演讲主要测试竞聘者的逻辑思维能力、语言表达能力、决策能力、组织协调能力和专业知识水平。在竞聘者演讲后,发放素能测评表,根据竞聘演讲人员现场表现进行打分,分类计票。其中,领导小组成员打分占60%,民警职工打分占40%。

6.定向推荐(30%)。召开会议由竞聘上岗领导小组成员和民警职工分别在符合条件的报名人员中进行定向推荐,分类计票。其中领导小组成员推荐占60%,民警职工推荐占40%。

7.组织考察(30%)。组成考察组对参加竞聘人员德、能、勤、绩、廉等方面情况进行考察,重点考察德和工作实绩。

(1)资历量化(10%)。对符合报名条件人员的年度公务员考核结果、工作年限、任职资历、受教育程度和受表彰奖励情况进行量化打分,各占2%。

①年度公务员考核结果量化:近三年公务员考核,连续3年优秀2分,2年优秀1年称职1.6分,1年优秀2年称职1.2分,连续3年均为称职0.8分。

②工作年限量化:参加工作满1年得0.1分,满20年以上得2分。

③任职资历量化:任现任职务满1年得0.2分,满10年以上得2分。

④受教育程度量化:研究生以上学历得2分,本科学历得1.5分,大专学历得1分。

⑤受表彰奖励情况量化:荣获国家级表彰和被评为全国特级优秀人民警察、全国优秀人民警察得2分,荣获省部级表彰或荣立个人一等功得1.5分,荣获全国专项工作表彰、地厅级表彰或荣立个人二等功得1分;荣获全区专项工作表彰、县处级表彰或荣立个人三等功得0.5分。受表彰奖励计分最高不超过2分。

(2)考察组成员打分(20%)。考察结束后,由考察组成员对考察对象德、能、勤、绩、廉方面表现情况进行量化打分。

8.征求意见。由领导小组办公室负责征求有关方面意见。市局科级领导职位征求部门正职和分管局领导意见,派出分局副职征求所在分局局长意见,派出分局内设机构和派出机构科级领导职位征求所在分局党委(党支部)意见。

9.党委研究。竞聘人员综合成绩按百分制计分,其中笔试、素能测评、定向推荐、组织考察分别按20%、20%、30%、30%的比例折算综合成绩。市局党委参照竞聘人员综合成绩和征求意见情况,并结合岗位特点,研究确定拟任人选。对所有参加竞聘人员均不适合竞聘职位的,该职位放到第二轮继续竞聘。

10.聘任。根据市局党委研究决定,对平级聘任的发文予以正式聘任,颁发聘书,明确岗位目标和责任,并在市局信息网公布。对提拔任职人员,在全局范围内进行公示。对公示无异议的,予以正式聘任。对公示期间发现有影响任职问题的,取消聘任资格。对提拔任职的,在聘任期内不胜任现岗位的予以解聘,不保留相应职级待遇。

三、典型事例

将爱播撒在道路安全上

——记青铜峡市公安局交通管理大队主任科员李卫东

青铜峡市公安局交警大队副主任科员李卫东1982年调入青铜峡市交管部门，先后从事秩序管理、五小车辆管理、交通事故处理等工作。1992年从事交通安全宣传以来，他爱岗敬业，努力研究交通安全科学化管理方式方法，把全部心血和汗水奉献给交通安全管理工作。

为了搞好交通安全管理和宣传工作，李卫东认真学习道路交通安全法律、法规和相关知识，孜孜不倦地研究探索科学管理道路交通的方式、方法，就连睡觉都在思忖如何提高全民交通安全意识，保障人们安全出行的事。晚上想好的事，天不亮就出去干，当人们走进各自的工作岗位时，李卫东又投入紧张的日常交通安全管理和交通安全宣传工作中。

为了使交通安全宣传内容更加生动，形式更多样化，更能引人注目，更具有说服力，李卫东经常到交通事故现场参与分析和处置，特别是重特大事故，总要设法赶到现场，掌握第一手素材，并通过公安网络不断收集全国的各类交通安全资料，及时掌握交通安全管理工作新动向，不断总结工作经验，努力学习提高演讲技能，自己动手编写交通安全宣传材料，制作交通安全宣传展板、交通宣传教育课件。常常因为太专注忘记下班、吃饭，工作至深夜，仅编写的交通安全宣传教材和收集的交通安全宣传材料就放满了两个文件柜，长期地努力学习和工作实践，使李卫东熟练掌握了相关的技能和知识，如做群众工作、写作、演说、绘画、摄影、电脑操作等。

多年来李卫东几乎没有休息过公休日和节假日，越是节假日越忙着进行交通安全宣传。经常有人问我，“你整天这么没日没夜地工作，难道不累吗？”他总是很认真地说：“工作就是责任，能使更多的人懂得交通安全的重要性，我辛苦点值得。”妻子有时埋怨“别人都有节假日，就你忙”，孩子也常问李卫东：“爸爸，别人都休息，你为什么还要上班？”李卫东总是笑笑说：“谁让我是交通警察呢？我少休息一天，路上的行人就会多一分安全。”2008年10月份，李卫东母亲病危至去世，一个多月的时间，他仅陪母亲待了一个半天，母亲只好由他的妻子替他照顾，自己只有在公休日的夜晚想方设法赶到来到母亲身边。

仅2009年，李卫东除加班外出勤348天，制作交通安全宣传课件8部，编写交通安全宣传材料写50多万字，在辖区驾协工作站、学校、社区、村镇、机关、企业、部队、集市、清真寺讲授交通安全课328场次；制作交通安全宣传展板50期324块，巡回展出交通安全宣传展板125天10255块次；放映交通安全教育片89场次；在公安网络发表交通安全管理论文2篇；各类报刊和公安网络发表交通安全宣传文章90篇；巡回播放自制交通安全宣传录音56天次；发放各类交通安全宣传材料8万余份；先后到交叉路口、学校门前指挥、疏导交通600多次。清晨人们还没走出家门，不到5点李卫东已走进办公室开始编写、制作各类交通安全宣传材料，到了早上上班高峰期，又来到交叉路口指挥、疏导交通，耐心地给人们讲解着相关的交通安全知识；学校开学期间，李卫东每天早上6点多钟，中午、下午放学时，在中、小学校门前指挥、疏导交通，劝车辆驾驶人、行人、中小学生遵守道路交通安全法律、法规。无论是严冬酷暑，还是秋雨霏霏，李卫东始终坚持这样做。人们看到李卫东在路口指挥交通，风雨淋湿了衣帽，过往的群众、驾驶员、中小学生、老师心痛地给他送来雨伞；烈日下，送来纯净水一定要李卫东喝下去；秋季在偏远农村学校的小学生听了李卫东讲的交通安全课，把自己舍不得吃的苹果拿来洗干净非要李卫东吃下去，李卫东不要，小学生急得哭了起来，直到看着李卫东吃下去才肯离开。

2008年1月在青铜峡市公安局各级领导的支持下，李卫东与青铜峡市广播电台联合开办了的“老李说交通”

节目,2009年又与青铜峡市电视台开办了《平安出行》电视节目,节目一开播就深受人民群众的喜爱。自开播至今,“老李说交通”广播节目制作播出了48期、《平安出行》电视节目20期。

从事交通安全宣传工作后,李卫东养成了走到哪里把交通安全宣传到哪里,哪里人多就到哪里去演讲的习惯。李卫东开着宣传车走遍了青铜峡市的村镇、部队、机关、学校、企业、集市、大街小巷、田间地头。李卫东讲的交通安全课通俗易懂,制作的宣传展板内容丰富、交通安全宣传幻灯片惊心动魄,很受群众欢迎,使交通安全宣传工作不仅局限在青铜峡市,并且走进了周边县市,先后应邀到吴忠市自来水公司、吴忠市电信局、武警吴忠支队、吴忠市上桥小学讲道路交通安全课和展出交通安全宣传展板。农村的小学生、学龄前儿童听了李卫东讲的交通安全课,放学的时候会排成一队紧靠路边行走;城市的学生听了李卫东讲交通安全课,看见红灯拉住家长的胳膊说“交警李叔叔说不能闯红灯”;单位的领导听了李卫东讲的交通安全课,教育职工要做到“保护生命,平全出行”;农民看了李卫东制作的交通安全宣传展板,站在展板前对自己家里的人说“横过公路要走人行横道,一慢、二看、三通过”;城市居民看了李卫东制作的交通安全课件,告诉家人“遵守道路交通安全法律、法规,关爱生命是每个人不可推卸的责任和诚信”。通过李卫东不断的交通安全宣传,使人们的交通安全观念逐步由“要我安全”转变为“我要安全”。

在下基层过程中,李卫东经常向群众打听各企业、村镇、社区、学校、社会团体举办的各种群众性活动的时间,并到活动现场展出交通安全宣传展板,给企业职工和农民、市民、学生讲交通安全课,散发各类交通安全宣传材料。想方设法将道路交通安全宣传活动贯穿到社会团体组织的各项活动之中,潜移默化地把道路交通安全的新观念、新思想渗透到人们的日常生活中。李卫东十分注重与老百姓沟通、对话,及时了解掌握他们对交通安全管理工作的意见和看法,归纳整理后向领导反映,很多意见和建议被采纳,为上级决策提供了依据,使青铜峡市的道路交通安全管理工作越来越得到广大群众的认可。

李卫东对人和气,以理服人,善于做群众工作和化解矛盾,由于善解人意,以诚待人,很多矛盾都会迎刃而解。在处置交通事故和疏导交通时,总能抓住事故现场围观群众多的有利时机,主动开展现场交通安全宣传,使每个人充分认识到道路交通事故的发生并非偶然,而是取决于人们遵守道路交通安全法律、法规程度。2008年1月,青铜峡市峡口镇沈闸村发生一起死亡交通事故,死者亲属和围观的百余名群众在一起,群情激动,现场一片混乱,李卫东赶到现场后,首先向围观的群众敬个礼和善地说:“请您站到路边配合一下我们交警的工作,道路上现在还有过往的车辆存在着高度危险,请您注意自身的交通安全,不要让交通事故悲剧再发生在我们中间”,虽然很普通的几句话,却拉近了他和百姓之间的距离,很快平静了围观群众的情绪,这时李卫东走到向死者家属的面前,用十分真诚地态度说:“这是我们谁也不想发生的事,如果要是我的亲人遇到了这样的事,可能我现在还不如您,可什么事总要有个了结。”几句恰当暖心的话安抚了当事人的情绪,紧接着李卫东又给死者的亲属讲了相关的法律、法规和办案程序,使当事人明白了事故的处理方法,握着李卫东的手不停地表示感谢。

不管是执行公务还是休息时间,李卫东遇到人民群众有困难总是想方设法去帮助。2009年1月20日,正是入冬以来寒流侵袭最冷的一天,老李中午回家时,在紫微小区路上远远地听到一位老人坐在地上问路,李卫东很热情地解答了他要去的地方,可老人还是坐在地上不动而且衣着单薄,见状李卫东走到老人面前,搀扶老人时,发现老人的双腿已冻僵,李卫东却毫不犹豫将老人背在身上将他送回了家,直到把老人安顿好才放心离开。

是什么支持着李卫东这样工作,正如李卫东常说的那样:“是心中那闪亮的警徽,是人民警察热爱祖国、热爱人民的满腔热血和神圣的职责教育着我,我所做的一切,与祖国和人民给予我的相比,是那么的微不足道,我只有牢记人民警察的宗旨和自己的神圣职责,更加努力地工作,才能不辜负祖国和人民对我们的期望。”

智勇擒凶　光耀回乡

——吴忠市公安局利通区公安分局三民警先进事迹

“我的兄弟都没事吧？嫌疑人抓住了吗？”刚刚接受了4个小时手术的吴忠市利通区公安分局刑警大队副队长张立刚急切地问。

“其他人都没事，嫌疑人已被抓捕，你放心养伤。”病床前，自治区公安厅副厅长高振宇关切地对他说。事发后，自治区党委常委、政法委书记、公安厅厅长苏德良闻讯后，委派副厅长高振宇前往吴忠市人民医院慰问。吴忠市委常委、公安局局长徐耀，吴忠市公安局副局长、利通区委常委、公安分局局长贺占忠第一时间赶赴医院，组织救治民警。吴忠市委书记白雪山、吴忠市代市长白尚成、副书记贾红邦先后看望慰问受伤民警。

三民警浴血擒悍匪　2012年9月4日凌晨1时许，犯罪嫌疑人吴某某因琐事伙同3人窜至吴忠市利通区一餐厅，持匕首、砍刀等凶器砍伤受害人王某头部、臀部，并抢走一条价值1.25万元金项链后逃走。这起抢劫案被利通区公安分局局长贺占忠列为督办案件。

9月份至11月份，连续发生4起案件，涉嫌抢劫、诈骗、敲诈勒索，均涉及一个重要的犯罪嫌疑人吴某某。

2012年11月13日，家住利通区郭桥乡郭桥村3队的杨自勇报案称，吴某某以粘贴售楼广告的方式，虚构住房信息，向其出售某小区住房一套，被骗取现金10万元；2012年11月23日，家住利通区金花园一住户报案，吴某某以同样方式向其出售住房，骗取现金8.4万元；11月15日，利通区东塔乡二道桥村一村民报案，称吴某某为承包建筑工程，用电话恐吓，并持刀威胁等方式，共敲诈勒索现金14万元。

一系列涉嫌抢劫、诈骗、敲诈勒索案件的发生，在社会上引起强烈反响，利通区公安分局面临巨大压力。

2012年11月30日，刑警大队获悉吴某某与其女友在银川南门一带活动。他们随即赶到银川，找到吴某某藏匿的宾馆，缴获大小不一的5把砍刀，并控制其女友。通过做思想工作，该女子配合警方给吴某某打电话。但吴某某三次更改见面地点，始终不见其人。

2012年12月19日11时30分许，警方获悉吴某某入住利通区某宾馆的线索后，利通区公安分局副局长丁朝炜、刑警大队副大队长张立刚、民警马玉涛一行立即前往抓捕。到达现场后民警兵分两路，一路由两名民警在门口封堵，另一路入房抓捕。在警方破门进入案犯所住房间后，发现有两名犯罪嫌疑人，民警迅速两人一组将疑犯分别控制，案犯吴某某倚仗其身高优势，挣脱民警控制，掏出随身携带的匕首向民警疯狂挥刺，丁朝炜为保护民警，徒手紧紧抓住吴某某的匕首刃，吴某某从丁朝炜手中抽出匕首刺伤张立刚肩部后，夺门而逃。

随后民警紧追不舍，另两名在楼下封堵设伏的民警在上楼增援时与吴某某遭遇，民警马玉涛和丁义峰扑向吴某某死死将其抱住，吴某某此时已是穷途末路，于是更加疯狂地向马玉涛头部连砍两刀。随后追来的民警夺过匕首，吴某某凭借浑身蛮力再次挣脱民警，向宾馆门外逃窜。受伤民警们继续追赶，在马路边最终将歹徒扑倒制服。

丁朝炜　危险面前勇于担　当说起干刑警，丁朝炜说，最感谢的应该是父亲。他的父亲丁忠是一名老刑警，受父亲的熏陶，丁朝炜从小就立志要当刑警。

17年前，丁朝炜的梦想终成现实，成为一名光荣的人民警察。从一名普通民警，到执掌利通刑警这支王牌刑警队伍的分管副局长，丁朝炜说：“这是我一生最大的荣耀。”

17年来，丁朝炜经历了无数次生与死、血与火的考验。不知有多少个日夜，他为了案件线索而绞尽脑汁；也不知有多少天，为抓捕犯罪嫌疑人蹲坑守候；更不知有多少夜晚，他加班分析案情。始终奔波在案件侦破的第一线，只要一有案子，他身先士卒，始终冲在最前面。

丁朝炜认为，刑侦是一门艺术，不仅要求刑警不畏艰难困苦，还要具备刻苦的钻研精神、丰富的想象力，以及敏锐的观察力、准确的判断力和综合分析能力。他参与侦破各类案件1000多起，抓获犯罪嫌疑人500多人，先后20多次立功、受奖。我区迄今为止个案缴获毒品海洛因数量最多的一起案件，就是丁朝炜破获的。2012年3月28日成功破获一起特大贩卖毒品案，缴获毒品海洛因21.31公斤，抓获3名犯罪嫌疑人，彻底捣毁一个横跨滇蜀宁三地利用物流运输毒品的特大贩毒网络。

2000年8月16日，在银南供电局一公共卫生间内发生一起杀人案，利通公安刑警大队集中全部精力投入破案，而就在此时，市区又连续发生多起蒙面持刀入室抢劫案，公安厅对案件侦破进行挂牌督办，要求限期破案。

在历时一个月的侦查中，丁朝炜一心扑在案件侦查中，通过询问受害人得知，嫌疑人操本地口音。随后警方经过调查走访、分析规律，确定熟人作案的嫌疑最大。丁朝炜日夜兼程走访调查300多人，排除嫌疑人100多人，最终在上桥镇入户调查中锁定犯罪嫌疑人周某某。

在侦查过程中，丁朝炜发现周某某没有固定收入，但花钱十分阔绰。而周某某“白天几乎不出门”的反常举动也引起丁朝炜的进一步怀疑，他立即对周某某进行传唤审讯。经过一番斗智斗勇的较量，周某某交代伙同他人抢劫盗窃170多起的犯罪事实，随后这个抢劫团伙的17名犯罪现嫌疑人全部落网。

说起侦查破案，丁朝炜总有说不完的话。从各类案件现场的勘察，到法医鉴定、痕迹检验、步伐追踪、模拟画像、预审。丁朝炜热爱刑侦工作，对待工作几近痴迷，一听到有案情、有线索，他的激情便迸发出来，一刻不停地琢磨案情、找寻证据。

哪里最困难最危险，丁朝炜就主动请缨，深入虎穴，勇斗罪犯。无论作为普通刑警还是分局领导，他始终保持冲锋陷阵、勇于担当的本色，在一线战场上，“指挥员”“战斗员”双担齐挑，令犯罪分子闻风丧胆，让队员们士气倍增。

丁朝炜的妻子马萍燕温柔贤惠，她早已习惯丈夫不在家的日子。她说：“有时候，我也想发脾气，但看到他回家倒头就睡，又于心不忍，心里很多委屈一下子就没了。”丁朝炜4岁的儿子不懂父亲为什么经常不回家，有时候他会问丁朝炜：“爸爸，你是不是不要我和妈妈了？”面对年幼的儿子，丁朝炜觉得亏欠家人许多。

张立刚　铁警神探火眼金睛　“做警察就要干刑警。”铮铮誓言让张立刚甘于风餐露宿、出生入死。

深深地热爱着公安事业，并在长期钻研业务中积累丰富的实践经验和工作技能的张立刚，以其敏捷的侦查思维、过人的判断能力、强烈的责任心和拼命三郎的勇气，投身于刑事侦查一线。

2007年11月30日至12月20日，利通区发生多起抢劫女出租车司机案件，公安机关面临各方巨大的压力。专案组由张立刚负责。他通过分析受害人出租车运行轨迹，仔细询问受害人获取有价值线索。其中，一名受害人反映，她载嫌疑人从利通区到灵武中心区一处煤场，在行车过程中被抢。张立刚通过网上串并案、网上分析，带领受害人重走现场，深入调查走访，通过受害人辨认，最终锁定犯罪嫌疑人身份，一举破获6起抢劫出租车案。

在与犯罪分子的较量中，张立刚能够从“大”处入手，跳出案子看案子，将全局了然于胸；从“小”处入手，在平常中发现端倪，于细微处发现蛛丝马迹，而后运用多种思维，制定相应的方案，将真凶缉拿归案。

2012年，利通区连续发生攀爬阳台入室盗窃案。利通区公安分局刑警大队立即成立专案组，开展侦查工作。张立刚立下军令状，誓言不破此案，决不罢休！他带领民警认真梳理和分析，查找发案规律及破案线索。由于犯罪嫌疑人作案时，现场遗留痕迹物证少，发案时间多为凌晨，给破案线索的查找工作带来困难。张立刚夜以继日地通过各方相关工作的开展，对案发现场进行分析研究，敏锐地发现嫌疑人的落脚点。通过近一个月调查，2012年11月30日，犯罪嫌疑人张某在家中被抓获。经审讯，张某如实交代家住石嘴山市大武口区董某将所盗物品交由他卖出的犯罪事实，同时民警在其家中搜出大量涉案赃物。12月3日，经周密部署，张立刚带领民警成功将已上网追逃的犯罪嫌疑人董某某抓获，董某某如实交代与另一同案犯刘某某流窜至利通区、灵武市、盐池县、内蒙古乌海等地实施入室盗窃财物，盗窃电瓶、盗窃汽车等案件78起，涉案价值60余万元。

2011年，在担任刑警大队副大队长期间，张立刚连续两年创造刑警大队破获各类刑事案件240多起，协助外县市破获100多起案件。

利通区公安分局李闸渠社区民警张美霞既是张立刚的战友，也是他的妻子。为了让丈夫张立刚安心工作，她在干好自己工作的同时，承担起了所有的家务。

2009年4月24日，张立刚90岁高龄的奶奶突然呕吐不止，腹部剧烈疼痛。为了不让在外省区办案的丈夫担心，张美霞再三嘱咐婆婆：“不要让立刚知道这件事，有我在。”张美霞连夜将奶奶送到医院，经诊断老人患胆结石，需住院治疗。然而，就在这个节骨眼上，张立刚的母亲又遭遇车祸住进医院。在随后的45天里，张美霞既要忙于社区的工作，又奔波医院照顾两位老人，还要接送上学的女儿……而每次接到张立刚从外地打来的电话时，她都会说：“家里好着呢，你把案子搞好就行了。”每当得知丈夫又侦破了一起案件时，张美霞说，看到立刚破案后的灿烂笑容，那一刻她最幸福。

马玉涛　心中充满特别的成就感　有人问马玉涛：“面对穷凶极恶的犯罪嫌疑人，你就不害怕吗？”马玉涛说：“从我选择侦查专业的那一刻起，我就决定自己的职业方向，从我选择刑警职业的那一天起，我就立志要做打击犯罪的人民卫士。正因为犯罪嫌疑人穷凶极恶，不仅危及我的生命，也危及我的战友和更多无辜群众的生命安全，作为刑警，在那一刻，如果用我一个人的生命能够换取更多无辜群众的平安，我觉得值得。”

从警不到3年，马玉涛已经参与200多起案件的侦查和办理。

2012年3月，利通区农村地区发生多起农村羊只被盗案。为尽快侦破案件，抓住“偷羊贼”，马玉涛和同事们走村入户，查找破案线索，昼夜在易发案路段巡逻守候。在走访调查中，有村民反映称，嫌疑人通过面的车盗窃羊只。马玉涛立即对面的车进行排查布控，在锁定作案车辆和嫌疑人后，马玉涛和同事进行蹲坑守候，成功抓手犯罪嫌疑人王某某，破获20多起盗窃案。在犯罪嫌疑人王某某的手机中，马玉涛发现了一条短信：“我们可以通过羊捞一笔。”马玉涛根据短信内容顺藤摸瓜，将另外一起抢劫案犯罪嫌疑人抓获，成功破获另一起团伙系列盗窃案20多起。

刑警大队民警石靖说：“马玉涛一个月最多休息两天，忙得连谈恋爱的时间都没有。”2012年10月份的一天，石靖给马玉涛介绍了一位姑娘，马玉涛也精心准备去相亲，两人约在一家西餐店见面。正当两人谈得十分投机时，警局给马玉涛打来电话说有案子。他放下电话，和姑娘打了声招呼就往单位跑。事后，那姑娘给马玉涛打电话说：“第一次见面你就跑得人影都不见，那以后结婚我还不得天天守空房啊。”

从警以来，抓捕、审讯、做卷、取证、研探，一整套刑侦程序，每一个细节，他都一一细心地向有经验的老刑警学习，不断积累侦查经验。

2011年，利通区连续发生纵火案、诈骗案，马玉涛作为专案组成员，参与两起案件的侦查中。在连续两天没吃饭，3天没睡个囫囵觉后，案件终于成功告破。正当他一个月里第三次答应父母准备回家看望时，2011年7月12日晚，金星路发生一起抢劫案，马玉涛拖着疲惫的身躯，啃了几口馍馍再次投入案件的侦破工作。

案件很快告破，在连续7天的审讯中，马玉涛困了和衣眯一会儿，渴了喝一口白开水，始终坚持在办案一线。马玉涛说：“当看到犯罪分子被绳之以法时，我有一种特别的成就感。”

刑警大队　硬仗团队　或许在许多人的眼里，刑警充满神秘色彩，一身警服威严又帅气，可又有多少人真正了解刑警们的生活？职业的特点注定刑警与苦累为伍，与危险作伴。对刑警而言，发案的警笛声一响，便没有了上下班、白天黑夜之分；案件一刻不破，每位刑警的神经时刻都绷得紧紧的，家庭、孩子、疾病等早已被抛到脑后，可以说，每一位民警的背后都有一段感人故事。

“破案就是硬道理。”作为打击刑事犯罪的主力军，利通区公安分局刑警大队民警们深知肩上的重担，只有将一个个案子侦破，才能真正震慑犯罪，护卫百姓的安宁。

“比破案、争先进”的氛围在刑警队里十分浓厚。利通区公安分局刑警队领导在工作中，身先士卒，廉洁自律，树立榜样，全队民警克服人员少，发扬不怕困难、吃苦耐劳、攻坚克难的精神，采取主动出击、多种侦查手段并用、加大侦破工作力度等一系列措施，有效打击各类严重刑事犯罪。2012年共立八类刑事案件88起，破案73起，共抓获作案成员66案153人，打掉犯罪团伙13个，挽回损失36万余元，辖区共发命案5起，破5起，破案率100%，继续实现命案必破的目标。他们用对党的忠诚奉献部队，用满腔热血实践“忠诚为民、公正廉洁”的当代公安精神的核心价值，做让党放心、让人民满意的忠诚卫士。

主要参考文献

1.吴广成:《西夏书事》卷三五。
2.王之臣纂修:《朔方道志》,天津华泰印书馆1927年印行。
3.慕少堂:《甘宁青史略》(正编),兰州俊华印书馆1937年印行。
4.宁夏省政府秘书处编:《十年来宁夏省政述要》,1942年12月铅印出版。
5.陈育宁主编:《宁夏通史》,宁夏人民出版社,1983年版。
6.钟侃:《宁夏古代历史纪年》,宁夏人民出版社,1987年版。
7.吴忠礼编著:《宁夏近代历史纪年》,宁夏人民出版社,1987年版。
8.钟侃编著:《宁夏古代历史纪年》,宁夏人民出版社,1988年版。
9.中共盐池县党史办公室编:《陕甘宁边区概述》,宁夏人民出版社,1988年版。
10.张金城修,杨浣雨纂:《乾隆宁夏府志》,宁夏人民出版社,1992年版。
11.高嶷等纂修,吴怀章校勘:《康熙朔方广武志》,宁夏人民出版社,1993年版。
12.《宁夏法制建设五十年》,宁夏人民出版社,2000年版。
13.《吴忠市志》(县级),中华书局,2000年版。
14.郑彦卿:《宁夏五千年》,宁夏人民出版社,2001年版。
15.张远成:《当代宁夏简史》,当代中国出版社,2002年版。
16.吴怀章主编:《青铜峡军事志》,宁夏人民出版社,2003年版。
17.刘宗信总纂、周永清主笔:《宁夏公安志》,宁夏人民出版社,2008年版。
18.杨森翔主编、胡建东统稿:《吴忠溯源》,宁夏人民出版社,2010年版。
19.安红军执笔:《石嘴山市公安志》,黄河出版社,2011年版。

后　记

HOU　JI

后 记

“治天下者以史为鉴，治郡国者以志为鉴。”修志主要目的在于备行政官员之鉴览，以定其发施政令之方针。

按照吴忠市人民政府的部署和吴忠市地方志办公室的要求，由吴忠市公安局指挥部牵头组织编修《吴忠市公安志》。2012年9月18日，《吴忠市公安志》编纂委员会成立，吴忠市委常委，政法委书记，公安局党委书记、局长徐耀任编委会主任、主编，吴忠市公安局副局长高学文任副主任、副主编，高学文任编辑部主任，丁峰、马永生任编辑部副主任，抽调青铜峡市公安局民警赵永琪主要从事文字编写工作，吴忠市公安局指挥部和政治部配合，全面开展《吴忠市公安志》的编修工作。吴忠市公安局党委明确了编修工作的组织机构、经费筹措等相关具体问题。编委会要求市公安局各部门和各县(市、区)公安局安排专人配合，并提供相关资料，保质保量按期完成编纂任务。

《吴忠市公安志》的编修是一项系统性工程。编修人员按照志书的框架、结构、体例规范，前期进行潜在的构思，逐步形成框架。先后对编目设计、资料编排、概述、管理以及处理章节交叉等问题进行了再三琢磨。《吴忠市公安志》的编修工作在吴忠的历史上是首次，为确保志书质量，提高工作效率，编写人员在实际操作中，集思广益，反复磋商，竭尽全力提高志书质量和保证修志进度。

为了使编纂工作顺利进行，《吴忠市公安志》编纂委员会采取有力措施抓紧做好编纂工作。为编辑部安排了办公场所，配置了办公桌椅、电脑、打印机，安装了网络，购置了打印纸等办公用品，招聘了1名打字员，投入紧张有序的工作。2012年12月底，《吴忠市公安志》编纂委员会召开了编纂工作会议，听取了编纂进展情况的汇报，对进一步做好编纂工作提出了具体要求和意见。2013年4月底，《吴忠市公安志》编纂委员会对编纂工作进行了督查，对个别提供资料缓慢的单位提出了批评，并进行了通报。编写人员牺牲休息时间，走访老干部、老民警，收集了大量的珍贵历史资料，经过考证辨伪、整理归纳，力求做到体例规范、结构合理、观点正确、资料翔实、行文严谨、朴实简洁、文通字顺、语言精练。全志六易其稿，2014年10月，《吴忠市公安志》初稿完成。

《吴忠市公安志》编修人员对大量公安工作的文字资料，加以精选，多次进行调整顺序，对引用交叉重复、内容相互抵牾、行文累赘等问题，斟酌取舍，进行了大幅调整和修改，并对一些章节进行了重新撰写，反复推敲，最终形成初稿。

初稿完成后，经修改后形成了征求意见稿，将志稿送给自治区地方志办公室曹立峰、周永清和吴忠市地方志办公室胡建东、刘传良等专家评审，专家对志稿进行了认真细致地修改。同时，还将《吴忠市公安志》征求意见稿发送到吴忠市公安局历任局长、政委、副局长和各部门、县(市、区)公安局领导手里，广泛、全面地征求修改意见。老领导和老民警对编修公安志非常赞赏，一致认为编修公安志，是承上启下、继往开来、有益后世、功德千秋的重要事业，是一件可歌可泣的大事。

为使志书更加精练，把笔误、错漏降到最低限度，根据各方专家、同志的修改意见，编写人员对志稿结构又进行了认真调整，并补充完善资料，使志书内容更加充实，于2014年10月底整理出了第六稿。编修出了送审稿，送吴忠市方志办审定。后召开评审会，邀请自治区公安厅、吴忠市地方志办公室、吴忠市公安局的历任局领导以及知情老干警评审座谈定稿，然后根据评审会所提出的意见和建议，进行通盘修订，由吴忠市地方志办公室批准出版。就在关键时刻，领导调整，此项工作搁置，但编写人员没有气馁，没有放弃，仍然在不停地收集资料，完善内容，下限一再往后延伸。直到2019年，吴忠市人民政府副市长，公安局党委书记、局长章中全对编修工作给予大力支持，再次启动编修工作，安排了编纂人员的工作场所，配备了办公设施，抽调了各部门及县市区公安局协助人员50名，建立了专门的网络微信群，将《吴忠市公安志》的编纂工作推向了高潮，将志书下限定为2020年12月底，使这项工作有了方向、有了目标。有了领导的关怀，有了全体公安同志们的支持，编写人员信心十足，夜以继日，赶时间、提速度，于2021年5月，将《吴忠市公安志》高速度、提标准、高质量地完成了报送稿。

《吴忠市公安志》的编写，是吴忠市公安局党委正确指导、各方力量共同努力的结晶。该志汇聚翔实资料，分门别类，包罗万象，通过合理的编排，在反映吴忠市公安工作的特色和改革开放以来的时代风貌等方面做了详尽的记述，诠释了吴忠公安各个历史时期的工作特点、战斗历程和精神风貌。

吴忠市公安局领导亲自修改、挑选照片，吴忠市党史研究室办等部门严格把关，市公安局的基层单位为本志的资料征集提供了许多帮助，编修人员花费了大量心血，在此一并表示衷心的感谢！

由于时间紧、任务重，一些资料的征集、考证较为繁杂和困难，加之编纂工作人员少，水平有限，疏漏和讹误之处在所难免，恳请广大读者不吝赐教、批评指正。

《吴忠市公安志》编纂委员会

二〇二一年五月